HANS-GEORG MÖLLER

TOURISMUS UND REGIONALENTWICKLUNG
IM MEDITERRANEN SÜDFRANKREICH

ERDKUNDLICHES WISSEN

SCHRIFTENREIHE FÜR FORSCHUNG UND PRAXIS
BEGRÜNDET VON EMIL MEYNEN
HERAUSGEGEBEN VON GERD KOHLHEPP
IN VERBINDUNG MIT ADOLF LEIDLMAIR

HEFT 108

FRANZ STEINER VERLAG STUTTGART
1992

HANS-GEORG MÖLLER

TOURISMUS UND REGIONALENTWICKLUNG IM MEDITERRANEN SÜDFRANKREICH

SEKTORALE UND REGIONALE ENTWICKLUNGSEFFEKTE
DES TOURISMUS

IHRE MÖGLICHKEITEN UND GRENZEN
AM BEISPIEL VON CÔTE D'AZUR,
PROVENCE UND LANGUEDOC-ROUSSILLON

FRANZ STEINER VERLAG STUTTGART
1992

Die Deutsche Bibliothek - CIP-Einheitsaufnahme
Möller, Hans-Georg:
Tourismus und Regionalentwicklung im mediterranen
Südfrankreich : sektorale und regionale Entwicklungseffekte
des Tourismus - ihre Möglichkeiten und Grenzen am Beispiel
von Côte d'Azur, Provence und Languedoc-Roussillon / Hans-
Georg Möller. - Stuttgart : Steiner, 1992
   (Erdkundliches Wissen ; H. 108)
   Zugl.: Hannover, Univ., Habil.-Schr., 1986
   ISBN 3-515-05632-7
NE: GT

Jede Verwertung des Werkes außerhalb der Grenzen des Urheberrechtsgesetzes ist unzulässig und strafbar. Dies gilt insbesondere für Übersetzung, Nachdruck, Mikroverfilmung oder vergleichbare Verfahren sowie für die Speicherung in Datenverarbeitungsanlagen. Als Habilitationschrift auf Empfehlung des Fachbereichs Erdwissenschaften der Universität Hannover gedruckt mit Unterstützung der Deutschen Forschungsgemeinschaft. © 1992 by Franz Steiner Verlag Wiesbaden GmbH, Sitz Stuttgart.
Druck: Druckerei Peter Proff, Eurasburg.
Printed in Germany

VORWORT

Die Anregung zu einer Abhandlung über die Zusammenhänge zwischen Tourismus und Regionalentwicklung unterschiedlich strukturierter Abschnitte der französischen Mittelmeerküste erhielt der Verfasser während häufiger Reisen, die er in der zweiten Hälfte der siebziger und zu Beginn der achtziger Jahre in den mediterranen Midi unternahm. Über die seinerzeit für ihn aktuelle geographische Forschungsthematik hinaus konnte er die touristische Inwertsetzung der Küsten des Languedoc und Roussillon verfolgen, welche einen eigenständigen Entwicklungstyp darstellt und sich grundsätzlich von jener der traditionellen Erholungsräume an den mediterranen Küsten, z.B. an der Côte d'Azur, unterschied.

Eine die Realisierung tourismusbezogener Forschungsprojekte nicht unerheblich erschwerende Eigenart besteht in der Notwendigkeit, eigenständig umfangreiche Materialsammlungen im Rahmen der empirischen Arbeiten durchzuführen, da kaum aussagefähige statistische Quellen existieren. In diesem Zusammenhang gilt mein besonderer Dank der Hilfsbereitschaft *aller* französischen Gesprächspartner in Verwaltung und Fremdenverkehrsgewerbe. Sie bekundeten nicht nur ein lebhaftes Interesse an der Thematik der Untersuchung, sondern haben auch nach Kräften und häufig unter liberaler Auslegung der den Geschäftsablauf in Behörden regelnden Vorschriften zum Erfolg der Arbeit beigetragen. Die Gerechtigkeit verbietet es, Einzelne zu nennen; die Gesamtheit meiner französischen Kontaktpersonen erwies sich als außerordentlich kooperativ.

Die Karten und Abbildungen des vorliegenden Bandes wurden nach Entwürfen des Verfassers von Frau Ing. Kartographin Chr. Grätsch, Geographisches Institut der Universtität Hannover, gezeichnet. Für ihre nicht immer leichte Arbeit bedanke ich mich herzlich.

Mein Dank gilt auch der DFG für die Gewährung einer Druckkostenbeihilfe, welche die Veröffentlichung der vorliegenden Habilitationsschrift erst ermöglichte.

Hans-Georg Möller

INHALTSVERZEICHNIS

1.	Einleitung	1
2.	Problemstellung: Tourismus, Freizeitverkehr und Regionalentwicklung	3
2.1	Tourismus und Freizeitverkehr – sozioökonomische Faktoren mit steigender Raumrelevanz	3
2.2	Tourismus und Regionalentwicklung	6
2.2.1	Zur sprachlichen und inhaltlichen Mehrdeutigkeit des Entwicklungsbegriffes	6
2.2.2	Die räumliche und zeitliche Dynamik der touristischen Peripherien und das Problem der regionalen Partizipation	8
2.2.3	Tourismus und regionalwirtschaftliche Entwicklungseffekte – Probleme ihrer Erfassung und Bewertung	12
2.2.4	Sozialgeographische Aspekte der touristischen Inwertsetzung des ländlichen Raumes im mediterranen Frankreich	18
2.2.5	Probleme und Zielkonflikte der touristischen Entwicklung	20
2.2.5.1	Die Bedeutung des Faktors Zeit im Entwicklungsprozeß	20
2.2.5.2	Die räumliche Maßstabsebene – Konflikte inter- und intraregionaler Entwicklungsziele	21
2.3	Tourismus, polarisiertes Wachstum und Raumordnungspolitik in Frankreich	22
2.3.1	Die Theorie der sektoralen Polarisation und ihre Regionalisierung in Frankreich	23
2.3.2	Die polarisierte Entwicklung nach FRIEDMANN	25
2.3.3	Der Tourismus als Faktor der Wirtschaftsplanung und Raumordnungspolitik in Frankreich	26
2.3.3.1	Tourismusförderung als sektoraler Ansatz der nationalen Wirtschaftsplanung	27
2.3.3.2	Tourismusförderung und Raumordnungspolitik	29
2.3.3.3	Die Auswirkungen von Regionalisierung und Dezentralisierung auf die Tourismusförderung	30
2.4	Quellenlage, Arbeitsmethoden, Forschungsstand	32
3.	Das Untersuchungsgebiet	39
3.1	Abgrenzung, Lage, administrative Gliederung	39
3.2	Natur- und kulturräumliche Großgliederung	42
3.2.1	Die Teilräume der Region P.A.C.A.	42
3.2.2	Die Teilräume der Region Languedoc-Roussillon	46

3.3	Die Regionen Languedoc-Roussillon und P.A.C.A. Intraregionale demographische Disparitäten als Struktur- und Entwicklungsproblem	48
3.3.1	Ursachen und Ausmaß der intraregionalen Disparitäten	48
3.3.2	Die Entwicklung und räumliche Verteilung der Bevölkerung	50
3.3.2.1	Die Region Languedoc-Roussillon	51
3.3.2.2	Die Region P.A.C.A.	57
4.	Freizeit; Tourismus und Regionalentwicklung in der Region Provence-Alpes-Côte d'Azur (ohne Hochgebirgstourismus)	65
4.1	Entstehung und struktureller Wandel des Fremdenverkehrs in der P.A.C.A.	65
4.1.1	Die touristische Inwertsetzung der Küsten unter dem Aspekt der Regionalentwicklung	65
4.1.1.1	Die Entwicklung bis zum Ersten Weltkrieg	65
4.1.1.2	Die Zwischenkriegszeit (1918–1939)	69
4.1.1.3	Die Entwicklung nach dem Zweiten Weltkrieg: Beherbergungsgewerbe und Sozialtourismus	73
4.1.1.4	Die Entwicklung nach dem Zweiten Weltkrieg: Durchbruch und Dominanz der Zweitwohnsitze im touristischen Angebot	75
4.1.1.5	Provence und Côte d'Azur: Laissez-Faire und regionale Fremdbestimmung als Determinanten der touristischen Inwertsetzung der Küsten	91
4.1.2	Die touristische Erschließung des Hinterlandes (Arrière-Pays, Moyen-Pays, Moyenne-Montagne)	96
4.1.2.1	Das Hinterland der Côte d'Azur	96
4.1.2.2	Das Hinterland der provenzalischen Küsten	99
4.2	Das touristische Angebot	101
4.2.1	Umfang und Struktur des Beherbergungsangebotes – Statistik I.N.S.E.E. 1984	101
4.2.2	Das Beherbergungsangebot – die von der C.R.C.I. (Marseille) korrigierten Daten	103
4.3	Die touristische Nachfrage	113
4.4	Sozioökonomische Resultate der touristischen Inwertsetzung der P.A.C.A.	116
4.4.1	Arbeitsmarkteffekte: Regionalwirtschaftliche Bedeutung und Struktur touristischer Arbeitsplätze	116
4.4.1.1	Die angebotsbezogene Analyse touristischer Arbeitsplätze	117
4.4.1.1.1	Die allgemeine Arbeitsmarktsituation	117
4.4.1.1.2	Entwicklung und Struktur der Beschäftigung von Frauen	127
4.4.1.1.3	Die Bedeutung der Freizeithäfen für den Arbeitsmarkt	131
4.4.1.2	Die nachfragebezogene Analyse touristischer Arbeitsplätze	135
4.4.2	Die fremdenverkehrsbedingten Umsätze	140
4.4.3	Die Beherbergung im Hotelgewerbe und Sozialtourismus als Investitionsobjekt in der Regionalwirtschaft	142

4.5	Grundeigentumsstruktur, Bodenmobilität und Immobilienspekulation als regionale Entwicklungsfaktoren der Küstendépartements	145
4.5.1	Die entwicklungssteuernde Funktion der Grundeigentumsverhältnisse	145
4.5.2	Die Grundeigentumsstruktur in den Départements Bouches-du-Rhône und Var – ihre räumliche Differenzierung und ihr aktueller Wandel als regionale Entwicklungsfaktoren	148
4.5.2.1	Kleineigentum (weniger als 1 ha) und Urbanisierung	148
4.5.2.2	Großeigentum (über 50 ha) – eine Urbanisierungsbremse?	158
4.5.2.3	Die Eigentümerstruktur als räumlich differenzierender Faktor der Bodenmobilität und Regionalentwicklung	160
4.5.2.4	Bodenmobilität und Entagrarisierung – Agrarstrukturelle Steuerungsfaktoren des Wandels der Grundeigentumsverhältnisse	178
4.5.2.4.1	Bodenmobilität und Agrarstruktur im Département Bouches-du-Rhône	179
4.5.2.4.2	Bodenmobilität und Agrarstruktur im Département Var	187
4.5.2.4.3	Bodenmobilität und Agrarstruktur im Département Alpes-Maritimes	192
4.5.3	Die Grundeigentumsstruktur im Département Alpes-Maritimes	193
4.5.4	Der Immobilienerwerb von Ausländern – Wandel regionaler Fremdbestimmung	202
4.5.5	Die Immobilienspekulation als Problem der Regionalentwicklung	210
4.5.5.1	Wie bei der legalen Aufsiedlung von geschützten Waldflächen Windfall-Profits entstehen können	211
4.5.5.2	Aufteilung und illegale Nutzung geschützter Terrains	216
4.6	Tourismus und Regionalentwicklung als raumplanerisches Problem in der Region P.A.C.A. (ohne Hochgebirge)	219
4.6.1	Der Regionalentwicklungsplan (S.D.A.U.) Grasse-Cannes-Antibes-Nice-Menton	219
4.6.2	Flächennutzungsplanung und kommunale Planungshoheit als Probleme der Regionalentwicklung	224
4.6.3	Die spezifische Problematik der Zones d'Aménagement Concertées (Z.A.C.) in Fremdenverkehrsgebieten	229
4.6.4	Urbanisierungsprozeß und Bodenmarkt im Freizeitraum – kommunale und staatliche Einwirkungsmöglichkeiten	231
4.6.5	Die touristische Überforderung der kommunalen Infrastruktur – das Problem der Abwasserbeseitigung	234

5.	Freizeit, Tourismus und Regionalentwicklung in der Region Languedoc-Roussillon (ohne Hochgebirge)	239
5.1	Die Entwicklung des Fremdenverkehrs an den Küsten des Languedoc-Roussillon vor 1963	239
5.2	Die planmäßige touristische Entwicklung der Küsten des Languedoc-Roussillon seit 1963	240
5.2.1	Anlässe und Voraussetzungen der touristischen Entwicklung	240
5.2.2	Planungsziele, Planungsträger und Planungsausführung	241
5.2.2.1	Planungsziele und Planungsträger	241
5.2.2.2	Die Ausführung der Planung	247
5.2.3	Das touristische Angebot: Die Gästebeherbergung	252
5.2.3.1	Umfang und Struktur des Beherbergungsangebotes	252
5.2.3.2	Die räumliche Struktur des Beherbergungsangebotes	256
5.3	Die touristische Nachfrage	266
5.4	Sozioökonomische Resultate der touristischen Inwertsetzung der Region Languedoc-Roussillon	270
5.4.1	Tourismusbezogene Investitionen	270
5.4.1.1	Struktur und Herkunft der privaten Investoren	270
5.4.1.2	Bilanzierung der Gesamtinvestitionen zur touristischen Erschließung des Litorals im Languedoc-Roussillon – Struktur und Effektivität	278
5.4.2	Arbeitsmarkteffekte: Die regionalwirtschaftliche Bedeutung und Struktur touristischer Arbeitsplätze	283
5.4.2.1	Die angebotsbezogene Analyse der touristischen Arbeitsplätze	283
5.4.2.1.1	Die Rahmenbedingungen der jüngsten Entwicklung des regionalen Arbeitsmarktes	283
5.4.2.1.2	Die Entwicklung der Beschäftigung im Tertiären Sektor 1981 bis 1984	287
5.4.2.1.3	Touristische Arbeitsmarkteffekte in der Küstenzone	292
5.4.2.2	Die nachfragebezogene Analyse der touristischen Arbeitsplätze	298
5.5	Die touristischen Umsätze	304
5.5.1	Die Zuordnung der Umsätze und ihre Bewertung	304
5.5.2	Die räumliche Differenzierung und Grundzüge der sozialgruppenspezifischen Verteilung der touristischen Einnahmen – Fallstudie Département Pyrénées-Orientales	310
5.6	Grundeigentumsstruktur, Bodenmobilität und Immobilienspekulation in den östlichen Pyrenäen (Aspres und Vallespir) als regionale Entwicklungsfaktoren	323
5.6.1	Die Situation der Grundeigentumsverhältnisse in der Region Languedoc-Roussillon im Überblick (Forschungsstand)	323
5.6.2	Die Grundeigentumsstruktur in den Aspres und im Vallespir (östliche Pyrenäen)	325
5.6.3	Auswärtiger Grunderwerb und Immobilienspekulation als Probleme der Regionalentwicklung in den östlichen Pyrenäen – Fallstudien	335

5.6.3.1	Fallstudie Taillet	336
5.6.3.2	Fallstudie Oms	342
6.	Tourismus und Regionalentwicklung in Südfrankreich – Resultate und Perspektiven	347
6.1	Languedoc-Roussillon	347
6.2	Provence-Alpes-Côte d'Azur	348
6.3	Der Tourismus in den mediterranen Regionen im Kontext der gesamtfranzösischen Fremdenverkehrsentwicklung und -struktur	350
7.	Verzeichnis der Abkürzungen	359
8.	Zusammenfassung/Résumé	363
9.	Literatur	371

VERZEICHNIS DER TABELLEN

1	Die Zweitwohnsitze in Frankreich 1962–1982	4
2	Die Vierteljahresmittel der Temperatur ausgewählter französischer Seebäder (in 0°C)	45
3	Die Entwicklung und Verteilung der Bevölkerung in den Regionen Languedoc-Roussillon und P.A.C.A. 1968, 1975 und 1982	50
4	Bevölkerungszahl, Wanderungsbilanz und natürliche Bevölkerungsbewegung in den Départements der Region Languedoc-Roussillon 1962–1982 (gerundete Zahlen)	51
5	Die Verstädterung in der Region Languedoc-Roussillon: Die wichtigsten Unités Urbaines 1962–1982	56
6	Bevölkerungszahl, Wanderungsbilanz und natürliche Bevölkerungsbewegung in den Départements der Region P.A.C.A. 1962–1982 (gerundete Zahlen)	58
7	Die natürliche Bevölkerungsbewegung in den Départements der Region P.A.C.A. 1975–1982	60
8	Die natürliche Bevölkerungsbewegung in den Regionen Languedoc-Roussillon und P.A.C.A. 1962–1982 nach Départements (Landgemeinden gesondert ausgewiesen)	61
9	Die Verstädterung in der Region P.A.C.A.: Die wichtigsten Unités Urbaines	63
10	Die Entwicklung der Zweitwohnsitze in den Küstenregionen Frankreichs 1962–1982	77
11	Die Bedeutung der Zweitwohnsitze an den französischen Küsten 1975	79
12	Die leerstehenden Wohnungen (Logements Vacants) und Zweitwohnungen in den Küstendépartements der Provence und Côte d'Azur 1975 und 1982	80
13	Die Bedeutung der Zweitwohnsitze in den Küstengemeinden der Region Provence-Côte d'Azur 1982	81
14	Die räumliche Verteilung der Lotissements an den provenzalischen Küsten und der Côte d'Azur 1924–1959	86
15	Die räumliche Verteilung der Lotissements in den Küstendépartements der Region P.A.C.A. 1976–1980	87
16	Das Beherbergungsangebot in der Region P.A.C.A. 1984	102
17	Die Dunkelziffern ausgewählter Unterkunftsarten des Beherbergungsangebotes in den Küstendépartements der Region P.A.C.A. 1982	105
18	Die offiziellen und tatsächlichen Beherbergungskapazitäten auf den Zeltplätzen des Départements Var 1981	108
19	Die Départements der Region P.A.C.A. nach ihrer Stellung im Beherbergungsangebot 1982	108
20	Die Beherbergungskapazität der Region P.A.C.A. 1982 nach Départements und Unterkunftsarten	109/110
21	Die Sport- und Freizeitboote der östlichen französischen Mittelmeerküste 1981	112
22	Die touristische Nachfrage in Küstendépartements der Region P.A.C.A. 1978–1980 – Übernachtungen der Sommerhalbjahre nach unterschiedlichen Erfassungsmethoden	114
23	Die Entwicklung der Beschäftigtenzahlen in den französischen Regionen 1983/84	118
24	Die Erwerbspersonen am Arbeitsort in der Region P.A.C.A. 1975–1985 nach Wirtschaftssektoren	119
25	Die Erwerbspersonen am Arbeitsort in der Region P.A.C.A. nach Wirtschaftssektoren 1979, 1983 und 1985	120
26	Die Entwicklung der Beschäftigung in ausgewählten Branchen des Dienstleistungssektors der Region P.A.C.A. 1979–1984	122/123

Verzeichnis der Tabellen

27	Die Beschäftigungsstruktur im Tertiären Sektor der Region P.A.C.A. 1975, 1983, 1985	125/126
28	Die Entwicklung der abhängigen weiblichen Beschäftigung in der Region P.A.C.A. nach Wirtschaftssektoren 1975–1981	128/129
29	Die im Tertiären Sektor der Region P.A.C.A. abhängig beschäftigten Frauen nach Branchen 1975–1982	130
30	Bootsbestand und mit der Sport- bzw. Freizeitschiffahrt verbundene Arbeitskräfte an ausgewählten Küsten Frankreichs	133
31	Die Arbeitskräfte in der Sport- und Freizeitschiffahrt der mediterranen Festlandsregionen Frankreichs 1979 und 1984	134
32	Tourismusbedingte Umsätze und Beschäftigung im Beherbergungsgewerbe/Sozialtourismus ausgewählter touristischer Zonen der Region P.A.C.A. 1982	136
33	Übernachtung, Beschäftigungseffekte und Umsätze in ausgewählten Fremdenverkehrsgemeinden Frankreichs	138
34	Die Strukturen der Ausgaben von Hotel- und Zeltplatzgästen in ausgewählten Kantonen der touristischen Zonen der Region P.A.C.A.	141
35	Die in den Regionen Frankreichs zum Ausbau des gewerblichen Beherbergungsangebots und des Sozialtourismus gewährten Kredite 1972–1983	143/144
36	Die Größenstruktur des Grundeigentums in den Départements Bouches-du-Rhône und Var 1981	149
37	Die Bautätigkeit in den Départements Bouches-du-Rhône und Var 1968–1980	154
38	Die Zunahme der durch die Eigentümer genutzten Hauptwohnsitze in den Départements Bouches-du-Rhône und Var 1962–1982	157
39	Die Größenstruktur von Grundeigentum größer als 50 ha im Var nach juristischen und natürlichen Personen	158
40	Die Käufer landwirtschaftlicher Flächen in den Départements Bouches-du-Rhône und Var 1971–1974	159
41	Das Grundeigentum in den Départements Bouches-du-Rhône und Var nach Eigentümerkategorien 1981	162
42	Das Grundeigentum juristischer Personen (Flächen über 50 ha) nach Eigentümern im Département Var 1982	164
43	Die räumliche Herkunft der individuellen Grundeigentümer in den Départements Bouches-du-Rhône und Var 1980	168
44	Die Herkunft individueller Grundeigentümer und die Größe der ihnen gehörenden Flächen in den Départements Bouches-du-Rhône und Var 1980	170
45	Die Herkunft der individuellen Eigentümer von Parzellen unter 1 ha in den Départements Bouches-du-Rhône und Var 1980	171
46	Die Herkunft der individuellen Eigentümer an Flächen über 50 ha in den Départements Bouches-du-Rhône und Var 1980	172
47	Die räumliche Differenzierung der Anteile des Grundeigentums von Eigentümern aus der Region Paris und der französischen Provinz in ausgewählten Gemeinden des Départements Var 1980	173
48	Die räumliche Differenzierung des Grundeigentums von individuellen Eigentümern aus der Region Paris und der französischen Provinz in ausgewählten Gemeinden des Départements Bouches-du-Rhône 1980 nach Anteilen an der jeweiligen Flur	174
49	Die räumliche Differenzierung des Grundeigentums individueller Eigentümer aus der Region Paris und der französischen Provinzen in ausgewählten Gemeinden des Départements Bouches-du-Rhône 1980	175
50	Die Flächennutzung in den landwirtschaftlichen Betrieben der Départements Bouches-du-Rhône und Var 1980	179
51	Die Zahl und Größenstruktur der landwirtschaftlichen Betriebe in den Départements Bouches-du-Rhône und Var 1980	181

Verzeichnis der Tabellen

52	Der Rohertrag und das standardisierte Bruttoeinkommen landwirtschaftlicher Betriebe in der Region P.A.C.A. 1981	183
53	Die Zahl der landwirtschaftlichen Großbetriebe im Département Var 1955–1979	190
54	Die wichtigsten Herkunftsländer der Käufer von Grundeigentum in der Region P.A.C.A. 1979–1982	202
55	Die ausländischen Immobilieninvestoren in den Départements der P.A.C.A. 1980–1982	205
56	Der Stand der Flächennutzungsplanung in den Gemeinden der Küstenkantone der Region P.A.C.A.	226
57	Die Größenklassen der Gemeinden der Küstendépartements der P.A.C.A. 1982	227
58	Die Eingriffe in den Bodenmarkt der Küstengemeinden der Region P.A.C.A.	232
59	Die Struktur des Beherbergungsangebotes in der Region Languedoc-Roussillon 1978/79	253
60	Die Entwicklung der einzelnen Unterkunftsarten in der Region Languedoc-Roussillon	254
61	Die Beherbergungskapazität von Ferienwohnungen (Zweitwohnsitzen) und Logements Vacantes in der Region Languedoc-Roussillon 1982	255
62	Die Entwicklung der Zweitwohnsitze in den Départements der Region Languedoc-Roussillon 1962–1982	256
63	Die Zweitwohnsitze und Logements Vacantes in den Départements der Region Languedoc-Roussillon nach Gemeindegrößenklassen 1975 und 1982	258/259
64	Die Intensität der Vermietung von Zweitwohnsitzen im Sommerhalbjahr und der Bindungsgrad der Eigentümer an den Zweitwohnsitz im Languedoc-Roussillon	262
65	Die räumliche Differenzierung der Herkunft von Eigentümern der Zweitwohnsitze in den Teilräumen der Region Languedoc-Roussillon	263
66	Kapazität und Auslastung von Hotels, Zeltplätzen und Familienunterkünften der Region Languedoc-Roussillon in der Saison 1981	265
67	Die Herkunft der ausländischen Touristen in der Region Languedoc-Roussillon	267
68	Die Herkunft der französischen Urlaubsgäste in der Region Languedoc-Roussillon	268
69	Die Käufer von Appartements und Ferienhäusern in den Stations Anciennes und Nouvelles der Küste des Languedoc-Roussillon	273
70	Die Präferenzen der Käufer von Ferienwohnungen und Häusern für einzelne Stationen der Küstenzone des Languedoc-Roussillon 1973 und 1981	275
71	Die Motive der Käufer von Wohneinheiten in der Küstenzone des Languedoc-Roussillon	276
72	Die Aufteilung der Gesamtinvestitionen an der touristischen Erschließung des Languedoc-Roussillon beteiligten Institutionen und Unternehmen	279
73	Die Erwerbspersonen am Arbeitsort in der Region Languedoc-Roussillon 1976–1978 und 1981–1982 nach Wirtschaftssektoren	284
74	Die Nettoveränderung der Arbeitsplatzzahl im Languedoc-Roussillon nach Wirtschaftssektoren	285
75	Die räumliche Differenzierung der Beschäftigtenzahl in den Départements der Region Languedoc-Roussillon	286
76	Die Entwicklung der Beschäftigung in ausgewählten Branchen des Dienstleistungssektors der Region Languedoc-Roussillon 1981–1984	288/289
77	Die Beschäftigungsstruktur im Tertiären Sektor der Region Languedoc-Roussillon 1975, 1980, 1983	290/191
78	Anzahl und räumliche Differenzierung der nichtlandwirtschaftlichen Beschäftigten in der Küstenzone des Languedoc-Roussillon 1978	293
79	Die Altersstruktur der abhängig Beschäftigten in der Küstenzone des Languedoc-Roussillon 1978	295
80	Die geschlechtsspezifische Aufteilung der bezahlten Arbeitskräfte in der Küstenzone des Languedoc-Roussillon 1978	296

81	Die Wohnorte der 1978 in der Küstenzone des Languedoc-Roussillon abhängig Beschäftigten	297
82	Die branchenspezifische Differenzierung der Löhne und Gehälter in der Küstenzone des Languedoc-Roussillon	299
83	Touristische Arbeitsplätze in der Küstenzone (Litoral) des Languedoc-Roussillon 1975 und 1980	303
84	Vergleich der Umsätze im Weinbau und im Tourismus der Region Languedoc-Roussillon	305
85	Schätzung der Wertschöpfung in ausgewählten Branchen des Tourismusgewerbes	306
86	Die Umsätze im Tourismus im Languedoc-Roussillon nach Unterkunftsarten der touristischen Zonen (1979)	307
87	Die räumliche Struktur der Umsätze im Tourismus des Languedoc-Roussillon nach Départements und Unterkunftsarten 1979	308
88	Bilanz der touristischen Einnahmen und Ausgaben ausgewählter Regionen Frankreichs 1976	309
89	Die Größenstruktur des Grundeigentums in den Aspres (Pyrénées-Orientales) nach Eigentümergruppen 1976	329
90	Die Bevölkerungsentwicklung und die statistische Zuordnung der Wohnsitze in den Gemeinden der Aspres (Östliche Pyrenäen) nach dem Zweiten Weltkrieg	330
91	Die Überfremdung des Grundeigentums in den Gemeinden der Aspres (Pyrénées-Orientales)	334
92	Die Träger des Wandels in der Grundeigentumsstruktur der Gemeinde Taillet (Hautes-Aspres, Östliche Pyrenäen) 1969–1976	341
93	Die Träger des Wandels in der Grundeigentumsstruktur der Gemeinde Oms (Hautes-Aspres, Östliche Pyrenäen) 1969–1976	345

VERZEICHNIS DER KARTEN

1	Die administrative Gliederung der Regionen Languedoc-Roussillon und der Provence-Alpes-Côte d'Azur	40
2	Die Teilräume der Regionen Languedoc-Roussillon und P.A.C.A.	43
3	Die Entwicklung der Wohnbevölkerung in den Arrondissements der Région Languedoc-Roussillon 1975–1982	53
4	Die Bevölkerungsdichte der Kantone in den Regionen Languedoc-Roussillon und P.A.C.A. 1982	54
5	Die Entwicklung der Wohnbevölkerung in den Arrondissements der Région P.A.C.A. 1975–1983	62
6	Die Herkunft der Eigentümer von Zweitwohnsitzen in der Région P.A.C.A.	76
7	Die Zunahme des Wohnungsbestandes in den Départements Bouches-du-Rhône und Var 1968–1980	82
8	Die Haupt- und Zweitwohnsitze in den Küstengemeinden der Region P.A.C.A.	84
8A	Administrative Gliederung, wichtige Gemeinden und Autobahnen in der Region Provence-Alpes-Côte d'Azur	85
9	Die räumliche Verteilung der Grundstücke in den Lotissements der Région P.A.C.A. 1976–1980	88
10	Die räumliche Verteilung der Hotels in den Kantonen der P.A.C.A.	104
11	Die räumliche Verteilung des Sozialtourismus in den Kantonen der P.A.C.A.	105
12	Die räumliche Struktur des Fremdenverkehrs in den Kantonen der P.A.C.A.	106
13	Die überbaute Fläche der Gemeinden in den Départements Bouches-du-Rhône und Var 1980	150
13A	Administrative Gliederung und im Untersuchungszusammenhang wichtige Gemeinden des Départements Var	151
13B	Administrative Gliederung und im Untersuchungszusammenhang wichtige Gemeinden des Départements Bouches-du-Rhône	152
14	Die Entwicklung der überbauten Fläche in den Départements Bouches-du-Rhône und Var 1974–1981	153
15	Die durchschnittliche Größe des individuellen Grundeigentums in den Départements Bouches-du-Rhône und Var 1980	155
16	Der Anteil des individuellen Kleineigentums (<1 ha) an der Fläche der Gemeinden in den Départements Bouches-du-Rhône und Var 1980	156
17	Der Anteil des individuellen Großeigentums (>50 ha) an der Fläche der Gemeinden in den Départements Bouches-du-Rhône und Var 1980	161
18	Der Anteil des Eigentums juristischer Personen an der Fläche der Gemeinden in den Départements Bouches-du-Rhône und Var 1980	163
19	Die Waldbedeckung in den Départements Bouches-du-Rhône und Var 1980	166
20	Der Anteil individueller Grundeigentümer aus Marseille an den Fluren der Gemeinden in den Départements Bouches-du-Rhône und Var 1980	167
21	Der Anteil individueller Grundeigentümer aus der Region Paris und den französischen Provinzen 1980	169
22	Der Anteil des individuellen Grundeigentums von Ausländern und Überseefranzosen in den Départements Bouches-du-Rhône und Var 1980	176
23	Anteile der landwirtschaftlichen Nutzflächen an den Gemarkungen der Gemeinden in den Départements Bouches-du-Rhône und Var 1980	180
24	Die Entwicklung der landwirtschaftlichen Nutzflächen in den Gemeinden der Départements Bouches-du-Rhône und Var 1970–1980	182

Verzeichnis der Karten

25 Die standardisierten Bruttoeinkommen der landwirtschaftlichen Betriebe in der
Region P.A.C.A. 1980 (nach Gemeinden) 185
26 Die landwirtschaftlichen Anbausysteme in der Region P.A.C.A. 1980
(nach Kantonen) 186
27 Die mittlere Größe des Grundeigentums in den Gemeinden des Départements
Alpes-Maritimes 194
27A Im Untersuchungszusammenhang wichtige Gemeinden im Département
Alpes-Maritimes 195
28 Der Anteil des individuellen Eigentums an der Fläche der Gemeinden im
Départements Alpes-Maritimes 196
29 Der Anteil des individuellen Großeigentums (>50 ha) an der Fläche der
Gemeinden im Département Alpes-Maritimes 197
30 Der Anteil des Eigentums juristischer Personen an der Anzahl der Fluren im
Département Alpes-Maritimes 197
31 Der Anteil des Eigentums juristischer Personen an der Fläche der Gemeinden im
Département Alpes-Maritimes 198
32 Der Anteil des individuellen Eigentums der Einwohner an der Fläche ihrer
Gemeinden im Département Alpes-Maritimes 199
33 Der Anteil individueller Grundeigentümer aus Grasse an der Anzahl der Parzellen der
Gemeinden im Département Alpes-Maritimes 200
34 Der Anteil individueller Grundeigentümer aus Grasse an der Fläche der Gemeinden
im Département Alpes-Maritimes 200
35 Der Anteil individueller Grundeigentümer aus der Region Paris und dem übrigen
Frankreich an der Anzahl der Parzellen der Gemeinden im Département
Alpes-Maritimes 201
36 Der Anteil der individuellen Grundeigentümer aus der Region Paris und dem übrigen
Frankreich an der Fläche der Gemeinden im Département Alpes-Maritimes 201
37 Regionalentwicklungsplan (S.D.A.U.) Grasse-Cannes-Antibes-Nice-
Menton (1977/79) 221
38 Die Bedeutung der Gemeinden als Grundeigentümer im Département Var 1980 und
ihr Landerwerb 1975–1979 233
39 Abwasser in der Region P.A.C.A. 236
40 Generalisierte Darstellung der Flächennutzungen im Regionalplan für die touristische
Entwicklung der Küsten von Languedoc und Roussillon 245
41 Öffentliches Grundeigentum im touristischen Entwicklungsprojekt (Ferienzentrum)
Port Barcarès 1980 249
42 Die touristische Erschließung der Küsten des Languedoc-Roussillon – Beherbergungs-
kapazität 261
43 Geographische und touristischen Zonen des Languedoc-Roussillon 262
44 Die Herkunftsgebiete von Käufern von Ferienimmobilien in der Küstenzone
des Languedoc-Roussillon nach C.O.C.I.L.E.R. 272
45 Die Entwicklung der Erwerbstätigkeit nach Wirtschaftssektoren in den Küstenkantonen der Region Languedoc-Roussillon 1962–1982 294
46 Die Abweichungen der Guthaben auf den Konten in den Filialen des Crédit Agricole
des P.O. im III. Quartal 1979 vom saisonalen Mittelwert 314
46A Im Untersuchungszusammenhang wichtige Gemeinden des Départements
Pyrenées-Orientales 315
47 Die Abweichungen der Guthaben auf den Konten in den Filialen des Crédit Agricole
des P.O. im III. Quartal 1983 vom saisonalen Mittelwert 316
48 Die Abweichungen der Guthaben auf den Konten in den Filialen des Crédit Agricole
des P.O. im III. Quartal 1983 vom saisonalen Mittelwert – ohne Berücksichtigung der
Konten von Landwirten 318

Verzeichnis der Karten

49 Shiftanalyse über die räumliche Differenzierung der Kontenstände in den Filialen des Crédit Agricole des P.O. im III. Quartal 1979 und 1983 – Regionalfaktor 320
50 Shiftanalyse über die räumliche Differenzierung der Kontenstände in den Filialen des Crédit Agricole des P.O. im III. Quartal 1979 und 1983 – Standortfaktor 321
51 Die maximalen Kontenabweichungen im III. Quartal 1983 von der Gesamtheit der Konten: Gemeinden und tourismusrelevante Berufe 322
52 Die Lage von Vallespir und Aspres in den Östlichen Pyrenäen 326
53 Die Träger des Grundeigentums im Haut-Vallespir (Pyrénées-Orientales) 1981 328
54 Die Träger des Grundeigentums im Bas-Vallespir (Pyrénées-Orientales) 1981 331
55 Die Träger des Grundeigentums in den Aspres (Pyrénées-Orientales) 1981 332
56 Die Grundeigentumsstruktur in der Gemeinde Taillet (Aspres) 1969 337
57 Die Struktur und Aufteilung des Grundeigentums in der Gemeinde Taillet (Aspres) 1976 338
58 Lageskizze zur Kartierung der Grundeigentumsverhältnisse in Oms 342
59 Der Wandel der Grundeigentumsstruktur in Oms (Aspres) 1965–1976 344
60 Die räumliche Verteilung der französischen Inlandstouristen im Sommer 1988 351

VERZEICHNIS DER ABBILDUNGEN

1	Die räumliche und zeitliche Entwicklung des internationalen Küstentourismus	10
2	Zahl und Größe der Lotissements in der Region P.A.C.A. 1976–1980	89
3	Die Entwicklung der Ferienaufenthalte der Franzosen zwischen dem 1.5. und dem 30.9.	115
4	Die Entwicklung der Arbeitslosigkeit in der Region P.A.C.A. und in Frankreich (1976–1982)	127
5	Die Herkunft der Käufer von Immobilien in den Küstendépartements der Region P.A.C.A. im Wert >1 Mio. FF. in den Jahren 1980–1982	204
6	Umfang und räumliche Herkunft der Investitionen für Immobilien (Wert >3 Mio. FF) in den Küstendépartements der P.A.C.A. 1980–1982	206
7	Organisationsschema der touristischen Entwicklung der Küste des Languedoc-Roussillon	251
8	Die Übernachtungen in der Region Languedoc-Roussillon (Sommerhalbjahre 1977–1982)	268
9	Der Bestand an unverkauften Wohnungen in der Küstenzone des Languedoc-Roussillon (1971–1980)	278
10	Umfang und Struktur der staatlichen Investitionen in die touristische Erschließung der Küste des Languedoc-Roussillon (1964–1980)	280
11	Die Struktur der abhängigen Beschäftigung im Tertiären Sektor (1984, nach A.S.S.E.D.I.C.)	287
12	Die Saisonarbeit im Hotel- und Gaststättengewerbe der Region Languedoc-Roussillon (1978)	300
13	Touristisches Attraktivitätsprofil der französischen Regionen im Fremdenverkehrsjahr 1987/88	353

1. EINLEITUNG

Die vorliegende Untersuchung ist der Frage gewidmet, in welchem Maße der Tourismus zur Regionalentwicklung und damit zum Abbau räumlicher Disparitäten beiträgt.

Die Analyse gilt dem Vergleich zweier südfranzösischer Gebiete, die unterschiedlichen touristischen Entwicklungstypen zuzuordnen sind. Côte d'Azur und Provence einerseits sowie der Languedoc-Roussillon andererseits stellen Teilräume der europäischen Freizeitperipherie dar, deren touristische Inwertsetzung in zeitlicher und struktureller Hinsicht auf sehr kontrastvolle Weise verlief.

Die Hypothese, daß sich der Tourismus besonders als Instrument zur Entwicklung sogenannter strukturschwacher, durch Entwicklungsdefizite gekennzeichneter Regionen eigne, beruht letztlich auf der Peripherieorientierung der touristischen Standorte. Sie legt eine regionalpolitische Instrumentalisierung der touristischen Entwicklung nahe, wobei diese bereits einen Bestandteil von zentral-peripheren Abhängigkeitsbeziehungen auf nationaler oder internationaler Ebene darstellt. Dem Einsatz des Tourismus als Instrument der Regionalentwicklung gilt die Evaluierung der touristischen Entwicklung des Languedoc-Roussillon. Die Fragestellung gilt dabei besonders der ökonomischen und sozialen Effektivität der eingesetzten öffentlichen und privaten Investitionen sowie der Realisierung der regionalplanerischen Vorgaben.

Die Feldarbeiten für die vorliegende Untersuchung fanden vom Herbst 1982 bis zum Frühjahr 1984 statt. Sie fielen in einen Zeitraum, der für die französische Republik durch die gesetzmäßige Absicherung und durch die Durchführung der Dezentralisierungs- und Regionalisierungspolitik unter Präsident Mitterand gekennzeichnet war. Hinsichtlich der Bewertung des Tourismus als Mittel der Regionalpolitik entstand im Laufe dieser innenpolitischen Reorganisation Frankreichs eine von Grund auf veränderte Situation.

Bis Ende der siebziger Jahre entsprach der regionalpolitische Einsatz des Tourismus primär den Vorgaben der nationalen französischen Wirtschaftsplanung. Dieser Sachverhalt war auch für die Kompatibilität von nationalen und regionalen Entwicklungszielen entscheidend. Der Transfer der Zuständigkeiten für Regionalpolitik und Wirtschaftsförderung auf die regionale und kommunale politische Ebene birgt die Chance einer intensiveren Hinwendung zur Tourismusförderung als regionalpolitischem Instrument. Diese wird auch dadurch begünstigt, daß der Tourismus weiterhin Gegenstand der nationalen Wirtschaftsplanung bleibt und nunmehr auf vertraglicher Basis (Contrat de Plan Etat-Région) ein koordinierter Mitteleinsatz von Staat und Region, z.B. im Languedoc-Roussillon, herbeigeführt wird.

Für die mediterranen Regionen Frankreichs steht das bisher ungelöste Problem des Ausgleichs der intraregionalen Disparitäten im Vordergrund. Es wird zu prüfen sein, inwieweit der Tourismus geeignet ist, in einer Phase der Entagrarisierung des ländlichen Raumes dessen Entvölkerung durch Bereitstellen neuer Einkommen und

Arbeitsplätze als Resultat freizeitbezogener Funktionszuweisungen zu bremsen bzw. zu beenden.

Auf die Frage nach dem Erfolg, der dem Tourismus als Instrument der Regionalentwicklung zuzumessen ist, sind keine vordergründig generalisierenden Antworten, wie sie in der Diskussion über Entwicklungsstrategien leider zu häufig auftreten, gestattet. Bei aller notwendigen Abstraktion, die dem theoretischen Problemverständnis notwendigerweise eigen ist und durchaus zur Erklärung von Strukturen und Handlungsabläufen beiträgt, bleiben die spezifischen sozioökonomischen Rahmenbedingungen der jeweiligen touristischen Entwicklungsprozesse für deren Resultate von größter Bedeutung. Am französischen Beispiel belegen dies die formal und institutionell parallel verlaufenden touristischen Entwicklungsprojekte im Languedoc-Roussillon und an der Küste Aquitaniens in ihren unterschiedlichen Erfolgen sehr deutlich.

Die touristische Entwicklung bildet einen integralen, partiell dominierenden Bestandteil der räumlichen Organisation des mediterranen Midi. Sie geht über eine soziale, demographische und ökonomische Einflußnahme hinaus und besitzt für die gegenwärtigen wie zukünftigen regionalen Strukturen, z.B. im Siedlungswesen, Verkehrsnetz bzw. allgemein hinsichtlich der Konkurrenz von Raumansprüchen eine entscheidende Bedeutung.

2. PROBLEMSTELLUNG: TOURISMUS, FREIZEIT-VERKEHR UND REGIONALENTWICKLUNG

2.1 TOURISMUS UND FREIZEITVERKEHR – SOZIOÖKONOMISCHE FAKTOREN MIT STEIGENDER RAUMRELEVANZ

Die räumliche Mobilität bildet ein allgegenwärtiges, wesentliches Merkmal der modernen Industriegesellschaften. Neben definitiven Wanderungen (Wohnsitzverlagerungen), die ein wichtiges Element bei dem Entstehen räumlicher Disparitäten darstellen, ist die „mobile Gesellschaft" (S. Helmfrid 1968) durch umfangreiche nichtdefinitive Bevölkerungsbewegungen unterschiedlicher zeitlicher und räumlicher Dimension gekennzeichnet. Zu ihnen zählt außer der Pendelwanderung die wie diese nach dem Zweiten Weltkrieg stark angestiegene freizeitorientierte räumliche Mobilität – vom kurzfristigen Ausflugsverkehr bis hin zum Tourismus (Urlaubsreiseverkehr) über größere Distanzen und längere Zeiträume[1]. Letzterer ist als Massentourismus (Tourismus der großen Zahlen)[2] durch seine „Komprimierung nach Zeit und Ort" (E.K. Scheuch 1977, S. 135) gekennzeichnet.

In den industrialisierten Staaten führen Tourismus und Freizeitverkehr – ausreichende Flächenreserven und frei verfügbare Einkommensanteile der Bevölkerung vorausgesetzt – tendenziell zu einer „doppelten Wohnweise" (S. Helmfrid 1968, S. 447). Die quantitativen Dimensionen der Mobilität in der Freizeit belegen am Beispiel Frankreichs Daten zur Entwicklung von Reiseintensität[3] und Zweitwohnsitzen, die allein 73% der Beherbergungskapazität des Landes ausmachen (B. Barbier 1984, S. 42).

Die Reiseintensität erhöhte sich in den Jahren 1964 bis 1982 von 43,6% auf 57,8%, in der Stadtgemeinde Paris betrug sie 1985 82,9% (M. Bertrand 1984b, S. 254; M. Christine 1987, S. 384). Neben der nach Gemeindegrößenklassen und Saison[4] variierenden Teilnahme an Urlaubsreisen belegt besonders die starke Zunahme der Zweitwohnsitze, die außerhalb der Großstädte vornehmlich zum Freizeitwohnen[5] genutzt werden, die steigende Bedeutung der freizeitorientierten Mobilität.

---

[1] Zur Problematik der Definition von Tourismus/Fremdenverkehr s. H.-G. Möller (1977, S. 5–8), R. Monheim (1975) und J. Newig (1975) sowie U. Kaminske (1981).

[2] Der qualitative Aspekt von Genese und Struktur des Massentourismus wird ausführlich von L. Turner/J. Ash (1975) erörtert.

[3] Die Reiseintensität stieg in Frankreich von 43,6% (1964) auf 57,8% (1982) – vgl. A. Mesplier (1984, S. 42). Nach einer Phase der Stagnation (1984–1986) überschritt sie 1988 den Wert von 59% (nach M. Christine 1990, S. 226).

[4] 1982 variierte die Reiseintensität zwischen 24,6% in der Winter- und 54,5% in der Sommersaison (nach M. Bertrand 1984b, S. 253), 1988 zwischen 28,4% und 55,6% (I.N.S.E.E.).

[5] Das Freizeitwohnen umfaßt sämtliche freizeitbezogenen Nutzungen unabhängig von ihrer Dauer. Es kann sich dabei also um Tagesflugs- oder Wochenendaufenthalte handeln, ebenso zählen Urlaubsreisen (incl. Zweit- und andere Mehrfachurlaubsaufenthalte) dazu.

Tab. 1 Die Zweitwohnsitze in Frankreich 1962–1982

Zweitwohnsitze	Anzahl				Zunahme (%)	
	1962	1968	1975	1982	1962–1982	1975–1982
	952 005	1 226 489	1 685 864	2 238 300	135,1	32,8

Quellen: I.N.S.E.E. 1984a, S. 541; A. PLETSCH 1978, S. 201.

Im Zeitraum von 1962 bis 1982 erhöhte sich der Bestand an Zweitwohnsitzen in Frankreich um 135%, zwischen den beiden Volkszählungen von 1975 und 1982 war eine Zunahme um ein Drittel zu verzeichnen. 1982 waren 9,5% aller in Frankreich statistisch erfaßten Wohnsitze der Kategorie „Zweitwohnsitz" zugeordnet. Zählt man die „leerstehenden" Wohnungen[6], eine Kategorie, deren faktische Nutzung auf dem Lande und in den Fremdenverkehrsgebieten häufig derjenigen von Zweitwohnungen entspricht[7], dazu, so ergibt dies einen Anteil von 17% des Wohnungsbestandes.

Es kann davon ausgegangen werden, daß ein Zehntel der französischen Haushalte (1982: 10,6%; M. BERTRAND 1984b, S. 256) über einen Zweitwohnsitz verfügt, 8% der Haushalte in ihrer Eigenschaft als Eigentümer. Die Bedeutung der Zweitwohnsitze für den französischen Tourismus wird darin sichtbar, daß sie in ihrer Funktion als Ferienwohnungen 1983 ca. 23% der touristischen Übernachtungen in Frankreich auf sich vereinigen konnten (A. MESPLIER 1984, S. 57); die eine Hälfte dieser Übernachtungen entfiel auf die Eigentümer der jeweiligen Ferienwohnungen, die andere auf diejenigen von Familienangehörigen und Bekannten.

Auf die regionalwirtschaftliche Ambivalenz der räumlichen und funktionalen Verflechtung von eigengenutzten Ferienwohnungen und gewerblichem Beherbergungsangebot, die an anderem Ort ausführlicher diskutiert wird, sei an dieser Stelle bereits hingewiesen. Da die eigengenutzten Ferienwohnungen nur teilweise auch an Fremde vermietet werden, reduzieren sie in Fremdenverkehrsgebieten tendenziell die touristische Nachfrage und die fremdenverkehrswirtschaftliche Wertschöpfung. Berücksichtigt man zudem, daß z.B. im Fremdenverkehrsjahr 1980/81 44% der Aufenthalte französischer Urlauber in den Privathaushalten von Familienmitgliedern oder Bekannten stattgefunden haben (M. BERTRAND 1984b, S. 256) und daß sich dieser Anteil seit Anfang der siebziger Jahre von 36% (vgl. A. PLETSCH 1981, S. 200) deutlich erhöht hat, so wird sichtbar, daß die für die Landesentwicklung in Frankreich nutzbaren volks- und regionalwirtschaftlichen Auswirkungen der zunehmenden freizeitorientierten räumlichen Mobilität durchaus differenziert zu beurteilen sind.

In diesem Zusammenhang ist zudem erwähnenswert, daß eine Vermehrung von Freizeitbedürfnissen nicht unbedingt mit einer Zunahme der Konsumbedürfnisse gleichzusetzen ist (vgl. C. ANDREAE 1970, S. 191), obgleich letzteres häufig beobachtet werden kann und zur Ausbildung freizeitspezifischer industrieller Produktion

---

6   Als Logements Vacants werden nicht nur neue, zum Verkauf oder zur Vermietung bereitstehende Wohnungen angesehen; nach der Definition des I.N.S.E.E. zählen auch jene Wohnungen dazu, die vom Eigentümer weder als Haupt- noch als Zweitwohnsitz genutzt werden.
7   Nach Auskunft von Monsieur BRUNETIERE, Leiter des D.D.E. im Département Pyrénées-Orientales, Perpignan.

geführt hat (vgl. K. HOTTES 1981). Hinzu kommt, daß das Spektrum alternativer (nichtkonsumtiver) Verwendungen der freien Zeit in den industriellen Gesellschaften tendenziell zunimmt (M. SCHWANINGER 1983).

1979 gaben die französischen Haushalte im Durchschnitt für Freizeit, Urlaub, Kultur und Bildung 10,5% ihres Budgets aus, 2,7% davon waren Aufwendungen für Ferienreisen und zum Unterhalt von Zweitwohnsitzen (M. GLAUDE/M. MOUTARDIER 1984, S. 294). 1981 wurden in Frankreich von Ausländern und Franzosen 232,34 Mrd. FF für touristische Zwecke ausgegeben (A. MESPLIER 1984, S. 22), das entspricht 110% des in jenem Jahr erzielten französischen Umsatzsteueraufkommens.

Unter dem räumlich differenzierenden Aspekt der Regionalwissenschaften besteht ein wesentliches Merkmal von Tourismus und Freizeitverkehr darin, daß mit ihnen die Raumüberwindung von Informationen, Menschen und Kapital verbunden ist. In der Nachfrage nach touristischen Konsumgütern verbinden sich nicht nur Einkommens- und Freizeitelastizität (C. ANDREAE 1970, S. 150) miteinander, die räumliche Dimension des touristischen Nachfrageeffektes zeigt sich in der Verlagerung von konsumtiven Ausgaben und Investitionskapital aus den touristischen Herkunfts- in die Zielgebiete. Dieser monetäre Transfer erscheint prinzipiell geeignet, räumliche Disparitäten im nationalen und internationalen Maßstab auszugleichen.

Tourismus, der Regionsgrenzen überschreitet, stellt dabei den Export bzw. Import von Dienstleistungen dar. Insbesondere im internationalen Tourismus können tourismusbedingte Zahlungsbilanzüberschüsse fehlende Überschüsse aus dem Güterexport substituieren. Der positive Effekt von touristisch bedingten Zuflüssen an Devisen bzw. – im Binnentourismus – von Landeswährung wird jedoch dadurch relativiert, daß das touristische Produkt weder transport- noch lagerfähig ist; sein Beitrag zur Regionalökonomie hängt also davon ab, daß es am Entstehungsort von Regionsfremden konsumiert wird. Es ist somit in besonderem Maße von extraregionalen Einflußfaktoren abhängig. Standortgebundenheit und Saisonalität der Nachfrage prägen das fremdenverkehrswirtschaftliche Angebot, eine hohe Kapitalintensität ist die Folge (vgl. K. KULINAT/A. STEINECKE 1984, S. 149). Aus diesem Grunde und weil in der Regel die lokale bzw. regionale Kapitalbasis nicht ausreicht, ist es für im nationalen und internationalen Maßstab etablierte Fremdenverkehrsgebiete typisch, daß die Investitionen in touristische Einrichtungen mit fortschreitendem Ausstattungs- und Entwicklungsstand zunehmend durch extraregionale Kapitalgeber erfolgen. Dabei zeigt der Prozeß dieser expandierenden Allokation regionsfremden Kapitals in touristische Entwicklungsprojekte eine erstaunliche Unabhängigkeit von den jeweiligen politischen und ökonomischen Rahmenbedingungen. Er ist im System der sozialistischen Plan- bzw. Staatsverwaltungswirtschaft[8] ebenso zu finden wie in den liberal-marktwirtschaftlich organisierten Volkswirtschaften und in den hochindustrialisierten Staaten ebenso wie in sogenannten Entwicklungsländern.

---

8   In diesem Zusammenhang sind z.B. die Ferienheime und andere Unterkünfte zu nennen, die von Betrieben aus dem Binnenland der ehemaligen DDR an der mecklenburgischen Ostseeküste eingerichtet und betrieben wurden.

2.2 TOURISMUS UND REGIONALENTWICKLUNG

2.2.1 ZUR SPRACHLICHEN UND INHALTLICHEN MEHRDEUTIGKEIT DES ENTWICKLUNGSBEGRIFFES

Eine Analyse der Beziehungen zwischen Tourismus und Regionalentwicklung muß in ihrer Anlage und Zielsetzung notwendigerweise der Mehrdeutigkeit des Entwicklungsbegriffes Rechnung tragen. Diese besteht zum einen hinsichtlich des Verlaufes von Entwicklungsprozessen, zum anderen findet seit dem Ende des Zweiten Weltkrieges, besonders aber seit den sechziger Jahren, in den Sozial- und Raumwissenschaften eine weitgehend kontroverse Diskussion darüber statt, was als „Entwicklung" zu gelten habe. Wenn dabei die ökonomischen Bestimmungsgrößen zunehmend hinter den sozialen zurücktreten, so beruht dies z.T. darauf, daß die entwicklungspolitischen und -theoretischen Kontroversen hinsichtlich der Entwicklungsziele und -strategien das ansteigende Entwicklungsgefälle zwischen den hochindustrialisierten Staaten und zahlreichen Entwicklungsländern zum Gegenstand haben (vgl. dazu R. v. ALBERTINI 1981; Y. LACOSTE 1982; B. MÜLLER 1983, S. 27ff.).

Bereits an dieser Stelle sei darauf hingewiesen, daß keine objektiven, wertneutralen Kriterien für „Entwicklung" existieren; vielmehr handelt es sich um einen normativen Begriff (A. SALIN 1973, S. 24ff.; D. SEERS 1974, S. 40), dessen Maßstäbe sich an konsensfähigen, international anerkannten Mindeststandards (sogenannten Grundbedürfnissen), an als vorbildlich empfundenen Beispielen oder auch an den sich wandelnden Bedürfnisniveaus der betroffenen Bevölkerungen (Y. LACOSTE 1982, S. 73ff.) orientieren. Damit unterliegt die inhaltliche Ausfüllung von „Entwicklung" einer permanenten, auf Anpassungszwänge zurückgehenden Dynamik.

Hinzu kommt, daß der Aspekt des Verlaufes von Entwicklungsprozessen exakt zu analysieren ist. „Entwicklung", verstanden als die Zustandsveränderung sozioökonomischer bzw. raumstruktureller Sachverhalte, kann das Ergebnis eines *ungesteuerten Geschehensablaufes* sein; neben den Zufall treten historische oder auch den Marktprinzipien unterworfene Veränderungen, die keinen räumlichen oder zeitlichen Vorgaben unterliegen.

Im gegenteiligen Fall beinhaltet der Entwicklungsbegriff die Transformation sozioökonomischer oder räumlicher Strukturen als Ergebnis geplanter, *partiell oder total gesteuerter Prozesse.* Hierzu zählen Entwicklungspolitiken, die staatliche oder gesellschaftliche Interventionen beinhalten und zielgerichtet sind, aus räumlicher Sicht besonders Maßnahmen der Regionalpolitik, d.h. staatliches Handeln zur Beeinflussung regionalwirtschaftlicher Entscheidungen (F. BUTTLER et al. 1977, S. 114). In diesem Sinne kann die französische Raumordnungspolitik des *Aménagement du Territoire* als die zielgerichtete, methodische Organisation und Veränderung des Raumes betrachtet werden[9]. Selbstverständlich können geplante Entwicklungsmaßnahmen Prozesse induzieren, die eine nicht vorhergesehene Eigendynamik entfalten und ggf. dem Entwicklungsziel entgegenwirken[10].

---

9 Zur Problematik der Definition des Aménagements im französischen Sprachgebrauch vgl. J. JUNG (1971, S. 15–27).
10 Dieser Fall tritt bei touristischen Entwicklungsprojekten z.B. ein, wenn die Intensität des

Vom Ende des Zweiten Weltkrieges bis zum Beginn der siebziger Jahre wurde „Entwicklung" vielfach synonym für wirtschaftliches Wachstum verwendet, als Zunahme des realen Sozialproduktes, wobei neben die quantitative Erhöhung des regionalen Outputs ggf. auch seine strukturelle Verbesserung trat (vgl. L. SCHÄTZL 1978, S. 87ff.). Auch wenn außerökonomische Einflußfaktoren (z.B. das politisch-soziale System, die Raumstruktur, der technische Entwicklungsstand, die Infrastruktur) als Variable des wirtschaftlichen Wachstums angesehen wurden, so bleibt diese Konzeption doch primär ökonomisch orientiert, vor allem wird Wachstum als Voraussetzung von Entwicklung bzw. als Indikator für Entwicklungspotential angesehen. Die Verteilungsgerechtigkeit hinsichtlich der Einkommen bzw. Einkommenszuwächse wird nicht berücksichtigt; negative Korrelationen zwischen Wachstum und Entwicklung sind möglich (J. FRIEDMANN/M. DOUGLAS 1975, S. 170ff.; D. SEERS 1974, S. 48).

Die unkritische Interpretation der Ausweitung der Produktion als Wohlstandsmehrung (L. SCHÄTZL, S. 23), die Gleichsetzung von regionalem Wachstum und Entwicklung sind heute weitgehend umstritten. Obwohl in den Industriestaaten als Ergebnis der neoklassischen, auf Steigerung des ökonomischen Wachstums ausgerichteten Regionalpolitik eine weitgehende Harmonisierung der Lebensbedingungen, z.B. hinsichtlich der Infrastrukturausstattung erreicht wurde, steht diesen Partialerfolgen „die weitere Zunahme der räumlichen Konzentration von Entscheidungsstrukturen, hochwertigen Arbeitsplätzen und Dienstleistungsangeboten, Innovationspotentialen usw." gegenüber (D. BARTELS 1978, S. 237). Die „Einsicht, daß die Gleichsetzung von gesamtwirtschaftlicher Produktion und der Wohlfahrt der Bevölkerung nicht mehr problemlos gegeben ist, sondern daß sich vielmehr in entwickelten Industrieländern zwischen beiden Bereichen erhebliche Diskrepanzen zeigen" (G. THIEME 1985, S. 216), führte zu der Erkenntnis, „daß Entwicklung nicht nur ein ökonomischer, sondern auch ein gesellschaftlicher Prozeß ist und daß die Lebensqualität der Menschen mit monetarisierbaren Werten nicht hinreichend beschrieben werden kann" (L. SCHÄTZL 1981, S. 23).

Es ist nicht Aufgabe der vorliegenden Arbeit, die Probleme der Sozialindikatorenforschung zu diskutieren, zumal da über Sozialindikatoren soziale Ziele und Normen nicht zu definieren sind (G. THIEME 1985, S. 217). Betrachten wir mit D. SEERS (1974, S. 40) Entwicklung als einen Begriff, der „praktisch synonym für Verbesserung" der langfristigen Lebens- und Arbeitsbedingungen ist, so können Entwicklungsziele als „normative Zielvorstellungen künftiger Bedarfsbefriedigung in realisierbaren Grenzen" definiert werden (D. BARTELS 1978, S. 231), wobei in der Diskussion um räumliche Äquivalenzrelationen „unabdingbare Mindeststandards oder Prioritäten zukünftiger *Gleichwertigkeit*" zu fordern sind. Entwicklung umfaßt somit ökonomische, soziale, politische und kulturelle Inhalte.

Ein derartig komplexer Entwicklungsbegriff weist zugleich auf potentielle Zielkonflikte umfassender Entwicklungsstrategien hin. Diese müssen neben wachstums- auch ausgleichspolitische Zielsetzungen enthalten, um der umfassenden

Entwicklungsprozesses so hoch ist, daß sie durch Überlastungserscheinungen die Attraktivität des touristischen Raumes (Hochgebirgstal, Küstenabschnitt etc.) beeinträchtigt oder zerstört.

Entwicklung von Teilen eines räumlichen Ganzen dienen zu können. Dabei steht jedoch das regionalpolitische Paritätsziel im Widerspruch zu Forderungen, durch regionale Polarisierung das sozioökonomische Entwicklungspotential zu maximieren, d.h. das ausgleichs- dem wachstumspolitischen Element unterzuordnen.

2.2.2 DIE RÄUMLICHE UND ZEITLICHE DYNAMIK DER TOURISTISCHEN PERIPHERIEN UND DAS PROBLEM DER REGIONALEN PARTIZIPATION

Die Möglichkeit, den Tourismus als ein Instrument der Regionalentwicklung zu nutzen, resultiert im wesentlichen aus der räumlichen Verteilung der Standorte des Urlaubsreiseverkehrs. Sie sind in jenen Räumen konzentriert, die durch eine periphere Lage zu den Hauptherkunftsgebieten der Urlaubsreisenden, den Agglomerationen von Bevölkerung und Arbeitsplätzen im sekundären und tertiären Wirtschaftssektor, gekennzeichnet sind. Bereits W. CHRISTALLER (1955, S. 5f.), der die Peripherieorientierung der touristischen Standorte erstmals theoretisch zu begründen versuchte, weist zugleich auf das dynamische Element der touristischen Standortwahl hin, es findet „ein stetiges Vordringen der äußeren Front der Fremdenverkehrsorte in noch nicht oder kaum erschlossenes Neuland der Peripherie statt". Dabei ist der Prozeß des von den Verdichtungsräumen aus gesehenen nach außen gerichteten Vordringens der touristischen Peripherie diskontinuierlich; er verläuft häufig in „Sprüngen", durch welche touristische Pionierstationen in einem touristisch noch nicht erschlossenen Umland geschaffen werden, ohne daß die agglomerationsnäheren Fremdenverkehrsorte in der Folge ihre touristische Funktion verlieren (vgl. J.-M. MIOSSEC 1976, S. 54ff.).

Die wichtigsten Elemente der an CHRISTALLER anschließenden Standort- und Entwicklungstheorien (vgl. P. DEFERT 1966; F. GEIGANT 1967, 1973; E. GORMSEN 1981, 1983; W. LEIMGRUBER 1975; J. O. LUNDGREN 1972; J.-M. MIOSSEC 1977; F. RAJOTTE 1975) sind somit genannt: peripherer touristischer Standort, peripheriegerichtete Standortverlagerung und die damit verbundene zunehmende Distanz zwischen Herkunfts- und Zielorten der Touristen. Obwohl der Ausweitung der touristischen Peripherien tendenziell steigende Reisekosten und -dauer entgegenstehen (vgl. K. KULINAT/A. STEINECKE 1984, S. 70), ist doch hervorzuheben, daß die Erreichbarkeit von Reisezielen durch einfache Distanz-Kosten-Zeit-Relationen nur partiell beeinflußt wird. Die durch die modernen Organisationsformen des Reisens (Charterflüge, Busreisen, Spezialtarife für Bahnreisende, Dominanz des privaten Pkw bei Individualreisenden[11]) bewirkte Kostenreduktion bei der Raumüberwindung sowie die Einbeziehung des Reisevorganges in das Urlaubserlebnis (vgl. F. RAJOTTE 1975, S. 47) führte dazu, daß im Tourismus Entfernungen als *wirtschaftliche und psychologische Distanz* (P. DEFERT 1966, S. 101) anzusehen sind.

Aus der Relativierung des Distanzfaktors folgt, daß auch sehr peripher in ausgesprochener Abseitslage gelegene Räume touristisch erschlossen werden können, sofern es gelingt, in ihnen ein im kontinentalen und interkontinentalen Maßstab

---

11 75% der französischen Urlaubsreisenden benutzten 1982 einen PKW (M. BERTRAND 1983b, S. 328).

konkurrenzfähiges touristisches Produkt zu lokalisieren. Der durch die Allokation von touristischem Konsumieren und Investieren erreichte räumliche Ausgleichseffekt kommt damit Gebieten zugute, die als „unterentwickelt"[12] gelten, also durch sozioökonomische Strukturschwäche gekennzeichnet sind. Dies äußert sich in der überdurchschnittlichen Bedeutung des – häufig noch traditionellen Wirtschaftsweisen verhafteten – agraren Wirtschaftssektors, dem Fehlen von Arbeitsplätzen im sekundären Sektor sowie insgesamt einem geringen Modernisierungsgrad der nichtlandwirtschaftlichen Wirtschaftssektoren. Hinzu treten Mängel in der infrastrukturellen Raumausstattung. Die Bevölkerung in diesen abseits zu den ökonomischen und politischen Zentren gelegenen Räumen unterliegt häufig einem negativen Selektionsmechanismus; die in dem Mangel an Arbeitsplätzen begründete Abwanderung junger, aktiver Bevölkerung führt zu Überalterung und einer negativen Bevölkerungsbilanz. Sind Zuwanderer vorhanden, so handelt es sich bei ihnen häufig um Ruheständler, eine weitere negative Veränderung der Altersstruktur ist die Folge.

Mit Hinblick auf das Wanderungsverhalten wies bereits W. CHRISTALLER (1955, S. 6) auf ein Spezifikum der räumlichen Verflechtung zwischen Fremdenverkehrsgebieten und ihrem Einzugsgebiet hin: die Richtung der Freizeitmobilität ist derjenigen der sonstigen, auf wirtschaftlichen Faktoren beruhenden Wanderungen, d.h. den interregionalen Faktorwanderungen (vgl. L. SCHÄTZL 1981, S. 89ff.), entgegengesetzt. Diese Gegenläufigkeit der touristischen Personen- und Kapitalströme ist dazu geeignet, den regionalen ökonomischen Differenzierungsprozessen, die zur Vergrößerung regionaler Disparitäten beitragen, entgegenzuwirken. Dabei ist jedoch zu beachten, daß die Dynamik der touristischen Peripherien neben der ökonomischen auch eine sozialgeographische Komponente besitzt, die mit dem Problem der unterschiedlichen regionalen Partizipation, „der im weitesten Sinne aktiven Beteiligung der einheimischen Bevölkerung am eigenständigen Entwicklungsprozeß der eigenen Region" (E. GORMSEN 1983b, S. 609) verbunden ist.

E. GORMSEN (1981, 1983b) versucht, das dynamische Element der touristischen Standortverlagerung am Beispiel des Küstentourismus aus eurozentrischer Sicht im weltweiten Bezug darzustellen.

Auch wenn das Schema der räumlichen und zeitlichen Entwicklung der Peripherien des Küstentourismus bei GORMSEN primär das Ziel verfolgt, die touristische Entwicklung der Dritten Welt zu analysieren und zu erklären, so sind gerade unter dem Aspekt der sozialen Modifikation des Entwicklungsbegriffes die Beziehungen zwischen Angebotsstrukturen und Intensität der regionalen Partizipation von allgemeiner, regionalpolitischer Bedeutung. *Regionale Partizipation* im Sinne einer *Integration einheimischer Bevölkerung in den Entwicklungsprozeß* kann als Indikator dafür dienen, inwieweit die soziale Komponente in den touristischen Entwicklungsprozessen und -projekten wirksam wird.

Dabei ist von besonderem Interesse, wem gesteigerte Umsätze, Einkommen, Arbeitsmarkteffekte zugute kommen; es geht also um die Frage, inwieweit die autochthone Bevölkerung von der touristischen Entwicklung profitiert oder – anders

---

12 Zur generellen Diskussion des Merkmals der Unterentwicklung vgl. Y. LACOSTE (1982, S. 22–38).

formuliert – inwieweit der Tourismus zur „endogenen Entwicklung" (H. ELSASSER/ H. LEIBUNDGUT 1985) beiträgt. In diesem Zusammenhang interessieren auch die Auswirkungen des Tourismus auf demographische bzw. soziostrukturelle Merkmale (Bevölkerungsaufbau nach Alter und Geschlecht, Wanderungsverhalten, Integration junger und besonders weiblicher Arbeitskräfte in das Erwerbsleben, Veränderungen der regionalen Berufsstruktur). Dieser sozialgeographische Untersuchungsansatz komplementiert die ökonomische Verflechtungsanalyse.

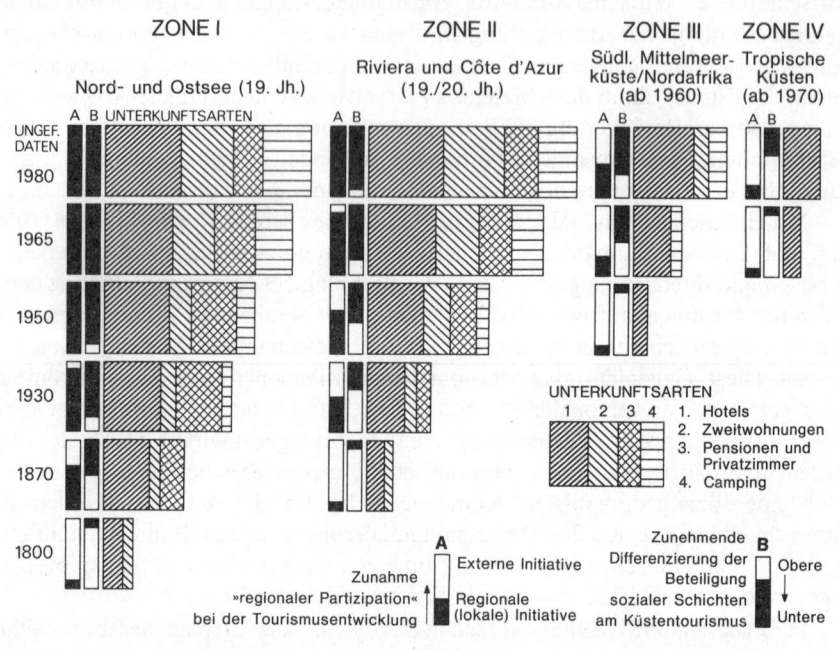

Abb. 1 Die räumliche und zeitliche Entwicklung des internationalen Küstentourismus

In der in Abb. 1 dargestellten Verbindung von räumlich-zeitlicher Dynamik touristischer Peripherien und unterschiedlicher touristischer Angebotsstrukturen werden modellhafte Zusammenhänge zwischen touristischer Entwicklung und der aus ihr erwachsenen Abhängigkeit peripherer Regionen von einem Zentrum im Sinn von core-periphery-Beziehungen (vgl. S. 25ff.) der polarisationsbezogenen Entwicklungstheorien verdeutlicht.

J. O. LUNDGREN (1972) und T. L. HILLS/J. O. LUNDGREN (1977) sehen in der Entwicklung des touristischen Reisesystems ein Instrument der „metropolitan dominance" über nationale und internationale touristische Zielgebiete; dabei werden die Formen des organisierten Reisens und die modernen, urbanen Transportmechanismen als Mittel angesehen, die den Touristen in Abhängigkeit von dem metropolitan bestimmten logistischen Reisesystem halten. Dem Kontext einer polarisationstheoretischen Grundannahme ist die von B. MÜLLER (1983, S. 40f.) formulierte Frage nach den Zusammenhängen zwischen Fremdenverkehrsentwicklung von peripheren Regionen und „organisierter Abhängigkeit" von den Zentren zuzurechnen, die von ihm für Mexiko insofern positiv beantwortet wird, als daß er als Ergebnis touristischer Erschließung eine verstärkte Abhängigkeit von der core-region und eine zunehmende räumliche Heterogenität in den peripheren Regionen feststellt (B. MÜLLER 1983, S. 168f.).

Es sei in diesem Zusammenhang jedoch ausdrücklich darauf hingewiesen, daß die Untersuchung von „Freizeitperipherien" (L. TURNER/J. ASH 1975), die Diskussion der Probleme von regionaler Partizipation am touristischen Entwicklungsprozeß sowie die Frage der durch touristische Entwicklung initiierten Abhängigkeit peripherer Regionen weitgehend aus der Analyse des internationalen Reiseverkehrs, besonders zwischen Industriestaaten und Entwicklungsländern, entstammen. Gleiches gilt für die z.T. grundsätzliche Kritik am Einsatz des Tourismus als Instrument der Regionalentwicklung[13], die neben der Behauptung einer angeblich geringen ökonomischen Effizienz touristischer Entwicklungsmaßnahmen besonders auf soziokulturelle und -strukturelle Probleme bei der Ausweitung der touristischen Peripherien abzielt. Angesichts der von Land zu Land variierenden Voraussetzungen für eine touristische Erschließung erscheinen generalisierende Aussagen sehr fragwürdig.

Die Problematik der Beziehungen zwischen touristischer Erschließung, regionaler Partizipation und durch den Tourismus bedingten Abhängigkeit der unterentwickelten Peripherien der Dritten Welt von den industriestaatlichen Herkunftsgebieten von Touristen und Kapital im Sinne einer core-periphery-Beziehung basiert hauptsächlich auf dem Vorherrschen des organisierten Reisens im internationalen Ferntourismus. Häufig treten dabei Reiseunternehmen (tour operators) zugleich als Investoren in der Hotelbranche auf; ein organisatorischer Verbund, der im 19. Jahrhundert in Europa[14] und Nordamerika[15] durch die großen Eisenbahngesellschaften praktiziert wurde und den gegenwärtig die großen Luftverkehrsgesellschaften[16] fortführen.

Bei der folgenden Betrachtung des Problems regionaler Partizipation wird in Anbetracht der Themenstellung von der speziellen Entwicklungsländerproblematik abgehoben. Viele der in der internationalen Weltwirtschafts- und -währungssituation begründeten Abhängigkeitsprobleme stellen sich selbst bei erheblichem Entwicklungsgefälle *innerhalb* von Industriestaaten nicht, zudem sind die entwicklungspolitischen Prioritäten nicht vergleichbar. Dennoch tritt das Problem der „regionalen Fremdbestimmung" auch in durch städtische, funktionalisierte Gesellschaften ge-

---

13 Vgl. z.B. K. KULINAT/A. STEINECKE (1984, S. 138ff.) und E. de KADT (1979, S. 3–75).
14 Als europäisches Beispiel können die Aktivitäten, die britische Eisenbahngesellschaften auf dem Hotelsektor entfalten, dienen. 1902 führte RUFFS HOTELGUIDE 70 Hotels in Großbritannien auf, die Eisenbahngesellschaften gehörten oder von ihnen kontrolliert wurden (s. S. MEDLIK 1972, S. 37).
15 Zum Beispiel die im historisierenden Stil um die Jahrhundertwende errichteten Hotels der Canadian Pacific.
16 Die seit den sechziger Jahren expandierende Intervention der Luftverkehrsgesellschaften auf dem Hotelsektor resultiert aus der Notwendigkeit, für das seinerzeit als Folge sinkender Flugtarife rasch ansteigende Fluggastaufkommen Unterkünfte bereitzustellen; sie hat also einen instrumentellen Charakter (vgl. G. YOUNG 1973, S. 99–101).

prägten Räumen auf. D. BARTELS (1978, S. 234) sieht „regionale Fremdbestimmung" als Resultat „steigender Fernfunktionalität von Teilräumen und sinkender regionaler Lebensordnungs-Autonomie" z.B. „Flächenwidmungen völlig außerhalb des jeweiligen lokalen (und regionalen) Nutzungs- und Dispositionszusammenhanges".

Es ist daher zu fragen, inwieweit touristische Erschließung zentral-periphere Abhängigkeiten auch in Industriestaaten hervorrufen und ob das Problem der regionalen Partizipation im touristischen Entwicklungsprozeß tatsächlich, wie in Abb. 1 dargestellt, in der Gegenwart auf die touristischen Peripherien der Dritten Welt beschränkt ist. Es ist zu überprüfen, ob die räumliche Verlagerung der touristischen Peripherien mit einer Verlagerung der Partizipationsproblematik und ihrer Aufhebung in den „alten" Fremdenverkehrsgebieten einhergeht.

Am Beispiel des mediterranen Frankreich wird daher untersucht, ob und ggf. in welchem Maße die regionale Partizipation und Abhängigkeitsverhältnisse gegenüber dem Zentrum *allgemeine Probleme* der touristischen Entwicklung peripherer Regionen darstellen. Dabei sind regional unterschiedliche touristische Entwicklungsverläufe, die Dominanz des Individualtourismus und die räumliche Interferenz von Tourismus und Freizeitverkehr zu beachten.

Eine Integration der autochthonen Bevölkerung in den touristischen Entwicklungsprozeß würde nicht nur den ökonomischen und sozialen Zielen von Regionalentwicklung entsprechen, sondern auch zur Korrektur von Fehlentwicklungen beitragen, die der zunehmenden räumlichen Spezialisierung innerhalb der modernen Funktionsgesellschaft zuzurechnen sind.

2.2.3 TOURISMUS UND REGIONALWIRTSCHAFTLICHE ENTWICKLUNGSEFFEKTE
– PROBLEME IHRER ERFASSUNG UND BEWERTUNG

Die Beurteilung der regionalwirtschaftlichen Auswirkungen der touristischen Erschließung peripherer Räume, die in den sechziger Jahren undifferenziert positiv ausgefallen war, erfuhr in den vergangenen zwei Jahrzehnten einen deutlichen Wandel. Sowohl hinsichtlich der Auswirkungen einer weiterhin zunehmenden touristischen Nachfrage in Entwicklungsländern (vgl. M. E. BOND/J. R. LADMAN 1972a; G. CAZES et al. 1973; E. de KADT 1979; F. J. KEMPER 1978, S. 81ff.; K. KRUŠNIK 1978; D. G. PEARCE 1981, S. 43ff.), als auch angesichts der Konzentrations- und Überlastungsprobleme bei der touristischen Inwertsetzung von peripheren Regionen in Industriestaaten (vgl. W. DANZ 1985; H. ELSASSER/H. LEIBUNDGUT 1985; M. SCHWANINGER 1983) ist festzustellen, daß neben den unbestreitbar positiven ökonomischen Effekten der touristischen Entwicklung nunmehr auch ihre negativen *ökonomischen und sozialen Faktoren* hervorgehoben werden.

Zu den positiven ökonomischen Effekten touristischer Konsumausgaben und Investitionen in peripheren Räumen zählen die Steigerung von Umsätzen und Einkommen durch Primär- und Sekundäreffekte in diesen Gebieten. Weiterhin sind die Vergrößerung der Nachfrage nach einheimischen Arbeitskräften im Dienstleistungsgewerbe und in den mit ihm durch Rückwärtskoppelungseffekte verbundenen anderen Wirtschaftssektoren, die Erhöhung des regionalen kommunalen und staatlichen Aufkommens an Steuern und Abgaben, im internationalen Tourismus auch positive Zahlungsbilanzeffekte und Devisenzuflüsse zu nennen. Ihnen stehen als negative ökonomische Faktoren die hohe Kapitalintensität der touristischen Entwicklung, die qualitativ selektive und z.T. nur saisonale Inanspruchnahme des lokalen bzw. regionalen Arbeitsmarktes, sowie relativ hohe Sickerraten des durch den Tourismus erzielten Einkommens gegenüber. Hinzu kommen als häufig negative soziale Effekte, die teilweise zu sozialen Kosten führen, touristisch bedingte Umweltbelastungen und beim Zusammentreffen von modernem Massentourismus und traditional geprägten gesellschaftlichen Normen der Bewohner der touristischen Zielgebiete Probleme der Akkulturation.

Es ist keinesfalls statthaft, verallgemeinernd negative Beziehungen zwischen Tourismus und Umwelt bzw. Tourismus und Akkulturation traditionaler Gesellschaften zu postulieren (vgl. die differenzierenden Analysen v. E. GORMSEN 1983, S. 612ff.; E. de KADT 1979; D. G. PEARCE 1981). Die touristische Inwertsetzung diente durchaus auch als Agens einer erstrebenswerten Modernisierung oder der Verbesserung der Umweltqualitäten[17]. Der Tourismus wird heute daher als *eine* von mehreren Möglichkeiten der regionalwirtschaftlichen Entwicklung und Modernisierung betrachtet, zu der im Regelfalle durchaus Alternativen zu prüfen sind. Von deren Vorhandensein sollte es dann z.B. abhängen, ob und ggf. in welchem Maße bei einer vergleichenden regionalwirtschaftlichen Analyse Opportunitätskosten für Arbeit und Kapital in Rechnung gestellt werden können.

Die Bewertung der regionalwirtschaftlichen Konsequenzen der touristischen Entwicklung hätte also im Idealfall nicht nur anhand einer ökonomischen Kosten-Nutzen-Analyse zu erfolgen. Es wäre vielmehr notwendig, die sozialen Kosten, welche z.B. aus den durch den Tourismus verursachten sozialen Problemen der autochthonen Bevölkerung und der Inanspruchnahme der naturnahen Umwelt entstehen, in Kosten-Nutzen-Berechnungen einzubeziehen. Im Hinblick auf das südfranzösische Untersuchungsgebiet erscheint ein derartig umfassendes Bewertungsverfahren z.Zt. allerdings nicht realisierbar, die Gründe dafür sind technischer und prinzipieller, methodischer Natur.

Eine Kosten-Nutzen-Analyse setzt das Vorhandensein differenzierter wirtschaftsstatistischer Daten voraus, die in Frankreich auf regionaler Ebene nicht verfügbar sind (vgl. u. S 34). Hinzu kommt das prinzipielle Problem, daß es bisher nicht gelungen ist, den Wert von „Natur", Umwelt etc. ökonomisch zu quantifizieren (L.-A. PETITHERRERA 1982, S. 12). Seine Gleichsetzung mit den Aufwendungen zur Behebung oder Vermeidung von Umweltschäden (vgl. L. SCHÄTZL 1981, S. 22) erscheint unangemessen und ist im letztgenannten Fall auch schwer in Marktpreisen zu quantifizieren. Die Methodik der Kosten-Nutzen-Analyse impliziert also ihre inhaltliche Unvollständigkeit.

Ein seit den sechziger Jahren häufig beschrittener Weg der regionalwirtschaftlichen Evaluierung tourismusbedingter Konsumtion und Investitionen besteht darin,

---

17 Die Notwendigkeit zur Verbesserung der Umweltqualität resultiert aus dem Faktum, daß die Umwelt Bestandteil des touristischen Produktes ist. Im Unterschied zur Landwirtschaft und Industrie stellen Umweltprobleme in Fremdenverkehrsgebieten *langfristig* nicht nur Kostenfaktoren dar, sondern die Nachfrage als solche in Frage.

deren Multiplikatoreffekte zu berechnen. Dazu diente z.B. der sogenannte Fremdenverkehrsmultiplikator, der in Anlehnung an den von J. M. KEYNES in den dreißiger Jahren formulierten Standardmultiplikator[18] entwickelt wurde. Aufgrund der Exportbasis-Theorie verursachen die ökonomisch den Einkommen aus Exporten gleichzusetzenden Einkünfte aus dem Tourismus in einem Ein-Regionen-Modell Einkommenszuwächse, die – nach Abzug der Sickerverluste[19] – für lokale Güter und Dienste ausgegeben werden und auf diese Weise erhöhte Regionaleinkommen durch eine Steigerung von Produktion und Einkommen des lokalen Sektors bedingen (vgl. L. SCHÄTZL 1978, S. 108ff.). Dabei ist es unter dem Aspekt der Regionalentwicklung von Bedeutung, daß über den Multiplikatoreffekt prinzipiell auch Einkommenszuwächse außerhalb des Dienstleistungssektors geschaffen werden. Dies geschieht z.B. durch Rückkoppelungseffekte zum primären und sekundären Wirtschaftssektor. Im allgemeinen werden die Multiplikatoren als Umsatz-, Einkommens- und Beschäftigungs- bzw. Arbeitsplatzmultiplikatoren (D. G. PEARCE 1981, S. 60ff.) berechnet. Ein Problem der Operationalisierbarkeit stellt dabei auch hier die – für das Untersuchungsgebiet nicht gegebene – Verfügbarkeit regionalisierter und an die Fragestellung angepaßter, disaggregierter Input-Output-Tabellen dar.

Obwohl die ökonomischen Mechanismen des Multiplikatoreffektes durchaus einsichtig erscheinen, belegen neuere empirische und theoretische Arbeiten (B. A. ARCHER 1977; M. NEGRE 1978; M. STEGGER 1980), daß sich die Multiplikatoranalyse nicht zum Planungsinstrument eignet. Sie vermag keine mittel- und langfristig gültige Aussagen hinsichtlich der ökonomischen Auswirkungen der touristischen Entwicklung zu geben und gestattet es nicht, längerfristige Investitionsprojekte im Tourismus vergleichend zu evaluieren. Die inhaltlichen und methodischen Defizite einer Interpretation von Multiplikatoreffekten hinsichtlich der Beziehungen zwischen touristischer Nachfrageausweitung und Regionalentwicklung werden im folgenden in Übereinstimmung mit ARCHER und NEGRE zusammengefaßt. Dabei sind die der Multiplikatortheorie zugrundeliegenden *restriktiven Annahmen* kritisch hervorzuheben.

– Die Multiplikatoranalyse basiert auf der Annahme, daß infolge von Unterauslastung, die auch für konstante relative Preise sorgt, die Opportunitätskosten für Arbeit und Kapital gleich Null sind. Es wird also eine vollständige Elastizität des Angebots vorausgesetzt und angenommen, daß auf eine Ausweitung der Nachfrage mit Mengen- statt mit Preisänderungen reagiert wird. Selbst wenn man die für Industriestaaten völlig irreale und auch für Entwicklungsländer – abgesehen von der Problematik der beruflichen Qualifikation – kaum zutreffende Annahme von zu vernachlässigenden Arbeitskosten voraussetzen würde[20], so ist doch der Einsatz des

---

18 Vgl. B. A. ARCHER (1977, S. 5).
19 Dazu zählt z.B. eine aus touristischen Einnahmen bestrittene Spartätigkeit der ortsansässigen Bevölkerung.
20 Eine Vernachlässigung des Kostenfaktors Arbeit ist, da auch qualifizierte Tätigkeiten verrichtet werden müssen, nur bei Modellprojekten denkbar, deren Arbeitskosten von dritter Seite (z.B. im Zusammenhang mit Entwicklungshilfeprojekten) erstattet werden.

knappen Faktors Kapital in der kapitalintensiven Fremdenverkehrswirtschaft mit hohen Opportunitätskosten verbunden[21].

– Bei den auf Input-Output-Modellen beruhenden Multiplikatoren wird davon ausgegangen, daß die Funktionen von Produktion und Konsum linear verlaufen. Hinsichtlich der Produktion bedeutet dies, daß ihre Erhöhung stetige, proportional steigende Inputs erfordert; die economies of scale werden dabei negiert. Angenommen werden in diesem Zusammenhang weiterhin eine Angebotselastizität in allen Bereichen der betroffenen Regionalwirtschaft und eine Konstanz der intersektoralen Rückkoppelungseffekte; Preiserhöhungen als Folge gesteigerter Endnachfrage oder ein durch diese steigender Importanteil am Input werden vernachlässigt. Im Bereich des Konsums wird davon ausgegangen, daß zusätzliche Einkommen analog und proportional zur vorherigen Einkommensverwendung ausgegeben werden. Dies ist eine Annahme, die den empirischen Befunden hinsichtlich des Ausgabeverhaltens bei steigenden Familieneinkommen widerspricht (vgl. B. A. ARCHER 1977, S. 40). Regionalwirtschaftlich ist in diesem Zusammenhang von Bedeutung, daß Veränderungen der Sickerverluste, z.B. durch eine zunehmende Sparquote, nicht erfaßt werden.

– Der Multiplikatoreffekt als „statisches Modell" berücksichtigt nicht den Faktor Zeit. Bezogen auf die Daten *eines* Stichjahres werden vielmehr die Global- und Finaleffekte zusätzlicher touristischer Nachfrage berechnet. Dies geschieht, obwohl eine unterschiedliche Geschwindigkeit der einzelnen Umsatzstufen durchaus zu unterschiedlichen Multiplikatorwerten führen kann (B. A. ARCHER 1977, S. 40f.).

Angesichts der inhaltlichen und methodischen Probleme, die sich bei der Anwendung des Verfahrens der Multiplikatoranalyse von ökonomischen Auswirkungen touristischer Ausgaben unter den Aspekten von Regionalwirtschaft und -entwicklung ergeben, erscheint es sinnvoller, auf die Methoden einer einfacher angelegten Partialanalyse zurückzugreifen. Dabei geht es darum, die direkten und indirekten ökonomischen Wirkungen des touristischen Konsums, von Investitionen im Tourismusgewerbe sowie in den dem Tourismus zugeordneten Infrastruktureinrichtungen[22] zu analysieren. M. NEGRE (1978, S. 89ff.) hat ausführliche theoretische Vorschläge zur systematischen Erfassung der regionalökonomischen Auswirkungen touristischer Entwicklungsprojekte vorgelegt; eine ausführliche Untersuchung dieser Effekte ist aufgrund der Datenlage jedoch nur in Ausnahmefällen – so bei R. KNAFOU 1978, S. 134ff.) – möglich. „La prise en compte de l'ensemble de ces effets économiques apparait extrêmement difficile, sinon impossible: ils peuvent ne se manifester qu'avec tard ... Aussi apparait-il raisonable, en dépit de toute la perte de

---

21 Eine Reduzierung der Opportunitätskosten für Kapital kann auch in industriell entwickelten Gesellschaften (Bsp. Frankreich) erfolgen, wenn regionalpolitisch motivierte Subventionen der öffentlichen Hand gezahlt werden.
22 Als dem Tourismus zugeordnete Infrastruktureinrichtungen zählen solche, die als öffentliche Einrichtungen der Sicherung bzw. Erhöhung der Produktivität des privatwirtschaftlichen Fremdenverkehrsangebotes dienen und damit seine Wettbewerbsfähigkeit verbessern (vgl. H.-G. MÖLLER 1977, S. 366). Obwohl Infrastrukturen im Prinzip privatwirtschaftlich nicht rentierlich zu führen sind, gibt es zahlreiche Beispiele dafür, daß sich Privatwirtschaft und öffentlich-rechtliche juristische Personen in die Investitions- und Betriebskosten teilen: Hallenbäder in einigen Ferienzentren, Freizeithäfen an der französischen Mittelmeerküste (Region P.A.C.A.).

précision qui s'ensuit, de se limiter à une évaluation des effets économiques résultant simplement et directement de l'accroissement de revenu au niveau régional induit par la demande touristique, et de l'utilisation de ce revenu sous forme de consomtation ... Les statistiques existants sont peu nombreuses et insuffisamment détaillées, les circuits de distribution sont complexes et mal connus ..." (M. NEGRE 1978, S. 96).

Im Kontext der Frage nach den Zusammenhängen zwischen Tourismus, Regionalentwicklung und Regionalpolitik erscheint eine Konzentration der Analyse auf die wichtigsten ökonomischen Effekte der touristischen Inwertsetzung sinnvoll, d.h. auf:
- Einkommens-, Umsatzsteigerungen und die Zunahme der regionalen Wertschöpfung;
- quantitative und qualitative Arbeitsmarkteffekte;
- die Entwicklung der Einnahmen der öffentlichen Hand;
- Auswirkungen auf die regionale Reisebilanz/Devisenbilanz im nationalen Maßstab.

In diesem Zusammenhang stellt sich das Problem der *Bewertung* der ökonomischen Resultate der touristischen Entwicklung. Über den Aspekt der Berechnung der Opportunitätskosten von Arbeit und Kapital hinaus ist generell zu berücksichtigen, daß häufig in peripheren Räumen alternative Entwicklungsmöglichkeiten zum Tourismus nicht existieren, eine Bezugnahme auf diese also wenig sinnvoll erscheint. Die regionalpolitische Alternative in dieser Situation wäre allein der Verzicht auf Entwicklung in diesen Räumen (M. NEGRE 1978, S. 93).

Besonders deutlich zeigt sich die Bewertungsproblematik, wenn es um die regionalpolitisch brisante Relation zwischen Investitionsvolumen und realisierten Arbeitsmarkteffekten geht; alternative, kostengünstige Entwicklungsmöglichkeiten sind häufig nicht realisierbar (vgl. H.-G. MÖLLER 1977, S. 198ff. u. 1985b, S. 91f.). Hinzu kommt, daß die Aussagekraft der notwendigerweise eher pauschalen Vergleiche unterschiedlicher Entwicklungsmöglichkeiten prinzipiell begrenzt ist, da sie die unterschiedliche Qualität der Arbeitsplätze kaum zu erfassen vermögen. Dies gilt nicht nur für das berufliche Qualifikationsniveau, sondern auch für nicht quantitativ bewertbare Merkmale wie Krisensicherheit und geringe Konjunkturabhängigkeit touristischer Arbeitsplätze, der Befriedigung einer spezifischen Nachfrage nach Saison- bzw. Teilzeitarbeitsplätzen im Fremdenverkehrsgewerbe (vgl. C. BECKER 1979, S. 35) sowie hinsichtlich der Tatsache, daß in peripheren Regionen der Abstand zwischen den Löhnen von Industrie und Dienstleistungsgewerbe – bei vergleichbarer Qualifikation der Arbeitskräfte – relativ geringer als in den wirtschaftlichen Zentren ausfällt.

Eine besondere Schwierigkeit stellt die Bewertung der durch den Tourismus indirekt induzierten Arbeitsplätze dar. Teilweise handelt es sich um zeitlich begrenzte Arbeitsplätze (Baugewerbe, Saisonarbeitsplätze), z.T. ist aufgrund der Verflechtung zwischen den Wirtschaftszweigen und -sektoren der Anteil des Tourismus an den indirekt induzierten Arbeitsplätzen nicht exakt zu ermitteln.

Geht es darum, die ökonomischen Resultate der touristischen Entwicklung unter dem Aspekt der Erfolgskontrolle regionalpolitischer Maßnahmen zu beurteilen, so ist zwischen Vollzugs-, Zielerreichungs- und Wirkungskontrolle (Terminologie nach

T. KELLER 1983, S. 28)[23] zu unterscheiden. In der vorliegenden Untersuchung ist zunächst – soweit empirisch überprüfbare regionalpolitische Ziele vorliegen – eine quantitative Überprüfung des Zielerreichungsgrades beabsichtigt. Die Wirkungskontrolle, die als Makroanalyse von kausalen Ziel-Mittel-Beziehungen angelegt ist und nach der Effizienz der eingesetzten regionalpolitischen Instrumente fragt, muß genaugenommen als partielle Wirkungsanalyse bezeichnet werden, da sie nur die touristischen Entwicklungsprojekte und nicht die Gesamtheit des in einer Region eingesetzten regionalpolitischen Instrumentariums erfaßt (vgl. T. KELLER 1983, S. 29).

Fragen wir nach der Eichung des *Maßstabs für die Bewertung* räumlicher Disparitäten und der zu ihrem Ausgleich eingesetzten regionalpolitischen Maßnahmen, so zeigt sich gerade am Beispiel des zentralistischen französischen Staates eine grundsätzliche Problematik, die im Rahmen dieser Arbeit nicht ausführlich diskutiert werden kann und die dennoch unter dem Aspekt der über die rein quantitative Analyse regionalökonomischer Daten hinausgehenden inhaltlichen Modifikation des Entwicklungsbegriffes zu berücksichtigen ist.

Es geht darum, daß durch uniforme nationale Entwicklungsstandards und Regelungen die Wertungen des nationalen Zentrums (core-region) auf die Peripherien übertragen werden, denen damit gleichsam automatisch ein Nachteil im Wettbewerb zuwächst (vgl. W. STÖHR/F. TÖDLING 1978, S. 105). Die Alternative, eine Pluralität von Wertsystemen, würde Regionen unterschiedlicher Voraussetzungen bessere Chancen einräumen, ihre spezifischen Potentiale zu entwickeln und vergleichbare Zufriedenheitsgrade innerhalb ihrer jeweiligen Wertesysteme zu erreichen. Unter den von W. STÖHR/F. TÖDLING (1978, S. 111f.) aufgeführten Zielen einer alternativen Entwicklungsstrategie erscheinen in diesem Zusammenhang als besonders wichtig:
- die Mobilisierung und Nutzung regionaler Ressourcen;
- die Entwicklung peripherer Regionen gemäß selbstbestimmter Vorgaben anstelle der vorherrschenden Befriedigung externer Nachfrage und Wertmaßstäbe – verbunden mit einer Verstärkung der organisatorischen Kapazitäten auf regionaler Ebene;
- die Berücksichtigung qualitativer und struktureller Aspekte der Regionalentwicklung anstelle der überwiegenden Betonung quantitativer Meßgrößen.

Es ist nicht zufällig, daß ähnliche Zielsetzungen im Rahmen der französischen Dezentralisierungsdiskussion (vgl. P. AYDALOT 1983; B. PLANQUE 1983) aufgegriffen wurden, deren Kritik vor allem den polarisationstheoretischen Grundlagen und Resultaten der französischen Wirtschafts- und Raumordnungspolitik der sechziger und siebziger Jahre gilt. In dem o.g. Zusammenhang ist es z.B. bezeichnend, daß die Wanderungsentscheidungen im Rahmen der französischen Binnenwanderung durch eine eindeutige Bevorzugung der mediterranen Regionen gekennzeichnet sind. Im Unterschied zu den industrialisierten nord- und ostfranzösischen Regionen mit negativen Wanderungssalden weisen Languedoc-Roussillon und Provence-Côte d'Azur die stärksten Zuwanderungen auf (vgl. u. S. 50f.), obwohl sie als periphere

---

23 Dies hat allerdings zur Voraussetzung, daß die touristische Entwicklung als Gegenstand einer spezifisch auf den Fremdenverkehrssektor ausgerichteten Regionalpolitik ausgewiesen wurde. Im mediterranen Südfrankreich trifft dies nur für die Region Languedoc-Roussillon zu; für die Provence und Côte d'Azur fehlt ein umfassendes regionalpolitisches Tourismuskonzept.

Räume negativen sozioökonomischen Gegebenheiten unterliegen und im interregionalen Vergleich mit A. PLETSCH (1982) trotz zahlreicher Modernisierungsmaßnahmen eher als regionalpolitisches Problemgebiet anzusehen sind. Das den ökonomischen Migrationstheorien (vgl. L. SCHÄTZL 1981, S. 92–98) widersprechende Wanderungsverhalten könnte als Indiz dafür dienen, daß nicht nur bei der autochthonen Bevölkerung, sondern auch bei den Zugezogenen ein Wertewandel eingetreten ist, in dem die ökonomischen Entscheidungskriterien hinter nichtökonomische, z.B. in Zusammenhang mit der als höher eingeschätzten Lebensqualität in den mediterranen Gebieten, zurücktreten.

2.2.4 SOZIALGEOGRAPHISCHE ASPEKTE DER TOURISTISCHEN INWERTSETZUNG DES LÄNDLICHEN RAUMES IM MEDITERRANEN FRANKREICH

Der mit der regionalen Partizipation am Tourismus verbundene Aspekt der Integration der einheimischen Bevölkerung in den Entwicklungsprozeß besitzt gerade für den ländlichen Raum Südfrankreichs eine aktuelle Problematik. Hier sind besonders die Berggebiete durch Auflassung der landwirtschaftlichen Flächen und Entvölkerung gekennzeichnet (vgl. u. S. 48f.), damit kommt einer Verbindung zwischen Tourismus und den einkommens- und strukturschwachen Segmenten der Landwirtschaft (vgl. H.-G. MÖLLER 1985a) eine möglicherweise entscheidende Bedeutung zu. Die wirtschaftliche Situation der überwiegend im Nebenerwerb und auf Kleinbetrieben wirtschaftenden Agrarbevölkerung ist direkt von der Möglichkeit zu außeragrarischer Erwerbstätigkeit abhängig. Dabei sind dem Einsatz des Tourismus, ähnlich wie in der Bundesrepublik Deutschland, durchaus Grenzen gesetzt. Diese bestehen vor allem in den Voraussetzungen eines touristisch attraktiven Landschaftspotentials, günstigen Lagebeziehungen zu verstädterten Räumen als potentiellen touristischen Quellgebieten (vgl. J. JUNG 1971, S. 250) und dem Vorhandensein einer produktspezifischen Nachfrage. Hinzu kommt, daß erfahrungsgemäß eine touristische Inwertsetzung des ländlichen Raumes unter Einschluß des bäuerlichen Sektors (Urlaub auf dem Bauernhof) nur dann Erfolg verspricht, wenn sie im räumlichen Verbund zu etablierten Fremdenverkehrsgebieten erfolgen kann (vgl. R. KLÖPPER 1974) und z.B. die Möglichkeit gegeben ist, an deren touristischer und sonstiger Infrastruktur[24] zu partizipieren. Da in weiten Teilen der südfranzösischen Regionen, auch in den Berggebieten, diese Voraussetzungen gegeben sind, bleibt zu fragen, inwieweit es gelingt, durch den Tourisme Vert, die Ferien auf dem Lande, eine Diversifizierung des lokalen Arbeitsmarktes zu erreichen, die im Vergleich zu den traditionellen attraktivere, formalisierte und geregelte Arbeitsmöglichkeiten beinhaltet. In einer Zeit, die durch die Entagrarisierung der dörflichen Gesellschaft und Wirtschaft in Frankreich gekennzeichnet ist (vgl. A. BERGER/J. ROUZIER 1980), wird der Nebenerwerb von Landwirten geradezu als Indikator für die Integration der bäuerlichen Bevölkerung in die Gesamtgesellschaft gewertet und seine regionalpo-

---

24 Hierzu zählt besonders die Verkehrsinfrastruktur, die in Südfrankreich im letzten Jahrzehnt gerade in den abseitig gelegenen Teilen des Küstenhinterlandes und Gebirges erheblich verbessert wurde.

litische Förderung als „Strategie der Modernisierung" (M.-C. BERNARD/M. C. MAUREL 1983, S. 205) angesehen.

Betrachten wir den Tourismus also nicht nur als ökonomischen Faktor der Regionalentwicklung, sondern auch als soziales Modernisierungsinstrument, das u.a. geeignet ist, urbanisierte Lebensformen in den ländlichen Raum zu transferieren, so bietet die touristische Erschließung des ländlichen, peripheren Raumes eine Möglichkeit, die Attraktivität des regionalen oder extraregionalen urbanisierten Raumes für die Landbevölkerung zu relativieren. Somit ist über den Faktor Arbeitsbeschaffung hinausgehend das Wanderungsgeschehen durch den Tourismus positiv im Sinne einer Reduzierung des Entvölkerungsproblems zu beeinflussen.

In der gegenwärtigen Situation geht es Frankreich darum, dem ländlichen Raum als integralem Bestandteil des Staatsterritoriums durch neue, z.T. auch konkurrierende Funktionszuweisungen (neben Tourismus und Freizeitwohnen/Kurzerholung auch Naturschutz und partielle Wiederherstellung und Restrukturierung der Landwirtschaft) innerhalb einer urbanisierten Gesellschaft einen eigenständigen Wert zu erhalten. Ihm ist der Charakter eines „espace de la déprise" (B. KAYSER, zit. nach R. BETEILLE 1981, S. 34), eines Raumes mit bis zur Insignifikanz fortschreitendem Bedeutungsrückgang, der zugleich ein Objekt unterschiedlichster Spekulationen darstellt, zu nehmen. Im Unterschied zum Freizeitwohnen, das in partiell oder total aufgelassenen landwirtschaftlichen Siedlungen z.T. eine Allokationsvoraussetzung findet[25], ist der Beitrag des Tourismus zur Revitalisierung ländlicher, von der „demographischen Desertifikation" (R. BETEILLE 1981, S. 66) bedrohter Räume an das Vorhandensein sozialräumlicher Mindeststandards gebunden. Zu diesen zählen z.B. das Vorhandensein einer innovationsfähigen autochthonen Bevölkerungsgruppe, eine infrastrukturelle Grundausstattung für Touristen und einheimische Bevölkerung sowie die Bereitschaft der letzteren, den Tourismus als Teil des alltäglichen Lebens – über den ökonomischen Aspekt der zusätzlichen Erwerbsmöglichkeiten hinaus – zu akzeptieren[26]. In diesem Zusammenhang sind z.B. die Veränderung der alltäglichen Lebensverhältnisse im Sinne einer Adaption an den saisonalen Rhythmus der touristischen Nachfrage sowie der auf den Tourismus zurückzuführende Wertwandel zu nennen.

---

25 In diesem Zusammenhang ist besonders die Restaurierung bzw. die Rekonstruktion der traditionellen Bausubstanz ländlicher Siedlungen zu nennen, die – bei vollständiger Modernisierung des Inneren der Häuser – wesentlich zum Erhalt der von der autochthonen Bevölkerung dem Verfall preisgegebenen Ortsbilder beiträgt. Selbst grundsätzliche Gegner einer touristischen Erschließung des ländlichen Raumes in der Provence erkennen diesen Beitrag, den Zweitwohnsitzinhaber zum Erhalt der ländlichen Siedlungsstruktur liefern, an (vgl. C. BROMBERGER/G. RAVIS-GIORDANI 1977, S. 101).
26 Vgl. dazu C. BROMBERGER/G. RAVIS-GIORDANI (1977, S. 97ff.).

2.2.5 PROBLEME UND ZIELKONFLIKTE DER TOURISTISCHEN ENTWICKLUNG

2.2.5.1 Die Bedeutung des Faktors Zeit im Entwicklungsprozeß

Die Auswirkungen der touristischen Inwertsetzung peripherer Räume auf ökonomische und soziale Faktoren der Regionalentwicklung sind in mehrfacher Hinsicht vom Faktor Zeit abhängig.

Dies gilt zum einen hinsichtlich der Geschwindigkeit, mit der die Implantation bzw. Ausweitung touristischer Aktivitäten stattfindet. Steht nur eine kurze Zeitspanne für den Ausbau der touristischen Infrastruktur und des gewerblichen Angebots zur Verfügung, so fällt die regionale Importquote der Fremdenverkehrswirtschaft relativ hoch aus; dies gilt sowohl für den Bezug von Sach- und Dienstleistungen wie für den Einsatz des Produktionsfaktors Arbeit. Anders ausgedrückt, sowohl die Inanspruchnahme des lokalen Arbeitsmarktes als auch die Entwicklung intraregionaler Rückkoppelungseffekte benötigen längerfristige Entwicklungsverläufe, die zudem geeignet erscheinen, die mit der touristischen Entwicklung verbundene Perturbation des lokalen bzw. regionalen Sozialsystems abzumildern. Diese wünschenswerten längeren Vorlaufzeiten stehen jedoch im Gegensatz zum sprunghaften Anstieg der Endnachfrage im modernen Massentourismus. Ihre rasche Ausweitung führt nicht nur zu einer globalen Ausweitung des Tourismusaufkommens[27], auf regionaler Ebene werden ihre Auswirkungen zudem durch die Verlagerungen von Touristenströmen und deren Konzentration als Folge der organisierten touristischen Erschließung verstärkt.

Der Grad der sozialen und regionalwirtschaftlichen Integration des Tourismus hängt jedoch nicht nur von seiner Entwicklungsgeschwindigkeit ab. Unterschiedliche touristische Entwicklungsphasen sind auch mit strukturellen Differenzierungen verbunden. D. G. Pearce (1981, S. 54ff.) weist auf die grundsätzlichen Unterschiede zwischen Entwicklungsstadium und operationeller Phase touristischer Projekte hin. In der ersten Phase wird die Regionalökonomie vor allem durch den Zufluß extraregionalen Investitionskapitals beeinflußt, die operationelle Phase ist demgegenüber durch touristische Konsumausgaben geprägt. Obwohl es einsichtig ist, daß beide genannten Entwicklungsphasen häufig ineinander übergehen (touristische Projekte werden schon in ihrer Ausbauphase vermarktet und Investitionen für die Kapazitätsausweitung sowie strukturelle Angebotsverbesserung stellen eine permanente Erscheinung auch in florierenden Fremdenverkehrsgebieten bzw. -orten dar), bleiben grundsätzliche ökonomische und soziale Unterschiede zwischen investiver und operationaler Entwicklungsphase bestehen. Es sei in diesem Zusammenhang nur an die zeitliche Begrenzung der Nachfrage nach Leistung des Baugewerbes erinnert, die besonders deutlich bei Infrastrukturprojekten im staatlichen Bereich sichtbar wird.

Eine erhebliche zeitliche Differenzierung zeigt sich auch bei der Nachfrage nach Arbeitskräften. R. Knafou (1978, S. 138) weist darauf hin, daß bei der Errichtung von Wintersportstationen in den französischen Alpen zu Betriebsbeginn die hauptsäch-

---

27 So erhöhte sich die Zahl der weltweiten Touristenankünfte von 71,2 Mio (1960) auf 244,5 Mio (1975), nach L. E. Hudman (1980, S. 130).

liche Ausweitung des Arbeitsplatzangebotes einsetzte, während die anschließende Zunahme der touristischen Nachfrage keine proportionale Zunahme an Arbeitsmöglichkeiten beinhaltet. Der Verfasser hat am Beispiel eines Entwicklungsprojektes im nichttouristischen Bereich – der Gründung und dem Ausbau des Technologieparks Valbonne-Sophia-Antipolis – entsprechende Beobachtungen machen können (vgl. H.-G. MÖLLER 1985b, S. 90f.). Auch dort ist die Gründungsphase durch einen hohen Beschäftigungszuwachs gekennzeichnet, der aus der Vergabe von Arbeitsplätzen, die mit Organisation und Betrieb der Anlage verbunden sind, resultiert, während der Ausbau der Anlage wesentlich geringere Beschäftigungseffekte beinhaltet. Daß die operationale Phase touristischer Großprojekte durchaus eine negative Beschäftigungsdynamik beinhalten kann, zeigen jüngste Untersuchungen an der deutschen Ostseeküste[28]. Gründe für den Abbau von Arbeitsplätzen sind hier rentabilitätsbedingte ökonomische Optimierungsbestrebungen.

Betrachtet man den touristischen Entwicklungsprozeß vor allem unter der Zielvorgabe einer Ausweitung der nationalen und/oder regionalen Beherbergungskapazität, so muß als weiteres Problem der im Laufe der Zeit eintretende Funktionswandel touristischer Standorte genannt werden. Er kann im Hinblick auf ihre touristische Funktion zu kontraproduktiven Resultaten führen. In diesem Zusammenhang sind die Zunahme von Altersruhesitzen für Zugezogene sowie die bei dem Ausbau von touristischen Großprojekten nicht intendierte Verlegung von Hauptwohnsitzen einheimischer Bevölkerung in dieselben (zum Beispiel La Grande Motte; vgl. A. PLETSCH 1975, S. 53f.) zu nennen. Obwohl in beiden Fällen die für die Beherbergung von Sommerurlaubern bereitstehenden Unterkünfte (Ferienwohnungen) Kapazitätseinbußen erleiden, was dem regionalpolitischen Ziel der Ausweitung des Tourismus widerspricht, kann auch festgestellt werden, daß über die aus einer Dauernutzung herrührende Abmilderung des saisonalen Rhythmus bzw. der saisonalen Ausweitung der Endnachfrage durchaus positive Wirkungen für das Wirtschafts- (Einkommens- und Arbeitsmarkteffekte) und Sozialleben (soziale Diversifizierung) der betroffenen Fremdenverkehrsorte entstehen.

2.2.5.2 Die räumliche Maßstabsebene – Konflikte inter- und intraregionaler Entwicklungsziele

Die politische Entscheidung, den Tourismus als Instrument der Regionalpolitik zum Ausgleich interregionaler Disparitäten einzusetzen, orientiert sich an der im nationalen und internationalen Maßstab als negativ empfundenen Bewertung räumlicher Ungleichgewichte. Dabei entsteht das Problem der Kompatibilität nationaler und – soweit formuliert – regionaler Entwicklungsziele.

---

28 Im Ferienzentrum IFA-Hotel Südstrand-Burgtiefe wurden 1973 137 Arbeitsplätze geschaffen, davon waren 47 (= 34%) Dauerarbeitsplätze (vgl. H.-G. MÖLLER 1977, S. 190). 1984 hatte sich die Anzahl der Dauerarbeitskräfte auf 39 und jene der Saisonarbeitskräfte von 153 auf 116 verringert (Ergebnis eines kulturgeographischen Hauptpraktikums der Universität Hannover unter Leitung des Verfassers im Februar 1985).

Das Auftreten von Konflikten zwischen nationalen, regionalen und lokalen Entwicklungszielen ist in der Literatur mehrfach dokumentiert: B. MÜLLER (1983, S. 147ff.) stellte für Mexiko eine „zunehmende Heterogenität und Polarisierung innerhalb einzelner Bereiche in den Peripherregionen" als Folge der im Kontext nationaler Entwicklungsplanung durchgeführten Tourismusentwicklung fest; für die Kanarischen Inseln kommt A. ODOUARD (1973) zu dem Ergebnis, daß durch die auf die touristische Entwicklung zurückzuführenden Wanderungs- und Standortentscheidungen regionale Disparitäten sowohl vergrößert als auch reduziert wurden; für Korsika betont H. LÜCKE (1980, S. 449) die touristisch bedingte Verstärkung räumlicher Ungleichgewichte, ähnlich sieht C. RISI (1984) die Resultate touristischer Entwicklung in Ermionide (Peloponnes, Griechenland), wo ähnlich wie auf den Kanarischen Inseln besonders die bäuerliche Gesellschafts- und Wirtschaftsstruktur durch den Tourismus von Grund auf erschüttert wurde. Der Einsatz des Tourismus als Mittel, den Ausgleich interregionaler Disparitäten zu fördern, ist offensichtlich mit der Möglichkeit der Ausweitung intraregionaler Disparitäten verbunden. Dies gilt sowohl für regionalpolitisch geplante Tourismusprojekte wie für die ungeplante Ausweitung des touristischen Sektors. Zu den letzteren zählt die Mehrzahl der zuvor genannten Beispiele.

Es bleibt allerdings zu fragen, ob in peripheren und traditionell geprägten Räumen andere, nach Arbeits- und Kapitalintensität der touristischen Entwicklung vergleichbare Modernisierungsmöglichkeiten denkbar sind, die diesen unerwünschten Effekt vermeiden. Für Südfrankreich ist jedenfalls festzustellen, daß die der touristischen Erschließung vergleichbaren Entwicklungsprojekte des industriellen Sektors (Ausbau von Fos in den siebziger Jahren, vgl. u. S. 282) und in der Landwirtschaft (Ausbau bzw. Modernisierung der Bewässerungsflächen (vgl. A. PLETSCH 1977, 1982; H.-G. MÖLLER 1984, 1985a)) den regionalen und sozioökonomischen Dualismus zwischen modernisierten/urbanisierten und traditionellen/ stagnierenden Gebieten der Region verstärkt haben.

2.3 TOURISMUS, POLARISIERTES WACHSTUM UND RAUMORDNUNGSPOLITIK[29] IN FRANKREICH

Die durch Zentralismus, räumliche und soziale Disparitäten (vgl. J. BEAUJEU-GARNIER 1974; A. DARBEL 1984; A. LIPIETZ 1980; M. PARODI 1981, S. 246ff.) gekennzeichnete demographische, ökonomische und politische Situation Frankreichs stellt das Ergebnis einer kohärenten historischen Entwicklung dar, deren unter den Aspekten von Raumordnung und Regionalstruktur wichtig erscheinende Charakte-

---

29 Als Raumordnungspolitik wird mit K. SCHLIEBE (1985, S. 12f.) die „bewußte Handhabung geeigneter Instrumente durch den Staat zur Erreichung einer zielbezogenen Gestaltung, Entwicklung und Nutzung von Räumen oder Regionen" bezeichnet. Die Träger der Raumordnungspolitik sind im wesentlichen staatliche Instanzen bzw. ihnen nahestehende Institutionen. Träger der Raumordnungspolitik in Frankreich ist seit 1963 die D.A.T.A.R. (Délégation à l'Aménagement du Territoire et à l'Action Régionale – die Delegation für Raumordnung und Regionale Maßnahmen) vgl. dazu G. WACKERMANN (1981a) und F. ESSIG (1979).

ristika von A. PLETSCH (1978, S. 14–28) instruktiv zusammengefaßt wurden. Da mit A. LIPIETZ (1980, S. 38) davon auszugehen ist, daß die polarisierte französische Entwicklung auf strukturellen Gegebenheiten des sekundären und tertiären Wirtschaftssektors beruht, liegt es nahe, polarisationstheoretische Erklärungsansätze zur Analyse der gegenwärtigen Situation und Entwicklungsperspektiven heranzuziehen, obwohl bisher keine geschlossene Theorie der sektoral und regional polarisierten Entwicklung zur Verfügung steht (L. SCHÄTZL 1978, S. 124).

Es geht bei den folgenden Aussagen nicht darum, die Schlüssigkeit oder die Defizite einzelner polarisationstheoretischer Ansätze zu diskutieren (vgl. dazu F. BUTTLER 1973, S. 1–99; L. SCHÄTZL 1978, S. 124–147). Im Mittelpunkt des Erkenntnisinteresses steht vielmehr die Frage, inwieweit die bisherige touristische Entwicklung im mediterranen Südfrankreich den modelltheoretischen Annahmen entspricht und welche modelltheoretisch begründeten Perspektiven einer zukünftigen, geplant oder ungeplant verlaufenden Ausweitung des Tourismus in diesem Raum zuzuordnen sind. Dabei ist besonders zu klären, ob und ggf. auf welchen räumlichen Maßstabsebenen der Tourismus zur Reduzierung oder Verstärkung von Polarisationseffekten beiträgt. Die Bewertung des Tourismus als Instrument der Regionalentwicklung (incl. der regionalpolitischen Zielerreichungs- und Wirkungskontrolle) erfährt zugleich eine über die Aussagekraft einzelner empirischer Daten hinausgehende theoretische Interpretation.

2.3.1 DIE THEORIE DER SEKTORALEN POLARISATION UND IHRE REGIONALISIERUNG IN FRANKREICH

Die Polarisationstheorien basieren auf der Annahme, „daß auftretende Ungleichgewichte einen zirkulär verursachten kumulativen Entwicklungsprozeß in Gang setzen, der zu einer Verstärkung der Ungleichgewichte, d.h. zu einer sektoralen und/oder regionalen Polarisation führt" (L. SCHÄTZL 1978, S. 125). Diese Position wurde im bewußten Gegensatz zu den Gleichgewichtstheorien[30] (vgl. G. MYRDAL 1974, S. 24ff.) formuliert.

Der Theorie der sektoralen Polarisation liegt die Annahme zugrunde, daß ökonomisches Wachstum allgemein sektoral ungleichgewichtig verläuft: „La croissance n'apparait pas partout à la fois; elle se manifeste en des points ou pôles de croissance avec des intensités variables; elle se diffuse par différents canaux et avec des effets terminaux variables pour l'ensemble de l'économie" (F. PERROUX 1955, S. 309; vgl. auch F. BUTTLER et al. 1977, S. 80ff.; J. LAJUGIE et al. 1979, S. 147ff.; M. D. THOMAS 1972, S. 74ff.).

Das Konzept der sektoralen Polarisation, d.h. der industriellen Wachstumspole, geht davon aus, daß durch unités motrices, motorische Einheiten bzw. innovations- und investitionsintensive Wachstumsbranchen, kumulative Wachstumsprozesse

---

[30] Nach der Ansicht von G. MYRDAL (1974, S. 24) widerspricht die Gleichgewichtstheorie als generelle Denkform und Quintessenz der Idee einer einzigen zentralen Wirtschaftstheorie dem Zweck der ökonomischen Theorie, die Realität wirtschaftlicher Entwicklung und Unterentwicklung zu erklären.

ausgelöst werden, die vom Grad der Verflechtung mit anderen Wirtschaftsbereichen und von den Resultaten interner und externer Ersparnisse bei der Produktionsausweitung der industrie motrice abhängen. Die Anstoßeffekte (effets d'entraînement), die diese auf die abhängigen Wirtschaftsbereiche ausübt, werden primär im Sinne industrieller Vor- und Rückwärtskoppelungseffekte gesehen; Auswirkungen auf den Dienstleistungssektor (Transport, Handel, Banken etc.) werden bezüglich der Arbeitsmarkteffekte durchaus erwartet, sie stellen Resultate der activités laterales dar. Das von F. PERROUX in den fünfziger Jahren formulierte Konzept der sektoralen Wachstumspole wurde von J. R. BOUDEVILLE und J. R. LASUEN theoretisch formalisiert und vor allem regionalisiert (vgl. L. SCHÄTZL 1978, S. 135–141).

Dem liegt die Annahme zugrunde, daß aus der sektoralen auch eine regionale Polarisation resultiert. Vor allem die Konzeptionen von PERROUX und BOUDEVILLE wurden ein wichtiger Bestandteil der französischen Raumordnungs- und ökonomischen Entwicklungsplanung in den sechziger und siebziger Jahren.

Inzwischen hat sich allerdings gezeigt, daß die Resultate der planerischen, regionalisierten Umsetzung der Wachstumspoltheorie eher negativ ausgefallen sind. Als Beispiele können die Projekte des Ausbaus von Lacq (Dép. Pyrénées-Atlantiques; vgl. F. BUTTLER et al. 1977, S. 88) und die Industrialisierung von Fos-sur-Mer (Dép. Bouches-du-Rhône; vgl. A. PLETSCH 1982, S. 150; P. SANMARCO/B. MOREL 1985, S. 74–78) dienen. Sieht man von den projektspezifischen Gründen für das Nichterreichen der Planungsziele ab, so wird ein gemeinsamer Grund für das Ausbleiben der erwünschten Selbstverstärkungseffekte sichtbar: Es ist nicht gelungen, sektorale Polarisation in regionale zu überführen. Dies könnte auf einer Fehleinschätzung der Relation zwischen Distanz und Kommunikationskosten beruhen (vgl. F. BUTTLER et al. 1977, S. 89); generell ist jedenfalls in Frankreich eine Abnahme der lokalen intersektoralen Integration zugunsten einer solchen über lange Distanzen, über Regions- und Staatsgrenzen hinweg, festzustellen (B. PLANQUE 1983, S. 7).

Das sektoral geprägte, auf Industrialisierungsprojekte fixierte Planungsschema hat also unter dem Aspekt der Regionalentwicklung wenig Erfolge zu verzeichnen gehabt; die regionale Perspektive – nominell mit dem vierten Plan ab 1962 in die Planung eingeführt – war zunächst von sekundärer Bedeutung und wurde noch für zwei Jahrzehnte als Regionalisierung der Wirtschaftsplanung (Tranche Opératoire du Plan)[31] gehandhabt. Der Fremdenverkehr, originär dem Dienstleistungssektor zugehörend, fand innerhalb dieses Planungskontextes wenig Beachtung, die – wichtigen – Ausnahmen der großen touristischen Entwicklungsprojekte stehen

---

31 Als Folge der Regionalisierung der nationalen Wirtschaftsplanung im IV. Plan (1962–1965) wurden von über 28 Modernisierungskommissionen mit vertikaler (sektoraler) und horizontaler (regionaler) Aufgabenstellung Vorschläge zur Lokalisierung von staatlichen Investitionen erarbeitet, das allgemein für den Plan vorgesehene Entwicklungsziel somit regionalisiert. Die Tranches Opératoires du Plan enthielten sowohl die Regionalisierung der Maßnahmen des nationalen Planes wie auch die Vorgaben für die Ausführung der Regionalpläne. Dabei wurde zwischen einer Politique d'Accompagnement, einer begleitenden Politik in prosperierenden Wirtschaftsräumen und der Politique d'Entraînement, einer Politik des Anregens und Anstoßens, in benachteiligten Gebieten unterschieden. (Vgl. J. LAJUGIE et al. 1979, S. 373f.; P. PINCHEMEL, 1980, S. 225f.).

ausschließlich im Kontext der sektoralen und nationalen französischen Wirtschaftsplanung (Tourismus als Ersatz für Industrialisierung, vgl. u. S. 000f.).

2.3.2 DIE POLARISIERTE ENTWICKLUNG NACH FRIEDMANN

Während der polarisationstheoretische Ansatz von PERROUX und BOUDEVILLE einen Prozeß des Abbaus von sektoralen bzw. regionalen Disparitäten zum Gegenstand hat, ist die Theorie der regionalen Polarisation von FRIEDMANN der Analyse der räumlichen Konzentration von Entwicklung und somit den Verstärkungsmechanismen der regionalen Disparitäten gewidmet. Dabei bestehen enge Beziehungen zwischen dem Zentrum-Peripherie-Modell FRIEDMANNS einerseits und der von ihm formulierten Theorie der stufenweise erfolgenden räumlichen Organisationsform einer sich evolutionär entwickelnden Volkswirtschaft andererseits (vgl. J. FRIEDMANN 1966; L. SCHÄTZL 1978, S. 121–124).

Die räumliche Dimension des Entwicklungsprozesses ist bei FRIEDMANN durch die Abhängigkeit von dem Zentrum bzw. den Zentren gekennzeichnet: „Core regions are territorially organized subsystems of society that have a high capacity for innovative change; peripheral regions are subsystems whose development path is determined chiefly by core regional institutions with respect to which they stand in a relation of substantial dependency" (J. FRIEDMANN 1972, S. 93). Ihre räumliche Konkretisierung erfahren die genannten Systeme in der mondialen, multinationalen, nationalen oder subnationalen regionalen Maßstabsebene.

Die Autoritäts- und Abhängigkeitsbeziehungen zwischen Zentren und Peripherien sind durch folgende Hauptthesen FRIEDMANNS (1972, S. 94ff.; vgl. L. SCHÄTZL 1978, S. 145ff.) gekennzeichnet:

- Indem das Zentrum die Peripherie mit seinen Institutionen durchdringt, erzeugt es Bedingungen einer organisierten Abhängigkeit.
- Das Zentrum konsolidiert seine Herrschaft über die Peripherie durch sich selbst verstärkende Polarisationsmechanismen (feedback-Effekte): Dominations-, Informations-, Modernisierungseffekte, Reduzierung der Innovationskosten aufgrund interner und externer Ersparnisse und psychologische Begünstigung eines andauernden Innovationsprozesses im Zentrum.
- Die Herrschaft des Zentrums führt zu einem Innovations- und Informationsfluß vom Zentrum in die Peripherien, die Autoritäts- und Abhängigkeitsbeziehungen werden der peripheren Bevölkerung je nach ihrem unterschiedlichen Integrationsgrad (vgl. J. FRIEDMANN 1972, S. 95) bewußt, es ergibt sich die Notwendigkeit der Politik einer begrenzten Dezentralisation zwecks Vermeidung eines nationalen Desintegrationsprozesses. In der Peripherie entstehen subsidäre Zentren, die dem Machterhalt der Zentren dienen.
- Eine Teilung der Entscheidungsmacht zwischen alten und neuen (subsidären) Zentren erfolgt dann, wenn die Konfliktlösung im Interesse der Eliten der alten Zentren liegt; diese Partizipation ist allerdings nur in hochentwickelten und integrierten Systemen gegeben.

Der Endpunkt des Entwicklungsverlaufes entspricht den räumlichen Systemen der postindustriellen Phase, die durch funktionale Interdependenz, hierarchische Gliederung sowie durch die vollständige raumwirtschaftliche Integration gekennzeichnet ist. Er ist durch das Verschwinden der Peripherien sowie durch Minimalisierung von räumlichen Disparitäten gekennzeichnet, die räumliche Ordnung wird im Sinne der Wiederherstellung des bei dem Einsetzen der Industrialisierung aufgehobenen Gleichgewichtszustandes stabilisiert.

Entwicklung im Sinne eines ökonomischen und sozialen Disparitätenausgleiches hat den Abbau inter- und innerregionaler Polarisierung zum Ziel; dies kann im Sinne FRIEDMANNS dadurch erreicht werden, daß die Peripherie Zentralitätseigenschaften erringt. Die Beiträge, welche die touristische Inwertsetzung peripherer Räume zu ihrer Entwicklung leisten kann, sind Gegenstand der vorliegenden Untersuchung.

Dabei ist zu fragen, inwieweit die touristische Erschließung peripherer Räume Südfrankreichs intraregionale Polarisationsprozesse begünstigt. Dies gilt sowohl hinsichtlich der räumlichen als auch hinsichtlich der sozialen Dimension (Partizipationsproblematik). Der im Sinne des o.g. Entwicklungsbegriffes normativ zu fordernde Abbau von inter- und intraregionalen Polarisierungsmechanismen ist wesentlich davon abhängig, ob die touristische Entwicklung peripherer Räume in einem Industriestaat Zentrum-Peripherie-Beziehungen im Sinne einer organisierten Abhängigkeit verstärkt oder reduziert. In diesem Zusammenhang ist zu beachten, daß die in Südfrankreich erbrachten touristischen Dienstleistungen nicht nur der Versorgung der Bevölkerung des nationalen Zentrums und von ausländischen Touristen im Rahmen der ebenfalls als Zentrum-Peripherie-Beziehung abbildbaren internationalen Arbeitsteilung dienen. Ein wesentlicher Teil der touristischen Nachfrage wird auch von der urbanisierten Regionsbevölkerung getragen (vgl. u. S. 267f.) und unterliegt bei der Inanspruchnahme des touristischen Produktes zentralen Regelungsmechanismen nur mittelbar.

2.3.3 DER TOURISMUS ALS FAKTOR DER WIRTSCHAFTSPLANUNG UND RAUMORDNUNGSPOLITIK IN FRANKREICH

Wenn es darum geht, den Beitrag des Tourismus zur Regionalentwicklung in Südfrankreich zu erfassen, so ist sein planmäßiger Einsatz als raumordnerisches Entwicklungsinstrument im Kontext der nationalen französischen Wirtschaftsplanung zu analysieren. Entsprechend der dualistischen Struktur der französischen Raumordnungspolitik[32] beeinflussen Vorgaben der ökonomischen Planungsziele nationalen Maßstabs wie auch Zielsetzungen der Raumordnungspolitik im engeren

---

[32] Es besteht eine grundsätzliche „Trennung von Konzeptions- und Durchführungsaktivitäten im Rahmen der Raumordnungspolitik: die Erarbeitung der mittel- und langfristigen Entwicklungsstrategie wurde der Planifikationsbehörde übertragen, die Aufgabe der D.A.T.A.R. lag dagegen ... in der Umsetzung der Entwicklungsstrategie über die aktive Beeinflussung der von ihr als relevant zu identifizierenden Bezugspartner im öffentlichen und privaten Sektor" (R. SCHMITGES 1978, S. 34).

Sinne diesen Einsatz. Hinzu treten, als weitere modifizierende Faktoren, die unterschiedliche Bewertung der regionalen Dimension durch die Planungsträger sowie die Politik der Regionalisierung und Dezentralisierung seit dem Jahre 1982.

2.3.3.1 Tourismusförderung als sektoraler Ansatz der nationalen Wirtschaftsplanung

Die nach dem II. Weltkrieg einsetzende ökonomische Entwicklungsplanung (Januar 1946: Gründung des Commissariat Général du Plan de Modernisation et d'Equipement) war für die ersten drei Planungszeiträume (1946–1961)[33] vor allem mit der Beseitigung von Kriegsschäden, der mit Priorität versehenen Modernisierung der Industrie und mit Infrastrukturausbauten beschäftigt. Hinzu kamen Maßnahmen zur Steuerung des Wirtschaftsablaufes, wie z.B. die Abstimmung von Produktion und Nachfrage, Anregung der Sparkapitalbildung und Ausgleich der Handels- bzw. Zahlungsbilanz. Seitens des Planungskommissariats herrschte ein ausschließlich sektorales Denken und Handeln vor.

Regionale und soziale Planungsinhalte traten erstmals im Vierten Plan, dem ersten ökonomischen und sozialen Entwicklungsplan (1962–1965), in Erscheinung. Während die sozialen Planungsinhalte in den folgenden Plänen eine durchaus unterschiedliche Gewichtung erfuhren (vgl. dazu R. COURBIS/J.-P. PAGE 1973; G. DELANGE 1974), wurde die Regionalisierung des Planes zur feststehenden Einrichtung.

Nachdem 1960 de facto[34] 21 Programmregionen definiert worden waren, begann mit dem Vierten Plan die Planification Régionale, die allerdings im Unterschied zur Dezentralisierungs- und Regionalisierungspolitik des Jahres 1982 keine durch regionsspezifische Interessen bestimmte Regionalpolitik darstellte.

Es handelt sich zum einen darum, daß ab 1962 je nach regionalem ökonomischem Entwicklungsstand der Plan eine begleitende (politique d'accompagnement), fördernde (politique d'entraînement) oder – in Industrie- und bevölkerungsreichen Agglome-

---

33 Zur inhaltlichen Beschreibung der Ziele und Instrumentarien der ersten drei Modernisierungspläne (1946–1961) s. J. LAJUGIE et al. (1979, S. 280–310) u. P. PINCHEMEL (1980, S. 224f.).
34 1960 erfolgte die „délimitation des circonscriptions d'action régionale (du Plan)". Diese planungsbezogene Regionalisierung des französischen Territoriums ersetzte die „régions de programme" von 1956. (Ab 1964 wurden Regionalpräfekten eingesetzt, die Region blieb jedoch weder eine öffentliche, selbständige Einrichtung noch eine Gebietskörperschaft, sondern war lediglich eine administrative Gebietseinheit (déconcentration sans décentralisation) des zentralistischen Staates (vgl. J. J. u. M. DAYRIES 1982, S. 27–29). Einen öffentlich-rechtlichen Status erhielt die Region erst durch ein Gesetz vom 5. Juli 1972, das sie als Etablissement Public Régional etablierte. Einem Regionalrat (Conseil Régional) mit beratender Funktion stehen als Exekutive der Regionalpräfekt und ein Comité Economique et Social in konsultativer Funktion gegenüber. Die Etablierung der Region als Gebietskörperschaft mit einer eigenständigen, aus allgemeinen Wahlen zum Regionalrat hervorgehenden politischen Legitimation erfolgte im Rahmen der Regionalisierungs- und Dezentralisierungsgesetzgebung der Jahre 1982ff. Zu den Aufgaben der Region im Rahmen der dezentralisierten Planung vgl. A. LEFEBVRE/J.-C. MEYER (1985, S. 41–64).

rationen – eine das Wachstum bremsende und lenkende Politik vorsah (vgl. J. LAJUGIE 1979, S. 373f.). Der Regionalisierung bzw. räumlichen Projektion der nationalen Entwicklungspolitik diente ihre räumliche Aufteilung in sogenannte tranches opératoires régionales du plan, deren Durchführung den gleichzeitig bestellten Regionalpräfekten aufgetragen wurde. Eine effektive Berücksichtigung regionsspezifischer Interessen fand erstmals – auch während der Vorbereitungsphase – im Siebten Plan (1976–1980) statt (vgl. J. BOURGET/A. LADAS 1983, S. 49). Das in diesem Plan angewandte Prinzip national vorrangiger Aktionsprogramme (25 Programmes d'Action Prioritaire, P.A.P.) mit z.T. regionsspezifischen Inhalten[35] wurde auch nach der grundsätzlichen Reform der französischen Raumordnungspolitik im Jahre 1982 für den Neunten Plan (1984–1988) unter anderer Bezeichnung (P.P.E.) beibehalten.

Es ist sicher kein Zufall, daß gleichzeitig mit der im Vierten Plan beginnenden Regionalisierung der Tourismus neben die traditionellerweise bevorzugten Industrieprojekte als Gegenstand der nationalen Wirtschaftsplanung tritt. Da es sich bei den touristischen Entwicklungsprojekten um regional abgegrenzte Programme handelte, wurde zwecks deren Planung und Realisierung eine bis dahin in der französischen Verwaltung unbekannte Institution geschaffen, die interministerielle Mission, welche zugleich Regionalpolitik im Sinne ökonomischer Landesentwicklung und Raumordnung – Ausweisung von Bereichsentwicklungsplänen mit einer die öffentlichen Planungsträger bindenden Festlegung der Flächennutzung (Schéma d'Aménagement Directeur) – nach eigener, nur der Zentralregierung verantwortlicher Maßgabe betreibt. Die von 1963 bis 1982 bestehende Mission Interministérielle pour l'Aménagement du Littoral Languedoc-Roussillon nahm mit ihrer ressortübergreifenden, auch die territorialen traditionellen Verwaltungszuständigkeiten überschreitenden Abstimmungstätigkeit (concertation) zwischen den beteiligten und ausführenden öffentlichen und privaten Akteuren (vgl. u. S. 247ff.; vgl. P. RACINE 1980, S. 49ff.) eine Pionierfunktion ein; dieses unkonventionelle Verwaltungsprinzip wurde später auch auf nichttouristische ressortübergreifende Entwicklungsprojekte, z.B. im Natur- und Umweltschutz, bei der Industrialisierung von Fos und der Entwicklung des Technologieparks Valbonne-Sophia-Antipolis übertragen (vgl. J. LAJUGIE 1979, S. 326–329; J. de LANVERSIN 1979, S. 243–248). Die Einrichtung der interministeriellen Mission beinhaltete ihre Zuordnung zu der ebenfalls 1963 geschaffenen obersten Raumordnungsbehörde (D.A.T.A.R., vgl. u. S. 30); die Mission war wie diese direkt dem Premierminister unterstellt, ihre Rechte und Aufgaben wurden durch Dekrete fixiert. Die zentralistisch geplanten, im nationalen Kontext stehenden touristischen Entwicklungsprojekte konzentrieren sich auf die sechziger Jahre:

– 1963 Projekt der touristischen Entwicklung der Küste des Languedoc-Roussillon, Gründung der interministeriellen Mission (s.o.), 1972 Schéma Directeur de l'Aménagement du Littoral Languedoc-Roussillon (vgl. P. RACINE 1980);

---

35 Für das mediterrane Frankreich vgl. KOMMISSION DER EUROPÄISCHEN GEMEINSCHAFTEN (1978, S. 85–94 u. 161–168).

- 1964 Projekt der touristischen Nutzung des Hochgebirges, Commission Interministérielle pour l'Aménagement Touristique de la Montagne, 1970 Plan Neige (vgl. M. BONORAND 1974, R. KNAFOU 1978);
- 1967 Projekt des Ausbaus des Tourismus an der Küste Aquitaniens, Mission Interministérielle de l'Aménagement de la Côte Aquitaine, 1972 Schéma d'Aménagement de la Côte Aquitaine und Schéma d'Aménagement de la Gironde et des Landes, 1973 Schéma d'Aménagement du Pays Basque et de la Vallée de l'Adour (vgl. P. BARRERE/M. CASSOU-MOUNAT 1973, J. de LANVERSIN 1979, S. 408).

Diese touristischen Entwicklungsprojekte kennzeichnen den Versuch des zentralistischen Staates, den Tourismus als sektorales Instrument zur Modernisierung der Volkswirtschaft zu nutzen und in die staatliche Entwicklungsplanung zu integrieren. Dabei spielt das Ziel der Devisenersparnis (durch Verringerung der Auslandsreisen von Franzosen) und der zusätzlichen Deviseneinnahmen („pompe à devises" durch Vergrößerung des Ausländertourismus in Frankreich) ebenso eine Rolle wie das Motiv der internationalen Konkurrenz (z.B. im Wintersport: „gagner la bataille de neige", zit n. R. KNAFOU 1978, S. 49). Die regionale Dimension besteht aus dieser Sicht in der Nutzung brachliegender volkswirtschaftlicher Ressourcen im Hochgebirge und an den Küsten sowie in der Modernisierung peripherer, nicht zu industrialisierender Räume – Tourismus dient als Industrieersatz.

2.3.3.2 Tourismusförderung und Raumordnungspolitik

Im Unterschied zu den sektoralen Problemen der wirtschaftlichen Modernisierung und Ausrüstung wurden Fragen der Raumordnung auf nationaler Ebene von der zentralen Planungsbehörde (C.G.P.) zur Mitte der fünfziger Jahre ignoriert: „Jusqu'à la décennie 1950, la France, espace différencié par exellence, a officiellement ignoré l'existence de disparités entre ses régions, ... la nécessité d'une régionalisation des politiques économique, sociale, et négligé de considérer les divergences d'intérêts, les rivalités entre régions" (P. PINCHEMEL 1980, S. 233). In der Regierung wurden die Probleme der regionalen Disparitäten lediglich im Ministerium für Wiederaufbau und Urbanismus gesehen, wo man bereits 1949 die Direction de l'Aménagement du Territoire (D.A.T.) eingerichtet hatte. Hier wurde eine Politik der räumlichen Harmonisierung zwecks „Verwirklichung der Ideologie der Chancengleichheit" (W. HARTKE 1974, S. 253)[36] vertreten: „Le but ... était d'assurer une meilleure répartition des hommes en fonction des ressources naturelles et des activités économiques, non seulement à des fins économiques mais davantage encore pour le bien-être et l'épanouissement de la population" (P. PINCHEMEL 1980, S. 233f.).

Die Zitate weisen auf die deutlichen Gegensätze zwischen der allein wachstumsorientierten Entwicklungspolitik des Planungskommissariats und den Vertretern

---

36 Vgl. dazu D. BARTELS (1978, S. 232): „Der entscheidende und spezifische Gesichtspunkt geographisch-raumwissenschaftlicher Ansätze zur Bestimmung von Gleichwertigkeits- oder Disparitätsmomenten liegt jedoch in der Feststellung tatsächlicher oder angemessener *räumlicher Erreichbarkeitswerte und Grenzen* für die jeweiligen Opportunitäten und Teilhabedimensionen."

einer raumordnerischen Politik auf nationaler Ebene in den fünfziger Jahren hin, ein konsequenter Dualismus – bis hin zur Erarbeitung paralleler Raumordnungs- und ökonomischer Modernisierungspläne – war die Folge. Er wurde erst durch die Gründung einer zentralen Raumordnungsbehörde, der Délégation Générale à l'Aménagement du Territoire et à l'Action régionale (D.A.T.A.R.) beendet; diese Behörde arbeitet mit dem zentralen Planungskommissariat (C.G.P.) über eine diesem zugeordnete Kommission zur Regionalisierung der Wirtschaftsplanung (Commission Nationale de l'Aménagement du territoire, C.N.A.T.) zusammen, beide in ihrer Eigenschaft als *Organes au Plan National* – als genuine Planungsinstitutionen.

Obwohl die zentrale Raumordnungsbehörde zwischen 1963 und 1981 zwölf eigenständige, oft von Jahr zu Jahr wechselnde Raumordnungsprojekte in Angriff nahm (vgl. G. WACKERMANN 1983, S. BII5 (13)), fällt auf, daß der Tourismus als Instrument des Abbaus räumlicher Disparitäten dabei kaum eine wesentliche Rolle spiele – abgesehen von den in den interministeriellen Missionen organisierten Großprojekten. F. ESSIG (1979, S. 180ff.) nennt als regionalpolitisch begründete Maßnahmen die Förderung von Reitsport und Golfplätzen im Limousin sowie die Anlage von Wanderwegen in den Alpen.

Für die Definition der ökonomischen *und* raumordnungspolitischen Entwicklungsziele der touristischen Großprojekte zeichnen allein die o.g. interministeriellen Missionen verantwortlich. Obwohl sie der Raumordnungsbehörde D.A.T.A.R. organisatorisch unterstehen und wie diese nach dem Prinzip der interministeriellen Koordination arbeiten, sind sie keinen raumpolitischen Vorgaben unterworfen. Gemessen an den ursprünglichen Intentionen der Raumordnung in Frankreich wird hier das Manko eines fehlenden, von den jeweiligen Entwicklungs- und Modernisierungsplänen unabhängigen nationalen Raumordnungsplanes bzw. Raumordnungsprogrammes besonders deutlich; hinzu kommt das Nichtvorhandensein echter raumordnungspolitischer Bindungswirkungen auf nationaler und regionaler Ebene (vgl. G. WACKERMANN 1983, S. BII5 (14)).

2.3.3.3 Die Auswirkungen von Regionalisierung und Dezentralisierung auf die Tourismusförderung

Die Phase der entwicklungspolitischen Großprojekte wurde in Frankreich mit dem Beginn des Siebten Planes (1976) abgeschlossen. Die Daten der Volkszählung von 1975 belegten eine rezessive Bevölkerungsentwicklung und steigende Überalterung, hinzu kamen veränderte ökonomische Rahmenbedingungen (Ölpreisschock 1973; Rückgang der industriellen Beschäftigung bei gleichzeitiger Ausweitung des Tertiären Sektors), so daß eine Neuformulierung von Zielen und Verfahren in Planung und Raumordnung notwendig wurden (D.A.T.A.R. 1979, S. 23ff.).

In dem Maße, in dem regionale und lokale Aktionsebenen für raumordnerische Maßnahmen an Bedeutung gewannen, traten Tourismus und Freizeit zunehmend als Instrumente in Erscheinung, die dazu dienen konnten, die nunmehr besonders für den ländlichen Raum als Raumordnungsziel erstrebte Multifunktionalität zu erreichen. Dabei wurde im Resultat der Abwanderung aus den ländlichen Gebieten, dem

Entstehen weiter, entleerter Reserveflächen, ein positiver Standortfaktor für die touristische Erschließung und Nutzung auch im internationalen Maßstab gesehen. Frankreich sei gegenüber den übrigen, in der EG zusammengeschlossenen Ländern durch diesen Vorteil begünstigt (D.A.T.A.R. 1979, S. 229ff.).

Der Einschluß des Tourismus in alle regionalen Entwicklungspläne (A. PLETSCH 1978, S. 237) und der regionsspezifische Bezug der Tourismusförderung aus raumordnerischer Sicht änderten jedoch nichts daran, daß auch auf regionale Initiative hin durchgeführte Entwicklungsmaßnahmen (Instrument: P.A.P.I.R.) auf Investitionsentscheidungen der zentralen Staatsgewalt im Rahmen des Siebten Planes beruhten. Diese eindeutige Lage ist durch die 1982 erfolgte Übertragung eines Teiles der Macht der Pariser Zentralgewalt auf die Regionen und Kommunen beendet worden.

Die Tourismusförderung ist nunmehr Objekt des voneinander unabhängigen Agierens auf vier territorialen Ebenen: Staat – Region – Département – Gemeinde. Sieht man von der staatlichen Rahmenplanung (Tourismus im IX. Plan) ab, so ist die Förderung des Tourismus drei konkurrierenden Gebietskörperschaften anheimgegeben, die mit dem Recht zur gegenseitigen Intervention[37] aus Gründen der ökonomischen Entwicklung ausgestattet sind (G. GONTCHAROFF/S. MILANO 1983, S. 73ff.) und zudem interferierende Zuständigkeiten hinsichtlich der Tourismusförderung aufweisen.

Die Brisanz dieser Situation wird deutlich, wenn man die Konkurrenz von Departements, Kommunen und auch Regionen bei der Planung und Realisierung touristischer Entwicklungsprojekte in Betracht zieht. Auf den genannten territorialen Ebenen gibt es konkurrierende touristische Produkte, die häufig auf die gleichen potentiellen Adressaten ausgerichtet sind (vgl. F. POTRON 1986, S. 10).

Umfang und Struktur der zukünftigen touristischen Entwicklungsprojekte werden in erheblichem Maße nicht nur von den zur Zeit unübersichtlichen administrativen Zuständigkeiten, sondern auch durch die mit der Dezentralisierung eingetretenen grundsätzlichen Veränderungen im Finanzierungswesen beeinflußt. Dabei geht es nicht nur um den Umfang des für touristische Entwicklungsprojekte zur Verfügung stehenden Finanzvolumens, besonders wichtig erscheint angesichts der o.g. konkurrierenden Interessen von Gebietskörperschaften das bisher nicht gelöste Problem der Koordination des Mitteleinsatzes.

Letzteres war neben der institutionsmäßig begründeten Unabhängigkeit gegenüber lokalen Interessengruppen ein wesentlicher Zweck der interministeriellen Missionen für die touristischen Entwicklungsprojekte der sechziger Jahre; hinzu kam die überwiegend staatliche Finanzierung der öffentlichen Investitionen für den touristischen Ausbau. Die Dezentralisation bedeutet das Auslaufen dieser staatlichen Subventionen. Staatliche Kredite werden als Bestandteil einer globalen Dotation für Ausrüstungszwecke (D.G.E.) den Gemeinden und Départements zur Verfügung gestellt. Sie stehen als Folge der gerade für die Gemeinden stark erweiterten Exekutivrechte für diese innerhalb der fiskalischen Zweckbindung der Mittel zur

---

37 Die Intervention aus ökonomischen Gründen, zur Begünstigung der wirtschaftlichen Entwicklung, des Strukturwandels und der Restrukturation stellen nunmehr ein explizites Recht dar, das zudem für alle Menschen zur Sicherung der sozioökonomischen Interessen der Bevölkerung in Anspruch genommen werden kann (vgl. G. GONTCHAROFF/S. MILANO 1983, S. 74).

freien Disposition (vgl. G. GONTCHAROFF/S. MILANO 1983, S. 67ff.). Während die Förderung des Tourismus durch die D.G.E. auf Départementsebene einen relativ breiten Raum unter den vorgesehenen Verwendungs*möglichkeiten* einnimmt[38], sind bei den Gemeinden größere Schwierigkeiten vorprogrammiert. Wenn 60% der französischen Küstengemeinden weniger als 2000 Einwohner zählen (vgl. F. POTRON 1986, S. 11), so sind diese wie die meisten für eine touristische Inwertsetzung in Betracht kommenden Gemeinden aufgrund ihrer Größe weder in der Lage, touristische Projekte zu finanzieren noch technisch zu bewältigen. Unabhängig von den o.g. konkurrierenden Zuständigkeiten dürfte die Finanzlage der Gemeinden dafür sorgen, daß eine Zusammenarbeit zumindest mit dem Département zur Voraussetzung touristischer Entwicklungsprojekte wird. Die politische kommunale Verantwortlichkeit bleibt davon unberührt, ebenso wie die auf Gemeindeebene besonders naheliegende Beeinflussung touristischer Entwicklungsplanung durch wahltaktische Zielsetzungen von Kommunalpolitikern.

2.4 QUELLENLAGE, ARBEITSMETHODEN, FORSCHUNGSSTAND

Eine Untersuchung der Zusammenhänge zwischen Tourismus und Regionalentwicklung in den unterschiedlichen Teilräumen Südfrankreichs ist mit vielfältigen technischen Schwierigkeiten verbunden. Dies gilt zum einen hinsichtlich des vergleichenden Untersuchungsansatzes und zum anderen hinsichtlich der Quantifizierung von grundlegenden Daten überhaupt.

Die empirische Arbeit mußte von einer fremdenverkehrsstatistischen Datenlage ausgehen, die durch wesentliche Informationsdefizite gekennzeichnet ist. Zwar werden seit einigen Jahren repräsentative Stichprobenerhebungen über das Urlaubsverhalten der Franzosen jeweils im Anschluß an die Sommer- bzw. Wintersaison durchgeführt und veröffentlicht (vgl. M. BERTRAND 1983; E. FLAMENT 1984), doch schon aufgrund der geringen Zahl von Stichproben erscheint eine Regionalisierung dieser Angaben nach Zielgebieten fragwürdig[39]; hinzu kommt, daß dem Erfassungsmodus entsprechend nur der Inländertourismus berücksichtigt wird.

Das zentrale statistische Amt I.N.S.E.E. veröffentlicht auch Angaben zum Beherbergungsangebot, die Unterkünfte in Hotels und auf Zeltplätzen erfassen. Räumlich sind diese Kapazitätswerte nach Regionen und Départements aufgeschlüsselt, eine fremdenverkehrsgeographisch wünschbare Differenzierung nach Fremdenverkehrsräumen, z.B. in Départements, die sowohl Anteil am Hochgebirgs- wie auch am Küstentourismus haben (Alpes-Maritimes, Pyrénées-Orientales), ist nicht möglich (vgl. B. BARBIER 1984, S. 42).

Eine wesentliche Unsicherheit hinsichtlich des Beherbergungsangebotes besteht bei der Einschätzung der Bedeutung von Zweitwohnsitzen, die mit ca. 73% knapp drei Viertel der touristischen Unterkünfte in Frankreich stellen (B. BARBIER 1984, S. 42).

38 Vgl. G. GONTCHAROFF/S. MILANO (1984a, S. 70ff.).
39 Auch die Direction Régionale des I.N.S.E.E. in Montpellier greift bei ihren Tourismusanalysen auf diese Quelle zurück, sofern keine Daten aus Auftragsforschungen des C.R.P.E.E. Montpellier vorliegen.

Ihre Zahl wird zwar in den Volkszählungen jeweils bis auf Gemeindeebene hinab ausgewiesen. Es bestehen jedoch Ermessensfragen hinsichtlich der konkreten Zuordnung durch die mit der Zählung Beauftragten (H.-D. MAY 1974, S. 110). Hinzu kommt strictu senso, daß mit der Kategorisierung als Zweitwohnsitz keine konkrete Aussage über die touristische Nutzung verbunden ist[40]. Ähnliches gilt für die Kategorie der logements vacants (vgl. S. 4). Als letztes ist zu bemerken, daß die Beherbergungsstatistik – systematisch und gezwungenermaßen – eine für Frankreich sehr wichtige Unterkunftsart vernachlässigt: die Unterkunft bei Freunden und Verwandten, sei es im Haupt- oder Zweitwohnsitz.

Es zeigt sich, daß Angaben zur Beherbergungskapazität in Frankreich nur annäherungsweise möglich sind – den instruktiven Karten in den Regionalatlanten[41] zum Trotz. Damit ist auch ein grundsätzlicher Vorbehalt gegenüber einer regional differenzierenden Analyse der Beherbergungsintensität (taux de fonction touristique: Betten pro ortsansässiger Einwohner x 100, vgl. B. BARBIER 1984, S. 44)[42] anzumelden.

Ein wesentlich größeres Problem als die Quantifizierung des Beherbergungsangebotes stellt jene der touristischen Nachfrage dar. Diese wird in der französischen Provinz durch Zählungen oder verbindliche statistische Meldeauflagen der Unterkunftsgeber nicht erfaßt. V. BRIQUEL (1983c, S. 6) beschreibt die Vorgehensweise der Direction Régionale des I.N.S.E.E. in Montpellier, welche eine annäherungsweise quantitative Erfassung der touristischen Frequentierung der Region Languedoc-Roussillon gewährleisten soll. Grundlagen sind eine Regionalisierung von Ergebnissen der nationalen Befragung zum Urlaubsverhalten, Befragungen ausgewählter Unterkunftsgeber (Hoteliers, Zeltplatzbesitzer, Betreiber von Einrichtungen des Sozialtourismus und Agenturen für Ferienwohnungsvermittlung) sowie ein Abgleich dieser Daten mit Unterlagen von Behörden, die spezielle Unterkunftsarten überwachen (Hotels und Zeltplätze). Die Ferienwohnungen als wichtigste Unterkunftskategorie werden zahlenmäßig nach den Volkszählungsergebnissen und einem 1979/80 durchgeführten Inventaire Communal in Ansatz gebracht und ihre Nutzung in Analogie zu entsprechenden Befragungsergebnissen geschätzt.

---

40 Zweitwohnsitze können z.B. auch aus beruflichen Gründen eingerichtet werden. Diese Art der Nutzung dürfte sich allerdings auf die Städte beschränken.
41 Atlas de Provence – Côte d'Azur (Ed. B. BARBIER et al. 1978) und Atlas du Languedoc-Roussillon (Ed. ASSOCIATION DE L'ATLAS REGIONAL 1969).
42 Hinzu kommt, daß die „touristische Funktion", eine von P. DEFERT in die Analyse des traditionellen Fremdenverkehrsgeschehens eingeführte Meßgröße, angesichts der modernen Formen des touristischen Angebotes kaum noch eine sinnvolle Aussage über die lokale oder regionalwirtschaftliche Bedeutung des Tourismus erlaubt.
Touristische Großprojekte können in vollständiger Autarkie unabhängig von der autochthonen Bevölkerung und ihrem sozioökonomischen System betrieben werden; die von DEFERT intendierte Absicht, aufgrund leicht zugänglicher statistischer Daten die ökonomische Bedeutung des Tourismus an seinen Standorten darzulegen, ist mit der „touristischen Funktion" nicht mehr schlüssig zu realisieren. Diese Einschränkung der Gültigkeit sozioökonomischer Interpretationen undifferenzierter statistischer Daten gilt auch für den im deutschen Sprachraum häufig herangezogenen Indikator der Fremdenverkehrsintensität (Übernachtungen pro (100) Einwohner der Fremdenverkehrsgemeinde).

Für Fragestellungen, die sowohl eine differenziertere Analyse des saisonalen Rhythmus als auch der räumlichen Struktur der touristischen Frequentierung erfordern, erweisen sich die Daten der amtlichen Statistik als vollkommen unzureichend. Daher wurde in der französischen Fremdenverkehrsgeographie schon häufig versucht, den realen Umfang der touristischen Nutzung über geeignete Indikatoren (möglichst besteuerungspflichtige Lebensmittel etc.) zu erfassen (vgl. H.-D. May 1974, S. 11f., 192–195). Eine kritische methodologische Analyse von J. Rouzier (1980, S. 100ff.) hat jedoch belegt, daß bei Verwendung unterschiedlicher Indikatoren sehr große Differenzen hinsichtlich der Ergebnisse für ein Stichjahr auftreten können[43].

Auch hinsichtlich der regionalökonomischen Bedeutung des Tourismus stehen systematisch erhobene Daten nicht zur Verfügung. Regionspezifische Input-Output-Tabellen sind für das Untersuchungsgebiet nicht vorhanden. Umso wichtiger erscheint es, daß für die Region Languedoc-Roussillon eine ökonomische Analyse der regionalwirtschaftlichen Auswirkungen der Erschließung des Litorals vorliegt, die auf einer regionsbezogenen Anwendung des für nationale Planungszwecke entwickelten Modells R.E.G.I.N.A.[44] sowie auf regionalwirtschaftlichen Daten des Centre Régional de la Productivité et des Etudes Economiques (C.R.P.E.E.) der Universität Montpellier beruht (vgl. C. Pommier 1982).

Das C.R.P.E.E. hat in den siebziger Jahren in Zusammenarbeit mit der Direction Régionale des I.N.S.E.E. in Montpellier die bisher detailliertesten Untersuchungen zur touristischen Nachfrage im Languedoc-Roussillon durchgeführt; es handelt sich dabei um Auftragsforschungen für die Mission Interministérielle pour l'Aménagement Touristique du Littoral Languedoc-Roussillon, die räumlich auf den Küstentourismus beschränkt ist. Es entspricht den durch die Pariser Zentralregierung zu verantwortenden, in die sektorale Wirtschaftsplanung eingebetteten Prioritäten der touristischen Entwicklung der Küste im Languedoc-Roussillon, daß sowohl der touristische

---

43 Zusätzlich zu den von A. Rouzier belegten, systembedingten Differenzen bei der Verwendung unterschiedlicher Indikatoren werden letztere in ihrer Gültigkeit durch den allgemeinen Wandel der Lebensverhältnisse eingeschränkt. So führt z.B. die erhöhte Mobilität der Touristen dazu, daß diese mit ihren privaten Kraftfahrzeugen zum Einkaufen in außerhalb der Fremdenverkehrsorte gelegene Einkaufszentren oder Großmärkte fahren, ihr am Hauptwohnsitz übliches Verbraucherverhalten auf das Fremdenverkehrsgebiet transferieren. Der Strukturwandel auch im französischen Einzelhandel hat wiederum eine Zunahme von Filialbetrieben in den Fremdenverkehrsorten zur Folge, die von außerhalb u.a. mit Backwaren und Brot beliefert werden. In beiden Fällen führt eine Abschätzung des globalen Touristenaufkommens anhand der Variation des Verbrauches von Lebensmitteln und des Mehlverbrauches der Bäcker (der, da Brotmehl steuerpflichtig ist, gerne von französischen Geographen als Indikator herangezogen wird) am Fremdenverkehrsort zu Fehleinschätzungen. Diese treten bei Querschnittsanalysen von Fremdenverkehrsgemeinden eines Fremdenverkehrsgebietes auf, da die Erreichbarkeit von Einkaufsmöglichkeiten außerhalb der Touristenorte unterschiedlich ist. Besonders gravierend werden sie bei Längsschnittsanalysen, wenn z.B. anhand des Mehlverbrauches die Entwicklung und saisonale Variation der touristischen Nachfrage über Jahre hinweg erfaßt werden soll (z.B. bei B. Vielzeuf 1973, S. 364f.)).

44 R.E.G.I.N.A.: Regional-National
Das makroökonomische Modell R.E.G.I.N.A. ermöglicht es der französischen Wirtschaftsplanung erstmals, die Ergebnisse der nationalen Wirtschaftsplanung und -politik auf der Basis von Nachfrage und Angebot räumlich differenziert zu erfassen und zu bewerten (vgl. R. Courbis/J.-P. Page (1973, S. 365f.), P. Pinchemel (1980, S. 229).

Markt als auch die regionalwirtschaftlichen Auswirkungen nur projektbegleitend ex post analysiert wurden und keine vorbereitenden, auch alternative – nichttouristische – Entwicklungskonzepte für die Region evaluierende Untersuchungen stattfanden. Demgegenüber sind im Auftrag der Mission die Fortschritte der Erschließung des Litorals, z.B. auch hinsichtlich der im allgemeinen nur schwer quantifizierbaren Immobilientransaktionen (durch C.O.C.I.L.E.R.), sowie der Beitrag der touristischen Ausgaben zur Regionalwirtschaft ausführlich analysiert worden. Die Beendigung der Tätigkeit der Mission im Jahre 1982 bedeutet hinsichtlich der Fortführung dieser in der Regel nicht veröffentlichten Untersuchungen einen deutlichen Einschnitt, da vollkommen ungewiß ist, inwieweit die im Zuge der Dezentralisierung einzurichtenden regionalen Tourismusinstitutionen zu einer Finanzierung derartiger Forschungsprojekte bereit sind.

Keine Kontinuitätsprobleme bestehen hinsichtlich der Daten zur Erwerbstätigkeit, hier führt das I.N.S.E.E. eine regionale Beschäftigungsstatistik, die durch Daten der Volkszählungen ergänzt wird. Letztere sind nicht publiziert, stehen jedoch im EDV-Ausdruck bis 1975 auf Gemeindeebene herab zur Verfügung; für 1982 sind sie allerdings nur auf der Basis von Kantonen verfügbar. Eine im Vergleich zu den Publikationen von I.N.S.E.E. räumlich und zeitlich detailliertere Aussage über die Entwicklung der Erwerbstätigkeit ist in den Statistiken der Arbeitslosenversicherung A.S.S.E.D.I.C. enthalten. Im Zusammenhang mit der Fragestellung der vorliegenden Arbeit ist es nur von geringer Bedeutung, daß in den Daten der Arbeitslosenversicherung Beschäftigte des öffentlichen Dienstes und der verstaatlichten Unternehmen in den Industrie- und Dienstleistungssektoren nicht enthalten sind.

Für eine vergleichende Untersuchung in den beiden mediterranen Regionen Frankreichs entstand ein nicht unerhebliches Problem dadurch, daß trotz der zentralistischen Verwaltungsstruktur die über die koordinierte Datenerhebung – z.B. im Rahmen von Volkszählungen – hinausgehenden Erhebungen der Regionaldirektionen des statistischen Amtes I.N.S.E.E. in Montpellier und Marseille inhaltlich durchaus unterschiedlich gewichtet sind. Während der Fremdenverkehr und seine regionalen Auswirkungen für die Regionaldirektion in Montpellier wichtige Untersuchungsobjekte darstellen, trifft dies für die Regionaldirektion Marseille nicht zu, obwohl zu deren Zuständigkeitsgebiet die Küsten der Côte d'Azur zählen. Es war daher für einen vergleichenden Untersuchungsansatz wichtig, daß auf Unterlagen der regionalen Handelskammer (Chambre Régionale de Commerce et d'Industrie Provence-Alpes-Côte d'Azur-Corse) und jener der Départements Alpes-Maritimes und Var zurückgegriffen werden konnte.

Der Verfasser stimmt mit D. CLARY (1984, S. 65) überein, daß bei den unterschiedlichsten administrativen Stellen eine Vielzahl wichtiger Unterlagen und Quellen vorliegen, die in der Regel für vergleichende Untersuchungen weder zugänglich noch überhaupt systematisch erschlossen sind. Das Vorhaben einer vergleichenden Untersuchung wäre ohne die Kooperation der jeweiligen Direction d'Equipement (D.R.E.) von Marseille und Montpellier nicht zu realisieren gewesen, gleiches gilt für die entsprechende Behörde des Départements Alpes–Maritimes (D.D.E./O.D.E.A.M. Nizza). Die Départements (D.D.E.) stellten zudem die durchweg guten kartographischen Grundlagen für die Kartierungen des Verfassers zur Verfügung. Zahlreiche

Fallstudien über die touristische Entwicklung in Südfrankreich konnten im Centre des Hautes Etudes du Tourisme (C.H.E.T.) in Aix-en-Provence ausgewertet werden.

Die heterogene Struktur der jeweils mit unterschiedlicher Zielsetzung ausgestatteten Quellen erfordert bei ihrer Auswertung ein gewisses Maß an Flexibilität. Ein vergleichender Untersuchungsansatz bedurfte zu ihrer korrekten Interpretation einer großen Zahl von Einzel- und Zusatzinformationen aus der öffentlichen und privaten Verwaltung sowie von touristischen Angebotsträgern. Auf der Ebene der Départements waren zahlreiche parallele Erhebungen notwendig.

Eine exemplarische, nach Sozialgruppen und auf Gemeindebasis differenzierte Auswertung der saisonalen Variation der Guthaben, die Rückschlüsse auf touristisch bedingte Einkommensveränderungen zuläßt, konnte der Verfasser anhand der quartalsweise ausgewiesenen Kontenstände in den Zweigstellen Crédit Agricole (C.R.C.A.M.) des Département Pyrénées-Orientales vornehmen; zu diesem Zweck wurde für zwei Stichjahre (1979 und 1983) eine umfangreiche handschriftliche Übertragung von Daten aus EDV-Listen vorgenommen. Allein dieses Datenmaterial gestattet aufgrund seines Umfanges, seiner Vollständigkeit und Genauigkeit den Einsatz mathematisch-quantitativer, EDV-gestützter Auswertungstechniken.

Der Forschungsstand ist dadurch gekennzeichnet, daß eine räumlich vergleichende Analyse der Beziehungen touristischer Erschließung und Regionalentwicklung für Südfrankreich, die Peripherie eines westeuropäischen Industriestaates, nicht vorliegt. Das Literaturverzeichnis weist zahlreiche fremdenverkehrsgeographische Arbeiten nach, hinzu treten regionalwirtschaftliche Publikationen und die – zumeist unveröffentlichten – Arbeiten, die von bzw. für staatliche Institutionen und Gebietskörperschaften im Zusammenhang mit Vorhaben der Regionalplanung angefertigt wurden; sie sind, soweit sie dem Verfasser zugänglich waren, ebenfalls aufgeführt. Die meisten der im Auftrag der Administration angefertigten Arbeiten haben eine begrenzte, objektbezogene Zielsetzung; komplexe Fragestellungen und prozessuale Aspekte finden in ihnen wenig Berücksichtigung. Aussagen über Struktur und Verlauf der touristisch bedingten Entwicklungsprozesse im Untersuchungsgebiet beruhen daher häufig auf einer kombinierenden Bewertung zahlreicher Einzelangaben.

In der Region P.A.C.A. bildet die Côte d'Azur eines der ersten und bedeutendsten europäischen Fremdenverkehrsgebiete. Seine Entwicklung ist häufig dargestellt worden (vgl. z.B. H. FUCKNER 1963; M. GIERKE 1961; R. RUDNEY 1980) und findet sowohl in allgemeinen Lehrbüchern zur Fremdenverkehrsgeographie wie auch in regionalen Monographien ausführliche Beachtung. Neuere französische Arbeiten, die vor allem in der landesspezifischen Tradition regionalanalytischer Arbeitsweisen stehen (vgl. D. CLARY 1984, S. 64; H. NONN/J.-C. BOYER 1980, S. 174–176), wurden u.a. von B. BARBIER (1966a,b), R. BARETJE (1971a,b), J. MIEGE (1975; 1976b,c,d; 1981a,b) – einem der Begründer der Fremdenverkehrsgeographie in Frankreich – und von G. WACKERMANN (1975; 1980a,b) veröffentlicht. F. ROGNANT (1978; 1981) versucht, die Entwicklung an der Côte d'Azur modellhaft zu erfassen. Neuere deutschsprachige Beiträge, die vor allem dem aktuellen Strukturwandel gewidmet sind, stammen von H. MATHEY (1973), G. KLEEMANN (1973) und C. SCHOTT (1973); I. GRAF und R. JATZOLD (1981) lieferten einen kritischen Beitrag zur Entwicklung der

Camargue. Eine vergleichende Betrachtung der französischen Fremdenverkehrsgebiete findet sich bei A. PLETSCH (1978, S. 207–237).

Die touristische Entwicklung des Languedoc ist Gegenstand zahlreicher fremdenverkehrsgeographischer Untersuchungen unterschiedlicher Thematik von A. SOULIER. Die touristische Inwertsetzung des Litorals wurde frühzeitig von geographischer Seite analysiert. G. CAZES (1972) und R. BARETJE/J. M. THUROT (1975) nahmen erste kritische Würdigungen der Entwicklung vor, denen sich J. CORTOT (1980; 1981) aus ökonomisch-soziologischer Sicht anschloß. Der französischen Kritik steht der ausführliche Bericht von P. RACINE (1980) gegenüber, welcher der Mission Interministérielle pour l'Aménagement Touristique du Littoral Languedoc-Roussillon zeit ihres Bestehens als Präsident vorstand. Sein Buch stellt nicht nur einen Rechenschaftsbericht dar, es vermittelt auch aufschlußreiche Einsichten in die internen Entscheidungsprozesse.

Im Gegensatz zur touristischen Erschließung der aquitanischen Küste (vgl. M. CASSOU-MOUNAT 1977) waren die Küsten von Languedoc-Roussillon bisher vorwiegend Gegenstand fremdenverkehrsgeographischer Partialuntersuchungen; eine umfassende und komplexe Darstellung, die besonders auch den touristischen Erschließungsprozeß berücksichtigt, liegt nicht vor. H.-D. MAY (1974) führte einen Vergleich der Küsten Languedoc-Roussillon und Costa Brava durch, der vor allem eine Bewertung des landschaftlichen Erholungspotentiales und eine quantitativ begründete Regionalisierung beider Fremdenverkehrsräume zum Ziel hatte. A. PLETSCH (1975; 1982) nimmt hinsichtlich der Ergebnisse der touristischen Entwicklung im Languedoc und Roussillon einen eher kritischen Standpunkt ein. Er weist vor allem auch auf die Unterschiede zwischen Planungszielen und erreichten Ergebnissen hin.

Die planmäßige touristische Erschließung der Küsten von Languedoc und Roussillon regt zu regionalen, über Frankreich hinausgehenden Vergleichen an. D. G. PEARCE (1981) stellt die touristischen Entwicklungsprozesse im Languedoc und Roussillon jenen der touristischen Erschließung von Queenstown (Neuseeland) gegenüber. Ähnlichkeiten und Unterschiede, die hinsichtlich Entwicklungsprozeß, Organisation, architektonischer Struktur und touristischer Funktion zwischen den „Ferienzentren" (Unités Touristiques)[45] in Südfrankreich und an der schleswig-holsteinischen Ostseeküste bestehen, wurden von H.-G. MÖLLER (1983) untersucht.

---

45 Der mit Bezug auf die zu Beginn der siebziger Jahre im Zonenrandgebiet der Bundesrepublik Deutschland errichteten Tourismusobjekte definierte Begriff „Ferienzentrum" (vgl. H.-G. MÖLLER 1977, S. 164f.) ist auf die Unités Touristiques, die planungsrechtliche Einheiten darstellen, nicht übertragbar. Ein Vergleich funktioneller, architektonischer oder organisatorischer Ähnlichkeiten bzw. Unterschiede bietet sich bei den französischen touristischen Großobjekten hinsichtlich der neu angelegten Fremdenverkehrssiedlungen an, welche Bestandteile der Unités Touristiques sind.

3. DAS UNTERSUCHUNGSGEBIET

3.1 ABGRENZUNG, LAGE, ADMINISTRATIVE GLIEDERUNG

Administrativ ist das Untersuchungsgebiet Bestandteil der Regionen Languedoc-Roussillon und P.A.C.A. (Provence, Alpes, Côte d'Azur), deren flächenmäßig überwiegende Teile es jeweils einnimmt. Die Gliederung der Regionen in Départements ist der Karte 1 zu entnehmen.

Das Untersuchungsgebiet umfaßt die mediterranen Festlandsküsten Frankreichs sowie jene Standorte des Fremden- und Freizeitverkehrs, die sich im Küstenhinterland (Arrière-Pays) und in den angrenzenden Berglandschaften (Moyenne Montagne) befinden. Nicht untersucht werden die Wintersportorte in den Pyrenäen und Südalpen, welche die touristische Inwertsetzung dieser Hochgebirge heute wesentlich bestimmen (vgl. M. BONORAND 1974). Der Verzicht auf eine Analyse des Wintersportverkehrs im Hochgebirge erschien aus methodischen Gründen geboten, da es nach der Problemstellung primär darum geht, die Beziehung zwischen touristischer Erschließung und Regionalentwicklung in peripheren Räumen zu klären. Im Fall der Wintersportorte im Hochgebirge wird diese Problematik von den spezifischen kulturgeographischen Problemen der europäischen Hochgebirge überlagert, hinzu kommen spezifische Ausprägungen ihrer touristischen Erschließung[1]. Als weiteres wichtiges Unterscheidungsmerkmal limitieren naturräumliche Restriktionen hinsichtlich des Klimas und Reliefs die potentiellen Entwicklungsprozesse hypsometrisch (vgl. B. BARBIER 1978; R. KNAFOU 1978, S. 71ff.)

Im Gegensatz zum Hochgebirge diffundieren Tourismus und Freizeitverkehr an den mediterranen Küsten Frankreichs und in deren Hinterland praktisch unberührt von naturräumlichen Vorgaben für die Mikro- bzw. Mesostandorte. Küsten, ihr Hinterland und die Berglandschaften weisen zudem im Sommertourismus funktionelle Verknüpfungen auf, die bei dem eher punktuell auf den Zielort ausgerichteten Wintersportverkehr nicht gegeben sind. Die touristisch bedingten räumlichen Interaktionen zwischen Küste und Hinter- bzw. Bergland besitzen in den einzelnen Teilräumen des Untersuchungsgebietes eine unterschiedliche Intensität und Qualität,

---

[1] Zu den ihre touristische Entwicklung prägenden sozioökonomischen Besonderheiten gehören z.B. spezifische Charakteristika der Wirtschaftsweise wie die saisonal variierende Berufstätigkeit (Gewöhnung an Saison- und Nebenberufe) auch der landwirtschaftlichen Bevölkerung sowie die für Hochgebirge typischen Organisationsformen des Grundeigentums. Die französischen Hochgebirge unterscheiden sich z.B. von den übrigen Landesteilen wesentlich dadurch, daß nur hier bäuerliches Gemeineigentum und kommunale wie auch staatliche Eigentumsrechte großflächig auftreten.
Auch war der Verlauf der touristischen Erschließung der modernen Wintersportorte im Hochgebirge viel differenzierter als jener der neuen touristischen Großprojekte an der Küste. Zur touristischen Erschließung der französischen Hochgebirge und ihren nach Funktion und Konzeption unterschiedlichen Phasen vgl. M. BONORAND (1975, S. 37ff.), R. KNAFOU (1978, S. 110ff.), A. MESPLIER (1984, S. 35f.) und D. G. PEARCE (1981, S. 16ff.).

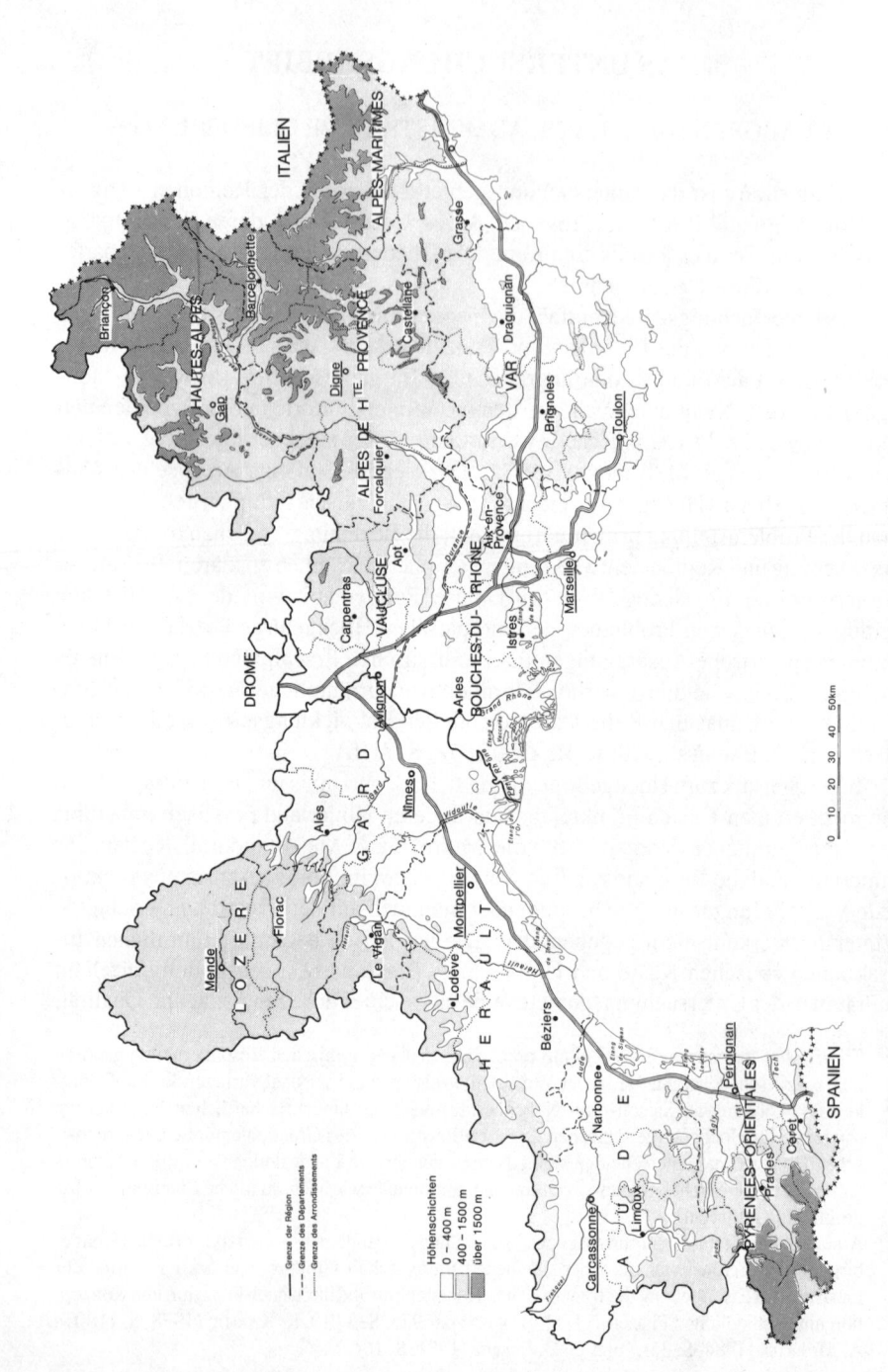

Karte 1 Die administrative Gliederung der Regionen Languedoc-Roussillon und Provence-Alpes-Côte d'Azur

ihr Ausbau bietet jedoch eine Möglichkeit zur Reduzierung der intraregionalen Disparitäten.

Die Region P.A.C.A. stimmt in ihrer Abgrenzung im wesentlichen mit dem historischen Territorium der Provence überein, das im Osten am Var endete. Das heutige Département Alpes-Maritimes entstand aus dem Anschluß der bis 1860 zu Savoyen gehörenden Grafschaft Nizza, die um das Arrondissement Grasse vergrößert wurde. Ihre Abtretung durch das sardinische Königshaus sowie das wirtschaftliche Aufblühen des seit 1861 unter französischer Schutzherrschaft stehenden autonomen Fürstentums Monaco (1856 Gründung der Spielbank, 1865 Zollunion mit Frankreich) bildeten die wichtigsten Voraussetzungen für die Entwicklung der Côte d'Azur zur ehemals in Europa führenden und bis heute wichtigsten französischen Fremdenverkehrslandschaft.

Auch die Region Languedoc-Roussillon vereinigt historisch unterschiedliche, soziokulturell eigenständige Territorien. Der Languedoc, das Gebiet der okzitanischen Sprache und Kultur, fiel bereits im 13. Jahrhundert als Krondomäne an das französische Königshaus, während das Roussillon[2] – als Catalogne-Nord mit dem spanischen Katalonien sprachlich, kulturell und über Jahrhunderte auch staatlich verbunden – erst im Pyrenäenfrieden von 1659 an Frankreich abgetreten wurde.

Beide Regionen erfuhren in den vergangenen fünfundzwanzig Jahren hinsichtlich ihres administrativen Status' einen tiefgreifenden Wandel. Sie wurden 1960 wie neunzehn weitere Regionen als Programmregionen (Régions de Programme) in ihren Abgrenzungen definiert und hatten als territoriale Grundlagen einer wirtschaftlichen Dezentralisierungspolitik zu dienen, welche die zentralistische Struktur des französischen Staates prinzipiell nicht in Frage stellte. Die in der Zielsetzung der Programmregionen begründete Versagung einer politischen Eigenkompetenz fand als Folge der Machtübernahme des sozialistischen Präsidenten F. MITTERAND (Mai 1981) in einem Gesetz vom 28. Januar 1982 ihr Ende. Die Region wurde zur eigenständigen Gebietskörperschaft erhoben (collectivité territoriale) und mit einer dem aus allgemeinen Wahlen hervorgehenden Regionalparlament verantwortlichen Exekutivgewalt versehen. Den Vorgaben der Dezentralisierungs- und Regionalisierungspolitik[3] der Jahre 1981/82 entspricht es, daß die wirtschaftspolitischen Zuständigkeiten der Regionen erweitert wurden (vgl. J. J./M. DAYRIES 1982, S. 117f.), so daß diese nunmehr weitgehend ihre jeweiligen regionalpolitischen Zielsetzungen und damit auch ihre Tourismuspolitik bestimmen können.

---

2   Im folgenden wird als Roussillon die ehemalige Provinz Roussillon bzw. das aus ihr hervorgegangene Département Pyrénées Orientales bezeichnet. Es umfaßt neben der historischen Grafschaft Roussillon (Küstenebene um Perpignan) diverse ehemals eigenständige Territorien (oft Talschaften) im umgebenden Gebirgs- und Hügelland; mit Ausnahme der frankophonen Fenouillèdes handelt es sich um katalanische Sprachgebiete (vgl. R. FERRAS, H. PICHERAL, B. VIELZEUF 1979, S. 36ff.).

3   Eine Aufschlüsselung des Transfers staatlicher, für Regionalentwicklung und Modernisierungsplanung relevanter Kompetenzen auf Regionen und Gemeinden geben A. LEFEBVRE/J. C. MEYER (1985).

3.2 NATUR- UND KULTURRÄUMLICHE GROSSGLIEDERUNG

3.2.1 DIE TEILRÄUME DER REGION P.A.C.A.

Nach den Merkmalen Relief, Klima und kulturgeographische Situation weist die Region P.A.C.A. vier deutlich voneinander unterschiedene Teillandschaften auf (vgl. Karte 2). Es sind dies die *Hochgebirgszone* der Westalpen (Haute Montagne), das diesem vorgelagerte *Mittelgebirge bzw. Bergland* (Moyenne Montagne[4]), das mit einer Höhe von 1300 bis 1500 m Wintersportmöglichkeiten weitgehend ausschließt (in Übereinstimmung mit L. Fauchon 1972, S. 5), das unterhalb der 500 m-Isohypse anschließende *Küstenhinterland* (Arrière-Pays) und die *Küstenzone* (Littoral).

Das Hochgebirge (Teil der südlichen Französischen Kalkalpen) und das Mittelgebirge bilden nach ihrem geologischen Aufbau und ihrer Morphogenese eine Einheit; beide Teilräume werden in der französischen Literatur (z.B. B. Barbier 1969) unter Einschluß von angrenzenden Teilen der Region Rhône-Alpes auch als Französische Südalpen zusammengefaßt. Da die Grenze der Alpen zu ihrem Vorland hier jedoch unter physisch- und kulturgeographischen Aspekten sehr unscharf ausgeprägt ist (G. Schweizer (1982, S. 390) bezeichnet sie als „randalpinen Übergangsbereich") und die Südalpen im o.g. Sinne touristisch sehr unterschiedlich in Wert gesetzt sind, scheiden sie für die vorliegende Analyse als Element der räumlichen Gliederung aus.

Das *Küstenhinterland* weist in der Region P.A.C.A. eine sehr deutliche Ost-West-Differenzierung auf. Im westlichen Teil befinden sich die einzigen größeren Ebenen der Region: Camargue, Crau, unteres Rhône-Tal bzw. Comtat und Tricastin. Dieses sind Gebiete mit relativ geringen touristischen Entwicklungsmöglichkeiten. Im Falle des Comtat handelt es sich um ein agrarwirtschaftlich genutztes Sonderkulturgebiet ohne touristische Attraktionen in Binnenlage. In der Camargue setzen Naturschutz und in Großbetrieben organisierte Landwirtschaft der touristischen Durchdringung über die Nutzung von Stränden hinaus enge Grenzen, auch der Ausflugs- und Durchgangsverkehr konzentriert sich auf wenige Straßen und Standorte.

Östlich des Rhône-Tales wird das Küstenhinterland von den Becken und Ketten der Nieder- bzw. Kalkprovence gebildet, an die sich die Permische Senke, ein landwirtschaftliches Gunstgebiet in den Ausraumzonen des Perm, anschließt. Es trennt die Kalkprovence von der Kristallinen Provence und in der letzteren die nur schwach besiedelten Gneis- und Granitmassive der Maures von jenen des Esterel und Tanneron. Die hohe landschaftliche[5] Attraktivität des Esterel besteht darin, daß hier neben blauen auch rote Porphyre anstehen, die im Zusammenspiel mit den Farben des Meeres eine malerische Kliffküste bilden.

---

4   Bei den im Französischen als *Moyenne Montage*/Mittelgebirge bezeichneten Berggebieten handelt es sich nicht in allen Fällen um Mittelgebirge im morphologischen Sinne. Zu ihnen zählen, eine Mindesthöhe – hier 500 m – vorausgesetzt, auch weitflächige Plateaulandschaften wie die Plateaus von Canjuers, Saint-Christol und Valensole (Innere Provence). Zur Abgrenzung der Mittelgebirgszone in der Region P.A.C.A. vgl. F. Fauchon (1972, S. 4f.).

5   „Landschaft" wird hier als äußeres Erscheinungsbild, als physiognomisches Merkmal, begriffen.

3.2 Natur- und kulturräumliche Großgliederung

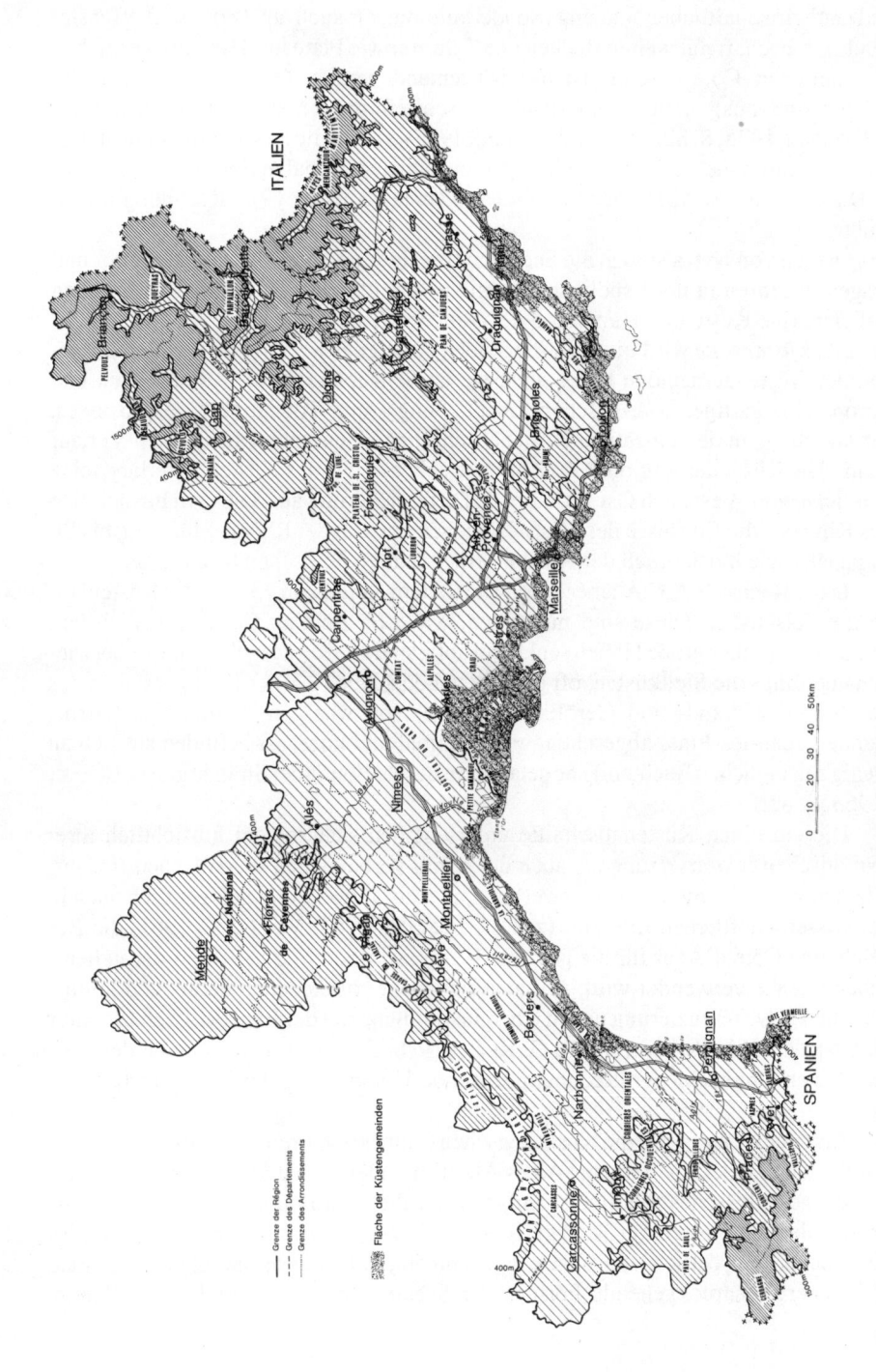

Karte 2 Die Teilräume der Regionen Languedoc-Roussillon und P.A.C.A.

Östlich des Siagne folgt zwischen Cannes, Antibes und Grasse eine der Siedlung und landwirtschaftlicher Nutzung (Sonderkulturen, oft auch auf Terrassen) offenstehende Landschaft mit weiten Becken und Tälern sowie Plateaus. Hier, im westlichen Abschnitt der Côte d'Azur, ist das Küstenland bereits intensiv in die von der Küstenzone ausgehende touristische Erschließung einbezogen worden (vgl. P. ESTIENNE 1978, S. 82f.; G. WACKERMANN 1975), so daß die Regionalplanung dieser Tatsache durch die Aufstellung eines gemeinsamen regionalen Entwicklungsplanes (S.D.A.U.) für die Agglomeration Grasse-Cannes-Antibes 1976 Rechnung tragen mußte.

Östlich von Nizza stoßen die Seealpen (Préalpes de Nice) bis zum Meer vor und prägen mit ihren in nord-südlicher Richtung verlaufenden Tälern und ihrer hohen Reliefenergie Küste und Hinterland der östlichen Côte d'Azur.

Als *Küstenzone* wird in der vorliegenden Arbeit das Kontinuum der Gemarkungen der Küstengemeinden bezeichnet; sie ist Schauplatz eines in Frankreich und Europa einzigartigen touristischen Erschließungs- und Transformationsprozesses, der allerdings in den einzelnen Küstenabschnitten einen unterschiedlichen Verlauf nahm. Die Küste der Region P.A.C.A. weist, ebenso wie das Küstenhinterland, eine deutliche, von West nach Ost verlaufende Differenzierung auf. Dies gilt hinsichtlich des Klimas – die Einflüsse des Mistrals reichen nur von der Rhône-Mündung bis St. Raphaël – wie hinsichtlich der Küstenformen und geologischen Strukturen.

In der Region P.A.C.A. überwiegen mit einem Anteil von 73% an der Küstenlänge die Felsküsten. Diese sind nur selten, wie z.B. am Cap Canaille östlich von Marseille, als über große Höhen senkrecht abfallende Kliffs ausgebildet. Es überwiegen allerdings die Steilküsten, oft über 20 m hoch. Nur 13% der Küste bestehen aus Sandstränden. Sand- und Geröllstrände sind, von wenigen Ausnahmen (Giens, Cannes, Juan-les-Pins) abgesehen, meist schmal und kurz, oft befinden sie sich an wenig zugänglichen Buchten. Eine detaillierte Beschreibung der Strände gibt L. BURNET (1963, S. 82ff.).

Die einzelnen Küstenabschnitte unterscheiden sich sowohl hinsichtlich ihrer touristischen Inwertsetzung als auch des damit verbundenen touristischen Images. Obwohl in der Fremdenverkehrswerbung, in Reiseführern und gelegentlich auch in der wissenschaftlichen Literatur (z.B. H. FUCKNER 1963; M. GIERKE 1961) die Bezeichnung Côte d'Azur für die gesamte Küste zwischen Marseille und der italienischen Grenze verwendet wird, soll angesichts der vorhandenen natur- und kulturräumlichen Differenzierung und in Übereinstimmung mit der französischen Literatur (J. GIRNIER 1965; R. LIVET 1978; G. REYNE 1980; B. VIEVILLE 1977) eine den vorgegebenen Unterschieden Rechnung tragende Unterteilung der Küstenzone erfolgen.

Als *Côte d'Azur* wird die Küste zwischen Cannes und Menton bezeichnet. Sie ist mit der Küste des Départements Alpes-Maritimes identisch und bildet ein ca. 60 km langes, geschlossenes Siedlungsband, obwohl die naturräumliche Siedlungsgunst unterschiedlich ausgeprägt ist (vgl. R. LIVET 1978, S. 170ff.). Diese ist gering im Küstenabschnitt östlich von Nizza, wo schroffe, auf jurassische Kalke und hohe Reliefenergie zurückgehende Formen der Seealpen die Küste bilden. Siedlungsfreundlich sind demgegenüber die Küstenhöfe des Paillon und Var bei Nizza und des Siagne bei Cannes.

Ein für die touristische Erschließung der Côte d'Azur entscheidendes naturräumliches Element ist in ihrer Klimagunst[6] zu sehen, die im Vergleich zu den übrigen französischen Küsten eine thermische Begünstigung sowohl im Winter als auch im Sommer beinhaltet. Milde Winter, die noch in der Mitte des 19. Jahrhunderts den gewerbsmäßigen Zitronenanbau in Menton und Monaco ermöglichten, zeichnen sich durch Frostfreiheit und relativ hohe Durchschnittstemperaturen aus.

Tab. 2 Die Vierteljahresmittel der Temperatur ausgewählter Französischer Seebäder (in °C)*

Bäder	Sommermonate**			Wintermonate***		
	Mittel	Max.	Min.	Mittel	Max.	Min.
Dünkirchen	16,1	19,8	12,4	4,7	7,4	2,0
Villerville	16,3	20,1	12,5	5,7	8,8	2,6
Brest-St.Mathieu	16,3	19,8	12,9	7,9	10,1	5,7
La Rochelle	18,7	23,8	13,6	6,7	10,3	3,1
St.-Jean-de-Luz	19,4	23,1	15,7	9,3	12,6	6,0
Nizza	22,0	25,9	18,1	10,0	13,2	6,8

Anmerkungen: *) Beobachtungszeiträume: 1890–1952; **) Juni, Juli, August, September; ***) Dezember, Januar, Februar, März.

Quelle: L. Burnet (1963, S. 57f.) verändert.

Auch wenn man mit L. BURNET (1963, S. 55f.) davon ausgehen muß, daß die an den üblichen Meßstandorten gewonnenen meteorologischen Daten relativ wenig zur touristisch wichtigen mikroklimatischen Situation der Seebäder aussagen, so gibt Tab. 2 doch einen Eindruck von der thermischen Begünstigung der Côte d'Azur. Hinzu kommt im Vergleich zu den übrigen mediterranen Festlandsküsten Frankreichs ein geringeres Verdunstungsdefizit als Folge des Fehlens von Starkwinden, das eine feuchtere und damit angenehmere Luft auch in den Sommermonaten gewährleistet.

Westlich des Siagne beginnt bei La Napoule die Küste der kristallinen Provence, die bis zur Halbinsel von Giens reicht und von der *Côte des Maures* und der *Côte de l'Esterel* gebildet wird. An die Küsten dieser kristallinen Massive schließt sich westlich von Toulon die Küste der Kalkprovence an, die sich bis zur Chaine de l'Estaque südlich des Etang de Bèrre erstreckt und dort als *Côte Bleue* bezeichnet wird. Wesentlicher Bestandteil der Küste der Kalk- bzw. Niederprovence sind die *Calanquen* zwischen Cassis und Bandol, deren touristische Nutzung trotz natürlicher Ungunst (besonders: Mangel an Stränden!) durch die Nähe der Großstädte Marseille und Toulon initiiert wurde.

6   Eine ausführliche Darstellung der klimageographischen Situation von Provence und Côte d'Azur findet sich bei P. ESTIENNE (1978, S. 13ff.), M. GIERKE (1961, S. 13ff.) und R. LIVET (1978, S. 1ff., 32).

3.2.2 DIE TEILRÄUME DER REGION LANGUEDOC-ROUSSILLON

Nicht nur hinsichtlich ihrer kulturgeographischen Differenzierung, sondern auch unter dem Aspekt der naturräumlichen Gliederung verfügt die Region Languedoc-Roussillon über recht heterogene Teilräume. Die naturräumliche Großgliederung weist vier orographisch definierte Landschaftstypen auf (vgl. Karte 2).

Im Süden der Region, im Département Pyrénées Orientales, begrenzen die *Hochgebirgslandschaften* der Pyrenäen die Region gegen Spanien. Die Pyrenäen, die in der niedrigen, aus metamorphem Schiefergestein gebildeten Kette der Albères an das Mittelmeer vorstoßen, sind in den höheren Gebirgsräumen durch die großen Talschaften Conflent und Vallespir sowie durch das intramontane Becken der Cerdagne, die zum Einzugsgebiet des Segre zählt, gegliedert.

Zur *Mittelgebirgszone* an der Südabdachung des Zentralmassives gehören sowohl Bergländer (Cevennen, Montagnes Noires, l'Espinouse, Monts de Lacaune) als auch weiträumige Kalkplateaus, die Causses. Eine niedrigere, dem Mittelgebirge vorgelagerte *Hügelzone* umfaßt Kalkketten (Corbières und Fenouillèdes) wie auch Hügel- und Plateaulandschaften (Minervois, Pays de Sault). Weiterhin gehören der Piedmont Bitterois, das Montpélliérais einschließlich der nördlich von Montpellier gelegenen Garrigueflächen und die küstennahen Kalkketten La Gardiole und La Clape zu dieser Zone. Im Süden der Region greift sie im Aude-Tal, einer den Pyrenäen vorgelagerten Synklinale, weit nach Westen aus und bildet so einen verkehrsgeographisch und klimatisch wichtigen Korridor in Richtung des atlantischen Midi.

Die von der Petite Camargue bis zu den Pyrenäen reichende *Küstenebene* ist nicht als räumliches Kontinuum holozäner Sedimente aufgebaut. Sie wird vielmehr durch teritäre und pleistozäne Sedimente stark gegliedert, ohne daß diese, wie z.B. die Costières du Gard im Norden oder die Aspres im Süden, regelhafte Niveauunterschiede zu den marinen quartären Sedimenten aufweisen. Im Vorhandensein einer weiträumigen Küstenebene, die überwiegend im Weinbau als agrarer Monokultur sowie durch Obst- und Gemüsebau als Bewässerungskulturen genutzt wird und zugleich Standort der großen Städte der Region ist, kann ein wesentlicher Unterschied des Küstenhinterlandes (Arrière-Pays) im Languedoc-Roussillon im Vergleich zur Provence-Côte d'Azur gesehen werden. Im Languedoc-Roussillon trennt die Küstenebene als Standort landwirtschaftlicher Intensivkulturen und aktueller Urbanisierungsprozesse den Küstentourismus von der touristischen Nutzung des Gebirges. Diese distanziell bedingte (Tiefe: bis 50 km) Funktion der, abgesehen von einzelnen kulturhistorischen Sehenswürdigkeiten, touristisch wenig attraktiven Küstenebene[7] wird nur im Département Hérault sowie an der Grenze der Départements Aude und Pyrénées Orientales im Süden unterbrochen, wo die Corbières nahe an die Küste heranreichen.

7 Die Übertragung der am mitteleuropäischen Beispiel gewonnenen Kriterien Wald und Relief nach KIEMSTEDT (1967) für die Bewertung des touristischen Landschaftspotentials bei H.-D. MAY (1974, S. 89ff.) auf eine mediterrane großräumige Weinbaulandschaft ohne Wald und nennenswerte Reliefenergie erscheint zumindest fragwürdig. Die Anwendung des KIEMSTEDTschen Verfahrens in anderen Klimaräumen setzt die Adaption der inhaltlichen Kriterien an die andersartigen Landschaftsgegebenheiten (z.B. unterschiedliche Degradationsformen des mediterranen „Waldes") sowie an Unterschiede im Freizeitverhalten der Bevölkerung voraus.

Seewärts wird die Küste durch zahlreiche, z.T. mit Dünen besetzte Strandwälle begrenzt, die unterschiedlich große Strandseen (Étangs) vom Meer abschneiden.

Die *Küste* stellt den wesentlichen naturräumlichen touristischen Standortfaktor dar, der allerdings erst seit fünfundzwanzig Jahren in Wert gesetzt wird. Die besondere Gunstsituation des Languedoc-Roussillon im Vergleich zu anderen mediterranen Küsten Frankreichs verdeutlichen folgende Daten: 40% der Sandstrände, aber nur 2% der Felsküste im mediterranen Frankreich entfallen auf den Languedoc-Roussillon, dessen Anteil an den französischen Mittelmeerküsten 24% beträgt. Wichtiger ist, daß innerhalb der Region 87% der Küste als Sandstrand und nur 11% als Felsküste, zumeist im Bereich der *Côte Vermeille*, der Pyrenäen-Küste, ausgebildet sind. Es handelt sich also überwiegend um eine von der Rhônemündung bis zu den Pyrenäen reichende Ausgleichsküste mit in historischer Zeit beträchtlicher positiver Strandverschiebung[8]. Aus dieser resultiert ein ca. 180 km langer und teilweise über 100 m breiter Sandstrand, der nur in Sète bzw. Leucate von Kliffs jurassischer bzw. oligozäner Kalke und am Cap d'Agde von den tertiären Basalten des ehemaligen Vulkans St. Loup unterbrochen wird. Dieser Einheitlichkeit des Naturraumes und dem erst geringen Zeitraum der touristischen Inwertsetzung entspricht es, daß eine über fremdenverkehrswirtschaftliche Marketingvorstellungen[9] hinausgehende, intraregionalen Unterschieden Rechnung tragende Gliederung der Ausgleichsküste in einzelne Abschnitte fehlt. Nur die Côte Vermeille, die jenseits der Grenze in den Steil- und Felsküsten der Costa Brava ihre Fortsetzung findet, unterscheidet sich nach naturräumlicher Ausstattung und touristischer Inwertsetzung von der übrigen Küste der Region.

Die Region Languedoc-Roussillon weist neben der hypsometrischen eine ost-westlich verlaufende Klimadifferenzierung[10] auf. Einem vollmediterranen Klima in der Küstenebene und den mediterranen Berg- und Hügelländern stehen im Westen der Region im Quérigut und Pays de Sault Landschaften gegenüber, die aufgrund strenger Winter (vgl. P. Estienne 1978, S. 56) und nach ihrer natürlichen Vegetation sowie der agraren Nutzung bereits einen Übergangsraum zum feucht-gemäßigten ozeanischen Klima Aquitaniens darstellen. Der weitgehend auf die Küste konzentrierte Sommertourismus wird nordmediterranen Klimaverhältnissen entsprechend durch geringe Sommerniederschläge und hohe Temperaturen, verbunden mit hohen Insolationswerten (2700 bis 3000 h/Jahr; d.h. 500 bzw. 1000 h/Jahr über den Werten der Atlantik- bzw. Nordseeküste, vgl. J. Girnier 1974, S. 26) begünstigt.

Während wichtige Charakteristika des Klimas im Languedoc-Roussillon, wie z.B. hohe interannuelle Schwankungen der Niederschlagsmengen, Irregularitäten der intermensuellen Niederschlagsverteilung (vgl. A. Pletsch 1976, S. 9ff.) und bis

---

8 Das Ausmaß der Strandverschiebung ist leicht an der heute binnenwärtigen Lage der ehemaligen Römer- und Hafenstadt Narbonne und von Aigues Mortes, das noch zur Zeit der Kreuzzüge über später versandete Zugänge zum Meer Hafenfunktionen erfüllte, zu erkennen.
9 Es handelt sich dabei um die Küstenabschnitte (von Ost nach West) Côte d'Améthyste und Côte Radieuse.
10 Zur Klimageographie des Languedoc-Roussillon vgl. P. Estienne (1978, S. 13f.), R. Ferras, H. Picheral, B. Vielzeuf (1979, S. 22f.) und Atlas du Languedoc-Roussillon (Beitrag. E. Coulet/ G. Long mit Bibliographie).

in den Mai hineinreichende Spätfröste, den Sommertourismus nicht tangieren, so wird dieser durch die im gesamten Küstenraum zwischen Rhône und Pyrenäen auftretenden Fallwinde negativ beeinflußt. Im Gegensatz zur Landwirtschaft, wo durch Schutzpflanzungen die negativen Auswirkungen von Mistral im Rhônedelta bzw. Niederlanguedoc und Tramontane im Roussillon neutralisiert werden können, erscheint angesichts der offenen und breiten Strandflächen ein Schutz der Touristen vor den ablandigen und kalten Starkwinden auch durch Aufforstungsmaßnahmen (vgl. u. S. 243) nur begrenzt möglich. Hinsichtlich der Auswirkungen auf den Tourismus ist jedoch die regionale Differenzierung der Windverhältnisse (Häufigkeit der Winde: mehr als 16 m/sec: Perpignan: 120 Tage/Jahr; Montpellier: 30 Tage/Jahr; vgl. H.-D. MAY 1974, S. 40) ebenso zu beachten wie ihre saisonalen Unterschiede. Hohe Windgeschwindigkeiten kommen überwiegend im Winterhalbjahr vor, während in den Sommermonaten mäßig starke Winde, z.T. als Seebrisen, überwiegen.

Im Unterschied zum Tramontane, der als der häufigere Starkwind aus nördlicher Richtung weht und dessen Regime sich im Languedoc-Roussillon von den Pyrenäen bis in die Gegend von Montpellier erstreckt, wo er von den Ausläufern des Mistrals abgelöst wird, treten südliche und östliche Winde weniger häufig auf. Sie kommen vom Meer und transportieren feuchte Luftmassen. Im Roussillon werden sie, wenn sie aus südöstlicher Richtung kommen, als Le Marin bezeichnet; bei nordöstlicher Richtung tragen sie den Namen Le Grec. Diese Winde werden für den Tourismus vor allem in den Übergangsjahreszeiten relevant, sie können z.B. im September die herbstliche Badesaison an den ungeschützten Flachküsten auf sehr nachdrückliche Weise beenden.

3.3 INTRAREGIONALE DEMOGRAPHISCHE DISPARITÄTEN ALS STRUKTUR- UND ENTWICKLUNGSPROBLEM

3.3.1 URSACHEN UND AUSMASS DER INTRAREGIONALEN DISPARITÄTEN

Der rasche Wandel der technischen und wirtschaftlichen Grundlagen des gesellschaftlichen Lebens im 19. Jahrhundert führte nicht nur zu der für die Industrialisierungsphase typischen landesweiten Wanderung entagrarisierter Bevölkerung aus den peripheren Räumen in die aufblühenden industriellen Zentren von nationaler Bedeutung (Nordfrankreich, Pariser Raum), er induzierte auch direkt oder indirekt intraregionale Wanderungen. Hierbei handelt es sich hauptsächlich um die bis in die Gegenwart anhaltende Abwanderung ländlicher Bevölkerung aus den naturräumlich benachteiligten Berggebieten. Ein Vergleich der auf Volkszählungsergebnissen beruhenden Karten der Bevölkerungsverteilung und -dichte in den Regionalatlanten[11] illustriert diesen Prozeß sehr markant. Mit Ausnahme weniger Städte und

---

11 Laboratoire du Atlas Régional (V. CABOS et al.): Atlas du Languedoc-Roussillon, Paris 1969; Bureau de l'Association de l'Atlas du Sud-Est (B. BARBIER et al.): Atlas de Provence Côte d'Azur, Marseille 1976. Wichtige Karten zur Bevölkerungsentwicklung sowie zu Änderungen der agraren Landnutzung im Gebirge befinden sich im Atlas Historique Provence, Comtat Vanaissin,

ländlicher Zentralorte liegt das Maximum der Bevölkerung in den Gebirgsgemeinden im 19. Jahrhundert; im Languedoc gilt dies z.B. für zwei Drittel der Gemeinden, wobei das Département Lozère mit 86% einen Spitzenwert erreicht und selbst im ökonomisch und demographisch bevorzugten Hérault 50% der Gemeinden ihr Maximum vor 1900 erreichten (vgl. V. Cabos et al. 1976, S. 149).

Die räumliche und ökonomische Neuorientierung der landwirtschaftlichen Bevölkerung, die eine Abkehr von der traditionellen mediterranen Polykultur in den Gebirgsräumen zugunsten der Erschließung der bis ins 18. Jahrhundert vernachlässigten und als unsicher geltenden[12] Küstenzone mit ihren Küstenhöfen (Provence) oder ausgedehnten alluvialen Küstenebenen (Languedoc) beinhaltet, ist dem Einfluß einer Vielzahl von Faktoren zuzuschreiben. In der Landwirtschaft wurde die Subsistenz- von der Marktproduktion abgelöst; Spezialisierung, Mechanisierung und Arbeitsextensivierung, z.B. beim Verzicht auf die arbeitsaufwendigen Terrassenkulturen, setzten Arbeitskräfte frei, die einerseits in die nichtagraren Wirtschaftssektoren der in Modernisierung begriffenen Provinzstädte überwechselten, andererseits aber auch Beschäftigung in den neu entstehenden agraren Wirtschaftsräumen in Küstennähe fanden. Dort eröffnete der Anschluß an das nationale Eisenbahnnetz[13] neue Möglichkeiten der landwirtschaftlichen Produktion für extraregionale Märkte.

Die räumliche Polarisierung zwischen küstennahen, urbanisierten Akivräumen mit moderner landwirtschaftlicher Produktion, deren wirtschaftliche Probleme an dieser Stelle nicht analysiert werden können (vgl. H.-G. Möller 1985a), und gebirgigen Passivräumen mit nur partiell modernisierter Landwirtschaft stellt ein ausgleichspolitisches Problem ersten Ranges dar. Die Berggebiete sind durch die Auflassung der traditionellen mediterranen Polykultur sowie hinsichtlich ihrer Agrarbevölkerung durch den Prozeß der „demographischen Desertifikation" (R. Beteille 1981, S. 66) gekennzeichnet.

Obwohl die Regionen ihrer Entstehung als Programmregionen entsprechend dem Abbau interregionaler Disparitäten dienen sollten, werden heute staatliche Maßnahmen der Regionalpolitik speziell unter dem Aspekt des intraregionalen Ausgleichs bewertet (vgl. A. Soulier 1983, S. 576f.). Das quantitative Ausmaß der intraregionalen Disparitäten hängt stark vom administrativen Zuschnitt der französischen Regionen ab. Ihre Abgrenzung erfolgte hauptsächlich nach Kriterien der innenpolitischen Machtverteilung in Frankreich[14]. Es wurden sowohl in sich hetero-

---

Principauté d'Orange, Comté de Nice, Principauté de Monaco, herausgegeben von E. Baratier et al., Paris 1969.

12 D. Bartels (1964, S. 12) weist darauf hin, daß z.B. am Golf von St. Tropez mit der Aufsiedlung der Ebenen erst im 18. Jahrhundert, nach der Sicherung des Gebietes gegen die Seeräuber, begonnen werden konnte.

13 Die von privaten Eisenbahngesellschaften durchgeführte Anbindung des Südens an die Metropole Paris eröffnete vor allem neue Absatzmärkte für Wein und Frischgemüse.

14 Es besteht – planungsgeschichtlich sehr instruktiv – ein offensichtlicher Gegensatz zwischen der theoretisch gebotenen Abgrenzung der Planungsregionen nach empirischen Parametern mit Bezug auf die raumwirtschaftliche Theorie von Perroux bzw. in Anlehnung an die raumwirtschaftlich begründeten Regionalisierungsverfahren nach J. R. Boudeville (1966) und der *politisch determinierten Entscheidung* über Größe und Zuschnitt dieser Regionen. J. J. u. M. Dayries (1982, S. 26f.) machen auf die dominierenden innenpolitischen Kriterien bei der territorialen

gene Départements, deren Fläche Küsten- und Gebirgsgebiete umfaßt, als auch relativ einheitliche Départements zu Regionen zusammengefaßt. Methodisch bedingt dies die Notwendigkeit, statistische Daten für den intraregionalen Vergleich nicht nur auf der Ebene der Départements, sondern auch auf den Ebenen von Arrondissements und Kantonen zu analysieren.

Tab. 3 Die Entwicklung und Verteilung der Bevölkerung in den Regionen Languedoc-Roussillon und P.A.C.A. 1968, 1975 und 1982

Region	Bevölkerung insgesamt (1000)	%	Veränderung %	davon in Küstendépartements (1000)	%	Veränderung %	Bevölkerung in den Küstengemeinden (1000)	%	Veränderung %
Languedoc-Roussillon									
1968	1.707,5	100		1.630,2	95,5		208,4	12,2	
1975	1.789,5	100	4,8	1.714,6	95,8	5,1	222,8	12,5	6,9
1982	1.926,5	100	7,7	1.852,2	96,1	8,0	254,9	13,2	14,3
P.A.C.A.									
1968	3.298,8	100		2.748,3	83,3		2.026,3	61,4	
1975	3.675,5	100	11,4	3.075,5	83,7	11,9	2.218,5	60,4	9,5
1982	3.965,2	100	7,8	3.313,7	83,6	7,7	2.282,2	57,6	2,9
Frankreich									
1968	49.780,5	100		17.479,0	35,1		4.896,7	9,8	
1975	52.655,8	100	5,8	18.493,0	35,1	5,8	5.261,8	10,0	7,4
1982	54.334,9	100	3,1	19.274,8	35,5	4,2	5.392,9	9,9	2,4

Quellen: Ministère de la Qualité de la Vie ..... o.J., Annexes S. 52f.; I.N.S.E.E. 1983, S. 308; Recensement général de la population de 1982 – eigene Berechnungen

3.3.2 DIE ENTWICKLUNG UND RÄUMLICHE VERTEILUNG DER BEVÖLKERUNG

Beide Regionen haben seit dem Zweiten Weltkrieg eine stetige Bevölkerungszunahme zu verzeichnen. Im Languedoc-Roussillon stieg die Bevölkerung von 1946 bis 1982 von 1,4 auf 1,9 Mio., in der Region P.A.C.A. von 2,2 auf 3,9 Mio. Einwohner an. Dies führte zu einer Verstärkung des intraregionalen demographischen Ungleichgewichtes, wobei im Zeitraum 1968 bis 1982 hinsichtlich der Bedeutung der Küstengemeinden jedoch deutliche regionsspezifische Unterschiede auftraten.

Definition der Planungsregionen aufmerksam.Diese erhielten einen Zuschnitt, der sie unterhalb von Größenordnungen hielt, welche eine potentielle politische Konkurrenz zum zentralistischen Machtmonopol Paris dargestellt hätte. Die Untergrenze wird durch Mindestanforderungen an die regionalpolitische Effizienz, die eine gewisse Eigenständigkeit gegenüber den Départements als wichtigster subnationaler administrativer Einrichtung erfordert, markiert.

3.3 Die Region Languedoc-Roussillon und P.A.C.A

Beide Regionen zeigen eine im Vergleich zum französischen Mittel überaus starke Konzentration der Bevölkerung auf die Küstendépartements, im Falle der P.A.C.A. auch auf die Küstengemeinden. Der wesentliche regionsspezifische Unterschied im Ablauf der demographischen Entwicklung basiert auf einem time-lag in der touristischen Inwertsetzung der Küstenzonen. In der P.A.C.A. wiesen diese bereits zur Mitte der siebziger Jahre so starke Agglomerationsnachteile auf, daß sich das Bevölkerungswachstum in den Küstengemeinden zwischen 1975 und 1982 verringerte. Auf das demographische Wachstum der binnenwärts gelegenen Gemeinden hatte dies positive Auswirkungen. Im Languedoc-Roussillon zeigen demgegenüber der Ausbau der Küstengemeinden und damit verbunden ihre Bevölkerungszunahme ein höheres und weiterhin anhaltendes Wachstum.

Tab. 4 Bevölkerungszahl, Wanderungsbilanz und natürliche Bevölkerungsbewegung in den Départements der Region Languedoc-Roussillon 1962–1982 (Gerundete Zahlen)

Département	Bevölkerung (1000)				Veränderung (%)			Wanderungsbilanz* (1000)			natürliche Bevölkerungsbewegung* (1000)		
	1962	1968	1975	1982	62/68	68/75	75/82	62/68	68/75	75/82	62/68	68/75	75/82
Aude	270	278	272	281	3,0	−2,2	3,3	7,5	−2,9	13,1	0,6	−2,7	−5,9
Gard	435	479	494	530	10,1	3,1	7,3	30,2	8,4	34,1	12,3	8,1	2,4
Hérault	517	591	648	706	14,3	9,6	9,0	63,2	46,1	51,3	10,8	11,2	6,3
Lozère	81	77	75	74	−4,9	−2,6	−1,3	−5,2	−1,7	0,2	0,6	−0,3	−0,7
Pyrénées-Orientales	251	282	299	335	12,4	6,0	12,0	26,7	16,8	39,4	3,9	0,07	−4,3
Region	1554	1707	1788	1926	9,9	4,8	7,7	122,9	66,7	138,1	28,2	16,4	−2,2

Anmerkung: *) Aufgrund unterschiedlicher statistischer Bezüge (die Salden der Wanderungen und natürlichen Bevölkerungsbewegungen beziehen sich nur auf die in individuellen Wohnungen lebende Bevölkerung (= population municipale)) stimmt die Differenz zwischen den Volkszählungsergebnissen nicht mit der Summe von Wanderungsfällen und Geburtenüberschüssen überein.

Quellen: I.N.S.E.E.-R.G.P. 1982, eigene Berechnung; V. Cabos, P. Carrie et al. 1984, S. 20, 23 (verändert)

3.3.2.1 Die Region Languedoc-Roussillon

Im Gegensatz zu Gesamtfrankreich und der Region P.A.C.A. zeichnet sich die Region Languedoc-Roussillon durch eine steigende Bevölkerungszunahme aus. Das demographische Wachstum der Küstengemeinden ist besonders eindrucksvoll, es hat sich im Vergleich der Volkszählungsintervalle 1968 bis 1975 und 1975 bis 1982 mehr als verdoppelt. Dieses, hier zunächst hypothetisch als Resultat der touristischen Entwicklung des Küstensaumes angesehene, Faktum verstärkte notwendigerweise die demographische Bedeutung der Küstendépartements innerhalb der Region. Von der Regionsbevölkerung wohnen weniger als 4% im Gebirgsdépartement Lozère.

Auf der Ebene von Départements wird in Tab. 4 eine deutliche Differenzierung zwischen jenen mit einer positiven Bevölkerungsdynamik (Gard, Hérault, Pyrénées Orientales) und anderen mit stagnierender bzw. rückläufiger Bevölkerung (Aude, Lozère) sichtbar. Besonders das Gebirgsdépartement Lozère weist absolut und relativ eine negative Bevölkerungsdynamik auf, das Département Aude verzeichnete in dem Zeitraum von 1968 auf 1975 einen zeitweiligen Bevölkerungsverlust. Für beide Départements sind negative Wanderungsbilanzen und negative Salden der natürlichen Bevölkerungsentwicklung kennzeichnend. Die höchste absolute Bevölkerungszunahme fand im Département Hérault statt, sie hat sich hier seit 1968 auf hohem Niveau stabilisiert. Die höchsten relativen Zunahmen hatte 1975 bis 1982 das Département Pyrénées Orientales; sie entsprachen jenen der Phase zwischen 1962 und 1968, die durch die Zuwanderung der Algerienfranzosen (Pieds-Noirs) eine außerordentlich positive Bevölkerungsdynamik aufwies.

Als Gebiet der größten Bevölkerungskonzentration treten die Küstenebenen des Niederlanguedoc und die Plaine du Roussillon in Erscheinung (vgl. Karte 4). Entlang der Hauptverkehrslinien hat sich ein Korridor mit verdichteter Bevölkerung herausgebildet, der vom Rhône-Tal bis zur spanischen Grenze an den Pyrenäen reicht und im Aude-Tal einen Zweig nach Westen aufweist. Im Rahmen des Verstädterungsprozesses sind vor allem die Agglomerationen um die Großstädte Montpellier, das als Capitale Régionale mit einer Vielzahl an öffentlichen und privaten administrativen Funktionen ausgestattet ist, um Nimes und Perpignan gewachsen, deren Bevölkerung seit den sechziger Jahren sprunghaft ansteigt.

In der Unité Urbaine[15] von Montpellier stieg die Bevölkerung zwischen 1962 und 1982 um 75% an, in jener von Perpignan um 57% und in der Unité Urbaine von Nimes immerhin um 30%. Das Wachstum der anderen städtischen Verdichtungsräume, die in Tab. 23 aufgeführt sind, fiel deutlich geringer aus. Es ist also eine deutliche Konzentration des Verstädterungsprozesses auf die ausgewählten Unités Urbaines von Montpellier und Perpignan festzustellen. Nimes zeigte zwischen 1975 und 1982 eine rückläufige Bevölkerungszahl.

Die Karte 4 gestattet es, die räumliche Struktur der aktuellen Bevölkerungsentwicklung genauer zu analysieren. Von den 14 Arrondissements der Region weisen 9 eine stagnierende oder rückläufige Bevölkerungsentwicklung auf; das stärkste Wachstum zeigen die Arrondissements Montpellier, Nimes und Perpignan, die 1982 zusammen 54% der Regionalbevölkerung stellten. Auffällig ist der geringe Bevölkerungszuwachs der Arrondissements Narbonne und Béziers, wobei letzteres stagniert. Es umfaßt nach seinem administrativen Zuschnitt auch Teile des Gebirgshinterlandes, den Piedmont Bitterois. Dessen Wanderungsverluste werden durch die Wanderungsgewinne an der Küste, z.B. im Raum des Fremdenverkehrszentrums Cap d'Agde, ausgeglichen. Gleiches gilt für die Wanderungsverluste der Stadt Béziers,

---

15 Die Unité Urbaine wird von I.N.S.E.E. (1984, S. 22; Definition 1975 und 1982) nach folgenden Merkmalen abgegrenzt: Einheit einer (= ville isolée) oder mehrerer Gemeinden mit mindestens 2000 Einwohnern und einer kontinuierlichen Wohnbebauung. Alle Gemeinden einer Unité Urbaine sind zugleich Communes Urbaines; die Zuordnung zur „städtischen" Kategorie ergibt sich aus der Zugehörigkeit zur Unité Urbaine auch dann, wenn baulich zugeordnete Umlandgemeinden weniger als 2000 Einwohner aufweisen.

3.3 Die Region Languedoc-Roussillon und P.A.C.A

Mittl. jährl.
Bevölkerungsveränderung (%)

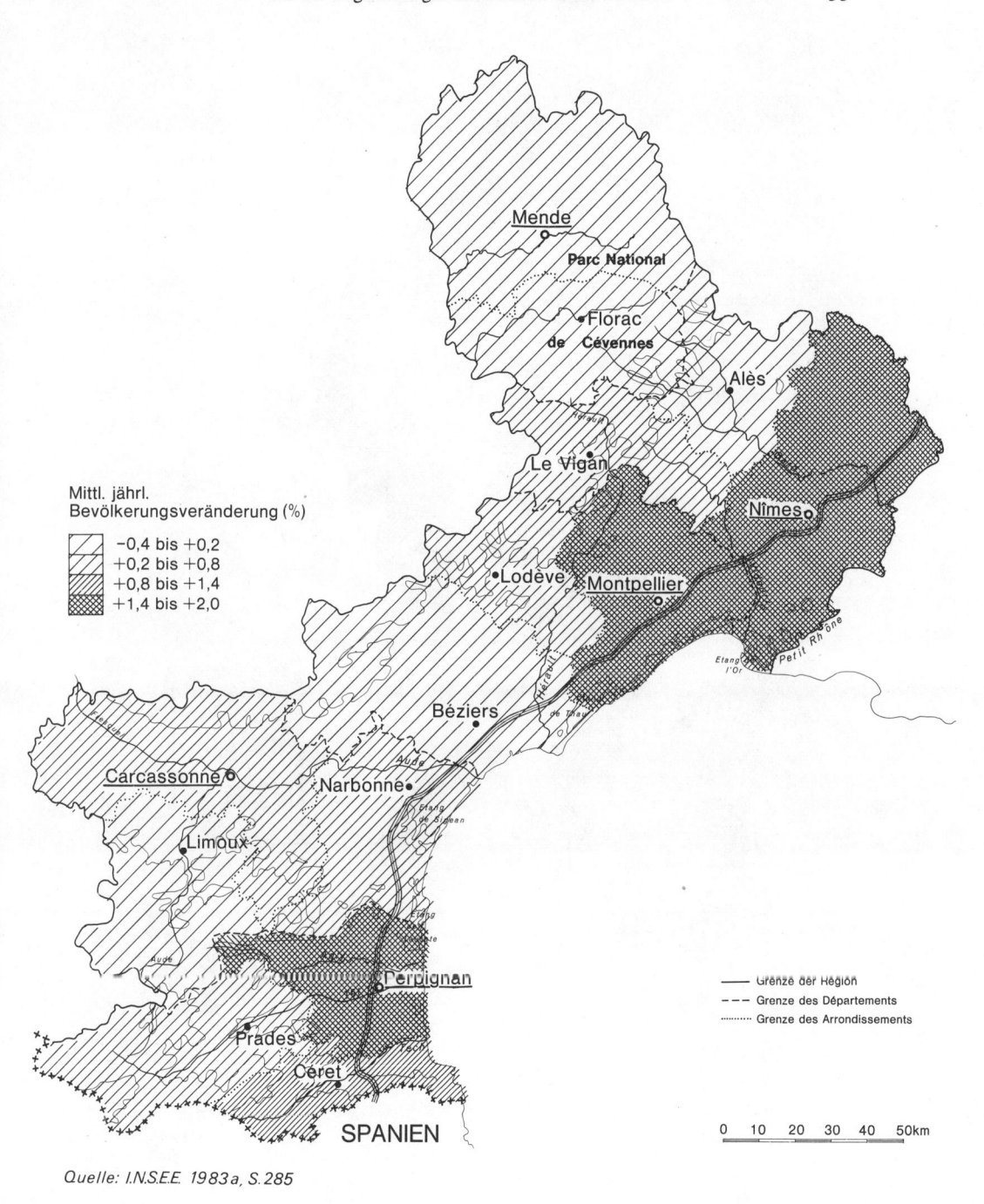

- −0,4 bis +0,2
- +0,2 bis +0,8
- +0,8 bis +1,4
- +1,4 bis +2,0

——— Grenze der Region
- - - Grenze des Département
.... Grenze des Arrondissements

Quelle: I.N.S.E.E. 1983a, S. 285

Karte 3 Die Entwicklung der Wohnbevölkerung in den Arrondissements der Région Languedoc-Roussillon 1975–1982

54   3. Das Untersuchungsgebiet

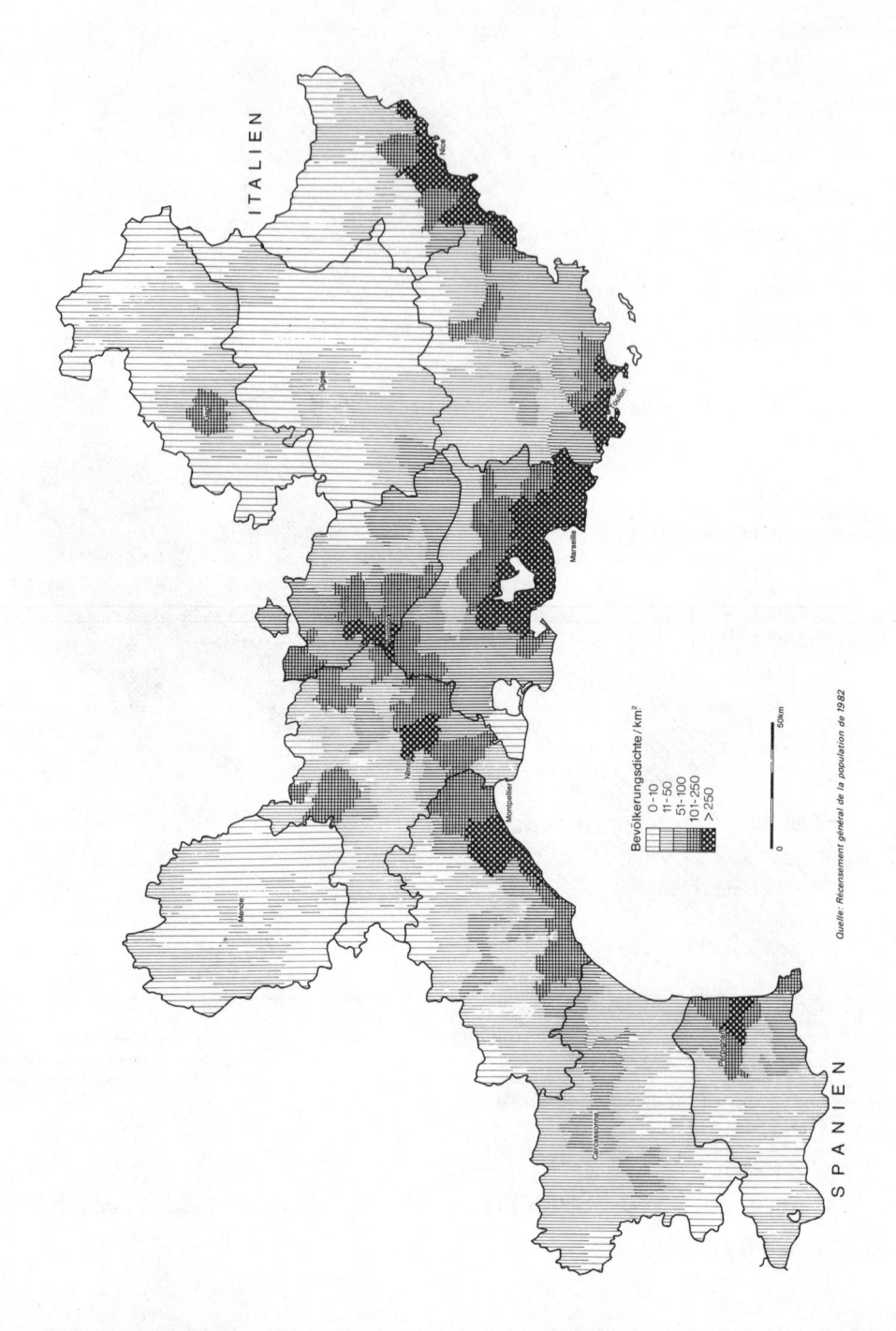

Karte 4 Die Bevölkerungsdichte der Kantone in den Regionen Languedoc-Roussillon und P.A.C.A. 1982

3.3 Die Region Languedoc-Roussillon und P.A.C.A

die durch Wanderungsgewinne der Umlandgemeinden egalisiert werden. Eine ähnliche Situation liegt im Arrondissement Prades vor, wo der touristische Ausbau des Wintersportzentrums und Höhenluftkurortes Font Romeu der Cerdagne Wanderungsgewinne beschert, welche die Wanderungsverluste in den zum Arrondissement zählenden Landschaften Conflent und Capcir ausgleichen. Auch die positive Bevölkerungsentwicklung im Arrondissement Ceret beruht ausschließlich auf dem Wachstum der touristisch beeinflußten Kantone Argeles s. Mer und Ceret[16].

Unter den Räumen mit positiver Bevölkerungsveränderung überwiegen jene mit Wanderungsgewinnen. Ein Raum positiver Bevölkerungsentwicklung, der auf Zuwanderung *und* Geburtenüberschüssen beruht, ist östlich von Sète zum Rhône-Tal hin ausgeprägt. Die in der Bevölkerungsverteilung sichtbare Achse Sète-Agglomeration Montpellier-Rhône-Tal markiert einen Aktivraum, der infolge des Zuzugs junger Familien eine demographische Eigendynamik entwickelt und sich damit vom westlichen Teil der Region unterscheidet. In letzterem überwiegt – soweit vorhanden – die Bevölkerungszunahme allein durch Zuzüge; nur in den Kantonen Perpignan, Agde und Carcassonne treten Geburtenüberschuß und Wanderungsgewinne vergesellschaftet auf. Sowohl unter quantitativen als auch qualitativen bevölkerungsgeographischen Aspekten zeichnet sich in der Regel eine bipolare Entwicklung ab. Betrachtet man die Bevölkerungsentwicklung als Indikator komplexer sozioökonomischer Veränderungen, so dominiert Montpellier – als Subzentrum im Sinne eines zentralen Zentrum-Peripherie-Modells einzuordnen – während Perpignan eine in der regionalen Dimension limitierte Zentrenfunktion einnimmt.

Eine wichtige Modifikation von zuvor verzeichneten Mustern räumlicher Bevölkerungsentwicklung erfolgte in der Küstenebene im Zeitraum 1975 bis 1982. Während sich bis 1975 ein Nebeneinander des Wachstums der Städte und ihrer Umlandgemeinden einerseits und stagnierender bzw. rückläufiger Bevölkerungszahlen in den nicht dem Verstädterungsprozeß unterliegenden Landgemeinden andererseits herausbildete (vgl. R. FERRAS, H. PICHERAL, B. VIELZEUF 1979, S. 97f.), ist die zweite Hälfte der siebziger Jahre durch ein fast flächendeckendes Bevölkerungswachstum auf Gemeindeebene (Ausnahmen: Beziers, Nimes, Port la-Nouvelle, Sigean) und durch eine positive Bevölkerungsentwicklung in allen Kantonen gekennzeichnet. Bei z.T. rückläufiger Bevölkerungszahl in den Städten greift der Verstädterungsprozeß in den umgebenden Landgemeinden immer weiter aus und erreicht angrenzende höhere Gebiete, z.B. in der Garrigue bei Montpellier und den Albères südlich von Perpignan.

Im Gebirgshinterland besonders der Küstendépartements beinhaltet für den Zeitraum von 1975 bis 1982 ein Bevölkerungs-Vorhandensein den grundsätzlich qualitativen Wandel der regionalen Bevölkerungsentwicklung. Erstmals seit über hundert Jahren sind im Gebirge wieder Gemeinden und Kantone mit zunehmender Wohnbevölkerung zu verzeichnen. Es bleibt jedoch zu fragen, ob damit tatsächlich eine „réconquête des arrières-pays" (A. SOULIER 1984), eine wirksame Tendenzwende hinsichtlich einer Reduktion der demographischen intraregionalen Disparitäten, eingeleitet wird. Vorerst ist entscheidend, daß sowohl die Einwohnerzahl der Zuzugs-

---

16 Die Kantone Argelès-sur-Mer und Céret geraten zunehmend auch in einen von Perpignan ausgehenden Suburbanisierungsprozeß.

Tab. 5 Die Verstädterung in der Region Languedoc-Roussillon. Die wichtigsten Unités Urbaines* 1962–82

Unités Urbaines			Einwohner (1000)					
	1962	in % der Regionsbevölkerung	1968	in % der Regionsbevölkerung	1975	in % der Regionsbevölkerung	1982	in % der Regionsbevölkerung
Montpellier	126,6	8,1	174,4	10,2	211,4	11,8	221,3	11,5
Nîmes	102,0	6,6	127,3	7,5	133,5	7,5	132,3	6,9
Perpignan	87,7	5,6	112,1	6,6	122,5	6,9	137,9	7,2
Beziers	77,3	5,0	84,5	5,0	89,6	5,0	81,3	4,2
Alès	60,9	3,9	64,4	3,8	67,5	3,8	70,1	3,6
Carcassonne			43,6	2,6	42,2	2,4	41,2	2,1
Narbonne			38,4	2,3	39,3	2,2	41,6	2,2
Sète			53,4	3,1	54,5	3,1	58,9	3,1
Summe der 8 wichtigsten unités urbaines**			698,1	40,9	759,5	42,4	784,6	40,7

Anmerkungen: *) unités urbaines, die 1982 über 40.000 Einwohner aufwiesen. Unité urbaine (Definition I.N.S.E.E. 1975/82): Eine oder mehrere Gemeinden mit geschlossener Wohnbebauung und mindestens 2000 Einwohnern
**) Differenzen zur Prozentsumme durch Rundungsfehler
Quellen: I.N.S.E.E.-R.G.P. 1975, 1982

kantone als auch die Zahl der zugezogenen Personen äußerst niedrig ist (vgl. A. SOULIER 1984, S. 58). In den seit 1975 mit relativem Bevölkerungswachstum ausgestatteten Gebirgskantonen überwiegen zweistellige Zuwachszahlen, der Zuwachs des Kantons Mont Louis am Eingang zum agrarisch und touristisch begünstigten intramontanen Becken der Cerdagne bildet mit 267 Personen bereits eine Ausnahme. Die allein auf der Auswertung relativer Daten beruhende Einstufung der Gebirgsregionen als demographische Wachstumszone (vgl. V. CABOS et al. 1984, S. 26ff.)[17] darf nicht darüber hinwegtäuschen, daß auch für den Zeitraum 1975 bis 1982 in den Gebirgen Bevölkerungsdichten unter 25 Ew/km² dominieren (vgl. Karte 4). Das Fortbestehen der „demographischen Desertifikation" wird – nach Lage und aktueller Funktion der Gebirgsräume durchaus modifiziert – auch darin sichtbar, daß 1982 23 Kantone eine Bevölkerungsdichte von weniger als 10 Ew/km² aufwiesen; die Region verfügt zudem über 48 Gemeinden (= 3% aller Gemeinden) mit weniger als 2 Ew/km². Wenn 60% der Gemeinden über weniger als 400 Einwohner und 20% weniger als 100 Einwohner verfügen, so verdeutlichen diese Zahlen das Erschöpfen

17 Es erscheint unverständlich, daß in einer Karte von V. CABOS et al. (1984: Synthèse Démographique) Gemeinden ausschließlich aufgrund *relativer* Werte (für räumliche und natürliche Bevölkerungsbewegung sowie die Veränderung der Gesamtbevölkerung) *einer* Kategorie von „Wachstumsgemeinden" zugeordnet werden, gleichgültig, ob es sich um stagnierende Hochgebirgsgemeinden (Kategorie 1975: Auflassung/Abandon) oder stark expandierende Gemeinden im Umland von Montpellier handelt.

des Reservoirs an abwanderungsbereiter und -fähiger Bevölkerung. Entwicklungsmöglichkeiten, die Alternativen zur Auflassung der Gemeinden und zu dem Wüstfallen der Siedlungen bieten, setzen notwendigerweise Zuzug und damit häufig relativ hohes Bevölkerungswachstum zwangsläufig voraus.

Als weitgehend von Wohnbevölkerung entleert können Corbières, Minervois, Teile der Pyrenäen (Vallespir, Aspres und Conflent), Pays de Sault, Piedmont Bitterois, Montagne Noir und die Monts de L'Espinouse sowie die Causses und die Südabdachung der Cevennen gelten.

3.2.2.2 Die Region P.A.C.A.

In der Region P.A.C.A. erhöhte sich die Wohnbevölkerung im Zeitraum von 1962 bis 1982 von 2,81 auf 3,97 Mio. Einwohner, damit nimmt sie den dritten Rang unter den französischen Regionen ein. Die überwiegend wanderungsbedingte Zunahme der Regionsbevölkerung um 41% in 20 Jahren verstärkte ein räumliches Verteilungs- und Entwicklungsmuster, das durch starke intraregionale Disparitäten gekennzeichnet ist.

Die Region verfügt über drei Binnen- und drei Küstendépartements, letztere konnten zwischen 1962 und 1982 einen ziemlich konstanten Bevölkerungsanteil von ca. 84% halten (vgl. Tab. 6). Zusammen mit dem an das Rhône-Tal und die Region Alpes-Rhône angrenzenden Département Vaucluse verzeichneten die Küstendépartements 1982 ca. 94% der Regionalbevölkerung. In den Gebirgsdépartements Alpes-de-Haute-Provence und Hautes-Alpes ist also nur ein Bevölkerungsanteil, der ungefähr dem des Gebirgsdépartements Lozère an der Gesamtbevölkerung des Languedoc-Roussillon entspricht, zu verzeichnen. Eine Ähnlichkeit zur mediterranen Nachbarregion besteht hinsichtlich der Bevölkerungsverteilung auch in den Küstendépartements Var und Alpes-Maritimes, wo küstenorientierte Zuwanderungsgebiete binnenwärtigen Gebirgsgegenden mit Erscheinungen der „demographischen Desertifikation" besonders hinsichtlich der Agrarbevölkerung gegenüberstehen (vgl. Karte 4). Diese hat das Département Alpes-Maritimes härter als das Département Var getroffen, dessen höher gelegene Teile eine günstigere demographische Struktur als das Gebirgsland im östlichen Nachbardépartement aufweisen. Eine Ursache dafür besteht darin, daß im Var die mit der Entagrarisierung verbundene Abwanderung z T über kurze Distanzen die lokale Bedeutung der ländlichen Zentralorte unterster Stufe (bourgs) verstärken konnte (J. Miege 1976a, S. 73).

Die Tab. 6 zeigt das unterschiedliche demographische Gewicht der Départements sowie die Faktoren ihres Bevölkerungswachstums. Nach Zahl der Einwohner und – 1962 bis 1975 auch am relativen Zuwachs gemessen – führt das Département Bouches-du-Rhône mit Marseille als wirtschaftlichem und administrativem Mittelpunkt der Region; es weist 1962 bis 1968 wie die anderen Départements mit Ausnahme der Hautes-Alpes den stärksten Bevölkerungszuwachs unter den aufgeführten Volkszählungszeiträumen auf. Nach 1962 ließen sich im Département Bouches-du-Rhône 180.000 Nordafrikafranzosen (R. Livet 1978, S. 82) nieder, das

Tab. 6 Bevölkerungszahl, Wanderungsbilanz und natürliche Bevölkerungsbewegung in den Départements der Region P.A.C.A. 1962-82 (Gerundete Zahlen)

Département	Bevölkerung (1000)				Veränderung (%)			Wanderungsbilanz* (1000)			natürliche Bevölkerungsbewegung* (1000)		
	1962	1968	1975	1982	62/68	68/75	75/82	62/68	68/75	75/82	62/68	68/75	75/82
Alpes-de Haute-Provence	91,8	104,8	112,1	119,1	14,2	7,1	6,2		6,3	7,7	1,2	1,2	-1,0
Hautes-Alpes	87,4	91,8	97,4	105,1	5,0	6,1	7,9		3,2	6,6	2,3	1,2	
Alpes-Maritimes	618,3	722,1	816,7	881,2	16,8	13,1	7,9		103,4	77,2	-8,4	-12,8	
Bouches-du-Rhône	1248,4	1470,3	1633,0	1724,2	17,8	11,1	5,6		115,3	55,1	49,7	37,5	
Var	469,6	555,9	626,1	708,3	18,4	12,6	13,1		80,2	59,3	3,0	10,8	
Vaucluse	303,5	354,0	390,5	427,3	16,6	10,3	9,4		23,0	29,5	7,8	13,3	
Region	2819,0	3298,9	3675,8	3965,2	17,0	11,4	7,9		331,4	235,4	55,6	49,0	

Anmerkung: *) Aufgrund unterschiedlicher statistischer Bezüge (die Salden der Wanderungen und natürlichen Bevölkerungsbewegung beziehen sich nur auf die in individuellen Wohnungen lebende Bevölkerung (=population municipale)) stimmt die Differenz zwischen den Volkszählungsergebnissen nicht mit der Summe von Wanderungsfällen und Geburtenüberschüssen überein.

Quellen: I.N.S.E.E. 1984, S. 17; I.N.S.E.E.-R.G.P. 1982, eigene Berechnung

ist mehr als die Hälfte jener ca. 300.000 Pieds-Noirs, welche sich im mediterranen Midi ansiedelten.

Die Jahre 1962 bis 1968 sind in allen Départements der Region P.A.C.A. durch ein Anwachsen der Wohnbevölkerung gekennzeichnet. Dabei ist auffällig, daß im Zeitraum 1975 bis 1982 in den bevölkerungsstärksten Départements die Wachstumsrate stark absank. Der allgemeine Rückgang des Bevölkerungswachstums in den genannten Jahren resultierte aus einer drastischen Verringerung der Zuwanderung, die insbesondere die Départements Bouches-du-Rhône und Alpes-Maritimes, die traditionell hohe Zuwanderungsraten aufwiesen, traf. Die Reduzierung der Wanderungsgewinne und die daraus resultierende Verlangsamung des regionalen Bevölkerungswachstums verstärkten sich bis 1983; während im Mittel der Jahre 1975 bis 1982 jährlich 41 700 Personen zuzogen, waren es 1984 nur noch 24 300. Damit verringerte sich der Vorsprung, den die Region P.A.C.A. im Vergleich zum gesamtfranzösischen Bevölkerungswachstum aufweist. Betrug ihre jährliche Bevölkerungszunahme 1975 bis 1982 noch jährlich 1,1% (Frankreich 0,5%), so konnten 1984 nur noch 0,6% (Frankreich 0,4%) erreicht werden (I.N.S.E.E. Dir. Rég. Marseille 1985, S. 13).

In den meisten Départements der Region fällt der Rückgang der Wanderungsgewinne mit einer Verringerung der Geburtenüberschüsse zusammen; eine Ausnahme bilden die Départements Vaucluse (steigender Wanderungsgewinn und steigender Geburtenüberschuß) und Var (zurückgehender Wanderungsgewinn, aber steigender Geburtenüberschuß). Auch wenn die Region insgesamt einen zurückgehenden Geburtenüberschuß zu verzeichnen hat, so bleibt ein wesentlicher Unterschied im Vergleich zum Languedoc-Roussillon bestehen. Während im Languedoc-Roussillon seit 1975 ein Sterbeüberschuß zu verzeichnen war, der Zuwachs also ausschließlich auf Wanderungsgewinnen beruhte, gingen hier 17% der Bevölkerungszunahme zwischen 1975 und 1982 auf Geburtenüberschüsse zurück. Daß dieses Faktum einen wesentlichen bevölkerungsgeographischen Faktor des regionalen Entwicklungspotentials darstellt, verdeutlicht Tab. 7.

Sie zeigt die durchgängig hohen Geburtenüberschüsse im wirtschaftlich und nach Bevölkerungszahl dominierenden Département Bouches-du-Rhône sowie die positive Entwicklung der Geburtenüberschüsse in den Départements Var und Vaucluse. Es sind also die urbanisierten Akiväume (vgl. Tab. 8) im Rhône-Tal und an der Mittelmeerküste, die als Zuzugsgebiete für junge Familien und hauptsächliche Verdichtungsgebiete der Regionalbevölkerung die Bilanz der natürlichen Bevölkerungsbewegung entscheidend beeinflussen. In diesem Zusammenhang ist auch der um 49% reduzierte Sterbeüberschuß im Département Alpes-Maritimes zu sehen. Die räumlichen Differenzierungen von natürlicher Bevölkerungsbewegung und Migrationsgeschehen überlagern einander, insgesamt wirken sie im Sinne einer Verstärkung der räumlichen demographischen Disparitäten.

Die unterschiedliche Entwicklung der Attraktivität auf wanderungsbereite Bevölkerung beruht im Vergleich der Départements Var und Bouches-du-Rhône auf einer relativ schlechteren wirtschaftlichen Entwicklung im stärker industrialisierten Département Bouches-du-Rhône (Arbeitsplatzzuwachs 1981: +0,3%) gegenüber einer günstigeren Entwicklung der Beschäftigtenzahl im Var (1981: +1,3%), das zudem einen Teil der zuvor hauptsächlich auf die Alpes-Maritimes gerichteten Zuwanderung von Ruhestandsbevölkerung auf sich ziehen konnte (I.N.S.E.E. Dir. Rég. Marseille 1984, S. 13). In den drastisch reduzierten Wanderungsgewinnen des Départements Alpes-Maritimes, sie betrugen 1982 weniger als ein Drittel des 1975 gezählten Wertes, wird ein Bruch mit der tradierten bevölkerungsgeographischen Funktion dieses Départements sichtbar, das seine überkommene Rolle als wichtigstes Zuzugsgebiet der Ruhestandsbevölkerung in Frankreich z.Zt. verloren hat.

Tab. 7 Die natürliche Bevölkerungsbewegung in den Departements der Region P.A.C.A. 1975–82

Départements	1975	1976	1977	1978	1979	1980	1981	1982*
Alpes-de Haute-Provence	– 206	– 207	– 145	– 181	– 105	– 60	– 83	+ 70
Hautes-Alpes	84	89	185	217	148	246	203	+ 430
Alpes-Maritimes	– 2.551	– 2.869	– 2.218	– 1.857	– 1.741	– 1.643	– 1.446	– 1.000
Bouches-du-Rhône	4.454	3.881	5.197	5.209	5.488	6.729	6.189	7.000
Var	– 283	– 76	484	227	630	1.198	774	+ 1.200
Vaucluse	903	699	877	979	1.269	1.654	1.319	+ 1.500
P.A.C.A.	2.401	1.517	4.380	4.594	5.689	8.124	6.956	+ 9.200

Anmerkung: *) gerundete Zahlen
Quelle: A. Chauvet 1983, S. 20

Auch innerhalb des Départements verändern sich die tradierten bevölkerungsgeographischen Raummuster. Die Agglomeration Grasse-Cannes-Antibes zeigt seit 1968 eine deutlich schnellere Bevölkerungszunahme als die von Nizza (vgl. Tab. 9), sie konnte 57% des Bevölkerungszuwachses im Département zwischen den Jahren 1975 und 1982 auf sich vereinigen, während die Agglomeration Nizza nur 18% der zusätzlichen Bevölkerung stellte. Die wachsende Bedeutung der Agglomeration Grasse-Cannes-Antibes, die im Sommer über die Hälfte des touristischen Gästeaufkommens an der Côte d'Azur zu verzeichnen hat, geht auf eine rasche Bevölkerungszunahme der Küsten- und Binnenlandgemeinden (Ausnahme: Cannes) zurück. Sie basiert u.a. auch auf industriellen Arbeitsplätzen, dem Ausbau des Technologieparks Valbonne-Sophia-Antipolis mit einem steigenden Pendleraufkommen sowie der zunehmenden touristischen Durchdringung des Küstenhinterlandes (vgl. G. Wackermann 1975).

Im Unterschied zum Languedoc-Roussillon besitzen in der Region P.A.C.A. die Küstengemeinden ein wesentlich höheres demographisches Gewicht (s. Tab. 3, S. 50). Sie stellen mit Marseille, dessen wirtschaftliche Bedeutung aus dem französischen Kolonialreich erwuchs und gegenwärtig einer negativen Dynamik unterliegt (vgl. P. Sanmarco/B. Morel 1985), Toulon (Kriegshafen mit Arsenal) und Nizza (als Beispiel ihrer früheren touristischen Inwertsetzung) den wirtschaftlichen Aktivraum der Region dar. Die Tab. 3 quantifiziert allerdings auch den in abnehmenden Anteilen

Tab. 8 Die natürliche und räumliche Bevölkerungsbewegung in den Regionen Languedoc-Roussillon und P.A.C.A. 1968–82 nach Départements (Landgemeinden gesondert ausgewiesen)

	Geburtenüberschuß (Anzahl)		Wanderungsbilanz (Anzahl)		Bevölkerung insgesamt (%)		Jährliche Veränderung dav. durch natürl. Bevölkerungsbeweg. (%)		davon durch Wanderungsgewinn (%)	
	1975–82	1968–75	1975–82	1968–75	1975–82	1968–75	1975–82	1968–75	1975–82	1968–75
P.A.C.A										
Alpes-de-Haute-Provence	– 986	1.214	7.691	6.305	0,83	1,01	–0,12	0,16	0,96	0,84
davon in Landgemeinden	–1.603	–1.123	9.187	3.441	2,07	0,70	–0,44	–0,34	2,51	1,04
Alpes-Maritimes	–12.833	–8.409	77.207	103.426	1,09	1,80	–0,22	–0,16	1,31	1,96
davon in Landgemeinden	–2.284	–1.884	9.765	2.479	2,21	0,19	–0,67	–0,60	2,88	0,79
Hautes-Alpes	1.191	2.280	6.628	3.243	1,11	0,85	0,17	0,35	0,94	0,50
davon in Landgemeinden	– 616	– 390	4.668	653	1,24	0,08	–0,19	–0,13	1,43	0,21
Bouches-du-Rhône	35.484	49.685	55.078	115.300	0,79	1,55	0,32	0,47	0,47	1,08
davon in Landgemeinden	362	661	10.824	4.316	2,66	1,37	0,09	0,18	2,57	1,18
Var	2.994	10.828	80.234	59.323	1,80	1,73	0,06	0,27	1,74	1,47
davon in Landgemeinden	–2.564	–1.813	20.577	8.095	3,18	1,30	–0,45	–0,37	3,64	1,67
Vaucluse	7.774	13.379	29.485	23.049	1,32	1,43	0,27	0,52	1,04	0,90
davon in Landgemeinden	– 795	188	13.647	4.520	2,07	0,84	–0,13	0,03	2,19	0,81
Languedoc-Roussillon										
Aude	–5.946	–2.678	13.100	–2.895	0,37	–0,29	–0,31	–0,14	0,68	–0,15
davon in Landgemeinden	–5.701	–4.498	9.652	–3.431	0,45	–0,88	–0,68	–0,50	1,09	–0,15
Gard	2.398	8.131	34.111	8.439	1,02	0,49	0,07	0,24	0,96	0,25
davon in Landgemeinden	–1.786	–1.241	22.654	4.530	2,23	0,38	–0,19	–0,15	2,42	0,53
Hérault	6.280	11.242	51.323	46.124	1,22	1,34	0,13	0,26	1,09	1,08
davon in Landgemeinden	–4.570	–3.767	26.147	3.484	2,17	–0,03	–0,46	–0,41	2,63	0,38
Lozère	– 663	– 362	225	–1.765	–0,08	–0,41	–0,13	–0,07	0,04	–0,34
davon in Landgemeinden	–1.749	–1.740	724	–1.193	–0,29	–0,81	–0,50	–0,48	0,21	–0,33
Pyrénées Orientales	–4.269	70	39.390	16.838	1,60	0,84	–0,19	–*	1,79	0,84
davon in Landgemeinden	–2.884	–2.409	11.699	1.405	1,55	–0,04	–0,51	–0,44	2,05	0,26

Anmerkung: *) –: Wert zwischen –0,05 und +0,05
Quelle: I.N.S.E.E.-R.G.P. 1982

3. Das Untersuchungsgebiet

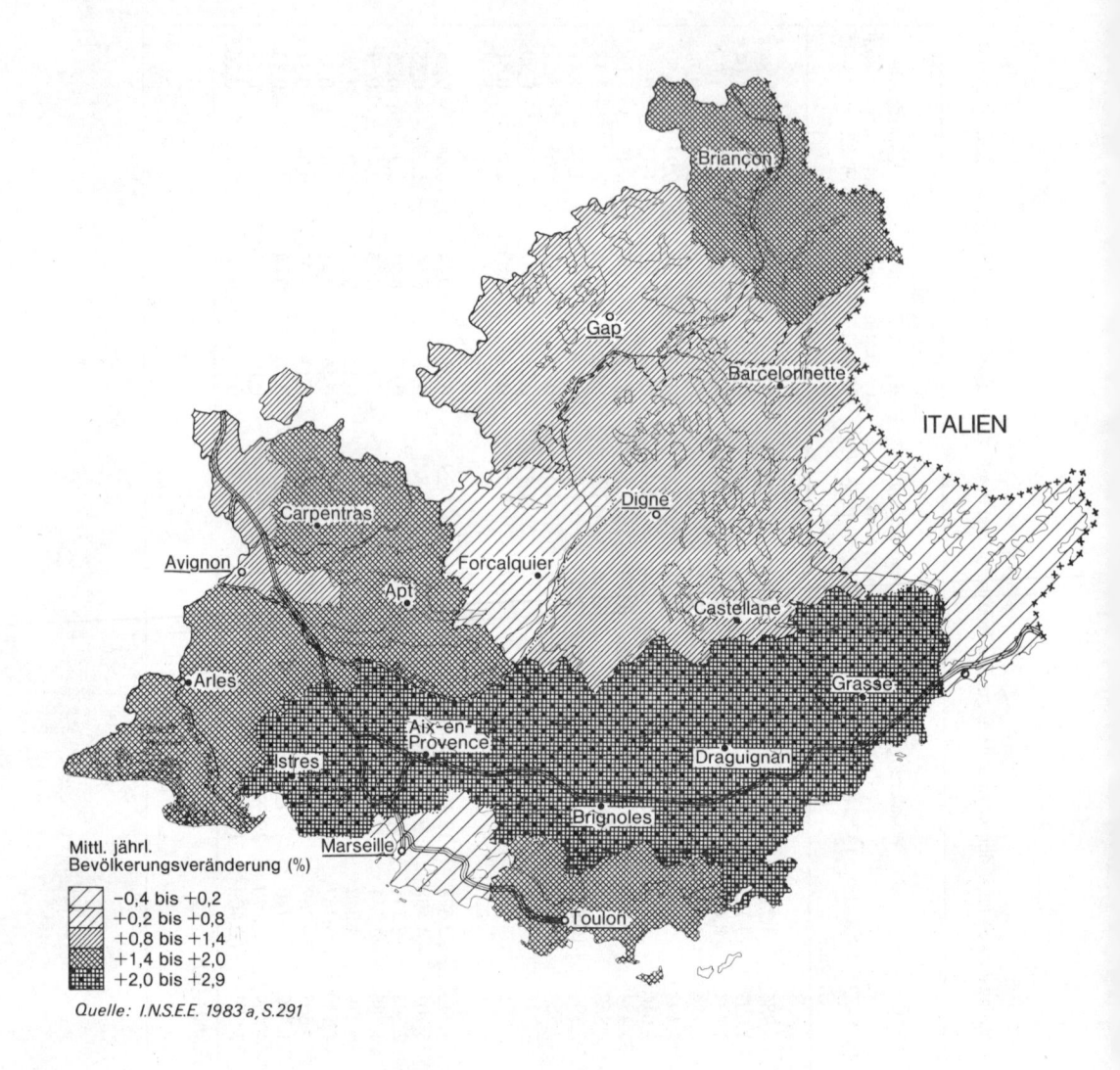

Mittl. jährl.
Bevölkerungsveränderung (%)

- −0,4 bis +0,2
- +0,2 bis +0,8
- +0,8 bis +1,4
- +1,4 bis +2,0
- +2,0 bis +2,9

Quelle: I.N.S.E.E. 1983 a, S.291

Karte 5 Die Entwicklung der Wohnbevölkerung in den Arrondissements der Région P.A.C.A. 1975–1982

3.3 Die Region Languedoc-Roussillon und P.A.C.A

Tab. 9 Die Verstädterung in der Region P.A.C.A. Die wichtigsten Unités Urbaines* 1962–82

Unités Urbaines	Einwohner (1000)							
	1962		1968	in % der Regionsbevölkerung	1975	in % der Regionsbevölkerung	1982	in % der Regionsbevölkerung
Marseille	870,5		1.034,1	31,4	1.096,7	29,8	1.110,5	28,0
Nice	347,9		392,6	11,9	437,6	11,9	449,5	11,3
Toulon	284,0		340,0	10,3	378,4	10,3	410,4	10,3
Grasse, Cannes, Antibes	172,3		216,3	6,6	258,5	7,0	295,5	7,5
Avignon	111,7		144,2	4,4	161,6	4,4	172,4	4,4
Menton, Monaco (franz.Staatsgebiet)			56,6	1,7	57,6	1,6	59,2	1,5
Martigues			48,8	1,5	68,4	1,9	72,3	1,8
La Ciotat			29,6	0,9	39,5	1,1	40,0	1,0
Fréjus			44,5	1,4	53,8	1,5	60,3	1,5
Summe der 10 wichtigsten unités urbaines**			698,1	40,9	759,5	42,4	784,6	40,7

Anmerkungen: *) unités urbaines, die 1982 über 40.000 Einwohner aufwiesen. Unité urbaine (Definition I.N.S.E.E. 1975/82): Eine oder mehrere Gemeinden mit geschlossener Wohnbebauung und mindestens 2000 Einwohnern
**) Differenzen zur Prozentsumme durch Rundungsfehler

Quellen: I.N.S.E.E.-R.G.P. 1975, 1982

an der Regionalbevölkerung und am Bevölkerungszuwachs sichtbar werdenden demographischen Bedeutungsverlust der Küstengemeinden, der auf Bevölkerungsrückgänge in den Kernstädten der Agglomerationen (Marseille, Toulon, Nizza) und auf einer Abwanderung der Wohnbevölkerung aus den stark verstädterten Küstengemeinden in das angrenzende Hinterland beruht. Im Vergleich zum Languedoc-Roussillon wird hier der an anderer Stelle (vgl. S. 51) beschriebene time-lag sichtbar. An den Küsten der P.A.C.A. bewirken die Nachteile einer zum Teil extremen Verdichtung der Bebauung bereits eine Verdrängung der Wohnbevölkerung.

Auf der administrativen Ebene der Arrondissements (vgl. Karte 5) ist die deutliche Differenzierung der Bevölkerungsdynamik auf engstem Raum sichtbar. Die Arrondissements mit den höchsten jährlichen Wachstumsraten (Istres, Aix-en-Provence, Brignoles, Draguignan, Grasse) bilden einen ost-west-gerichteten Korridor, in dem auch die Autobahnverbindung (A 8) nach Oberitalien verläuft; demgegenüber sind die Arrondissements Marseille und Nizza durch Stagnation gekennzeichnet. Die entwicklungspolitische, regionale Ungleichgewichte betreffende Bedeutung dieser kleinräumigen Differenzierung des Bevölkerungswachstums läßt sich daran ermessen, daß im Département Bouches-du-Rhône die Arrondissements Istres und Aix nicht nur den gesamten Bevölkerungszuwachs stellen, sondern auch den Wanderungsverlust des Arrondissements Marseille abdecken oder daß im Département Alpes-Maritimes drei Viertel der Bevölkerungszunahme im Arrondissement Grasse stattfinden.

Angesichts des tiefgreifenden Wandels, der sich hinsichtlich der regionalen Differenzierung von Wanderungen und natürlicher Bevölkerungsbewegung vollzogen hat, dürfen die Elemente der bevölkerungsgeographischen Kontinuität in der Region P.A.C.A. nicht als gering eingeschätzt werden. Ein Vergleich der Karten 4 und 5 zeigt, daß das Grundmuster der räumlichen Bevölkerungsverteilung Bestand hatte. Die Bevölkerung konzentriert sich weiterhin in zwei küstenparallel verlaufenden Bändern, deren eines vom Rhône-Tal (Bollène) kommend über die Rhône-Mündung, Marseille, Toulon und ab Cannes als geschlossenes Siedlungsband nach Menton verläuft. Die wesentliche Modifikation der jüngsten Bevölkerungsentwicklung besteht darin, daß als Folge eines landesweiten Suburbanisierungsprozesses die Kernstädte der Agglomeration Marseille, Toulon und Nizza Bevölkerung an ihre Umlandgemeinden abgeben; auch ist das stärkste Wachstum in den Mittelstädten zu verzeichnen. Im Hinterland und Mittelgebirge wachsen die Städte, die eine Mittlerfunktion zwischen Küste und Südalpen ausüben (Salon; Aix, das zunehmend eine Conurbation mit Marseille bildet; Brignoles; Draguignan; Grasse). Hier wie in den Alpen (Gap, Briançon, Sisteron) bilden die Verkehrswege die Leitlinien der Entwicklung.

4. FREIZEIT, TOURISMUS UND REGIONALENTWICKLUNG IN DER REGION PROVENCE – ALPES – CÔTE D'AZUR (OHNE HOCHGEBIRGSTOURISMUS)

4.1 ENTSTEHUNG UND STRUKTURELLER WANDEL DES FREMDENVERKEHRS IN DER P.A.C.A.

4.1.1 DIE TOURISTISCHE INWERTSETZUNG DER KÜSTEN UNTER DEM ASPEKT DER REGIONALENTWICKLUNG

Die touristische Erschließung der Côte d'Azur ist in den zahlreichen wissenschaftlichen Arbeiten analysiert worden; über die auf S. 36 bereits genannte Literatur hinaus sei in diesem Zusammenhang auf die ausführlichen Beschreibungen bei L. BURNET (1963) und R. LIVET (1978) hingewiesen. L. TURNER/J. ASH (1975) stellen in ihrer Arbeit über die Herausbildung von Freizeitperipherien neben den ökonomischen und sozialen auch kulturelle Faktoren der räumlichen Differenzierung des touristischen Erschließungsprozesses der Côte d'Azur heraus. In diesem Zusammenhang ist auf dessen fundamentale Bedeutung für die allgemeine Entwicklung und den strukturellen Wandel des modernen Tourismus hinzuweisen.

Es kann aufgrund der Literaturlage in der vorliegenden Arbeit darauf verzichtet werden, die touristische Entwicklung der Küsten der P.A.C.A. ausführlich zu beschreiben. Die Analyse der Beziehungen zwischen Tourismus und Regionalentwicklung impliziert auch hinsichtlich der Genese dieses wichtigen Fremdenverkehrsgebietes spezifische Fragestellungen. Sie gelten den räumlichen und zeitlichen Unterschieden im touristischen Entwicklungsprozeß, seinen Trägern – vorrangig ihrer regionalen und sozialen Herkunft und dem Einsatz ihrer Ressourcen – sowie der Art und Weise des Entwicklungsverlaufes. In einer Landschaft, deren räumliche Organisation so wesentlich durch den Tourismus bestimmt wurde, werden zudem touristisch geprägte Abhängigkeitsbeziehungen sichtbar; in diesem Zusammenhang sind die Partizipation bzw. Integration Einheimischer in den touristischen Entwicklungsprozeß sowie die Herausbildung von Abhängigkeitsbeziehungen im Sinne des core-periphery-Ansatzes auch unter dem Aspekt einer genetischen Betrachtung von Bedeutung.

4.1.1.1 Die Entwicklung bis zum Ersten Weltkrieg

Die touristische Inwertsetzung der Küsten der heutigen Region P.A.C.A. begann in der Mitte des 18. Jahrhunderts, sie ging von den Städten Hyères und Nizza aus.

Nizza, das in jener Zeit zum Königreich Sardinien bzw. Herzogtum Savoyen gehörte, hatte bereits mehrfach dem Herrscherhaus in den Wintermonaten als Residenz gedient (vgl. L. BURNET 1963, S. 100); diese in der klimatischen Begünstigung der Stadt begründete Tradition des Winteraufenthaltes wird von den ersten Touristen fortgeführt.

Es handelt sich dabei um Familien der britischen Hocharistokratie, deren Aufenthalte seit 1731 bezeugt sind und die von ihrem Personal begleitet zwischen November und Mai an der Côte d'Azur überwinterten. Dieser frühe Tourismus war wesentlich auch Kurverkehr; in dem wintermilden Klima suchten von Tuberkulose, Asthma, Gicht und anderen Krankheiten der Zeit Betroffene Erleichterung (vgl. A. PLETSCH 1978, S. 208). 1778 wurden bereits 115 ausländische Familien gezählt, 1829 berichtet der englische Konsul von 80 bis 100 englischen Familien (C. SCHOTT 1973a, S. 76). Inzwischen hatte die Stadt ein Theater und ein Kasino bekommen (1777), die Promenade des Anglais war 1824 vollendet worden.

Im Winter 1859/60, also unmittelbar vor dem definitiven Anschluß an Frankreich und vier Jahre nach der Anbindung an das französische Eisenbahnnetz, weilten bereits 1000 ausländische Familien in Nizza, ihre Anzahl verdoppelte sich bis zum Winter 1870/71, dem Ende des Zweiten Kaiserreiches (E. BARATIER et al. 1969, S. 84f.). Im Winter 1913/14 lebten 140 000 Einwohner und 150 000 Gäste in der Stadt (R. LIVET 1978, S. 167); die Wohnbevölkerung war im letzten Viertel des vergangenen Jahrhunderts von 53 000 (1876) auf 134 000 (1905) angewachsen, ihre Zahl hatte sich damit alle fünf Jahre um 18% erhöht (L. BURNET 1963, S. 102).

Der rasche quantitative Zuwachs an Touristen und auch an Wohnbevölkerung, der sich in Nizza während der zweiten Hälfte des 19. Jahrhunderts vollzog, beruhte auf einem vorhergehenden strukturellen Wandel hinsichtlich der Gästenachfrage. Zu dem Besuch der Stadt aus Krankheitsgründen war frühzeitig – Theater und Kasino sind als Indikatoren zu nennen – der Aufenthalt englischer Aristokraten getreten, der lediglich einen saisonalen Transfer des adligen gesellschaftlichen Lebens in eine klimatisch begünstigte Region darstellte. Zu den weiterhin dominierenden englischen Gästen kamen zu Beginn des 19. Jahrhunderts jene aus Rußland, Frankreich und Deutschland hinzu. Der Tourisme de Grande Luxe wird nicht mehr nur vom Adel und gekrönten Häuptern praktiziert, vielmehr partizipiert in der zweiten Hälfte des 19. Jahrhunderts das Großbürgertum (Bankiers, Hommes d'Affaires) sowie die schillernde Welt der Schriftsteller und Künstler zunehmend an ihm. Nizza festigt in dieser Epoche seine Stellung als führender Platz des Tourismus an der Côte d'Azur. Einen sichtbaren Ausdruck findet dies in der die Phase der Gründung von Palasthotels abschließenden Eröffnung der Hotels Ruhl (1907) und Negresco (1912) an der Promenade des Anglais.

Hyères war der erste Winterkurort an der provenzalischen Mittelmeerküste, englische Gäste waren hier ab 1789 zu verzeichnen (L. LIVET 1978, S. 177). Seine Entwicklung setzte 1750 ein und erfolgte parallel zu jener der übrigen südfranzösischen Winterkurorte mit ausländischen Gästen: Aix-en-Provence, Marseille, Montpellier und Pau (vgl. M. BOYER 1969, S. 84).

Der Anschluß der Grafschaft Nizza an Frankreich führte ab 1860 zur direkten Konkurrenz zwischen Hyères und Nizza, wobei Hyères als isolierter touristischer Standort, der zudem noch vier Kilometer vom nächsten Strand entfernt liegt, gegen die klimatisch begünstigte und mit einer Vielzahl touristischer Anziehungspunkte (Nebeneinander der Winterkurorte Cannes, Nizza, Menton, Grasse, Vence; besondere Attraktion des Glücksspieles in Monaco) ausgestatteten Côte d'Azur nicht ankam. Obwohl Hyères im Zweiten Kaiserreich noch eine aristokratische Klientel an sich binden kann, zeichnet sich seine beginnende Deklassierung bereits ab. 1869/70 überwintern in der Stadt 1000 ausländische Familien, ein Nachfragestand, der in Nizza bereits zwanzig Jahre vorher erreicht wurde. 1910 stehen den 10 000 Hotelzimmern in Nizza nur 5000 in Hyères gegenüber (vgl. M. BOYER, 1969, S. 84). Im Baedeker-Reiseführer[1] dieser Jahre wird bereits darauf hingewiesen, daß die Stadt einen Nachfragerückgang zu verzeichnen habe und nur noch von Kurgästen des trocken-milden Winterklimas halber aufgesucht werde.

Die touristische Inwertsetzung der Küsten der P.A.C.A. verlief also sehr unterschiedlich. Im Westen, in der Kalkprovence und kristallinen Provence, entstanden im 19. Jahrhundert lediglich einzelne isoliert gelegene touristische Standorte wie St. Raphael (ab 1864) und Bandol, das sich um die Jahrhundertwende zum Winterkurort entwickelte. Eine intensive touristische Inwertsetzung der Küste mit ersten Ansätzen zu bandartig küstenparallel verlaufenden Siedlungsstrukturen war an der Côte d'Azur zu verzeichnen; an ihr konzentrierte sich zwischen Cannes und Menton der moderne Wintertourismus des internationalen Adels und Großbürgertums.

Cannes, das 1834 von Lord Brougham für die Überwinterung von Engländern entdeckt und bereits 1861 mit einem Eisenbahnanschluß versehen wurde, unterschied sich von Anfang an von Nizza durch eine stärkere Ausrichtung auf ein englisches und aristokratisches Publikum, dessen Präferenzen den Ausbau des ehemaligen Fischerstädtchens zum mondänen Fremdenverkehrsort dominierten und optisch prägten. In diesem Zusammenhang sind auch die innovatorischen Funktionen der Gäste von Cannes auf dem Gebiet des Segelsports zu sehen. Hier wurden 1860 bereits die ersten Regatten gesegelt und ein Yachtclub gegründet; mit dem Ausbau des Seglerhafens – des ersten Freizeithafens in Frankreich überhaupt – war ab 1840 in der Zeit der Juli-Monarchie begonnen worden.

Bis 1870 stieg die Zahl der in Cannes überwinternden ausländischen Familien auf 600; die Wohnbevölkerung nahm von 5500 (1851) auf 10 000 (1872) zu, bis 1901 war sie auf 30 400 Personen angewachsen. Dabei wurde zwischen 1872 und 1881 mit einem auf Fünfjahresintervalle bezogenen Anstieg von 38% der stärkste Zuwachs in Frankreich überhaupt erreicht (L. BURNET 1969, S. 130).

In Menton war die erste touristische Entwicklung um 1845 zu verzeichnen. Der durch seine besondere Schutzlage klimatisch sogar gegenüber Nizza begünstigte Ort wurde vor allem von englischen, deutschen und russischen Kranken aufgesucht, von denen viele unheilbar waren und hier den letzten Abschnitt ihres Lebens verbrachten (vgl. L. TURNER/J. ASH 1975, S. 68f.). Der Anstieg des Kurverkehrs verlief rasch, die Zahl von 52 ausländischen Familien im Winter 1859/60 verzehnfachte sich bis zum Winter 1865/66 (L. GIROSETTI/A. TIBERTINI 1976, S. 55). Der Ausbau einer touristisch geprägten Neustadt in dem Küstenhof westlich der Altstadt während der siebziger Jahre schuf die Voraussetzung dafür, daß im jüngsten Winterkurort der Côte d'Azur die Einwohnerzahl von 10 000 (1901) auf 18 000 (1914) ansteigen konnte und daß in dieser Phase des stärksten Bevölkerungswachstums der Stadt der Bevölkerungs-

---

1 Vgl. K. BAEDEKER (1910, S. 431f.; 1913, S. 225).

zuwachs – bezogen auf Fünfjahresintervalle – 40% erreichen konnte (L. BURNET 1969, S. 119).

Obwohl Monaco nicht zum französischen Staatsgebiet gehört, beeinflußte es die Entwicklung der benachbarten französischen Winterkurorte sehr. Der Abtretung von Menton und Roquebrune an das Königreich Sardinien im Jahre 1848 folgte eine Periode des wirtschaftlichen Niederganges, der man im Fürstentum bereits 1851 – allerdings zunächst vergeblich – durch die Gründung und den Betrieb eines Spielkasinos zu begegnen suchte. Erst die Eröffnung des von der Société des Bains de Mer et Cercle des Etrangers (S.B.M.) unter der Leitung von F. Blanc betriebenen neuen Kasinos im Jahre 1863 änderte die Situation grundlegend, die Überschüsse der S.B.M. deckten die Ausgaben des monegassischen Staates bis 1895 zu 95% (M. GIERKE 1961, S. 56).

Im letzten Viertel des 19. Jahrhunderts entwickelte sich Monaco zu einem Standort des internationalen Luxustourismus; die Kontinuität dieses Strukturmerkmales reicht bis zur Mitte unseres Jahrhunderts, in der von 4000 Zimmern noch 1500 den Luxushotels zuzurechnen waren (L. BURNET 1963, S. 120).

Die entscheidende Funktion Monacos für die Regionalentwicklung der Côte d'Azur ist jedoch in dem Einfluß zu sehen, den Monte Carlo mit seinem Spielkasino auf die Entwicklung der benachbarten französischen Küstenstädte ausübte. Bei der vertraglichen Regelung des Verhältnisses zwischen dem Fürstentum und seinem neuen Nachbarn Frankreich im Jahre 1861 verpflichtete sich Frankreich zur Verkehrsanbindung des Zwergstaates über Straße und Schiene; über den Aspekt der unmittelbaren Konkurrenz als fremdenverkehrsgewerblicher Standort hinausgehend wurde Monaco besonders nach Eröffnung der Eisenbahnverbindung 1868, die eine wesentliche Erleichterung gegenüber den zuvor bestehenden Verbindungen über Land und Meer darstellte[2], integraler Bestandteil des Wintertourismus an der Côte d'Azur. Da in Frankreich das Verbot wichtiger Arten des Glückspieles bis 1934 aufrechterhalten wurde[3], profitierten die benachbarten Winterkurorte davon, durch ihre räumliche Nähe an der Monopolstellung Monacos zumindest indirekt durch Attraktivitätsgewinn des eigenen Standorts zu partizipieren. Die nach einer gewissen Liberalisierung der Gesetzgebung im Jahre 1907 auch in den französischen klassifizierten Seebädern eröffneten Kasinos durften nicht alle Glückspiele, besonders kein Roulette, anbieten.

2 Zuvor die Reisezeit zwischen Nizza und Monaco per Boot eine Stunde und über die schlecht ausgebaute Straße 4 Stunden.
3 Die Aufhebung des Glücksspielverbotes erfolgte in Frankreich stufenweise. Angesichts des großen Erfolges der Casinos in den benachbarten Staaten wurden bereits 1907 für amtlich anerkannte Kur- und Badeorte während der Saison „harmlosere" Glückspiele erlaubt (Gesetz vom 15. Juni 1905). Das Gesetz vom 6. November 1934 gab dann auch das Roulette und andere, attraktiv erscheinende Glückspiele frei. Es ist hervorzuheben, daß die Kasinos in Frankreich zugleich verpflichtet wurden, neben dem Spielbetrieb kulturelle Veranstaltungen anzubieten (Opern-, Theateraufführungen, Konzerte) sowie einen Restaurationsbetrieb aufrechtzuerhalten. Diese finanziellen Belastungen und fiskalische Auflagen haben dazu beigetragen, daß sich die Zahl der Kasinos in Frankreich allgemein und auch an der Côte d'Azur verringerte (vgl. M. GIERKE 1961, S. 37f.). Dort ist allerdings bis 1985 wiederum eine Zunahme von 18 (1958/59) auf 19 Etablissements an der Küste und zwei mit Binnenstandorten (Aix-en-Provence und Greoux-les-Bains) zu verzeichnen.

Als ein angesichts der klimatischen Ausstattung des Raumes bemerkenswertes Kennzeichen des Tourismus an der Küste von Provence und Côte d'Azur kann das Festhalten an einer ausschließlichen Wintersaison bis zum Ersten Weltkrieg angesehen werden, das mit der konsequenten Ablehnung des Badetourismus verbunden war. Obwohl an der englischen Südküste bereits seit 1838 in der offenen See gebadet wurde und diese Innovation umgehend in den während der Juli-Monarchie besonders durch Expansion gekennzeichneten Bädern an der französischen Kanal- und Atlantikküste (Dieppe, Etretat, Deauville, Trouville, Sables-d'Olonne, Arcachon, Biarritz) übernommen wurde, konnte sie sich an der Mittelmeerküste nicht durchsetzen[4]. Bemühungen, im 19. Jahrhundert an geeigneten Plätzen (Les-Saintes-Maries-de-la-Mer, Hyères, Juan-les-Pins und Cannes) den Badetourismus zu etablieren, scheiterten; es obsiegte das Image, daß die Sommerhitze am Mittelmeer unerträglich und zudem gesundheitsschädlich sei (vgl. M. BOYER 1969, S. 85; L. TURNER/J. ASH 1975, S. 61).

Aus heutiger Sicht muß es geradezu paradox erscheinen, daß Hotels an der Côte d'Azur für Sommeraufenthalte in zum Unternehmen gehörenden Zweigbetrieben am Atlantik oder der Kanalküste warben (M. GIERKE 1961, S. 101). Die saisonale Teilung der Loyalität seitens der Eigentümer (R. RUDNEY 1980, S. 216) zwischen den verschiedenen Betriebsstandorten begrenzte die Wintersaison sehr effektiv, da sie häufig die gesamte Belegschaft für den Sommer in ihre Betriebe in anderen Regionen Frankreichs überführten. Ein weiterer die Saisondauer wirksam limitierender Faktor war in der saisonalen Unterschiedlichkeit der Verkehrsanbindung gegeben. In den Sommermonaten stellte die P.L.M. die Fernverbindungen ein bzw. reduzierte sie drastisch[5]. Es war also ratsam, vor dem Inkrafttreten des Sommerfahrplanes am 26. Mai die Rückreise von der Côte d'Azur anzutreten.

4.1.1.2 Die Zwischenkriegszeit (1918–1939)

Die Jahre zwischen den Weltkriegen brachten für den Tourismus an der Côte d'Azur und an der provenzalischen Küste einen tiefgreifenden Wandel; sie können als Epoche des Überganges gewertet werden.

Ein wichtiges Ergebnis des Ersten Weltkrieges für die Côte d'Azur ist in der veränderten Herkunftsstruktur der Gäste zu sehen. An die Stelle des Adels aus Rußland und Österreich sowie zurückgehender Nachfrage aus England und Deutschland traten nunmehr Gäste aus Nordamerika und „arabische Potentaten" (C. SCHOTT 1973a, S. 80). Dabei ist allerdings zu berücksichtigen, daß der winterliche Luxustourismus von Gästen unterschiedlicher Nationalitäten, welcher das Publikum der Belle Epoque gekennzeichnet hatte, die zwanziger Jahre nicht überdauerte. Die Welt-

---

4 Die Ausnahme bilden einige Badeanstalten in Marseille, die als einzige in der Provence eine gewisse Frequentierung aufwiesen (M. BOYER 1969, S. 85)
5 Während die P.L.M. die Côte d'Azur ab 1880 im Winter mit 6 Schnellzugpaaren bediente, endeten bis 1900 alle Fernverbindungen im Sommer in Marseille. Erst mit der Jahrhundertwende wurde ein durchgehendes Schnellzugpaar auch für die Sommermonate durchgesetzt (M. GIERKE 1961, S. 101).

wirtschaftskrise und die in ihrem Zusammenhang eingeführten Devisenbewirtschaftungsmaßnahmen führten 1930–1936 zu einer Reduzierung des internationalen Gästeaufkommens; dem Rückgang der Ausländerzahlen in der ersten Hälfte der dreißiger Jahre folgte ab 1936 eine rasche Zunahme des Inländertourismus an der Côte d'Azur, die mit einem tiefgreifenden Wandel der Sozialstruktur der Gäste verbunden war.

Die nachhaltigste Folge des Auftretens der nordamerikanischen Gäste bestand in dem von ihnen initiierten Übergang von der Winter- zur Sommersaison (vgl. R. RUDNEY 1980, S. 217). Sie übertrugen dabei die aus der nordamerikanischen Freizeitperipherie[6] gewohnten zeitlichen Präferenzen wie auch das für die französische Mittelmeerküsten innovative, auf Strandleben und Baden in offener See ausgerichtete Freizeitverhalten an die Côte d'Azur. Ihr Vorbild war bis zum Beginn der dreißiger Jahre touristisch stilbildend und traf auf innovationsbereite europäische Gästegruppen, die sich in bewußter Abkehr von den Verhaltensweisen der aristokratischen Besucher der Vorkriegszeit (z.B. dem Transfer der heimischen Lebensgewohnheiten auf die Sommerfrische; Ideal der ‚vornehmen Blässe') nunmehr den klimatischen Gegebenheiten des Sommeraufenthaltes an der Côte d'Azur in Kleidung und Lebensstil anzupassen suchten und für welche die Sommerbräune, deren Erwerb ja später oft der Hauptzweck eines Urlaubes am Mittelmeer wurde, einen Ausdruck der Verbindung zum einfachen, idealisierten bäuerlichen Leben und der Ablehnung des Manierismus der Vorkriegszeit darstellte (vgl. L. TURNER/J. ASH 1975, S. 75–79).

In seiner Funktion als touristischer trend-setter wurde der Adel durch Künstler, z.B. Schriftsteller und Maler, in der Zwischenkriegszeit abgelöst. St. Tropez und St. Maxime wurden besonders durch diese Gruppen gefördert. Hinzu kamen als Folge der aus dem Zusammenbruch der alten Gesellschaftsordnung in Europa resultierenden gesteigerten sozialen Mobilität Neureiche und Geschäftsleute. Das Aufeinanderfolgen einiger verregneter Sommer in Deauville und Trouville führte zudem dazu, daß in der zweiten Hälfte der zwanziger Jahre auch die Angehörigen der „classes dirigeantes" den Sommer an der Côte d'Azur verbrachten.

Eine wichtige Veränderung resultierte jedoch aus dem nunmehr quantitativ dominierenden Auftreten von Sozialgruppen, die für den Badeaufenthalt ihren Jahresurlaub nehmen mußten, da sie ihren Lebensunterhalt durch Erwerbstätigkeit zu verdienen hatten. Die zeitliche Limitierung der Aufenthaltsdauer dieser Gäste zeigte sich besonders deutlich in den Folgen der Sozialgesetzgebung der französischen Volksfrontregierung (vgl. dazu G. WACKERMANN 1967, S. 211ff.) im Jahre 1936. Die Einführung eines bezahlten zweiwöchigen Urlaubs sowie die Bereitstellung verbilligter Transportmöglichkeiten (Einführung von verbilligten Urlaubsbillets bei der Eisenbahn) brachten zwar eine schlagartige Zunahme der Gästezahlen[7], sie führten jedoch zu einer drastischen Reduzierung der Aufenthaltsdauer, zu weniger touristischen Ausgaben pro Kopf des einzelnen Touristen am Urlaubsort sowie zur allgemeinen Dominanz der Sommersaison. Die zeitliche Komprimierung der touristischen Inlän-

---

6 Die nordamerikanische Freizeitperipherie dehnte sich nach dem Ersten Weltkrieg auf Florida, Cuba und Mexiko aus (vgl. L. TURNER/J. ASH 1975, S. 76).

7 Im Sommer 1936 wurden durch verbilligte Reisebillets (Reduktion 30 bis 50%) alleine 900.000 zusätzliche Reisende von der S.N.C.F. befördert (R. LANQUAR/Y. RAYNOUARD 1981, S. 32).

dernachfrage auf wenige Wochen im Hochsommer resultiert aus der letztlich per Gesetzt verordneten Demokratisierung des Urlaubsreiseverkehrs; im Gesetz war der Urlaubsanspruch auf das Sommerhalbjahr terminiert[8].

Aus der Kombination der Durchsetzung der Sommersaison im Seebädertourismus, des Aufkommens des Massentourismus in den Sommern von 1936 bis 1939 unter Beteiligung von Arbeitern und Kleinbürgern sowie englischen und nordamerikanischen Gruppenreisenden der Mittelklasse[9] entstanden für die etablierten Fremdenverkehrsorte der Côte d'Azur und an der provenzalischen Küste zahlreiche Anpassungsprobleme. Sie sind vor allem hinsichtlich des fremdenverkehrswirtschaftlich bedeutsamen Strukturwandels im Beherbergungsangebot (Verringerung von Zahl und Kapazität der Groß- und Luxushotels, Zuwachs an kleineren und einfacher ausgestatteten Hotels, die allein dem Zweck der Beherbergung dienen) ausführlich in der Literatur dargestellt und diskutiert (vgl. u.a. M. GIERKE 1961, S. 190ff.; R. LIVET 1978, S. 167ff.; A. PLETSCH 1978, S. 210; C. SCHOTT 1973a, S. 81f.). Der zunehmenden Schere zwischen der sinkenden Nachfrage nach Unterkunft in Luxushotels und einer steigenden Beliebtheit der einfachen und kleineren Hotels bzw. Pensionen und Privatzimmern bei den Gästen fielen in Nizza zwischen 1929 und 1939 31 Hotelbetriebe mit 3150 Zimmern zum Opfer. Diese Betriebsaufgaben entsprachen einem Fünftel der Bettenkapazität des Jahres 1938, obwohl sich die Zahl der Touristen auf 313 000 (1938) erhöht und im Vergleich zu 1914 mehr als verdoppelt hatte (vgl. M. GIERKE 1961, S. 203). Die Orientierung auf den sommerlichen Badetourismus bewirkte einen tiefgreifenden Wandel in der Bewertung der lokalen (innerörtlichen) wie auch der regionalen Standortgunst (vgl. M. GIERKE 1961, S. 203). Die Strandnähe wurde zum primären Standortfaktor für die Lokalisation der Hotels, sie wird Voraussetzung für das Fortbestehen der wenigen übriggebliebenen Palasthotels sowie der übrigen Beherbergungsbetriebe der Luxusklasse, den Drei- und Vier-Sterne-Hotels. In den ehemaligen Zentren der Wintersaison setzten Standortverlagerungen aus den im Winter klimatisch begünstigten Hanglagen in die im 19. Jahrhundert als unattraktiv empfundenen Niederungen in Strandnähe ein. Dieser Prozeß wird für Cannes von P. u. O. LEGRAND (1976, S. 169ff.) und für Menton von L. GIROSETTI u. A. TIBERTI (1976, S. 62ff.) ausführlich dargestellt.

Außerhalb der touristischen Zentren des 19. Jahrhunderts leitete die Zwischenkriegszeit eine Phase der verstärkten Verdichtung der fremdenverkehrsorientierten Besiedlung der Küste ein. Diese hatte zwar schon vor dem Ersten Weltkrieg an der Côte d'Azur begonnen (Beispiele: Beaulieu bei Nizza, Cap d'Antibes, Cap Ferrat), erhielt jedoch in der Zwischenkriegszeit durch die zunehmende Verbreitung

---

8 Die Erfüllung der Vorschriften des Gesetzes führte zu der bis heute in Frankreich fortbestehenden Tradition von zeitlich auf wenige Wochen konzentrierten Betriebsschließungen, die eine volkswirtschaftlich problematische Reduzierung der gesamten ökonomischen Aktivitäten des Landes zur Folge hat.

9 Die hohen Zahlen des Ausländertourismus in Frankreich (Maximum 2 Mio. Gäste im Jahre 1929, vgl. L. BURNET 1969, S. 132) wurden in den Jahren kurz vor dem Zweiten Weltkrieg nicht mehr erreicht, obwohl 1937–39 der Ausländertourismus als Folge einer drastischen Franc-Abwertung im September 1936 wieder stark zunahm. Es handelte sich dabei vor allem um Kongreßtourismus und eine Ausweitung des organisierten Reisens (package-tours) aus Großbritannien (vgl. R. RUDNEY 1980, S. 221).

des privat genutzten Automobils eine steigende Bedeutung. Während der beginnende Massentourismus aufgrund seiner Bindung an die Eisenbahn zunächst zu einer verstärkten Konzentration der Nachfrage führte, erlaubten die individuell genutzten Verkehrsmittel eine stärkere Dispersion des Tourismus; Küstenstandorte ohne Bahnanschluß erlebten nun einen Aufschwung. Dieser wurde zusätzlich durch den – nach dem Zweiten Weltkrieg intensivierten – Aufbau eines Systems von Autobusverbindungen, das z.T. auch Nebenbahnen ersetzt, begünstigt.

An der Côte d'Azur profitierte von dem Aufkommen des sommerlichen Badetourismus Cannes in besonderem Maße; es verfügte über ausreichende Strände und wies – bei Fortbestehen einer gewissen Wintersaison und eines exklusiven Publikums mit hohen Ausländeranteilen – bereits 1927 eine Sommersaison auf. 1929 wurde an der Croisette das Casino d'Eté eröffnet, ab 1931 verzichteten die Grandhotels auf die Schließung des Betriebes im Sommer (vgl. P. u. O. LEGRAND 1976, S. 166). Die Popularisierung des Sommerurlaubs führte im Sommer 1936 zum Überborden der Nachfrage; die Hotels waren überfüllt und mußten aus Krankenhäusern und Schulen Betten ausleihen. Zum zweiten wichtigen Zentrum des Sommertourismus an der Côte d'Azur entwickelte sich, ebenfalls durch das Vorhandensein von Sandstränden begünstigt, Juan-les-Pins. Der Mangel an Sandstränden benachteiligte Nizza und Menton, sowohl innerhalb des Départements Alpes-Maritimes wie auch im Vergleich zu seinem Nachbardépartement Var wurden die westlich gelegenen Standorte durch den Sommertourismus begünstigt.

Ein wesentliches Ergebnis der Zwischenkriegszeit war die im Badetourismus und der besseren Erreichbarkeit begründete touristische Erschließung der Küsten am Maures-Massiv und Esterel. 1925 wurde die Corniche des Maures eröffnet, die eine direkte und landschaftlich attraktive Verbindung der Küstenorte untereinander ermöglichte.

Bestehende touristische Standorte wie z.B. St Raphaël und St. Tropez erfuhren eine Verstärkung ihres Wachstums. St. Raphaël, das über feinsandige Strände verfügte, verzeichnete zwischen 1919 und 1929 eine Bevölkerungszunahme von 72% auf 9500 Einwohner. Im benachbarten Fréjus entstand der neue Stadtteil Fréjus-Plages mit 1,6 km feinsandigem Strand als besonderem Attraktivitätsfaktor.

Die touristische Erschließung der zum Maures-Bergland zugehörigen Halbinsel St. Tropez führte zur kommunalpolitischen Neuordnung des Raumes. An der Küste gelegene Ortsteile der Gemeinde Gassin trennten sich von dem in binnenwärtiger Schutzlage lokalisierten Höhendorf (village perchée), nachdem sie durch den Badetourismus über eine eigenständige wirtschaftliche Basis verfügten. Cavalaire vollzog die Trennung bereits 1929, La Croix folgte 1934 (vgl. G. RAYBAUT 1971, S. 82) und später auch Rayol-Canadel, das sich von der Gemeinde La Mole separierte.

Die Konzentration der Nachfrage auf den sommerlichen Badetourismus brachte es mit sich, daß Hyères als ältester touristischer Standort des Mauresgebietes weiter an Bedeutung verlor. Es konnte an der steigenden Nachfrage in den umgebenden Bädern nicht partizipieren; zudem beendete die Weltwirtschaftskrise die Epoche des Wintertourismus in Hyères. Die Beherbergungskapazität verringerte sich daher von 2400 Zimmern (1929) mit einem Anteil von 50% der Luxuskategorie auf 1200 (1938), von denen 36% in Luxushotels angeboten wurden (L. BURNET 1963, S. 170).

Auch für die Küsten der Kalkprovence beinhaltete die Zwischenkriegszeit die Herausbildung neuer touristischer Strukturen. An ihrem westlichen Ausläufer, der Chaine d'Estaque, entwickelten sich Carry-le-Rouet und Sausset-les-Pins zu wichtigen Standorten des Ausflugsverkehrs der Bürger von Marseille; eine im Jahr 1915 zwischen Marseille und Port-de-Bouc aus Kriegsgründen errichtete Eisenbahnlinie bildete die Voraussetzung dieser Entwicklung. Östlich von Marseille wurden Cassis, La Ciotat und der touristische Standort Bandol in die sich herausbildende Zone urbaner Naherholung integriert.

4.1.1.3 Die Entwicklung nach dem Zweiten Weltkrieg: Beherbergungsgewerbe und Sozialtourismus

Die vier Jahrzehnte nach dem Zweiten Weltkrieg brachten den Küsten der P.A.C.A. zum einen die Fortsetzung von Entwicklungstrends, welche die Gästestruktur und das Freizeitverhalten bereits in der Zwischenkriegszeit gekennzeichnet hatten. So ist die Dominanz der Sommersaison noch stärker geworden, Residuen der Wintersaison finden sich nur noch in Cannes, Nizza und Menton. Auch die Dominanz des Massentourismus hat sich verstärkt. Eine Zunahme der Reiseintensität (vgl. Anm. 3), das Anwachsen der verfügbaren Freizeit sowie eine steigende Massenkaufkraft bedeuten für die Region eine regionale und soziale Ausweitung ihres Gästepotentials, die allerdings mit einer grundlegenden Veränderung der fremdenverkehrswirtschaftlichen Struktur und der regionalen Verteilung und Gewichtung des touristischen Angebots verbunden war.

Die unmittelbare Nachkriegszeit brachte der Côte d'Azur und den provenzalischen Küsten zunächst die massenhafte Verbreitung einer neuen Form des Tourismus, des Sozialtourismus[10]. Als Folge der Sozialgesetzgebung der linksgerichteten provisorischen Regierung (1944–1946) waren gewerkschaftliche Betriebskomitees entstanden, die u.a. die Sommererholung von Arbeitern an der Mittelmeerküste organisierten, indem sie ihnen Zeltlager zur Verfügung stellten, die sich bandartig von Marseille nach Menton erstreckten (vgl. G. WACKERMANN 1967, S. 212). Aus diesen Anfängen entwickelten sich alsbald die unterschiedlichen Beherbergungsarten, welche heute das Angebot des Sozialtourismus kennzeichnen: Zeltplätze in der Trägerschaft von Firmen, sozialen Institutionen, Vereinen; Feriendörfer (Villages de Vacances), Ferienquartiere speziell für Familien (Maisons Familiales de Vacances und Villages de Vacances Familiales); Ferienkolonien für Kinder (Colonies de Vacances), die einer staatlichen Kontrolle durch die Direction de la Jeunesse et de Sports unterstehen. Mitte der siebziger Jahre erreichte der Sozialtourismus einen Anteil von 15% an der Kapazität aller Unterkünfte an den Küsten der Region P.A.C.A. und entsprach damit jenem der öffentlich zugänglichen Zeltplätze (R. LIVET 1978, S. 175). Seine räumliche Verteilung ist allerdings ungleichmäßig; während an der Côte d'Azur nur 10% der Unterkünfte dem Sozialtourismus zugerechnet werden können, sind es an den Côtes des Maures et de l'Esterel 21%.

10 Zu dieser für Frankreich wichtigen Form des Tourismus (vgl. R. LANQUAR/Y. RAYNOUARD (1981) und G. WACKERMANN (1967)).

Wie die Einrichtungen des Sozialtourismus eröffneten die öffentlich zugänglichen Zeltplätze jenen sozialen Gruppen Zugang zur provenzalischen Mittelmeerküste, für welche der Aufenthalt im traditionellen Beherbergungsgewerbe finanziell nicht erschwinglich ist. Das Zeltplatzwesen entfaltete an den Küsten der Kalkprovence und des Esterel sowie des Maures-Massivs eine außerordentliche quantitative Dynamik, die zunächst von keinerlei raumplanerischen oder Qualitätsstandards vorgebenden staatlichen Eingriffen beeinträchtigt wurde. Die Zahl der Plätze erhöhte sich von 60 (1951) auf 273 (1959) (M. GIERKE 1961, S. 226). Die Kapazität, die 1959 noch 51 520 Personen betragen hatte, stieg 1975 bereits auf 186 600 Personen. Bezogen auf die Küstendépartements waren 1975 auf 452 Zeltplätzen 172 640 Übernachtungsplätze vorhanden; dem stehen dort gegenwärtig 471 Zeltplätze mit Übernachtungsmöglichkeiten für 205 300 Personen (1987) gegenüber (I.N.S.E.E, Dir. Rég. Marseille 1989, S. 119). In der Region sind es 734 Plätze, die 282 000 Personen beherbergen können; 50% der Kapazität entfallen auf das Département Var.

Bei den klassischen Touristenunterkünften der Côte d'Azur und Provence, den Hotels, setzte sich nach dem Krieg der in der Zwischenkriegszeit eingeleitete Strukturwandel fort; die Umstände des Krieges, die zum totalen Ausfall des Tourismus führten, beschleunigten häufig die Auflassung von größeren Hotels und ihre Umwandlung zu Wohnungen (vgl. M. GIERKE 1961, S. 192, 200). Das Ausmaß der negativen Dynamik im Hotelgewerbe an der Côte d'Azur und ihrem Hinterland – in Grasse und Vence – wird darin sichtbar, daß von 1939 (Nizza: 1947) bis zum Ende der fünfziger Jahre 193 Betriebe mit 9604 Zimmern geschlossen wurden.

Auch die siebziger Jahre sind von einem weiteren Rückgang der Hotelkapazität gekennzeichnet; die Zahl der klassifizierten Touristenhotels verringerte sich zwischen 1973 und 1983 in der Region P.A.C.A. um 45% auf 2721, jene der Zimmer um 26% auf 64 400 (I.N.S.E.E. 1984a, S. 452). Dennoch besteht die Tradition eines auf begüterte Gästegruppen ausgerichteten Segmentes im Hotelangebot bis heute fort. Die Region weist mit 21 000 Zimmern die nach Paris (34 200 Zimmer) zweithöchste Zahl an Hotelzimmern der Luxus-, Vier- und Dreisternekategorie, d.h. der Grande Hotellerie, auf. 1983 stellte sie 16,4% (Paris: 26,7%) der Beherbergungskapazität dieser Qualitätsstufe in Frankreich, die im regionalen Gesamtangebot an Hotelzimmern insgesamt 24% (Paris: 20%), an denen klassifizierte Hotels der P.A.C.A. jedoch 33% (Paris: 44%) ausmacht. Innerhalb der Region P.A.C.A. bleibt die Grande Hotellerie auf die Côte d'Azur konzentriert. Im Département Alpes-Maritimes gehören zu ihr 19% und 38% der Hotelzimmer, als Luxushotels (4 Etoiles Luxe) sind dort 3% der Betriebe und 12% der Zimmer klassifiziert (Quelle: C.R.C.I. u. I.N.S.E.E., Dir. Rég. Marseille).

Wenn das hohe Qualitätsniveau der Hotellerie der Region P.A.C.A. und besonders der Côte d'Azur im interregionalen Vergleich nur von jenem der Région Parisienne erreicht und quantitativ übertroffen wird, so ist dies nicht allein mit der überlieferten Struktur des Hotelgewerbes an der Côte d'Azur zu erklären. In der Nachkriegszeit hat vielmehr in der Grande Hotellerie ein Selektions- und Expansionsprozeß stattgefunden. Dem Ausscheiden obsoleter, auf den mondänen Win-

---

11 Zur Einschätzung der Genauigkeit von Kapazitätsangaben in der amtlichen Fremdenverkehrsstatistik vgl. u. S. 104ff.

tertourismus vergangener Epochen ausgerichteter Angebotssegmente stand auch in der Grande Hotellerie die Neueröffnung von Betrieben, zu denen auch Luxushotels modernen Zuschnittes zählen, gegenüber. Dabei handelt es sich z.T. um standardisierte Großhotels bekannter Hotelketten, um Betriebe, die auf spezielle Freizeitinteressen ihrer Gäste ausgerichtet sind[12], sowie um Großhotels, die als „Unités Autonomes" zugleich als Arbeits- und Erholungsstätte für ihre Gäste dienen (vgl. J. MIEGE 1975, S. 37). Letztere sind hauptsächlich für Geschäftsreisende gedacht, die z.B. im Rahmen des Kongreßtourismus den Arbeitsaufenthalt mit der Erholung an der Côte d'Azur verbinden wollen.

4.1.1.4 Die Entwicklung nach dem Zweiten Weltkrieg: Durchbruch und Dominanz der Zweitwohnsitze im touristischen Angebot

Zu den wichtigsten Veränderungen, welche das Erscheinungsbild der Fremdenverkehrslandschaften an der Côte d'Azur und Provence nach dem Zweiten Weltkrieg prägten, gehört die Aufsiedlung der Küstenzone und die Durchdringung des Hinterlandes mit Freizeitwohnungen bzw. -häusern.

Diese nach ihrem rechtlichen Status als Zweitwohnsitz in der Statistik erfaßten (zum Problem der Genauigkeit der Angaben vgl. o. S. 4; 32f.) Wohneinheiten sind im Umland der Großstädte funktionell der von Ostern bis zum Oktober andauernden *Wochenendnutzung* ihrer städtischen Eigentümer zuzurechnen; es besteht eine klare distanzabhängige Zuordnung der Einzugsbereiche (vgl. Karte 6). Dies ist z.T. auch darin begründet, daß während der langen Schulferien im Sommer der faktische Wohnsitz häufig in diese Wohnstätten verlegt wird; die berufstätigen Familienmitglieder pendeln dann in die nahegelegene Großstadt aus.

Ferienwohnungen und -häuser werden demgegenüber von ihren Eigentümern in der Hochsaison genutzt und/oder an Dritte vermietet. Im Falle einer Vermietung schließt sich dieser häufig ein Aufenthalt der Eigentümer an, er kann ihr auch vorausgehen. Im Vergleich zu wochenendgenutzten Wohneinheiten ist die jahreszeitliche Begrenzung der Nutzungsdauer seitens der Eigentümer enger gefaßt. Diese im Vergleich zu den Wochenendhäusern und -wohnungen stärker ausgeprägte Saisonalität der Inanspruchnahme des Ferienwohnsitzes durch die Eigentümer resultiert zum einen aus deren Herkunftsstruktur (Karte 6). Von Hyères nach Osten bis zur italienischen Grenze hin überwiegen die extraregionalen Eigentümer von Zweitwohnsitzen aus den Räumen Lyon, Paris, Nordfrankreich; die ausländischen Eigentümer sind besonders in den Küstengemeinden der Côte d'Azur vertreten. Für die Zweitwohnsitze im Südosten Frankreichs insgesamt wird angenommen, daß ca. 50% von ihnen durch Regionsfremde genutzt werden (R. LIVET 1978, S. 97). Der Anteil der Auswärtigen wäre damit in der Gruppe der Zweitwohnsitzeigentümer wesentlich höher als unter den der sich in ihrer Gesamtheit partiell mit jenen überschneidenden auswärtigen Grundeigentümer (vgl. u. S. 168).

---

12 z.B. Golfhotels

76   4. Freizeit, Tourismus und Regionalentwicklung

ANZAHL DER ZWEITWOHNSITZE
2500
1000
500
100

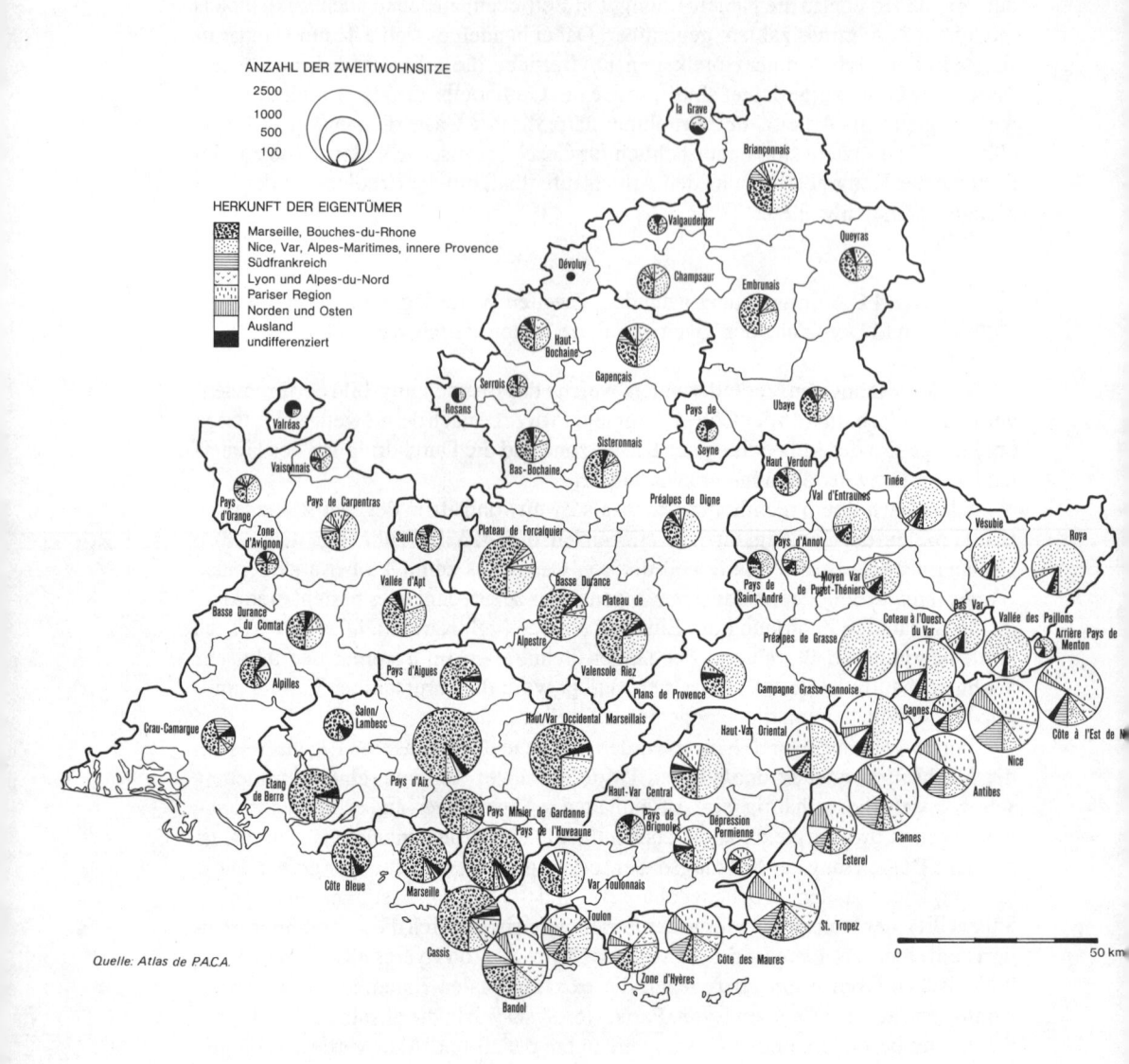

HERKUNFT DER EIGENTÜMER
Marseille, Bouches-du-Rhone
Nice, Var, Alpes-Maritimes, innere Provence
Südfrankreich
Lyon und Alpes-du-Nord
Pariser Region
Norden und Osten
Ausland
undifferenziert

Quelle: Atlas de P.A.C.A.

Karte 6 Die Herkunft der Eigentümer von Zweitwohnungen in der Region P.A.C.A.

4.1 Entstehung und struktureller Wandel des Fremdenverkehrs

Tab. 10 Die Entwicklung der Zweitwohnsitze in den Küstenregionen Frankreichs 1962–1982

Regionen an der	Anzahl der Zweitwohnsitze in 1.000				Veränderung (in %)		
	1962	1968	1975	1982*	1962/82	1962/75	1975/82*
Kanal- u. Atlantik-Küste							
Nord-Pas-de-Calais	16,4	22,7	31,7	42,2	157	93	33
Haute-Normandie	21,2	30,2	39,9	44,4	105	84	11
Basse-Normandie	36,2	48,9	67,3	91,0	151	86	35
Bretagne	58,1	77,5	114,3	153,7	165	97	35
Pays-de-la-Loire	58,8	80,6	115,4	127,5	117	96	11
Poitou-Charentes	33,5	42,8	56,1	72,3	116	68	29
Aquitaine	52,2	65,9	92,3	121,4	133	77	32
Mittelmeerküste							
Languedoc-Roussillon	51,3	67,1	109,5	188,8	268	114	72
Provence-Côte d'Azur	96,3	138,7	214,5	304,8	217	123	42
Corse	3,4	6,5	13,6	34,9	927	300	78
Frankreich insgesamt	952,0	1.236,8	1.696,9	2.238,3	136	78	32

Anmerkung: *) für 1982 provisorische Ergebnisse

Quelle: A. Pletsch 1978, S. 201; I.N.S.E.E. 1984a, S. 541. Ministère de la Qualité de Vie / Secrétariat d'Etat au Tourisme

Die Daten der Tab. 10 belegen die Spitzenposition, welche die Region P.A.C.A. hinsichtlich der Entwicklung des Zweitwohnsitzwesens in Frankreich im Zeitraum 1962 bis 1982 behauptete. Bereits 1962 übertraf sie die Zweitwohnsitze der übrigen Küstenregionen mit einer deutlichen Differenz zur nächstfolgenden Region, dieser Abstand erhöhte sich im Laufe von zwanzig Jahren von 37 500 auf 116 000 Einheiten; im gleichen Zeitraum stieg der Anteil der P.A.C.A. am gesamten Bestand an Zweitwohnungen in Frankreich von 10,1% auf 13,6%. Die Spitzenposition der P.A.C.A. als Region mit der größten Konzentration von Zweitwohnungen gilt auch im Vergleich zu den binnenwärtigen Regionen Frankreichs. Von diesen reicht nur die Nachbarregion Rhône-Alpes mit 285 100 Zweitwohnsitzen (1982) größenordnungsmäßig an den Bestand von 305 000 Zweitwohnsitzen in der P.A.C.A. heran.

Eine landesweite Kartierung der Zweitwohnsitze nach Départements (B. BARBIER 1984, S. 43f.) belegt die deutliche Bevorzugung der Küsten gegenüber den binnenwärtigen Regionen, die erst seit den sechziger Jahren stärker für das Freizeitwohnen erschlossen werden (A. PLETSCH 1978, S. 201f.). Insgesamt erhöhte sich der Anteil der Küstenregionen an den Zweitwohnsitzen in Frankreich von 45,0% (1962) auf 52,7% (1982). Die besondere Attraktivität der Mediterranregionen wird darin sichtbar, daß sie 1982 44,8% aller Zweitwohnsitze an den französischen Küsten aufwiesen, obwohl ihr Anteil an der Küstenlänge nur 35,7% beträgt.

Auch die zeitliche Differenzierung der Rolle, welche die P.A.C.A. bei der Ausweitung des Freizeitwohnens in den französischen Küstenregionen spielt, ist der Tab. 10 zu entnehmen. Die hohe, klimatisch und landschaftlich begründete Attraktivität von Provence und Côte d'Azur brachte es mit sich, daß die P.A.C.A. unter den Festlandsregionen im Zeitraum von 1962 bis 1975 den stärksten Zuwachs zu verzeichnen hatte, der allein auf einem ungeplanten, dem Laissez-Faire anheim gegebenem Wachstum beruhte (vgl. u. S. 91). Zwischen 1975 und 1982 übertrifft die aus regionalpolitischen Gründen initiierte Zuwachsrate an Zweitwohnungen in der Region Languedoc-Roussillon jene der P.A.C.A. bei weitem. Es stellt jedoch ein deutliches Zeichen der ungebrochenen Attraktivität der P.A.C.A. dar, daß in ihr die Zunahme an Zweitwohnungen weit über jener in allen anderen Küstenregionen (mit Ausnahme des Languedoc-Roussillon) sowie über dem französischen Durchschnitt liegt.

Betrachtet man die Stellung der Küstendépartements innerhalb der P.A.C.A., so weisen sie mit mehr als 235 000 Wohneinheiten 77% der Zweitwohnsitze dieser mediterranen Region auf. Allein das *Département* Alpes-Maritimes verfügt mit 113 000 Zweitwohnsitzen über eine Beherbergungskapazität auf diesem Sektor des touristischen Angebots die nur geringfügig unter jener der Zweitwohnsitze in den Regionen (!) Aquitanien, und Pays-de la Loire liegt. Die Anzahl der Zweitwohnsitze im Département Var übersteigt jene der Region Basse-Normandie.

Als Resultat der unterschiedlichen Genese und regionalwirtschaftlichen Gewichtung des Tourismus sind im Département Bouches-du-Rhône nur relativ wenige Zweitwohnsitze lokalisiert, am regionalen Bestand an Zweitwohnsitzen ist das Département nur zu 9% beteiligt. Der besonderen Situation der Agglomeration Marseille entspricht es zudem, daß in diesem Département die Anzahl der leerstehenden Wohnungen jene der Zweitwohnungen weit übertrifft, sie beläuft sich auf 188% derselben. Dieses im regionalen Kontext atypische Verhältnis kann als Indikator des fortbestehenden Verstädterungsprozesses im Umland von Marseille gewertet[13] werden, der zu einem maximalen Zuwachs des Wohnungsbestandes in den binnenwärtig gelegenen Gemeinden führt (Karte 7).

In den stärker touristisch geprägten Départements zeugen die Daten über „leerstehende Wohnungen" nicht nur von Unterschieden in der Baukonjunktur, in ihnen sind auch verdeckte Beherbergungskapazitäten, die faktisch als Zweitwohnungen genutzt werden, enthalten (vgl. Seite 4; 32f.). Der Bestand an leerstehenden Wohnungen entspricht hier ungefähr einem Drittel der Anzahl der Zweitwohnungen; eine besonders auffallende Dynamik zeichnet sich im Département Var ab. Dort nahmen zwischen 1975 und 1982 sowohl die Zweitwohnungen als auch die leerstehenden Wohnungen überdurchschnittlich stark zu; infolge von Aus- und Überlastungserscheinungen an der Côte d'Azur (vgl. S. 96) verlagert sich das touristische Wachstum in der Region in das benachbarte Département Var, welches noch über urbanisierbare küstennahe Flächen verfügt. Die Karte 7 zeigt allerdings, daß der Zuwachs an Wohneinheiten sich im Var nicht nur auf die küstennahe Zone konzentriert, sondern auch das Moyen-Pays im Hinterland erfaßte. Beispiele für Gemeinden mit großem Zuwachs an Zweitwohnungen sind dort Tourtour und Lorgues.

---

13 Aus der Organisationsform der Neubaugebiete in „lotissements" (vgl. S. 86) resultiert eine schubweise Ausweitung des Wohnungsbestandes. Diese bedingt – von der Fertigstellung bis zum Verkauf – ein Oszillieren des Bestandes an „leerstehenden Wohnungen" (logements vacants).

Tab. 11 Die Bedeutung der Zweitwohnsitze an den französischen Küsten 1975 (Anteile der Zweitwohnsitze in % aller Wohnsitze)

Region / Département	Anteile der Zweitwohnsitze (in %)
Nord	15
Nord	2
Pas-de-Calais	15
Somme	52
Haute-Normandie	6
Seine-Maritime	6
Eure	18
Basse-Normandie	6,5
Calvados	49
Mauche	24
Bretagne	24,1
Ille et Vilaine	24
Côte-du-Nord	23
Finistère	12
Morbihan	17
Centre-Ouest-Atlantiques	29,1
Loire-Atlantique	38
Vendee	52
Charente-Maritime	30
Aquitaine	41,6
Gironde	37
Landes	41
Pyrénées-Atlantique	24
Languedoc-Roussillon	39,7
Pyrénées-Orientales	49
Aude	29
Hérault	35
Gard	64
Provence-Côte d-Azur-Corse	2
Bouches-du-Rhône	3
Var	21
Alpes-Maritimes	17
Corse	14
Quelle: Ministère de la Qualité de la Vie (Sécrétariat d'Etat au Tourisme) o.J., S. 61ff.	

Während der relativ starke Zuwachs an Zweitwohnsitzen von der fortbestehenden touristischen Attraktivität des Départements Alpes-Maritimes zeugt, verdeutlicht die weit unterdurchschnittliche Zunahme an leerstehenden Wohnungen die Enge auf dem dortigen Immobilienmarkt. Dies beruht im wesentlichen auf dem Mangel an urbanisierbaren Reserveflächen und führte über Angebotsverknappung zu überdurchschnittlichen Preissteigerungen selbst in Zeiträumen einer verhaltenen Konjunktur für Immobilien (vgl. J. MIEGE 1975, S. 38f.).

Tab. 12 Die leerstehenden Wohnungen* (Logements Vacantes) und Zweitwohnungen in den Küstendeépartements der Provence und Côte d'Azur 1975 und 1982

Département	1975		1982**		Veränderung 1975/82** (in %)		1982 Leerstehende Wohnungen in % der Anzahl der ZWS
	L.V.***	ZWS****	L.V.	ZWS	L.V.	ZWS	
Alpes-Maritimes	40.180	82.685	42.628	112.900	6,1	36,5	38
Var	24.270	62.650	29.680	95.228	22,3	49,6	31
Bouches-du-Rhône	42.350	23.535	51.252	27.244	10,6	15,8	188
Region P.A.C.A.	139.285	214.485	152.188	304.716	9,3	42,1	50
Frankreich insgesamt	1.632.850	1.696.240	1.854.528	2.265.672	13,6	33,6	82

Anmerkungen:
*) Logement Vacants, Erläuterung s.o. S. 4, Anmerkung 6 und 7
**) für 1982: endgültiges Ergebnis; 25% – Stichprobe aus den Daten der Volkszählung von 1982
***) L.V. = Logements Vacants
****) ZWS = Zweitwohnsitze

Quellen: I.N.S.E.E., Dir. Rég. Marseille 1980, S. 153 und 1985, S. 155

4.1 Entstehung und struktureller Wandel des Fremdenverkehrs

Für die Beziehungen zwischen Tourismus und Regionalentwicklung ist es von erheblicher Bedeutung, ob Zweitwohnsitze gleichsam monostrukturartig einen Raum allein durch ihr quantitatives Übergewicht prägen, oder ob sie als Bestandteil einer diversifizierten sozioökonomischen Raumstruktur auftreten.

Letzteres ist über das zahlenmäßige Verhältnis zwischen Haupt- und Zweitwohnsitzen indikatorhaft zu erfassen.

Tab. 13 Die Bedeutung der Zweitwohnsitze in den Küstengemeinden der Region Provence-Côte d'Azur 1982 (Anteile der Zweitwohnsitze an der Gesamtzahl der Wohnsitze in %)

Département	Anteile der Zweitwohnsitze (%)
Bouches-du-Rhône	4
Var	38
Alpes-Maritimes	22
Region	15
Quelle: I.N.S.E.E.-R.G.P. 1982	

Die Tabelle 11 zeigt, daß der Anteil der Zweitwohnsitze am gesamten Wohnungsbestand in der Region P.A.C.A.-Corse ausgesprochen niedrig ist, er wird nur in den normannischen Regionen unterschritten. Mit 21% erreichte er 1975 in den Küstengemeinden des Départements Var den höchsten Wert, der in etwa dem Mittel der Gesamtheit aller französischen Küstengemeinden entspricht. Der im Vergleich zu unbekannten Küsten mit Abstand geringere Grad der Durchdringung mit Zweitwohnsitzen überrascht angesichts ihrer großen Zahl und räumlichen Konzentration in den Départements Alpes-Maritimes und Var; dies gilt auch im Vergleich zu den Départements des Languedoc-Roussillon.

Der wesentliche Unterschied besteht darin, daß die Küstengemeinden in der Provence-Côte d'Azur die wichtigsten sozioökonomischen Standorte darstellen, in denen die Bevölkerung und das Wirtschaftsleben der Region konzentriert sind (vgl. o. S. 60ff.). Trotz ihrer physiognomischen Auffälligkeit im Landschaftsbild führt hier die hohe Zahl von Zweitwohnsitzen weithin zu keiner soziodemographischen und ökonomischen Verödung außerhalb der touristischen Saison; sowohl nichttouristische Wirtschafts- und Verwaltungsfunktionen wie auch ein sehr diversifizierter Fremdenverkehrssektor sind in den größeren Küstengemeinden lokalisiert. Hinzu kommt eine hohe und steigende Zahl von Altersruhesitzen, die statistisch den Hauptwohnsitzen zugeordnet sind und auf der Basis eines permanenten Einkommenstransfers aus anderen französischen Regionen die Existenzgrundlage für eine Reihe von zugeordneten Dienstleistungen, z.B. medizinischer und sozialer Berufe, bieten. Nicht zuletzt ist darauf hinzuweisen, daß die Funktionsvielfalt und die damit verbundene Relativierung der Negativauswirkungen von Zweitwohnsitzen auf der vergleichsweise hohen Einwohnerzahl in den Küstengemeinden der P.A.C.A. beruht (1975: durchschnittlich 35 300 Einwohner je Gemeinde, bei Nichtberücksichtigung von Marseille und Toulon 15 400 Einwohner je Gemeinde).

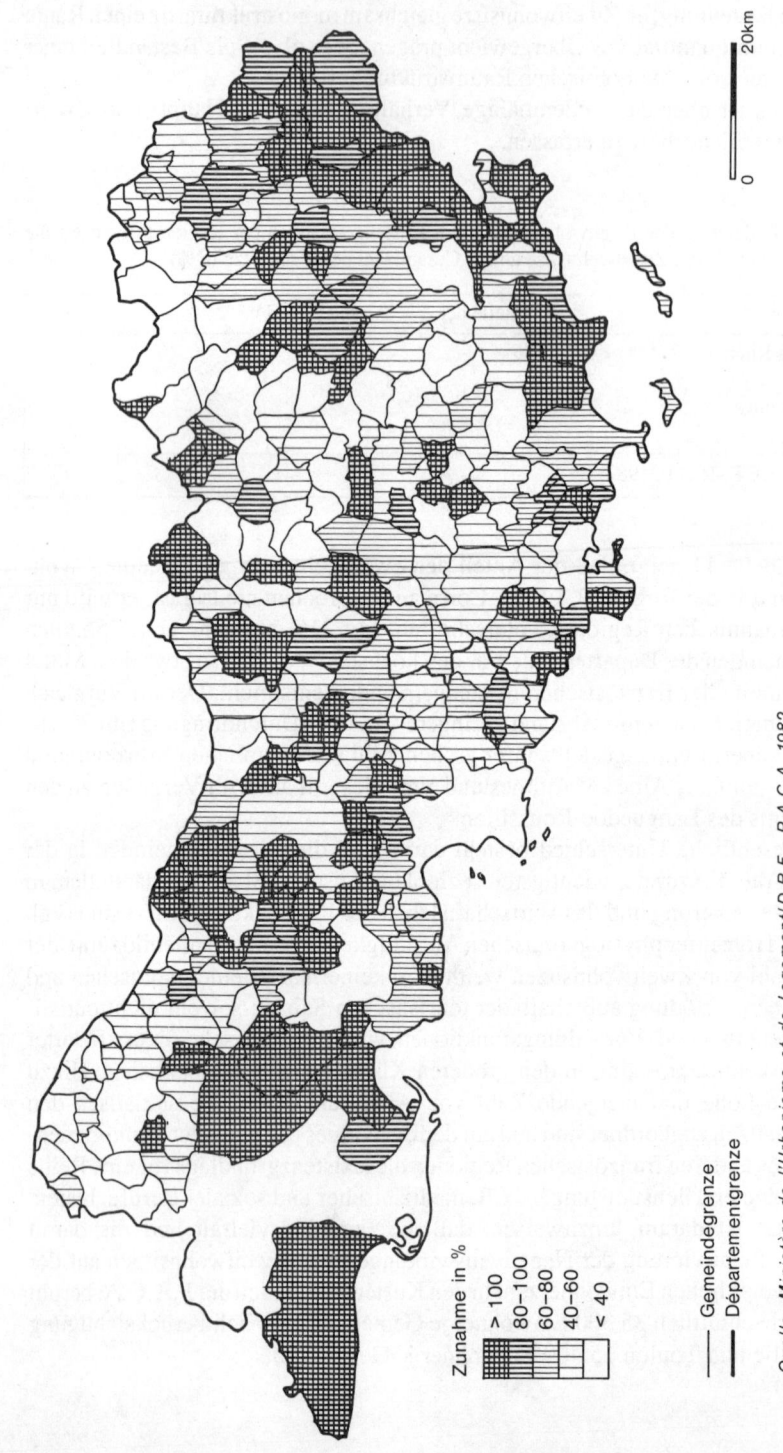

4. Freizeit, Tourismus und Regionalentwicklung

Zunahme in %
- > 100
- 80–100
- 60–80
- 40–60
- < 40

— Gemeindegrenze
— Départementgrenze

Quelle: Ministère de l'Urbanisme et de Logement/D.R.E. - P.A.C.A. 1982

Karte 7 Die Zunahme des Wohnungsbestandes in den Départements Bouches-du-Rhône und Var 1968–1980

In den Küstengemeinden der Region Languedoc-Roussillon geht die größere Bedeutung der Zweitwohnsitze mit weitaus geringeren Einwohnerzahlen einher (1975: durchschnittlich 4300 Einwohner je Gemeinde, ohne Berücksichtigung von Narbonne 3500 Einwohner je Gemeinde).

Hinsichtlich der Entwicklung zwischen den Volkszählungen von 1975 und 1982 kann sowohl für die Region P.A.C.A. wie auch für das Département Bouches-du-Rhône von einer faktisch unveränderten Situation ausgegangen werden. An der Côte d'Azur hat sich der Anteil der Zweitwohnsitze am Wohnungsbestand um ein Drittel auf 22% erhöht. Er liegt damit auf einem Niveau, das bereits 1975 von über der Hälfte der Küstendépartements außerhalb der P.A.C.A. überschritten wurde.

Die entscheidende Veränderung der zweiten Hälfte der siebziger Jahre ist in dem Bedeutungszuwachs des Zweitwohnsitzanteils in den Küstengemeinden des Départements Var zu sehen. Indem die Zweitwohnsitze dort nunmehr statt 21 bereits 38% des gesamten Wohnungsbestandes ausmachen, bestätigt sich nicht nur der Trend einer Verlagerung des touristischen Wachstums von der Côte d'Azur nach Westen; die Zunahme des Bestandes an Freizeitwohnungen in den Küstengemeinden zwischen 1975 und 1982 um 50% beinhaltet vielmehr zugleich wichtige qualitative, die Regionalentwicklung tangierende Aspekte.

Im Unterschied zu den Nachbardépartements, in denen nur in einer Küstengemeinde die Zahl von Freizeit- jene der Hauptwohnsitze übersteigt (Alpes-Maritimes: Théoule s. M.; Bouches-du-Rhône: Les-Saintes-Maries-de-la-Mer), ist dies im Département Var in 12 Gemeinden[14] der Fall, 10 von ihnen gehören zum Küstenabschnitt des Maures- und Esterel-Berglandes (vgl. Karte 8).

Die Aufsiedlung dieser bisher vergleichsweise mäßig und lückenhaft touristisch erschlossenen Küste (R. LIVET, 1978, S. 174ff.) betrifft vorzugsweise relativ kleine Gemeinden: Während die Gesamtheit der Küstengemeinden (ohne Toulon) 1982 im Durchschnitt 11 200 Einwohner zählte, weisen die Küstengemeinden mit Zweitwohnungsübergewicht im Durchschnitt nur knapp 4000 Einwohner auf. Da auch die absolute Zahl der Hauptwohnsitze relativ gering ist (Karte 8), verfügen diese Gemeinden im Vergleich zur Côte d'Azur weder über die quantitativen Grundlagen auf der Nachfrageseite noch über verortete Einrichtungen des touristischen Angebotes, die eine vergleichbare Funktionsvielfalt innerhalb des Tourismussektors gewährleisten könnten. Der geringere Diversifikationsgrad des tertiären Sektors führt zu geringeren von der Urbanisierung ausgehenden Entwicklungsimpulsen; das *Lotissement* als weit verbreitete bauliche Erschließungsform, das im Département Var besonders konzentriert auftritt (vgl. Tab. 15), ist mit seinem auf den Bedarf der Wohnsiedlung begrenzten separaten Dienstleistungsangebot zugleich Ursache und Folge dieser Situation.

Lotissements stellen das Resultat einer „planmäßigen Erschließung und Besiedlung ganzer Viertel oder Hangpartien" dar, „wobei ein einheitlicher Baustil unter Verwendung provenzalischer Elemente" (A. PLETSCH 1978, S. 211) vorherrscht. Das Spezifikum dieses Siedlungstyps besteht weniger in seiner funktionellen Ausprä-

---

14 Bandol, Bormes-les-Mimosas, Cavallaire-sur-Mer, La Croix-Valmer, Gassin, Grimaud, La Lavandou, Ramatuelle, le Rayaol-Canadel-sur-Mer, St. Maxime.

84 4. Freizeit, Tourismus und Regionalentwicklung

ANZAHL DER WOHNSITZE

2000
1000
0
Haupt- Zweit-
wohnsitz

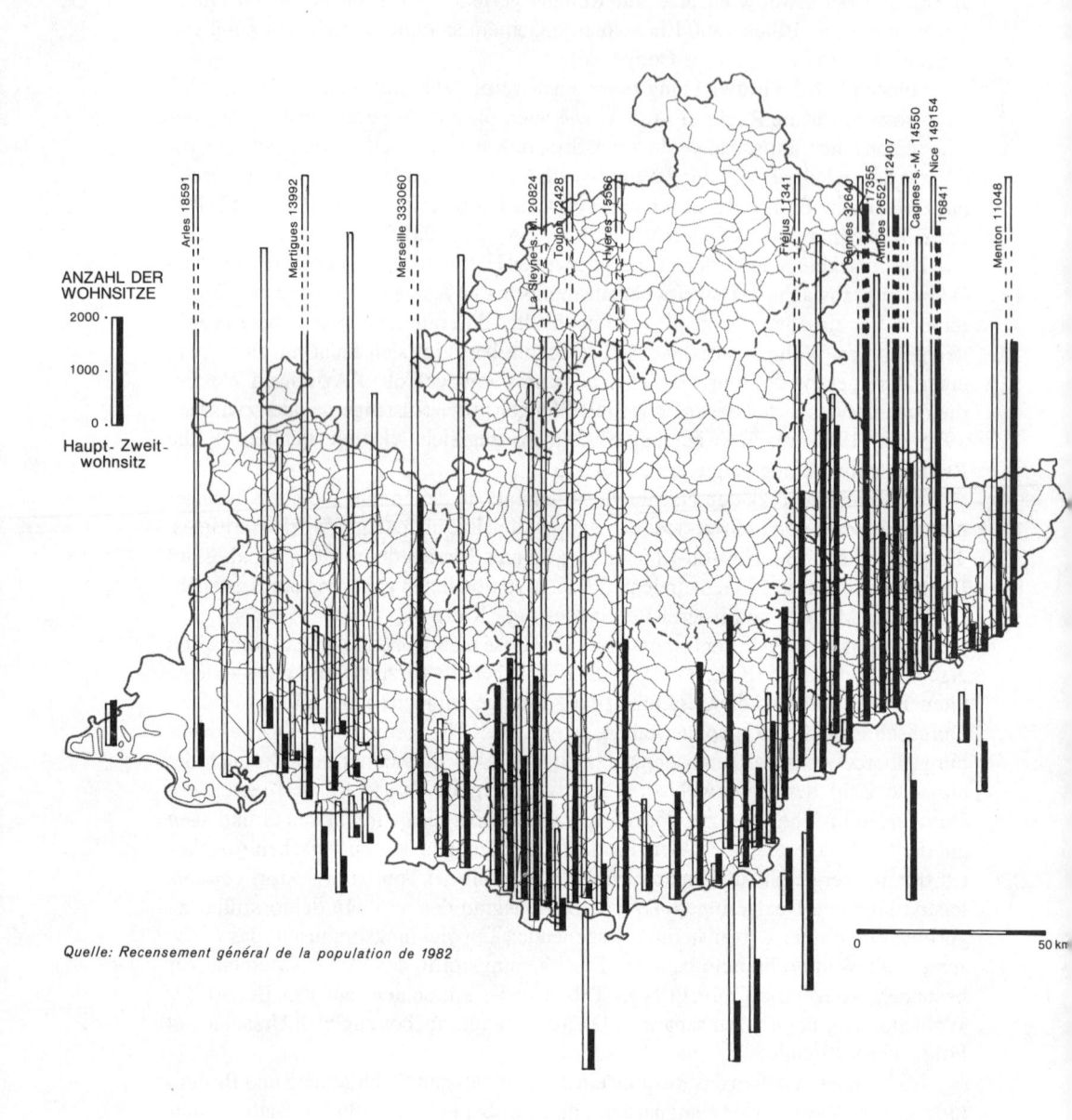

Arles 18591
Martigues 13992
Marseille 333060
La Seyne-s.-M. 20824
Toulon 72428
Hyères 15066
Fréjus 13341
Cannes 32647
Antibes 26521
Cagnes-s.-M. 14550
Nice 149154
Menton 11048

Quelle: Recensement général de la population de 1982

0   50 km

Karte 8 Die Haupt- und Zweitwohnsitze in den Küstengemeinden der Region P.A.C.A.

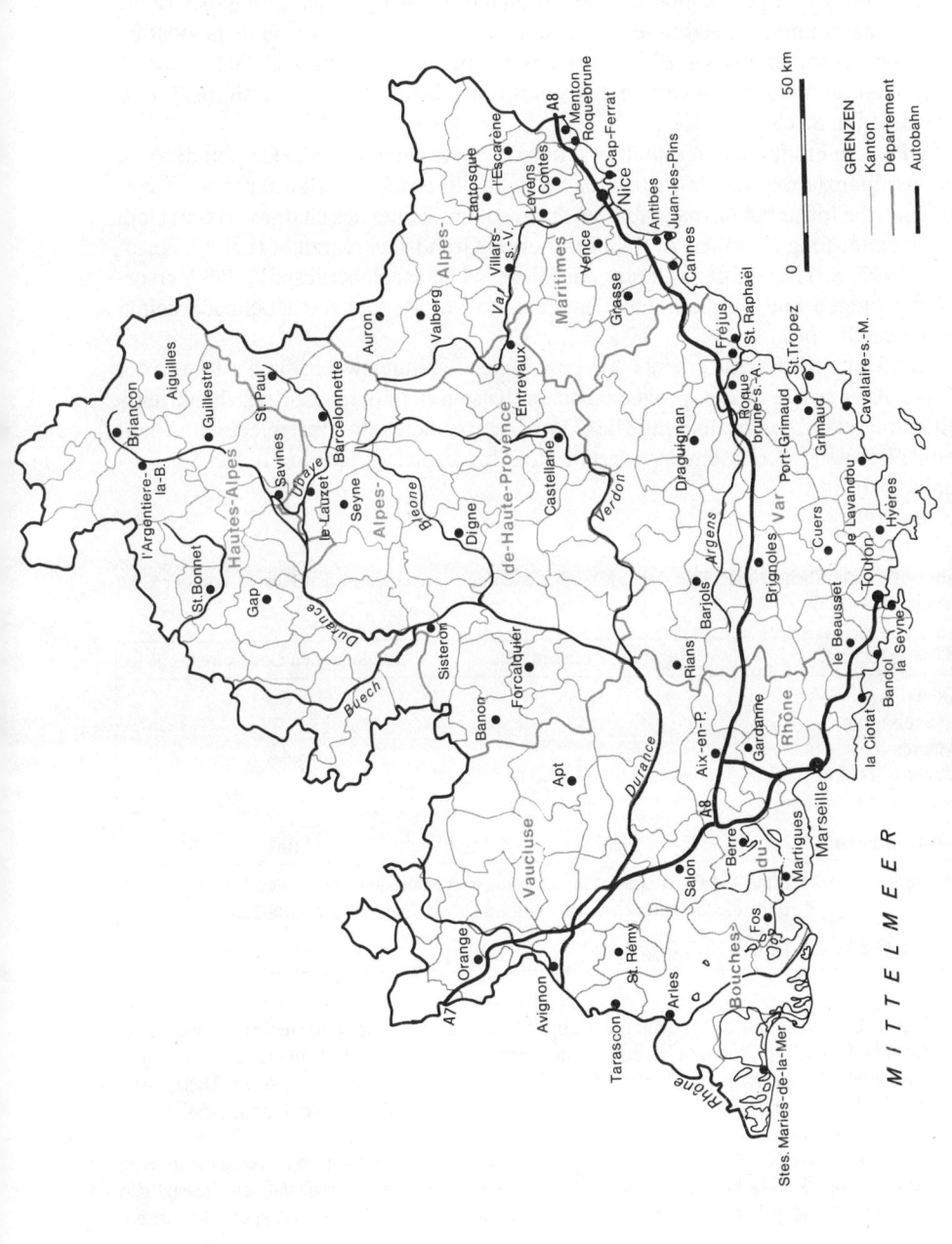

4.1 Entstehung und struktureller Wandel des Fremdenverkehrs 85

Karte 8A Administrative Gliederung, wichtige Gemeinden und Autobahnen in der Region P.A.C.A.

gung – an der mediterranen Küste sind in den Lotissements neben den vorherrschenden Zweit- auch Hauptwohnsitze, z.B. von Ruheständlern, vorhanden – als im Prozeß der Planung und Erschließung durch einen Bauträger, an welchen Teile der kommunalen Planungsaufgaben delegiert werden[15].

„Un lotissement est le morcellement d'un terrain nu, opéré par des associations, sociétés, particuliers ou établissements publics, en vue de la vente ou de la location à des tiers ayant l'intention d'y élever des constructions propres à l'habitation et nécessitant au préable l'ouverture des voies nouvelles" (M. TRINIAC zit. b. P. PINCHEMEL 1980, S. 258).

Dieses in Frankreich ubiquitär praktizierte System entlastet die Gemeinden von der Vorfinanzierung der Infrastruktur neuer Stadtviertel; der Bauträger wird verpflichtet, die Infrastrukturmaßnahmen, die in einem „cahier des charges" fixiert sind, als Gegenleistung für einen zeitlich limitierten Grundsteuerverzicht (vgl. G. KLEEMANN 1973, S. 125) durchzuführen. Auf diese Weise ist sichergestellt, daß Versorgungsleitungen und Straßen eines Baugebietes vor Beginn der Hochbauarbeiten fertiggestellt sind.

Lotissements als Instrument eines geordneten Siedlungswachstums waren an der Côte d'Azur sowie an den provenzalischen Küsten bereits in der Zwischenkriegszeit[16] eine geläufige Erscheinung, die Côte d'Azur bildete seinerzeit mit einem Anteil von 60% an den zu Lotissements parzellierten Grundstücken den räumlichen Schwerpunkt (Tab. 14).

Tab. 14 Die räumliche Verteilung der Lotissements an den provenzialischen Küsten und der Côte d'Azur 1924–1959

Küstenabschnitt	Anzahl d. Lotissements	Anteile an den Lotissements %
Côte d'Azur	1.587	60
Esterelküsten	182	7
Maures-Küste	576	22
Bucht v. Toulon*	54	2
Küste westl. Toulon**	249	9
Küste insgesamt	2.648	100

Anmerkungen: * ohne 494 Grundstücke in den Industriegemeinden Toulon und La Seyne
** ohne die Gemeinden Cassis und La Ciotat, Dép. Bouches-du-Rhône

Quelle: Gierke, M. 1961, S. 277 (verändert)

---

15 Vgl. D. BARTELS (1964, S. 22): „Kapitalkräftige Makler nehmen gleichzeitig nicht nur die gesamte Erschließung ... vor, sondern werden vielfach unter staatlichem Einfluß, überhaupt stadtplanerisch tätig." Zum Verfahrensablauf der Ausweisung von Lotissements vgl. CODE DE L'URBANISME, Art. L 315 (1–7) und L 316 (1–4) sowie die Ausführungsbestimmungen Art. L 315 (1–54), zitiert und kommentiert bei L. BOUYSSOU/J. HUGOT (1981, S. 126–137, 505–539).

16 Die Ansicht von G. KLEEMANN (1973, S. 122), daß die Ausweisung von Lotissements eine Erscheinung der Nachkriegszeit darstelle, ist insoweit zu relativieren, daß die gesetzliche Regelung (Meldepflicht von Parzellierungen) bereits auf das Jahr 1929 zurückgeht (M. GIERKE 1961, S. 277).

An den Küsten des Esterel- und Maures-Berglandes wurden zwar schon 758 Grundstücke zu Lotissements parzelliert, dies entspricht jedoch nur 30% aller in den Départements Alpes-Maritimes und Var insgesamt parzellierten Grundstücke. Gemeinsam ist beiden Départements, daß sich bis 1959 die Anlage von Lotissements sehr stark auf die Küste konzentrierte; im Var waren 85% von ihnen und an der Côte d'Azur sogar 90% durch unmittelbare Küstennähe gekennzeichnet (M. GIERKE 1961, S. 277). Die Konzentration auf die Küste bzw. ihr unmittelbares Hinterland ist ebenfalls ein wesentliches Merkmal der gegenwärtigen Verbreitung dieser geplanten Siedlungen im Département Alpes-Maritimes (vgl. Karte 9), einen eindeutigen regionalen Schwerpunkt bildet dabei die Stadt Nizza mit den umliegenden Gemeinden. Im Var ist demgegenüber eine wesentlich stärkere regionale Streuung der Lotissements festzustellen, dies entspricht auch der stärkeren Einbeziehung von küstenfernen Hinterlandsgemeinden in die Bautätigkeit (Karte 7) im Zuge der Errichtung von Zweit- und Ruhestandswohnsitzen. Die stärksten Konzentrationen weisen die Lotissements in den Küstengemeinden Roquebrune-sur-Argens, Hyères und Sanary-sur-Mer sowie La Seyne westlich von Toulon auf. Während an der Côte d'Azur die Entwicklung und Siedlung vergleichsweise stark auf die Küstenzone konzentriert bleibt, weist sie im Var eine deutliche Bipolarität mit relativ starker Einbeziehung des Hinterlandes (einschließlich Moyen-Pays) auf.

Tab. 15 Die räumliche Verteilung der Lotissements in den Küstendépartements der Region P.A.C.A. 1976–1980 (Anteile der Départements an der Zahl der pro Jahr genehmigten Lotissements in %)

Département	Lotissements		Anteile an den	
	Anzahl	Jahresmittel 1976–80	Lotissements %	Parzellen %
Bouches-du-Rhône	702	140	54	51
Var	494	99	38	45
Alpes-Maritimes	108	22	8	4
Küstendépartements insg.	1.304	261	100	100
Quelle: Cellule économique régionale. Du B.T.P. de P.A.C.A. 1981, S. 9, 59, 78, 115 (verändert)				

In der zweiten Hälfte der siebziger Jahre bildete das Département Var verstärkt den räumlichen Schwerpunkt bei der Anlage von Lotissements, die der touristischen Entwicklung dienen. Im Département Bouches-du-Rhône ist die Zahl der Lotissements zwar höher, ihre Ausweisung geschieht dort wie die räumliche Verteilung in Karte 9 zeigt, primär im Zusammenhang mit dem Verstädterungsprozeß im Großraum Marseille. Insgesamt entfielen auf die Küstendépartements 69% aller 1976–80 in der Region eingerichteten Lotissements; das Département Bouches-du-Rhône wies mit 37% den größten Anteil auf, während im Var 26% und in den Alpes-Maritimes nur 6% der Lotissements zu verzeichnen waren.

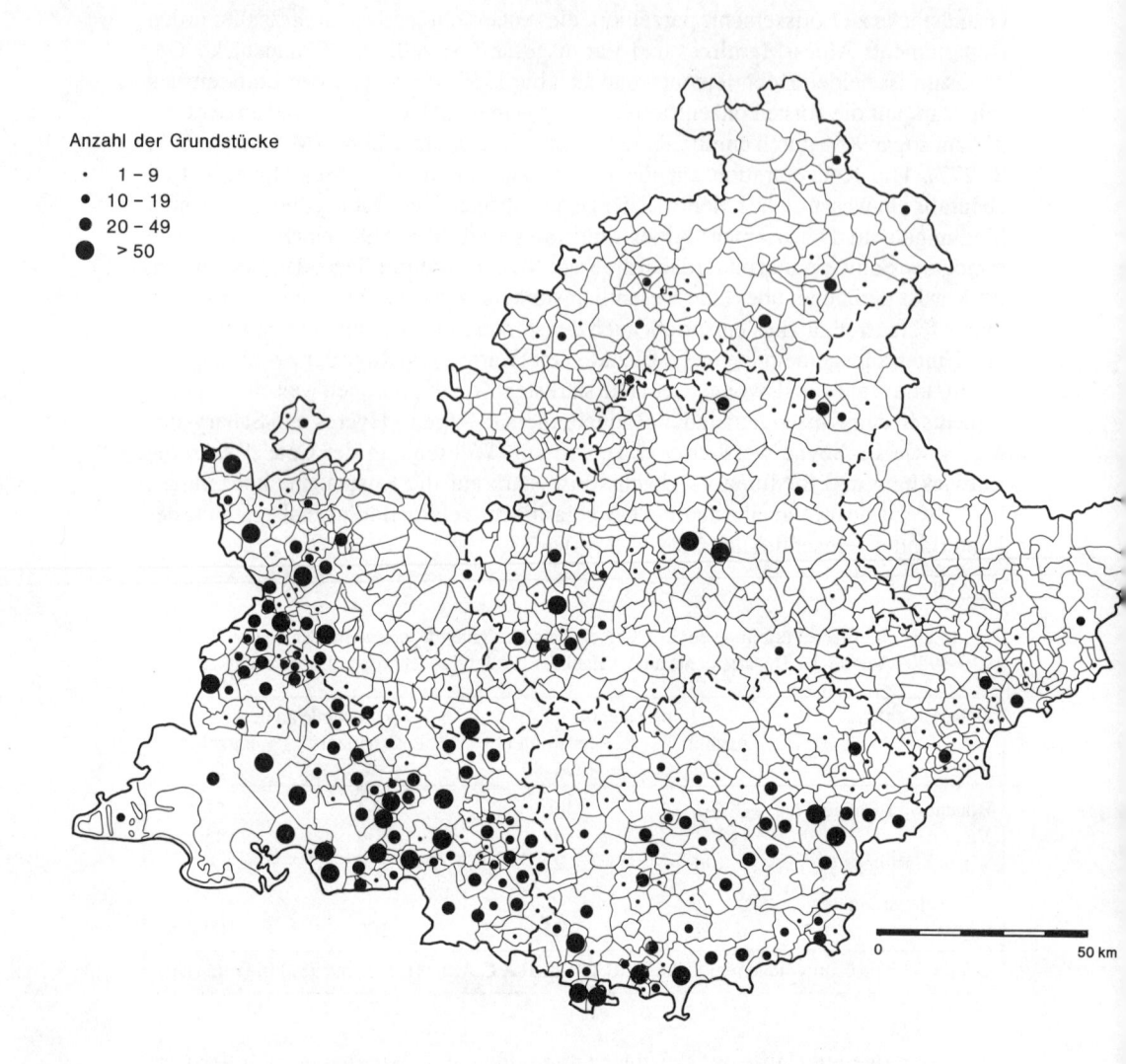

88   4. Freizeit, Tourismus und Regionalentwicklung

Anzahl der Grundstücke
- · 1 – 9
- • 10 – 19
- ● 20 – 49
- ⬤ > 50

Quelle: P.A.C.A., Cellule Economique Régionale du Bâtiment et des Travaux Publics; Marseille 1981

Karte 9 Die räumliche Verteilung der Grundstücke in Lotissements in der Region P.A.C.A 1978–1980

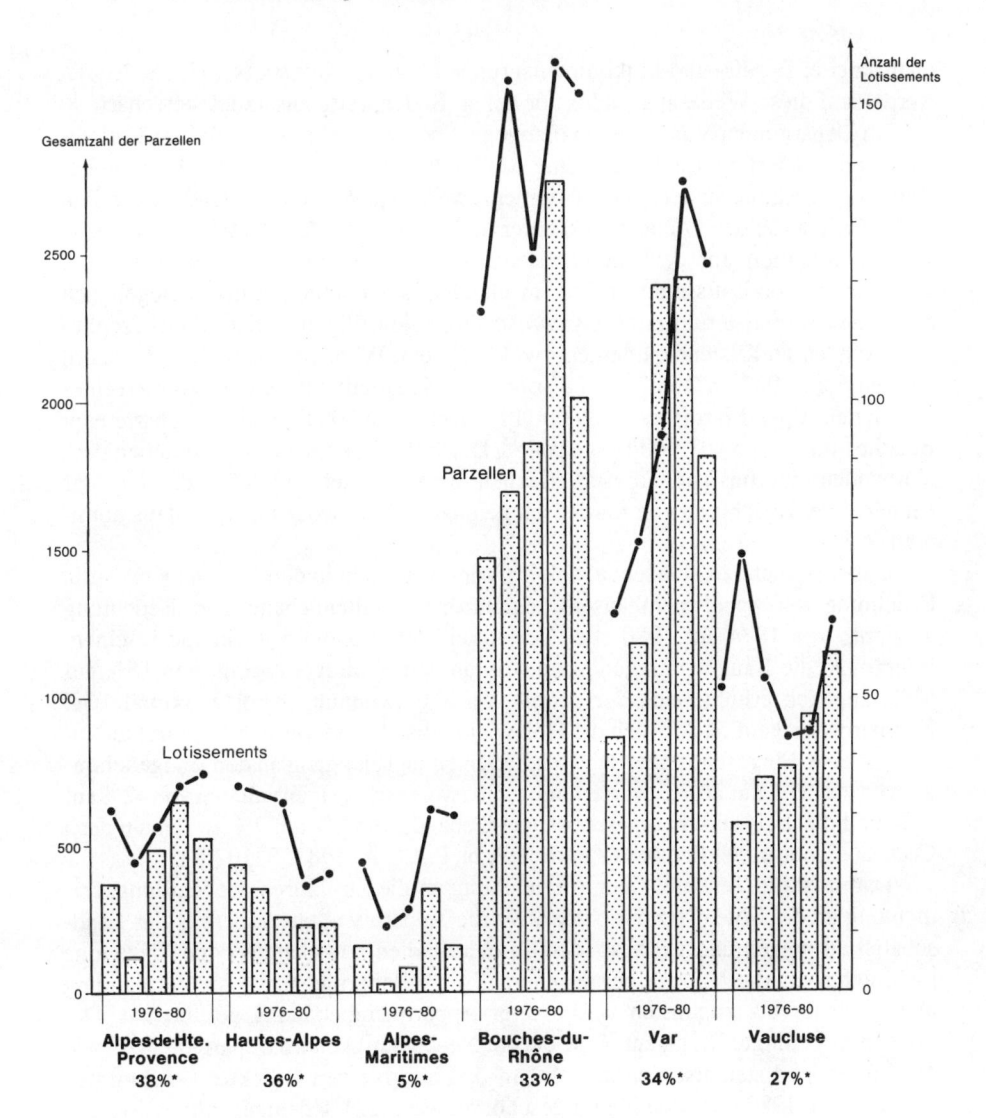

4.1 Entstehung und struktureller Wandel des Fremdenverkehrs

Abb. 2 Zahl und Größe der Lotissements in der Region P.A.C.A. 1976–80

Die unterschiedlichsten Stadien der touristischen Inwertsetzung prägen auch den Ablauf der Erschließung neuer Lotissements sowie deren Struktur (Abb. 2). Im Département Alpes-Maritimes liegt die Bebauung der Lotissements fast ausschließlich in der Hand der Bauträger, individuelle Baumaßnahmen der Parzellenkäufer finden nur in 5% der Fälle statt. Ein ziemlich stetiges Angebot an relativ kleinen Lotissements bietet den potentiellen Interessenten vergleichsweise große Grundstükke zum Erwerb. Die generell für den Erwerb von Zweitwohnungen an der Côte d'Azur geltenden Kriterien einer sozialen Selektion zugunsten Angehöriger hochqualifizierter Berufs- und Einkommensgruppen (vgl. G. KLEEMANN 1973, S. 133ff.) werden auf diese Weise angesichts der hohen Bodenpreise zusätzlich verschärft.

Im Département Var bestehen demgegenüber im Größenzuschnitt der Lotissements wie auch der Grundstücke eine Ähnlichkeit zur Situation zum Département Bouches-du-Rhône; in beiden Départements werden jeweils ein Drittel der Parzellen individuell durch den Grundstückskäufer und nicht durch den Bauträger bebaut.

Die Situation auf dem Immobilienmarkt, welche für die Ausweisung und Realisierung von Lotissements eine entscheidende Bedeutung besitzt, spiegelt sich durch die Differenzierung der Preise zwischen den jeweiligen touristischen Erschließungsgraden der Küstendépartements wider. Für eine Wohneinheit mit fünf Zimmern wurden Ende 1982 im Durchschnitt – ohne intradépartementale Standortunterschiede – in den Alpes-Maritimes 1 039 000 FF, im Var 636 000 FF und im Département Bouches-du-Rhône 497 000 FF gezahlt[17]. Diese Preisunterschiede sind neben dem Vorhandensein von Baulandreserveflächen die Voraussetzung dafür, daß das Var heute bei der Errichtung von touristisch genutzten Zweitwohnsitzen weitaus dominiert.

Dabei ist nicht zu übersehen, daß im Var – z.T. auch in den Lotissements – die Errichtung von Appartmenthäusern gegenüber der Villenbebauung an Bedeutung gewinnt. Von 1974 auf 1980 stieg der Anteil der Wohnungen, für die in einem Bauprojekt die Baugenehmigung kollektiv an den Bauträger erging, von 15% auf 42%, zugleich erhöhte sich der Anteil von Kleinwohnungen mit maximal zwei Zimmern von 8 auf 51%. Auch die Höhe der Gebäude änderte sich in charakteristischer Weise. Eingeschossige Gebäude hatten einen Rückgang an den Baugenehmigungen von 57% auf 26% zu verzeichnen, die zweigeschossigen nahmen von 42% auf 67% und die drei- und mehrgeschossigen Gebäude von 2% auf 7% zu (Daten nach CELLULE ECONOMIQUE REGIONALE DU B.T.P. DE P.A.C.A. 1981, S. 107ff.).

Damit ist die Tendenz einer Angleichung an die Strukturen der Siedlungsverdichtung an der Côte d'Azur sichtbar, wo die Appartmenthäuser bereits das Landschaftsbild prägen und wo besonders in den Städten wie Cannes oder Nizza eine mehrfach wiederholte Parzellierung ehemaliger Villengrundstücke zur Vernichtung alter Bausubstanz zugunsten verdichteter Appartmentbebauung geführt hat. Der bodenpreisbedingte Drang zur Höhe bei der Neubautätigkeit im Département Alpes-Maritimes wird statistisch darin sichtbar, daß hier bei den kollektiv genehmigten Wohnbauten 1980 nur noch 3% eingeschossig waren, 21% demgegenüber drei und mehr Geschosse aufwiesen. 1974 hatte dieses Verhältnis noch ganz anders ausgesehen; seinerzeit wurden 83% der Wohnungen in eingeschossiger und nur 4% in einer zwei Geschosse überschreitenden Bauweise errichtet.

An den Küsten der Départements Var und Alpes-Maritimes bilden die Marina-Siedlungen die jüngste Innovation in der touristischen Inwertsetzung des Raumes (vgl. dazu G. KLEEMANN 1973, S. 128ff.; C. SCHOTT 1973a, S. 93ff.). Es handelt sich dabei um die räumliche Konzentration und funktionelle Verknüpfung von Freizeitwohnen in Appartmenthäusern oder verdichteter Einzelhausbebauung mit der Nutzung von Freizeithäfen; zumindest für einen Teil der Wohneinheiten ist der Liege-

---

17 Nach Informationen der CELLULE ECONOMIQUE REGIONALE du B.T.P.-P.A.C.A. (Marseille).

platz direkt von der Wohnung aus zugänglich. Die Marina-Siedlungen haben dazu beigetragen, den steigenden Bedarf an Wassersportmöglichkeiten und Liegeplätzen an der französischen Mittelmeerküste zu decken (vgl. u. S. 112) und in einigen Fällen (Beispiel Port Grimaud) zuvor versumpfte, nicht genutzte Küstenabschnitte touristisch in Wert zu setzen. Regionalplanerische und politische Probleme ergaben sich jedoch in den Fällen, in welchen die Marinaflächen dem eigentlichen Strand vorgelagert aufgeschüttet wurden (Beispiel: Cannes-Mandelieu, Bormes-les-Mimosas), da damit die standortorientierte Lagegunst der älteren Bebauung verlorenging. In Ste. Maxime konnten daher verschiedene Marinaplanungen nicht realisiert werden (L. ROGNANT 1979, S. 175ff.); die Phase der Marinagründungen im touristischen Entwicklungsprozeß der Küsten der P.A.C.A. scheint infolge des Mangels an attraktiven potentiellen Standorten weitgehend abgeschlossen zu sein.

4.1.1.5 Provence und Côte d'Azur: Laissez-Faire und regionale Fremdbestimmung als Determinanten der touristischen Inwertsetzung der Küsten

In seinem Schema der räumlichen und zeitlichen Entwicklung des Küstentourismus geht E. GORMSEN (1981, S. 163; 1983b, S. 609) davon aus, daß die Ausweitung der touristischen Peripherien im räumlich-zeitlichen Verlauf mit der Zunahme der regionalen Partizipation Einheimischer am touristischen Angebot einhergehe (vgl. Abb. 1, S. 10). Ein Vergleich der bei GORMSEN für die einzelnen Entwicklungsphasen von Riviera und Côte d'Azur fixierten Annahmen und der historisch sichtbar gewordenen Determinanten und Strukturmerkmale zeigt jedoch, daß das Konzept einer Selbstverstärkung der regionalen Partizipation im Sinne der Herausbildung einer regionalen Eigenständigkeit des touristischen Entwicklungsprozesses für das Untersuchungsgebiet zumindest stark relativiert werden muß. Hinzu kommt, daß wesentlich Inhalte des von GORMSEN für Riviera und Côte d'Azur als Zone II der touristischen Peripherien formulierten Entwicklungsschemas einer Überprüfung nicht standhalten. Dies gilt zum einen für die Zusammensetzung der Unterkunftsarten; hier ist die Bedeutung des Hotelgewerbes und der Privatvermietung – beides Aktionsfelder der regionalen Partizipation – ganz erheblich überzeichnet. Demgegenüber sind die Zweitwohnungen, die in den siebziger Jahren deutlich mehr als die Hälfte der Beherbergungskapazität ausmachen und als touristischer Angebotsbestandteil im wesentlichen von Regionsfremden vermietet werden, stark unterrepräsentiert.

Zum anderen scheint es problematisch, die regionale Partizipation am Tourismus im Sinne einer „aktiven Beteiligung der einheimischen Bevölkerung" (E. GORMSEN 1983b, S. 609) zu definieren. Die Gleichsetzung von Regionalbevölkerung mit Einheimischen ist für extreme Zuwanderungsgebiete, wie sie die Küstenzonen von Provence und Alpes-Maritimes darstellen, inhaltlich fragwürdig. Empirisch lassen sich Zugewanderte jeweils anhand ihres Wohnsitzes zum Zeitpunkt der vorhergehenden Volkszählung sowie als Ausländer statistisch erfassen; die Gruppe der „Einheimischen" besteht demgegenüber oft aus wenigen am Ort Geborenen sowie aus *früher* aus dem In- und Ausland, z.B. den Kolonien, Zugereisten. Die *heterogene*

Struktur dieser Gruppe läßt keine übereinstimmende Zielvorstellung in Bezug auf die Gestaltung des touristischen Entwicklungsprozesses erwarten. Das Merkmal „einheimisch" kann im vorliegenden Fallbeispiel nur als Merkmal einer statistischen Gruppierung im Sinne der Zugehörigkeit zur regionalen Wohnbevölkerung gewertet werden, es beinhaltet keine gruppenspezifische Handlungsorientierung.

An der Côte d'Azur und in der Provence waren die touristische Inwertsetzung und die ökonomische Erschließung und Landesentwicklung der Küstenzone weitgehend identisch. In der prätouristischen Zeit des 19. Jahrhunderts wurde diese außerhalb der Städte durch Unsicherheit, ökonomische Stagnation und fehlende Erwerbsmöglichkeiten gekennzeichnet. Die ehemals blühende Küstenschiffahrt und Handelstätigkeit der Küstenstädte, der „Républiques Marchandes" wie Antibes, St. Tropez, La Ciotat[18] lag darnieder; selbst in Nizza stellte der Tourismus nach dem Verlust der Hafenfunktion für das Königreich Sardinien im Jahre 1815 die einzige Alternative zu Stagnation und ökonomischem Niedergang dar[19].

Als entscheidend für den Verlauf und die Struktur des touristischen Entwicklungsprozesses erwies es sich, daß dieser nach dem liberal-kapitalistischen Prinzip des Laissez-Faire von Anfang an weitestgehend von extraregionalen, z.T. ausländischen Unternehmen gesteuert wurde. Die Standortwahl war Zufälligkeiten unterworfen[20]; die touristische Inwertsetzung erfolgte nach den an die Côte d'Azur transferierten Normen und Wertvorstellungen der Klientel der europäischen Leisure Class. Die frühzeitige Internationalisierung der touristischen Entwicklung schloß die Träger des Angebots mit ein, neben qualifizierten Fachkräften floß auch Kapital aus dem Ausland in das aufstrebende Fremdenverkehrsgebiet[21]. In Nizza und Cannes entstanden um protestantische Kirchen und Hospitäler herum abseits der Altstadt Neustädte als Ausländerviertel[22], in denen während der Saison fremdsprachige Tageszeitungen erschienen. Noch unmittelbar vor dem ersten Weltkrieg wiesen Reiseführer (z.B. K. BAEDEKER 1913) auf die Nationalität der Hoteliers in ihrem Unterkunftsverzeichnis hin.

Die zu einem erheblichen Teil auch spekulative Anlage auswärtigen Kapitals ging bereits vor dem Ersten Weltkrieg nicht ohne Fehlspekulationen und finanzielle Zusammenbrüche ab. In Cannes fand in den achtziger Jahren ein hektischer Bauboom

18 Vgl. dazu R. LIVET (1978, S. 68ff.).
19 Auf dem Wiener Kongreß 1814/15 erhielt Savoyen Genua zugesprochen, welches als alte Handelsstadt zu seinem Seehafen wurde.
20 Ein Paradebeispiel für diese Zufälligkeit stellt der Wandel von Cannes vom Fischerstädtchen zum mondänen Seebad dar, der auf der Initiative von Lord Brougham beruhte.
21 So entstanden z.B. zahlreiche sogenannte „Aktienhotels", in welchen bereits die im zwanzigsten Jahrhundert verbreitete und zunehmende Funktionstrennung zwischen Kapital und Management vorweggenommen wurde.
22 Die räumliche Trennung zwischen Altstadt als Wohnstätte der Einheimischen und Neustadt als Ausländerviertel bildete im 19. Jahrhundert ein von Menton über Nizza, Antibes bis Cannes verbreitetes typisches Merkmal der Städte an der Côte d'Azur. Ein funktionaler und sozialräumlicher Dualismus zwischen Altstadt und neuen Wohnquartieren setzt sich teilweise unter umgekehrten Vorzeichen bis zur Gegenwart fort. Sanierungsprojekte sollen z.B. in Nizza verhindern, daß sich Teile der Altstadt zu heruntergekommenen Quartieren für ausländische Arbeitskräfte entwickeln.

statt, der im wesentlichen auf Immobilienspekulationen unter Beteiligung französischer Banken, so des Credit Lyonnais (M. BOYER 1961, S. 85), beruhte. 1882 brachen in Cannes zwei Banken zusammen; in eben diesem Jahr wurde Juan-les-Pins als Seebad von Bodenspekulanten gegründet, das Unternehmen erwies sich als Mißerfolg. Ebenfalls ein Fehlschlag resultierte aus dem Versuch dreier Immobiliengesellschaften, nach dem Erwerb von etwa der Hälfte der Küstengrundstücke die Halbinsel von St. Tropez für den Wintertourismus zu erschließen. Die erzwungene Wiederveräußerung dieser Grundstücke wurde zur Voraussetzung für ihre Parzellierung durch Lyonner Bürger, die hier Sommerfrischen errichteten (G. RAYBAUT 1971, S. 82).

Als Beispiel für ein erfolgreiches Erschließungsprojekt, das zugleich die Sonderform einer durchgängig planerisch kontrollierten touristischen Raumorganisation der Côte d'Azur repräsentiert, kann die Halbinsel Cap Ferrat östlich von Villefranche dienen. Im Unterschied zur seinerzeit üblichen Vorgehensweise von Immobiliengesellschaften waren Parzellierung und bauliche Gestaltung der Halbinsel nach dem Verkauf durch die Compagnie Générale des Eaux der Stadt Villefranche durch bindende Auflagen für die Grunderwerber fixiert, deren Einhaltung durch ein Syndikat der Eigentümer, Mitglieder der internationalen Aristokratie und des Geldadels, kontrolliert wurde (L. u. N. DELPECH 1976, S. 88). Es wurde ausschließlich Villenbebauung auf großen Grundstücken vorgesehen, deren Begrenzung auf 350 Einheiten sowie das Verbot gewerblicher Nutzung (Ausnahme: das zur Luxuskategorie zählende Hotel du Cap) sicherten die soziale Homogenität und Abgeschlossenheit der Bewohner. Das Prinzip der heutigen Privatsiedlungen an Küste und im Hinterland wird damit vorweggenommen (vgl. u. S. 97).

Die Besiedlung der Halbinsel fand zwischen 1903 und 1932 statt; obwohl die Bautätigkeit in den zwanziger Jahren ihren Höhepunkt erreichte, blieb sie von den sozialen und ökonomischen Folgen des zeitgleich entstehenden Sommertourismus unberührt. Dies mag. z.T. an der für den Badetourismus ungeeigneten Felsküste des Caps Ferrat liegen (R. LIVET 1978, S. 171); wichtiger erscheint jedoch die Persistenz des auf soziale Segregation abzielenden Gruppeninteresses der Grundeigentümer. In der 1904 von der Stadt Villefranche separierten Gemeinde St.-Jean-Cap-Ferrat wurden die Gestaltungsprinzipien für das heute 2000 Villen aufweisende Cap Ferrat in die kommunale Bauleitplanung integriert, die nunmehr über die Mindestgrundstücksgröße eine sozialräumliche Differenzierung festschreibt (vgl. L. u. N. DELPECH 1976, S. 89). Da trotz der Aufsiedlung der Halbinsel in den vergangenen Jahrzehnten eine Parzellierung der älteren großflächigen Anwesen sowie die Errichtung von Appartmentkomplexen[23] untersagt blieben (maximale Bauhöhe 6 m, vgl. L. u. N. DELPECH 1976, S. 88), trat eine selbstbestimmte Abkoppelung der Gemeinde von der allgemeinen touristischen und ökonomischen Entwicklung der Region ein.

Im Unterschied zu ähnlich gelagerten Verhältnissen auf der Halbinsel Cap d'Antibes, die zur Stadt Antibes gehört, genießt St.-Jean-de-Cap-Ferrat kommunale Eigenständigkeit, daher sind die Indikatoren des Abkoppelungsprozesses der Ge-

---

23 Eine Aufteilung von vorhandenen Villen in einzelne Wohneinheiten hat stattgefunden, die auf diese Weise entstandenen Appartements werden auch z.T. an Touristen vermietet. Eine Bebauung mit speziellen Appartementhäusern lassen die Vorschriften des Bebauungsplanes für die Halbinsel (maximal dürfen 5 Wohnungen pro ha errichtet werden) nicht zu.

meindestatistik zu entnehmen. So ist zwischen 1968 und 1982 die Wohnbevölkerung um 2,3% auf 2215 Personen zurückgegangen, eine Folge von rückläufiger Geburtenzahl und Sterbeüberschuß. Ein Wanderungsdefizit resultiert aus dem Mangel an Wohnraum für junge Familien, der Wohnungsbestand (1982: 1796 Einheiten) blieb praktisch konstant; die Wohnfunktionen für Auspendler in das nahe Nizza, für das benachbarte Villefranche von großer Bedeutung (vgl. L. u. N. Delpech 1976, S. 92) wird damit ebenfalls limitiert. Die Zahl der Hauptwohnsitze erhöhte sich im genannten Zeitraum lediglich von 868 auf 902 Wohnungen, deren Bewohnerzahl sich jedoch gleichzeitig um 9% auf 2124 Personen verringerte. Demgegenüber wuchs die Zahl der Zweitwohnungen um 37% auf 187, möglich wurde dies u.a. durch die Umwandlung alter Villen zu Appartements.

Die besonderen Restriktionen hinsichtlich der baulichen Gestaltung und Parzellierung haben am Cap Ferrat und Cap d'Antibes zum Erhalt eines für die klassische Epoche des Wintertourismus typischen Landschaftsbildes geführt, dessen Schutz als Parcs Habités Bestandteil der regionalen Flächennutzungsplanung (S.D.A.U. de la Bande Côtière des Alpes-Maritimes von 1971) wurde. Diese Festschreibung des status quo, die Immobilienspekulationen und Bebauung durch Appartementhäuser ausschließt, haben die beiden Halbinseln vom regionalen Grundstücksmarkt abgekoppelt. Trotz ihrer singulären landschaftlichen Lage werden dort für Grundstücke keine Spitzenpreise gezahlt. Da sich an der Côte d'Azur der Grundstückspreis nach der Anzahl der auf einem Grundstück zu errichtenden Wohnungen, indirekt also nach der Geschoßflächenzahl, richtet (vgl. B. Leveau 1976, S. 142), erzielen landschaftlich weniger attraktive, aber mit liberaleren städtebaulichen Auflagen versehene Küstenabschnitte durchaus höhere Bodenwertsteigerungen und Preise[24].

War die Entwicklung des Tourismus an der Côte d'Azur bis zum Ersten Weltkrieg eine Epoche der „ökonomischen Kolonisation" der Region von außen (R. Rudney 1980, S. 216), so setzte sich diese Entwicklung nach dem Krieg mit neuen Investoren aus den Vereinigten Staaten von Nordamerika und aus dem Vorderen Orient fort. Das auffälligste Beispiel ist die mit dem Aufkommen der Sommersaison zusammenfallende Entwicklung von Juan-les-Pins zum mondänen Seebad, die nach der Wiedereröffnung des Spielkasinos im Sommer 1925 unter Edouard Baudoin[25] und der intensiven Förderung des Ortes durch den amerikanischen Millionär F. J. Gould zum Erfolg führte (vgl. C. Schott 1973a, S. 81).

Ein wesentliches Novum der touristischen Raumorganisation in der Zwischenkriegszeit besteht im Aufkommen des Sozialtourismus in den dreißiger Jahren. Er stellt das erste Beispiel einer politisch motivierten Intervention in den touristischen Entwicklungsprozeß besonders im Var dar; hinsichtlich der Angebotsstruktur und Standortwahl kommt ihr ein komplementärer Charakter im Vergleich zur ökonomisch determinierten Erschließung zu.

---

24 1972 wurden in den Agglomerationen Cannes und Antibes Bodenpreise von über 300 FF pro m² gezahlt, am Cap d'Antibes bewegten sich die Bodenpreise hingegen zwischen 50 und 100 FF pro m² (vgl. G. Wackermann 1975, S. 76).
25 E. Baudoin zählte zu den wenigen Franzosen, die auch gegen den Widerstand des traditionell auf die Wintersaison eingestellten Gastgewerbes die Sommersaison favorisierten.

Die quantitative und qualitative Ausweitung des Tourismus nach dem Zweiten Weltkrieg brachten der Côte d'Azur und der Provence eine Verstärkung der Abhängigkeit von extraregionalen Trägern der touristischen Entwicklung. Die außerordentliche Zunahme der Zahl von Zweitwohnsitzen sowie das Ansteigen der damit verbundenen Flächenansprüche ist ohne mittelbare Partizipation des Staates nicht möglich gewesen (vgl. Anm. 32). Er mußte die notwendigen Infrastrukturmaßnahmen, z.B. im Verkehrswesen, realisieren und schuf zugleich durch seine Wirtschafts- und Kreditpolitik die Voraussetzungen für ein massives „investissement dans la pierre", die Flucht privater Investoren in die relativ inflationsgeschützten und spekulativen Gewinn versprechenden Kapitalanlagen in Immobilien.

Auch die jüngste Innovation der touristischen Erschließung der Küsten der P.A.C.A., der Bau von Marina-Siedlungen, steht in der Tradition der regionalen Fremdbestimmung. Das Prinzip der Marina wurde US-amerikanischen Vorbildern entlehnt, sowohl die Bauträger wie auch die Investoren waren Regionsfremde, auch die architektonische Gestaltung wurde von Auswärtigen verantwortet[26].

Im Unterschied zum Zweitwohnungswesen, bei dem über die Herkunft der Eigentümer die Einflußnahme extraregionaler Sozialgruppen auf die touristische Entwicklung der Küsten relativ leicht nachzuweisen ist, wurde der Einfluß des auswärtigen Kapitals im Geschäftsleben der Fremdenverkehrsorte zwar offenkundig[27], bisher aber kaum analysiert. Eine Ausnahme bildet die Luxushotellerie, für die auch in Zusammenhang mit dem Ausbau des Kongreßtourismus J. MIEGE (1975, S. 37) eine zunehmende Einflußnahme von Hotelketten, Holdings unter Bankenbeteiligung und von Transportunternehmen, z.B. Fluggesellschaften, feststellte. Im Jahre 1986 gehörten in der P.A.C.A. 93 Betriebe mit 7500 Betten zu überregionalen Hotelketten (Chaines Integrées), dies entspricht 12% der Beherbergungskapazität der in der Region lokalisierten Touristenhotels bzw. 35% der unter den Hotelketten vorherrschenden Betriebe der Kategorien ab drei Sterne (Auswertung der Hotellisten der C.R.C.I. Marseille).

Die touristische Entwicklung der Côte d'Azur ist also durch die sich über zwei Jahrhunderte erstreckende Dominanz extraregionaler Vorbilder und Entscheidungskompetenzen hinsichtlich ihrer Planung, Finanzierung und Durchführung, d.h. durch Merkmale der regionalen Fremdbestimmung, gekennzeichnet. Politische Eigenverantwortlichkeit der Region in den Inhalten Regionalplanung und tourismusbezogener Regionalpolitik wurde erstmals im Zusammenhang mit der Dezentralisierungspolitik seit 1982 (vgl. o. S. 31) ermöglicht. Die Persistenz ökonomischer Abhängigkeitsbeziehungen von der französischen Zentralregion wie auch – als Folge der internationalen Fernfunktionalität der mediterranen Küsten – von den Agglomerationen der Nachbarländer bleibt davon unberührt.

Es ist daher notwendig, den Begriff der regionalen Partizipation hinsichtlich der touristischen Entwicklung der Region P.A.C.A. inhaltlich einzuschränken; er kennzeichnet hier – im Unterschied zum Gebrauch bei E. GORMSEN – nur einen Teil der touristischen Raumorganisation, nämlich die Teilhabe der Regionalbevölkerung an der ökonomischen Nutzung des Tourismus durch selbständige oder abhängige

---

26 Vgl. L. ROGNANT (1982, S. 280).
27 Vgl. J. MIEGE (1975, S. 38, 41).

Berufstätigkeit. Die sozioökonomische Dimension des touristischen Beitrags zur Regionalentwicklung kann aber nur am Verhältnis der ausgleichs- und wachstumspolitischen Resultate zueinander sowie in der Zusammensetzung der an der Fremdenverkehrswirtschaft partizipierenden Sozialgruppen sichtbar werden.

4.1.2 DIE TOURISTISCHE ERSCHLIESSUNG DES HINTERLANDES (ARRIÈRE-PAYS, MOYEN-PAYS, MOYENNE MONTAGNE)

4.1.2.1 Das Hinterland der Côte d'Azur

Sieht man von den Bastides und Cabanes, die sich wohlhabende Bürger bereits im 15. und 16. Jahrhundert im Umland ihrer provenzialischen Städte errichteten[28], von den Standorten einiger eher unbedeutender Thermalbäder und von dem Besichtigungstourismus in den Städten und an antiken Stätten ab, so muß die touristische Inwertsetzung des näheren und weiteren Hinterlandes der Küstenzone als relativ junge Erscheinung gewertet werden. Sie begann mit der Niederlassung von Künstlern, vornehmlich von Malern, in Vence und den Villages Culturels Haut-de-Cagnes, Biot, Saint-Paul-de-Vence und Mougins nach der Jahrhundertwende bzw. nach dem Ersten Weltkrieg; zu diesen befestigten Höhendörfern gesellte sich nach dem Zweiten Weltkrieg die Kleinstadt Vallauris. Dort und in Biot erwuchsen durch Léger und Picasso geförderte Künstlersiedlungen, deren expandierendes Keramik- und Glasbläsergewerbe weitestgehend auf dem direkten Absatz der kunstgewerblichen Produktion an die Touristen in der Küstenzone basiert (N. PORTE 1971, S. 63f.).

Auch wenn die Ansiedlung der Künstler und Intellektuellen in den Villages Culturels ursprünglich ein Akt des sich Absetzens von der übrigen Gesellschaft (H. MATHEY 1973, S. 114) war, so stellte die Übertragung der sozialen in die räumliche Distanzierung von der mondänen Leisure Class in den Küstenbadeorten eine wesentliche Determinante der touristischen Erschließung des küstennahen Hinterlandes nicht in Frage: ihre direkte oder mittelbare Abhängigkeit von der touristischen Entwicklung der Küstenzone.

Die Integration des unmittelbaren Hinterlandes der Côte d'Azur in den binnenwärts expandierenden Küstentourismus beruht einerseits auf einem Subsidiaritätsprinzip. Kunsthandwerk, -gewerbe und unbekannte Künstler sind auf die Touristen aus der Küstenzone als Käufer angewiesen (vgl. H. MATHEY 1973, S. 111), ähnliches gilt für die Gastronomie in den pittoresken, als Ausflugsziel beliebten Höhendörfern. Für die Küstenzone stellt das wachsende Beherbergungsangebot der nahen Hinterlandsgemeinden eine willkommene Möglichkeit dar, die in den Küstengemeinden aufgrund von Platzmangel nicht mehr ausdehnbare Beherbergungskapazität zu erweitern. Auf negative Folgen der Beherbergung von Badetouristen in den Hinterlandsgemeinden sei an dieser Stelle bereits hingewiesen: auf die Vergrößerung der Überbelegung der verfügbaren Strandflächen (vgl. u. S. 219), die Einbeziehung des Hinterlandes in die saisonalen Verkehrsprobleme mit zunehmender Lärmbelästigung

---

28 Vgl. R. LIVET (1978, S. 64f.).

sowie auf das Problem einer nicht ordnungsgemäßen Beseitigung von Abwässern (vgl. G. WACKERMANN 1975, S. 76).

Andererseits sind die Beziehungen zwischen Küste und nahem Hinterland auch durch Verdrängungseffekte gekennzeichnet. Der Massentourismus im Hinterland setzte 1953 mit der Gründung von Zeltplätzen im Hügelland bei Biot, Le Cannet und La Colle ein (vgl. M. GIERKE 1961, S. 219). Während an der Côte d'Azur die Einschränkung der Zahl der Zeltplätze in unmittelbarer Küstennähe ein Resultat administrativer Maßnahmen[29] darstellt, resultiert die Lokalisierung von Einrichtungen des Sozialtourismus im Küstenhinterland des Départements Var aus dem ökonomischen Verdrängungsmechanismus der auf die Distanz zum Strand bezogene Staffelung der Bodenpreise.

Einen Verdrängungsprozeß ganz anderer Art stellt das Ausweichen wichtiger, zur Oberschicht zählender Sozialgruppen in das Hinterland dar. Das Aufkommen des Massentourismus führte zum „cantonnement des gens richs" (J. MIEGE 1975, S. 33). Für diese selbstgewählte Isolierung stehen an der Küste nur noch wenige Stadtviertel in Nizza und Cannes sowie die Caps (d'Antibes, Ferrat, Martin) als Räume, die ihren hohen tradierten sozialen Status halten konnten, zur Verfügung. Als Alternative zur Gründung neuer, der Öffentlichkeit nicht zugänglicher Siedlungen an der Küste, z.B. der Privat-Marina Port-La-Galère am Estérel, bot das küstennahe Hinterland ein bevorzugtes Rückzugsgebiet, wo man durch Wohnsitznahme in den Städten (Vence, Grasse), in den renovierten Höhendörfern (Eze, St. Paul-de-Vence, Tourettes-sur-Loup, Biot, Mougins) oder der Öffentlichkeit nicht zugänglichen Privatsiedlungen (Castelleras) Zurückgezogenheit, Ruhe und Freiheit von sozialen Zwängen mit der leichten Erreichbarkeit der Küste verbinden konnte. Allerdings ist darauf hinzuweisen, daß diesem Segregationsverhalten nur ein partieller Erfolg beschieden war. Im Hinterland folgte – wie an der Küste – der Erschließung durch Künstler und Angehörige der obersten Einkommensgruppen der Nachzug von Angehörigen mittlerer Einkommens- und Statusgruppen, deren Zweitwohnsitze zum Grundstock eines Beherbergungsangebotes für Urlaubsgäste im Küstentourismus wurden (vgl. H. MATHEY 1973, S. 114f.). Die mit der Integration in den Küstentourismus verbundene Popularisierung des unmittelbaren Küstenhinterlandes begrenzt den dortigen Segregationsprozeß auf jene Standorte, wo über prohibitive Bauland- und Immobilienpreise eine soziale Selektion der Zuzugswilligen vorgenommen werden kann[30].

Die touristische Inwertsetzung des küstennahen Hinterlandes konzentriert sich also auf die Beherbergung von Urlaubern vornehmlich in Ferienhäusern, Einrichtungen des Sozialtourismus und auf Zeltplätzen, auf das saisonunabhängige Wohnen von Angehörigen der sozialen Oberschicht sowie die Einbeziehung besonders der landschaftlich attraktiv gelegenen Höhendörfern (Villages Perchées) in den saisonalen Ausflugsverkehr der Küstentouristen. Die ökonomischen und sozialen Folgen des touristisch bedingten Funktionswandels in diesen Dörfern wurden für Saint-Paul-de-

---

29 Die Reglementierung des Zeltens an der Côte d'Azur begann bereits 1950. Die darauf folgenden Jahre brachten eine Reihe von Erlassen des Départements Alpes Maritimes, durch welche für die Küstenzone Zeltplätze mittlerer und einfacher Qualität untersagt wurden und die Zahl der Zeltplätze insgesamt verringert werden sollte (vgl. M. GIERKE 1961, S. 223–225).
30 Vgl. J. MIEGE (1975, S. 33).

Vence von J. MIEGE (1976, S. 76) und A. M. GREUET (1976), für Biot von N. PORTE (1971) und für Tourettes-sur-Loup von H. MATHEY (1973) ausführlich dargestellt. In den genannten Fällen profitieren seitens der Einheimischen vor allem Baugewerbe, Handwerk und Gastronomie von der touristischen Inwertsetzung; Kunsthandel und Kunsthandwerk befinden sich ebenso wie der besonders lukrative Immobilienhandel in der Hand von Auswärtigen. Ihr Betätigungsfeld finden Baugewerbe und Immobilienhandel nicht nur im Aus- und Umbau der alten, unter Denkmalschutz stehenden Dörfer, sondern auch in der Anlage von diesen administrativ zugeordneten und an ihrem Image partizipierenden Lotissements.

Die hohe Intensität der Urbanisierung und Zersiedlung des küstennahen Hinterlandes kann am Beispiel der Gemeinde Biot verdeutlicht werden. Dort führte die Realisierung von z.T. bereits vor dem Zweiten Weltkrieg geplanten Lotissements zu einem rasanten Anstieg der Bautätigkeit. Betrug die Zahl der Baugenehmigungen zwischen 1947 und 1956 noch 90, so wurden zwischen 1957 und 1966 bereits 359 Baugenehmigungen erteilt (N. PORTE 1971, S. 61) – bei einer Wohnbevölkerung von (1968) 2656 Personen in 866 Hauptwohnsitzen. Daß es allerdings auch möglich ist, die Zersiedlung des Küstenhinterlandes zu begrenzen und räumlich einzuschränken, zeigt das Beispiel eines Lotissements in der Nachbarschaft von Saint-Paul-de-Vence. In dieser Gemeinde ist zum Schutz des Landschaftsbildes die Errichtung von Zeltplätzen und Appartementhäusern verboten. Das dem alten Höhendorf benachbarte Lotissement Les-Hauts-de-Saint-Paul wurde bereits 1961 erschlossen, bis 1971 war allerdings trotz intensiver Werbung noch nicht die Hälfte der Parzellen verkauft und noch viel weniger bebaut; die Ursache dafür bilden umfangreiche Bauauflagen im Cahier des Charges[31] seitens der Genehmigungsbehörden (A. M. GREUET 1976, S. 31f.).

Mit zunehmender Distanz zur Küste verändert sich die touristische Erschließung des Hinterlandes ziemlich rasch. Im Département Alpes-Maritimes bilden die Ränder der Voralpen von Grasse und Nizza eine deutlich Scheidelinie zwischen touristischer Nutzung durch Regionsfremde während des ganzen Jahres im Vorland (Süden) und den auf die Sommermonate beschränkten Aufenthalten, zu welchen die regionale Stadtbevölkerung das Mittelgebirge aufsucht (vgl. H. MATHEY 1973, S. 119). G. WACKERMANN (1975, S. 63ff.) führte zwischen 1970 und 1974 Befragungen über die touristischen Beziehungen zwischen der Küstenzone von Cannes und dem Hinterland durch, deren Ergebnisse eine bipolare touristische Raumorganisation im küstennahen Hinterland und Mittelgebirge bestätigen. Die Grenze der Voralpen von Grasse bildet sowohl die Nordgrenze des stärksten Zuwachses an touristischen Übernachtungen in den Hinterlandsgemeinden selbst wie auch der touristischen Ausflüge in diese aus den Küstengemeinden. Die einheimische Bevölkerung aus den Städten Antibes, Cannes und Theoule bevorzugt demgegenüber die Zone Andon, Gréoulièrs und Coursegoules in den Höhenlagen der Moyenne Montages für ihre

---

31 Zur Bedeutung des Cahiers des Charges vgl. S. 230. Hinter diesen S.C.I.s stehen vielfach die in der französischen Literatur häufig benannten Groupes Financiers, d.h. Zusammenschlüsse von unterschiedlichen Kapitalgebern (privaten Unternehmern, Banken, Immobilien-Erschließungsunternehmern (Promoteurs), Personen mit großem Privatvermögen etc., öffentlich-rechtliche Gesellschaften), die über vielfältige Informationen und Verbindungen verfügen.

Ferien- und Wochenendaufenthalte. Höhenstationen wie Gréoulièrs-les-Neiges und Audibergue bieten zudem nicht nur im Sommer die besonders von den Einheimischen bevorzugten klimatischen Vorteile, sondern auch in den Wintermonaten – in ca. 1600 m Höhe – die Möglichkeiten des Skifahrens.

Die klare Trennung der räumlichen Präferenzen Einheimischer und von außerhalb der Region kommenden Touristen entschärft im ländlichen Raum des Départements Alpes-Maritimes die auch hier im Prinzip drohende Konkurrenz von Raumansprüchen beider Gruppen. Die Herkunft der Eigentümer von Zweitwohnsitzen (Karte 6) läßt vermuten, daß hier das Problem der regionalen Fremdbestimmung und Fernfunktionalität von dem Gegensatz zwischen der städtischen Bevölkerung des Litorals und der erst partiell modernisierten ländlichen Gesellschaft überlagert wird.

Seine Relevanz als entwicklungssteuernder Faktor behält das Faktum der regionalen Fremdbestimmung allerdings im gesamten ländlichen Hinterland von Provence und Côte d'Azur: die zunehmende Unterwanderung des einheimischen Immobilienhandels durch Kapitalgesellschaften[32] nationalen oder internationalen Zuschnittes (vgl. F. BRUN 1979, S. 18) kann als eindeutiger Indikator dafür dienen. Die regionale Administration geht davon aus, daß ca. 40% der Erschließungsgesellschaften und Immobilienhändler (Promoteurs Immobilières) Regionsfremde sind und daß vor allem die wichtigsten regionsansässigen Immobilienhändler von den großen nationalen unabhängigen oder auch vom Staat (z.B. über verstaatlichte Banken) kontrollierten Kapitalgebern abhängig sind (MINISTRE DE L'URBANISME ET DU LOGEMENT/ D.R.E.-P.A.C.A. 1982, S. 85).

4.1.2.2 Das Hinterland der provenzalischen Küsten

Im Unterschied zum gebirgigen Hinterland der Côte d'Azur weist jenes der provenzalischen Küsten naturräumliche Voraussetzungen auf, die zumindest an vom Relief und durch die Verfügbarkeit von Bewässerungsmöglichkeiten begünstigten Stellen relativ großflächig landwirtschaftliche Intensivkulturen erlauben (vgl. Karte 26). Dennoch ist davon auszugehen, daß – sieht man von diesen zumeist an Talsohlen und Beckenlagen gebundenen Inseln landwirtschaftlicher Modernisierung ab (Ausnahmen: Camargue und Crau) – in den als secano bezeichneten höher gelegenen, nicht bewässerbaren Teilräumen der Provence der Wandel vom Agrarraum zum Freizeitraum weitgehend abgeschlossen ist (vgl. F. BRUN 1979, S. 15), konnte doch die touristische Erschließung bereits in den sechziger Jahren bis zum Mont-Ventoux ausgreifen (C. DURBIANO 1974, S. 6).

Die relativ späte touristische Erschließung der provenzalischen Küsten brachte es mit sich, daß der vom Küstentourismus für die touristische Inwertsetzung des Hinterlandes ausgehende Impuls zunächst relativ schwach ausgeprägt war. Die Herkunft der Zweitwohnsitzinhaber (Karte 6) zeigt die überragende Bedeutung des Küstenhinterlandes und der Moyenne Montagne für die Ferien- und Naherholung der

---

32 An dieser Unterwanderung ist der französische Staat indirekt über die verstaatlichten Banken beteiligt. Die von ihnen investierten Kapitalien stellen einen wichtigen Bestandteil der informellen Metropolitan Dominance über die touristische Peripherie dar.

städtischen Bevölkerung der Region. Die aktuelle Entwicklung der Grundeigentumsverhältnisse, die an anderer Stelle untersucht wird (vgl. u. S. 145), weist jedoch nach, daß auch küstenfernere Lagen der genannten Räume inzwischen eine eigenständige Attraktivität für Touristen und Zweitwohnungsinhaber mit Hauptwohnsitz außerhalb der Region, ja außerhalb Frankreichs gewonnen haben.

Wie im Hinterland der Côte d'Azur führt auch in der Provence die quantitative Zunahme und qualitative Diversifizierung des Tourismus dazu, daß die Kontrolle der touristischen Inwertsetzung der einheimischen Bevölkerung weitgehend entglitten ist. F. BRUN (1979, S. 17) kennzeichnet diesen Prozeß als finanzielle, ökonomische und politische Kolonisation. Dabei ist zu berücksichtigen, daß hier die soziale Modernisierung nur partiell auf der touristischen Erschließung beruht; die Veränderung des Bedürfnisniveaus und Anpassung an städtische Verhaltensweisen sind hier auch das Resultat eines starken Suburbanisierungsprozesses, der von den städtischen Zentren der Provence ausgeht und in einer der Entagrarisierung anheimgegebenen ländlichen Gesellschaft wenig Widerstand findet.

Eine weitere Gemeinsamkeit zwischen Provence und Gebirgshinterland der Côte d'Azur besteht in der durch den Tourismus bedingten Stärkung der ländlichen Zentralorte unterster Stufe. Diese als Bourgs bezeichneten Siedlungen, die in etwa den früheren Marktorten in Mitteleuropa vergleichbar sind, verfügen im Unterschied zu den sie umgebenden kleineren ländlichen Siedlungen bzw. Gemeinden noch über einen Mindestbestand an Infrastruktur und gewerblichen Betrieben, welche die touristisch initiierte Nachfrage besonders auch auf dem Bausektor aufnehmen können (F. BRUN 1979, S. 17; J. MIEGE 1976, S. 56).

Ein Vergleich der Erschließung von Küsten und deren Hinterland in der Region P.A.C.A. zeigt, daß die prozeßsteuernden Elemente, welche die räumlich-zeitliche Dynamik der touristischen Peripherie bestimmt haben, nunmehr innerhalb derselben gleichsam in einem Subsystem des Zentrum-Peripherie-Models auf das Hinterland (einschließlich Moyen-Pays und Moyenne-Montagne) projiziert werden. Dabei kann nicht mit H. MATHEY (1973, S. 103) davon ausgegangen werden, daß sich im Hinterland die Entwicklung der Küstenstädte des 19. Jahrhunderts wiederhole bzw. eine Angleichung an die Küstenzone vollziehe. Die binnenwärtige Reichweite des Küstentourismus bleibt begrenzt; die Intensität und die Ziele der touristischen Erschließung des Raumes zwischen Küste und Hochgebirge sind sehr unterschiedlich. Deutliche Differenzen bestehen auch in dem Urbanisierungsgrad der Départements oder von Teillandschaften in ihnen sowie hinsichtlich des Bestandes und der Modernisierungsfähigkeit landwirtschaftlicher Strukturen. Eine über die Nutzung von Freizeitwohnsitzen hinausgehende touristische Inwertsetzung, die als Beitrag zur Landesentwicklung dieser Räume gewertet werden kann, erfordert daher die Formulierung und Vermarktung eines der räumlichen Differenzierung Rechnung tragenden touristischen Produktes sowie das Vorhandensein einer innovationsbereiten und -fähigen autochthonen Bevölkerung.

4.2 DAS TOURISTISCHE ANGEBOT

4.2.1 UMFANG UND STRUKTUR DES BEHERBERGUNGSANGEBOTES (STATISTIK I.N.S.E.E.) 1984

Die quantitative Analyse der Beherbergungskapazität leidet unter den Unzulänglichkeiten der statistischen Quellen (vgl. o. S. 32f.), divergierende Angaben sind die Folge. Für 1975 bezifferte R. LIVET (1978, S. 175) die Beherbergungskapazität des Litorals der P.A.C.A. auf (einschließlich der Zweitwohnsitze) 723 328 Betten, das MINISTERE DE LA QUALITE DE LA VIE (o. J., S. 30) weist ebenfalls für 1975 998 000 Betten nach, davon allerdings 308 000 als Unterkunft von Freunden und Verwandten in Hauptwohnsitzen. Auch für die aktuellen Angaben des französischen statistischen Amtes gilt, daß sie eher größenordnungsmäßige Einschätzungen als exakte Kapazitätsangaben liefern (s. Tab. 16).

Ein wesentliches Faktum der räumlichen Differenzierung des touristischen Angebots in der Region P.A.C.A. besteht in der deutlichen Dominanz von zwei Départements, dem Var und den Alpes-Maritimes, die zusammen ca. zwei Drittel der von I.N.S.E.E. erfaßten Beherbergungskapazität auf sich vereinigen. Insgesamt stellen die Küstendépartements etwas mehr als drei Viertel der in der Region vorhandenen, von I.N.S.E.E. nachgewiesenen Unterkünfte. Dabei unterscheidet sich die Unterkunftsstruktur der einzelnen Départements deutlich voneinander; an der Côte d'Azur dominieren die Zweitwohnsitze und Hotels mit zusammen 95% der Beherbergungskapazität, im Var entfallen 94% auf die Kombination von Zweitwohnsitzen und Zeltplätzen. Im Département Bouches-du-Rhône erreichen die Hotels mit einem Fünftel den höchsten Anteil an der Beherbergungskapazität (Städtetourismus und Geschäftsreisen in Marseille und Aix-en-Provence); die Zweitwohnsitze haben mit 63% die in allen Départements der P.A.C.A. geringste Bedeutung für die Bereitstellung von Unterkünften. In allen Départements der P.A.C.A. spielen die Gîtes Ruraux sowie die kollektiven Beherbergungsstätten des Sozialtourismus eine sehr nachgeordnete Rolle.

Betrachtet man die räumliche Verteilung der einzelnen Unterkunftsarten, so fallen markante Differenzierungen auf. Für die Hotels gilt, daß sie zur vier Fünftel in den Küstendépartements konzentriert sind. Das Département Alpes-Maritimes vermag alleine 36% der Hotelbetten auf sich zu vereinigen, zu denen ein erheblicher Anteil von Betten der Grande Hotellerie (vgl. o. S. 95) zählt.

Die Karte 10 veranschaulicht die Bedeutung der Hotels für das Beherbergungswesen auf der räumlichen Basis von Kantonen. Sie ist sehr hoch im Umland der Großstädte Marseille, Nizza und Cannes, aber auch in der Camargue und dem nördlichen Département Bouches-du-Rhône sowie dem südlichen Vaucluse (Avignon und Umgebung), die Prozentwerte in der Karte beziehen sich auf die Beherbergungskapazität ohne Zweitwohnsitze. Weiter Konzentrationen des Beherbergungsangebotes der Hotellerie befinden sich in jenen Kantonen der Hochgebirgsdépartements, in denen sich Wintersportstandorte befinden.

Zeltplätze dominieren als Unterkunftsform im Département Var, dort erreichen zugleich die von der absoluten Zahl her gesehen für das regionale Beherbergungsan-

Tab. 16 Das Beherbergungsangebot in der Region P.A.C.A. 1984

Départements	Hotels**		Zeltplätze		Beherbergungskapazität* in Betten Gîtes Ruraux		kollektive Beherbergungsstätten***		Zweitwohnsitze****		Beherbergungskapazität des Dép. insgesamt	
	Anzahl	%	Anzahl	%	Anzahl	%	Anzahl	%	Anzahl	%	Anzahl	%
Alpes-de-Haute-Provence	12.272 7,6%	7,0	22.492 13,9%	7,7	904 0,6%	10,2	739 0,5%	4,7	124.960 77,4%	8,2	161.367 100%	8,0
Hautes-Alpes	13.658 6,7%	7,8	26.196 12,8%	9,0	2.840 1,4%	32,1	4.115 2,0%	25,9	158.080 77,1%	10,4	204.889 100%	10,2
Alpes-Maritimes	63.776 9,7%	36,3	27.778 4,2%	9,5	472 0,1%	5,3	3.514 0,5%	22,1	564.500 85,5%	37,1	661.010 100%	32,8
Bouches-du-Rhône	43.432 20,0%	42,7	37.048 17,0%	12,7	236 0,1%	2,7	501 0,2%	3,1	136.220 62,7%	8,9	217.437 100%	10,8
Var	32.392 4,8%	18,4	157.687 23,3%	54,2	2.400 0,4%	27,1	6.848 1,0%	43,1	476.140 70,5%	31,1	675.467 100%	33,5
Vaucluse	10.380 10,8%	5,8	19.982 20,8%	6,9	1.996 2,1%	22,6	180 0,2%	1,1	63.680 66,1%	4,1	96.218 100%	4,7
Region insgesamt	175.910 8,7%	100,0	291.183 14,4%	100,0	8.848 0,5%	100,0	15.897 0,8%	100,0	1.528.580 75,6%	100,0	2.015.418 100%	100,0

Anmerkungen:
*) Zur Berechnung der Beherbergungskapazität werden mit B. Barbier (1984, S. 42) pro Hotelzimmer 2 Betten und pro Ferienwohnung/-haus/Zweitwohnsitz 5 Betten veranschlagt.
**) Klassifizierte und nichtklassifizierte Hotels (Hotels de Prefectures)
***) Einrichtungen des Sozialtourismus wie Feriendörfer, Familienwohnungsstätten, Jugendherbergen
****) Zahlen für 1982

Quellen: eigene Berechnungen nach: I.N.S.E.E. (Dir. Rég. Marseille) 1985, S. 107ff., 105; R.G.P. 1982

gebot weniger bedeutsamen Betten in Gîtes Ruraux und Einrichtungen des Sozialtourismus relativ hohe Werte. Die Karte 11 zeigt, daß dieser seine besonderen Verbreitungsgebiete in den Hochgebirgsdépartements der Region findet, auch die Angaben in Karte 11 beziehen sich auf das Beherbergungsangebot ohne Zweitwohnsitze.

4.2.2 DAS BEHERBERGUNGSANGEBOT
– DIE VON DER C.R.C.I. (MARSEILLE) KORRIGIERTEN DATEN

Die Daten der amtlichen Statistik vermitteln einen ersten Eindruck über die quantitative und räumliche Differenzierung des Beherbergungsangebotes, sie sind jedoch wegen ihrer Ungenauigkeiten absolut ungeeignet, als Grundlage für Aussagen hinsichtlich der regionalwirtschaftlichen Implikationen des Tourismus in der P.A.C.A. zu dienen. Die Chambre Régionale de Commerce et d'Industrie P.A.C.A.-Corse hat es daher unternommen, auf der Basis umfangreicher empirischer Kontrolluntersuchungen für repräsentativ ausgewählte Beispielgebiete[33] die tatsächliche Beherbergungskapazität zu ermitteln und somit Korrekturfaktoren zu fixieren, die es ermöglichen, die amtlichen Angaben sowohl systematisch (nach Unterkunftsarten) als auch regional (nach Départements) der Realität anzunähern. Dieses ist, wie eine Untersuchung der C.C.I. des Var (BREHANT 1985) anhand übereinstimmender Daten für die gewerblichen und sozialtouristischen Unterkünfte für 1983 nachweist, gelungen. Unterschiede ergeben sich bei der Berücksichtigung von Haupt- und Zweitwohnsitzen.

Die Unterschiede der Strukturen im touristischen Angebot begründeten die Notwendigkeit, für die Region touristische Strukturzonen (vgl. Karte 12) nachzuweisen. Sie geben Merkmale des touristischen Angebots auf Kantonsbasis wieder; die touristische Nachfrage z.B. hinsichtlich der unterschiedlichen Zweckbestimmungen des Reisens wurde durch die Auswertung der vorhandenen Literatur sowie durch eine Befragung der Gemeindeverwaltungen erfaßt. Angesichts der qualitativen Datensituation in der Fremdenverkehrsstatistik ist es möglich, eine quantifizierende Ausweisung von Fremdenverkehrsgebieten vorzunehmen.

Die von der C.R.C.I. korrigierten Daten liegen für das Beherbergungsangebot des Jahres 1982 vor. Unter der Voraussetzung, daß die statistischen Erhebungs- und Kalkulationstechniken des I.N.S.E.E. unverändert bleiben, sind die Korrekturfaktoren auch auf die von der amtlichen Statistik für die folgenden Jahre ausgewiesenen Werte anwendbar. Eine unmittelbare Vergleichbarkeit der publizierten[34] Daten ist

---

33 Es wurden auf Kantonsbasis 18 Beispielsgebiete ausgewiesen, die für die jeweils nach Merkmalen des Angebots und der Nachfrage unterschiedlich strukturierten touristischen Zonen (s. Legende Karte 22) repräsentativ sind. Die in den Beispielsgebieten ermittelten Fehlerquoten bzw. Korrekturfaktoren wurden dann unabhängig von der administrativen Gliederung zur Korrektur der auf die touristische Zone entfallenden I.N.S.E.E.-Ausgaben benutzt (vgl. C.R.C.I. -P.A.C.A.-Corse 1982a, S. 13–27).
34 I.N.S.E.E. publiziert die Kapazitätswerte nur auf der Basis von Départements. Die Korrektur durch die C.R.C.I. Marseille erfolgt anhand des Inventaire Communal 1979/80, in dem u.a. die Unterkünfte gemeindeweise aufgeführt sind. Das Inventaire Communal beruht auf Auskünften der Gemeindeverwaltungen und ist in seiner Genauigkeit nicht mit Zählergebnissen vergleichbar.

allerdings nur für ausgewählte Unterkunftsarten möglich, da die Angaben der C.R.C.I. wesentlich differenzierter als jene des I.N.S.E.E. ausgewiesen werden.

Die Tab. 17 zeigt eine deutliche regionale und unterkunftsspezifische Differenzierung der Dunkelziffern. Sie sind in den Départements am höchsten, die touristisch am stärksten erschlossen sind. Relativ hohe Dunkelziffern hinsichtlich der *legal bestehenden* Kapazitäten treten bei den Zeltplätzen auf, angesichts des absoluten Umfanges dieser Beherbergungsform bedeutet diese z.B. für das Var, daß knapp 40 000 Betten auf Zeltplätzen nicht ausgewiesen werden. Die relativ höchste Dunkelziffer ist im Sozialtourismus – auch wiederum im Var – zu verzeichnen. Angesichts der nachgeordneten Bedeutung dieser Unterkunftsform im Vergleich zu den übrigen Unterkunftsarten sind hier allerdings nur ca. 6500 Betten nicht in der Statistik enthalten.

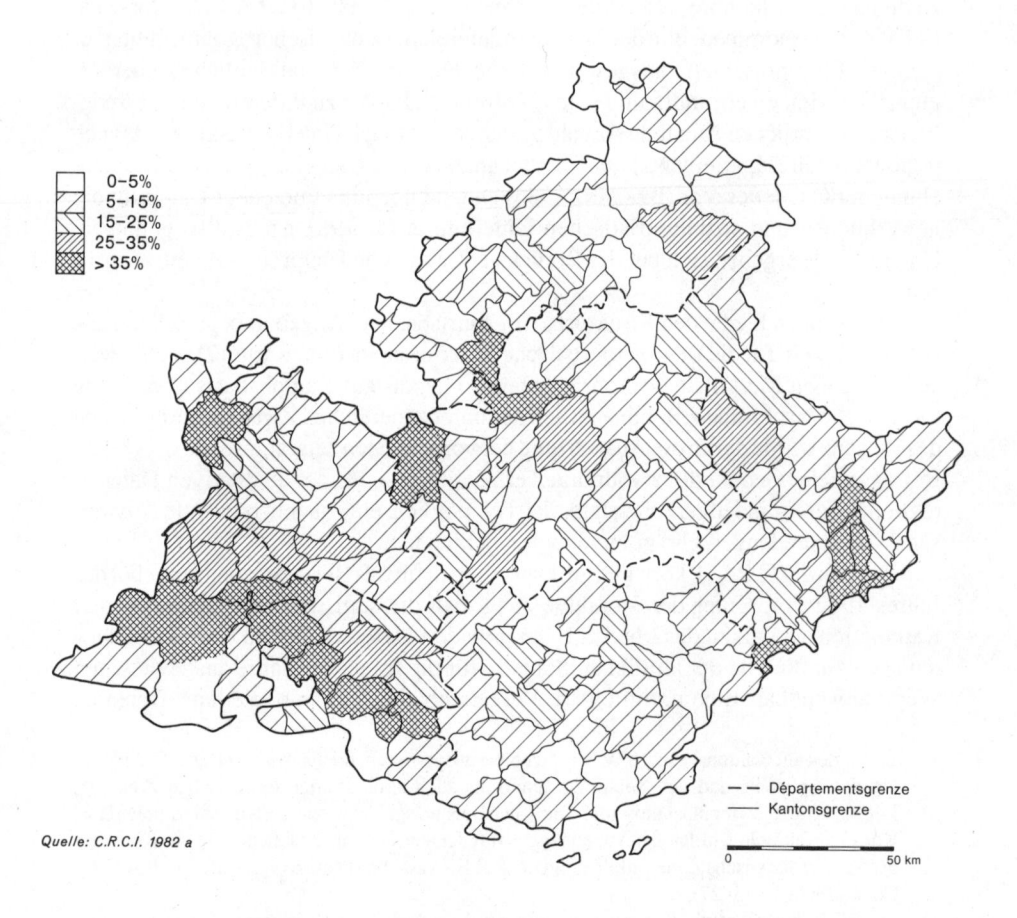

Karte 10 Die räumliche Verteilung der Hotels in den Kantonen der P.A.C.A. (%-Anteil an der Beherbergungskapazität)

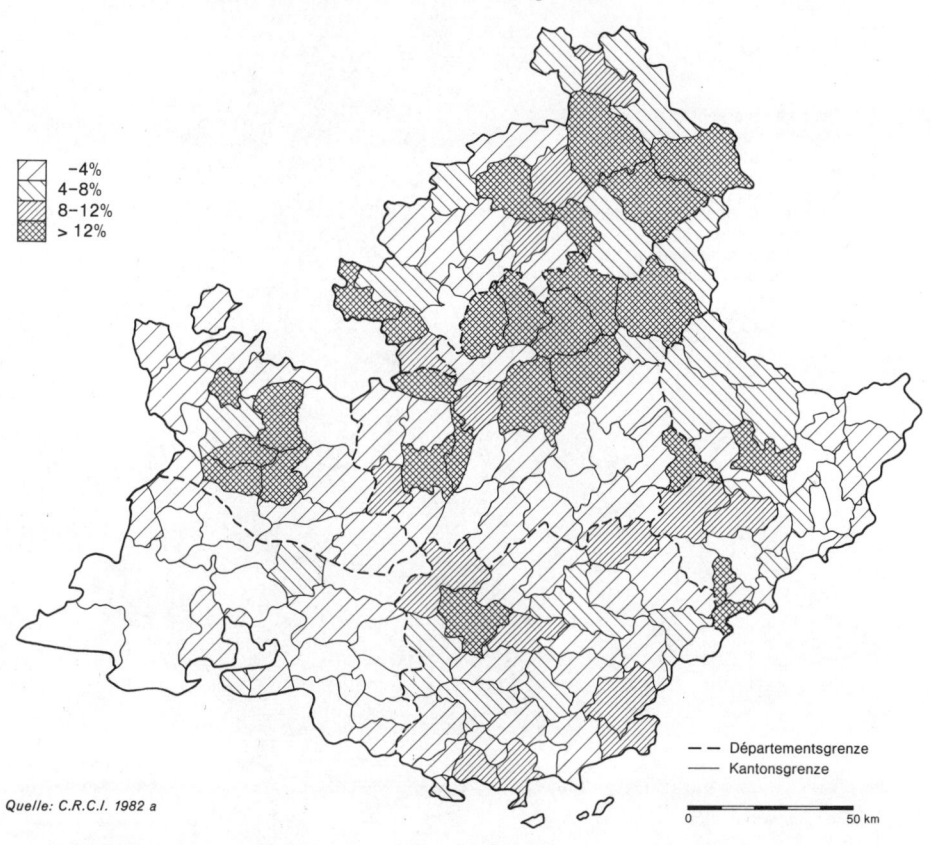

4.2 Das touristische Angebot

-4%
4-8%
8-12%
> 12%

– – Départementsgrenze
—— Kantonsgrenze

Quelle: C.R.C.I. 1982 a

0   50 km

Karte 11 Die räumliche Verteilung des Sozialtourismus in den Kantonen der P.A.C.A. (%-Anteil an der Beherbergungskapazität)

Tab. 17 Die Dunkelziffern ausgewählter Unterkunftsarten des Beherbergungsangebotes in den Küstendeépartements der Region P.A.C.A. 1982 (Angaben in v.H. der statistisch ausgewiesenen Werte)

Département	Unterkunftsarten		
	Camping	Hotels	Maisons Familiale und Village de Vacances
Alpes-Maritimes	15,3	11,3	9,7
Bouches-du-Rhône	9,8	1,2	9,9
Var	23,6	11,6	40,9
Quelle: Eigene Berechnungen nach C.R.C.I.-P.A.C.A.-Corse (1982, S. 33) und I.N.S.E.E. (Dir. Rég. Marseille 1985, S. 106ff.)			

4. Freizeit, Tourismus und Regionalentwicklung

Durchreiseverkehr (7,6%)
Ferien auf dem Lande (11,5%)
Thermaltourismus (1,1%)
Freizeitwohnen im städt. Umland (1,4%)
Sommerferien u. Wintersport
im Mittel- u. Hochgebirge (15%)
Küstentourismus (57%)
Besichtigungstourismus (0,5%)
Marseille (3,4%) und Nizza (2,5%)

— — Départementsgrenze
—— Kantonsgrenze

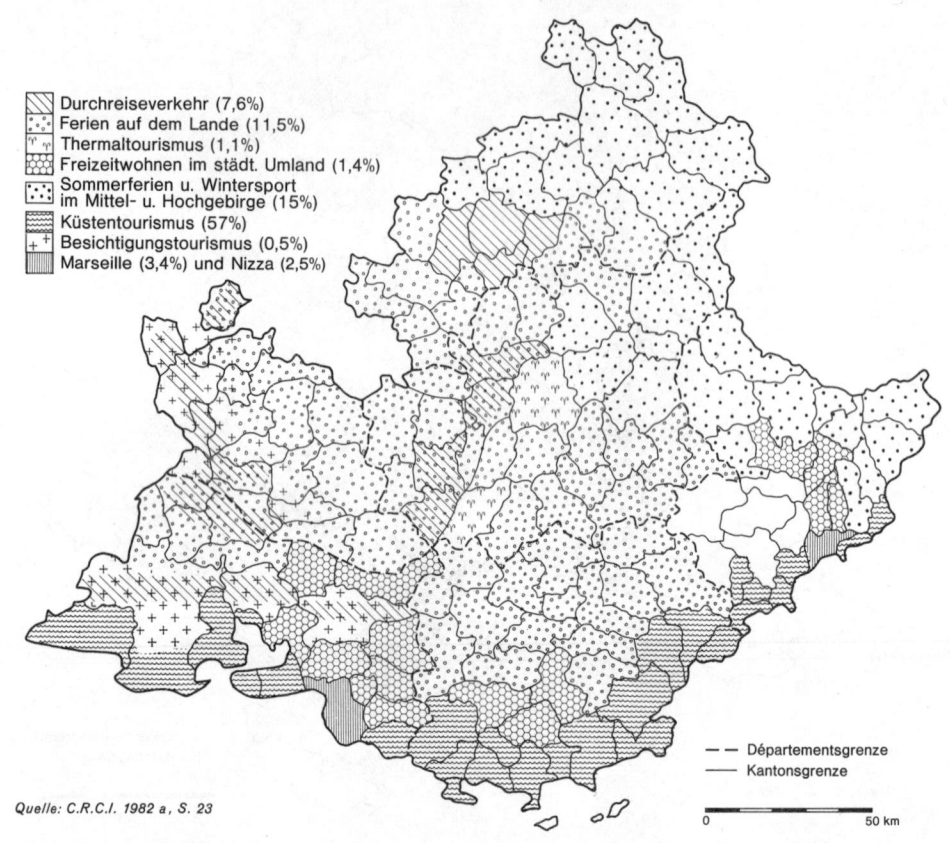

Quelle: C.R.C.I. 1982 a, S. 23

0 50 km

Karte 12 Die räumliche Struktur des Fremdenverkehrs in den Kantonen der P.A.C.A. (Anteil an der Beherbergungskapazität – ohne Zweitwohnsitze)

Es ist wichtig darauf hinzuweisen, daß auch die durch die C.R.C.I. korrigierten Daten die realen Kapazitäten der verschiedenen Unterkunftsarten in durchaus unterschiedlicher Genauigkeit wiedergeben. Während bei den Hotels die korrigierten Daten dem vorhandenen Bettenangebot ziemlich genau entsprechen[35], bestehen bei den Zeltplätzen erhebliche Differenzen zwischen den korrigierten, offiziellen Beherbergungskapazitäten und dem tatsächlich vorhandenen und angesichts der übergroßen Nachfrage auch genutzten Bettenangebots.

Nachprüfungen der C.R.C.I. haben ergeben, daß im Var im Sommer 1981 die offiziell zugelassene Beherbergungskapazität der Campingplätze um bis zu 100% überschritten wurde. Das bedeutet, daß statt der statistisch nachgewiesenen 348 000 Personen tatsächlich zumindest 518 000 Personen zur gleichen Zeit in Einrichtungen des Beherbergungsgewerbes und des Sozialtourismus im Var Unterkunft gefunden

35 Die amtliche Statistik weist für die P.A.C.A. im Jahr 1982 173 454 Hotelbetten aus (I.N.S.E.E., Dir. Rég. Marseille, 1983, S. 105), die korrigierte Zahl beträgt 160 103, liegt also um 8% unter den Angaben der amtlichen Statistik.

4.2 Das touristische Angebot

haben. Diese Differenz, die immerhin 50% der von der C.R.C.I. angegebenen Gesamtkapazität bzw. derjenigen in der I.N.S.E.E.-Statistik ausmacht, fällt im Var aufgrund des hohen Anteils der Zeltplätze an der Beherbergungskapazität besonders ins Gewicht, ist im Prinzip jedoch auch in den anderen mediterranen Départements Frankreichs vorhanden. Als Hauptursachen sind legale und geduldete Überschreitungen der Gästezahl sowie eine nicht kontrollierte Zunahme des Zeltens im ländlichen Raum auf Bauernhöfen und bäuerlichen Flächen zu nennen, die zumindest als Zuerwerb für die Landwirte sozialpolitisch nicht unerwünscht ist[36]. Besonders für die Küstengebiete muß festgestellt werden, daß die Erfolge bei der Bekämpfung des „wilden Zeltens" (Camping Sauvage) zur Überbelegung der konzessionierten Zeltplätze wesentlich beitragen[37].

Für die Region P.A.C.A. ergeben die korrigierten Daten auf der Basis der offiziell ausgewiesenen Bettenzahlen eine Beherbergungskapazität von 2,4 Mio. Betten, dabei ist auffällig, daß die Relationen der einzelnen Départements zueinander in etwa jenen in der amtlichen Statistik entsprechen.

Betrachtet man das Beherbergungsangebot ohne die Zweitwohnsitze, so führt das Département Var mit großem Abstand; die Alpes-Maritimes weisen etwa ein Viertel der Betten in gewerblichen Unterkünften und Einrichtungen des Sozialtourismus auf. Hinsichtlich der Zweitwohnsitze führt das Département Alpes-Maritimes mit 37%, das Var kann jedoch fast ein Drittel auf sich vereinigen. Erhebliche Unterschiede zur amtlichen Statistik ergeben sich jedoch, wenn man den Umfang und die Struktur der Beherbergungskapazität der einzelnen Départements mit den von I.N.S.E.E. ausgewiesenen Daten vergleicht[38].

Das umfangreichste Bettenangebot ist mit 824 000 Einheiten im Var lokalisiert, damit weist dieses Département weit mehr Betten auf, als 1975 für die gesamte Küste der P.A.C.A. (ohne Unterkünfte bei Freunden und in Hauptwohnsitzen) ausgewiesen wurden. Auf Zeltplätzen sind 178 000 Betten gemeldet, das entspricht 56% des Bestandes in der Region bzw. 22% der Gesamtkapazität aller Unterkünfte im Var oder 51% der Betten im Beherbergungsgewerbe und Sozialtourismus (vgl. Tab. 20).

Die amtliche Statistik wies für das Var 1982 nur 144 000 Betten auf Zeltplätzen und 24 000 in Hotels nach. Die tatsächliche Kapazität von 27 800 Hotelbetten macht

---

36 Im ländlichen Raum existieren die Ausbreitung des Camping begünstigende Vorschriften: Zum einen können Landwirte 25 Familien pro ha (400 m² pro Stellplatz) auf ihren Flächen offiziell zelten lassen, die Anforderungen an die sanitären Einrichtungen sind im Vergleich zu den kommerziellen oder kommunalen Zeltplätzen minimal. Auf den Bauernhöfen selbst dürfen 6 Stellplätze mit maximal 20 Personen und mindestens 100 m² Fläche pro Stellplatz eingerichtet werden. In diesem Fall sind die Anforderungen an die sanitären Anlagen noch geringer (vgl. G. CAZES et al. 1986, S. 113f.). Die Einrichtung von Zeltplätzen auf Bauernhöfen wird vom Landwirtschaftsministerium mit einem Investitionskostenzuschuß in Höhe von 25% subventioniert.
37 Die Reduzierung des wilden Zeltens ist ein Resultat des Einsatzes von Gendarmerie und Polizei, der jedoch dort seine Grenzen findet, wo der Camper auf eine Erlaubnis des Grundeigentümers verweisen kann. Der Terminus Camping Sauvage kennzeichnet das unerlaubte Zelten, nicht jedoch die fehlenden Einrichtungen für Ver- und Entsorgung.
38 Die von I.N.S.E.E. (Dir. Rég. Marseille/1983, S. 105) für 1982 veröffentlichten Daten sind aus Platzgründen nicht abgedruckt.

Tab. 18 Die offiziellen und tatsächlichen Beherbergungskapazitäten auf den Zeltplätzen des Départements Var 1981

	offizielle Kapazität Betten		tatsächlich bestehende Kapazität (Schätzungen)		Überschreitung der Kapazität
	Anzahl	%	Anzahl	%	%
Kommerzielle Zeltplätze	113.907	75	162.500	67,8	42,7
Geduldete Überschreitung*	–	–	31.800	13,3	–
P.R.L.**	15.051	10	18.000	7,5	19,6
Sozialtourismus***	22.692	15	27.230	11,4	20,0
Insgesamt	151.650	100	239.530	100,0	
Zelten auf dem Bauernhof****	8.550		51.300		500,0
anerkannte Zeltplätze insgesamt	160.200		290.830		–
wildes Zelten	–		40.000		–
Kapazität Camping insgesamt	160.200		330.830		106,5
Anmerkungen: *) Durch mündliche Genehmigung der Präfektur **) Parcs Résidentiels de Loisirs (Mobilheimplätze) ***) Zeltplätze, die der Öffentlichkeit nicht zugänglich sind und der Erholung der Mitglieder von Vereinigungen oder von Arbeitnehmern öffentlicher Arbeitgeber (Post, Städte etc.) dienen und von diesen unterhalten werden ****) Camping à la Ferme, offiziell auf wenige Stellplätze pro Bauernhof begrenzt (vgl. Anm. 36). Quelle: C.R.C.I. P.A.C.A.-Corse (1982b, S. 15)					

Tab. 19 Die Départements der Region P.A.C.A. nach ihrer Stellung im Beherbergungsangebot 1982 (korrigierte Daten nach C.R.C.I. Marseille)

Département	Beherbergungsangebot ohne Zweitwohnsitze (in %)	Beherbergungsangebot der Zweitwohnsitze (in %)
Var	40,1	31,3
Alpes-Maritimes	23,6	37,1
Hautes-Alpes	13,8	10,4
Bouches-du-Rhône	10,3	8,9
Alpes-de-Haute-Provence	7,0	8,2
Vaucluse	5,2	4,1
Insgesamt (%)	100,0	100,0
Betten insgesamt (= 100%)	867.200	1.524.000
Quellen: C.R.C.I. P.A.C.A. – Corse (1982c S. 32); R.G.P. 1982		

4.2 Das touristische Angebot

Tab. 20 Die Beherbergungskapazität der Region P.A.C.A. 1982 nach Departements und Unterkunftsarten (korrigierte Daten der C.R.C.I. Marseille)

Département	Camping	Camping à la ferme	Fremdenzimmer vermietete Ferienwohnungen	Hotels klassifiziert	Hotels nicht klassifiziert	Gîtes	Maisons Fam. v. vacances	Colonies de vacances	Andere
Alpes-de-Haute-Provence	19.491 6,6 31,9	1.589 8,5 2,6	15.974 6,7 26,2	8.359 6,6 13,7	1.501 4,5 2,5	2.304 13,9 3,8	2.987 5,6 4,9	7.453 11,9 12,2	1.359 9,0 2,2
Hautes-Alpes	29.076 9,7 24,3	5.447 29,1 4,6	28.827 12,1 24,1	10.983 8,7 9,2	1.739 5,2 1,5	7.464 44,9 6,2	12.673 23,5 10,6	18.969 30,2 15,8	4.441 29,3 3,7
Alpes-Maritimes	26.170 8,8 12,8	2.251 12,0 1,1	93.704 39,3 45,7	49.471 39,1 24,1	6.319 18,8 3,1	1.476 8,9 0,7	9.217 17,1 4,5	11.682 18,6 5,7	4.813 31,7 2,3
Bouches-du-Rhône	36.470 12,3 40,7	312 1,7 0,3	6.559 2,8 7,3	26.272 20,7 29,4	16.549 49,3 18,5	166 1,0 0,2	801 1,5 0,9	1.343 2,1 1,5	1.069 7,1 1,2
Var	169.489 57,0 48,8	8.455 45,2 2,4	87.901 36,9 25,2	23.540 18,8 6,8	4.299 12,8 1,2	3.061 18,4 0,9	27.181 50,4 7,8	21.056 33,4 6,1	2.684 17,7 0,8
Vaucluse	16.794 5,6 41,9	661 3,5 1,6	5.217 2,2 13,0	7.908 6,1 19,7	3.163 9,4 7,9	2.119 12,9 5,3	1.031 1,9 2,6	2.411 3,8 6,0	794 5,2 2,0
Region insgesamt	297.490 100 34,9	18.715 100 2,2	238.182 100 27,4	126.533 100 14,5	33.570 100 3,9	16.590 100 1,9	53.890 100 6,2	62.914 100 7,3	15.160 100 1,7

Tab. 20 Die Beherbergungskapazität der Region P.A.C.A. 1982 nach Departements und Unterkunftsarten (korrigierte Daten der C.R.C.I. Marseille; Forts.)

Département	Beherbergungsgewerbe + Sozialtourismus		Zweitwohnsitze	Beherbergungskapazität insgesamt	... in %
Alpes-de-Haute-Provence	61.017 7,0	100%	124.960	185.977	7,8
Hautes-Alpes	119.619 13,8	100%	158.080	277.699	11,6
Alpes-Maritimes	205.103 23,6	100%	564.500	769.603	32,3
Bouches-du-Rhône	89.541 10,3	100%	136.220	225.761	9,4
Var	347.666 (!) 40,1	100%	476.140	823.806	34,4
Vaucluse	44.291 5,2	100%	63.680	107.971	4,5
Region insgesamt	867.237 100	100%	1.523.580	2.390.817	100,0

Quelle: C.R.C.I. Marseille 1982c, S. 33

17% des regionalen Hotelangebotes und 8% der Unterkünfte im Beherbergungsgewerbe und Sozialtourismus des Départements aus. Der Sozialtourismus stellt neben den Zeltplätzen jene Gruppe der Unterkünfte, für welche die Überprüfung der amtlichen Statistik die stärksten Korrekturen erbrachte. Dies gilt regional hinsichtlich einer realiter wesentlich stärkeren Berücksichtigung der Hochgebirgsdépartements, aber auch für die Küste. Im Var wurden für 1982 statt der amtlich ausgewiesenen 31 500 Betten 48 237 Betten ermittelt, das entspricht 10% der Unterkünfte im gewerblichen und sozialtouristischen Angebot zusammen bzw. 6% der gesamten Beherbergungskapazität. 41% der Unterkünfte im Sozialtourismus der Region befinden sich im Var.

Im Département Alpes-Maritimes hat die Überprüfung der Kapazität die für die Region führende Stellung des Hotelgewerbes bestätigt, 55 800 bzw. 35% der Hotelbetten in der P.A.C.A. befinden sich hier. Dies sind 11% weniger als die von der amtlichen Statistik ausgewiesenen 62 900 Betten; die amtliche Statistik erfaßt offensichtlich den Rückgang im Hotelgewerbe nur ungenügend oder mit Verzögerung. In den Alpes-Maritimes stellten die Hotels 1982 27% aller gewerblichen und sozialtouristischen Unterkünfte, am gesamten Beherbergungsangebot waren sie mit 7% beteiligt.

Die Alpes-Maritimes sind das einzige der Küstendépartements, das Anteil an Wintersportgebieten hat. Seine Wintersportorte verfügen z.T. (wie Auron oder Isola 2000) über Sommerskigebiete; in den niedrigeren Höhenlagen dienen sie auch als Sommerfrischen (z.B. Valberg). Die Wintersportorte wiesen 1982 14 000 Betten des Hotelgewerbes und des Sozialtourismus auf. Die Hotels alleine stellten 3000 Betten, 1400 Betten befanden sich auf Zeltplätzen. Unter Berücksichtigung der Zweitwohnsitze ist damit zu rechnen, daß die Wintersportorte der Alpes-Maritimes ca. 5% der Beherbergungskapazität des Départementes auf sich vereinigen.

Das Département Bouches-du-Rhône weist mit 42 000 Betten 27% der Unterkünfte in Hotels in der Region P.A.C.A. aus, dies entspricht 19% aller Unterkünfte des Départements bzw. 47% der gewerblichen und sozialtouristischen Beherbergungskapazität. Infolge der relativ intakten Landwirtschaft und intensiven landwirtschaftlichen Nutzung sind hier wie im Département Vaucluse kaum Möglichkeiten gegeben, auf Bauernhöfen Zimmer (Chambres d'Hôte) oder Wohnungen zu mieten (Gîtes Ruraux) bzw. auf Hofland bzw. landwirtschaftlichen Flächen zu zelten (Camping à la Ferme).

Es bleibt festzuhalten, daß die in Tab. 20 enthaltenen Angaben zur Beherbergungskapazität *Mindestwerte* repräsentieren, welche das gesamte Beherbergungsangebot in der Region nur unvollständig wiedergeben. Die Ursache hierfür sind nicht nur Überschreitungen der genehmigten Kapazitäten im Zeltplatzwesen, sondern systematische Unzulänglichkeiten der Erfassung. So werden z.B. Hauptwohnsitze, die ausschließlich der Freizeitnutzung dienen, jedoch aus fiskalischen Gründen falsch deklariert wurden (vgl. Anm. 66), nicht erfaßt. Ähnliches gilt für die Logements Vacants. 1982 waren dies 144 079 Wohnungen in der Region, die bei einer faktischen Nutzung als Zweitwohnsitz (vgl. S. 33) eine zusätzliche Kapazität von 720 000 Betten darstellen. Hinzu kommen, auf der Angebotsseite statistisch nicht erfaßt, die Unterkünfte bei Freunden und Verwandten, die in Frankreich sehr verbreitet sind (vgl. S. 252).

Die offensichtliche Unzulänglichkeit der vorhandenen Statistiken zur Beherbergungskapazität wird auch darin deutlich, daß das Unterkunftspotential der Freizeitboote keine Beachtung findet, das sich an der östlichen französischen Mittelmeerküste besonders auf die Küstenabschnitte Toulon und Nizza konzentriert.

Tab. 21 Die Sport- und Freizeitboote der östlichen französischen Mittelmeerküste 1981

Küstenabschnitt Q.A.M.	Boote unter 2t	Boote ab 2 t	Boote insgesamt
Toulon	44.540	17.381	61.421
Nizza	28.183	16.078	44.261
Marseille	29.306	8.890	38.196
Martignes	7.826	1.875	9.701
Ajaccio	12.229	1.942	14.171
Bastia	1.150	240	1.390
östl. französische Mittelmeerküste insgesamt	123.234	46.406	169.640
französische Mittelmeerküste insgesamt	165.640	59.700	225.349

Quelle: C.R.C.I. P.A.C.A. – Corse (1982b, S. 28f.)

An den Küsten der Provence und der Côtes d'Azur waren 1981 158 350 Boote immatrikuliert. Von diesen zählten 44 224 zur Größenklasse ab 2 t; sie sind als schwimmende Freizeitwohnsitze relativ gut nutzbar. Da zu Herkunftsstruktur der französischen Bootseigner keine brauchbaren Daten vorliegen, soll das Unterkunftspotential der Freizeitboote am Beispiel der von Ausländern immatrikulierten Boote verdeutlicht werden. Es ist davon auszugehen, daß in den Bootsgrößenklassen 70 bis 80% der Einheiten Ausländern gehören und von diesen genutzt werden[39]. Geht man von einer Kapazität von vier Schlafplätzen pro Boot aus, so bedeutet dies ein zusätzliches Unterkunftspotential von 130 000 bis 140 000 Betten. Empirische Angaben, inwieweit dieses Potential durch Ausländer (oder bezogen auf die Gesamtheit der Boote auch durch Franzosen) für Unterkunftszwecke genutzt wird, liegen nicht vor[40].

39 Nach B. VIEVILLE (1972, S. 22) und C.C.I. Nice (1982a, S. 19). VIEVILLE stellte für die Küsten der P.A.C.A. bei einem Gesamtausländeranteil unter den Bootseignern von 17%, bei den größeren Booten (ab 15 m Länge) 78% Ausländer als Eigner fest. Die C.C.I. Nizza weist für 1982 im Département Alpes-Maritimes einen Ausländeranteil unter allen Bootseignern von 31% nach, die Boote ab 15 m Länge gehörten zu 70% Ausländern.
40 Daß dies in nicht geringem Maße der Fall ist, ergibt sich daraus, daß die als Zweitwohnsitz genutzten Boote in erheblichem Maße zur Verschmutzung des Wassers in den Hafenbecken beitragen (vgl. J. E. HERMITTE 1979, S. 202ff.).

Die angeführten Beispiele verdeutlichen, daß die Zahl von 2,5 Mio. Betten für Touristen eine durchaus realistische Schätzung der in der Region P.A.C.A. vorhandenen Beherbergungskapazität darstellt. Bei 4 Mio. Einwohnern entfallen auf jeden Angehörigen der Wohnbevölkerung 0,6 Betten, wobei eine sehr starke räumliche Differenzierung dieser Koeffizienten vorauszusetzen ist[41]. Ihr Wert liegt weniger in der regionalwirtschaftlichen Aussagekraft als in dem Hinweis, welche Anforderungen der Tourismus an die Infrastruktur des Raumes stellt.

4.3 DIE TOURISTISCHE NACHFRAGE

Angesichts des Fehlens einer auf Zählungen beruhenden Fremdenverkehrsstatistik (vgl. o. S. 32) steht auch die Quantifizierung der touristischen Nachfrage vor erheblichen Schwierigkeiten. Im wesentlichen finden zwei Verfahren Anwendung – die Methoden des statistischen Amtes I.N.S.E.E. und jene des O.N.I.C. (Office National Interprofessionel des Céréales).

– Das I.N.S.E.E. berechnet die Frequentierung der Region anhand der Daten einer alljährlichen im Anschluß an die Ferienzeit durchgeführten Repräsentativbefragung der französischen Haushalte. Angaben über ausländische Gäste sind auf diese Weise nicht möglich; hinsichtlich der Nachfrage seitens französischer Gäste erfolgt eine Regionalisierung der Befragungsergebnisse auf Region- und ggf. Départementsebene. Eine weitere räumliche Aufgliederung läßt der Umfang der vorhandenen statistischen Daten nicht zu[42].

– Das O.N.I.C. kalkuliert die touristische Nachfrage anhand der saisonalen Schwankungen des Verbrauches an Mehl, das zur Broterzeugung Verwendung findet. Die Statistiken werden auf der Ebene von Départements geführt; die an anderer Stelle (vgl. S. 34) aufgeführten Ungenauigkeiten dieser Bestimmungsmethode auf lokaler Ebene entfallen weitgehend, wenn sie für größere Untersuchungsgebiete angewendet wird. Ein wesentlicher Vorteil der Methode des O.N.I.C. besteht darin, daß sie die Gesamtheit der Gäste erfaßt, also auch Ausländer und französische Touristen mit weniger als 3 Übernachtungen (Passanten), die entsprechend der Definition des I.N.S.E.E. nicht als Touristen ausgewiesen werden.

Für die Jahre 1978 bis 1980 ist eine Gegenüberstellung der Berechnungsergebnisse nach beiden Methoden möglich (s. Tab. 22).

Die Abweichungen der Ergebnisse beider Methoden voneinander sind erheblich, dies gilt sowohl hinsichtlich der absoluten Werte für die Region als auch hinsichtlich der relativen Bedeutung der Départements, besonders für Bouches-du-Rhône. Es ist wegen der unterschiedlichen Erfassungskriterien nicht zu klären, welcher Anteil der Differenz auf meßtechnisch bedingte Ungenauigkeiten entfällt und wie hoch der Anteil der zusätzlich durch die O.N.I.C. erfaßten Gäste, Gästegruppen (Ausländer und Passanten) an der höheren Zahl an Übernachtungen ist.

---

41 Vgl. für die Relation zwischen Zweit- und Hauptwohnsitzen B. BARBIER (1969, S. 232f.).
42 Vgl. V. BRIQUEL (1983c, S. 5ff.).

Tab. 22 Die touristische Nachfrage in den Küstendépartements der Region P.A.C.A. 1978–1980 – Übernachtungen der Sommerhalbjahre* nach unterschiedlichen Erfassungsmethoden (Anzahl der Übernachtungen in 1.000)

Küsten- départements	Methode I.N.S.E.E.**							
	1978		1979		1980		Ø 1978–1980	
	Anzahl	%	Anzahl	%	Anzahl	%	Anzahl	%
Alpes-Maritimes	22.296	30,0	25.402	28,8	22.888	26,5	23.529	28,4
Bouches-du-Rhône	7.682	10,4	12.305	13,9	9.238	10,7	9.742	11,8
Var	28.335	38,2	33.641	38,1	35.192	40,7	32.389	39,1
Region (z. Vergl.)	*74.183*	*100,0*	*88.214*	*100,0*	*86.438*	*100,0*	*82.945*	*100,0*
	Methode O.N.I.C.***							
Alpes-Maritimes	23.600	23,1	26.227	23,7	26.227	25,9	25.288	24,2
Bouches-du-Rhône	22.207	21,8	18.723	16,9	17.515	17,4	19.482	18,7
Var	35.565	34,8	37.991	34,3	39.771	39,6	37.776	36,2
Region (z. Vergl.)	*102.116*	*100,0*	*110.776*	*100,0*	*100.562*	*100,0*	*104.485*	*100,0*

Anmerkungen: *) 1. Mai bis 30. September
**) Nur Übernachtungen französischer Gäste, vgl. Text
***) Einschließlich Übernachtungen von Ausländern und Passanten, vgl. Text

Quelle: C.C.I. Nice / O.R.E.A.M. – P.A.C.A. Marseille

Legen wir die Methode der O.N.I.C. zugrunde, so entfallen auf die Küstendépartements vier Fünftel der in der Region zwischen 1978 und 1980 erfaßten Übernachtungen, dies liegt geringfügig über jenem an der Beherbergungskapazität (76%). In dem meistfrequentierten Département Var entsprechen die Anteile an den Übernachtungen und der Beherbergungskapazität (35%) einander. Im Unterschied dazu ist der Anteil der Alpes-Maritimes an den Übernachtungen in der Region deutlich geringer als an der Beherbergungskapazität (32%). Umgekehrt sieht es im Département Bouches-du-Rhône aus, dort werden 18% der Übernachtungen in der P.A.C.A. in 9% ihres Beherbergungsangebotes erzielt. Dies ist eine Folge der räumlichen Überlagerung von Urlaubsreise- und Geschäftsreiseverkehr in Marseille und Aix-en-Provence, während die schlechtere Auslastung der Beherbergungskapazität in den Alpes-Maritimes aus dem dortigen sehr hohen Anteil von Zweitwohnsitzen an den Unterkünften resultiert.

Die Entwicklung der touristischen Nachfrage seitens französischer Gäste ist der Abbildung zu entnehmen.

Sie zeigt, daß sich die Gästezahlen in der Region P.A.C.A. Ende der siebziger Jahre überdurchschnittlich stark erhöhten; die Ursache dafür bildete der bis 1980 andauernde verstärkte Ausbau des Zweitwohnungsangebotes an den Küsten und auch in den Wintersportorten. Von 1983 auf 1984 ist ein deutlicher Rückgang der Nachfrage eingetreten. Von ihm ist das am stärksten frequentierte Département, das Var, besonders betroffen.

Im Var hat sich die Zahl der Übernachtungen zwischen dem 15. Mai und dem 15. Oktober von 46,0 Mio (1981) auf 40,8 Mio 1984 verringert, dies ist auf eine auf

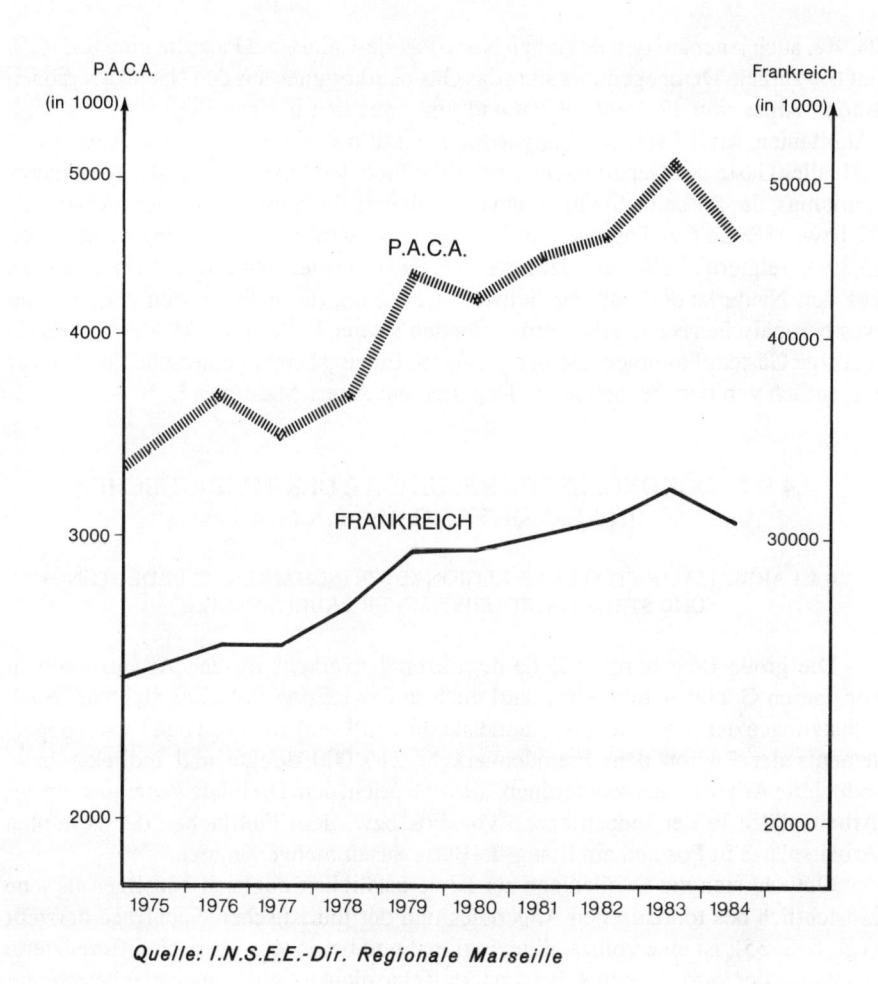

Abb. 3 Die Entwicklung der Ferienaufenthalte der Franzosen zwischen dem 1.5. und dem 30.9.
Quelle: I.N.S.E.E. Dir. Régionale Marseille

2,5 Mio zurückgegangene Gästezahl wie auch auf eine von 19,6 auf 16,6 Tage reduzierte Aufenthaltsdauer zurückzuführen (Angaben nach D.D.E. du Var; zit. BREHANT 1985, S. 14ff.)[43]. Lediglich die Aufenthalte bei „Eltern und Freunden" haben sich geringfügig von 14,9 auf 15,9 Tage verlängert, diejenigen in kommerziellen und sozialtouristischen Unterkünften dagegen erheblich verkürzt.

Die Nachfrage französischer Touristen ist in Var deutlich zurückgegangen, sie hat sich zudem in der räumlichen Struktur ihrer Herkunft verändert. Zwischen 1981 und 1984 verringerte sich der Anteil der Gäste aus der Region Paris von 27,9% auf

---

[43] Der Rückgang der durchschnittlichen Aufenthaltsdauer war bei den französischen Gästen stärker (1980–1984: –3 Tage) als bei den Ausländern (–2 Tage).

24,9%, auch jener aus den Regionen Nord-Pas-de-Calais und Picardie ging um 1,2% auf 6% zurück. Demgegenüber stieg das Gästeaufkommen aus den Nachbarregionen Rhône-Alpes von 17,7 auf 18,7% und jenes aus den übrigen Regionen des Midi (Aquitanien, Midi-Pyrénées, Languedoc-Roussillon) von 4,1 auf 5,3% (Angaben in v.H. aller Gäste des Départements, einschließlich der Ausländer)[44]. Der Ausländertourismus, der für beide Stichjahre in etwa gleiche Bedeutung mit einem Anteil von 17 bzw. 18% an den Touristen im Var aufweist, wird im wesentlichen von Briten (5,3%), Belgiern (3,6%) und Deutschen (3,4%) bestritten. Hinzu kommen Touristen aus den Niederlanden und der Schweiz (je 1,8%), die nicht zu den zentral- und westeuropäischen Nachbarländern zählenden Staaten stellen nur 2,1% der Gäste. Das niedrige Gästeaufkommen und der geringere Einzugsbereich unterscheidet das Var wesentlich von dem benachbarten Département Alpes-Maritimes[45].

4.4 SOZIOÖKONOMISCHE RESULTATE DER TOURISTISCHEN INWERTSETZUNG DER P.A.C.A.

4.4.1 ARBEITSMARKTEFFEKTE: REGIONALWIRTSCHAFTLICHE BEDEUTUNG UND STRUKTUR TOURISTISCHER ARBEITSPLÄTZE

Die große Bedeutung, welche dem Fremdenverkehr für den Arbeitsmarkt in peripheren Gebieten zukommt, wird auch in der Region P.A.C.A. sichtbar. Nach Schätzungen der Industrie- und Handelskammern[46] sind alleine in den Küstendépartements der Region dem Fremdenverkehr 215 000 direkte und indirekte bzw. induzierte Arbeitsplätze zuzuordnen, dies entspricht dem Dreiundzwanzigfachen der Arbeitsplätze in der Industriezone von Fos bzw. dem Fünffachen der gesamten Arbeitsplätze in Fos und am Etang-de-Berre zusammengenommen.

Obwohl sich die Quellenlage zur Erwerbstätigkeit ungleich günstiger als jene hinsichtlich des touristischen Angebotes und der touristischen Nachfrage darstellt (vgl. o. S. 35), ist eine vollständige, regional und branchenspezifisch differenzierte Erfassung der touristischen Arbeitsmarkteffekte nicht möglich; auch hier besteht nur die Möglichkeit einer mehr oder minder genauen Annäherung an die Realität. Diese kann entweder durch eine angebotsbezogene oder eine nachfragebezogene Analyse erfolgen. Im ersten Fall dienen die arbeitsmarktspezifischen Statistiken als Quelle,

---

44 Nach BREHANT (1985, S. 18).
45 Die für die Gesamtheit der Gäste nicht repräsentative Herkunftsstruktur der Fluggäste auf dem Flughafen Nice-Côte d'Azur weist für das Sommerhalbjahr 1982 einen Anteil von nur 44% an französischen Gästen auf; Großbritannien führte auch hier mit 8% der Gäste, gefolgt von den USA (7,5%), Deutschland (4%) und Belgien (3%) (Angaben des C.R.T. Riviera Côte d'Azur).
46 Mitteilungen der C.R.C.I.-P.A.C.A.-CORSE; C.C.I. des Alpes-Maritimes, Nizza; C.C.I. du Var, Toulon. Für das Département Alpes-Maritimes wird mit 100 000 Arbeitskräften gerechnet, die zu 50% auf indirekten Beschäftigungseffekten beruhen. Für das Département Bouches-du-Rhône sind 55 200 Arbeitsplätze mit dem Tourismus verbunden, 33 900 direkte, 12 300 indirekte und 9 000 induzierte. Dem Département Var sind 59 800 touristisch bedingte Arbeitsplätze zuzurechnen.

die Quantifizierung der touristischen Nachfrage als alternative Ausgangsbasis ist mit großen Ungenauigkeiten behaftet.

4.4.1.1 Die angebotsbezogene Analyse touristischer Arbeitsplätze

4.4.1.1.1 Die allgemeine Arbeitsmarktsituation

Die angebotsbezogene Analyse touristischer Arbeitsplätze geht von den in der Statistik des I.N.S.E.E. und A.S.S.E.D.I.C. ausgewiesenen Daten aus, hiermit sind erhebungsspezifische Ungenauigkeiten verbunden. In den Beschäftigungsstatistiken des I.N.S.E.E. werden Angaben über Selbständige nur anläßlich der Volkszählung ausgewiesen, die branchenspezifische Fortschreibung der Beschäftigtenzahlen erfolgt nur für abhängige Beschäftigte. Hinzu kommt, daß die Klassifizierung[47] der Daten auf touristische Fragestellungen keine Rücksicht nimmt, lediglich bei den in „Hotels, Restaurants und Cafes" Beschäftigten ist in Fremdenverkehrsgebieten davon auszugehen, daß ihre Tätigkeit praktisch vollständig durch den Tourismus bedingt ist. Es liegen aus der volkswirtschaftlichen Gesamtrechnung entnommene Korrekturfaktoren vor, deren Anwendung für Fremdenverkehrsgebiete jedoch offensichtlich unsinnig ist[48].

Eine mit Vorsicht und Zurückhaltung betriebene Interpretation der amtlichen Beschäftigungsstatistik hinsichtlich der Auswirkungen des Fremdenverkehrs erscheint dennoch möglich, da wichtige mit der touristischen Beschäftigung im Tertiären Sektor interferierende statistische Veränderungen auf dem Arbeitsmarkt (Zunahme der Beschäftigung im staatlichen und kommunalen Bereich) klar zu identifizieren sind und im Ausschlußverfahren davon ausgegangen werden kann, daß allgemeine, mit hohem Verstädterungsgrad verbundene Einflußfaktoren den Arbeitsmarkt in der Region P.A.C.A. nicht anders als in anderen Regionen tangieren.

Die Beschäftigungsstatistik des A.S.S.E.D.I.C. weist bei übereinstimmenden Prinzipien eine detailliertere Klassifikation der Berufe (A.P.E.) auf. Sie hat zudem den Vorteil einer detaillierten räumlichen Aufschlüsselung und vor allem der jährlichen Nachführung. Die Statistik des A.S.S.E.D.I.C. zeigt zwei gravierende Nachteile, die jedoch den Tourismus nur partiell berühren. Zum einen erfaßt sie als Statistik der Arbeitslosenversicherung die beim Staat und einem Teil der bei den Kommunen Beschäftigten nicht, auch in der Landwirtschaft Tätige unterliegen einer anderen Spezialversicherung[49]. Während diese Einschränkung für die Erfassung der im Zusammenhang mit dem Tourismus Beschäftigten relativ irrelevant ist, stellt das Nichterfassen von Selbständigen einen gravierenden Nachteil dar. Hinzu kommt ein

---

47 N.A.P., Niveau 100; vgl. Anmerkungen zu Tab. 26.
48 So wird z.B. angenommen, daß in Fremdenverkehrsgebieten (!) nur 43,4% der Umsätze auf den Tourismus zurückzuführen sind, in Einzelhandelsgeschäften ist ein touristisches Umsatzvolumen von 20% vorausgesetzt (vgl. C.R.C.I.-P.A.C.A.-Corse, C.C.I. de Marseille, C.C.I. d'Arles 1981, S. 16).
49 Spezielle Arbeitslosenversicherungen gelten auch z.B. für einen Teil der Beschäftigten verstaatlichter Unternehmen.

4. Freizeit, Tourismus und Regionalentwicklung

Unterschied in der Erhebungsweise; im Gegensatz zu den Volkszählungsergebnissen des I.N.S.E.E. beruhen die Statistiken des A.S.S.E.D.I.C. auf Meldungen der Betriebe über ihre Beschäftigten, also auf einem gerade bei Kleinbetrieben im Dienstleistungssektor relativ ungenauem Verfahren. Die Daten des A.S.S.E.D.I.C. liegen daher unter jenen, die von I.N.S.E.E. ausgewiesen werden (vgl. Tab. 23 und 24).

Tab. 23 Die Entwicklung der Beschäftigtenzahlen* in den französischen Regionen 1983/1984

Region/ Département	Veränderung d. Beschäftigtenzahl absolut 1982–1983	1983–1984	Indices 1982 = 100	1983 = 100
Nord-Pas-de Calais	– 28.565	– 21.926	96,82	97,48
Picardie	– 8.490	– 12.687	97,76	96,59
Ile-de-France	– 60.163	– 57.360	98,26	98,33
Centre	– 7.925	– 6.040	98,48	98,82
Haute-Normandie	– 9.602	– 6.732	97,81	98,43
Basse-Normandie	– 3.167	– 5.111	98,83	98,10
Bretagne	– 400	– 8.636	99,92	98,22
Pays-de-la-Loire	– 4.992	– 12.191	99,24	98,12
Poitou-Charentes	– 4.875	– 5.760	98,30	97,96
Limousin	– 2.533	– 3.866	98,12	97,08
Aquitaine	– 4.010	– 11.147	99,24	97,86
Midi-Pyrénées	– 1.017	– 4.121	99,76	99,04
Champagne-Ardennes	– 8.954	– 10.209	97,12	96,61
Lorraine	– 15.337	– 14.864	97,08	97,09
Alsace	– 7.524	– 4.197	98,26	99,01
Franche-Comté	– 4.290	– 6.335	98,38	97,56
Bourgogne	– 6.159	– 8.099	98,23	97,63
Auvergne	– 7.847	– 7.904	97,12	97,01
Rhône-Alpes	– 11.543	– 12.760	99,15	99,05
Languedoc-Roussillon davon:	– 1.992	– 5.541	99,36	98,20
– Aude	– 312	– 907	99,19	97,64
– Gard	– 1.011	– 747	98,88	99,16
– Hérault	– 336	– 1.639	99,72	98,61
– Lozère	– 130	+ 24	98,63	100,26
– Pyrénées Orientales	– 203	– 2.272	99,62	95,68
P.A.C.A. davon:	– 15.712	– 9.629	98,15	98,85
– Alpes-de-Haute P^{ce}	– 123	– 213	99,35	98,90
– Haute-Alpes	– 121	+ 36	99,42	100,17
– Alpes-Maritimes	– 3.078	– 1.325	98,43	99,31
– Bouches-du-Rhône	– 8.107	– 5.561	97,97	95,58
– Var	– 1.794	– 2.738	98,43	97,57
– Vaucluse	– 2.419	– 175	97,11	99,79
Monaco	– 70	+ 347	99,63	101,84
Corse	– 1.579	– 127	94,62	99,55
Frankreich**	– 216.673	– 235.242	98,36	98,16

Anmerkungen: * Beschäftigte, die bei der Arbeitslosenversicherung A.S.S.E.D.I.C. versichert sind (ohne staatl. u. kommunale Verwaltung, Landwirtschaft)
** einschließlich Monaco

Quelle: A.S.S.E.D.I.C. P.A.C.A./Corse 1985, S. 7–10

4.4 Sozioökonomische Resultate der touristischen Inwertsetzung

Tab. 24 Die Erwerbspersonen am Arbeitsort in der Region P.A.C.A. 1975–1985 nach Wirtschaftssektoren (Anzahl in 1.000)

Wirtschafts-sektoren	Jahr	04	05	Départements 06	13	83	84	Region	Frankreich
Landwirt-schaft	1975*	6,3	5,9	13,0	22,7	17,8	23,0	88,7	2.108,3
	1978	5,6	5,4	11,3	20,0	16,2	20,2	78,7	1.955,7
	1979	5,4	5,1	11,4	19,4	16,2	20,1	77,6	1.913,4
	1980	5,1	4,9	11,3	18,7	16,0	19,8	75,8	1.887,1
	1981	5,3	4,8	10,8	18,3	15,1	18,6	72,9	1.821,0
	1982*	5,5	5,4	9,1	18,6	15,1	20,2	73,9	1.760,3
	1983**	5,3	5,3	8,9	17,7	14,3	19,6	70,4	1.675,0
	1984**	5,2	5,1	8,5	17,7	14,3	19,6	70,4	1.675,0
	1985**	5,1	5,0	8,0	17,3	14,1	19,1	68,6	1.646,6
Industrie (ohne Bau-gewerbe)	1975*	5,3	3,8	45,1	133,1	37,8	26,5	251,6	6.121,2
	1978	5,5	3,8	44,3	130,4	36,7	27,6	248,3	6.003,4
	1979	5,5	3,7	43,6	125,2	36,3	27,7	242,0	5.877,5
	1980	5,5	3,7	43,6	122,9	35,2	27,9	238,8	5.808,6
	1981	5,7	3,6	43,2	120,9	34,7	27,7	235,9	5.686,8
	1982*	5,7	3,6	42,7	116,2	35,5	26,5	230,0	5.579,0
	1983**	5,6	3,7	42,5	116,7	35,8	26,5	230,8	5.548,0
	1984**	5,4	3,6	42,3	114,0	35,3	25,8	226,4	5.402,5
	1985**	5,3	3,4	42,2	110,4	34,4	25,6	221,3	5.232,7
Baugewerbe B.T.P.	1975*	6,2	5,4	40,3	64,8	31,2	17,2	165,1	1.896,6
	1978	6,2	5,5	40,8	56,4	31,9	16,8	157,6	1.859,2
	1979	6,3	5,3	39,5	52,8	32,1	17,1	153,1	1.822,5
	1980	6,4	5,4	39,7	53,5	31,1	16,7	152,8	1.818,6
	1981	6,3	5,3	41,6	52,9	31,1	16,6	153,9	1.812,5
	1982*	5,8	5,2	37,5	51,9	31,1	15,9	147,3	1.787,0
	1983**	5,7	5,2	34,5	50,3	29,5	15,3	140,5	1.723,2
	1984**	5,3	5,0	30,1	46,0	26,1	14,1	126,6	1.625,5
	1985**	5,9	4,5	28,0	43,0	24,1	13,2	117,8	1.528,0
Dienst-leistung	1975*	20,7	23,5	187,1	377,4	126,1	78,7	813,5	10.722,6
	1978	22,0	25,8	199,7	402,4	134,0	83,7	867,6	11.564,9
	1979	23,0	26,8	206,4	415,0	139,1	87,2	897,5	11.759,0
	1980	23,0	27,3	212,0	419,4	139,4	88,3	909,7	11.896,0
	1981	23,6	27,8	217,1	422,8	142,0	89,1	922,4	12.028,4
	1982*	25,3	28,8	217,3	420,7	157,9	95,6	945,5	12.332,0
	1983**	26,2	30,0	220,3	427,4	162,2	98,0	964,2	12.563,5
	1984**	27,0	30,6	221,4	427,8	164,1	98,5	969,4	12.649,9
	1985**	26,9	31,4	222,2	429,5	164,1	99,6	973,7	12.696,6
Erwerbsper-sonen insg.	1975*	38,5	38,6	285,5	598,0	212,9	145,4	1.318,9	20.848,7
	1978	39,3	40,5	296,1	609,2	218,8	148,3	1.352,2	21.383,3
	1979	40,2	40,9	300,9	612,4	223,7	152,1	1.370,2	21.372,4
	1980	40,3	41,3	306,6	614,5	221,7	152,7	1.377,1	21.410,3
	1981	40,9	41,6	312,7	615,0	222,9	152,0	1.385,1	21.160,2
	1982*	42,3	43,0	306,6	607,3	239,3	158,2	1.396,7	21.458,3
	1983**	42,8	44,2	306,2	612,4	242,1	159,9	1.407,7	21.545,8
	1984**	42,9	44,3	302,3	605,5	239,8	158,0	1.392,8	21.352,9
	1985**	42,3	44,3	300,4	600,2	236,7	157,5	1.381,4	21.103,9

Anmerkungen: Départements 04 Alpes-Haute-P^{ce}, 05 Hautes-Alpes, 06 Alpes-Maritimes, 13 Bouches-du-Rhone, 83 Var, 84 Vaucluse
* Volkszählungsergebnisse
** vorläufige Zahlen
Quelle: I.N.S.E.E. Dir. Rég. Marseille, 1980, S. 29; 1983, S. 29; 1985, S. 29.

Die Entwicklung der Beschäftigtenzahlen (Tab. 23) zeigt für alle französischen Regionen einen Rückgang der Werte seit 1982. Er fällt absolut gesehen in der P.A.C.A. höher als im Languedoc-Roussillon aus, 1982 auf 1983 gilt das auch für die relative Veränderung. Innerhalb der P.A.C.A. sind es die Küstendépartements, besonders Bouches-du-Rhône, in denen sich die Beschäftigung am stärksten verringerte. Damit setzt sich eine räumliche Differenzierung auf dem Arbeitsmarkt fort, die aus der Lokalisation von Bevölkerung und Erwerbsmöglichkeiten innerhalb der Region, den intraregionalen Disparitäten, resultiert. Im interregionalen Vergleich gilt, daß sich auch in den Jahren 1983 und 1984 die relative Begünstigung der mediterranen Festlandsregionen – besonders im Vergleich zu den traditionellen Industriegebieten Frankreichs – fortsetzte.

Die Tab. 24 belegt die entscheidende Bedeutung, welche den Dienstleistungsberufen bei der relativ günstigen Bilanz des Arbeitsmarktes in der P.A.C.A. zukommt. Während in der Region die Zahlen der in der Landwirtschaft Beschäftigten innerhalb von zehn Jahren um 11,4%, die der Industriebeschäftigten um 12,0% und jene im Baugewerbe um 28,7% zurückgingen, erhöhte sich die Zahl der im Tertiären Sektor Tätigen um 19,7%. Dabei fiel der Beschäftigtenzuwachs im Dienstleistungssektor in den Hochgebirgsdépartements (Alpes-de-Haute-Provence: 30%, Hautes-Alpes: 33,6%) am höchsten aus, es folgen das Var (30,1%) und Vaucluse (26,7%). Die beiden Départements, die bereits über eine umfangreiche Beschäftigung in den Dienstleistungsberufen verfügen, dominieren zwar hinsichtlich der Zahl der neu geschaffenen Arbeitsplätze, ihre Zuwachsraten sind jedoch relativ gering (Alpes-Maritimes: 18,8%; Bouches-du-Rhône: 13,8%).

Tab. 25 Die Erwerbspersonen am Arbeitsort in der Region P.A.C.A. nach Wirtschaftssektoren 1979, 1983 und 1985 (Angaben in v.H.)

	Landwirtschaft			Industrie			Baugewerbe			Dienstleistungen		
	1979	1983	1985	'79	'83	'85	'79	'83	'85	'79	'83	'85
Region P.A.C.A.	5,5	4,9	5,0	17,3	16,6	16,0	11,1	10,5	8,5	66,1	68,0	70,5
Frankreich	8,8	–	7,8	27,1	–	24,8	8,5	–	7,2	55,6	–	60,2

Quelle: I.N.S.E.E. (Dir. Rég. Marseille 1980, S. 29; 1983, S. 29; 1985, S. 29)

Der Anteil der in Dienstleistungsberufen Beschäftigten ist infolge der Zunahme ihrer Zahl, aber auch als Resultat der Verringerung in den anderen Wirtschaftssektoren zwischen 1979 und 1985 von 66,1% auf 70,5% gestiegen.

Die Rückgänge im Baugewerbe, die in den Küstendépartements besonders kräftig ausfielen, sind z.T. auch durch die touristische Entwicklung bedingt. Während im Département Bouches-du-Rhône das Zurückfahren des Ausbaus von Fos wesentlich zur Verringerung der Bautätigkeit beitrug, waren es im Var und den Alpes-Maritimes neben dem Auslaufen von Straßenbauprojekten (Autobahnbau) auch die in den Jahren ab 1980 auftretenden Einschränkungen im Ferienwohnungsbau (vgl. Anm. 81), welche die Baukonjunktur und -beschäftigung negativ tangierten (Alpes-

Maritimes: −31%; Var: −23%). Hier wird, wie auch im Languedoc-Roussillon, die grundsätzliche Ambivalenz der Beziehungen zwischen touristischer Erschließung und Beschäftigungseffekten im Baugewerbe sichtbar. Letztere sind zwar relativ schnell zu erzielen und prägen dann den sekundären Sektor peripherer Gebiete[50], sie sind jedoch zeitlich begrenzt und zudem sehr konjunkturabhängig. Nachfrageeinbrüche auf dem Immobilienmarkt wirken sich unmittelbar und mit geringer zeitlicher Verzögerung auf die Beschäftigung im Baugewerbe aus (vgl. Daten für Alpes-Maritimes ab 1981, Tab. 24).

Die Tab. 26 verdeutlicht die Entwicklung der Erwerbstätigkeit in jenen Branchen, die innerhalb des Dienstleistungssektors tourismusrelevant sind. Auffällig sind die Zuwächse im Einzelhandel (bei einer mit Ausnahme der Großmärkte zurückgehenden Zahl der Betriebe), bei Immobiliengesellschaften (3%), bei der Vermietung von Immobilien (27%) und im Kreditgewerbe (7%).

Die gewerbliche und nicht gewerbliche Tätigkeit in sozialen Dienstleistungsberufen wurde erheblich ausgeweitet, dies gilt z.B. für das Gesundheitswesen und private Gesundheitswesen (11%), für kulturelle und sportliche Dienstleistungen (20% bei gewerblichen Beschäftigten, 136% bei nichtgewerblichen Beschäftigten); auch bei den „übrigen" gewerblichen und nichtgewerblichen Diensten ist die touristische Nachfrage für die Ausweitung der Beschäftigung um 22% bzw. 28% mit verantwortlich. Das Gaststätten- und Beherbergungsgewerbe konnte seine Mitarbeiterzahl im Fünfjahreszeitraum um knapp 16% auf 42 071 erhöhen; es liegt damit mit dem gewerblichen Gesundheitswesen in der Bedeutung für den regionalen Arbeitsmarkt gleich auf und stellt das Vierfache der Beschäftigtenzahl, die in der Region zur Herstellung elektronischer Geräte oder bei der Produktion von Baumaterialien und von Keramik eingesetzt ist.

Die Tab. 26 verdeutlicht zudem die aktuelle Bedeutung der Beschäftigung von Frauen in den tourismusrelevanten Dienstleistungsberufen, auf diese für eine Peripherregion wichtige Problematik wird an anderer Stelle ausführlich eingegangen (vgl. u. S. 295f.).

Die räumliche Differenzierung der Beschäftigtenstruktur für den Zeitraum 1975 bis 1985 weist auf die unterschiedliche Bedeutung der tourismusrelevanten Dienstleistungsberufe in den einzelnen Départements hin. Eine relativ einheitliche Ausweitung der Beschäftigung in Hotels und gastronomischem Gewerbe (Ausnahme: Rückgang der Beschäftigtenzahlen von 1983 auf 1985 in den Départements Alpes-Maritimes und Bouches-du-Rhône) ist mit einer sehr unterschiedlichen Gewichtung dieser Branche verbunden. Sie stellt in den Alpes-de-Haute-Provence und Alpes-Maritimes 8 bis 10% der Dienstleistungsberufe, in den Hautes-Alpes, Bouches-du-Rhône und Vaucluse sind es nur 4 bis 5%, im Var etwas über 6%. Insgesamt weist I.N.S.E.E. für 1983 56 500 Beschäftigte im Beherbergungs- und Gastronomiegewerbe aus, dies sind 14 400 mehr als von der Arbeitslosenversicherung A.S.S.E.D.I.C. erfaßt wurden. Die aufgezeigten Relationen zu wichtigen industriellen Produktionszweigen bleiben davon unberührt.

---

50 Dies gilt z.B. auch für die unterindustrialisierte deutsche Ostseeküste, vgl. H.-G. MÖLLER (1977, S. 30).

Tab. 26 Die Entwicklung der Beschäftigung* in ausgewählten Branchen des Dienstleistungssektors der Region P.A.C.A. 1979–1984 – mit Fortsetzung –

Beschäftigung in	1979	1980	1981	1982	1983	1984 Männer	1984 Frauen	1984 Summe
Großhandel für Lebensmittel	20.774	20.118	19.755	19.728	20.015	12.961	6.521	19.482
Großhandel ohne Lebensmittel	17.005	17.052	16.740	16.785	16.881	10.718	5.689	16.407
Handelsvertreter	5.653	5.654	5.453	5.485	5.695	3.281	2.347	5.628
Einzelhandel, Lebensmittel-Großmärkte (ab 400m^2)	10.123	11.363	12.838	14.016	12.143	5.443	10.383	15.826
Lebensmitteleinzelhandel, Spezialgeschäfte + tägl. Bedarf	24.954	25.042	25.286	25.846	25.639	11.954	14.023	25.977
Nichtspezialisierter Einzelhandel ohne Lebensmittel	6.812	6.261	6.072	5.670	5.159	1.143	3.802	4.945
Spezialisierter Einzelhandel (ohne) Lebensmittel	49.684	50.794	50.858	53.003	52.011	20.148	31.140	51.288
Kfz Handel, Reparatur	26.639	26.805	27.220	27.661	27.637	22.734	4.310	27.044
Hotels, Cafés, Restaurants	36.411	38.085	38.958	40.038	41.528	23.570	18.501	42.071
Straßentransporte[1]	21.969	21.898	21.908	22.203	22.508	20.335	2.291	22.626
Küsten-, Binnenschiffahrt – Seetransport	4.074	4.077	4.079	4.126	4.462	3.619	553	4.142
Lufttransportwesen	645	557	724	812	783	439	332	771
Transportbezogene Dienste I[2]	6.050	6.308	6.329	6.403	6.088	4.834	1.184	6.018
Transportbezogene Dienste II[3] (einschl. Reisebüros)	11.790	11.616	14.790	14.277	10.798	6.859	3.552	10.411
Immobiliengesellschaften	10.997	11.732	11.220	10.960	11.157	5.118	6.210	11.328
Vermietung von Mobilien	2.351	2.415	2.486	2.614	2.911	1.667	1.309	2.976

Erläuterungen der Branchen (Niveau 100 A.P.E.):
1) Güternah- und Fernverkehr, Taxis, städtische und Überlandtransporte von Reisenden, Speditionen, Mietwagen mit Fahrer;
2) Busbahnhöfe, Häfen, Flughäfen, Mautstellen der Autobahnen, Parkplatzaufsicht, Lotsendienste u.a.;
3) Erhebung von Transportentgelten, Verwaltung von Häfen u. Flughäfen, Sortierarbeiten, Reisebüros

4.4 Sozioökonomische Resultate der touristischen Inwertsetzung

Tab. 26 Die Entwicklung der Beschäftigung* in ausgewählten Branchen des Dienstleistungssektors der Region P.A.C.A. 1979–1984 – Fortsetzung –

Beschäftigung in	1979	1980	1981	1982	1983	1984** Münner	1984** Frauen	1984** Summe
Gesundheitswesen (gewerbl.)[4]	39.784	41.227	42.203	43.539	43.314	9.407	34.891	44.298
Action sociale (gewerbl.)[5]	3.852	4.034	4.385	4.799	5.097	1.140	4.313	5.453
Kulturelle und sportliche Dienste (gewerbl.)[6]	6.369	6.577	6.766	7.127	7.541	4.832	2.776	7.608
Versicherungen	3.315	3.551	3.734	4.046	4.046	1.664	2.603	4.267
Kreditwesen	21.165	21.148	21.296	21.922	11.094	12.321	10.183	22.504
div. gewerbl. Dienst, z.T. Handwerk[7]	21.491	22.711	23.716	25.061	25.816	10.255	15.917	26.172
Gesundheitswesen (nicht gewerbl.)[8]	91	102	52	64	160	78	76	154
Action Sociale (nicht gewerbl.)[9]	6.610	7.172	7.740	8.748	10.139	3.049	7.462	10.511
Services récréatifs, culturels et sportifs (nicht gewerbl.)[10]	1.787	1.922	2.382	2.969	3.702	2.075	2.141	4.216
div. nicht gewerbliche Dienste[11]	7.072	7.312	7.632	8.482	8.793	2.863	6.151	9.014
Häusliche Dienste	12.829	13.727	14.830	14.572	15.032	5.562	10.012	15.574

Erläuterungen der Branchen (Niveau 100 A.P.E.):
4) Medizinische Dienstleistungen incl. extraklinische Laborleistungen u. Ambulanzen;
5) Kindergärten, Behinderten- und Altenheime
6) Radio und Television, Filmproduktion, Kino, Schauspielstätten, Spielkasinos, gewerbliche Sportstätten, Skilift, Sportberufe (z.B. Skilehrer, Animateur);
7) Wäscherei, Reinigungen, Friseure, Reinigungs- und Bestattungsunternehmen, gewerbliche Müllbeseitigung und Entsorgung;
8) nichtgewerbliche private und öffentliche medizinische Dienste (z.B. technische und wissenschaftliche Forschung);
9) Öffentlich-rechtliche Sozialeinrichtungen für Alte, Kinder und Behinderte;
10) Öffentliche Kultur- u. Sportstätten, z.T. Einrichtungen des Sozialtourismus;
11) Öffentlich-rechtliche Wirtschaftsorganisationen (z.B. C.C.I.), Fremdenverkehrsbüros, Gewerkschaftseinrichtungen (incl. Sozialtourismus), religiöse Einrichtungen.

Anmerkungen: *) Arbeitnehmer, die der Arbeitslosenversicherungspflicht unterliegen (ohne Landwirtschaft u. staatl. bzw. kommunale Dienste)
**) Vorläufige Zahlen (1979–1983: berichtigte Zahlen)

Quelle: A.S.S.E.D.I.C. – P.A.C.A. – Corse (Marseille)

Der Lebensmitteleinzelhandel, der – wie auch der Großhandel – an der Versorgung der Touristen einen wichtigen Anteil hat (R. LIVET 1978, S. 159), weist in den Küstendépartements die stärksten Beschäftigtenzuwächse auf (2200 bis 3000 Personen), während im übrigen Einzelhandel die Beschäftigung stagniert bzw. rückläufig ist. Eine über den Wohnbevölkerungsanteil hinausgehende Partizipation an den Beschäftigten im Lebensmitteleinzelhandel ist für das Département Alpes-Maritimes festzustellen (1985: 22,1% Bevölkerungsanteil, 22,7% Beschäftigtenanteil), der „übrige" Einzelhandel ist allerdings mit 27,8% der in der Region Beschäftigten stärker überrepräsentiert und auf die zusätzliche Nachfrage der Touristen und Zweitwohnungsinhaber ausgerichtet. Allgemein ist festzustellen, daß in den Küstendépartements der Region P.A.C.A. infolge der räumlichen Überlagerung der konzentrierten Wohn- und Freizeitbevölkerung in der Küstenzone die Agglomerationseffekte von der touristischen Nachfrage schwer zu isolieren sind. Diese Nachfrage kann von Ausnahmen (Alpes-Maritimes, touristisches Spezialangebot) abgesehen durch eine Erhöhung der Umsätze bestehender Kapazitäten abgedeckt werden.

Wichtige Dienstleistungen, die in Zusammenhang mit dem Tourismus und dem Zweitwohnungswesen erbracht werden, sind in Tab. 27 unter der Rubrik „gewerbliche Dienstleistungen für Private" zusammengefaßt[51]. Diese Dienstleistungen haben – im Unterschied zu den als Folge der Unterindustrialisierung stagnierenden Dienstleistungen für Unternehmen – zwischen 1975 und 1983 einen erheblichen Beschäftigungszuwachs zu verzeichnen gehabt. Zwischen 1983 und 1985 ist für die bevölkerungsstärksten Départements (Alpes-Maritimes und Bouches-du-Rhône) ein Rückgang der Beschäftigung in diesem Bereich zu verzeichnen, während die Zahl der gewerblichen Dienstleistungen für Private verrichtenden Arbeitskräfte in den Hochgebirgsdépartements wie auch im Var und im Vaucluse weiter ansteigt.

Eine Sonderrolle kommt den Hochgebirgsdépartements hinsichtlich der Beschäftigung im öffentlichen Sektor (nichtgewerbliche Dienstleistungen), dem u.a. auch die Einrichtungen des Sozialtourismus und des kommunalen Freizeitangebotes zuzuordnen sind, zu. Seine Ausweitung ist in allen Départements erfolgt, sie war jedoch in den Hochgebirgsdépartements mit einem relativen Bedeutungsrückgang verknüpft (Alpes-de-Haute-Provence 1975: 35%, 1985: 32,6%; Hautes-Alpes 1975: 28,0%, 1985: 27,8%). Dem steht in den übrigen Départements eine auch relative Ausweitung der öffentlichen Beschäftigung gegenüber, die zwischen 1975 und 1985 in den Bouches-du-Rhône mit einer Zunahme von 2,2% besonders stark ausfiel, in den übrigen Départements nur zwischen 0,6 und 0,9% beträgt.

---

51 Services marchands rendus principalement aux particuliers: Reparaturen, gewöhnliche medizinische Behandlungen, Privatkliniken, Altersheime, u.ä., Services récréatifs, culturels et sportifs: z.B. Schauspiele und -stellungen gewerblicher Art, Film- und Fernsehproduktion und -vorführung. Spielbanken, Sportstätten und Skilifte; unterschiedliche private Dienstleistungen, wie z.B. Wäschereien, Friseure, Photostudios, Reinigungsfirmen u.a.

Tab. 27 Die Beschäftigungsstruktur im Tertiären Sektor der Region P.A.C.A. 1975, 1983, 1985 (Erwerbstätige in 1.000) – mit Fortsetzung –

Beschäftigte im Tertiären Sektor am Arbeitsort	04			05			06			13			83		
	1975	'83	'85	1975	'83	'85	1975	'83	'85	1975	'83	'85	1975	'83	'85
insgesamt davon in	23,7	24,7	27,0	27,5	29,4	31,3	212,1	222,7	222,3	419,3	432,8	429,6	88,2	91,7	99,4
Lebensmittelgroßh.	0,3	0,3	0,4	0,7	0,8	1,0	3,9	3,8	4,1	9,0	8,3	9,3	3,1	2,9	2,8
übrigen Großh.	0,6	0,6	0,8	0,7	0,8	0,8	8,3	8,6	9,2	21,0	20,2	22,1	4,6	5,1	5,7
Lebensmitteleinzelh.	1,2	1,3	1,7	1,3	1,5	1,6	10,5	11,0	12,8	19,9	21,6	22,9	8,4	9,4	10,6
übrigen Einzelh.	1,8	2,0	1,7	2,0	2,1	2,0	25,1	26,0	20,8	36,0	36,8	28,7	14,0	14,6	13,8
Kfz-Handel/Reparatur	1,1	1,0	1,0	0,9	1,0	0,9	7,9	8,0	7,6	14,3	14,6	13,7	5,5	5,9	5,6
Hotels, Cafes, Restaurants	2,1	2,0	2,7	3,9	3,9	4,5	18,3	19,4	17,9	16,6	18,1	16,4	8,6	9,3	10,4
Transportgew.	0,7	0,7	0,7	1,1	1,2	1,2	11,5	11,8	11,8	45,6	45,5	43,5	5,3	5,4	5,3
P.T.T.	1,2	1,3	1,2	1,1	1,1	0,9	6,9	7,2	7,9	18,4	19,4	17,8	4,3	4,5	5,3
Gewerbl. Dienstl. für Unternehmen[1]	1,1	1,3	1,6	1,4	1,7	2,1	21,2	22,1	24,1	36,2	35,1	36,0	10,6	10,9	13,1
Gewerbl. Dienstl. für Private	4,2	4,8	5,4	6,0	6,4	6,6	36,6	38,4	37,8	64,4	69,3	67,8	20,7	22,3	25,8
Vermietung, Verpachtung u. Immobilien	0,1	0,1	0,1	0,1	0,1	0,2	0,9	1,0	1,5	2,7	2,7	2,2	0,6	0,6	0,7
Versicherungen	0,1	0,1	0,4	...	...	0,2	0,7	0,8	1,2	2,3	2,5	3,5	0,5	0,5	1,2
Finanz- u. Kreditwirtschaft	0,5	0,5	0,5	0,6	0,7	0,6	6,1	6,5	7,0	11,8	11,9	12,3	3,7	3,8	4,4
nicht gewerbliche Dienstleistungen[2]	8,3	8,7	8,8	7,7	8,1	8,7	54,2	57,8	58,6	121,1	126,8	133,4	49,6	51,9	59,6

Anmerkungen: 04 Alpes-Haute-P∞, 05 Haute-Alpes, 06 Alpes-Maritimes, 83 Var, 13 Bouches-du-Rhône
1) einschließlich Immobilienmarkt und Immobilienverwaltung
2) Dienstleistungen staatlicher, öffentlich-rechtlicher und gemeinnütziger Einrichtungen; u.a. auch der Bereiche des Beherbergungsangebots im Sozialtourismus

Tab. 27 Die Beschäftigungsstruktur im Tertiären Sektor der Region P.A.C.A. 1975, 1983, 1985 (Erwerbstätige in 1.000) – Fortsetzung –

Beschäftigte im Tertiären Sektor am Arbeitsort	84			1975	%	P.A.C.A. insges.[3]		'85	%
	1975	'83	'85			'83	%		
insgesamt	88,2	91,7	99,4	909,7	100,0	946,6	100,0	973,7	100,0
davon in									
Lebensmittelgroßh.	4,0	3,9	4,7	21,0	2,3	19,9	2,1	22,3	2,3
übrigen Großh.	5,3	5,3	5,2	40,6	4,4	40,7	4,3	43,8	4,5
Lebensmitteleinzelh.	5,3	5,9	6,7	46,6	5,1	50,7	5,4	56,3	5,8
übrigen Einzelh.	8,3	8,5	7,7	87,2	9,6	89,9	9,5	74,7	7,7
Kfz-Handel/Reparatur Hotels, Cafes	4,4	4,5	5,0	34,1	3,7	35,0	3,7	33,8	3,5
Restaurants	3,5	3,8	4,5	53,0	5,8	56,5	6,0	56,3	5,8
Transportgewerbe	6,7	6,8	6,8	70,9	7,8	71,5	7,6	69,3	7,1
P.T.T.	2,2	2,3	2,9	34,1	3,8	35,8	3,8	36,0	3,7
Gewerbliche Dienstleist. für Unternehmen[1]	6,5	6,2	5,9	77,0	8,5	77,2	8,2	82,8	8,5
Gewerbliche Dienstl. für Private	12,7	13,7	15,6	144,3	15,9	154,7	16,3	158,9	16,3
Vermietung, Verpachtung u. Immobilien	0,4	0,5	0,6	4,8	0,5	4,8	0,5	5,3	0,5
Versicherungen	0,4	0,4	0,7	4,0	0,4	4,4	0,4	7,2	0,7
Finanz- u. Kreditwirtschaft	2,4	2,5	2,8	25,1	2,8	25,9	2,7	27,6	2,8
nicht gewerbliche Dienstleistungen[2]	26,1	27,4	30,3	267,0	29,4	279,6	29,5	299,4	30,8

Anmerkungen: 84 Vaucluse
3) Infolge von Rundungsfehlern ist die Summe der Beschäftigtenzahlen der einzelnen Départements ungleich der für die P.A.C.A. insgesamt analysierten Werte.

Quelle: I.N.S.E.E. Dir. Rég. Marseille 1980, S. 31; 1983, S. 31; 1985, S. 31

4.4.1.1.2 Entwicklung und Struktur der Beschäftigung von Frauen

Ein wichtiger struktureller und qualitativer Effekt der touristischen Entwicklung besteht in der Schaffung von Erwerbsmöglichkeiten für Frauen. Dies ist in Peripherregionen wie der P.A.C.A. umso wichtiger, da dort die Erwerbsquote abhängig beschäftigter Frauen weiterhin stark unterdurchschnittlich ausgeprägt ist. Zwischen 1975 und 1982 erhöhte sie sich von 19,2 auf 21,2% (Frankreich: 23,8 bzw. 25,6%), während jene der Männer von 40,3 auf 38,2% (Frankreich: 42,1 bzw. 39,9%) absank (C. PILLET/C. MAESTRACCI 1983, S. 3). Hinzu kommt eine stark überhöhte Frauenarbeitslosigkeit (Abb. 4), die auf Arbeitsplatzverluste weiblicher Beschäftigter im sekundären Sektor zurückgeht. Waren dort 1975 noch 15,5% aller weiblichen Arbeitskräfte tätig, so verringerte sich ihr Anteil bis 1982 auf 12,0%, der Verlust von 3400 Arbeitskräften in der Bekleidungsindustrie, 2820 in der Lebensmittelherstellung und auch 400 Arbeitsplätze in der Produktion elektrischer und elektronischer Güter trug dazu bei.

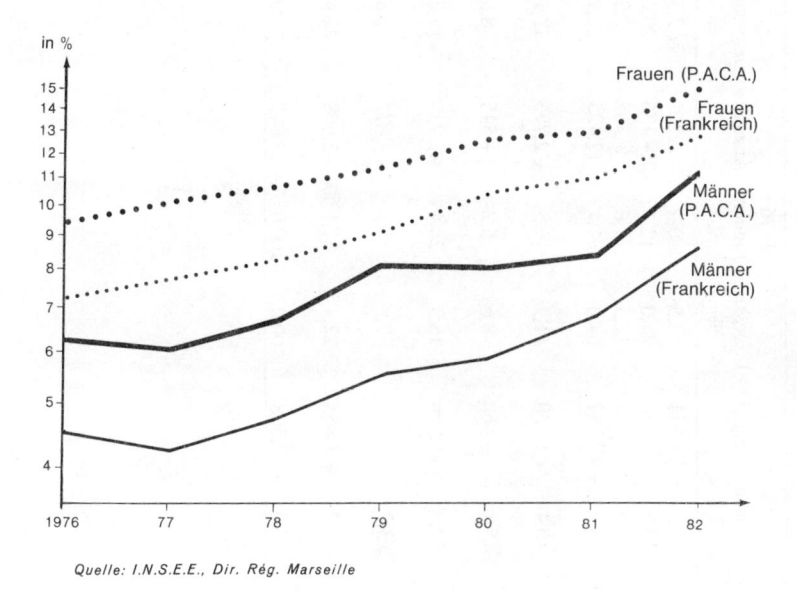

Abb. 4 Die Entwicklung der Arbeitslosigkeit in der Region P.A.C.A. und in Frankreich (1976–1982)

Im Vergleich zur negativen Beschäftigungsdynamik im industriellen Sektor sind die zunehmenden Arbeitsmöglichkeiten im Tertiären Sektor dafür verantwortlich, daß auch in den Jahren seit 1977, in welchen die Arbeitsplatzbilanz für Männer negativ ausfiel, erhebliche Zuwächse an weiblichen Beschäftigten zu verzeichnen waren. Nach den Statistiken des I.N.S.E.E. verringerte sich die Zahl der Arbeitsplätze

Tab. 28 Die Entwicklung der abhängigen weiblichen Beschäftigten in der Region P.A.C.A. nach Wirtschaftssektoren 1975–1981 – mit Fortsetzung –

Wirtschaftssektoren	1975			1976			1977			1978		
	Insgesamt %	Frauen %	Anzahl	Insgesamt %	Frauen %	Anzahl	Insgesamt %	Frauen %	Anzahl	Insgesamt %	Frauen %	Anzahl
Landwirtschaft	2,7	1,1	– 341	2,5	0,9	– 274	2,3	0,8	– 128	2,2	0,8	– 55
Industrie	21,4	13,9	– 1.460	21,0	13,1	+ 136	20,6	12,8	+ 203	20,3	12,4	– 837
Baugewerbe	13,1	1,6	+ 222	12,5	1,6	+ 355	12,2	1,6	+ 331	11,8	1,7	+ 234
Tertiärer Sektor	62,8	83,4	+ 12.087	64,0	84,4	+ 12.425	64,9	84,8	+ 11.846	65,7	85,1	+ 13.346
davon:												
Handel	11,7	16,4	+ 1.990	11,9	16,5	+ 2.775	12,1	16,7	+ 2.970	12,2	16,9	+ 1.931
Transport und Telekommunikation	8,7	5,1	+ 460	8,6	5,2	+ 545	8,6	5,0	+ 580	8,5	5,0	+ 1.908
Dienstleistungen (gewerblich)	17,6	37,7	+ 5.306	18,3	28,4	+ 5.930	19,0	29,0	+ 6.326	19,7	29,7	+ 7.564
Banken und Versicherungen	2,7	3,2	+ 463	2,8	3,3	+ 477	2,8	3,3	– 58	2,8	3,2	+ 504
Dienstleistungen (nicht gewerblich)	22,1	31,0	+ 3.868	22,4	31,1	+ 2.698	22,4	30,8	+ 2.028	22,5	30,3	+ 1.763
Insgesamt	100,0	100,0	+ 10.508	100,0	100,0	+ 12.642	100,0	100,0	+ 12.252	100,0	100,0	+ 12.985

4.4 Sozioökonomische Resultate der touristischen Inwertsetzung

Tab. 28 Die Entwicklung der abhängigen weiblichen Beschäftigten in der Region P.A.C.A. nach Wirtschaftssektoren 1975–1981 – Fortsetzung –

Wirtschaftssektoren	1979 Insgesamt %	1979 Frauen %	1979 Anzahl	1980 Insgesamt %	1980 Frauen %	1980 Anzahl	1981 Insgesamt %	1981 Frauen %	1981 Anzahl	1982 Insgesamt %	1982 Frauen %
Landwirtschaft	2,1	0,7	- 51	2,1	0,7	- 143	2,0	0,7	- 28	1,9	0,7
Industrie	19,6	11,8	- 747	19,2	11,4	- 606	18,8	11,0	- 1.746	18,3	10,5
Baugewerbe	11,3	1,7	+ 128	11,2	1,7	+ 64	11,2	1,7	+ 107	11,0	1,7
Tertiärer Sektor	67,0	85,8	+ 6.178	67,5	86,2	+ 7.982	68,0	86,6	+ 8.104	68,8	87,1
davon:											
Handel	12,4	16,8	+ 103	12,4	16,6	+ 356	12,5	16,4	+ 1.079	12,5	16,4
Transport und Telekommunikation	8,4	5,3	+ 151	8,6	5,3	+ 321	8,5	5,3	+ 809	8,5	5,4
Dienstleistungen (gewerblich)	20,5	30,7	+ 3.410	21,0	31,1	+ 4.971	21,5	31,7	+ 4.010	22,0	32,1
Banken und Versicherungen	2,8	3,2	+ 181	2,8	3,2	+ 318	2,8	3,2	+ 157	2,8	3,2
Dienstleistungen (nicht gewerblich)	22,6	29,8	+ 2.333	22,7	30,0	+ 2.016	22,7	30,0	+ 2.049	23,0	30,0
Insgesamt	100,0	100,0	+ 5.508	100,0	100,0	+ 7.297	100,0	100,0	+ 6.437	100,0	100,0

Quelle: I.N.S.E.E. (Dir. Rég. Marseille 1983, S. 12, 13)

Tab. 29 Die im Tertiären Sektor der Region P.A.C.A. abhängig beschäftigten Frauen nach Branchen 1975–1982

Tertiärer Sektor	1975	1976	1977	1978	1979	1980	1981	1982
Großhandel mit Lebensmitteln	6.992	7.132	7.058	6.790	6.947	6.612	6.163	5.983
Großhandel ohne Lebensmittel	9.409	9.713	10.417	10.939	11.070	11.073	11.184	11.237
Einzelhandel mit Lebensmitteln	13.837	14.080	15.025	15.418	15.826	15.688	16.087	16.987
Einzelhandel ohne Lebensmittel	29.160	30.463	31.663	33.986	35.221	35.714	36.089	36.395
Autoreparatur	2.878	3.031	3.343	3.576	3.815	3.952	3.982	4.148
Hotels, Cafés, Restaurants	13.279	13.656	14.461	15.190	15.992	15.878	16.836	17.392
Transport	7.537	7.629	8.171	8.385	8.701	8.780	8.975	9.388
Telekommunikation, Post	10.862	11.230	11.233	11.599	13.191	13.263	13.389	13.785
Dienstleistungen für Firmen	20.717	21.512	23.121	24.170	26.563	28.050	29.923	30.914
Dienstleistungen für Private	63.690	67.670	70.874	75.189	79.229	81.219	83.329	85.626
Vermietungen, Kredit, Immobiliengewerbe	1.301	1.320	1.370	1.269	1.324	1.351	1.400	1.450
Versicherungen	1.632	1.618	1.754	1.672	1.939	1.922	1.982	2.049
Finanzinstitute	8.846	9.304	9.595	9.720	9.902	10.073	10.282	10.322
Dienstleistungen (nicht gewerblich)	112.104	115.972	118.670	120.678	122.434	124.767	126.783	128.832
Insgesamt	362.055	372.563	385.205	397.457	410.442	415.950	423.247	429.684

Quelle: I.N.S.E.E. (Dir. Rég. Marseille 1983, S. 14)

für Männer 1977 und 1978 um 760 bzw. 3096. In demselben Jahren nahm die Zahl der weiblichen Beschäftigten um 12 252 bzw. 12 985 zu. Ähnlich sah die Lage 1981 aus, dem Verlust von 315 Arbeitsplätzen von Männern stand ein Zuwachs von 6437 Frauenarbeitsplätzen gegenüber. Auch 1984, ein Jahr mit fortgesetzt hohen Arbeitsplatzverlusten in Industrie und Baugewerbe (11 400 Arbeitsplätze, davon 5100 bzw. 2,2% der Beschäftigten in der Industrie), ist durch ein zwar schwaches, aber fortgesetztes Wachstum des Tertiären Sektors gekennzeichnet (+0,7%), wobei die frauenintensiven Berufe eine verstärkte Zunahme zu verzeichnen hatten (Zahlen für 1983 in Klammern): gewerbliche Dienstleistungen 2100 (1200), davon gewerbliche Dienstleistungen an Private 1900 (200) zusätzliche Arbeitsplätze (nach I.N.S.E.E.-Dir. Rég. Marseille 1985, S. 27).

Die Tab. 28 zeigt, daß die Beschäftigung von Frauen im Primären und Sekundären Sektor der allgemeinen Tendenz des Arbeitsmarktes folgt (Ausnahme: Baugewerbe, das für die Beschäftigung weiblicher Arbeitskräfte kaum eine Bedeutung besitzt). Die Zuwächse an weiblichen Beschäftigten, die sowohl eine erhöhte Partizipation von Frauen am Erwerbsleben als auch allgemein positive Effekte für den regionalen Arbeitsmarkt beinhalten, fanden ausschließlich im Tertiären Sektor statt. Auf ihn entfielen 1982 69% aller Arbeitsplätze, aber 87% derjenigen von Frauen. Diese verteilen sich wie die Zugänge schwerpunktmäßig auf den Handel und die gewerblichen wie auch öffentlichen Dienstleistungen; letztere stellen jeweils knapp ein Drittel der Frauenarbeitsplätze.

Zwischen 1975 und 1982 hat die Beschäftigung von Frauen in Hotels, Cafes und Restaurants, der dem Tourismus am engsten zuzuordnenden Branche des Beherbergungs- und Gastgewerbes, um 31% zugenommen, der Zuwachs lag deutlich über jenem an Frauenarbeitsplätzen im Einzelhandel (23%) oder den Transportberufen (25%) und den nichtgewerblichen Dienstleistungen (15%). Für Dienstleistungen an Privathaushalte wurden 34% mehr Frauenarbeitsplätze besetzt; erstaunlich ist mit 49% der Zuwachs bei den Dienstleistungen an Unternehmen, dessen Gesamtzahl an Arbeitsplätzen zwischen 1975 und 1983 lediglich um 200 auf 77 200 bzw. um 2,6% stieg. Hier muß ähnlich wie bei den Reparaturberufen und Verkauf von Automobilen (Zunahme 1975–1983: 900 Arbeitsplätze auf 35 000 bzw. um ebenfalls 2,6%) eine Veränderung des Frauenanteils an der Gesamtzahl der Beschäftigten eingetreten sein.

4.4.1.1.3 Die Bedeutung der Freizeithäfen für den Arbeitsmarkt

Die Freizeit- und Sportschiffahrt gewinnt an den mediterranen Küsten Frankreichs zunehmend an Bedeutung; waren 1976 im Bereich der Direction des Affaires Maritimes (D.A.M.) Marseille noch 162 129 Boote immatrikuliert, so stieg ihre Zahl (über 225 349 (1981)) auf 254 626 im Jahre 1984. Der Anteil von Booten über 2 t stieg von 24% (1976) auf 27% (1981 und 1984). Er wuchs schneller als die Gesamtheit des Bootsbestandes (1976–1981 um 57% gegenüber 39% Gesamtzuwachs; 1981–1984 um 14% gegenüber 13% für die Gesamtheit der Boote). Auch wenn der Zuwachs an Sport- und Freizeitbooten in der ersten Hälfte der achtziger Jahre als Folge der allgemeinen ökonomischen Krise in Frankreich, hoher Kreditzinsen und Heranziehung von Bootseignern zur Luxussteuer deutlich abgeflacht ist, so stellt die Sport- und Freizeitschiffahrt doch weiterhin einen Beschäftigungsfaktor mit einer expandierenden Tendenz auf dem regionalen Arbeitsmarkt dar. Letztere resultiert aus qualitativen und quantitativen Faktoren, der überproportionalen Zunahme von größeren Booten, die auf Hafenliegeplätze angewiesen sind, sowie der zunehmenden Unterversorgung mit Liegeplätzen. Standen 1976 noch für 26% der immatrikulierten Boote Liegeplätze zur Verfügung (D. HAALAND 1979, S. 184), so waren es 1984 nur noch 23%. Dabei ist eine deutliche Begünstigung der Côte d'Azur festzustellen; 1976 fanden im Bereich des Quartier des Affaires Maritimes (Q.A.M.) Nizza 36% der Boote einen Liegeplatz, im Bereich des Q.A.M. Marseille waren es nur 18% und im Languedoc (Q.A.M. Sète) 16% (D. HAALAND 1979, S. 185).

Die Begünstigung der Hafenaktivitäten an der Côte d'Azur resultiert aus einem vergleichsweise hohen Anteil der touristischen Bootseigner, aus einer relativ langen Saisondauer, dem Vorhandensein von maritimen Passageverkehr, besonders jedoch aus den hohen Anteilen von Ausländern und Angehörigen der sozialen Oberschicht unter den Eignern der dort immatrikulierten Boote. Eine im Bereich der D.A.M. Marseille 1976 durchgeführte Erhebung ergab hinsichtlich der sozioprofessionellen Einordnung der Bootseigner für das Q.A.M. Nizza einen Anteil von 21% der Freiberufler und höheren Kader (Cadres Supérieurs), diese Gruppen erreichen in Sète 19% und im Q.A.M. Martigues nur 10%. Die mittleren Kader (Cadres Moyens) und Angestellten, die in Sète 32% in Martigues 35% und in Marseille 36% der Bootseigner stellen, sind im Q.A.M. Nizza nur mit 25% vertreten.

Die Unterschiede in der Gästestruktur bedingen ähnlich wie im Einzelhandel Nizzas auch in der Sport- und Freizeitschiffahrt einen stärkeren Besatz mit Unternehmen und höhere Umsätze. Eine Untersuchung der C.C.I. Nizza ergab für das Jahr 1981 für die mit der Nutzung der Freizeit- und Sporthäfen verbundene Umsätze im Département Alpes-Maritimes einen Betrag von 15 500 FF pro registriertem Boot, im Languedoc-Roussillon mit einem wesentlich höheren Anteil einheimischer Bootseigner wurde demgegenüber für 1979 nur ein Umsatz von 4000 FF pro Boot ermittelt (CONSEIL GENERAL DES ALPES-MARITIMES 1982, S. 30).

Die Auswirkungen der Freizeithäfen auf den Arbeitsmarkt lassen sich zum einen am Fallbeispiel und zum anderen anhand einer auf repräsentativen Befragungsergebnissen basierenden Schätzung erfassen.

Im Hafen *Port St. Laurent-du-Var*, der über 1063 Liegeplätze verfügt, waren 1982 24 Hafenbedienstete beschäftigt. Der Hafen zählte zudem 74 private Unternehmen mit 260 Dauerarbeitskräften, die zu 30% im Gastronomiegewerbe und zu 26% in Berufen, die mit Betreuung, Wartung, Reparatur und dem Verkauf von Booten bzw. von Bootszubehör verbunden sind, tätig waren. Die im Hafenbetrieb erzielten Umsätze beliefen sich 1982 auf 1,343 Mio FF, die der gewerblichen Betriebe sind nicht zu erfassen. Pro Liegeplatz wurden somit 1263 FF Umsatz erzielt (Durchschnitt Alpes-Maritimes 1593 FF), pro Hafenbedienstetem waren es 55 558 FF (Durchschnitt Alpes-Maritimes: 81 937 FF; Daten nach C.C.I. Nice 1982, S. 11ff.) Trotz der in den einzelnen Häfen unterschiedlichen Gebührenordnungen, die eine Funktion von Status und Nachfrage in den Häfen darstellen, geben die Unterschiede der

Umsatzziffern einen Hinweis darauf, daß der Port St. Laurent-du-Var nicht zu den mondänen Sport- und Freizeithäfen der Côte d'Azur zählt; die hier aufgetretenen Arbeitsmarkteffekte liegen daher im Bereich des Durchschnitts. Pro Arbeitsplatz für Hafenbedienstete sind 44,3 Liegeplätze bzw. pro 100 Liegeplätze 2,3 Dauerarbeitsplätze zu verzeichnen (Durchschnitt der Freizeit- und Sporthäfen der Alpes-Maritimes: 52 Liegeplätze pro Hafenbeschäftigtem; 2,7 Dauerarbeitsplätze pro 100 Liegeplätze).

Der Versuch, die Gesamtheit der direkten und indirekten Arbeitsmarkteffekte von Sport- und Freizeithäfen an der französischen Mittelmeerküste zu erfassen, beruht auf repräsentativen Befragungsergebnissen der C.C.I. Nizza aus dem Jahre 1981/82.

In der Befragung wurden 693 in den Verzeichnissen der Industrie- und Handelskammer sowie des statistischen Amtes I.N.S.E.E. enthaltene Unternehmen, die direkt und indirekt mit der Sport- und Freizeitschiffahrt an der Côte d'Azur geschäftlich verbunden sind erfaßt[52]. Von den 271 antwortenden Firmen sind 25% mit der Betreuung, Unterhaltung und Reparatur von Booten beschäftigt, 15% sind dem Bootsbau und mechanischen Arbeiten am nautischen Zubehör zuzuordnen, 15% befassen sich hauptsächlich mit dem Verkauf von Booten und Zubehör. Insgesamt beschäftigen die befragten Firmen 1800 Dauer- und 200 Saisonarbeitskräfte. Die Lokalisation der Firmen entspricht in der gewichteten Reihenfolge der Standorte Cannes – Mandelieu – Antibes – Nizza, die zwei Drittel der Betriebe auf sich vereinigen, der räumlichen Struktur der Gesamtheit aller in Frage kommenden Betriebe.

Die Arbeitsmarkteffekte der Freizeit- und Sporthäfen an der Côte d'Azur entsprechen jenen an der hinsichtlich der Freizeitschiffahrt vergleichbaren Küste des Départements Finistère an der Südküste der Bretagne.

Tab. 30 Bootesbestand und mit der Sport- bzw. Freizeitschiffahrt verbundene Arbeitskräfte an ausgewählten Küsten Frankreichs

	Erhebungsjahr	Arbeitskräfte Dauer-	Saison AK	Immatrikulierte Boote	Beschäftigte pro 100 Boote	Umsatz pro Boot
Finistère	1977	374	109	10.800	12	.
Languedoc-Roussillon	1979	740	270	49.000	6	4.000
Alpes-Maritimes	1981	1.800	200	42.000	12	15.000
Quelle: Conseil General des Alpes–Maritimes (1982, S. 30ff.)						

Hier wie dort gibt es vergleichbare Strukturen der Sport- und Freizeitschiffahrt, gekennzeichnet durch relativ große Bootseinheiten, eine lange Tradition, Passage-Verkehr und hohe Ausländeranteile unter den Bootseignern (vgl. CONSEIL GENERAL

---

52 Nicht eingeschlossen: Unternehmen, deren Sitz sich außerhalb der Grenzen des Départements befindet.

DES ALPES-MARITIMES 1982, S. 30). In beiden Fällen ergab sich ein Beschäftigungskoeffizient von 12 Arbeitskräften pro 100 immatrikulierte Boote. Der Languedoc-Roussillon mit einer andersartigen Struktur der Freizeitschiffahrt (vgl. u. S. 269) erreicht lediglich die Hälfte dieses Wertes.

Die Übertragbarkeit der Ergebnisse in Tab. 30 wird durch eine weitere landesweit angelegte Untersuchung bestätigt (A.C.T. 1976, S. 25). Diese geht von durchschnittlichen Arbeitsmarkteffekten in Freizeithäfen von durchschnittlich 2 Beschäftigten pro 100 zugelassene Boote aus (Variationsbreite je nach Ausstattung und Konzeption der Häfen 0,5 bis 3 Hafenbedienstete), hinzu kommen 9,5 indirekte Arbeitsplätze pro 100 Boote (z.B. im Bootsbau, Reparaturarbeiten spezialisierter Handel u.a.). Hinzuzurechnen sind nach dieser Untersuchung 7,5 Beschäftigte im allgemeinen Handel, sofern die Häfen touristisch genutzt werden und eine differenzierte Angebotsstruktur vorhanden ist.

Tab. 31 Die Arbeitskräfte in der Sport- und Freizeitschiffahrt der Mediterranen Festlandsregionen Frankreichs 1979 und 1984

Region	Immatrikulierte Boote		Arbeitsplätze**	Arbeitsplätze	
	1979	1984	pro 100 Boote	1979	1984
Q.A.M. Nice u. Toulon	95.266	118.778	12	11.420	14.253
Q.A.M. Marseille u. Martigues	42.158	54.085	6	2.529	3.245
Languedoc-Roussillon	48.906	63.483	6	2.934	3.809
Mittelmeerküsten insges.*	186.330	236.346	..	16.883	21.307

Anmerkungen: *) ohne Korsika
**) Direkte und indirekte Arbeitsplätze in den Regionen. Arbeitskoeffizient nach Befragungsergebnissen der C.C.I. Nizza, vgl. Text.

Quelle: Eigene Berechnungen nach I.N.S.E.E. (Dir. Rég. Marseille 1981, S. 110; 1985, S. 113)

Die Bedeutung der Freizeithäfen bzw. der Freizeitschiffahrt für die Arbeitsmärkte ist an der Côte d'Azur und im Var am größten, hier sind zwei Drittel der durch sie direkt und indirekt verursachten Arbeitsplätze lokalisiert. Für die Küstenabschnitte der Q.A.M. Marseille und Martigues sind in Tab. 31 nur wie im Languedoc-Roussillon 6 Arbeitsplätze pro Boot angesetzt. Dies resultiert aus ähnlichen Nutzerstrukturen in den Häfen, dem Überwiegen des Wochenend- und Naherholungsverkehrs im Großraum Marseille und am Etang-de-Berre, das eine geringere Inanspruchnahme von Dienstleistungen beinhaltet als in den stark touristisch orientierten Häfen der Côte d'Azur. Insgesamt ist in der Region P.A.C.A. für 1984 mit 17 500 auf die Freizeithäfen und Freizeitschiffahrt bezogenen Arbeitsplätzen zu rechnen. Dies entspricht der Zahl der in der Elektro- und Elektronikindustrie der P.A.C.A. beschäftigten Arbeitskräfte bzw. dem Doppelten der Beschäftigtenzahl der Textil- und Bekleidungsindustrie der Region.

4.4.1.2 Die nachfragebezogene Analyse touristischer Arbeitsplätze

Die nachfragebezogene Analyse der touristischen Beschäftigungseffekte basiert auf den Ergebnissen einer Befragung, die die C.R.C.I. Marseille 1981/82 bei Gästen und Beherbergungsbetrieben ausgewählter, für die touristischen Zonen (vgl. Karte 12) repräsentativer Kantone durchführte. Die Befragungsergebnisse wurden für die touristischen Zonen *der jeweiligen Départements* hochgerechnet; bei der Erhebung wurden 15% der regionalen gewerblichen und sozialtouristischen Beherbergungskapazitäten erfaßt, infolge des fehlenden Rücklaufs der Betriebsfragebögen sind für das Département Bouches-du-Rhône nur Teilergebnisse zu verzeichnen (vgl. C.R.C.I.-P.A.C.A.-CORSE 1983a, S. 3, 71f.).

Die für die Départements Alpes-Maritimes und Var ausgewiesenen Unterschiede der Übernachtungs- und Umsatzzahlen verdeutlichen das quantitative Ausmaß der Konzentration der touristischen Standorte auf die Küste und die Hochgebirgszone. Der zwischen ihnen liegende Raum des weiteren Küstenhinterlandes, des Moyen Montagne und Haut Pays, weist eine wesentlich schwächere touristische Erschließung auf, die besonders durch eine niedrige Bettenkapazität im Beherbergungsgewerbe und Sozialtourismus gekennzeichnet ist. Für letzteren gilt, daß er in dieser Zone zwar infolge des insgesamt geringen touristischen Angebots relativ eine große Bedeutung besitzt (vgl. Karte 11), absolut gesehen die Nachfrage jedoch an der Küste konzentriert ist, wie das Beispiel des Départements Var zeigt, wo 1984 93% der Übernachtungen im Sozialtourismus in den Küstenkantonen stattfanden (BREHANT 1985, S. 39).

Die Tab. 32 weist nach, daß die touristischen Beschäftigungseffekte in den mittleren und höheren Lagen des binnenwärtigen Raumes, sei es im Gebiet der Baous oder im Mittleren und Hohen Var, recht günstig sind. Auf einen Arbeitsplatz entfallen 1600 bis 1800 Übernachtungen bzw. 21 bis 22 Betten. Diese Relation ist wesentlich positiver als in der Hochgebirgszone, wo das Doppelte an Übernachtungen und eine höhere Bettenzahl pro Arbeitskraft auf ein arbeitsextensiveres touristisches Angebot hinweisen. Auch ist die Relation zwischen Dauer- und Saisonarbeitskräften wesentlich ausgeglichener als in den mit einer Doppelsaison arbeitenden Hochgebirgsorten. Dies stellt ein weiteres positives Merkmal der Bedeutung des Tourismus im Haut und Moyen Pays für die Regionalentwicklung dar; es begründet einen höheren Anteil der Partizipation und Integration der Regionalbevölkerung im touristischen Sektor.

Die Ursachen dieser günstig erscheinenden Situation begründen allerdings zugleich negative Perspektiven für die zukünftige Entwicklung. Das Beherbergungsangebot im binnenwärtigen, ländlichen Raum (ohne Hochgebirge) besteht – abgesehen von den Einrichtungen des Sozialtourismus – überwiegend aus kleinen, zumeist älteren und nicht modernisierten Familienhotels, die von Einheimischen betrieben werden[53]. Die Betriebsinhaber sind in der Regel, wie die Wohnbevölkerung in den demographischen Desertifikationsgebieten allgemein, überaltert; sie modernisieren ihre Betriebe kaum, mit ihrem Ausscheiden aus dem Erwerbsleben droht die Schlie-

---

53 Vgl. dazu L. FAUCHON (1975), C.E.C.O.D. (1977), C.C.I. DES ALPES-MARITIMES (o.J.), C. DUBOIS/ P. V. NAQUET (1978).

4. Freizeit, Tourismus und Regionalentwicklung

Tab. 32 Tourismusbedingte Umsätze und Beschäftigung im Beherbergungsgewerbe / Sozialtourismus ausgewählter touristischer Zonen der Region P.A.C.A. 1982

Touristische Zonen	Übernachtungen (1.000)	Kapazität (1.000 Betten)+	Arbeitskräfte im Beherbergungsgewerbe Sozialtourismus		AK-Äquivalent°	Umsätze im Beherbergungsgewerbe pro Bett FF	Umsätze im Beherbergungsgewerbe pro Jahr (1.000 FF)	Beschäftigungseffekt 1 Arbeitsplatzäquivalent pro... Übernachtungen	Beschäftigungseffekt 1 Arbeitsplatzäquivalent pro... Betten
			Dauerarbeitskräfte	Saisonarbeitskräfte					
Hochgebirge*[1]	3.679	23,0	143	1.633	959	6.775	155.815	3.840	24,0
Tourismus im ländlichen[1] Raum I (tourisme vert in den nördl. Baous)**	337	3,8	57	266	190	3.922	14.906	1.774	20,0
Haut et Moyen Pays***[2]	1.264	17,4	447	537	806	5.594	97.331	1.568	21,6
Zentrale Küstenzone[2]	3.819	39,2	1.150	1.516	1.908	7.208	282.556	2.002	20,6
westl. Küstenzone****[3]	2.980	22,9	–	–	–	12.385	283.631	–	–
Durchreise- u. Städtetourismus*****[3]	1.042	6,6	–	–	–	23.773	156.904	–	–
Durchreise- u. Kulturtourismus******[3]	1.260	7,8ˣ	–	–	–	23.278	181.572ˣˣ	–	–
Ländlicher Raum II (tourisme vert)*******[3]	1.286	8,7	–	–	–	16.625	144.637	–	–

Anmerkungen:
1) Dép. Alpes-Maritimes; 2) Dép. Var; Kantone Hyères, La Grau, Solliès Pont; 3) Dép. Bouches-du-Rhône;
° AK-Äquivalent: 2 Saisonarbeitsplätze = 1 Dauerarbeitsplatz
+ gerundete Zahlen
ˣ davon 6.300 in Arles
ˣˣ davon 126.191 FF in Arles
*) Kantone: St. Etienne-de-Tinée; Guillaumes, Roquebillière, St. Martin-de-Vesubie, St. Sauveur-de-Tinée, Tende, Puget Thénier
**) Kantone: St. Auban, Roquesteron, Coursegoules
***) Kantone: Fayence, Brignoles, Callas, Cortignac, Draguignan, Llorgues, Le Luc, Salernes
****) Kantone: La Ciotat bis Port-St. Louis
*****) Kanton: Aix-en-Pᶜᵉ
******) Kantone: Arles und Salon-de-Pᶜᵉ
*******) Kantone: St. Remy-de-Pᶜᵉ, Tarascon, Châteaurenard, Orgon, Eyguières

Quelle: C.R.C.I. Marseille 1983, eigene Berechnung

ßung des Betriebes[54]. Mängel in der Ausstattung der Betriebe und der Professionalität ihrer Betreiber, vor allem auch das Fehlen einer organisierten Vermarktung (Ausnahme z.B. die im LOGIS DE FRANCE zusammengeschlossenen Häuser) begrenzen heute den finanziellen Beitrag dieser Hotels zur Regionalwirtschaft; die niedrigen Umsätze, pro Bett in Tab. 50 ausgewiesen, sind allerdings auch auf den hohen Stellenwert des Sozial- und Campingtourismus im Moyen- und Haut-Pays zurückzuführen. Die Perspektiven der gewerblichen und kommunalen Zeltplätze im Binnenland erscheinen dabei ebenfalls negativ, da sich ihre Auslastung fortgesetzt verringert[55]. Die Zeltplatzbesucher ziehen zunehmend einen Aufenthalt auf den überfüllten mit zahlreichen Unbequemlichkeiten versehenen Campingplätzen an der Küste dem ruhigeren Wohnen auf qualitativ z.T. besser ausgestatteten Zeltplätzen in Binnenlage vor. Die aus den unterschiedlichen Regionen Frankreichs gesammelten Strukturdaten in Tab. 33 ermöglichen es, die Auswirkungen des Tourismus auf die Regionalentwicklung der P.A.C.A. vergleichend einzuordnen und zu bewerten.

Die in Tab. 33 enthaltenen ländlichen Fremdenverkehrsgemeinden Bujaleuf und Savines sind beide an Seen gelegen und mit einem hohen Anteil an Sozialtourismus ausgestattet. Savines, im Département Hautes-Alpes am Lac de Serre-Poncon, verfügt über einen hohen Anteil des Campingtourismus (zwei Drittel des Beherbergungsangebotes), dem zusammen mit dem Sozialtourismus 84% der Betten zuzuordnen sind. Bujaleuf, 35 km entfernt von Limoges im Tal der Maulde gelegen, befindet sich ebenfalls in einem der „demographischen Desertifikation" anheimgegebenen Gebiet; die 1000 Betten werden zu 53% von Ferienwohnungen und zu 28% von Zeltplätzen gestellt. Die Gemeinde verfügt über ein differenziertes Angebot an wassergebundenen und terrestrischen Sportarten, sie wird überwiegend im Wochenendverkehr frequentiert.

Gemessen an diesen Vergleichsgemeinden weist das Küstenhinterland, Haut- und Moyen-Pays von Alpes-Maritimes und Var, wesentlich höhere Umsätze pro Bett auf, auch die Arbeitsmarkteffekte sind dort positiver zu sehen. Eine relativ hohe Arbeitsintensität in Bujaleuf resultiert allein aus der großen Zahl induzierter Arbeitsplätze; ohne ihre Berücksichtigung entfallen auf eine Arbeitskraft 41,3 Betten, in Savines 57,9 Betten. Der Arbeitsmarkteffekt fällt im ländlichen Raum der Küstendépartements deutlich günstiger aus; auch die Zahl der Übernachtungen pro Arbeitskraft liegt in ihnen deutlich höher. Die Arbeitsextensität ihres Beherbergungsangebotes ist auf die Dominanz der Zeltplätze und des Sozialtourismus zurückzuführen, ein beschäftigungsintensives gewerbliches Beherbergungsangebot fehlt hingegen.

Die Beschäftigungseffekte in den übrigen touristischen Zonen der Küstendépartements fallen deutlich geringer aus. In der Hochgebirgszone des Départements Alpes-Maritimes ist trotz Doppelsaison mit Sommerski und Sommerfrische ein Verhältnis der Saison- zu den Dauerarbeitskräften von 11 zu 1 zu verzeichnen. Die im Vergleich zu Valcenis (Tab. 33), einer Hochgebirgsstation (Lanslebourg und Lanslevillard im Haute Maurienne, ebenfalls mit Doppelsaison) sehr hohen Übernachtungszahlen pro Arbeitskraft resultieren aus dem Faktum, daß in den Winter-

---

54 C.E.C.O.D. (1977, S. 32f.) ermittelte bei einer Befragung 1976, daß für 35% der kleinen Hotels auf dem Lande die Schließung in Aussicht stand.
55 Vgl. für die Alpes-Maritimes J. P. BENAGLIA (1981, S. 10) und für das Var BREHANT (1985, S. 35f.).

Tab. 33 Übernachtung, Beschäftigungseffekte und Umsätze in ausgewählten Fremdenverkehrsgemeinden Frankreichs

Fremdenverkehrs-gemeinde	Département	Bev. 1975	Erwerbs-tätige	Betten	Betten/Einw.	Übernach-tungen	Übernach-tungen/Bett	touristische Ausgaben pro Bett FF	pro Tag
Aussois-en-Vanoise	Savoie	331	135	1.200	3,6	170.000	141,6	5.183	37
Bujaleuf	Haute-Vienne	1.060	360	950	0,6	64.000	67,1	1.494	22
St. Hilaire-de-Riez	Vendée	5.028	1.500	55.500	11,0	4.800.000	86,5	1.631	19
Savines (Lac de Serre-Ponçon)	Hautes-Alpes	680	240	5.500	8,1	430.000	78,2	1.854	24
Valcenis	Savoie	833	320	2.500	3,1	430.000	172,0	7.280	42
Villers-sur-Mer	Calvados	1.769	616	15.000	8,5	1.000.000	66,6	2.541	38

Fremdenverkehrs-gemeinde	Département	Tourist. Arbeitskräfte (Schätzungen)				Arbeitsplatzäquivalent		1 Dauerarbeitsp.***	
		Dauer AK direkt	induz.	Saison AK	Arbeitsk. insges.*	Arbeitsk. insges.**	Pro Über-nachtung	ohne indu-zierte AP	pro Bett	ohne indu-zierte AP
Aussois-en-Vanoise	Savoie	47	29	37	95	66	1.799	2.576	12,7	18,2
Bujaleuf	Haute-Vienne	8	60	30	83	23	771	2.783	11,5	41,3
St. Hilaire-de-Riez	Vendée	30	815	140	915	100	5.246	48.000	60,7	555,0
Savines (Lac de Serre-Ponçon)	Hautes-Alpes	20	45	150	140	95	3.071	4.526	39,3	57,9
Valcenis	Savoie	55	73	177	216	144	1.991	2.986	11,6	17,4
Villers-sur-Mer	Calvados	38	380	200	518	138	1.930	7.246	29,0	108,7

Anmerkungen: * Arbeitskräfte insgesamt einschl. der induzierten Arbeitskräfte
 ** Arbeitskräfte insgesamt ohne induzierte Arbeitskräfte
 *** Arbeitsplatzäquivalent: 1 Dauerarbeitsplatz = 2 Saisonarbeitsplätze

Quelle: Ministère de la qualité de la vie/secrétariat d'etat au tourisme 1976, S. 40f.

4.4 Sozioökonomische Resultate der touristischen Inwertsetzung

sportorten der Alpes-Maritimes die Ferienwohnungen als Unterkunftsform weitaus überwiegen und diese besonders arbeitsextensiven Unterkünfte von der Regionalbevölkerung vor allem an den Wochenenden frequentiert werden (vgl. C.C.I. NICE o. J., S. 25). Die relativ geringen Umsätze pro Bett sind ebenfalls in diesem Zusammenhang zu sehen. Sie sind allerdings deutlich höher als in Aussois-en-Vanoise (Moyenne Maurienne), einem am Nationalpark des Vanoise-Massives gelegenen Hochgebirgsort mit Doppelsaison, aber einem Beherbergungsangebot, das zu einem Drittel dem Sozialtourismus – der in den Hochgebirgsorten der Alpes-Maritimes praktisch fehlt – und zu einem Fünftel bäuerlichen Vermietern zuzuordnen ist. Aussois und Valcenis weisen beide eine günstigere Relation zwischen Beschäftigten und Betten auf.

Die zentrale Küstenzone um Hyères ist mit 62% der Beherbergungskapazität durch hohe Anteile an Campinggästen gekennzeichnet; die relativ niedrigen Umsätze pro Bett sind in diesem Zusammenhang zu sehen. Die Hotellerie (17%) der Küsten des Var entspricht in wesentlichen Strukturmerkmalen jener des Binnenlandes. Auch hier handelt es sich um Familienbetriebe, die relativ klein, veraltet und ohne moderne, an touristischen Produkten ausgerichteten Absatzorganisationen sind (vgl. BREHANT 1985, S. 30–34). Regionalwirtschaftliche Impulse und Innovationen gehen von ihr nicht aus. Die im Vergleich zu Villers-sur-Mer relativ hohe Arbeitsintensität von 21 Betten pro Arbeitskraft ist auf sie zurückzuführen. Ein weiterer Unterschied, das Verhältnis von Saison- zu Dauerarbeitskräften, ist darauf zurückzuführen, daß in der Zone von Hyères wie in Villers zwar der sommerliche Badetourismus von Familien dominiert, jedoch kommt in Hyères ein nicht unerheblicher Geschäftsreiseverkehr in den Wintermonaten hinzu. Dies trägt auch dazu bei, daß die Umsätze an der zentralen provenzalischen Küste trotz des Campingtourismus wesentlich über jenen liegen, die in den Beispielgemeinden an den Küsten von Calvados und der Vendée erzielt werden. In diesen dominieren die Zweitwohnsitze (Villers-sur-Mer 70% und St. Hilaire-de-Riez 46% der Beherbergungskapazität), dem Sozial- und Campingtourismus sind 17% bzw. 42% der Betten zuzuordnen. Aus diesen Merkmalen der Angebotsstruktur resultieren die regionalwirtschaftlich unerwünschten, ungünstigen Relationen zwischen Betten- bzw. Übernachtungszahlen und Arbeitskräftebedarf.

Die nachfragebezogene Analyse der touristischen Arbeitsplätze ergibt also für die Départements Alpes-Maritimes und Var eine räumliche Dichotomie. Im touristisch nur mäßig in Wert gesetzten Haut- und Moyen Pays *erreicht die einheimische Bevölkerung einen relativ höheren Grad der Partizipation an den Beschäftigungseffekten des Tourismus, was eine Folge obsoleter Strukturen im Beherbergungsgewerbe darstellt*. Die Räume intensiver touristischer Erschließung, die Küsten und Hochgebirgszonen, sind demgegenüber durch einen extensiveren Einsatz des Faktors Arbeit gekennzeichnet. Eine Ausnahme bildet in diesem Zusammenhang alleine das Hotelgewerbe in und um Hyères, das infolge überalterter Betriebsstrukturen und winterlichen Geschäftsreiseverkehrs im Vergleich zu anderen Küstenabschnitten einen Überbesatz an Arbeitskräften aufweist.

4.4.2 DIE FREMDENVERKEHRSBEDINGTEN UMSÄTZE

Die im Vergleich zu den anderen touristischen Gebieten Frankreichs hohen Umsätze der Fremdenverkehrswirtschaft in der Provence werden im Städte- und Kulturtourismus wie auch an der westlichen provenzialischen Küste und am Tourismus im ländlichen Raum um Les Baux (Kanton St. Remy) erreicht; ihre Arbeitsmarkteffekte sind leider nicht quantifizierbar. Im ländlichen Raum mit unterschiedlicher touristischer Ausstattung ergibt sich ein Verhältnis der Umsätze pro Bett von 1 zu 3 bis 1 zu 4. Die Unterschiede im Ausgabeverhalten der Gäste in den einzelnen touristischen Zonen zeigt Tab. 34.

Die höchsten täglichen Ausgaben werden im Städte- und Kulturtourismus sowie von den Besuchern des ländlichen Raumes um Les Baux (Kanton St. Remy) getätigt. Es folgen mit jeweils abnehmender Tendenz die Gäste in der Hochgebirgszone sowie im Haut und Moyen Var. Die westliche Küstenzone entspricht diesem Niveau der täglichen Ausgaben; die zentrale Küstenzone liegt deutlich darunter, eine Folge des Campingtourismus. Für die tourismusbezogenen Angebote der Regionalwirtschaft ist es von Bedeutung, daß der Anteil der Ausgaben für Unterkunft und Ernährung in fast allen Zonen vier Fünftel der Gesamtausgaben ausmacht, nur in Aix-en-Provence und Arles, also im Städte- und Kulturtourismus, gibt es deutliche Abweichungen.

Die durchschnittlichen Ausgaben pro Person der Gäste auf Zeltplätzen belaufen sich ca. auf ein Drittel der in Hotels nächtigenden Gäste; die Zeltplätze im ländlichen Hinterland des Var und der Alpes-Maritimes werden von Gästen mit besonders niedrigen Ausgaben frequentiert. Die im Zeltplatztourismus erzielbaren Umsätze pro Tag und Kopf verdeutlichen die Grenzen, die dieser Fremdenverkehrsart im Hinblick auf die Entwicklung der Regionalökonomie gesetzt sind, selbst wenn der Anteil der neben den Unterkunft und Verpflegung betreffenden „sonstigen" Ausgaben relativ höher liegt.

Den Untersuchungen der Industrie- und Handelskammer[56] zufolge sind die touristisch bedingten Umsätze der Regionalwirtschaft deutlich gestaffelt. Am niedrigsten sind sie im Département Bouches-du-Rhône mit 2,85 Mrd. FF (1981), von ihnen entfielen 1,6 Mrd. FF auf das Beherbergungsgewerbe und den Sozialtourismus, 37,5 Mio. FF auf Gäste in Ferienwohnungen und Fremdenzimmern, 717 Mio. FF auf Besucher bei Freunden und Verwandten und 7 Mio. auf den Kongreßtourismus. Die durch den Fremdenverkehr bedingten Umsätze entsprechen 57% der im Baugewerbe und 143% der in der Landwirtschaft des Départements Bouches-du-Rhône erzielten Umsätze.

Im Département Var belaufen sich die mit dem Tourismus verbundenen Umsätze auf 4,74 Mrd. FF (1982). Auf die Beherbergung und Ernährung der Gäste entfielen hier 48% der Ausgaben; damit fließt ähnlich wie im Département Bouches-du-Rhône (56%) etwa die Hälfte der Urlaubsausgaben in das Beherbergungsgewerbe und die Gastronomie.

Das am stärksten touristisch geprägte Küstendépartement Alpes-Maritimes bringt mit 7 Mrd. FF (1980) die höchsten tourismusgebundenen Umsätze, 40% von ihnen stammen von Hotelgästen (Var: 5%).

---

56 Vgl. C.R.C.I.-P.A.C.A.-Corse, C.C.E. Marseille, C.C.I. D'Arles (1981, S. 11f.); C.C.I. des Alpes-Maritimes (1980, S. 33) und C.C.I. du Var (1983, S. 21f.).

4.4 Sozioökonomische Resultate der touristischen Inwertsetzung

Tab. 34 Die Struktur der Ausgaben von Hotel- und Zeltplatzgästen in ausgewählten Kantonen der touristischen Zonen der Region P.A.C.A.

Kantone/ tourist. Zone	tägl. Ausgaben (= 100%) FF	davon für ... Beherbergung/Ernährung Hotelgäste	% anderes	tägl. Ausgaben (= 100%) FF	davon für ... Beherbergung Campinggäste	Ernährung	% anderes
Hochgebirge[1] St. Etienne-de-Tinée	180,00	81	19	57,00	23	53	24
Tour im ländl. Raum I (tourisme vert/ nördl. Baous)							
St. Auban Haut-et Moyen-Pays[2]	169,15	79	21	50,25	28	49	23
Fayence Küstenzone[2]	178,90	80	20	43,90	24	52	24
Hyères westl. Küstenzone[3]	151,40	79	21	55,35	23	46	31
La Ciotat Durchreise- u. Städtetourismus[3]	181,90	82	18	62,25	17	61	22
Aix-en-Provence Durchreise- u. Kulturtourismus[3]	160,30*	76	24	56,00	20	59	21
Arles Ländl. Raum II (tourisme vert)	214,00	85	15	65,20	24	53	23
St. Remy-de-P[ce]	201,00	81	19	65,00	23	54	23

Anmerkungen: 1) Alpes-Maritimes, 2) Var; 3) Bouches-du-Rhône
* Die Ausgaben der Touristen im Sommerhalbjahr liegen wesentlich unter jenen im Winterhalbjahr (Geschäftsreisen), so daß in Aix im Jahresdurchschnitt wesentl. höhere Ausgaben pro Tourist getätigt werden.

Quelle: C.R.C.I. Marseille 1983

Der Umsatz, der in den drei Küstendépartements im Tourismus erzielt wird, entspricht in seiner Größenordnung von 14,6 Mrd. FF (1982) in etwa dem Gesamtumsatz der Landwirtschaft in der Region Champagne-Ardenne, oder auf die Region P.A.C.A. bezogen, 166% der dortigen landwirtschaftlichen Produktion in Höhe von 8,9 Mrd. FF (1982). Der gesamte Außenhandel der Region P.A.C.A. belief sich 1982 auf 35,083 Mrd. FF, die Umsätze des Tourismus erreichten 41% dieses Wertes (Angaben nach I.N.S.E.E.).

4.4.3 DIE BEHERBERGUNG IM HOTELGEWERBE UND SOZIALTOURISMUS ALS INVESTITIONSOBJEKT IN DER REGIONALWIRTSCHAFT

Es ist aufgrund der Vielzahl der Beherbergungseinrichtungen und ihrer unterschiedlichen Eigentums- und Betriebsstruktur kaum möglich, das auf den Tourismus zurückzuführende gesamte Investitionsvolumen zu erfassen, zumal da es sich unter Umständen, so z.B. bei Eigenarbeit und Betriebsinhaber, der monetären Bewertung seitens Dritter entzieht. Die folgenden Ausführungen analysieren die Inanspruchnahme von Darlehen des CREDIT D'EQUIPEMENT AUX PETITES ET MOYENNES ENTREPRISES, die dieser an Unternehmen des Beherbergungsgewerbes, der Gastronomie und an Thermalkureinrichtungen, sowie an Einrichtungen des Sozialtourismus gegeben hat. Das mit dem Tourismus insgesamt verbundene Investitionsvolumen ist damit auch deshalb nur teilweise erfaßt, weil touristische Investitionen auch durch unterschiedliche staatliche Förderungsmaßnahmen, z.B. für die Landwirtschaft, regionale Wirtschaftsförderung etc., durch übliche Geschäftskredite von Banken sowie durch spezielle Finanzierungsschienen, z.B. im Sozialtourismus durch Investitionen regionsfremder Betreiber sozialtouristischer Einrichtungen, finanziert werden können.

Betrachten wir zunächst die dem Hotelgewerbe gewährten Darlehen, so hat die Region P.A.C.A. zwischen 1972 und 1983 Anteile an den insgesamt gewährten Krediten zwischen 9,3 und 11,4% erhalten ($\bar{x} = 10,3$; $s = 0,7$), sie hat ihre Stellung auf dem dritten Rang hinter den Regionen Ile-de-France und Rhône-Alpes behauptet, was ihrem Anteil am Hotelbettenangebot in Frankreich entspricht. Das zum Neubau oder zur Modernisierung von Hotelzimmern gewährte Kreditvolumen hat sich in etwa von 1973 auf 1979 und von 1979 auf 1983 verdoppelt, dies entspricht dem Zuwachs der Gesamtheit der in Frankreich gewährten Kredite; die Zahlen in Tab. 35 sind nicht inflationsbereinigt, sondern sie geben die nominalen Kreditsummen an.

Der Anteil der P.A.C.A. an den Krediten für Unterkünfte im Sozialtourismus schwankte im Laufe der Jahre deutlich stärker als beim Hotelgewerbe (zwischen 5,4 und 18,0%; $\bar{x} = 13,1$; $s = 3,8$). 1970 und 1980 wurden die umfangreichsten Kredite für den Ausbau der Beherbergungskapazität im Sozialtourismus in die P.A.C.A. vergeben, in anderen Jahren tritt sie hinter anderen Regionen (Rhône-Alpes, Limousin, Pays-de-la-Loire) zurück.

Zwischen 1970 und 1983 haben sich die für den Sozialtourismus in der P.A.C.A. bereitgestellten Kredite verfünfundzwanzigfacht, eine Ausweitung von 30 auf 90 Mio. FF ist dabei zwischen 1980 und 1983 erfolgt. Beliefen sie sich 1972 noch auf 11,6%

4.4 Sozioökonomische Resultate der touristischen Inwertsetzung   143

Tab. 35 Die in den Regionen Frankreichs zum Ausbau des gewerblichen Beherbergungsangebotes und des Sozialtourismus gewährten Kredite* 1972–1983
– mit Fortsetzung –

Region	Darlehen in der Hotellerie (in Mio FF)									
	1972	1973	Anteile d. Region %	1979	1980	1982	jährl. Veränderung % 72/82	1983	Anteile d. Region %	jährl. Veränderung % 73/83
Ile-de-France	136	174,8	27,1	234,9	253,8	288	7,8	663,7	27,1	14,3
Champagne-Ardenne	7	2,6	0,4	17,2	14,7	12	4,7	26,9	1,1	25,9
Picardie	3	9,2	1,4	11,1	14,2	16	20,1	27,9	1,1	11,8
Haute-Normandie	2	12,8	2,0	15,4	22,0	22	27,4	20,1	0,8	4,6
Centre	15	14,0	2,2	47,3	56,7	34	8,4	59,4	2,4	15,6
Basse-Normandie	7	9,6	1,5	24,4	23,9	24	12,8	50,3	2,1	18,1
Bourgogne	15	15,7	2,4	47,5	37,2	34	8,9	50,6	2,2	12,4
Nord-Pas-de-Calais	9	18,0	2,8	22,1	20,0	15	4,7	31,6	1,3	5,8
Lorraine	6	22,5	3,4	19,4	31,6	25	15,1	30,9	1,3	3,2
Alsace	8	10,5	1,6	35,5	41,8	45	19,1	61,7	2,5	19,4
Franche-Comté	6	9,6	1,5	14,3	21,8	17	10,7	23,6	1,0	9,4
Pays de la Loire	17	29,9	4,6	52,1	49,7	50	11,3	86,3	3,5	11,2
Bretagne	23	44,8	6,9	55,2	75,4	57	9,6	138,0	5,6	11,9
Poitou-Charentes	11	10,5	1,6	24,4	26,0	26	8,9	48,0	2,0	16,4
Aquitaine	22	24,8	3,8	55,7	50,5	61	10,9	91,0	3,7	13,9
Midi-Pyrénées	23	33,5	5,2	60,6	86,0	75	12,3	110,5	4,5	12,7
Limousin	5	3,7	0,6	16,1	6,2	9	6,5	10,9	0,4	11,5
Rhône-Alpes	55	81,6	12,6	167,9	251,2	213	14,4	282,0	11,5	13,2
Auvergne	13	13,8	2,2	39,0	40,9	44	13,2	39,9	1,6	11,2
Languedoc-Roussillon	20	28,4	4,4	45,4	47,5	43	8,1	115,1	4,7	15,0
P.A.C.A.	50	60,4	9,3	131,9	125,2	131	10,2	239,1	9,8	14,7
Corse	12	15,3	2,4	23,4	43,2	42	13,6	41,6	1,8	10,5
Frankreich insgesamt	465	646,2	100,0	1.161,0	1.339,7	1.283	10,7	2.248,7	100,0	13,3

Anmerkung: * nur Kredite des Crédit d'Equipement aux Petites et Moyennes Entreprises (bis 31. 12. 1980: CREDIT HOTELIER)

Tab. 35 Die in den Regionen Frankreichs zum Ausbau des gewerblichen Beherbergungsangebotes und des Sozialtourismus gewährten Kredite* 1972–1983
– Fortsetzung –

Region	\multicolumn{9}{c}{Darlehen des Sozialtourismus (in Mio FF)}								
	1970	1972	1973	Anteile d. Region %	1979	1980	1982	jährl. Veränderung % 72/82	1983	Anteile d. Region %	jährl. Veränderung % 73/83
Ile-de-France	0,150	0,571	0,9	2,2	6,490	2,305	13,744	37,5	56,5	8,9	14,3
Champagne-Ardenne	0,394	0,500	0,1	0,2	0,045	0	1,395	10,8	6,9	1,1	25,9
Picardie	0,025	0,858	0,5	1,2	0,445	2,919	0,902	0,5	6,5	1,0	11,8
Haute-Normandie	0,210	0,666	1,0	2,6	0,220	1,280	1,603	9,2	3,9	0,6	4,6
Centre	0,836	3,984	1,1	2,7	0,722	1,750	5,312	2,9	19,0	3,0	15,6
Basse-Normandie	0,688	0,966	1,2	3,0	4,898	4,106	2,600	10,4	8,1	1,2	18,1
Bourgogne	0,308	0,675	0,4	0,9	0,466	1,033	2,590	14,4	10,2	1,6	12,4
Nord-Pas-de-Calais	0,200	0,380	0,4	0,9	3,131	3,235	4,684	28,6	10,2	1,6	5,8
Lorraine	0,080	0,100	0,1	0,2	2,050	4,132	2,240	36,5	10,6	1,7	3,2
Alsace	0,486	0,300	0,3	0,7	1,970	0,608	4,625	31,5	12,0	1,9	19,4
Franche-Comté	0,145	0,753	0,9	2,2	0,219	3,599	2,518	12,8	9,9	1,6	9,4
Pays de la Loire	1,862	3,462	6,5	16,0	6,524	6,514	9,405	10,5	36,6	5,8	11,2
Bretagne	3,410	5,920	2,6	6,4	8,990	13,314	13,570	8,6	34,3	5,4	11,9
Poitou-Charentes	1,065	0,680	0,5	1,2	1,218	5,163	5,089	22,3	20,6	3,3	16,4
Aquitaine	2,901	2,174	2,6	6,4	13,796	27,013	23,192	26,7	53,0	8,4	13,9
Midi-Pyrénées	1,372	1,111	1,9	4,8	12,174	1,630	20,285	33,7	16,3	2,5	12,7
Limousin	0,561	1,057	1,2	3,0	0,083	0,252	2,247	7,8	10,2	1,6	11,5
Rhône-Alpes	2,990	6,564	4,0	9,9	14,107	17,236	92,716	30,3	105,4	16,6	13,2
Auvergne	0,901	2,267	3,9	9,6	1,448	1,651	6,647	11,4	21,8	3,5	11,2
Languedoc-Roussillon	1,895	8,728	5,4	13,3	10,159	27,656	50,615	19,2	72,5	11,5	15,0
P.A.C.A.	3,530	5,779	2,2	5,4	13,294	29,967	60,506	26,5	89,5	14,2	14,7
Corse	2,060	3,150	2,9	7,2	5,216	10,370	30,900	25,7	18,7	3,0	10,5
Frankreich insgesamt	26,069	50,645	40,6	100,0	107,564	165,733	357,635	21,7	632,6	100,0	13,3

Anmerkung: * Nur Kredite des Crédit d'Equipement aux Petites et Moyennes Enterprises (bis 31. 12. 1980 CREDIT HOTELIER)
Quelle: I.N.S.E.E. 1982, S. 470; 1984a, S. 578; 1985, S. 452.

der für den Hotelausbau bereitgestellten Kredite, so erreichen sie 1983 nunmehr 37,4% dieses Betrages.

Die Bedeutung der Investitionen im Tourismus für die Regionalwirtschaft der P.A.C.A. wird wenigstens partiell sichtbar, wenn Vergleiche mit anderen Investitionsträgern gezogen werden können. Für 1983 betrugen die für Investitionen im Hotelgewerbe und im Sozialtourismus bewilligten und eingesetzten Kredite zusammen 328,6 Mio. FF. Dieser Betrag entspricht 66,2% der für den sozialen Wohnungsbau (H.L.M.) bzw. 76,1% der in den Ausbau von Hospitälern 1983 vom Staat und den Gebietskörperschaften in der Region P.A.C.A. investierten Mittel. Das ökonomische Gewicht der touristischen Investitionen zeigt sich auch im Vergleich zu den Gesamtaufwendungen in der Region für Investitionen der öffentlichen Hand, sie erreichen 2,3% dieser Summe. Gemessen an investiven Aufwendungen zu Wirtschaftsförderung (Action Economique) repräsentieren die touristischen Ausbaukredite 59,4% der staatlichen Aufwendungen und 173,2% des Betrages, den die Region (E.P.R.) für diesen Zweck 1983 aufgebracht hat. Die Summen, welche der Staat und die Region gemeinsam in die Stadtentwicklung investieren, werden von denen der touristischen Ausbaukredite zu 57,4% egalisiert (berechnet nach I.N.S.E.E., Dir. Rég. Marseille 1985, S. 119).

Zur Beurteilung der gesamten Auswirkungen der touristischen Investitionen für die Regionalwirtschaft sollte nicht unberücksichtigt bleiben, daß die o.g. Relationen nicht nur die Gesamtheit der touristischen Investitionen unvollständig repräsentieren, sondern daß sie zudem die vom Tourismus über Vorwärts- und Rückwärtskoppelungseffekte induzierten Investitionen nicht zu erfassen vermögen.

4.5 GRUNDEIGENTUMSSTRUKTUR, BODENMOBILITÄT UND IMMOBILIENSPEKULATION ALS REGIONALE ENTWICKLUNGSFAKTOREN DER KÜSTENDÉPARTEMENTS

4.5.1 DIE ENTWICKLUNGSSTEUERNDE FUNKTION DER GRUNDEIGENTUMSVERHÄLTNISSE

„La propriété du sol est la condition première de l'utilisation de l'espace géographique et de son evolution. Le ‚pouvoir foncier' donne en effet le pouvoir d'utilisation et le pouvoir de concession, de délégation d'usage. ... La possession du sol est symbole de liberté, d'autonomie" (P. PINCHEMEL 1980, S. 247).

Die Grundeigentumsverhältnisse, ihre strukturellen Veränderungen und ganz wesentlich die soziale sowie organisatorische Struktur der Eigentümer bestimmen in besonderer Weise die konkreten Möglichkeiten und Defizite der Regionalentwicklung in Frankreich. Der Staat erkennt das Privateigentum am Boden prinzipiell an, er respektiert marktwirtschaftlich funktionierende Mechanismen der Preisbildung am Immobilienmarkt[57]. Von den 26 Küstendépartements zählen 24 zu den „espace brûlantes", den Brennpunkten der Bodenspekulation (P. PINCHEMEL 1980, S. 259).

---

57 Zum Instrumentarium der staatlichen Eingriffsmöglichkeiten auf die Preisbildung vgl. P. PINCHEMEL (1980, S. 266f.).

Letztere wird dadurch begünstigt, daß in Frankreich die öffentliche Hand über vergleichsweise geringe Anteile am Grundeigentum verfügt, 91% des Territoriums befinden sich in der Hand privater Eigentümer[58].

Im allgemeinen kann davon ausgegangen werden, daß der Transfer von Investitionskapital in die touristischen Peripherien mit einer Absicherung der Investitionsobjekte durch Eigentumserwerb verbunden ist; Ausnahmen, z.B. Erbpacht, die eine Trennung von Eigentum und Verfügungsgewalt beinhalten, sind sehr selten[59]. Die touristische Inwertsetzung und Funktion eines Raumes ist in der heutigen Zeit weitgehend an einen Grundeigentumswechsel gebunden. In den Küstendépartements erfolgt die räumliche Anordnung der Funktionen in der Regel in Abhängigkeit vom Bodenpreis bzw. der zu erwirtschaftenden Bodenrente. Vergleichsweise wenig ertragreiche Nutzungen, z.B. die Zeltplätze in unmittelbarer Strandnähe an der Côte d'Azur, wurden durch für die Grundeigentümer ökonomisch rentierlichere Flächennutzung verdrängt. Da der Boden, von wenigen spektakulären Ausnahmen[60] abgesehen, nicht vermehrbar ist, beinhaltet dieser Verdrängungsprozeß nicht nur die Ablösung konkurrierender touristischer Nutzungen innerhalb der Küstenzone, sondern auch ihre binnenwärtige Verlagerung in das Hinterland.

Unter dem Aspekt des Flächenbedarfes ist in diesem Zusammenhang die Ablösung landwirtschaftlicher Nutzungen durch die Funktion Freizeitwohnen (Wochenend- und Ferienhäuser) von hervorragender Bedeutung. Die agrargeographisch wichtige Differenzierung in Secano und Regadiu, das Vorhandensein von reichlich Öd- und Waldflächen in vielen landwirtschaftlichen Betrieben der Provence und Alpes-Maritimes bringen es mit sich, daß der mit der partiellen Eigentumsveräußerung verbundene Kaufpreistransfer durchaus einkommenspolitisch wie betriebswirtschaftlich erwünschte Folgen für die verbleibenden landwirtschaftlichen Betriebe aufweisen kann. So wurde es ermöglicht zu modernisieren und zu investieren. B. BARBIER (1969, S. 265f.) und F. BRUN (1979, S. 19) haben diesen Effekt in den Südalpen nachgewiesen.

Geht die Veräußerung des Grundeigentums im Zuge der touristischen Erschließung mit dem Prozeß der Entagrarisierung der veräußernden Landbevölkerung einher, so bedeutet dies für diese die Realisierung des letzten angestammten Finanzpotentials; die betroffenen Flächen scheiden aus der landwirtschaftlichen Nutzung

---

58 Dem Staat gehören 2 060 000 ha bzw. 3,8% der Fläche Frankreichs, auf die Gemeinden entfallen 2 567 000 ha bzw. 4,8% des französischen Territoriums (nach P. PINCHEMEL 1980, S. 255).

59 Als Beispiel dafür ist die touristische Entwicklung im Le Quéyras genannten oberen Guiltal, südöstlich von Briançon (Département Hautes-Alpes), zu nennen. Dort erfolgte auf Initiative eines Bürgermeisters auch mit Unterstützung der D.A.T.A.R. die Entwicklung zum Wintersportgebiet auf der Basis der Verpachtung der von den Erschließungs- und Betreibergesellschaften benötigten Flächen. Die bäuerliche Bevölkerung bleibt Eigentümer und vermag auf diese Weise Ziele und Intensität der touristischen Inwertsetzung zu bestimmen (vgl. F. BRUN 1979, S. 19). An der Küste wurden ab 1930 in Hyères Erbbaurechte für die Errichtung von Cabanes vergeben (J. P. PAULET, 1972, S. 46).

60 Zu diesen Ausnahmen zählen kostenaufwendige Landgewinnungsarbeiten, mit denen z.B. in Cannes, St. Raphaël und Nizza Flächen für die Realisierung von Marina-Projekten gewonnen wurden. In Monaco wurden ebenfalls aufwendige Arbeiten zur Ausweitung der Stadtfläche durch Aufschüttungen im Meer durchgeführt; in Japan sind sie weithin Praxis zur Gewinnung von Industrie- und Gewerbeflächen.

4.5 Grundeigentumsstruktur, Bodenmobilität und Immobilienspekulation 147

allerdings nur partiell aus. Der unmittelbaren Nutzung durch Freizeitwohnen stehen Verpachtungen von Teilflächen zwecks Erhalt des Landschaftsbildes[61] sowie das Fortbestehenlassen von Nutzungen bzw. Nichtnutzungen seitens der neuen Eigentümer bei Spekulationsobjekten gegenüber.

Die Fragestellung einer Analyse der Grundeigentumsverhältnisse gilt somit nicht nur der Erfassung von Strukturen und ihrer Veränderung, der Identifizierung von Aktionsräumen unterschiedlicher Akteure bei Immobilientransaktionen, ihre Ergebnisse bieten auch Indikatoren für latent ablaufende Prozesse des sozioökonomischen Wandels. Sie vermitteln darüber hinaus konkrete Aussagen über Lage, Umfang und – unter Einbeziehung der topographischen und planerischen Situation – begründete Hinweise auf die Art der geplanten Entwicklungsprojekte. Damit ist die Kenntnis über die Veränderung der Grundeigentumsverhältnisse eine entscheidende Voraussetzung für eine erfolgreiche planerische Beeinflussung der Regionalentwicklung im allgemeinen und der Flächennutzung in speziellen geworden. Der Einsicht in diese Notwendigkeit entspringt die in den letzten Jahren von der Regionalverwaltung (D.R.E. Marseille) in Zusammenarbeit mit der Universität Aix-Marseille initiierte systematische Erfassung der Grundeigentumsstrukturen in der Region P.A.C.A.[62]; diese Inventarisierungen werden im folgenden unter der Fragestellung nach den Beziehungen zwischen Grundeigentumsstruktur und Regionalentwicklung ausgewertet.

Die wichtigste Quelle, die den folgenden Ausführungen zugrunde liegt, ein nicht publizierter ATLAS FONCIER, ist erst für die Küstendépartements Bouches-du-Rhône und Var fertiggestellt. Ihm sind alle nicht gesondert belegten Daten zur Grundeigentumsstruktur im Kapitel 4.5 entnommen. Über die Grundeigentumsverhältnisse im touristisch am stärksten überprägten Département Alpes-Maritimes liegen erst einzelne Karten vor, die in der vorliegenden Arbeit wiedergegeben werden. Der Fortgang der Arbeit am ATLAS FONCIER war bis zum Abschluß der Feldarbeiten (Frühjahr '84) aus organisatorischen Gründen, die mit der Neuverteilung administrativer Zuständigkeiten als Folge der Regionalisierungspolitik zusammenhingen, unterbrochen. Eine zusätzliche Quelle bildet das Mémoire de Maitrise d'Aménagement von A. COURTOIS (1982), das die Struktur und Entwicklung der Eigentumseinheiten über 50 ha Fläche im Département Var untersucht.

Bei der Analyse der Grundeigentumsstruktur sind Besonderheiten der Bodenverfassung des mediterranen Frankreichs zu beachten.

In der Provence wie auch im benachbarten Languedoc besteht eine Jahrhunderte alte Tradition der Intervention des städtischen Bürgertums in die Grundeigentumsverhältnisse der nahen und auch entfernteren Landgemeinden.

Investitionen städtischer Notabler in die landwirtschaftlichen Produktionsflächen bilden hier eine aus vorindustrieller Zeit fortbestehende Tradition, die im 19. Jahrhundert im Unterschied zu anderen französischen Gebieten nicht durch

---

61 F. BRUN (1979, S. 22) berichtet von Beispielen aus dem Raum der Luberon-Kette, wo städtische Käufer die erworbenen Baum- und Weinkulturen wiederum an Landwirte verpachten, um das typische Landschaftsbild zu erhalten.
62 Eine vergleichbare systematische Untersuchung für die Region Languedoc-Roussillon liegt leider nicht vor.

Investitionen in industrielle Unternehmungen abgelöst wurde. Wie in ganz Frankreich waren die Grundlagen der Eigentumsstruktur bereits zur Zeit des Ancien Régime fixiert, sie wurden durch die Ereignisse der französischen Revolution nach 1789 nur noch modifiziert, z.B. durch den Verkauf von nationalisiertem Grundbesitz des Adels und Klerus (Biens Nationaux), von dem auch das städtische Bürgertum profitierte. Die wichtigste Phase städtischer Intervention in den agraren Bodenmarkt vor der touristischen Inwertsetzung des ländlichen Raumes fand in der zweiten Hälfte des 19. Jahrhunderts statt; nach dem Anschluß des Südens an das Eisenbahnnetz investierte das städtische Bürgertum massiv in den sich rasch ausbreitenden Weinbau sowie in die Anlage von Blumen- und Gemüsekulturen[63].

In gewissem Maße stellt also die Einflußnahme städtischer, in der Region ansässiger Bevölkerung auf den ländlichen Raum im Zuge seiner touristischen Durchdringung die Fortführung tradierter, ökonomisch begründeter Verhaltensweisen dar, zu denen emotionale Motive einer erstrebten Bindung an den ländlichen Raum[64] – les pieds à la terre – wie auch zusätzlicher Sicherheit (Kapitalanlage, Vorsorge für den Altersruhesitz) treten. Das emotionale Element ist bei denjenigen ehemaligen Bewohnern des ländlichen Raumes, die diesen aus Erwerbsgründen verlassen haben und dennoch Landeigentum gehalten oder neu erworben haben, sicher stärker ausgeprägt.

4.5.2 DIE GRUNDEIGENTUMSSTRUKTUR IN DEN DÉPARTEMENTS BOUCHES-DU-RHÔNE UND VAR – IHRE RÄUMLICHE DIFFERENZIERUNG UND IHR AKTUELLER WANDEL ALS REGIONALE ENTWICKLUNGSFAKTOREN

4.5.2.1 Kleineigentum (< als 1 ha) und Urbanisierung

Aufgrund der historischen Entwicklung ist die Größenstruktur des Grundeigentums in den Départements Bouches-du-Rhône und Var durch ein Vorherrschen kleiner Eigentumseinheiten[65] gekennzeichnet; über 80% von ihnen sind weniger als 1 ha groß.

Auf die Eigentumseinheiten von unter 1 ha entfallen allerdings nur jeweils rund 7% der parzellierten und im Kataster erfaßten Flächen, also aller Gemarkungen in den Départements. Unter dem Aspekt der Urbanisierung sind Grundstücke bis zu 2500 m² von besonderer Bedeutung, sie entsprechen üblichen Grundstücksgrößen für Einzelhausbebauung, sei sie bereits realisiert oder auf Bauland vorgesehen. Auf diese

---

63 Vgl. P. ESTIENNE (1978, S. 95), R. LIVET (1978, S. 129f.).
64 Diese emotionalen Bindungen wurden aus politischen Motiven, die eine Stabilisierung der sozialen und politischen Verhältnisse zum Ziel hatten, gefördert. Aus diesem Grund geschah nichts, Privatkapital von einer Anlage in Zweitwohnsitzen (investissements dans la pierre) abzuhalten (vgl. M. MARIE/C. NELISSE 1976, S. 100f.).
65 Die Eigentumseinheiten bzw. Eigentumstitel werden im folgenden entsprechend den statistisch zugrundeliegenden Eintragungen im Kataster ausgewiesen. Es handelt sich um Immobilien unterschiedlicher Größe und Art (z.B. landwirtschaftlich genutzte Fläche, Wald, Bauland, Gebäudeflächen etc.), ihre Anzahl ist nicht mit jener der Eigentümer identisch. Das Mehrfacheigentum eines Grundeigentümers ist auf der Basis der vorliegenden Daten nicht zu identifizieren.

4.5 Grundeigentumsstruktur, Bodenmobilität und Immobilienspekulation

Größenklasse entfallen im Département Bouches-du-Rhône 60% und im Var 58% der in der Tab. 36 erfaßten Eigentumstitel, die jeweiligen Flächenanteile belaufen sich auf knapp 2%. In den Daten für die beiden Départements spiegelt sich ihr unterschiedlicher Verstädterungsgrad wider; die Karte 13 verdeutlicht die Ausdehnung der Agglomeration Marseille-Aix-Etang-de-Berre, in der Anteile von 10 bis 20% überbauter Fläche der Flur für die verstädterten Gemeinden charakteristisch sind. Im Département Var werden solche Bebauungsdichten nur in der Agglomeration Toulon sowie in den östlich und westlich anschließenden Seebädern – von St. Cyr-sur-Mer bis Carqueiranne – sowie in singulärer Lage in St. Tropez erreicht.

Tab. 36 Die Größenstruktur des Grundeigentums in den Départements Bouches-du-Rhône und Var 1981

Flächen-größen (ha)	Anzahl der Eigentumseinheiten**				Flächen (ha)			
	B.D.R.*	Var	B.D.R.%	Var%	B.D.R.	Var	B.D.R.%	Var%
0 – 0,1	81.128	90.392	42,4	37,0	3.216	3.410	0,7	0,6
0,1 – 0,25	33.247	50.809	17,4	20,8	5.291	8.194	1,1	1,4
0,25 – 0,4	14.403	19.429	7,5	8,0	4.599	6.173	1,0	1,1
0,4 – 1,0	28.940	35.612	15,1	14,6	18.319	22.625	3,9	3,9
1,0 – 4,9	24.366	34.027	12,7	13,9	53.125	75.213	11,4	12,9
5,0 – 9,9	4.516	6.821	2,4	2,8	31.475	46.627	6,7	8,0
10,0 – 49,9	3.723	5.973	1,9	2,4	73.941	121.279	15,8	20,7
≥ 50	1.192	1.403	0,6	0,5	277.406	300.635	59,4	51,4
insgesamt	191.515	244.466	100,0	100,0	467.376	585.494	100,0	100,0

Anmerkungen: * B.D.R.: Bouches-du-Rhône
** gezählt wurde die Gesamtheit der Eigentumstitel

Quelle: Ministère de l'Urbanisme..., D.R.E. – P.A.C.A. 1982, S. 80, 82

Ist für die Fragen der Planung der tatsächliche Überbauungsgrad von großer Bedeutung, so spiegelt sich die Dynamik in dieser Größenklasse des Grundeigentums in der regionalen Differenzierung der Bautätigkeit wider (vgl. Karte 14).

Bei der Analyse der relativen Darstellung des Zuwachses an Wohnungen in Karte 14 ist zu beachten, daß zwischen 1968 und 1980 im Var bei einer Bevölkerung von 0,67 Mio. 176 500 Wohneinheiten fertiggestellt wurden, während das Département Bouches-du-Rhône im gleichen Zeitraum bei 1,7 Mio. Einwohnern nur 148 000 neue Wohneinheiten zu verzeichnen hatte.

Obwohl im Jahre 1975 der Wohnungsbestand im Var zu 48% und im Département Bouches-du-Rhône zu 38% aus Ein- und Zweifamilienhäusern bestand, ist die überproportional starke Bautätigkeit im Var durch einen Anteil von 58% der Wohneinheiten in Appartementsgebäuden und Lotissements gekennzeichnet. Ihre große Zahl, ihre Konzentration auf die Küstengemeinden und die dortige verdichtete Bauweise heben die Bedeutung des Tourismus für die Veränderung der Siedlungsstruktur und – ihr zugrundeliegend – die Eigentumsverhältnisse am Boden hervor. Dabei sind auch zahlreiche Binnenlandgemeinden von einer relativ starken Zunahme des Wohnungsbestandes betroffen. Vom Tanneron-Massiv ausgehend erstreckt sich

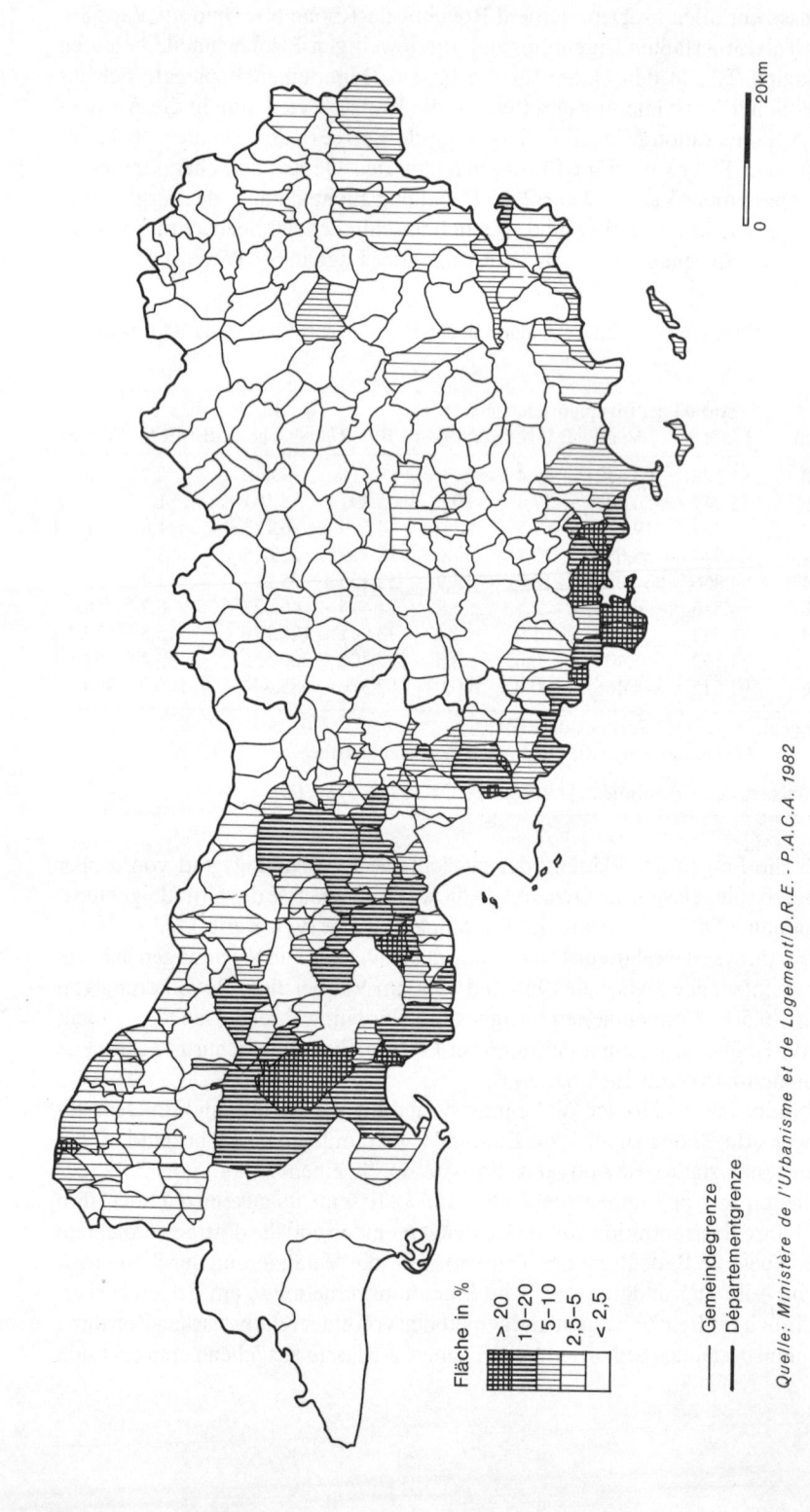

4. Freizeit, Tourismus und Regionalentwicklung

Fläche in %
> 20
10–20
5–10
2,5–5
< 2,5

— Gemeindegrenze
— Départementgrenze

Quelle: Ministère de l'Urbanisme et de Logement/D.R.E. - P.A.C.A. 1982

Karte 13 Die überbaute Fläche der Gemeinden in den Départements Bouches-du-Rhône und Var 1980

4.5 Grundeigentumsstruktur, Bodenmobilität und Immobilienspekulation 151

Karte 13A Administrative Gliederung und im Untersuchungszusammenhang wichtige Gemeinden des Départements Var

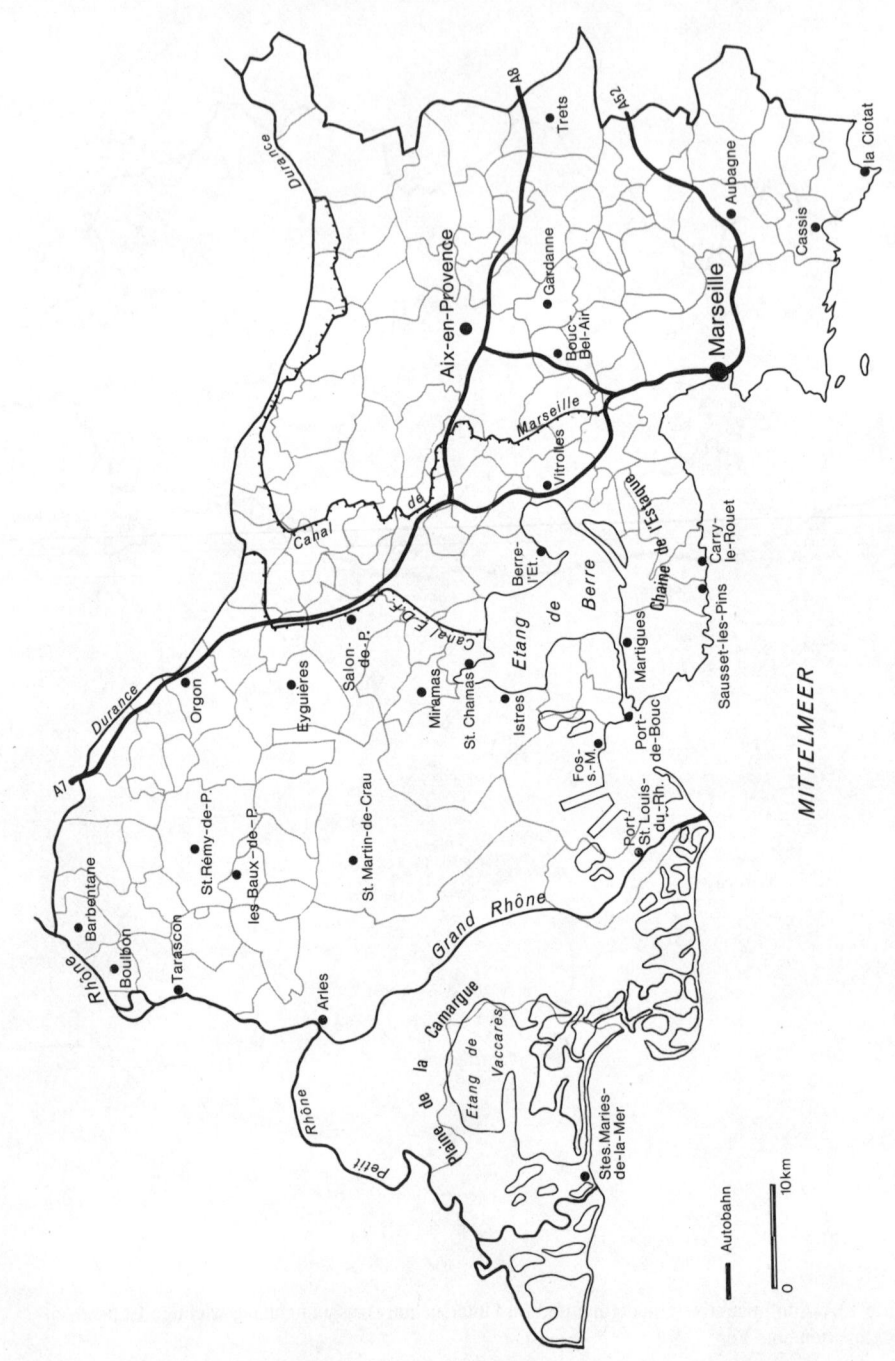

Karte 13B Administrative Gliederung und im Untersuchungszusammenhang wichtige Gemeinden des Départements Bouches-du-Rhône

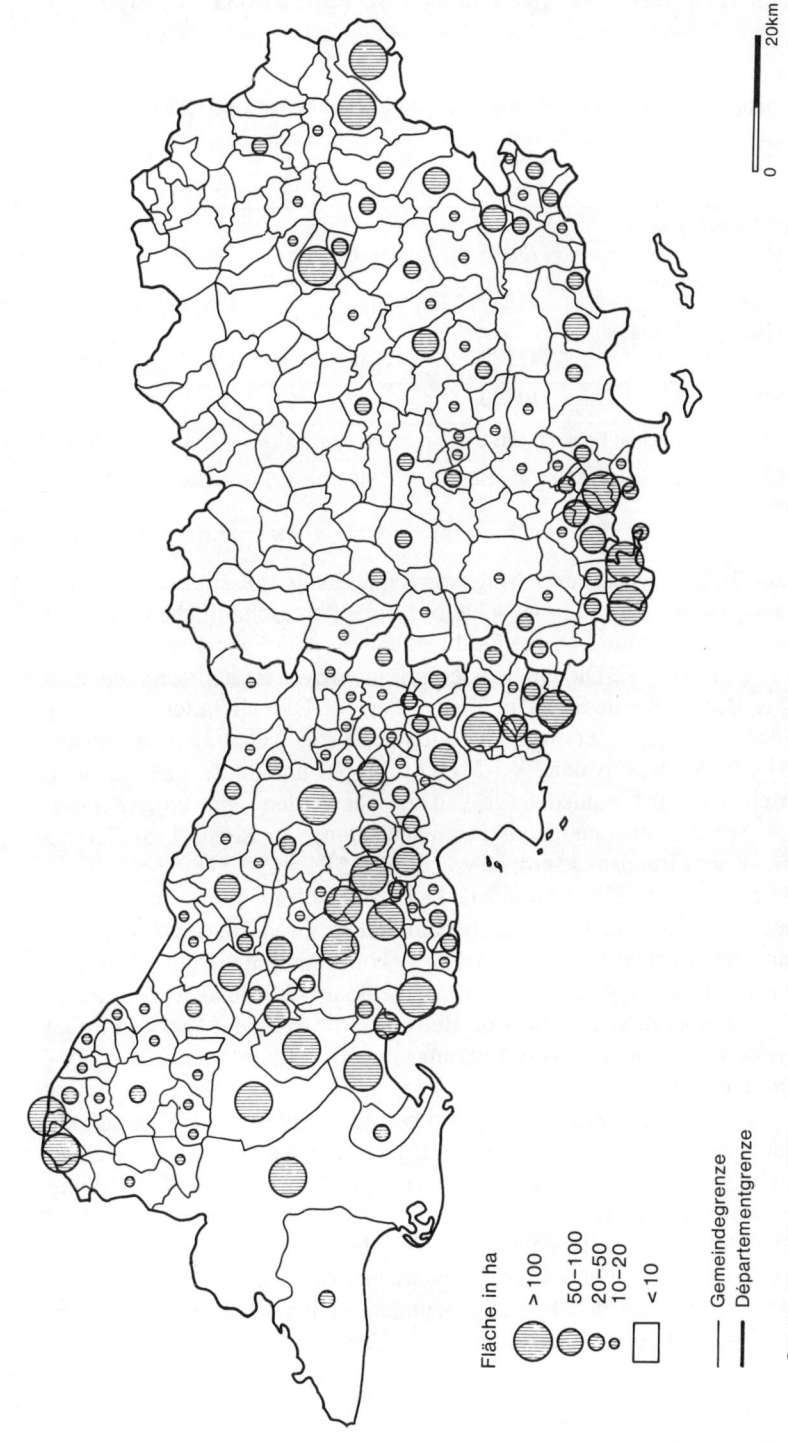

4.5 Grundeigentumsstruktur, Bodenmobilität und Immobilienspekulation

Fläche in ha
> 100
50–100
20–50
10–20
< 10

Gemeindegrenze
Departementgrenze

Quelle: Ministère de l'Urbanisme et de Logement/D.R.E. - P.A.C.A. 1982

Karte 14 Die Entwicklung der überbauten Fläche in den Départements Bouches-du-Rhône und Var 1974–1981

eine ost-westlich linear ausgeprägte Verdichtungszone über Tourtour bis Rians parallel zu den Hauptverkehrswegen zwischen St. Raphaël und Marseille (vgl. Karte 14).

Tab. 37 Die Bautätigkeit in den Départements Bouches-du-Rhône und Var 1968–1980

	Bouches-du-Rhône		Var	
	Anzahl	%	Anzahl	%
Wohneinheiten mit individueller Baugenehmigung	75.456	51,0	74.230	42,1
Wohneinheiten mit kollektiver Baugenehmigung*	72.387	49,0	102,214	57,9
Summe der zwischen 1968 u. 1980 genehmigten Wohneinheiten	147.843	100,0	176.444	100,0
Einwohner 1980	1.710.800	–	665.600	–

Anmerkung: * Wohneinheiten in Lotissements und Appartmentgebäuden

Quellen: I.N.S.E.E.-Dir. Régionale Marseille 1980, S. 17; Ministre de l'Urbanisme..., D.R.E. – P.A.C.A. S. 46

Die fast alle Teile des Vars durchdringende Bautätigkeit – abseits der Küstengemeinden überwiegen die Einzelhäuser – bleibt für die durchschnittliche Größe des individuellen Grundeigentums, d.h. des Grundeigentums natürlicher Personen, nicht ohne Folgen (vgl. Karte 15). Die Gemeinden mit intensiver Bautätigkeit zeichnen sich in der Regel durch sehr niedrige Parzellengrößen aus. Dies gilt besonders für die Küste, wo außer in der Agglomeration von Toulon in den Seebädern Bandol, Sanary-sur-Mer, Six-Fours-Plage, Cavalaire-sur-Mer, St. Tropez und St. Raphaël die niedrigsten durchschnittlichen Grundstücksgrößen erreicht werden – eine Folge der dort konzentrierten Appartement- und Lotissementsbebauung. St. Raphaël, St. Tropez und Cavalaire weisen Grundstücksgrößen von unter 0,5 ha auf, der Durchschnitt für in Individualeigentum befindliche Grundstücke beläuft sich auf 1,7 ha. Im Département Bouches-du-Rhône mit einer durchschnittlichen Grundstücksgröße der in Privateigentum befindlichen Flächen von 1,4 ha konzentrieren sich die Parzellen unter 0,5 ha auf die an die Agglomeration Marseille anschließenden Gemeinden sowie auf die Agglomeration am Etang-de-Berre und die Seebäder Carry-le-Rouet und La Ciotat; sie sind somit dem Verstädterungsprozeß im Raum Marseille – Aix – Etang-de-Berre zuzuordnen.

Deutlicher werden diese Zusammenhänge bei der Analyse der Flächenanteile unter 1 ha an der Fläche der Gemeinden (Karte 16). Die o.g. Agglomeration zeichnet sich durch Flächenanteile dieser Größenklassen von über 20% aus, in der Gemarkung des Seebades La Ciotat sind es 39%.

Im Var sind derartig hohe Flächenanteile von Parzellen unter 1 ha nur in der Agglomeration Toulon, von Bandol bis Carqueiranne, sowie in St. Tropez und St. Raphaël zu verzeichnen. In den Küstengemeinden stellen sie dort wie auch in Cavalaire-sur-Mer, La Croix-Valmer und Rayol-Canadel-sur-Mer über 90% der

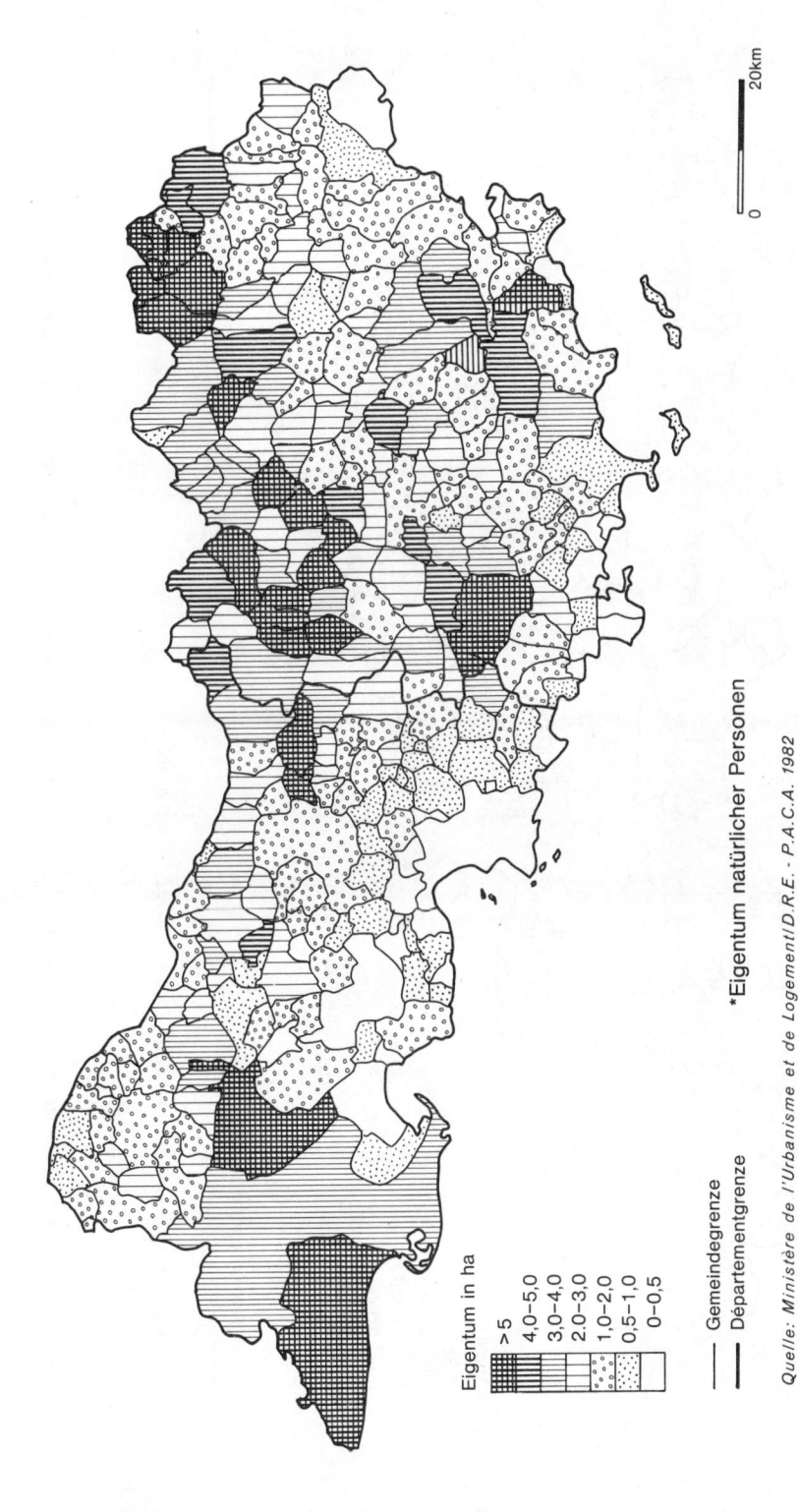

4.5 Grundeigentumsstruktur, Bodenmobilität und Immobilienspekulation 155

Karte 15 Die durchschnittliche Größe des individuellen* Grundeigentums in den Départements Bouches-du-Rhône und Var 1980

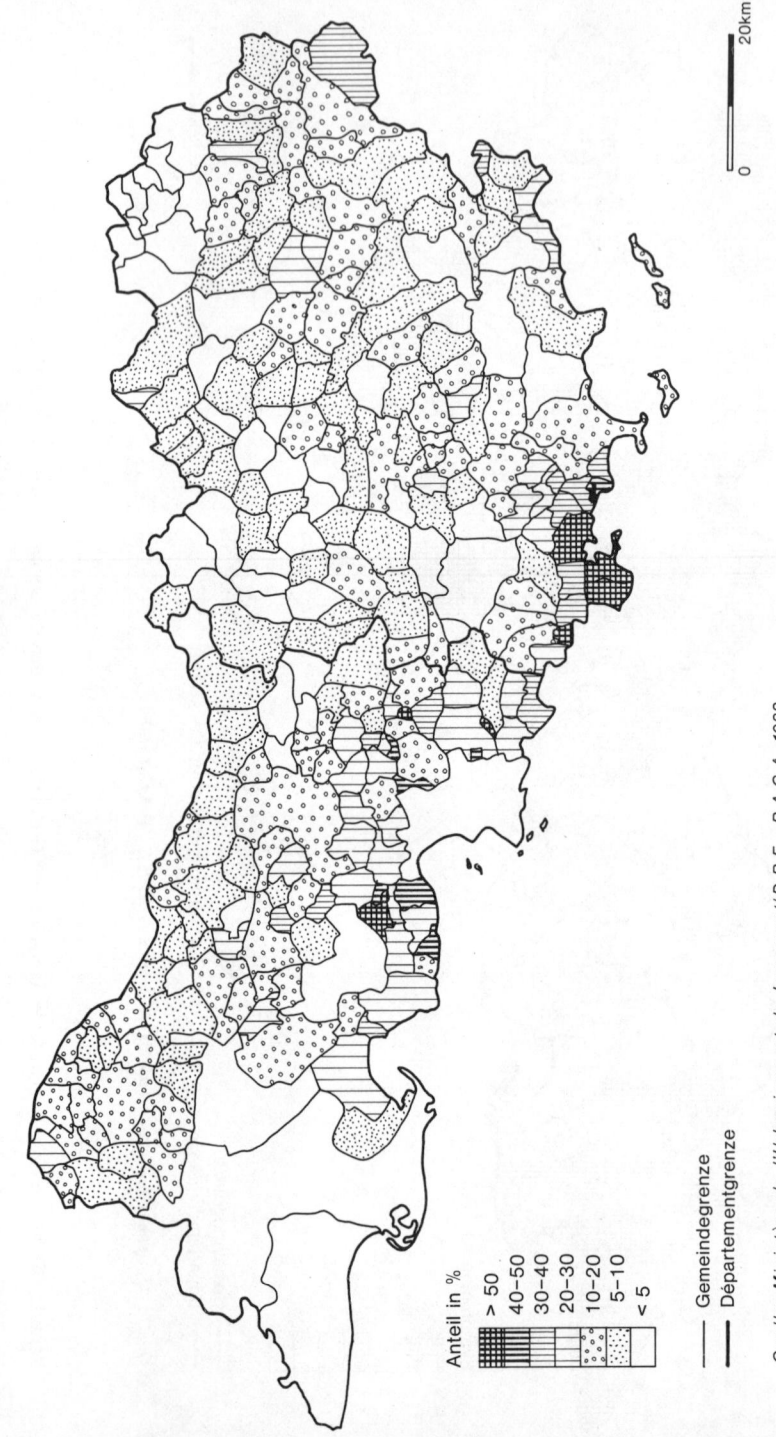

156   4. Freizeit, Tourismus und Regionalentwicklung

Anteil in %
▦ > 50
▤ 40–50
▥ 30–40
▢ 20–30
∘ 10–20
· 5–10
  < 5

— Gemeindegrenze
— Départementgrenze

Quelle: Ministère de l'Urbanisme et de Logement/D.R.E. - P.A.C.A. 1982

Karte 16 Der Anteil des individuellen Kleineigentums (< 1 ha) an der Fläche der Gemeinden in den Départements Bouches-du-Rhône und Var 1980

Eigentumstitel. Dabei spielt für die Kleinstparzellierung der Flur neben der touristischen auch die Nutzung durch Landwirte mit Erwerbsgartenbau und Gemüsebau (unter Glas), die durch sehr geringe Betriebsgrößen gekennzeichnet sind (vgl. u. S. 178ff.), eine Rolle.

Innerhalb des gesamten Départements erreichen die Parzellen unter 1 ha Fläche nur einen Anteil von 10% der Eigentumstitel und 6,5% der Gemarkungen. Dennoch verdient die räumliche Struktur und die Veränderung der Kleinstflächen unter 1 ha individuellen Eigentums unsere besondere Aufmerksamkeit, da sie die aktuelle Dynamik der Grundeigentumsverhältnisse in Bezug auf die Zusammenhänge von Tourismus und Regionalentwicklung am genauesten widerspiegeln. Diese Dynamik wird nicht nur durch die besonders im Var sprunghaft angestiegene Zunahme der Zweitwohnsitze geprägt (vgl. o. S.80), auch das starke Anwachsen von Hauptwohnsitzen, die durch ihre Eigentümer genutzt werden, ist hier von besonderer Bedeutung.

Tab. 38 Die Zunahme der durch die Eigentümer genutzten Hauptwohnsitze in den Départements Bouches-du-Rhône und Var 1962–1982

Département	Anzahl der Hauptwohnsitze			Zunahme 1962–1982		Anteile der Hauptwohnsitze im Eigentum der Nutzer (%)		
	1962	1975	1982	Anzahl	%	1962	1975	1982
Bouches-du-Rhône	395.229	559.990	620.348	225.119	57%	34%	39%	44%
Var	154.747	222.580	270.524	115.777	75%	39%	45%	48%

Quellen: Ministere de l'Urbanisme et du Logement / D.R.E. – P.A.C.A. 1982, S. 47; I.N.S.E.E. – R.G.P. 1982 (25% – Stichprobe)

Bei einer geringen Einwohnerzahl und einem Bestand an Wohneinheiten, der 1962 nur 39% jenes des Nachbardépartements betrug, erhöhte sich in zwanzig Jahren die Anzahl der Wohneinheiten im Var um 75% und in dem stärker verdichteten, industrialisierten Département Bouches-du-Rhône nur um 57%, so daß der Bestand an Wohneinheiten im Var um 44% jenes des Nachbardépartements anstieg. Dem in diesen Zahlen quantitativ gekennzeichneten Verstädterungsprozeß in der Agglomeration Marseille-Aix-Etang-de-Berre und den Küstengemeinden des Var liegt eine die Struktur des Grundeigentums zutiefst beeinflussende Dynamik zugrunde: die stetige und markante Zunahme der ihr Eigentum selbst nutzenden Bewohner von Hauptwohnsitzen.

Im Raum Marseille ist dies eine Folge der Bevorzugung von Einfamilienhäusern durch die in die Außenviertel und Umlandgemeinden Zuziehenden; im Département Var kennzeichnet die Villenbebauung nicht nur große Areale der Küstengemeinden sondern auch die Neubautätigkeit im Binnenland, wo sie allerdings erst relativ kleine Flächen in Anspruch nimmt. Bei den Eigentümern und Nutzern dieser Hauptwohnsitze handelt es sich um Ruheständler wie auch um einen nicht quantifizierbaren Anteil von Eigentümer, die ihre Villa im Var aus finanziellen Gründen als eigengenutzten Hauptwohnsitz ausgewiesen haben, faktisch aber bei Beibehaltung eines weiteren

Wohnsitzes in anderen Regionen Frankreichs – des ehemaligen Hauptwohnsitzes – als Zweitwohnsitz nutzen[66].

Abgesehen von der Frage der Zuordnung zu den Haupt- oder Zweitwohnsitzen bringt die Zunahme der Einzelhausbebauung z.T. in Streulage nicht nur Probleme für die Landschaftsgestaltung, Versorgung mit Infrastrukturleistungen und die Bauleitplanung mit sich. Sie führte zudem zur Fixierung der gewachsenen, touristisch dominierten Nutzungs- und Eigentumsstrukturen. Daraus resultiert nicht nur für die Siedlungsdichte sondern auch für die regionalplanerische Gestaltungsmöglichkeit eine Dichotomie zwischen Küstenzone und den küstennahen Hinterlandsgemeinden einerseits sowie der überwiegenden Zahl der binnenwärtigen Gemeinden im Var andererseits. An der Küste und in ihrem unmittelbaren Hinterland ist der touristisch bedingte Transformationsprozeß, auch was den Parzellierungsgrad und Größenstruktur des Grundeigentums angeht, vollzogen und somit irreversibel. Eine Sondersituation besteht nur für jene Gemeinden, die Anteil am Maures- und Esterelmassiv haben.

Geht man davon aus, daß das Vorherrschen von kleindimensioniertem Grundeigentum ein Indikator für die räumliche Konkretisierung des Urbanisierungsprozesses und der mit ihm verbundenen Bautätigkeit darstellt, so befinden sich die binnenwärtigen Räume der Provence mit einem differenzierterem Bild der Größenstruktur des Grundeigentums in sehr unterschiedlichen Stadien dieses äußerst entwicklungsrelevanten Prozeßablaufes.

4.5.2.2 Großeigentum (über 50 ha) – eine Urbanisierungsbremse?

Hinsichtlich der Terminologie ist darauf hinzuweisen, daß der französische Kataster eigene Größenklassen für kleine (bis 1 ha), mittlere (1–10 ha) und große (über 10 ha) Eigentumseinheiten (zur Problematik des Parzellenbegriffes vgl. Anm. 65) aufweist (MINISTRE DE L'URBANISME.../D.R.E.-P.A.C.A. 1982, S. 79). Die im folgenden als Großeigentum bezeichneten Einheiten (über 50 ha) stellen im Sinne des Katasters „sehr großes Grundeigentum – très grandes propriétés foncières" dar.

Tab. 39 Die Größenstruktur von Grundeigentum größer als 50 ha im Var nach juristischen und natürlichen Personen

Größenklasse	Privateigentümer			Juristische Personen*		
	Anzahl	%	Fl.%	Anzahl%	%	Fl.%
50 – 100 ha	289	32	21	32	7	1
100 – 200 ha	538	59	63	154	31	13
200 – 400 ha	74	8	14	183	37	28
größer 400 ha	5	1	2	126	25	58

Anmerkung: * einschließlich Staat und Gebietskörperschaften, Fl. = Flächen
Quelle: A. Courtois 1982, S. 67, 71

---

66 Diese Praxis resultiert aus dem Faktum, daß in Frankreich staatliche Förderungsmaßnahmen zur Schaffung von Wohneigentum (Zusammenstellung vgl. I.N.S.E.E.-Dir. Rég. Marseille 1985, S. 156) auf Hauptwohnsitze begrenzt sind.

4.5 Grundeigentumsstruktur, Bodenmobilität und Immobilienspekulation

In der Regel kann davon ausgegangen werden, daß mittleres und großes Grundeigentum in den Départements Var und Bouches-du-Rhône landwirtschaftlichen Flächen zuzuordnen ist, eine Ausnahme bilden jene Parzellen, die sich im Eigentum des Staates oder der Gebietskörperschaften befinden. Das Grundeigentum natürlicher Personen unterscheidet sich hinsichtlich seiner Größenstruktur wesentlich von dem juristischer Personen.

Ein Drittel der Privateigentümer verfügt über nicht mehr als 100 ha, ihnen gehört ein Fünftel der in privater Hand befindlichen Flächen, die größer als 50 ha sind. Die Größenklasse 100–200 ha ist mit 60% der Privateigentümer und knapp zwei Drittel ihrer Fläche am stärksten besetzt, nur 9% der Eigentümer weisen größere Flächen auf, sie belegen 16% der privaten Flächen, die größer als 50 ha sind.

Die Größenstruktur des Eigentums juristischer Personen ist jenem der privaten diametral entgegengesetzt. Juristische Personen als Eigentümer verfügen in den Größenklassen ab 200 ha über 86% der Fläche dieser Eigentümerkategorie, ihnen sind 62% der Eigentumstitel zuzuordnen. Ein Viertel der Eigentumstitel mit 58% der Flächen (größer als 50 ha) juristischer Personen gehören zur Größenklasse über 400 ha. Hier wird die Bedeutung des Staates (Militär, z.B. Truppenübungsplatz auf dem Grand Plan de Canjures und des O.N.F. als Eigentümer von Wald in den Maures und Esterel) sichtbar.

Es sind besonders die mittleren Größenklassen des Grundeigentums, aber auch Betriebe bis 30 ha (A. COURTOIS 1982, S. 16), auf die sich zur Zeit die Bodenmobilität sowie das Interesse der Immobiliengesellschaften konzentrieren. Dabei ist zu beachten, daß trotz der Aktivitäten der landwirtschaftlichen Restrukturierungsbehörde S.A.F.E.R. Landwirte als Käufer stark unterrepräsentiert sind; in der ersten Hälfte der siebziger Jahre erwarben sie weniger als ein Viertel der zum Verkauf stehenden Flächen.

Tab. 40 Die Käufer landwirtschaftlicher Flächen in den Départements Bouches-du-Rhône und Var 1971–1974

	Bouches-du-Rhône		Var	
	ha	%	ha	%
Von Landwirten gekaufte Flächen	9.919	35,0	7.005	15,7
Von Nichtlandwirten gekaufte Flächen	18.386	65,0	37,538	84,3
Verkaufte LF insgesamt	28.305	100,0	44.543	100,0
Quelle: Ministère de l'Urbanisme.../D.R.E. – P.A.C.A. 1984, S. 35				

Während im agrarisch günstiger strukturierten Département Bouches-du-Rhône immerhin ein Drittel der Flächen von Landwirten erworben wurde, gingen im Var ganze 16% der Flächen an sie. Der in der Attraktivität des Var für Touristen und Ruheständler begründete starke Druck nichtlandwirtschaftlicher Käufer auf den Bodenmarkt dieses Départements hat sich seither verstärkt (zur Entwicklung der landwirtschaftlichen Nutzflächen vgl. u. S. 178). Es stellt sich daher die Frage, inwieweit die „domination de la civilisation urbaine sur l'espace rural" (Ministere de L'urbanisme/D.R.E.-P.A.C.A. 1982, S. 36) zu regulieren bzw. auch einzugrenzen ist.

A. Courtois (1982, S. 14f., 196ff.) sieht in dem Erhalt des Großeigentums über 50 ha eine Möglichkeit, die ungeregelte Urbanisierung im Hinterland des Var zu verhindern. Angesicht ihres relativ hohen Flächenanteils würde der unverminderte Fortbestand dieser Eigentumseinheiten die Parzellierung von jeweils mehr als der Hälfte der Flächen in den Départements effektiv begrenzen. Dabei ist allerdings zu berücksichtigen, daß die Großeigentümer (mehr als 50 ha) im Var nur über 51% der Fläche verfügen. 907 Privateigentümern unter ihnen – zumeist Landwirten – gehörten über 113 000 ha bzw. 31% der Fläche des Départements.

Betrachten wir die räumliche Struktur des Großeigentums (Karte 17), so fällt auf, daß es im Département Bouches-du-Rhône eine sehr deutliche Konzentration auf die Camargue und Crau aufweist. Die intensive touristische Nutzung der Camargue ist auf die Grundeigentumsstruktur ohne Folgen geblieben. Eine kleinere Konzentration großer Eigentumseinheiten befindet sich auf Plateaus zwischen der Montagne Ste. Victoire und Durance. Sie finden im nordwestlichen Var ihre Fortsetzung. Der entscheidende Unterschied in der Lokalisation des Großeigentums in beiden Départements liegt darin, daß es im Var relativ dispers verteilt ist. Von den Küstengemeinden (Ausnahme La Londes-des-Maures mit 66%) abgesehen sind Flächenanteile des Großeigentums von 35% in den Gemarkungen der Gemeinden fast aller Landschaften des Var zu finden, über 50% erreichen sie in den westlichen und nördlichen Teilräumen. Angesichts der effektiv limitierenden Funktion, welche das landwirtschaftliche Großgrundeigentum einer touristischen Durchdringung der Grundeigentumsstruktur in der Camargue bisher entgegensetzte, sowie seiner Verbreitung im Var ist zu vermuten, daß sein Erhalt über die Hälfte der Fläche des Var dem Immobilienmarkt auf absehbare Zeit entziehen könnte. Voraussetzung dafür ist jedoch, daß ein solches Ziel den Präferenzen seiner Eigentümer entspräche. Selbst unter der Prämisse, daß wegen des Zieles eines Erhalts von Großbetrieben auch der Verzicht auf kurzfristig zu erzielende Veräußerungsgewinne akzeptiert würde, können planerische Eingriffe in die Bodenordnung und -nutzung diese Akzeptanz als eine Voraussetzung für eine autochthone Organisation des Bodenmarktes nicht ersetzen.

4.5.2.3 Die Eigentümerstruktur als räumlich differenzierender Faktor der Bodenmobilität und Regionalentwicklung

Die Quellenlage gestattet es, drei unterschiedliche Eigentümergruppen in ihrem Bezug zur Struktur und Dynamik des Grundeigentums zu analysieren (s. Tab. 41).

Auf *Privateigentümer* (natürliche Personen) entfielen jeweils über 90% der Eigentumstitel und 55% der Flur des Départements Bouches-du-Rhône bzw. knapp zwei Drittel jener des Var.

Juristische Personen stellen nur jeweils 4% der Eigentümer, aber 45% bzw. 36% der Flächen. Die höheren Anteile im Département Bouches-du-Rhône resultieren aus den großflächigen Agrarbetrieben in der Camargue und Crau, die als privatrechtliche

4.5 Grundeigentumsstruktur, Bodenmobilität und Immobilienspekulation 161

Anteil in %
> 65
50–65
35–50
20–35
5–20
< 5

Gemeindegrenze
Départementgrenze

*Eigentum natürlicher Personen

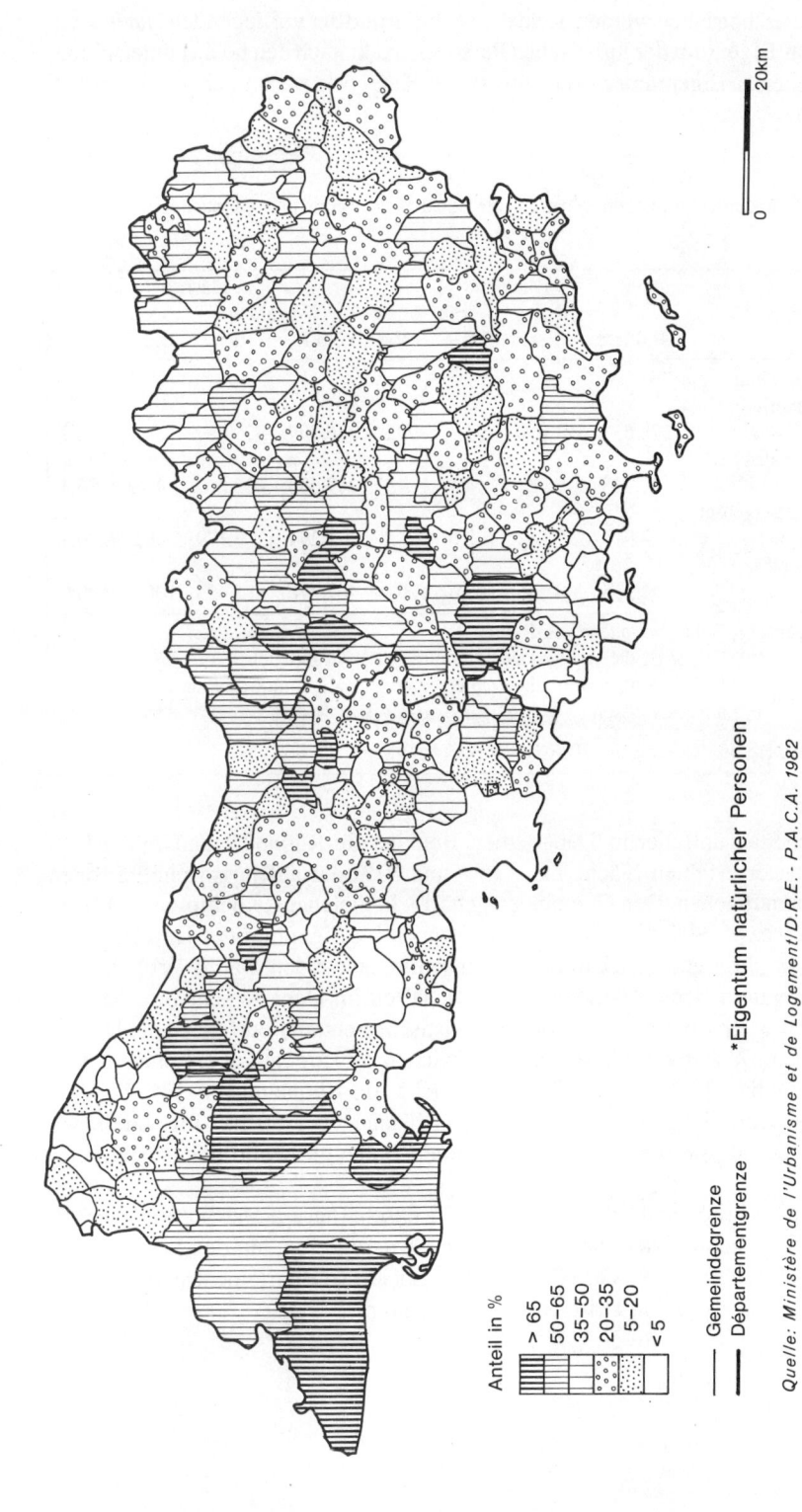

Quelle: Ministère de l'Urbanisme et de Logement/D.R.E. - P.A.C.A. 1982

Karte 17 Der Anteil des individuellen* Großeigentums (> 50 ha) an der Fläche der Gemeinden in den Départements Bouches-du-Rhône und Var 1980

Gesellschaften betrieben werden. Leider ist es aufgrund der vorliegenden Daten nicht möglich, das Eigentum der juristischen Personen exakt nach den höchst unterschiedlich organisierten Eigentümern, die unter dieser Kategorie zusammengefaßt werden, aufzuteilen.

Tab. 41 Das Grundeigentum in den Départements Bouches-du-Rhône und Var nach Eigentümerkategorien (1981)

	Parzellen				Flächen			
	Anzahl		in %		Anzahl		in %	
	B.d.R.*	Var	B.d.R.	Var	B.d.R.	Var	B.d.R.	Var
Privates Individualeigentum natürlicher Personen	178.653	221.980	93,3	90,8	256.397	370.252	54,9	63,2
Eigentum juristischer Personen	7.945	9.923	4,1	4,1	209.683	213.062	44,9	36,4
Gemeinschaftseigentum (Copropriété)	4.917	12.563	2,6	5,1	1.294	2.179	0,2	0,4
Eigentumstitel** insgesamt	191.515	244.466	100,0	100,0	467.376	585.493	100,0	100,0

Anmerkungen: *) B.d.R. = Bouches-du-Rhône
**) Erfaßt ist die Anzahl der Eigentümertitel (Grundbucheintragungen), Mehrfachzählungen von Eigentümern mehrerer Eigentumstitel sind daher nicht ausgeschlossen

Quelle: Ministère de l'Urbanisme.../D.R.E. – P.A.C.A. 1982, S. 85, 86

Auf den Staat entfallen im Département Bouches-du-Rhône 7% und im Var 13% der im Kataster erfaßten Fläche bzw. 15% und 37% der auf juristische Personen eingetragenen Flächen. Den Gemeinden gehört – in gleicher Reihenfolge – 11 bzw. 12% und 25 bzw. 34% der Flächen. Die Flächen im Eigentum des Départements können wegen ihres geringen Umfanges vernachlässigt werden. Damit verbleiben für die nach privatem Recht gebildeten Gesellschaften im Département Bouches-du-Rhône ca. 60% und im Var ca. 29% der auf juristische Personen entfallenden Flächen; an den Gesamtflächen der Départements erreichen privatrechtlich organisierte Gesellschaften einen Anteil von ca. 27% im Bouches-du-Rhône und ca. 12% im Var.

Für die Aufteilung des Großeigentums (Fläche über 50 ha) im Var liegen detaillierte Daten vor, die den zuvor genannten Daten größenordnungsmäßig entsprechen.

Es wird deutlich, daß privatrechtliche Gesellschaften im Var 35% der juristischen Personen gehörenden Flächen über 50% kontrollieren; auf den Staat und die Gebietskörperschaften des Var (Collectivités Locales: Département und Gemeinden) entfällt jeweils ca. ein Drittel des Großeigentums.

4.5 Grundeigentumsstruktur, Bodenmobilität und Immobilienspekulation 163

Anteil in %
< 80
65–80
50–65
35–50
> 35

— Gemeindegrenze
— Départementgrenze

Quelle: Ministère de l'Urbanisme et de Logement/D.R.E. - P.A.C.A. 1982

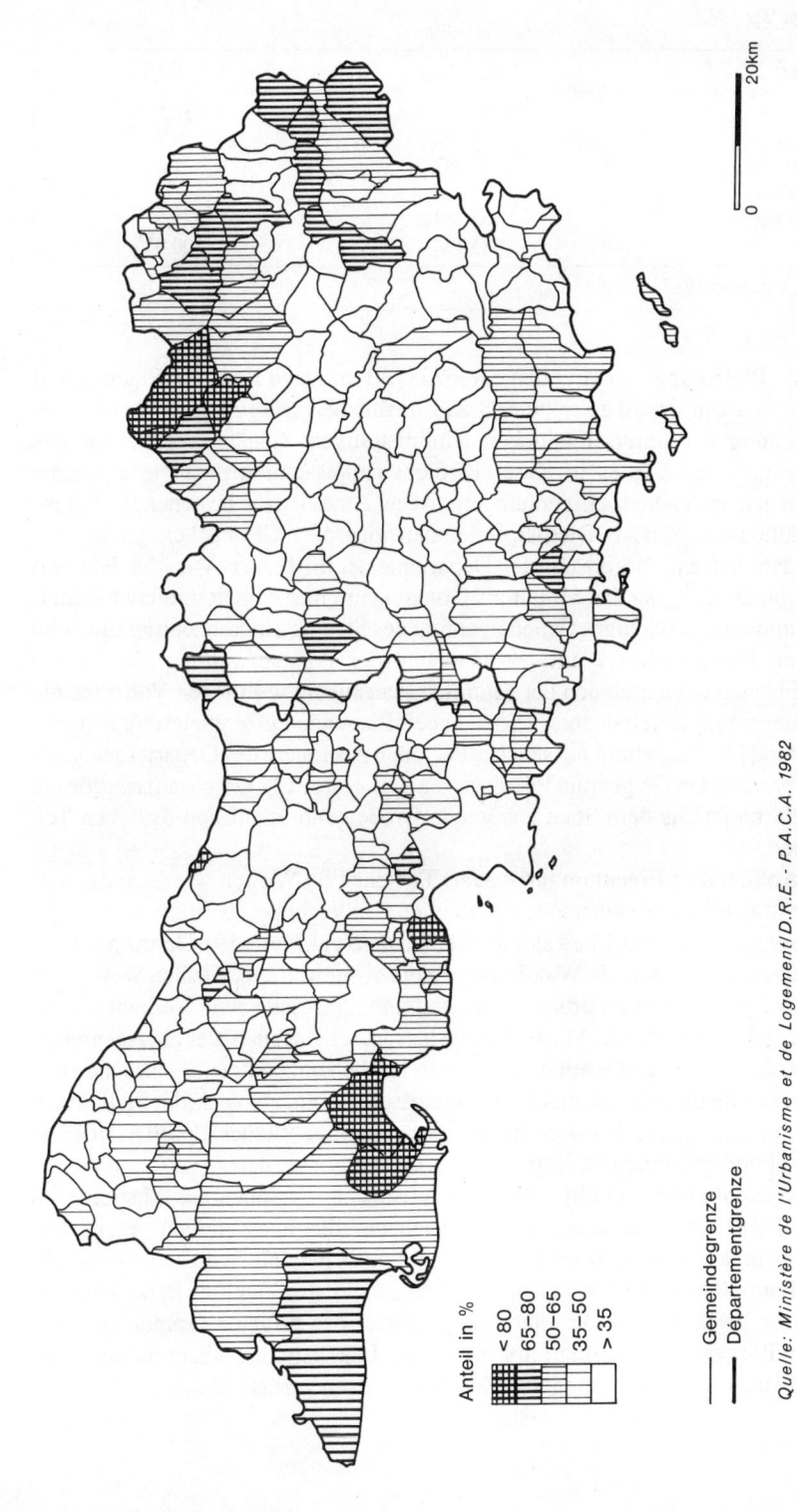

Karte 18 Der Anteil des Eigentums juristischer Personen an der Fläche der Gemeinden in den Départements Bouches-du-Rhône und Var 1980

Tab. 42 Das Grundeigentum juristischer Personen (Flächen über 50 ha) nach Eigentümern im Département Var 1982

Eigentümer	Fläche (ha)	Anteile (%)
Staat	60.081	32,5
Département	1.422	0,7
Gemeinden	57.847	31,3
privatrechtliche Gesellschaften	65.784	35,5
Insgesamt	185.134	100,0

Quelle: A. Courtois 1982, S. 85f.

Auf die Bedeutung von Grundeigentum der öffentlichen Hand für Planung und Regionalentwicklung wird an späterer Stelle einzugehen sein (vgl. u. S. 247ff.), die Kennzeichnung der unterschiedlichen administrativen Zuständigkeiten für das Grundeigentum des Staates in Karte 18 dient hauptsächlich dazu, jene Räume herauszuheben, in denen das Eigentum juristischer Personen die bestehenden Eigentumsverhältnisse stabilisiert. Dies ist, verbunden mit großen Grundstücksgrößen, vor allem im Norden und Nordosten des Départements, im Hohen Var, der Fall, wo nördlich von Draguignan das Militär als Grundeigentümer eine dominierende Stellung einnimmt. Großflächiges Grundeigentum des Staates tritt konzentriert auch im Esterel und Maures-Massiv auf; es untersteht der Forstverwaltung ebenso wie einzelne Flächen in Gemeinden der zentralen Plateaus im westlichen Var. Eine die Entwicklungsmöglichkeiten entscheidend beeinflussende Differenzierung tritt hervor: Während Großeigentum juristischer Personen das Innere des Départements, wo durchaus privates Großeigentum lokalisiert ist (vgl. Karte 17), gleichsam ringförmig umschließt, bleibt das dem Staat gehörende Großeigentum auf den östlichen Teil konzentriert.

Das großflächige Eigentum juristischer Personen im Westen wie auch das dort und im zentralen Var Privatpersonen gehörende Großeigentum befindet sich häufig in überdurchschnittlich stark bewaldeten Gemeinden (vgl. Karte 19). Da aufgrund der französischen Rechtslage als Waldbrandgebiete ausgewiesene Flächen wesentlich leichter als Agrarflächen zu urbanisieren sind und die Nähe sowie Verkehrsanbindung zur Agglomeration Aix-Marseille gegeben ist, scheint auch hier ein Ausgreifen des Urbanisierungsprozesses auf die landwirtschaftlich ungenutzten Teilflächen von Großbetrieben für die Zukunft nicht ausgeschlossen zu sein, zumal da der Stellenwert der agrarischen Nutzung bei den Eigentümern privatrechtlicher Gesellschaften je nach Produktionsrichtung und Eigentümerstruktur stark variiert.

Die Konzentration von Großeigentum juristischer Personen aus Marseille im nordwestlichen Var geht seiner Genese nach auf die Investitionen städtischen Bürgertums in landwirtschaftliche Flächen zurück, es handelt sich zu einem erheblichen Teil um Rebland in den Tallandschaften und um großflächige Parzellen (vgl. A. COURTOIS 1982, S. 31). Die räumliche Struktur des privaten Grundeigentums Marseiller Bürger (Karte 20) stimmt mit dieser Lokalisierung überein, sie ist im wesentlichen auf die Einrichtung von Zweitwohnsitzen zurückzuführen (MINISTERE

4.5 Grundeigentumsstruktur, Bodenmobilität und Immobilienspekulation

DE L'URBANISME.../D.R.E.-P.A.C.A. 1982, S. 214) und stellt die aktuelle räumliche Fortsetzung eines Urbanisierungsprozesses dar, der Ende der sechziger Jahre an der Küste in Bandol und St. Cyr-sur-Mer begann (vgl. o. S. 77ff.). Ein binnenwärtiger Vorposten der Kombination von großflächigem Eigentum juristischer Personen und verstärkter, bisher vorwiegend auf kleine und mittlere Eigentumsgrößen ausgerichteter Nachfrage individueller Grundeigentümer aus Marseille befindet sich in Tourtour, einem durch Zweitwohnsitze ausgebauten Village Perchée nordwestlich von Draguignan.

Die vorhandene Datenlage gestattet es leider nicht, das Grundeigentum von Immobiliengesellschaften (S.C.I.s) systematisch zu lokalisieren und auf diese Weise potentielle Erschließungsprojekte frühzeitig auszumachen. Die Kombination der vorhandenen Strukturmerkmale (Größe und Organisationsform des Eigentums, Herkunft der Grundeigentümer) und ihre Verknüpfung mit anderen Daten, z.B. der Bautätigkeit (vgl. Karte 14), erlaubt jedoch die Identifizierung von Räumen, in welchen der Strukturwandel hin zur freizeitorientierten Urbanisierung eingesetzt hat. Wie der Nordwesten des Var zeigt, ist dabei eine Abnahme der landwirtschaftlich genutzten Flächen keinesfalls eine Voraussetzung für das Einsetzen dieses Prozesses (vgl. Karte 24), da genügend ungenutzte Flächen zumeist kleinen und mittleren Größenzuschnittes zur Verfügung stehen.

Die Fragilität der Situation der Grundeigentumsverhältnisse und das besondere Potential für touristische Entwicklungsprojekte im Küstenhinterland ist – wie im gezeigten Beispiel – spcziell bei einer räumlichen Überlagerung von auswärtigem Eigentum juristischer und privater Personen gegeben. Ersteres dient seinem Wesen nach der Kapitalanlage. Bei den beiden Eigentümergruppen sind die Bewertungskriterien der Entscheidungen, die eine Veränderung der Grundeigentumsverhältnisse betreffen, an den Maßstäben einer urbanisierten, an der Entwicklung des ländlichen Raumes im Var nur selektiv (z.B. hinsichtlich der Kapitalverzinsung oder der Erhaltung seines Freizeitwertes) interessierten Eigentümergruppe orientiert. Damit gewinnt das Merkmal der Herkunft der Grundeigentümer eine über den aktionsräumlichen Aspekt hinausgehende Bedeutung; es ist mitbestimmend für die Entwicklungsziele und -möglichkeiten der einzelnen Teilräume. Dies wird besonders wichtig, wenn in den für Abwanderungsgebiete typischen Klein- und Kleinstgemeinden Zugezogene oder Auswärtige die kommunalpolitische Verantwortung übernehmen (vgl. u. S. 228f.).

Die Tabelle 43 verdeutlicht die Unterschiede im Stellenwert des autochthonen privaten Grundeigentums und im Ausmaß der regionalen Fremdbestimmung in den Küstendépartements der Provence.

Das Département Bouches-du-Rhône ist durch einen hohen Anteil der lokalen Grundeigentümer (das Grundeigentum befindet sich in der Wohngemeinde oder Nachbargemeinde) von etwa zwei Drittel an der Zahl der Eigentumstitel und der Fläche gekennzeichnet, auf das Département entfallen 90% der Eigentümer und 86% der in Privateigentum befindlichen Flächen. Eigentümern aus den übrigen französischen Regionen gehört knapp ein Zehntel der im Individualeigentum befindlichen Flächen. Der deutlich geringere Anteil dieser Gruppe an Eigentümern läßt auf größere Eigentumsgrößen schließen (vgl. Tab. 44).

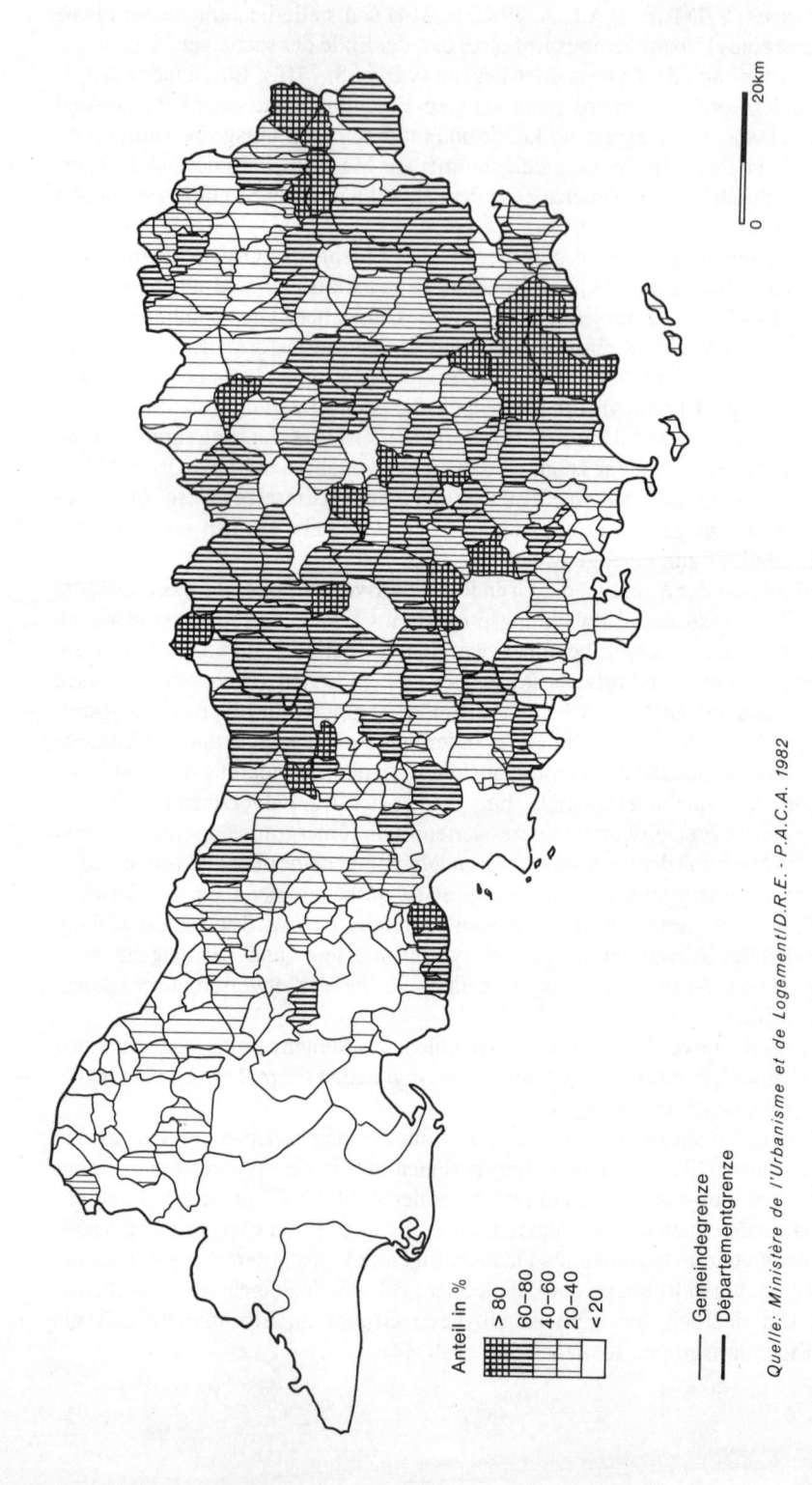

4. Freizeit, Tourismus und Regionalentwicklung

Karte 19 Die Waldbedeckung in den Départements Bouches-du-Rhône und Var 1980

Quelle: Ministère de l'Urbanisme et de Logement/D.R.E. - P.A.C.A. 1982

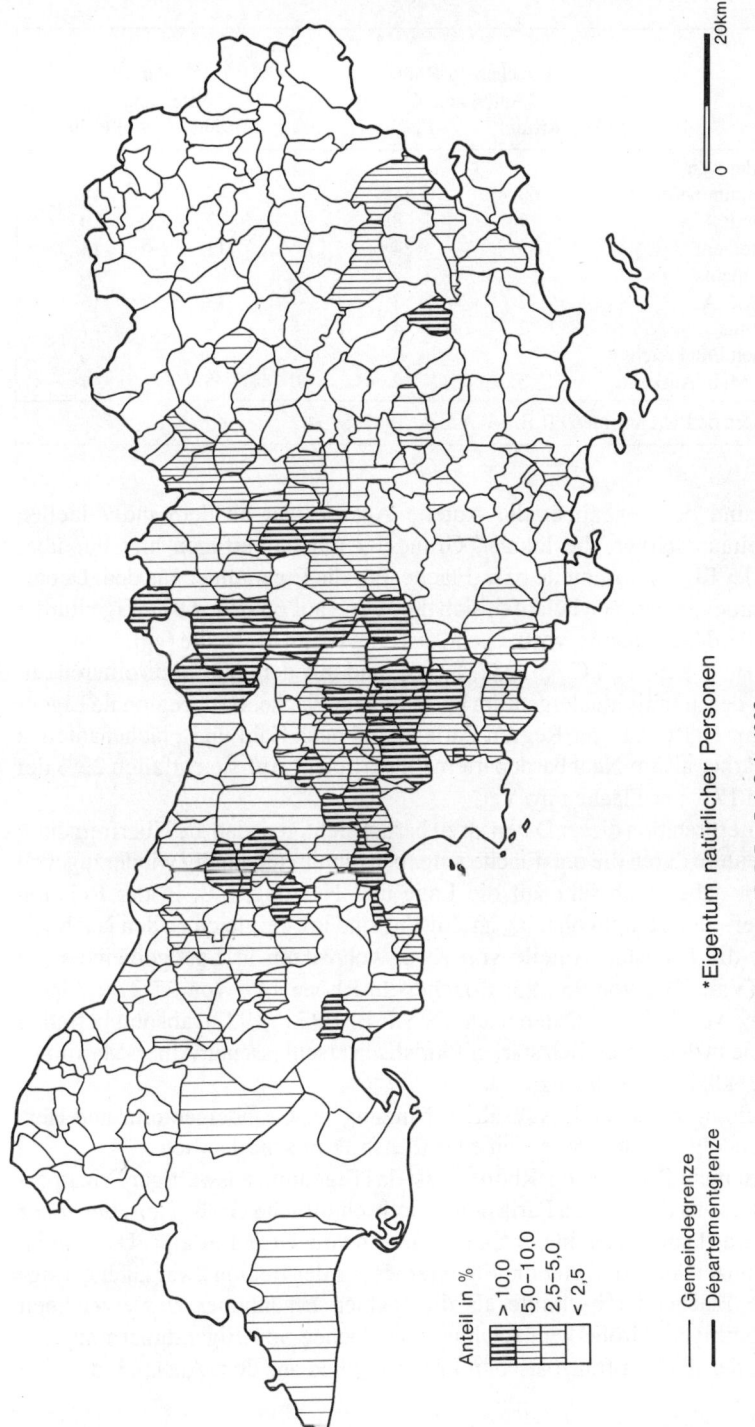

4.5 Grundeigentumsstruktur, Bodenmobilität und Immobilienspekulation   167

Anteil in %
> 10,0
5,0–10,0
2,5–5,0
< 2,5

Gemeindegrenze
Départementgrenze

*Eigentum natürlicher Personen

Quelle: Ministère de l'Urbanisme et de Logement/D.R.E. - P.A.C.A. 1982

Karte 20 Der Anteil individueller Grundeigentümer* aus Marseille an den Fluren der Gemeinden in den Départements Bouches-du-Rhône und Var 1980

Tab. 43 Die räumliche Herkunft der individuellen Grundeigentümer in den Départements Bouches-du-Rhône und Var 1980

Wohnort des Eigentümers	Département Bouches-du-Rhône Anteil an...%		Var Anteil an...%	
	Anzahl	Fläche	Anzahl	Fläche
Gemeinde, in der sich das Grundeigentum befindet	60	54	47	44
Nachbargemeinde	7	8	7	10
übriges Département	23	24	11	14
übrige Départements der Region P.A.C.A.	2	3	13	15
Region Parisienne	2	4	9	7
andere Regionen Frankreichs	3	5	8	6
D.O.M. – T.O.M. u. Ausland	3	2	5	4
Quelle: Ministère de l'Urbanisme/D.R.E. – P.A.C.A. 1982, S. 94				

Im Var sind demgegenüber die Anteile Auswärtiger an dem individuellen Eigentum weitaus stärker, die lokalen Grundeigentümer verfügen hier nur über jeweils 54% der Eigentumsanteile bzw. Fläche. Für die Eigentümer aus dem Département zusammengenommen belaufen sich die Werte auf 65 bzw. 68%. Eigentümer aus den Nachbardépartements, vorwiegend aus dem Raum Marseille (vgl. MINISTERE DE L'URBANISME/D.R.E.-P.A.C.A. 1982, S. 96), und aus dem Var kontrollieren zusammen 83% der in Individualeigentum befindlichen Fläche. Extraregionale Eigentümer – ca. zur Hälfte aus der Region Paris – sind nach Zahl und Flächenanteilen wesentlich stärker als im Nachbardépartement vertreten. Auf sie entfallen 22% der Parzellen und 17% der Flächen im Var.

Bei der Interpretation dieser Daten ist zu berücksichtigen, daß die Überfremdung im Grundeigentum durch die o.g. Flächenangaben nur unvollständig wiederzugeben ist. Es kommt dabei auch sehr auf die Lage und Nutzung, z.B. in der Relation zwischen Zweit- und Hauptwohnsitz, an. Im Var sind im Vergleich zu den Nachbardépartements die höchsten Anteile von Zweitwohnsitzen in Landgemeinden zu verzeichnen (Var: 23% von 95 293; Bouches-du-Rhône 14% von 27 278; Alpes-Maritimes 20% von 112 285; Daten nach I.N.S.E.E.-R.G.P. 1982), absolut befinden sich im Var wie in den wesentlich stärker touristisch erschlossenen Alpes-Maritimes jeweils ca. 22 000 Zweitwohnsitze.

Die Beziehung zwischen Lokalisation, Nutzung des Grundeigentums und Herkunft des Grundeigentümers prägt seine Größenstruktur sehr deutlich.

Im Département Bouches-du-Rhône weist das Eigentum auswärtiger Privatpersonen besonders aus der Region Paris hohe durchschnittliche Größen auf; ein hoher Anteil von Agrarflächen, z.B. in der Camargue, sind die Ursache dafür. Das Var ist dadurch gekennzeichnet, daß hier die Eigentümer aus der Region zwar auch geringfügig größere Flächendurchschnitte als die lokalen Eigentümer zu verzeichnen haben. Eine geringere Größe kennzeichnet die Flächen von Eigentümern aus der Region Paris, der übrigen französischen Provinz sowie aus dem Ausland, die eine

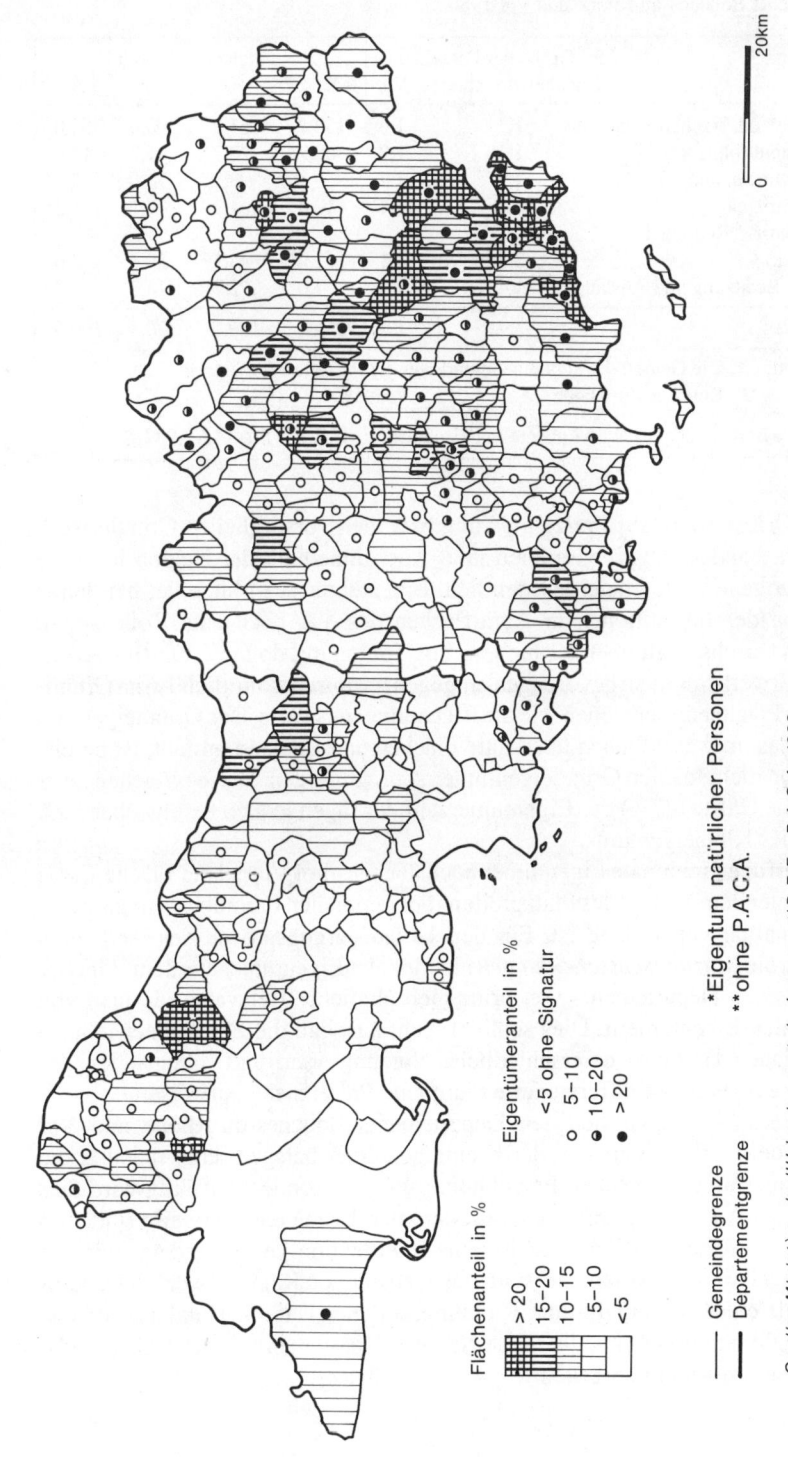

4.5 Grundeigentumsstruktur, Bodenmobilität und Immobilienspekulation 169

Flächenanteil in %
- \> 20
- 15–20
- 10–15
- 5–10
- <5

Eigentümeranteil in %
- <5 ohne Signatur
- ○ 5–10
- ◐ 10–20
- ● >20

— Gemeindegrenze
— Départementgrenze

*Eigentum natürlicher Personen
**ohne P.A.C.A.

Quelle: Ministère de l'Urbanisme et de Logement/D.R.E. - P.A.C.A. 1982

Karte 21 Der Anteil individueller Grundeigentümer* aus der Region Paris und der französischen Provinz** 1980

Tab. 44 Die Herkunft individueller Grundeigentümer und die Größe der ihnen gehörenden Flächen in den Départements Bouches-du-Rhône und Var 1980

Hauptwohnsitz	mittlere Größe der Parzellen ha		Flächen in 1000 ha			
	Bouches-du-Rhône	Var	B.D.R.**	%	Var	%
a) Gemeinde* od. Nachbargemeinde	1,3	1,6	158,2	61,7	200,0	54,0
b) Département (ohne a.)	1,4	1,9	60,7	23,7	51,7	14,0
c) Region (ohne a. und b.)	1,9	1,9	8,1	3,2	56,6	15,3
d) Region Parisienne	3,4	1,4	10,8	4,2	27,1	7,3
e) übrige französ. Regionen (ohne a.-d.)	2,3	1,1	11,6	4,5	20,6	5,6
überseeische Besitzung und Ausland	1,4	1,3	7,0	2,7	14,3	3,8
Départements	1,4	1,7	256,4	100,0	370,3	100,0

Anmerkungen: * Die Gemeinde, in deren Gemarkung die Parzelle lokalisiert ist
** Bouches-du-Rhône

Quelle: eigene Berechnungen nach Ministère de l'Urbanisme.../D.R.E. – P.A.C.A. 1982, S. 86, 95f.

eindeutige Orientierung auf Freizeitnutzung bzw. den vorsorglichen Grunderwerb für den Ruhestandswohnsitz vermuten läßt. Auch innerhalb der Region ist diese nutzungsbezogene Differenzierung deutlich. Eigentümer aus Marseille, bei denen die Tradition der Investitionen in Agrarflächen des Var noch eine Rolle spielt, verfügen im Durchschnitt über 2,1 ha; jene aus Toulon mit dominierenden freizeitbezogenen Erwerbsmotiven bevorzugen hingegen mit durchschnittlich 1,6 ha Grundstücksgröße Flächendimensionen wie die Eigentümer aus Paris. Das Grundeigentum unter 1 ha, das im wesentlichen überbaute Flächen und Bauland umfaßt, ist bereits sehr stark von nicht lokalen Grundeigentümern durchdrungen. Diese erreichen zwar erst knapp die Hälfte (47%) der Eigentümerzahl, verfügen jedoch bereits über 56% der Fläche des Kleineigentums.

Zwar verfügen regionale Eigentümer noch über ca. drei Viertel der Flächen, was besonders unter dem Aspekt des Platzgreifens der regionalen Fremdbestimmung und Fernfunktionalität von Belang ist. Für den Urbanisierungsprozeß des ländlichen Raumes sind die *Nutzungsentscheidungen* nichtlokaler Eigentümer aus dem Var oder den umliegenden Départements von prinzipiell ähnlicher Relevanz wie jene von extraregionalen Eigentümern. Dies schließt nicht aus, daß die Eigentümer je nach ihrer räumlichen Herkunft unterschiedliche Nutzungsarten und -intensitäten des ländlichen Raumes sowie differenzierte räumliche Präferenzen aufweisen.

Die Unterschiede zwischen den Départements Bouches-du-Rhône und Var hinsichtlich der Herkunftsstruktur der Kleineigentümer belegen sehr eindeutig die Differenzierung im touristischen Erschließungsgrad, besonders auffällig wird dies hinsichtlich der Anteile extraregionaler Eigentümer. Bezeichnenderweise findet im Département Bouches-du-Rhône auch keine Intervention von Grundeigentümern aus den benachbarten Départements statt; der Transfer von Kapital zwecks Grunderwerb verläuft eindeutig nur in eine Richtung, aus der Hafen-, Handelsstadt und heutigen Agglomeration Marseille in die Nachbardépartements der P.A.C.A. und – im Kleineigentum – nicht umgekehrt.

4.5 Grundeigentumsstruktur, Bodenmobilität und Immobilienspekulation

Tab. 45 Die Herkunft der individuellen Eigentümer von Parzellen unter 1 ha in den Départements Bouches-du-Rhône und Var 1980

Hauptwohnsitz	Anteil an allen Individualeigentümern in %		Anteil an den Flächen** kleiner als 1 ha (%)
	B.d.R.	Var	Var
Gemeinde*	60,9	47,6	36,3
Nachbargemeinden	6,0	5,5	7,8
Toulon	–	4,3	5,7
übriges Dép. Var	–	6,4	8,9
Marseille	8,2	3,1	4,4
Aix-en-P^ce	2,4	–	
Arles, Salon	1,9	–	–
übriges Dép. B.d.R.	11,2	6,8	7,6
Dép. Vaucluse	0,7	–	
Nizza und Dép. Alpes-Maritimes	–	3,2	4,7
übrige Dép. der Region P.A.C.A.	1,2	0,7	0,7
Region Parisienne	1,7	8,9	10,1
übrige franz. Regionen	2,8	8,6	8,3
D.O.M.-T.O.M. und Ausland	2,4	4,8	5,4
unbekannt	0,1	0,1	–
Anzahl insgesamt	100,0	100,0	.
Flächen insges. (ha)	31.425	36.166	.

Anmerkungen: * Die Gemeinde, in deren Gemarkung die Parzelle lokalisiert ist
** Für das Dép. Bouches-du-Rhône liegen leider keine verläßlichen Flächenangaben für die einzelnen Herkunftsgruppen vor

Quelle: Ministère de l'Urbanisme.../D.R.E. – P. A.C.A. 1982, S. 134, 205 (verändert)

Im Vergleich zum Kleineigentum ist beim Großeigentum das Gewicht der lokalen Eigentümer deutlich geringer. Dies gilt für beide Départements, ein besonders großer Unterschied besteht in der Kategorie der ortsansässigen Eigentümer im Département Bouches-du-Rhône. Die geringere lokale Verfügungsgewalt über das Großeigentum spiegelt sich in höheren Anteilen regionaler, besonders jedoch extraregionaler Grundeigentümer wider, die beim Kleineigentum dieses Départements kaum vertreten sind.

Im Gegensatz dazu stimmen im Var Eigentümer- und Flächenanteile des *extraregionalen* Grundeigentums beider Größenklassen überein. Die Attraktivität des Var für Investitionen weist hier keine Unterschiede auf. Dies gilt zudem erstaunlicherweise auch für die Flächenanteile der Klein- und Großeigentümer *aller* Herkunftsgebiete (lokal, regional und extraregional). Die räumliche Differenzierung der Eigentümerherkunft und damit auch der regionalen Streuung der Verfügungsgewalt über Grundeigentum weicht im Var auch für die Standorte der *juristischen Personen*, die Grundeigentümer sind, kaum von jener der natürlichen Personen ab. 55% der juristischen Personen mit Grundeigentum über 50 ha haben den Geschäftssitz in der Gemeinde des Eigentumsstandortes. 10% der Gesellschaften sind im übrigen Département Var lokalisiert, 15% in der Region[67] und 20% der Eigentümer sind extraregionale Gesellschaften (Daten nach A. COURTOIS 1982, S. 83f.). Neben der Herkunft der Eigentümer kennzeichnet die Lage der ihnen gehörenden Flächen die Grundeigentumsstruktur, sie determiniert die Aktions- und Strukturräume der unterschiedlichen Eigentümergruppen im Untersuchungsgebiet.

Tab. 46 Die Herkunft der individuellen Eigentümer an Flächen über 50 ha in den Départements Var und Bouches-du-Rhône 1980

Hauptwohnsitz der Eigentümer	Var			Bouches-du-Rhône		
	Anzahl	in %	Flächenanteil (%) (100%=113.035 ha)	Anzahl	in %	Flächenanteil (%) (100%=90.388 ha)
Gemeinde*	378	41,7	37	314	48,2	44,8
Nachbargemeinde	74	8,2	8	38	5,8	5,3
Toulon	30	3,3	5	–	–	–
übriges Dép. Var	84	9,3	9	–	–	–
Arles	–	–	–	–	–	–
Marseille	44	4,9	7	46	7,1	9,2
Arles, Salon	–	–	–	20	3,0	4,1
übriges Dép. B.d.R.**	70	7,7	9	74	11,7	10,2
Nizza	13	1,4	1	–	–	–
übriges Dép. Alpes-Maritimes	24	2,6	3	–	–	–
Vanchise, Dép.	–	–	–	11	1,7	1,2
übrige Dép. der Region P.A.C.A.	9	1,0	1	15	2,3	2,7
Region Parisienne	73	8,1	9	40	6,1	7,4
übriges Frankreich	69	7,6	8	44	6,8	7,5
D.O.M.-T.O.M. und Ausland	38	4,2	3	17	2,6	3,6
Summen	906	100,0	100,0	651	100,0	100,0

Anmerkungen: *) Die Gemeinden, in deren Flur die Parzelle lokalisiert ist
**) Bouches-du-Rhône

Quelle: Ministère de l'Urbanisme.../D.R.E. – P.A.C.A. 1982, S. 127, 198 (verändert)

Die Herkunft der individuellen Eigentümer aus Marseille (Karte 20, S. 167) ist stark distanzorientiert. Im Département Bouches-du-Rhône weisen landwirtschaftlich intensiv genutzte Gebiete im Comtat und der Camargue kein nennenswertes individuelles Eigentum Marseiller Bürger auf. Dessen Verbreitung beruht z.T. auf der Tradition der Cabanes (vgl. Anm. 28) und ist heute auf die Agglomeration (Hauptwohnsitze in Einzelhausbauweise, s. o. S. 149) sowie auf die nach Osten in das Plateau- und Hügelland des Var und die provenzalische Küste bis Bandol und St. Cyr-

---

67 Ohne Département Var.

sur-Mer konzentriert. Seine östlichen Vorposten bilden Ste. Maxime und Grimaud als Seebadorte sowie Vidauban und La Mole in ihrem Hinterland.

Tab. 47 Die räumliche Differenzierung der Anteile des Grundeigentums von Eigentümern aus der Region Paris und der französischen Provinz* in ausgewählten Gemeinden des Départements Var 1980

a) Ausgeglichenes Verhältnis der Zahl der Eigentümer aus dem Raum Paris und der Provinz	Anteile** der Eigentümer aus ...	
	der Region Paris (in %)	dem übrigen Frankreich (in %)
Rayol-Canadel/Mer	26,8	23,7
Cavalaire	26,6	23,8
La Croix-Valmer	23,5	21,6
Roquebrune/Argens	20,6	23,6
Ste. Maxime	18,2	18,3
Bormes-les-Mimosas	18,5	15,2
Le Lavandou	15,2	14,3
La Londe-Les-Maures	11,1	9,4
Fréjus	10,7	12,6
St. Raphaël	12,4	13,6
St. Mandrier	9,4	11,1
St. Antonin-du-Var	10,1	11,0
Taradeau	14,0	11,0
Figanieres	11,4	10,0
b) Übergewicht der Eigentümer aus der Region Paris über jene aus der Provinz	Anteile** der Eigentümer aus ...	
	der Region Paris (in %)	dem übrigen Frankreich (in %)
Tourtour	22,3	11,1
Grimaud	20,0	13,8
Bagnols-en-Foret	19,7	11,8
Ramatuelle	18,8	13,4
St. Paul-en-Foret	18,4	9,8
Gassin	18,0	9,1
Verignon	17,8	3,5
Le Thoronet	15,8	9,2
St. Tropez	15,7	6,4
Plan-de-la-Tour	14,6	8,2
La Garde-Freinet	14,4	7,1
Moissac-Bellevue	14,2	6,4
Lorgues	13,8	9,3
Baudinard/Verdon	13,7	8,3
Montauroux	12,2	8,4

Anmerkungen: *) ohne die Region P.A.C.A.
**) In v.H. der Gesamtheit der Eigentumstitel
Quelle: Ministère de l'Urbanisme.../D.R.E. – P.A.C.A. 1982, S. 231 (verändert)

Eine durchaus andere räumliche Struktur zeichnet die Verteilung der Flächen von Grundeigentümern aus, die nicht im zur P.A.C.A. zählenden Frankreich wohnen und zur Hälfte (57%) zu den Einwohnern der Region Paris gehören. Sie meiden den westlichen und nordwestlichen Teil des Départements und konzentrieren sich bei ihren Investitionen auf den Norden, den nordöstlichen und zentralen Teil des Var sowie auf die Küstengemeinden. Auf der Halbinsel von St. Tropez und in den Maures-Gemeinden konzentrieren sich ihre hohen Flächenanteile (Karte 21, S. 169). Allerdings bestehen unterschiedliche Präferenzen hinsichtlich der Wertschätzung, welche die besonders nachgefragten und damit teuren Küstenorte bei Grundeigentümern aus der Provinz bzw. anderer Regionen Paris genießen. Sie resultieren letztlich aus den Unterschieden in den Einkommen und damit auch in der Kaufkraft beider Herkunftsgruppen.

Gemeinsam ist den beiden extraregionalen Gruppen die Konzentration auf die Küstenorte zwischen Bormes-les-Mimosas und Roquebrune-sur-Argens mit der Ausnahme der Halbinsel St. Tropez: In Rayol-Canadel-sur-Mer und Cavalaire erreichen beide mit je einem Viertel die höchsten Anteile unter den Grundeigentümern in diesen Gemeinden des Var. Erhebliche Unterschiede in den räumlichen Präferenzen ergeben sich hinsichtlich der Bevorzugung besonders mondäner Küstengemeinden (St. Tropez, Ramatuelle, Grimaud) durch die Eigentümer aus der Region Paris sowie deren besondere Wertschätzung für landschaftlich reizvolle Binnenstandorte in den östlichen Maures sowie im Hohen Var, wo sie wesentlich mehr investiert haben als die Franzosen aus der Provinz, die demgegenüber im Mittleren Var in etwa eine Parität der Eigentumsanteile halten.

Tab. 48 Die räumliche Differenzierung des Grundeigentums von individuellen Eigentümern aus der Region Paris und der französischen Provinz* in ausgewählten Gemeinden des Départements Bouches-du-Rhône 1980 (nach Flächenanteilen)

Eigentümer aus	Flächenanteile (in % der Gemarkungen)	
	der Region Paris	dem übrigen Frankreich
Eyguieres	25,1	0,6
Lamanon	14,2	0,1
La Paradou	13,7	7,0
Mas-Blanc-Les-Alpilles	12,8	10,2
Mouries	6,3	5,3
St. Etienne-du-Gres	7,5	2,7
Barbentane	6,2	6,0
Meyragues	3,7	11,3
Meyreuil	1,6	9,7
Simiane-Collongue	0	12,5
St. Marc-Jaumegarde	5,1	7,9
Vauvenargues	4,1	10,9

Anmerkungen: *) ohne die Region P.A.C.A.

Quelle: Ministère de l'Urbanisme.../D.R.E. – P.A.C.A. 1982, S. 158

4.5 Grundeigentumsstruktur, Bodenmobilität und Immobilienspekulation

Aus den Anteilen beider Eigentumsgruppen an den jeweiligen Gemarkungen läßt sich ein differenzierteres Bild der Bedeutung beider Gruppen für den Strukturwandel im Grundeigentum des Var gewinnen. Flächen, deren Eigentümer der Region Paris zuzurechnen sind, dominieren an der Küste sehr stark auf der Halbinsel St. Tropez, aber auch in Ste. Maxime, Rayol-Canadel-sur-Mer und z.B. Cogolin. Die Unterschiede zur Verteilung der Eigentumstitel resultieren aus der Struktur des Grunderwerbs. Die Eigentümer aus der Region Paris haben sich in diesen Fällen stärker auf den Landerwerb, z.B. durch den Kauf von Villen an Stelle von Appartements, konzentriert. Besonders deutlich ist dies auch in der stärkeren Konzentration der Eigentümer aus Paris auf das Hohe Var, die Höhendörfer Sillans und Tourtour sind Beispiele dafür.

Landschaftlich reizvolle Lagen bestimmen die Lokalisation des Grundeigentums, das Einwohnern aus der Region Parisienne gehört, auch im Département Bouches-du-Rhône. Tab. 49 zeigt, daß es sich flächenmäßig auf die Alpilles konzentriert. Hierbei ist zu berücksichtigen, daß zu den Zweitwohnsitzen von Pariser Eigentümern auch landwirtschaftliche Flächen sowie Jagdgelände erworben wurden. Sie konzentrieren sich auf den nordwestlichen Teil des Départementes und machen mit 48% knapp die Hälfte des extraregionalen Grundeigentums aus.

Tab. 49 Die räumliche Differenzierung des Grundeigentums von individuellen Eigentümern aus der Region Paris und der französischen Provinz* in ausgewählten Gemeinden des Département Bouches-du-Rhône 1980

Gemeinden mit hohen Anteilen von Grundeigentümern aus der Region Paris		Gemeinden mit hohen Anteilen von Grundeigentümern aus dem übrigen Frankreich	
ALPILLES:	%**	ALPILLES:	%**
Les Baux-de-P^{ce}	6,9	Boulbon	9,4
Eygalieres	8,5	Barbentane	4,8
Le Paradou	4,8	Eygalieres	6,2
		Fontvieille	4,9
		Mas-Blanc-les-Alpilles	6,1
		Les Baux-de-P^{ce}	4,8
		Mausanne-les-Alpilles	4,8
		Mezoargues	5,4
		St. Etienne-de-Gres	5,5
		St. Remy-de-P^{ce}	4,9
		Tarascon	5,1
MASSIF DE LA STE.VICTOIRE:		MASSIF DE LA STE.VICTOIRE:	
Le Tholonet	7,3	Beaurecueil	4,9
St. Marc-Jaumgarde	5,4	St. Antonin/Bayon	5,1
St. Antonin/Bayon	9,0		
		COMTAT	
		Verquieres	5,3
		CAMARGUE:	
		Les Stes. Maries-de-la-Mer	17,5
Anmerkungen: *) ohne die Region P.A.C.A.			
**) In v.H. der jeweiligen Parzellen in den Gemeinden			
Quelle: Ministère de l'Urbanisme.../D.R.E. – P.A.C.A. 1982, S. 160f.			

4. Freizeit, Tourismus und Regionalentwicklung

Flächenanteil in %
- \> 5
- 2,5 – 5
- 1 – 2,5
- < 1

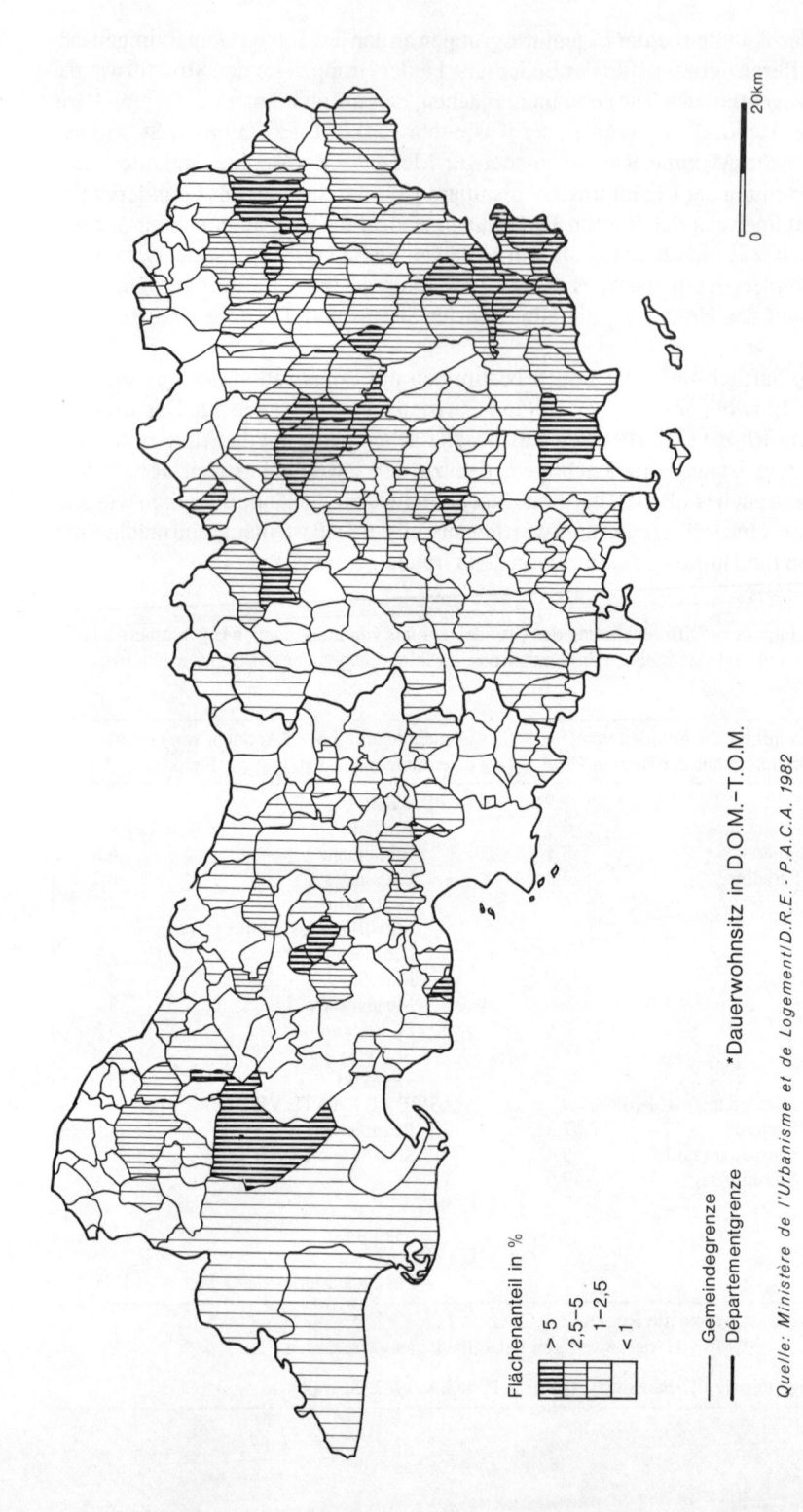

— Gemeindegrenze
— Départementgrenze

*Dauerwohnsitz in D.O.M.–T.O.M.

Quelle: Ministère de l'Urbanisme et de Logement/D.R.E. - P.A.C.A. 1982

Karte 22 Der Anteil des individuellen Grundeigentums von Ausländern und Überseefranzosen* in den Départements Bouches-du-Rhône und Var 1980

Eigentümer aus dem übrigen Frankreich bevorzugen eher den Grunderwerb im Osten des Départements Bouches-du-Rhône, besonders das Massiv Ste. Victoire, wo sie über relativ hohe Flächenanteile verfügen.

Die Tab. 49 zeigt jedoch, daß auch bei dieser Gruppe die Alpilles die höchste Präferenz genießen, soweit es sich um den Bestand an Zweitwohnsitzen handelt, der durch die Aufschlüsselung der Eigentumstitel indirekt erfaßbar ist. Eigentümer aus dem „übrigen Frankreich" sind hier stärker und in zahlreicherer Gemeinden repräsentiert als jene aus der Region Paris, bei welchen der Grad der räumlichen Durchdringung deutlich niedriger ausfällt. Eine Ursache dafür, die sich auch in der Differenzierung der durchschnittlichen Größe der Parzellen widerspiegelt (Eigentümer aus der Region Paris: 3,3 ha; aus der Provinz (ohne P.A.C.A.): 2,3 ha; autochthone Eigentümer mit Wohnsitz in der jeweiligen Gemeinde: 1,4 ha), besteht in der Nutzung des auswärtigen Grundeigentums. Während für die Eigentümer aus der französischen Provinz die Nutzung als Ferienwohnung bzw. -haus dominiert, was am Beispiel des Camargue-Städtchens Les Stes. Maries-de-la-Mer besonders deutlich wird, bringen Erwerb landwirtschaftlicher Flächen und – z.T. damit verbunden – von repräsentativen Sommersitzen – andere Standortpräferenzen seitens der Eigentümer aus der Region Paris mit sich.

Die räumliche Struktur des Grundeigentums aus den überseeischen Gebieten oder dem Ausland (vgl. Karte 22) zeigt im Département Bouches-du-Rhône ein sehr heterogenes Bild, sein Flächenanteil ist relativ gering. Eine gewisse Konzentration ist in den Alpilles in St. Remy-de-P^{ce} und Eygalieres auszumachen. Andere Standorte liegen in der Industriezone um den Etang-de-Berre, eventuell kennzeichnen sie Grundeigentum ausländischer Arbeitskräfte.

Im Département Var stimmt die Anordnung des Ausländern oder Überseefranzosen gehörenden Grundeigentums deutlich mit jener der Eigentümer aus Paris und dem übrigen Frankreich überein, d.h. es bestehen Präferenzen für die touristisch bevorzugten Zonen der Küste, des Mittleren und Hohen Var. Obwohl der Westen des Var im allgemeinen wenig ausländische Eigentümer aufweist, erreicht der Flächenanteil der Ausländer und Überseefranzosen in der im nordwestlichen Hohen Var gelegenen Gemeinde Varages sein Maximum (11%), 10% Flächenanteil dieser Gruppe sind in den Gemeinden La Londe-les-Maures, Cogolin und in Sillans-la-Cascade zu verzeichnen. Ähnlich wie die extraregionalen Privateigentümer vom französischen Festland zeigen jene aus den überseeischen Besitzungen und dem Ausland an der Küste und in ausgewählten binnenwärtigen Standorten weitaus höhere Anteile an den Eigentümern in den jeweiligen Gemeinden (Maxima: La Croix-Valmer 19%, La Londe-les-Maures 15%, Tourtour 12%); auch hier sind Wohnungseigentum und verdichtete Bauweise die Ursachen dafür.

4.5.2.4 Bodenmobilität und Entagrarisierung – Agrarstrukturelle Steuerungsfaktoren des Wandels der Grundeigentumsverhältnisse

Die Intensität und räumliche Differenzierung der Bodenmobilität ist im Untersuchungsgebiet in einem erheblichen Maße von der Agrarstruktur bzw. von dem jeweiligen Stadium des Entagrarisierungsprozesses abhängig. Tab. 40 zeigt bereits, daß zwei Drittel der im Département Bouches-du-Rhône und über vier Fünftel der im Var verkauften landwirtschaftlichen Flächen von Nichtlandwirten erworben werden. Hinzu kommt, daß die Flächen der o.g. Départements zwar 1980 zu ca. 41% (Bouches-du-Rhône) bzw. 30% (Var) Landwirten bzw. landwirtschaftlichen Betrieben gehören, jedoch nur zu 29% bzw. 14% als LF ausgewiesen sind (vgl. Tab. 50). Der Anteil der LF an der Eigentumsfläche der Landwirte betrug 1980 86% im Département Bouches-du-Rhône und 84% im Var; er verringerte sich bis 1988 auf 75% bzw. 50% (R.G.A. 1988). Somit besteht *innerhalb* von landwirtschaftlichen Betrieben ein erhebliches Potential ungenutzter Flächen (vor allem Wald und Maquis), dessen Verkauf zum Zweck freizeitbezogener Nutzungen, z.B. für die Errichtung von Ferienhäusern, die agrare Flächennutzung nicht unmittelbar tangieren muß. Diese, die Bodenmobilität begünstigende Situation ist allerdings nur bei mittleren und Großbetrieben gegeben, sie erleichtert jedoch die räumliche Durchdringung (Mitage) von Agrar- und Freizeitnutzung. Bei einem Vorherrschen von ökonomisch wenig attraktiven Kulturen (mediterrane Polykultur, Massenweinbau) führt diese zu einer Beschleunigung der Auflassung landwirtschaftlicher Betriebe.

– Die Quellenlage zur räumlichen Struktur der landwirtschaftlichen Bodennutzung und der Betriebsgrößen birgt erhebliche Probleme für die kleinräumige Analyse. Die Bodennutzung wird einerseits flächendeckend durch den Kataster erfaßt, seine Angaben sind aber relativ ungenau und selten bzw. mit Verzögerung nachgeführt, da sie der Besteuerung dienen. Genauere und aktuelle Angaben bieten die Landwirtschaftszählungen (R.G.A. 1970 und 1980), sie ermöglichen auch Aussagen zur Betriebsstruktur. Allerdings sind hier von Spezialkulturbetrieben[68] abgesehen nur Betriebe ab 1 ha LN erfaßt, zudem wird ausmärkischer Besitz am Standort des Betriebes ausgewiesen; es werden nur Betriebsflächen ohne eine Differenzierung nach Eigen- und Pachtland aufgeführt. Auch ist die Nutzung von Flächen, die nicht Eigentum landwirtschaftlicher Betriebe sind, z.B. von Kommunal- und Staatsforsten, durch die Daten der R.G.A. nicht erfaßt.

Es erscheint dennoch geboten, für die Analyse der Beziehungen zwischen Agrarstruktur, Entagrarisierung und Bodenmobilität auf die Daten der Landwirtschaftszählungen zurückzugreifen, da nur sie den aktuellen Strukturwandel sowie die negative Betriebs- und Flächendynamik der Landwirtschaft flächendeckend und quantitativ nachweisen. Hinzu kommt, daß bei der Maßstabsebene der vorliegenden Analyse, dem inter- und intraregionalen Vergleich, die Differenzen zwischen Flur und Gemarkung von Gemeinden als den jeweiligen Bezugsflächen für Aussagen zur Bodennutzung und Bodenmobilität relativ gering sind, während z.B. bei einer vergleichenden Gemeindeanalyse im Einzelfall[69] erhebliche Unterschiede auftreten können.

---

68 Spezialkulturbetriebe werden ab 2000 m² erfaßt.
69 Dies gilt besonders für Gemeinden im Hochgebirge, wo nur Teile der Gemarkungen als Flur der

4.5 Grundeigentumsstruktur, Bodenmobilität und Immobilienspekulation

Tab. 50 Die Flächennutzung in den landwirtschaftlichen Betrieben der Départements Bouches-du-Rhône und Var 1980

	Bouches-du-Rhône		Var	
	ha	%	ha	%
Ackerflächen	63.056	42,6	14.610	17,2
Weide- und Dauergrünland	38.762	26,2	18.126	21,4
Gemüsebau	7.954	5,4	1.549	1,8
Blumenkulturen	65	0,0	786	0,9
Rebland	19.768	13,3	42.911	50,6
Baumkulturen	14.452	9,8	1.095	1,3
Andere	4.009	2,7	5.723	6,8
Landwirtschaftlich genutzte Flächen (LF)	148.109	100,0	84.816	100,0
Landwirtschaftliche Nutzflächen* (LN)	172.057	–	100.993	–
Landwirtschaftliche Nutzflächen* (LN) 1970	211.243	–	118.992	–
Gesamte Eigentumsfläche (LN+Wald+nichtlandwirtschaftliche Flächen)	210.354	–	179.603	–
(davon Wald)	(28.046)	–	(77.357)	–

Anmerkung: *) LF + Brache + Gebäudeflächen

Quelle: Ministère de l'Urbanisme.../D.R.E. – P.A.C.A. 1982, S. 30, 67 – R.G.A. 1979/80

In den beiden Départements bestehen erhebliche agrarstrukturelle Unterschiede, die differenzierte Voraussetzungen für den Zugriff des nichtlandwirtschaftlichen Grunderwerbs auf agrare Flächen zur Folge haben.

4.5.2.4.1 Bodenmobilität und Agrarstruktur im Département Bouches-du-Rhône

Die hohen Anteile der Ackerflächen im Département Bouches-du-Rhône sind überwiegend in einem geschlossenen Gebiet im westlichen Teil des Départements lokalisiert, dort in der Camargue und Crau weist die Karte 23 ein einheitliches Gebiet mit Flächenanteilen der LN an den Gemarkungen von über 40%, in der Camargue auch über 50% aus. Im Durchschnitt des Départements sind es 34%, die Karte 23 zeigt verdeutlicht jedoch die großen räumlichen Unterschiede.

Der Anteil der landwirtschaftlichen Nutzflächen ist in den südlich und östlich an den Etang-de-Berre anschließenden Gemeinden und jenen im Einflußbereich der Agglomeration Marseille minimal, eine Ausnahme bildet in diesem Zusammenhang das nördliche und südliche Umland von Aix mit Qualitätsweinbau und hohen LN-

individuellen landwirtschaftlichen Nutzung zur Verfügung stehen. Ähnlich ist die Situation im nördlichen Var, im Maures- und Esterel-Massiv, wo sich große Flächen in staatlichem Eigentum befinden: Truppenübungsplätze, Staatsforsten.

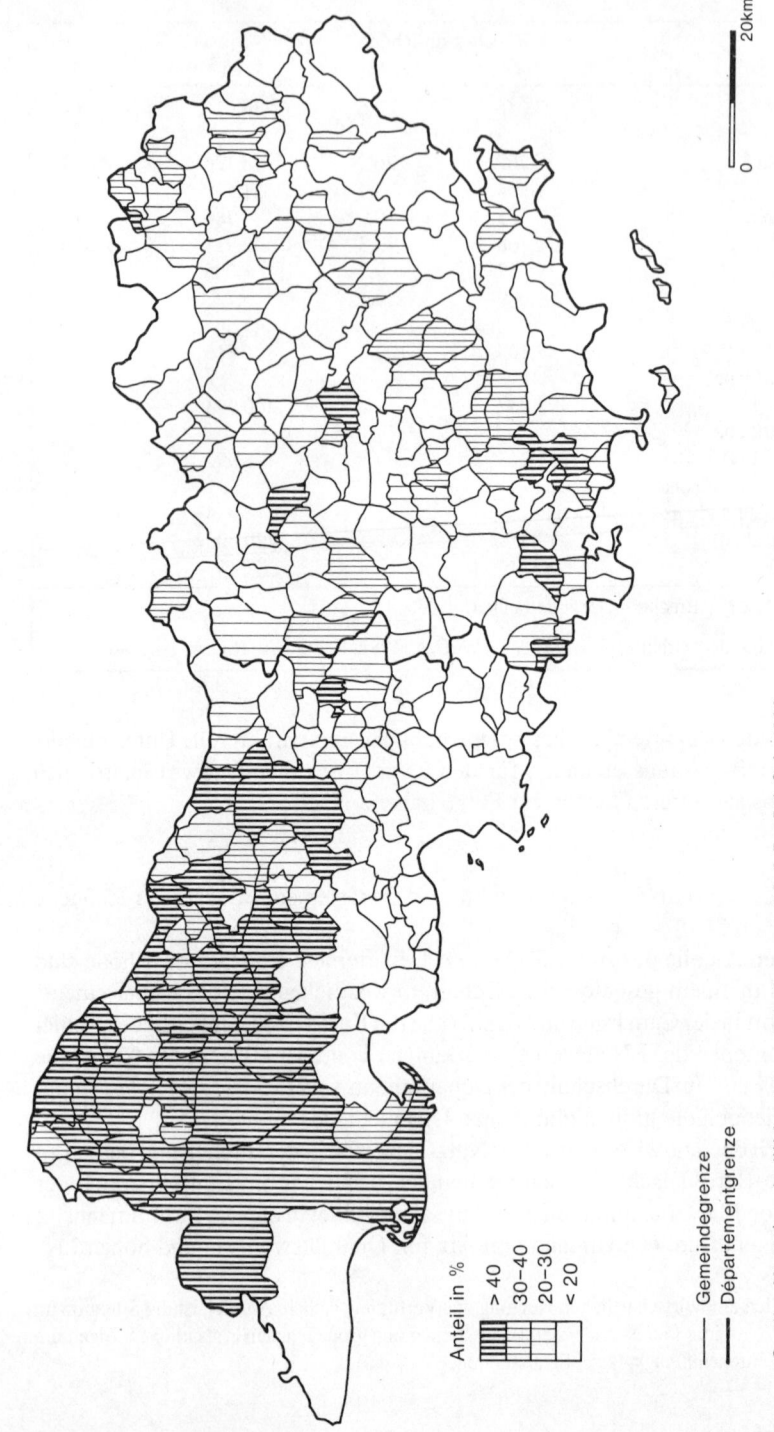

4. Freizeit, Tourismus und Regionalentwicklung

Karte 23 Anteile der landwirtschaftlichen Nutzflächen an den Gemarkungen der Gemeinde in den Départements Bouches-du-Rhône und Var 1980

Anteil in %
> 40
30–40
20–30
< 20

Gemeindegrenze
Départementgrenze

Quelle: Ministère de l'Urbanisme et de Logement/D.R.E. - P.A.C.A. 1982

Anteilen an den Gemarkungen. Die geringe Bedeutung der Landwirtschaft für die Flächennutzung in den Gemeinden des östlichen Teiles des Départements Bouches-du-Rhône geht einher mit einer starken Verbreitung städtischen Grundeigentums (Karte 20, S. 167), zudem befinden sich dort die Waldflächen des Départements. Der östliche Teil des Départements ist durch ein hohes Maß an Verstädterung und der mit ihr verbundenen Bodenmobilität gekennzeichnet; der Prozeß der Entagrarisierung befindet sich dort bereits in einem fortgeschrittenen Stadium. Daher fallen die absoluten Verluste an hochwertig genutzter LF relativ gering aus. Obwohl zwischen 1970 und 1980 ca. 39 000 ha bzw. 19% der LN im Département verloren gingen, fielen davon nur 13 000 ha der Urbanisierung zum Opfer; 21 000 ha der ausgeschiedenen Flächen waren Weideland (A. de REPARAZ et al. 1985). Allein knapp 5000 ha der für Urbanisierungszwecke aufgelassene LF gingen in den Gemeinden Aubagne, Gémenos, Roquevaire und Auriol im mittleren und oberen Abschnitt des Huveaune-Tales im Zusammenhang des Autobahnbaues und der für Pendler dadurch verbesserten Anbindung dieser Randgemeinden der Agglomeration Marseille verloren. Sie sind also den Folgen der Stadt-Umland-Wanderungen (in der Größenordnung von 10 000 Personen für die vier Gemeinden) zuzurechnen.

Auch wenn die Karte 24 für den Westen des Départements Bouches-du-Rhône eine höhere Stabilität der LN ausweist, so bedeutet dies nicht, daß in diesem Raum die Agrarstruktur unverändert wäre. Eine Abnahme der Zahl und Veränderung der Größenstruktur der Betriebe ist vielmehr für das gesamte Département festzustellen.

Tab. 51 Die Zahl und Größenstruktur der landwirtschaftlichen Betriebe in den Départements Bouches-du-Rhône und Var 1970 und 1980

Betriebsgrößen	Département Bouches-du-Rhône				Veränderung 70/80
	1970		1980		
	Betriebe	%	Betriebe	%	%
weniger als 1 ha	5.218	29,4	3.516	25,8	– 32,6
1 bis 5 ha	7.097	40,0	5.478	40,1	– 22,8
5 bis 20 ha	3.886	21,9	3.224	23,6	– 17,0
mehr als 20 ha	1.526	8,7	1.428	10,5	– 6,4
Betriebe insgesamt	17.727	100,0	13.646	100,0	– 23,0
Betriebsgrößen	Département Var				Veränderung 70/80
	1970		1980		
	Betriebe	%	Betriebe	%	%
weniger als 1 ha	6.108	32,0	4.630	33,0	– 24,2
1 bis 5 ha	8.125	42,6	5.825	41,6	– 28,3
5 bis 20 ha	4.009	21,0	2.858	20,4	– 28,7
mehr als 20 ha	826	4,4	686	5,0	– 16,9
Betriebe insgesamt	19.068	100,0	13.999	100,0	– 27,1

Quelle: Ministère de l'Urbanisme.../D.R.E. – P.A.C.A. 1982, S. 29 (verändert)

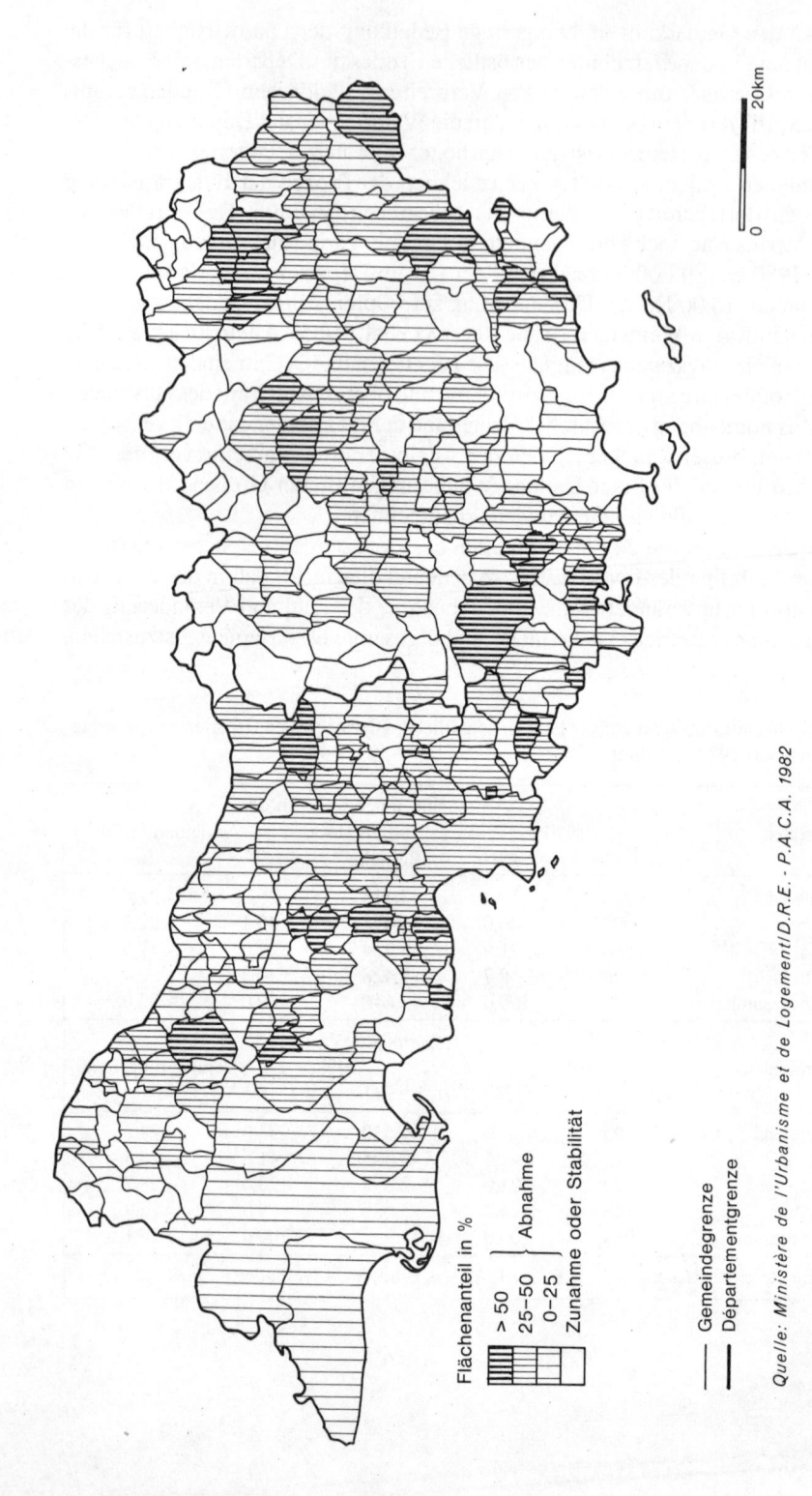

4. Freizeit, Tourismus und Regionalentwicklung

Karte 24 Die Entwicklung der landwirtschaftlichen Nutzflächen in den Gemeinden der Départements Bouches-du-Rhône und Var 1970–1980

Quelle: Ministère de l'Urbanisme et de Logement/D.R.E. - P.A.C.A. 1982

Flächenanteil in %
- \> 50
- 25–50 } Abnahme
- 0–25
- Zunahme oder Stabilität

— Gemeindegrenze
— Départementgrenze

4.5 Grundeigentumsstruktur, Bodenmobilität und Immobilienspekulation

Der Rückgang der Zahl landwirtschaftlicher Betriebe um fast ein Viertel betraf nicht nur die durch die Urbanisierung in der Agglomeration Marseille und ihrem östlichen sowie westlichen Umland tangierten Gemeinden, in denen zudem landwirtschaftlicher Nebenerwerb konzentriert ist. Verloren gingen auch Klein- und Kleinstbetriebe im fast ausschließlich agrarischen, auf Sonderkulturen spezialisierten Comtat, deren Flächen z.T. von größeren Betrieben übernommen wurden, sowie Großbetriebe in der Camargue und der Crau. Von den dort aufgelassenen rund 100 Domänen[70] fielen einige der Industrialisierung in Fos und am Etang-de-Berre zum Opfer. Die überwiegende Mehrzahl wurde jedoch als Getreide-, Reisbau- und Viehzuchtgroßbetriebe aufgelöst und ihre Flächen einer weiteren Nutzung durch kleinere, spezialisierte Betriebe, z.B. mit bewässertem Feldgemüsebau in der Crau, zugeführt.

Die Entwicklung der Agrarstruktur im Département Bouches-du-Rhône hat in den siebziger Jahren zu einer räumlichen Stabilisierung des Dualismus zwischen dem westlichen und östlichen Teil des Départements geführt. Allein im letzten haben Tourismus und Freizeitwohnen (Zweitwohnsitze städtischer Eigentümer aus der nahen Agglomeration Marseille - Aix - Etang-de-Berre) nachhaltig Einfluß auf den agrarischen Bodenmarkt genommen. Dies gilt besonders für die Côte Bleue und die Calanquen-Küste, wo die an sich geringen Anteile landwirtschaftlicher Flächen an den Gemarkungen der Küstengemeinden stark reduziert wurden, und für das Berg- und Hügelland östlich von Marseille. Die Widerstandsfähigkeit des westlichen Teiles gegen eine Reduzierung landwirtschaftliche Flächen als Folge von Immobilientransaktionen resultiert aus der Ertragskraft und günstigen betriebs- und agrarwirtschaftlichen Strukturen der dortigen Landwirtschaft.

Tab. 52 Der Rohertrag und das standardisierte Bruttoeinkommen landwirtschaftlicher Betriebe in der Region P.A.C.A. 1981

Département	Rohertrag FF (1981)		stand. Bruttoeinkommen (1980) mehr als 40.000 E.C.U./ U.C.E. in % der Betriebe erreicht bzw. unterschritten	
	pro ha	pro fam. AK	Betr. insg.	im Haupterwerb
Alpes-Maritimes	10.023	41.339	5,5	7,8
Bouches-du-Rhône	5.416	67.292	7,8	13,8
Var	9.258	65.814	5,0	10,6
Vaucluse	8.170	80.245	8,1	11,5
Alpes-de-Haute Provence	6.307	22.500	1,5	3,5
Hautes Alpes	1.500	27.000	0,4	0,5
Region P.A.C.A.	5.091	59.521	5,8	9,8

Quelle: R.G.A. 1970/80 und A. de Reparaz (1985, passim)

---

70 Als Domäne wird hier dem französischen Sprachgebrauch entsprechend ein landwirtschaftlicher Großbetrieb, der sich im Eigentum juristischer Personen befindet, bezeichnet.

Zwar fällt im Département Bouches-du-Rhône der Flächenertrag als Folge der flächenintensiven Getreide-, Reisbau- und Viehzuchtbewirtschaftung relativ niedrig aus, pro Familienarbeitskraft werden jedoch Erträge erzielt, die nur im agrarwirtschaftlich besonders begünstigten Vaucluse (Kombination von Feldgemüsebau und A.O.C.-Weinbau) übertroffen werden.

Die Karte 25 zeigt die räumliche Differenzierung der Erträge auf Gemeindebasis und die technisch-ökonomischen Betriebssysteme zu sehen. Im Osten des Départements weisen die landwirtschaftlichen Betriebe in zahlreichen Gemeinden ein standardisiertes Bruttojahreseinkommen[71] von weniger als 4000 E.C.U./U.C.E. im Durchschnitt auf. Sie erreichen ein Viertel des Garantielohnes S.M.I.C.[72]. Nebenerwerb, Kleinbetriebe und negative Modernisierungschancen (Kapitalmangel, Scheitern von Flurbereinigungsmaßnahmen, Überalterung und geringe Qualifikation der Betriebsinhaber, keine Bewässerungsmöglichkeit) begünstigen hier die Reduzierung und den Funktionswandel der landwirtschaftlichen Flächen. In unmittelbarer Nähe der Agglomeration Marseille wächst die Flächenkonkurrenz nichtagrarischer Nutzungen; jene Landwirte, die hier Gemüsekulturen u.a. im Erwerbsgartenbau betreiben, können das durchschnittliche landwirtschaftliche Einkommen in den Umlandgemeinden nur in Ausnahmefällen auf 16 000 E.C.U. und damit auf das Niveau des Garantielohnes anheben. So war in diesen Gemeinden wie auch östlich von Marseille der Verlust an LN in den siebziger Jahren am größten und zugleich eine erhebliche Zunahme der Wohnbebauung zu verzeichnen (vgl. Karte 24).

Die höhere Stabilität der landwirtschaftlichen Nutzung sowie die damit verbundenen geringen Verkäufe von Agrarflächen an Nichtlandwirte beruhen auf relativ hohen Durchschnittseinkommen der Landwirte, die in der Camargue zu drei Vierteln und im Comtat zu vier Fünfteln ihrer Tätigkeit im Hauptberuf nachgehen. Die höchsten Einkommen (über 20 000 E.C.U.) sind in der Camargue und der Crau, den Gemüsebaugebieten nördlich und westlich des Etang-de-Berre sowie im Comtat und den bewässerten Obstbaugebieten des Durance-Tales lokalisiert. Sieht man von dem

---

71 Als standardisiertes Bruttojahreseinkommen (Marge Brute Standard, M.B.S.) wird eine ökonomische Kennziffer bezeichnet, welche die Differenz zwischen dem aufgrund der unterschiedlichen Produktionsfaktoren kalkulierten potentiellen Bruttoproduktionswert und den theoretisch anfallenden Kosten ausdrückt. Dieser potentielle Wert, in Karte 25 auf Gemeindebasis dargestellt, dient dem Vergleich der ökonomischen Leistungsfähigkeit der Landwirtschaft. Er kann in der Realität der Betriebsführung unter- oder überschritten werden. Sein Vorteil ist, daß er im Unterschied zum Bruttorohertrag (R.B.E.) von jährlichen Schwankungen unabhängig ist. Ein Nachteil der in der französischen Statistik ausgewiesenen M.B.S.-Werte besteht darin, daß sie in E.C.U. von 1973 kalkuliert wurden und daher streng genommen nicht mit monetären Einheiten späterer Jahre vergleichbar sind. Die in der vorliegenden Arbeit angeführte Gleichsetzung von 16 000 E.C.U. mit dem S.M.I.C. entspricht der Situation von 1973, neuere Berechnungen liegen nicht vor.

72 Das Salaire Minimum Interprofessionnel de Croissance (S.M.I.C.) ersetzt auf veränderter Berechnungsbasis das zwischen 1950 und 1969 gültige Salaire Minimum Interprofessionnel Garanti (S.M.I.G.). Das S.M.I.G. war ausschließlich preisorientiert, das S.M.I.C. wird auf der Basis von Löhnen und Preisen kalkuliert. Es vermeidet auf diese Weise eine bei steigenden Löhnen und fixierten Preisen (z.B. als Folge staatlicher Preisstops – einer in Frankreich häufigen Erscheinung) die automatisch eintretende Verringerung der Anpassung der Garantielöhne an das allgemeine Lohnniveau.

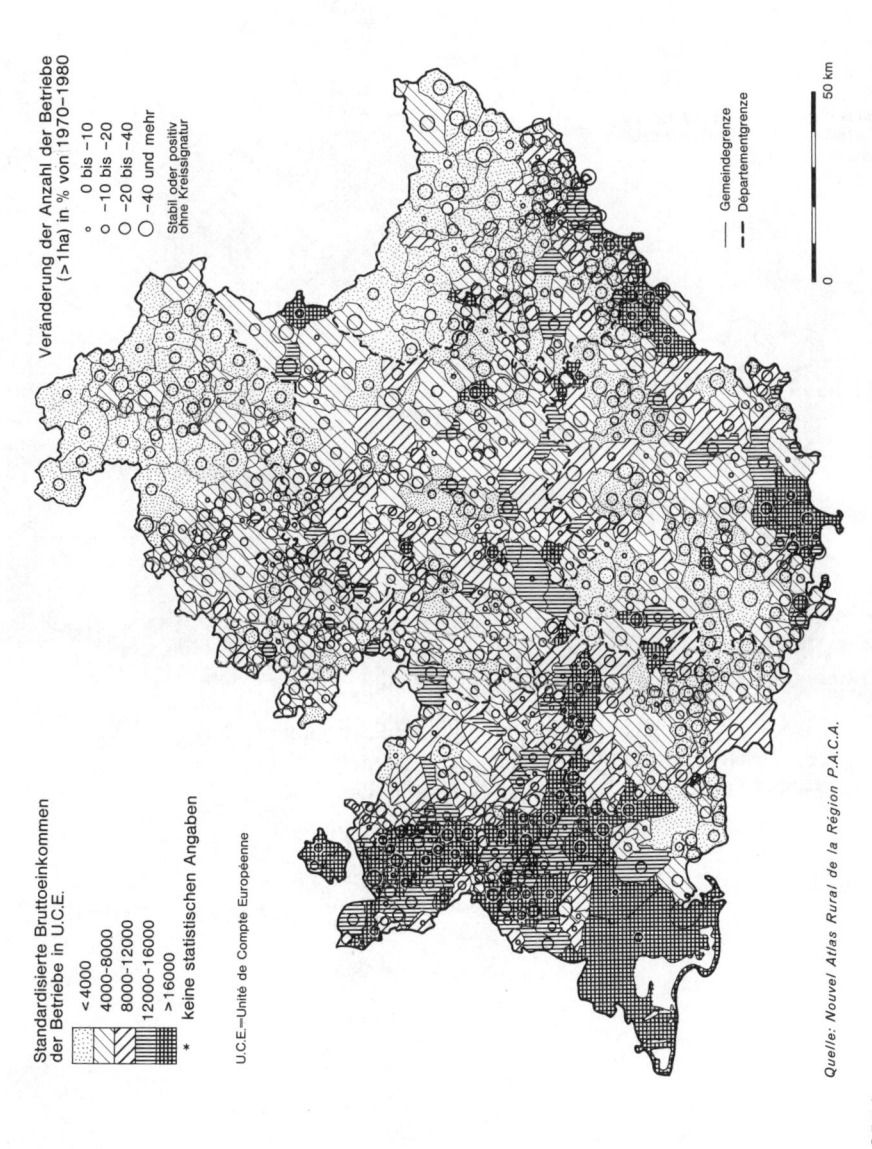

4.5 Grundeigentumsstruktur, Bodenmobilität und Immobilienspekulation   185

Karte 25 Die standardisierten Bruttoeinkommen der landwirtschaftlichen Betriebe in der Region P.A.C.A. 1980 (nach Gemeinden)

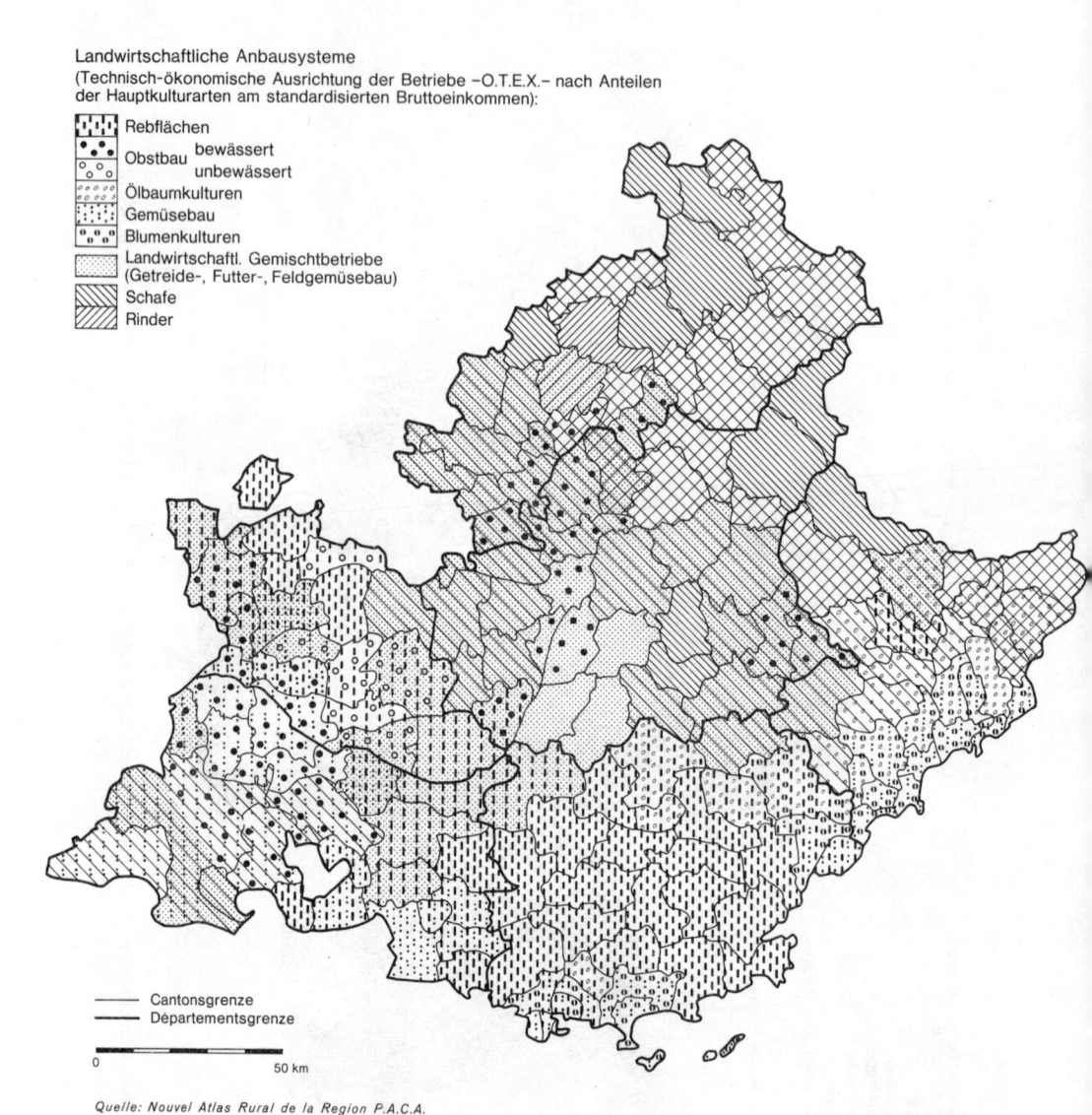

4. Freizeit, Tourismus und Regionalentwicklung

Landwirtschaftliche Anbausysteme
(Technisch-ökonomische Ausrichtung der Betriebe –O.T.E.X.– nach Anteilen der Hauptkulturarten am standardisierten Bruttoeinkommen):

- Rebflächen
- Obstbau bewässert
- Obstbau unbewässert
- Ölbaumkulturen
- Gemüsebau
- Blumenkulturen
- Landwirtschaftl. Gemischtbetriebe (Getreide-, Futter-, Feldgemüsebau)
- Schafe
- Rinder

— Cantonsgrenze
— Départementsgrenze

0   50 km

Quelle: Nouvel Atlas Rural de la Region P.A.C.A.

Karte 26 Die landwirtschaftlichen Anbausysteme in der Region P.A.C.A. 1980 (nach Kantonen)

Sonderfall der auf kapitalintensiv bewirtschafteten Großbetrieben beruhenden Landwirtschaft in Camargue und Crau ab, so ist die Relation zwischen der Ertragsstärke der Betriebe und der Stabilität der landwirtschaftlichen Nutzung eines Raumes von der Betriebsgrößenstruktur relativ unabhängig. Im Comtat und Durance-Tal dominieren Betriebe zwischen 5 und 20 ha (vgl. A. de REPARAZ et al. 1985); bei Intensivgemüseanbau unter Glas wie am Etang-de-Berre können auch Betriebe mit weniger als 5 ha einen hohen Geldertrag erzielen.

4.5.2.4.2 Bodenmobilität und Agrarstruktur im Département Var

Während im Département Bouches-du-Rhône im Westen und Norden großflächige, geschlossene Räume mit einer intakten Landwirtschaft, geringer touristischer Durchdringung und vergleichsweise niedrigen Flächenanteilen nichtlandwirtschaftlicher auswärtiger Grundeigentümer bestehen, ist die räumliche Struktur sowohl der Landwirtschaft wie auch der externen Durchdringung des Grundeigentums im Var weitaus differenzierter und unübersichtlicher.

Ein wesentlicher Unterschied besteht zunächst in der agraren Flächennutzung. Im Var macht die landwirtschaftliche Nutzfläche nur 30% der Fläche des Départements aus; als landwirtschaftlich genutzte Fläche sind sogar nur 13% ausgewiesen, die zu 51% aus Rebland und zu 21% aus Dauergrün- und Weideland bestehen. Obwohl das Var mit 5972,5 km^2 das Département Bouches-du-Rhône um 885 km^2 an Fläche übertrifft, ist seine landwirtschaftliche Nutzfläche nur gut halb so groß (57%) wie jene des westlichen Nachbarn.

Dazu kommt, daß im Var der in bäuerlichem Eigentum stehende Wald mit 77 357 ha fast die Ausdehnung der LF erreicht (Tab. 50), hinzu treten ca. 16 200 ha Brachland. Brachland und Wald zusammen übertreffen mit 93 534 ha die LF um 10%. Dabei treten in der räumlichen Verteilung des Waldes deutliche Schwerpunkte in Erscheinung (Karte 19, S. 166). Er erreicht in den Gemeinden des Esterel- und Maauresmassives hohe Flächenanteile; ein gleiches gilt für den Nordwesten, die dortigen Waldflächen auf den Hochplateaus setzen sich nach Westen in das Département Bouches-du-Rhône fort. Wichtig ist weiterhin, daß hohe Waldflächenanteile auch in den Gemarkungen der Gemeinde des zentralen Var erreicht werden, ein Vergleich der Karten 19 und 23 verdeutlicht besonders die kleinräumige Differenzierung und Gemengelage von einer überwiegenden Zahl Gemeinden mit hohen Waldanteilen und nur wenigen, deren Gemarkung überdurchschnittliche Anteilswerte für die LN ausweisen. Neben dem großen Umfang von Brach- und Waldland innerhalb der Eigentumsflächen der landwirtschaftlichen Betriebe begünstigt vor allem deren unkontrollierte Verfügbarkeit die Bodenmobilität und den Landkauf durch Nichtlandwirte.

Hinzu kommt, daß im Var der Entagrarisierungsprozeß trotz seines bereits weit fortgeschrittenen Stadiums unvermindert anhält. Wurden im Département Bouches-du-Rhône zwischen 1970 und 1980 4085 landwirtschaftliche Betriebe aufgegeben (23% des Bestandes von 1970), so waren es im Var bei einer geringeren LN 5145 bzw. 27%. Die krisenhafte Situation der Landwirtschaft des Var verdeutlicht auch ein

Vergleich mit dem agrarwirtschaftlichen Gunstgebiet des Département Vaucluse (A.O.C.-Qualitätsweinbau und Gemüsebau mit hohen Agrareinkommen, vgl. Karte 25). Dort wurden bei einer LF von 141 600 ha lediglich 2200 Betriebe bzw. 14,5% des Bestandes von 1970 aufgelassen, der Verlust an LF betrug 2600 ha bzw. weniger als 2% (Daten nach R.G.A. 1979/1980 und A. de REPARAZ et al. 1985).

Während in den Départements Bouches-du-Rhône und mehr noch im Vaucluse die Reduzierung der Anzahl der Betriebe zu einer Zunahme des Gewichtes und zur Stabilisierung der mittleren Betriebsgrößenklassen beitrug, ist dies im Var nicht festzustellen (Tab. 51). Im Gegenteil, die Betriebe zwischen 1 und 5 bzw. 5 und 20 ha haben die stärksten Verluste zu verzeichnen, der Anteil der Kleinstbetriebe unter 1 ha hat sich sogar leicht erhöht. Bei einem gleichzeitigen Ausscheiden von 18 000 ha LN bzw. 14 600 ha LF aus dem landwirtschaftlichen Sektor erscheint dies überraschend und bedarf der Erläuterung.

Die fortbestehende große statistische Bedeutung der Kleinstbetriebe im Var resultiert aus zwei antagonistischen Merkmalen der Agrarstruktur dieses Départements: der Konzentration der agraren Wertschöpfung auf kapital- und arbeitsintensiv wirtschaftende Kleinstbetriebe, die den Anbau von Gemüse und Blumen als Sonderkulturen betreiben, und andererseits auf der steigenden Zahl von Betrieben dieser Größenklasse, die als verdeckte Zweitwohnsitze (A. de REPARAZ et al. 1985), als Stätten der Erholung für ihre Eigentümer dienen; die Übergänge zur Nebenerwerbslandwirtschaft sind hier fließend. In der Agrarstatistik fallen beide dadurch auf, daß sie neben geringen Einkommen auch einen geringen Arbeitskräftebedarf aufweisen – 53% der Betriebe im Var benötigten 1980 keine Jahresvollarbeitskraft. Es kann davon ausgegangen werden, daß ein erheblicher Teil der kleineren Betriebe im Var in Wirklichkeit aus der Erwerbslandwirtschaft ausgeschieden ist, offiziell jedoch aus steuer- und baurechtlichen Gründen weitergeführt wird und somit in die Statistik eingeht.

Bei der Analyse der Veränderung der LN (Karte 24) werden die Aussagen hinsichtlich Stabilität oder geringem Rückgang durch das Phänomen der statistisch verdeckten Entagrarisierung bei Klein- und Kleinstbetrieben relativiert. Besonders hohe Rückgänge an LN sind häufig in Gemeinden zu verzeichnen, in denen die Anteile der landwirtschaftlichen Nutzfläche an der Gemarkung entweder als Folge des Entagrarisierungsprozesses (z.B. im Hohen Var im Norden) oder einer starken Bewaldung (Esterel-, Maures-Massiv und Chaine-de-la-Ste. Baume) sehr niedrig sind. Urbanisierungsprozesse führen im Umland von Toulon sowie in den touristisch erschlossenen Küstengemeinden, die noch über landwirtschaftliche Nutzflächen verfügen, zu deren weiterem Rückgang.

Wie in St. Cyr-sur-Mer, Evenos (nordwestlich an Toulon angrenzende Gemeinde) und im Raum Brignoles (z.B. in Barjols und Carces) deutlich wird, ist mit einer relativen Stabilität der ländlichen Nutzfläche nur in den Gemeinden zu rechnen, in denen A.O.C.-Rebflächen verbreitet sind. Diese umfassen 18 238 ha bzw. 43,3% des gesamten Reblandes im Département. 15 535 ha der A.O.C.-Flächen gehören zu Vollerwerbsbetrieben, sie machen allerdings auch bei diesen weniger als die Hälfte (45,7%) aller Rebflächen aus. Auch wenn sich 1980 über vier Fünftel (85%) jener Rebflächen, die sich infolge ihrer hohen Ertragsintensität als relativ widerstandsfähig gegenüber konkurrierenden nichtlandwirtschaftlichen Bodennutzungen erwiesen

4.5 Grundeigentumsstruktur, Bodenmobilität und Immobilienspekulation

haben, in der Verfügungsgewalt agrarwirtschaftlich und -strukturell begünstigten Kategorie der Haupterwerbsbetriebe befinden, so bedeutet dies nur einen selektiven Schutz gegen die Umwidmung agrarer Flächen. Auch bei diesen Betrieben – wie von den Nebenerwerbslandwirten – wurden Rebflächen, die nicht dem lohnenden Qualitätsweinbau dienten, gerodet. Zwischen 1970 und 1980 waren es 14 000 ha, davon wurde seit 1977 die Auflassung von 2500 ha durch Rodungsprämien unterstützt.

Wird im Weinbau ein Drittel der auf 1,5 Mio. FF (1981) zu beziffernden landwirtschaftlichen Produktion (vor Steuern) des Var erzielt, so entfällt ein weiteres Drittel auf die Blumenkulturen. Die relativ hohen durchschnittlichen landwirtschaftlichen Einkommen, die Tab. 52 für das Département ausweist, werden in den arbeitsintensiven Blumen- und Gemüsebaubetrieben erzielt. 552 bzw. 78% der auf mehr als 40 000 E.C.U. standardisiertes Bruttoeinkommen eingeschätzten 704 Betriebe des Var gehören dieser Produktionsrichtung an und tragen dazu bei, daß der Anteil dieser einkommensstärksten Betriebsgruppe im Var bei den Haupterwerbslandwirten doppelt so hoch wie im französischen Durchschnitt (4,5%) ist.

Der Beitrag, welchen die wirtschaftlich ertragsstarken Spezialbetriebe zur Reduzierung des Zugriffes nichtbäuerlicher Grunderwerber auf landwirtschaftlich genutzte Flächen leisten können, ist allerdings dadurch begrenzt, daß ihr Anteil an der LF nur 2,75% beträgt; die Gemüsebauflächen belaufen sich auf 1549 ha und die Blumenkulturen auf 786 ha, davon 369 ha unter Glas[73]. So tragen sie zwar zu einer Stabilisierung der Landwirtschaft und hohen Erträgen (vgl. Karte 25, S. 185) in Gemeinden der Küste und zum Erhalt ihrer LF bei, sie bilden jedoch im Gesamtzusammenhang der Landwirtschaft des Var mit den A.O.C.-Weinbaugemeinden im Innern (Becken von Brignoles und Draguignan, Permische Senke) nur Inseln landwirtschaftlicher Prosperität und Stabilität. Diese sind umgeben von Gemeinden, in denen die Auflassung und der Verkauf landwirtschaftlicher Flächen einhergeht mit der Überalterung der landwirtschaftlichen Bevölkerung und Betriebsleiter, 60 bzw. 57% sind jeweils über 60 Jahre alt; nur 7% der Leiter jünger als 35 Jahre. Zu den negativen Folgen der Überalterung, wie z.B. einer mangelhaften Qualifikation und fehlenden Innovationsbereitschaft, treten die in der geringen Größe und Zersplitterung der Wirtschaftsflächen begründeten strukturellen Probleme. Diese lassen – bei einer vehementen Ablehnung von Flurbereinigungsmaßnahmen und geringer Eigenkapitalausstattung – jede okzitanische Ideologie[74] einer flächendeckenden landwirt-

---

73 Mit seinen 369 ha Blumenkulturen unter Glas stellt das Var 46% dieser Flächen in der P.A.C.A. und 22% der Fläche aller Glashauskulturen mit Blumen in Frankreich. Eine größere Bedeutung wiesen die Blumenkulturen unter Glas nur im Département Alpes-Maritimes auf, wo sie 392 ha bedecken, was einem Anteil von 49% der Kulturflächen in Gewächshäusern der P.A.C.A. und 24% in Frankreich entspricht (R.G.A. 1979/80).

74 Die Parolen jenes aus einer Mixtur kultureller, politischer und fremdenfeindlicher Motive resultierenden Widerstandes gegen eine touristische Inwertsetzung des ländlichen Raumes, besonders durch Zweitwohnsitze, rufen zwar zum vielfältigen Kampf („combat pour l'arrêt de l'exode rural, combat pour le maintien d'une culture et le maintien d'un mode de vie", zit. nach C. BROMBERGER/G. RAVIS-GIORDANI 1977, S. 98) auf. Sie zeigen jedoch weder Wege noch Mittel, die der Behebung der „demographischen Desertifikation" zugrundeliegenden Strukturschwächen des ländlichen Raumes dienen. Von diesem ideologisch motivierten Widerstand ist jener von wohlhabenden und erfolgreich, z.B. im Weinbau wirtschaftenden Landwirten zu unterschei-

schaftlichen Reaktivierung des Var (vgl. C. BROMBERGER/G. RAVIS-GIORDANI 1972, S. 97f.) als illusorisch erscheinen.

In diesem Zusammenhang erscheint auch die von A. COURTOIS (1982) geforderte Verbesserung der landwirtschaftlichen Struktur der großen Eigentumseinheiten (ab 50 ha) als Mittel der Eingrenzung des Transfers von Agrarflächen an Nichtlandwirte und besonders Immobiliengesellschaften fragwürdig. Zwar ist es richtig, daß die Eigentümer mit mehr als 50 ha Fläche über 51% der gesamten im Kataster des Var erfaßten Flächen verfügen. Ihr Eigentum entspricht einem Äquivalent von 63% der bäuerlichen Betrieben gehörenden Flächen, doch ist zu berücksichtigen, daß von insgesamt 906 Großeigentumseinheiten über 50 ha – weitere 495 gehören juristischen Personen – nur 304 landwirtschaftliche Betriebe sind. Auch diese unterliegen einer zahlenmäßigen Abnahme und einer negativen Flächendynamik. Nur noch 17% der großen privaten Eigentumseinheiten waren 1979 als landwirtschaftliche Betriebe ausgewiesen, die übrigen bestehen aus Wald- und Maquisflächen.

Tab. 53 Die Zahl der landwirtschaftlichen Großbetriebe im Département Var 1955–1979

Großbetriebe von...bis...ha	Anzahl			Anteil der Großbetr. an der Gesamtzahl der landwirtschaftlichen Betriebe
	1955	1970	1979	1979 %
50 bis 100 ha	162	122	93	0,7
über 100 ha	60	39	59	0,4
insgesamt	222	161	152	1,1

Quelle: A. Courtois 1982, S. 152

Besonders betroffen vom Rückgang der Betriebszahlen waren Betriebe der Größenklasse 50 bis 100 ha, ihr Anteil an den landwirtschaftlichen Großbetrieben verringerte sich von 73% (1955) auf 61% (1979). In allen Betriebsgrößenklassen tritt zudem eine interne negative Flächendynamik in Erscheinung. Es werden auch hier Produktionsflächen, die der traditionellen mediterranen Polykultur (Massenweinbau, Getreidebau, Ölbaumhaine) dienen, aus der landwirtschaftliche Nutzung ausgegliedert. Da bei landwirtschaftlichen Großbetrieben der Schutz landwirtschaftliche Flächen vor Bebauung in den Flächennutzungsplänen der Gemeinden (Deklaration NC im P.O.S. – soweit vorhanden (!) – vgl. u. S. 226f.) sich nur auf die LN bezieht, stellen die aufgelassenen, zuvor landwirtschaftlich genutzten Areale ebenso wie der zu den landwirtschaftlichen Betrieben gehörende Wald ein erhebliches Potential für Immobilientransaktionen zugunsten nichtlandwirtschaftlicher Eigentümer dar.

A. COURTOIS (1982, S. 156–197) stellt aufgrund der Untersuchung von Großbetrieben in zehn Gemeinden in unterschiedlichen Gebieten des Var vor allem die

den, die eine Flächenkonkurrenz nichtlandwirtschaftlicher Nutzungen fürchten, auf Einnahmen aus dem Tourismus nicht angewiesen sind und in ihrer praktischen Arbeit durch ein der ländlichen Umgebung unangepaßtes Verhalten der Touristen behindert bzw. geschädigt werden.

4.5 Grundeigentumsstruktur, Bodenmobilität und Immobilienspekulation

kommunale Flächennutzungsplanung als Steuerungsfaktor für Bestand oder Rückgang von landwirtschaftlichen Großbetrieben heraus. Ein Vergleich der einzelnen Betriebsanalysen zeigt allerdings, daß den konkurrierenden ökonomischen Verwertungsmöglichkeiten für landwirtschaftliches Großeigentum langfristig nur dann widerstanden wird, wenn ertragsintensive, eine hohe Bodenrente erwirtschaftende Produktionsrichtungen (A.O.C.-Weinbau, Bewässerungskulturen) und Besitzeinheit der landwirtschaftlichen Betriebsflächen gegeben sind.

Es besteht also eine von der Betriebsgröße unabhängige Übereinstimmung der Entwicklungschancen landwirtschaftlicher Betriebe im Var. Ihr Fortbestand steht selektiv nur für jene in Aussicht, deren Eigentümer modernisierungsfähig und bereit sind, über spezialisierte Marktproduktion ertragsintensiv zu wirtschaften. Die Karte 27 zeigt, daß derartige Voraussetzungen im Var die Ausnahme bilden; ein politisch-administratives „Einfrieren" landwirtschaftlicher Flächen (vgl. A. COURTOIS 1982, S. 199f. et passim) kann Veräußerungen von Großbetrieben nicht und einen Funktionswandel zumindest nicht auf Dauer[75] unterbinden.

Das Ineinandergreifen von intakten und – weitaus häufiger – obsoleten landwirtschaftlichen Strukturen begünstigt in einem nach Lage und Landschaft attraktiven Küstenhinter- und Binnenland nichtlandwirtschaftlichen Immobilienerwerb und die Zersiedlung infolge der Errichtung von Zweitwohnsitzen (vgl. Karte 14, S. 153). Nachdem die touristisch motivierten Immobilientransaktionen zunächst kleinere und mittlere Eigentumsgrößen betroffen haben, werden nunmehr zunehmend große Eigentumseinheiten einbezogen. Ein Vergleich der Karten 17 und 18 zeigt, daß Gesellschaften inzwischen in praktisch allen Teilen des Var als Käufer von Flächen über 50 ha auftreten; wobei speziell der Erwerb von Großeigentum und eine häufige lange Zeitspanne zwischen Kauf und Verwertung der Immobilie, z.B. durch die Ausweisung von Lotissements, eine relativ hohe Kapitalkraft der S.C.I.s voraussetzen, die auch aus Kapitalzuflüssen von außerhalb des Départements resultiert (A. COURTOIS 1982, S. 154f.) Zur Zeit überwiegen allerdings noch die Käufer aus dem Var. 179 Eigentumstitel über 50 ha bzw. 13% der Fläche sind in der Hand extraregionaler Eigentümer, von denen 73 aus der Region Paris und 69 aus der französischen Provinz mit Ausnahme der P.A.C.A. stammen. Ausländer verfügen über 37 bzw. 2,6% der Eigentumstitel über 50 ha; ihnen gehören 4108 ha bzw. 0,7% der Fläche des Départements.

Im Unterschied zur Region Languedoc-Roussillon sind in den Küstendépartements der P.A.C.A. Käufe von umfangreichen Ländereien durch Ausländer selten; zwischen 1980 und 1982 waren lediglich drei Fälle, zwei davon im Var (vgl. u. S. 207) zu verzeichnen. Der Zugriff auf Großeigentum erfolgt überwiegend durch in den mediterranen Départements ansässige Firmen oder Privatpersonen, deren über die Départements- bzw. Regionsgrenzen hinausgehende Kapitalverflechtung allerdings nicht überprüfbar sind. Es kann jedoch davon ausgegangen werden, daß sich die Immobilientransaktionen, die große Flächen im Hinter- und Binnenland betreffen, in einem wesentlichen Punkt von jenen in der touristisch erschlossenen und einer

---

75 Eine Festlegung landwirtschaftlicher Flächenwidmung im Flächennutzungsplan kann nach der aus der Dezentralisierungspolitik resultierenden Rechtslage (vgl. S. 227) jederzeit durch die Gemeinde widerrufen werden.

intensiven Flächenkonkurrenz unterschiedlicher Funktionen unterliegenden Küstenzone unterscheiden. Während in der letzten relativ kurzfristig Gewinne zu erzielen sind, stellen die Investitionen in großflächiges Grundeigentum in Binnenlage das Resultat langfristig und strategisch geplanter Operationen dar, deren kommerzieller Erfolg von der Realisierung der von Investoren vorhergesehenen Urbanisierung des ländlichen Raumes abhängt. Nicht zuletzt aus diesem Grund weisen – wie an der Küste – Immobilien in Gemeinden ohne Flächennutzungsplan die höchste Wertsteigerung auf (A. COURTOIS 1982, S. 156).

4.5.2.4.3 Bodenmobilität und Agrarstruktur im Département Alpes-Maritimes

Während im Département Var die Prozesse der Entagrarisierung und des Wandels der Eigentumsstruktur des ländlichen Raumes sich zur Zeit voll entfalten, sind sie im Département Alpes-Maritimes weitgehend abgeschlossen. Nur noch 7,6% seiner Fläche sind als LF ausgewiesen, das landwirtschaftliche Eigentum beläuft sich auf 12,8% des Territoriums. 29% der 1970 bestehenden landwirtschaftlichen Betriebe haben bis 1980 aufgegeben. Es besteht zudem ein brutal erscheinender Kontrast hinsichtlich der Einkommenslage (Karte 35, S. 201) zwischen den Küstengemeinden von Nizza bis Cannes mit relativ hohen Einkommen aus Blumenkulturen (393 ha unter Glas, Gesamtfläche 805 ha bzw. 2,5% der LF) und den Gemeinden mit Gebirgslandwirtschaft (Moyenne-Montagne und Haute-Montagne).

Die Betriebsstruktur ist durch das Überwiegen kleiner und kleinster Einheiten geprägt. 61,0% der Betriebe verfügten 1980 über weniger als 1 ha LF, 27,4% über 1–5 ha. Betriebe mit 5 bis 20 ha, die im Var etwa ein Fünftel des Bestandes ausmachen, erreichen hier nur Anteile von 7,5% und jene über 20 ha von 3,1% an der Gesamtzahl der Betriebe.

Während das Département Var durch den Dualismus traditioneller und moderner landwirtschaftlicher Betriebssysteme gekennzeichnet ist, befindet sich in den Alpes-Maritimes das System der mediterranen Polykultur und Gebirgslandwirtschaft weitgehend im Stadium der Auflösung – ein Faktum, welches den Zugriff nichtlandwirtschaftlicher und auswärtiger Grunderwerber auf den Patrimoine Foncier, auf die tradierte Masse und Struktur des Grundeigentums, wesentlich erleichtert.

48% der 7253 landwirtschaftlichen Betriebe (1980) erreichen nicht einmal ein standardisiertes Bruttoeinkommen von 2000 E.C.U., ein Achtel des garantierten Mindestlohnes S.M.I.C.. Sie zählen zu den Viehwirtschaft und Ölbaumkulturen betreibenden Betrieben im Gebirge. Das garantierte Mindesteinkommen wird nur von 12% der Betriebe überschritten; ihr arbeits- und ertragsintensives Wirtschaften trägt zu den hohen Durchschnittswerten in Tab. 52 bei und bestreitet 55% des Produktionswertes landwirtschaftlicher Güter (1981) des Départements.

Im Hinterland, den mittleren Höhenlagen und dem Hochgebirge, hat die Landwirtschaft aufgehört, als wirtschaftlicher Konkurrenzfaktor zu der tourismusbedingten Bodenmobilität zu dienen. Alle Arten der mediterranen Polykultur, so auch die landschaftstypischen Ölbaumkulturen[76], haben starke Rückgänge hinnehmen müs-

---

76 Vgl. A. de REPARAZ et al. (1985) u. Anm. 108.

sen. Der Weinbau ist auf 368 ha, davon 52 ha in A.O.C. Lagen im Raum Bellet bei Villars s. Var, zurückgegangen.

Auch der Anbau von Blumen im Umland von Grasse, der als Marktproduktion für die in Grasse angesiedelten Parfümindustrie durchgeführt wird, weist eine negative Flächendynamik auf. Die Anbauflächen haben sich von 1970 auf 1980 um 26,4% von 1095 auf 805 ha verringert, während sich die Fläche der Blumenkulturen unter Glas – 392 ha – in diesem Zeitraum nicht verändert hat. Die Unterschiede der standardisierten Bruttoeinkommen zwischen Feldbau und Gewächshauskulturen (vgl. Karte 26) verweisen auf Ursachen dieser gegenläufigen Entwicklung.

Es sind allerdings die an der Küste gelegenen Standorte mit den wirtschaftlich lohnenden Kulturen, die neben Gemeinden im Hochgebirge und den Voralpen von Grasse und Nizza die stärksten Einbrüche bei der Zahl der landwirtschaftlichen Betriebe zu verzeichnen haben (Karte 25). Unter allen Betriebsgrößenklassen hatte zwischen 1970 und 1980 die für Blumenkulturen und Gemüsebau typische von weniger als 1 ha LF die stärksten Rückgänge zu verzeichnen (A. de REPARAZ et al. 1985). Hervorgerufen durch den reliefbedingten Mangel an als Bauland nutzbaren Flächen und eine anhaltend starke Nachfrage besonders auch kapitalkräftiger Investoren auf dem Immobiliensektor hat sich der Urbanisierungsdruck in der Küstenzone so verstärkt, daß ihm auch die ertragsstärksten landwirtschaftlichen Flächen zum Opfer fallen.

Allein das Dauergrün- und Weideland, das 78% der LF ausmacht, konnte geringfügige Zunahmen durch Zupacht anderer aufgelassener Flächen verzeichnen. Die Zahl der Betriebe über 50 ha stieg von 1970 auf 1980 leicht an. Die Viehwirtschaft, die besonders im Hochgebirge ein hohes Maß an Kompatibilität zur touristischen Nutzung aufweist und zudem von Bodenmobilität und mit der Landwirtschaft konkurrierenden Flächennutzungen kaum tangiert ist, hat nach einer Phase der Extensivierung des Arbeitseinsatzes (1970 bis 1980: Rückgang der Milchkühe um 42% und der Rinder insgesamt um 33% auf 2940 Stück, Zunahme des Schafbestandes um 43%) eine auf Schaf- und Ziegenhaltung beruhende Stabilisierung erfahren. Da sie auf Gemeinschaftseigentum, im Kommunal- oder Staatsbesitz befindlichen Wirtschaftsflächen zurückgreift und die in der Ziegenhaltung besonders aktiven „alternativen" Landwirte (Neo-Ruraux) häufig mit Betrieben ohne Eigenland wirtschaften[77], bestehen im Hochgebirge keine Konflikte zwischen touristischer und landwirtschaftlicher Nutzung. Hinzu kommt, daß durch das Brachfallen von LF in den mittleren und niedrigeren Höhenlagen die potentielle Winterweidefläche vergrößert wurde.

4.5.3 DIE GRUNDEIGENTUMSSTRUKTUR IM DÉPARTEMENT ALPES-MARITIMES

Das Grundeigentum im Département Alpes-Maritimes ist durch einen räumlich sich markant abzeichnenden Dualismus hinsichtlich der Größen- und Eigentümerstruktur gekennzeichnet. Der nördliche Teil des Départements, die Seealpen, ist

---

77 Vgl. dazu H.-G. MÖLLER (1984, S. 292).

durch die Dominanz von Gemeinden mit durchschnittlichen Eigentumsgrößen von über 5 ha geprägt, die ansonsten nur in den Voralpen von Grasse, nördlich und westlich der Stadt zu finden sind (Karte 27). In der Küstenzone, dem anschließenden Hinterland und auch in den Voralpen von Nizza dominieren hingegen kleine Parzellen mit maximal 2,5 ha Durchschnittsgröße, in den Küstengemeinden liegt letztere in der Regel unter 1 ha. Verstädterung und touristische Erschließung haben hier für eine Zersplitterung und Teilung der Parzellen gesorgt, ebenso im Hinterland der Küste an den Orten seiner intensivsten touristischen Inwertsetzung, z.B. Contes, Vence, Roquefort-les-Pins, Mougins. Die Grundeigentumsstruktur resultiert zudem aus der agraren Wirtschafts- und Sozialstruktur mit vorherrschenden Klein- und Kleinstbetrieben.

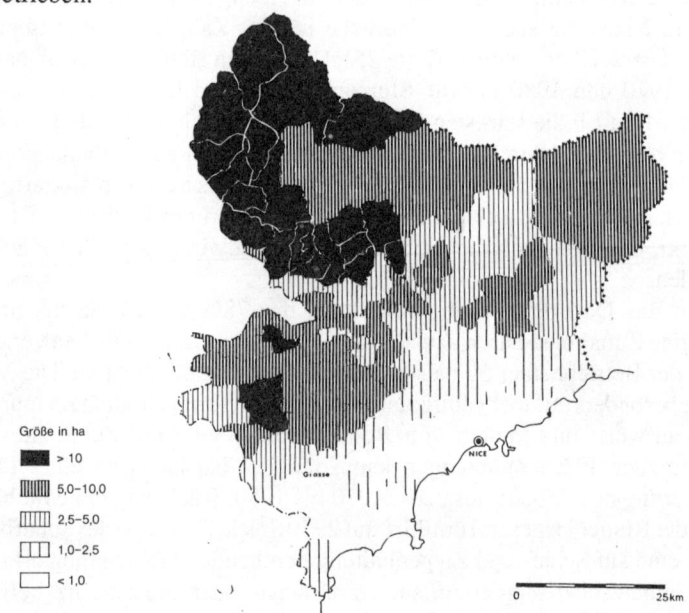

Karte 27 Die mittlere Größe des Grundeigentums in den Gemeinden des Départements Alpes-Maritimes

Der räumlichen Differenzierung der Größenstruktur entspricht in etwa jene des individuellen Eigentums (Karte 28). Nördlich des Var-Tales, in etwa nördlich einer Linie von Puget-Theniers-Utelle, dominiert das Eigentum juristischer Personen, nämlich das des Staates, der Gemeinden und von privatrechtlichen juristischen Personen, z.B. bäuerlichen Weidegenossenschaften. Trotz Entagrarisierung der Bevölkerung und Abwanderung („demographischer Desertifikation") bleiben die auf den historischen sozioökonomischen Gegebenheiten einer auf Weidewirtschaft beruhenden Nutzung des Hochgebirges basierenden Eigentumsstrukturen bis heute maßgeblich. Sie werden durch bestimmte staatliche Maßnahmen, z.B. durch die Ausweisung des Mercantour-Nationalparks, und durch ökonomische Stützungsmaß-

4.5 Grundeigentumsstruktur, Bodenmobilität und Immobilienspekulation 195

Karte 27A Im Untersuchungszusammenhang wichtige Gemeinden im Département Alpes-Maritimes

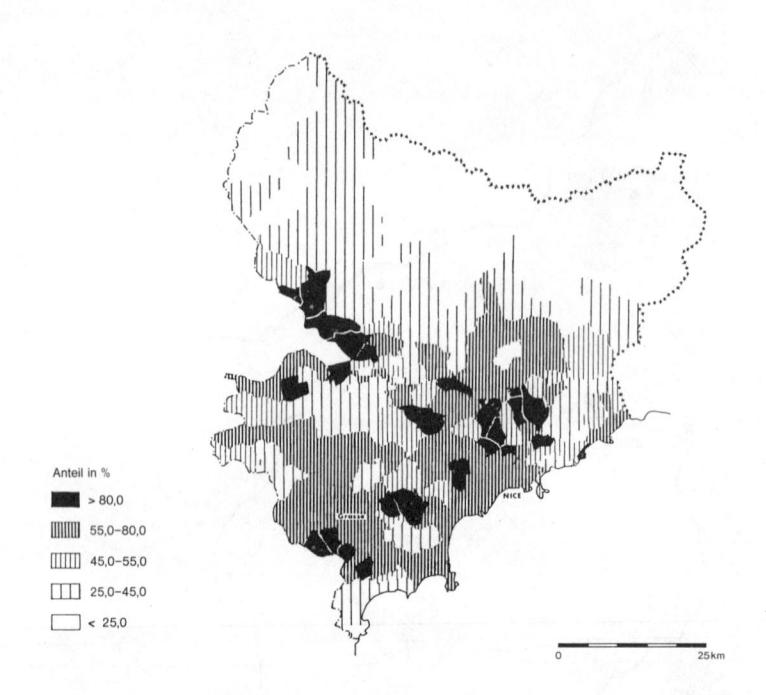

Karte 28 Der Anteil des individuellen Eigentums an der Fläche der Gemeinden im Département Alpes-Maritimes

nahmen für die aktuelle Bergbauernwirtschaft (vgl. J. Miege 1976, S. 72ff.) zusätzlich konserviert. Dies gilt auch für den Fortbestand des allerdings vom Flächenanteil als nicht sehr bedeutsam anzusehenden privatem Großeigentum über 50 ha im Hochgebirge im Nordwesten des Départements an der Grenze zu den Alpes-de-Haute-Provence (Karte 29).

Das Individualeigentum konzentriert sich auf die Küstengemeinden und noch stärker auf die Gemeinden des Hinterlandes, der Plateau- und Hügelzone (Moyenne Montagne) bis zum oberen Var-Tal. Als Bereich, der intensiven und flächenrelevanten tourismusbezogenen Eingriffen in das Grundeigentum unterliegt, treten das obere Var-Tal und zahlreiche Gemeinden in den Voralpen von Grasse und Nizza hervor. Wie im Département Var sind auch in den Alpes-Maritimes juristische Personen zahlenmäßig stark in der Küstenzone und dem anschließenden Hinterland vertreten (Karte 30). Auch hier ist dies eine Folge der verdichteten Appartmentbebauung, der Ausweisung von Lotissements und des sonstigen Agierens privatrechtlicher Gesellschaften (besonders der S.C.I.s) auf den Immobilienmarkt, bei dem es um jeweils relativ geringe Flächen geht. Letzteres ist der entscheidende Unterschied hinsichtlich der Bedeutung juristischer Personen als Grundeigentümer im Vergleich zum Gebirge, dort dominieren sie hinsichtlich des Umfanges ihres Eigentums und nicht wegen des auf sie entfallenden Anteils an den Eigentümern (Karte 31).

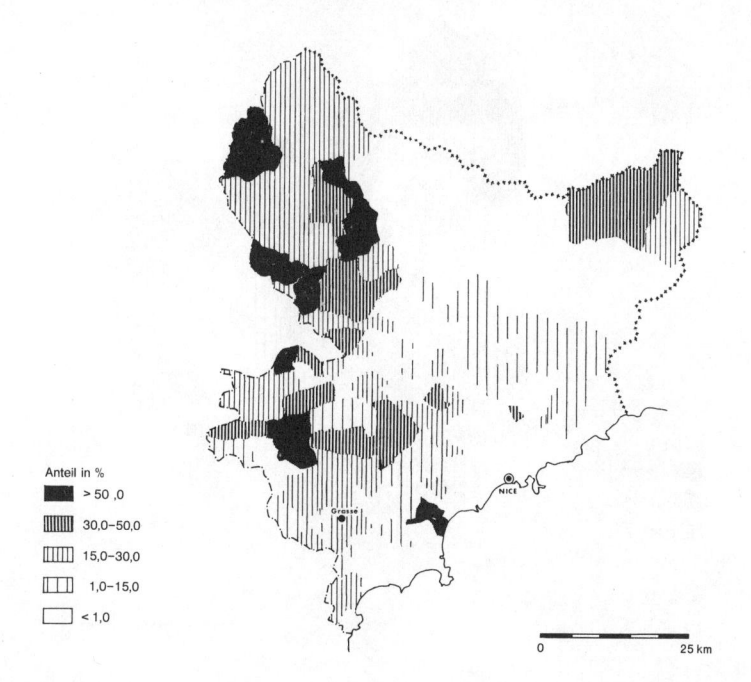

4.5 Grundeigentumsstruktur, Bodenmobilität und Immobilienspekulation

Karte 29 Der Anteil des individuellen Großeigentums (> 50 ha) an der Fläche der Gemeinden im Département Alpes-Maritimes

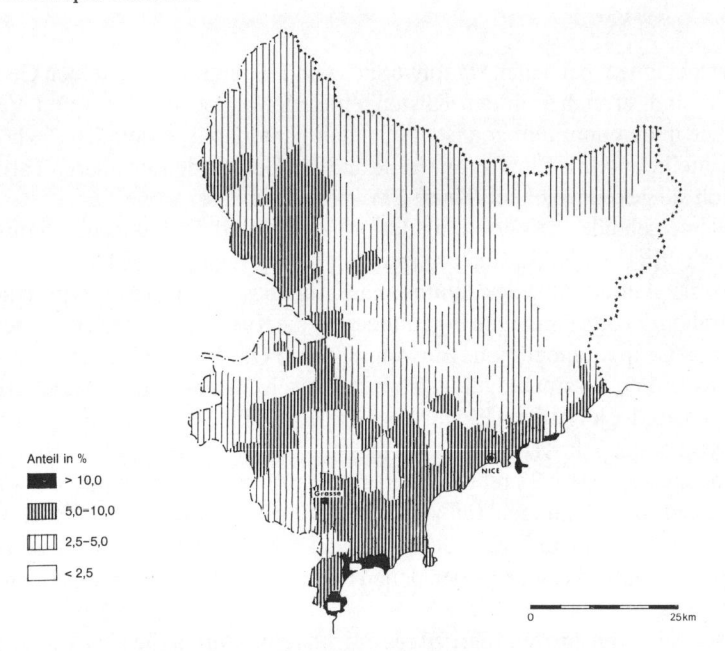

Karte 30 Der Anteil des Eigentums juristischer Personen an der Anzahl der Parzellen im Département Alpes-Maritimes

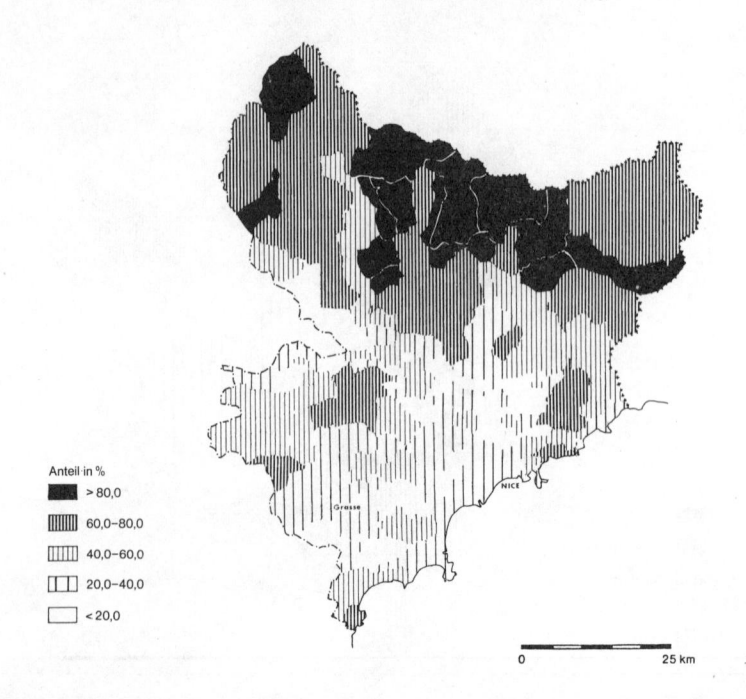

Karte 31 Der Anteil des Eigentums juristischer Personen an der Fläche der Gemeinden im Département Alpes-Maritimes

Privatpersonen, bei denen Hauptwohnsitz und Eigentum in derselben Gemeinde lokalisiert sind, erreichen in den Küstengemeinden zwischen Nizza und Vallauris ebenso wie in den unmittelbar anschließenden Hinterlandsgemeinden die höchsten Flächenanteile; auch die Fluren von Utelle und den Gemeinden am oberen Tal des Var sind durch sie gekennzeichnet (Karte 31).

Die Unterschiede zur Verteilung des privaten Grundeigentums überhaupt (Karte 28) verdeutlichen den Einfluß ortsfremder, häufig regionsfremder Privateigentümer und die Attraktivität des Hinterlandes für diese. Bei der Interpretation der Konzentration der ortsansässigen Eigentümer auf die Küstengemeinden ist zu beachten, daß in dieser Gruppe autochthone Einwohner dieser Gemeinde wie auch zugezogene, z.B. Ruheständler, zusammengefaßt sind; statistisch entscheidendes Merkmal ist der Hauptwohnsitz der jeweiligen Eigentümer. Im Bezug auf die Phasen der touristischen Inwertsetzung spiegelt Karte 32 den Zuzug in die von Ruheständlern bevorzugten Gemeinden wider; Karte 28 repräsentiert die Einflüsse des Tourismus, des Freizeitwohnens und der Planungen für zukünftige Einrichtungen von Altersruhesitzen Regionsfremder in einem Raum, dessen Grundeigentumsstruktur sich – mit deutlichen Schwerpunkten versehen – den neuen Funktionszuweisungen anpaßt und seine Identität als Agrarraum verliert.

Dieser Adaptionsprozeß führt zu räumlichen Strukturen, die sich von den jenen der Einflußnahme des autochthonen städtischen Bürgertums auf den ländlichen Raum grundlegend unterscheiden.

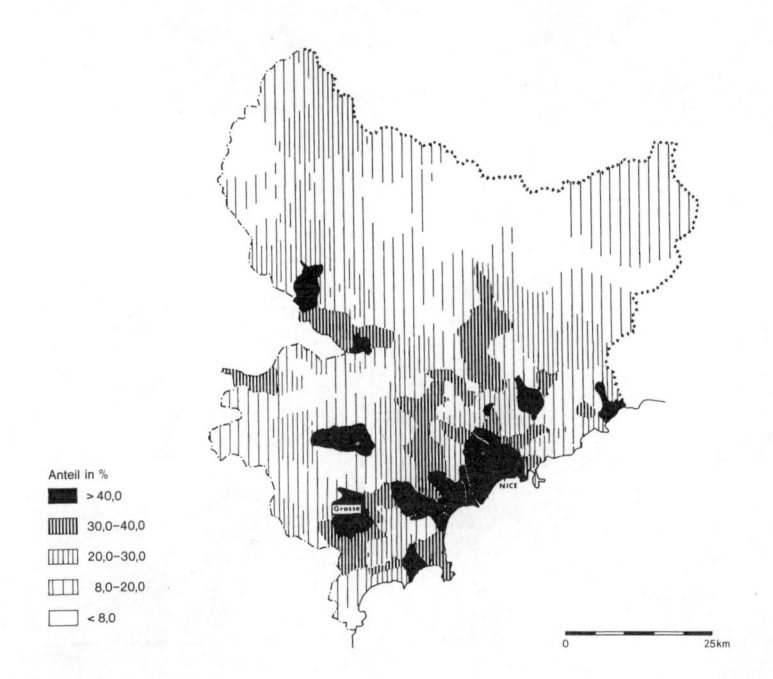

4.5 Grundeigentumsstruktur, Bodenmobilität und Immobilienspekulation

Karte 32 Der Anteil des individuellen Eigentums der Einwohner an der Fläche ihrer Gemeinden im Département Alpes-Maritimes

Das Grundeigentum von Bürgern der Parfümstadt Grasse beschränkt sich, was seinen Anteil an den Parzellen in ländlichen Gemeinden im Département angeht, auf solche im Norden und Nordwesten der Stadt sowie auf unmittelbare Nachbarorte. Die Karte 33 zeigt eine distanziell bestimmte Abstufung des Einflußbereiches auf den Bodenmarkt in den Landgemeinden, der zudem binnenwärts auf das Gebirge hin ausgerichtet ist. Er stimmt darin mit der Verbreitung von Zweitwohnsitzen der Bürger von Grasse und Nizza (Karte 6) überein. Auch die Bedeutung der Eigentümer aus Grasse hinsichtlich ihrer Flächenanteile (Karte 34) entspricht diesem Raummuster mit deutlicher Orientierung auf das Gebirge.

Demgegenüber konzentrieren sich die größeren Flächenanteile von Eigentümern aus der Region Paris und dem übrigen, außerhalb der P.A.C.A. gelegenen Frankreich auf die Küste und die küstennahen Hinterlandsgemeinden des Raumes Grasse – Cannes – Antibes; hinzu treten einige Schwerpunkte am Rande der Südalpen im oberen Talabschnitt des Var mit Puget-Theniers als Mittelpunkt (Karte 36). Die Bedeutung der extraregionalen Grundeigentümer für den Strukturwandel, die zukünftige Regionalentwicklung an der Côte d'Azur und in ihrem Hinterland tritt jedoch noch deutlicher hervor, wenn man ihren Anteil an der Gesamtheit der Eigentümer betrachtet (Karte 35). Eigentümer aus dem Raum Paris und dem übrigen Frankreich treten zwar an der Küste und dem südlichen Teil ihres Hinterlandes konzentriert in Erscheinung. Wichtiger aus prognostischer Sicht ist es jedoch, daß sie in beinahe der Gesamtheit der Voralpengemeinden nennenswert verbreitet sind.

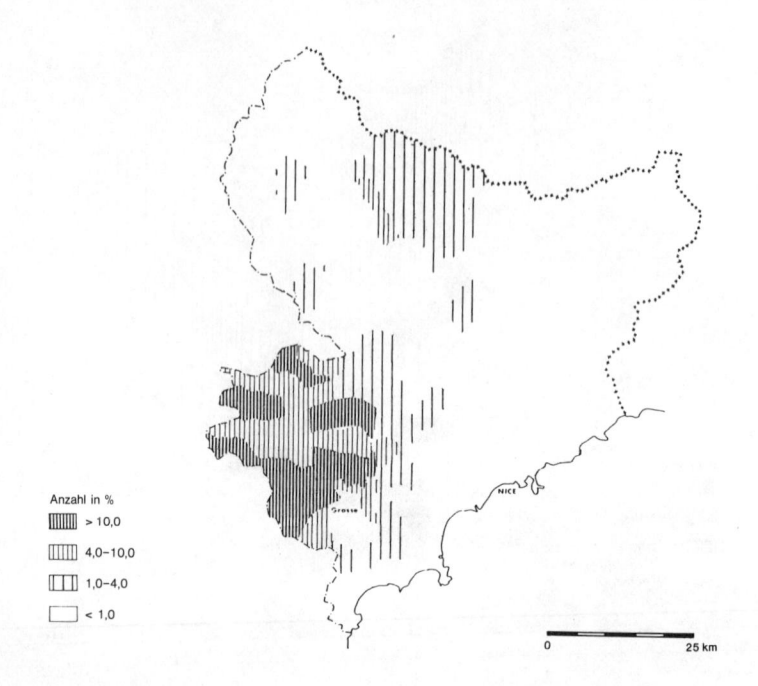

4. Freizeit, Tourismus und Regionalentwicklung

Anzahl in %
- ||||| > 10,0
- ||||| 4,0–10,0
- ||| 1,0–4,0
- □ < 1,0

Karte 33 Der Anteil individueller Grundeigentümer aus Grasse an der Anzahl der Parzellen der Gemeinden im Département Alpes-Maritimes

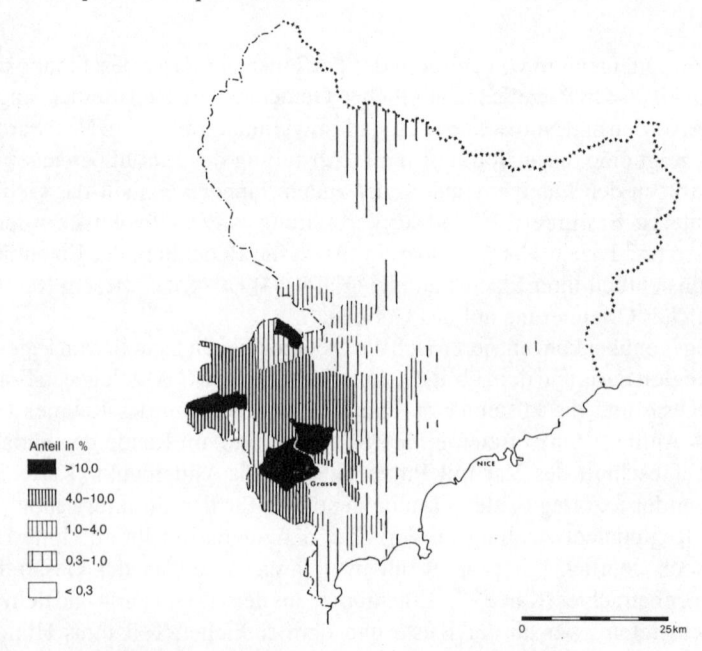

Anteil in %
- ■ > 10,0
- ||||| 4,0–10,0
- ||| 1,0–4,0
- || 0,3–1,0
- □ < 0,3

Karte 34 Der Anteil individueller Grundeigentümer aus Grasse an den Flächen der Gemeinden im Département Alpes-Maritimes

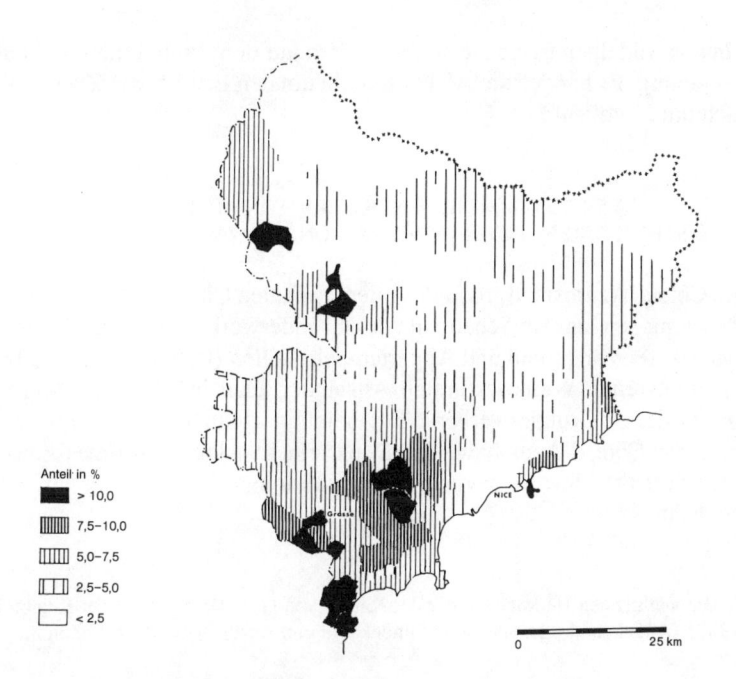

4.5 Grundeigentumsstruktur, Bodenmobilität und Immobilienspekulation 201

Karte 35 Der Anteil individueller Grundeigentümer aus der Region Paris und dem übrigen Frankreich an der Anzahl der Parzellen der Gemeinden im Département Alpes-Maritimes

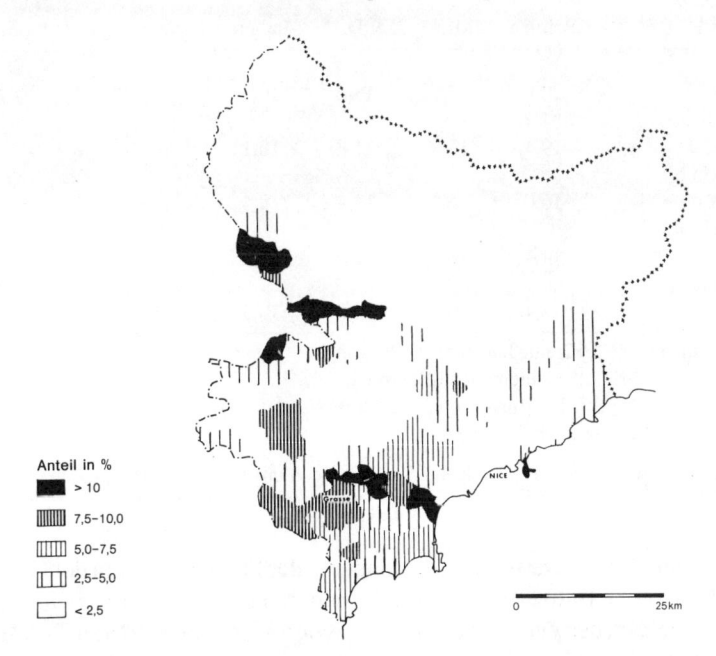

Karte 36 Der Anteil der individuellen Grundeigentümer aus der Region Paris und dem übrigen Frankreich an der Fläche der Gemeinden im Département Alpes-Maritimes

Auch in den Südalpen treten sie als Investoren auf dem Immobilienmarkt ubiquitär in Erscheinung. Es handelt sich dabei sowohl um den Erwerb von Zweitwohnsitzen wie auch um Landkäufe.

4.5.4 DER IMMOBILIENERWERB VON AUSLÄNDERN
– STRUKTUREN UND WANDEL REGIONALER FREMDBESTIMMUNG

Die Côte d'Azur ist aufgrund des internationalen Charakters ihrer touristischen Inwertsetzung seit langem Schauplatz des Grunderwerbs durch Ausländer[78], die ca. 30% der Käufer von Villen und Appartements stellen (P. PINCHEMEL 1980, S. 225). Nach dem Zweiten Weltkrieg traten Ausländer auch in stärkerem Maße an den Küsten des Var als Grunderwerber in Erscheinung. Dennoch bleibt ihr Interesse sehr stark auf die Côte d'Azur bzw. das Département Alpes-Maritimes konzentriert, besonders gilt dies für die Immobilientransaktionen, bei denen es um sehr teure Objekte geht.

Tab. 54 Die wichtigsten Herkunftsländer der Käufer von Grundeigentum in der Region P.A.C.A. 1979–1982* (Angaben in v.H. aller Immobilienkäufe von Ausländern in der Region im jeweiligen Stichjahr)

Jahre/Anzahl d. Verkäufe (= 100%)	Herkunftsland d. Käufer (Angb. in % aller Immobilientransaktionen)						
	Belgien	U.K.**	B.R.D.***	Italien	Libanon	NL****	Schweiz
1979 (2.600)	20,8	7,7	13,0	10,9	?	11,4	?
1980 (2.945)	19,4	13,8	11,8	10,1	?	8,5	?
1981 I.Halbj. (976)	16,0	15,5	14,4	8,4	?	5,6	8,4
1981 II.Halbj. (1.232)	14,4	14,0	12,0	12,4	?	6,3	8,2
1982 I.Halbj. (1.192)	12,4	16,5	13,5	10,3	3,7	?	7,0

Anmerkungen: * 1982: nur Jan.-Juni (I. Halbjahr)
　　　　　　 ** U.K.: Vereinigtes Königreich
　　　　　 *** B.R.D.: Bundesrepublik Deutschland
　　　　　**** NL: Niederlande

Quelle: O.R.E.A.M. – Marseille / eigene Auswertungen unveröffentlichter Quellen

Der Immobilienerwerb durch Ausländer in der Provence und an der Côte d'Azur war in der zweiten Hälfte der siebziger Jahre durch eine starke Ausweitung gekennzeichnet. Die Zahl der Verkäufe erhöhte sich von 585 im Jahre 1976 auf 2467 im Jahre

---

[78] Vgl. M. GIERKE (1961, S. 91ff.); R. RUDNEY (1980, S. 215).

1978; zwischen 1976 und 1980 ist eine Zunahme um 403% auf 2945 Käufe zu verzeichnen. Im folgenden Jahr ging die Zahl der Verkäufe um 25% auf 2208 zurück.

Die Summe der ausländischen Investitionen in Immobilien stieg von 194 Mio. FF (1976) auf 853 Mio. FF (1979). Inzwischen ist der Betrag von einer Milliarde FF mit Sicherheit überschritten. Ihre Betrachtung unter dem Aspekt der Regionalentwicklung erscheint dringend geboten, da der Grunderwerb durch Ausländer räumlich außerordentlich stark konzentriert ist und zudem selektiv bestimmte Objekte bevorzugt. 1978 entfielen von den 2467 Käufen 88% auf Wohnobjekte (Appartements und Villen), 9% auf Bauland, 2% betrafen Wald- und Gebüschflächen und knapp 1% der Käufe von Ausländern bezogen sich auf landwirtschaftlich nutzbare Flächen.

Die folgenden Ausführungen beruhen auf einer Auswertung unveröffentlichter Daten der O.R.E.A.M. (Marseille 1980–1982) durch den Verfasser. Als Quelle dieser Daten diente die Erfassung von Immobilienkäufen von Ausländern bei der französischen Finanzverwaltung (D.R.I. Marseille). Diese Deklarationen erfolgen unabhängig von der Art der erworbenen Immobilie (Bauland, Wohngebäude, landwirtschaftliche Nutzflächen, Wald, Seen etc.), ihre zeitliche Einordnung erfolgte entsprechend dem Eingangsdatum der Deklaration bei der D.R.I.; das Datum der Immobilientransaktion kann einige Monate vor diesem Zeitpunkt liegen.

In der *Region P.A.C.A.* wurden 1979 2600 Immobilienverkäufe an Ausländer getätigt, 1980 waren es fast 3000 und 1981 2200. Eine Aufschlüsselung der wichtigsten Herkunftsländer der Käufer erlaubt Tab. 54.

In den Jahren 1979 und 1980 dominierten Belgier als wichtigste Gruppe der ausländischen Immobilienkäufer, auf sie entfiel rund ein Fünftel der Verkäufe an Ausländer. Seit 1981 verringerte sich jedoch ihr Anteil erheblich, im ersten Halbjahr 1982 betrug er gerade noch 12%. Ebenfalls stark zurückgegangen sind die Anteile der Niederländer unter den Immobilienkäufern. Stark zugenommen hat demgegenüber – mit einem Anstieg von 8 auf 16% – das Gewicht der Käufer aus dem Vereinigten Königreich. Der Anteil der Immobilienkäufer aus Deutschland und Italien ist mit einem Mittel von 12,9 bzw. 10,4% relativ konstant geblieben, der Anteil der Schweizer Käufer hat sich auf ca. 8% eingepegelt.

Die oben genannte Zahl der Verkaufsfälle wie auch die regionale Aufschlüsselung ihrer Käufer bezieht alle Départements der P.A.C.A. ein, allerdings ist der ausländische Grunderwerb in den Hochgebirgsdépartements Alpes-de-Haute-Provence und Hautes-Alpes mit einem Anteil von zusammen 0,7% an den dortigen Immobilientransaktionen vernachlässigenswert gering. Unter den Küstendépartements dominieren die Alpes-Maritimes mit 61% sehr markant; es folgt das Var mit 30,4% in deutlichem Abstand. Im Département Bouches-du-Rhône beträgt der Anteil von ausländischen Käufern nur 5,3% und das binnenwärtig gelegene Département Vaucluse ist mit 2,8% Ausländern unter den Immobilienkäufern ebenfalls für den internationalen Immobilienmarkt ziemlich uninteressant[79].

Die Küstendépartements sind zudem jene, auf die sich auch Verkäufe in einem Wert von mehr als 1 Mio. FF pro Objekt konzentrieren. Investitionen dieser Größenordnung werden von Ausländern nur dort getätigt. In der Abb. 9 sind die

---

[79] Alle %-Angaben dieses Absatzes gelten für das erste Halbjahr 1982.

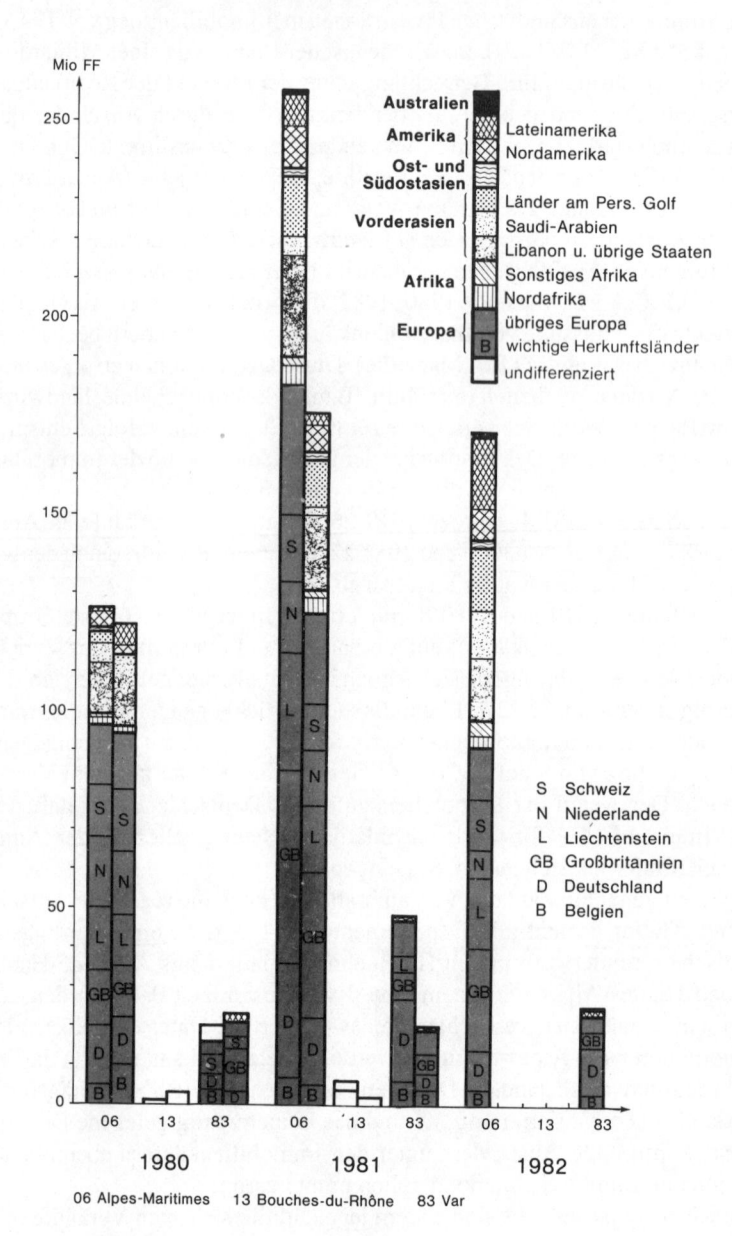

Abb. 5 Die Herkunft der Käufer von Immobilien in den Küstendépartements der Region P.A.C.A. im Wert > 1 Mio. FF in den Jahren 1980–82

Immobilienkäufe ab 1 Mio. FF nach Herkunftsländern der Käufer und Lokalisation in der P.A.C.A. aufgeführt. Die Départements in Binnenlage haben keine ausländischen Immobilienkäufe dieser Größenordnung zu verzeichnen. Es fällt auf, in welch hohem Maße das Département Alpes-Maritimes in der Gunst der ausländischen Investoren dominiert; die Attraktivität der Côte d'Azur bei ausländischen Kapitalanlegern ist ungebrochen, hier ist die maximale Beeinflussung der Regionalentwicklung durch ausländischen Grunderwerb lokalisiert. Das Département Var zeigt demgegenüber nicht nur eine geringere Zahl der Verkäufe, sondern auch eine weniger differenzierte Vielfalt der regionalen Herkunft der Käufer, es dominieren deutsche, britische und belgische Grunderwerber.

Die Herkunftsstruktur der Grunderwerber von Objekten mit einem Kaufpreis von mehr als 1 Mio. FF in den Küstendépartements weist zunächst deutliche Übereinstimmung mit jener der Gesamtheit der ausländischen Immobilienkäufer in der Region (vgl. Tab. 55) auf; in den Jahren zwischen 1980 und 1982 nehmen Grunderwerber aus dem Vereinigten Königreich mit 14 bis 18% Anteil die führende Stellung ein, zwischen 12 und 16% kamen aus Deutschland; der Anteil der Schweizer verringerte sich 1980 von 13 auf 7% und jener der Belgier von 8 auf 4%.

Tab. 55 Die ausländischen Immobilieninvestitionen (über 3 Mio FF) in den Départements der P.A.C.A. 1980–1982* (Angaben in 1.000 FF und in v.H. der Jahressummen)

Zeitraum	Alpes-Maritimes		Var		B.D.R.		Insgesamt	
	FF	%	FF	%	FF	%	FF	%
Jan.-Juni 1980	53.985	79	14.140	21			68.125	100
Juli-Dez. 1980	40.029	85	3.400	7	3.550	8	46.979	100
Jan.-Juni 1981	41.250	65	15.430	24	7.279	11	63.958	100
Juli-Dez. 1981	88.948	80	22.360	20	–	–	111.308	100
Jan.-Juni 1982	65.532	80	16.050	20	–	–	81.582	100
Juli-Dez. 1982								
1980–1982	289.744	82	71.380	15	10.828	3	371.952	100

Anmerkung: *) 1982: nur Jan. bis Juni

Quelle: Eigene Auswertung unveröffentlichter Materialien der O.R.E.A.M. – Marseille

Es kennzeichnet jedoch die Unterschiede in der Motivation des Grunderwerbs, die als Funktion der Kaufsummen in Erscheinung tritt, wenn bei den Objekten ab 1 Mio. FF der Finanzplatz Liechtenstein im Erfassungszeitraum mit konstant ca. 10% der Käufer in Erscheinung tritt, während sein Anteil an der Gesamtheit der Verkäufe an Ausländern vernachlässigenswert ist. Ein gleiches gilt für die arabischen Staaten, deren Anteil an den ausländischen Grunderwerbern von 9% (1980) auf 17% (1982) anstieg. Ein eindeutiges Schwergewicht bilden dabei Kapitalanleger aus Saudi-Arabien und Kuwait. Mit den arabischen Staaten, der Türkei, dem Iran und Libanon waren 1982 dem Vorderen Orient über ein Viertel (26%) der Investoren zuzuordnen. Die nach dem Ersten Weltkrieg einsetzende Investitionstätigkeit von Anlegern aus dieser Region übertrifft inzwischen jene der einzelnen wichtigsten europäischen

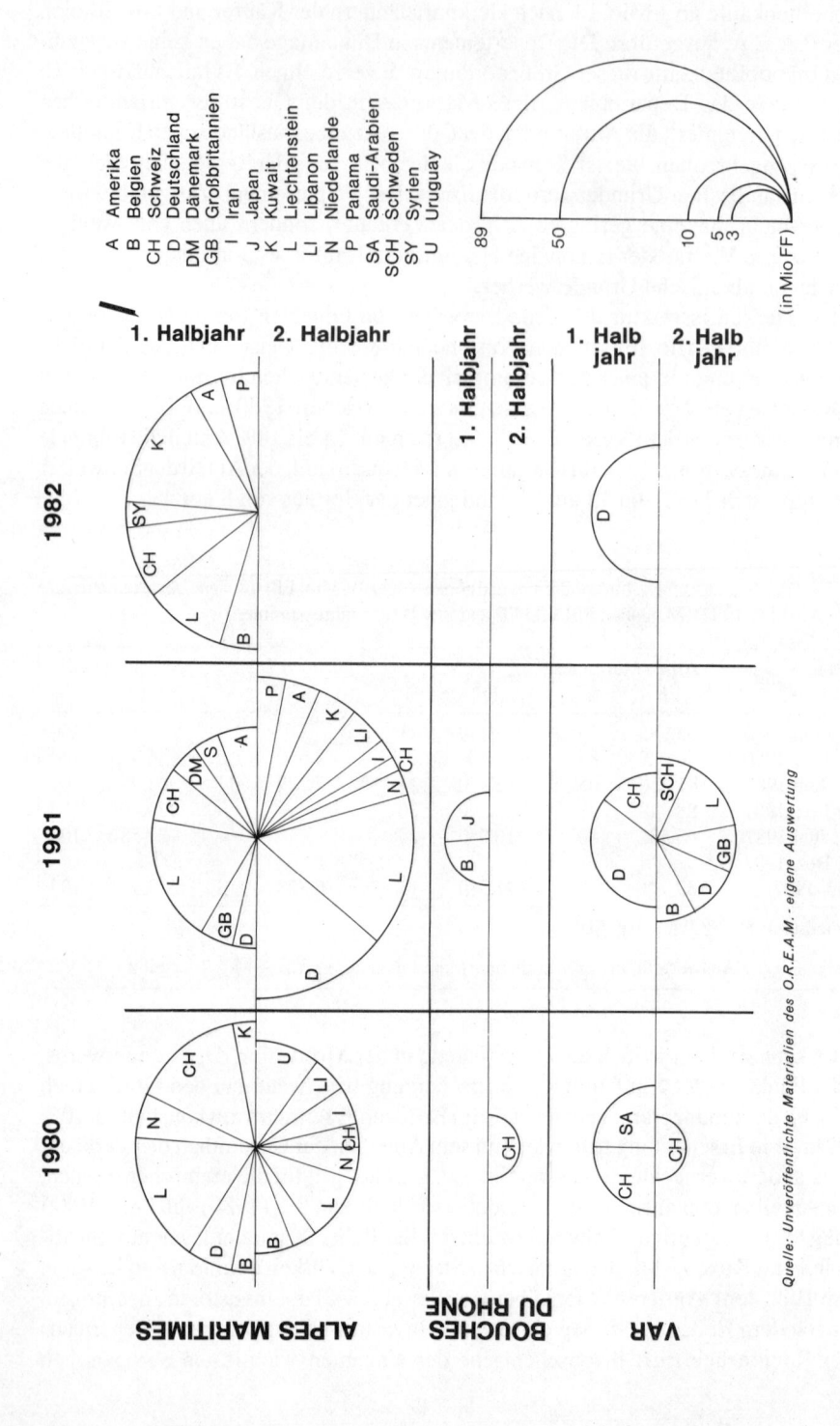

4. Freizeit, Tourismus und Regionalentwicklung

Abb. 6 Umfang und räumliche Herkunft der Investitionen für Groß-Immobilien (Wert > 3 Mio. FF) in den Küstendépartements der P.A.C.A. 1980–82

Quelle: Unveröffentlichte Materialien des O.R.E.A.M. - eigene Auswertung

A Amerika
B Belgien
CH Schweiz
D Deutschland
DM Dänemark
GB Großbritannien
I Iran
J Japan
K Kuwait
L Liechtenstein
LI Libanon
N Niederlande
P Panama
SA Saudi-Arabien
SCH Schweden
SY Syrien
U Uruguay

4.5 Grundeigentumsstruktur, Bodenmobilität und Immobilienspekulation

Länder; allein der Libanon verwies 1982 mit 5% der Investoren Belgien und Nordamerika mit jeweils 4% auf die nachfolgenden Ränge.

Der strukturelle Wandel in der räumlichen Herkunft der wichtigsten Investoren, die Neuorientierung des hieraus erwachsenden Beziehungsgefüges für die Regionalentwicklung sowie die Persistenz der Côte d'Azur als die von den ausländischen Investoren bevorzugte mediterrane Küste Frankreichs zeigen sich noch deutlicher, wenn man den Umfang des investierten Kapitals nach Lokalisation, Anlageobjekten und räumlicher Herkunft der Investoren analysiert. Dies ist für den Zeitraum 1980 bis 1982 für Immobilieninvestitionen von Ausländern, die den Betrag von 3 Mio. FF überschritten, möglich (vgl. Abb. 6). Leider gestattet die Datenlage keine vergleichbare Analyse der Investitionen unter 3 Mio. FF.

Das Département Alpes-Maritimes, d.h. die Côte d'Azur und ihr Hinterland, dominiert auch bei den Investitionen von Ausländern über 3 Mio. FF nicht nur nach der Zahl der Investitionsobjekte sondern ebenfalls nach seinem Anteil an der Gesamtsumme ausländischer Immobilieninvestitionen dieser Größenordnung in der P.A.C.A.. Bei einem Mittelwert von knapp 78% ($\bar{x} = 77{,}8\%$) kann davon ausgegangen werden, daß vier Fünftel des ausländischen Kapitaltransfers zum Erwerb von Immobilien dieser Preisklasse auf die Côte d'Azur entfallen. Ausländische Kapitalanlagen der genannten Größenordnung sind auf dem Immobilienmarkt des Départements Bouches-du-Rhône die klare Ausnahme; hier wurden lediglich im zweiten Halbjahr 1980 bzw. ersten Halbjahr 1981 8 bzw. 11% der ausländischen Investitionen über 3 Mio. FF plaziert. Im letzten Fall entfällt die Hälfte dieser Investitionen auf den Kauf einer landwirtschaftlich genutzten Domäne durch Belgier.

Die Stellung des Var ist jener der Côte d'Azur als Anlageobjekt nicht nur deutlich nachgeordnet; ein wesentlicher Unterschied besteht auch in der räumlichen Herkunft der Investoren. Im Var ist zwischen 1980 und 1982 eine Zunahme des deutschen Anlagekapitals zu verzeichnen, sein Anteil an den Investitionen über 3 Mio. FF stieg von 20% (1980) über 41% (1981) auf 100% (I. Halbjahr 1982). Die übrigen Investoren im Var kamen vornehmlich aus europäischen Ländern, der Erwerb einer Domäne durch einen Käufer aus Saudi-Arabien (1980) bildet die Ausnahme.

Die Art der Anlageobjekte in den Départements Bouches-du-Rhône und Var unterscheidet sich deutlich von jenen, die ausländische Käufer an der Côte d'Azur erwerben. Der Erwerb von landwirtschaftlichen Großbetrieben (Domänen) bildet die Ausnahme. 1980 bis 1982 sind es drei Fälle bei insgesamt 83 Immobilienverkäufen im Wert von mehr als 3 Mio. FF; sie sind ausschließlich im Var (zwei Fälle) und im Département Bouches-du-Rhône lokalisiert. Die übrigen Verkäufe in diesen Départements betreffen überwiegend Einzelhäuser mit Grundbesitz und auch Bauland. Im Département Alpes-Maritimes überwiegt der Verkauf von Appartements (56% von allen Verkäufen), hinzu tritt der Verkauf von Villen. Bauland oder landwirtschaftlich genutzte Flächen im Wert von über 3 Mio. FF wurden dort an Ausländer nicht veräußert. Das bei dem Erwerb von teuren Immobilien an der Côte d'Azur dominierende Motiv der Kapitalanlage wird besonders darin sichtbar, daß bei dem überwiegenden Teil der Kaufabschlüsse jeweils mehrere Wohneinheiten (Villen, Appartements, Studios) durch Ausländer erworben wurden.

Die Abb. 6 zeigt die Herkunft der in den einzelnen Départements im Halbjahresrhythmus jeweils investierten Beträge über 3 Mio. FF. Im Vergleich zur Herkunft der gesamten ausländischen Immobilienkäufer (Tab. 54) und jener, die zumindest 1 Mio. FF investieren (Abb. 5), ist eine deutlich geringere Vielfalt in der Herkunftsstruktur zu verzeichnen. Die hauptsächlichen Kapitalzuflüsse für den Erwerb von Immobilien im Wert von mehr als 3 Mio. FF stammen aus Staaten, die durch Kapitalexport gekennzeichnet sind und für deren Kapitaleigner die Kapitalanlage in Immobilien eine hohe Attraktivität besitzt. In diesem Zusammenhang sind neben den Investitionen aus arabischen Staaten und dem Libanon besonders die hohen Anteile der Kapitaltransfers aus Liechtenstein und der Schweiz sowie der seit dem zweiten Halbjahr 1981 ansteigende Anteil Panamas an diesem zu nennen. Letzterer übertrifft inzwischen die Investitionen aus Nordamerika.

Der Immobilienerwerb von Ausländern in den Küstendépartements der P.A.C.A. ist also, was den Kauf von höherwertigen Objekten angeht, durch Kontinuität und Wandel zugleich gekennzeichnet.

Kontinuität besteht in der seit zweihundert Jahren unveränderten Bevorzugung der Côte d'Azur durch wohlhabende oder reiche ausländische Immobilienkäufer. Diese spezifische Attraktivität besteht auch die Konkurrenz zu neu hinzugekommenen mondänen Zentren der Freizeitperipherie – am Mittelmeer z.B. Costa del Sol um Marbella und der Costa Smeralda im Nordosten der Insel Sardinien, die zugleich als räumliche Schwerpunkte der Anlage des internationalen Geldkapitals, besonders auch aus arabischen Ölstaaten, hervortreten[80]. An der Côte d'Azur trug die Kontinuität der ausländischen Nachfrage wesentlich dazu bei, daß die Nachfrage nach Luxusappartements, einem kleinen aber bedeutsamen Marktsegment, selbst in Phasen allgemeiner Krisen auf dem Immobilienmarkt, z.B. zwischen 1965 und 1967 (vgl. J. MIEGE 1975, S. 38), nicht nachließ. Auch die Krise des Immobilienmarktes an der Côte d'Azur (besonders in Nizza[81]) in den Jahren 1980 und 1983 hat das zunehmende Kaufinteresse der Ausländer nicht negativ beeinflußt. Gerade bei Luxusobjekten ist in dieser Zeit sogar ein Anstieg der Nachfrage zu verzeichnen. Einen stabilisierenden Effekt übte die ausländische Nachfrage nach Immobilien allerdings zugleich hinsichtlich der Verstärkung der intraregionalen Disparitäten aus. Sie trug dazu bei, diese durch eine fortgesetzte räumliche Präferenz für die Küsten – und das unmittelbar anschließende Hinterland – zu verfestigen und somit die Agglomerationsnachteile der Küstenzone zu vergrößern.

Das Element des Wandels kennzeichnet vor allem die nationale und soziale Herkunft der Investoren. Obwohl 1973 bis 1978 belgische Investoren mit 23%, niederländische Investoren mit 18% und deutsche Käufer mit 11% noch eine starke Präsenz unter den ausländischen Grunderwerbern bewiesen, so kündigte sich doch in diesen Jahren bereits eine nachdrückliche, fast dramatische Steigerung des Einflusses von Käufern aus dem Vorderen Orient an. 1977 und 1978 gingen 19% bzw. 6% der

---

80 Nach Berichten der Tages- und Wochenpresse gilt dies besonders für die Costa del Sol, wo zur Zeit eine erneute, diesmal friedliche „Eroberung" Andalusiens durch den Islam stattfindet.
81 So verringerten sich z.B. die Wohnungsverkäufe in Nizza im 3. Quartal von 1045 (1979) auf 467 (1980) und 283 (1981). 1985 wurden im 3. Quartal 373 Wohnungen verkauft (Quellen: Informations CELLULE B.T.P./D.R.E. Marseille).

Verkäufe an Iraner[82], zur gleichen Zeit fand ein Schloß für 12 Mio. FF einen Käufer aus Saudi-Arabien, ein weiterer Iraner erwarb Grundbesitz über 10 ha für 5,2 Mio. FF. Diese Beispiele wie auch die Analyse der Jahre 1980 bis 1982 bezeugen eine rasche Zunahme der Investitionen, die dem Motiv der Kapitalanlage und -sicherung entspringen. Im Unterschied zu den Aristokraten und Großbürgern des 19 Jahrhunderts und den Reichen der Zwanziger Jahre, für welche eine funktionale Beziehung zwischen Immobilienerwerb an der Côte d'Azur und ihrer Frequentierung in der Sommer- bzw. Wintersaison bestand, repräsentieren die Käufe aus den Steuerparadiesen und den Petrodollar-Ländern vornehmlich finanzwirtschaftlich motivierte Transaktionen. Inwieweit neben dem Wunsch nach einer sicheren und rentierlichen Kapitalanlage auch die Eigennutzung des erworbenen Eigentums als Kaufmotiv eine Rolle spielt, ist empirisch schwer zu ergründen und für die Auswirkungen dieser Investitionen auf die Regionalentwicklung ohne Belang. Dabei kann von den begrenzten Auswirkungen abgesehen werden, die eine Nutzung von Luxus-Immobilien durch deren Eigentümer auf den Arbeitsmarkt für Hauspersonal ausübt[83].

Die starke Zunahme des ausländischen Grunderwerbs an der Côte d'Azur und den Küsten des Var belegt, daß die Ausländer nunmehr zu den Acteurs Fonciers[84] der Region zählen. Dies gilt für sie in ihrer Eigenschaft als Einzeleigentümer; darüberhinaus treten sie als soziale Gruppen und wirtschaftliche Kraft selektiv in den Wettbewerb um Erwerb und Verfügungsgewalt über jene Immobilien ein, die unabhängig von ihrer Flächengröße in den touristisch besonders attraktiven Räumen konzentriert sind.

Aus dem Blickwinkel der Region P.A.C.A. stellt der ausländische Grunderwerb damit eine komplementäre Erscheinung zur durch extraregionale französische Grunderwerber repräsentierten regionalen Fremdbestimmung dar. Allerdings verfügen die französischen Acteurs Fonciers über Mittel, die ihnen einen vergleichsweise privilegierten Zugriff auf besonders attraktive Objekte gestatten. Sowohl die Angehörigen der Classes Dirigeantes als auch die hinter den Immobiliengesellschaften nationalen Zuschnitts stehenden Finanzgruppen verfügen über die notwendigen Informationen wie auch über die soziale und ökonomische Macht, Immobilienprojekte nach eigenen Vorstellungen zu realisieren. Ausländische Kapitalgeber benötigen für eigene Erschließungsprojekte französische Partner. Dies ist ein Grund dafür, warum die weitaus überwiegende Mehrzahl der Immobilienkäufe durch Ausländer

---

82 Die Investitionen wohlhabender Iraner in südfranzösischen Femdenverkehrsgebieten zeigen deutliche Parallelen zu ähnlichen Investitionen in die israelische Femdenverkehrswirtschaft, die vom Verfasser 1978 bei Untersuchungen zum Tourismus in Israel festgestellt wurden. Es handelt sich offensichtlich um die Anlage von Fluchtkapital, das angesichts des Niedergangs des Schah-Regimes ins Ausland transferiert wurde.
83 Diese wurde für St. Jean-de-Cap Ferrat von L. u N. Delpech (1976, S. 79ff.) besonders hervorgehoben.
84 Zu den Acteurs Fonciers zählen neben natürlichen oder juristischen Personen als Eigentümern bzw. Käufer von Immobilien auch „des groupes sociaux qui entrent en compétition pour l'acquisition des sols" ... „Ce sont les „groupes (grand, moyens, ou petits) financiers, industriels, immobiliers, disposant d'importants moyens d'investissements et de pouvoirs politiques et économiques, qui exercent les plus fortes pressions sur les territoires priviligiés" (Ministere de L'Urbanisme 1982, S. 23).

den Erwerb fertiggestellter oder in der Phase der Realisierung befindlicher Objekte betrifft.

4.5.5 DIE IMMOBILIENSPEKULATION ALS PROBLEM DER REGIONALENTWICKLUNG

In Frankreich sind die negativen Auswirkungen der Immobilienspekulation[85] nicht auf die touristisch erschlossenen Küstendépartements beschränkt, sie bestehen in allen urbanisierten Räumen des Landes (vgl. P. PINCHEMEL 1980, S. 262ff.). Die Küsten des Mittelmeeres mit ihrer stetig intensiver werdenden touristischen Erschließung besitzen jedoch für spekulative Immobiliengeschäfte eine besonders hohe Attraktivität. Hier stehen zum einen jene Flächen, die einen besonderen Bezug zur Küste als Attraktionsfaktor aufweisen (Nähe des Badestrandes; Blick auf das Meer), nur in begrenztem Umfang zur Verfügung. Zum anderen sorgt die Entagrarisierung für zusätzliche, der Urbanisierung zuzuführende Flächenreserven, die zumeist binnenwärtig gelegen sind. Weiterhin begünstigt ein in der geringen Größe vieler Gemeinden, der damit verbundenen unzureichenden planerischen Ausstattung und im mangelnden Kontakt zur übergeordneten Administration begründetes Fehlen von lokalen und regional definierten sowie aufeinander abgestimmten Zielen der Raumordnung und -planung (Ausnahme: Département Alpes-Maritimes, vgl. u. S. 219ff.) das Vorgehen der Immobiliengesellschaft bzw. der hinter ihnen stehenden Promoteurs/Finanziers. Ihr Einfluß auf die Siedlungsentwicklung ist hier wesentlich größer als in den großstädtischen Räumen mit einer Hierarchie von Planungsinstitutionen[86].

Die folgenden Ausführungen gelten nicht den Problemen, welche ein hohes Preisniveau auf dem Immobilienmarkt für die Regionalentwicklung mit sich bringt (Überteuerung der Bodenpreise, Verdichtung der Bebauung durch Verkleinerung der Parzellen bzw. Zunahme der Geschoßflächenzahl, Vernichtung von Freiflächen und Verdrängung nicht rentierlicher, aber sozial erwünschter Nutzungen, Unterversorgung der autochthonen Bevölkerung mit Infrastruktureinrichtungen). Diese Fragen werden im folgenden Kapitel unter dem Aspekt der Zusammenhänge zwischen Regionalplanung und Regionalentwicklung diskutiert (vgl. u. S. 224ff.). Es geht vielmehr darum, an Beispielen aus dem Var Mechanismen aufzuzeigen und kritisch zu würdigen, welcher sich die Immobilienspekulation bei der Realisierung ihrer Ziele bedient und welche – legal oder geduldet – ein wesentliches Problem für eine nicht nur an der Erfüllung von Partialinteressen orientierte Regionalentwicklung darstellen.

Diese Probleme entstehen, wenn staatliche oder kommunale Stellen nicht in der Lage sind, spekulative Immobiliengeschäfte größeren Ausmaßes zu unterbinden, obgleich sie über ein Instrumentarium verfügen, das dieses erlauben würde.

Insofern unterscheidet sich die Situation in diesem Fall grundsätzlich von der relativen Machtlosigkeit der französischen Politik bei dem Versuch, die Immobili-

---

85 Als Spekulation wird im folgenden der Wunsch oder die Praxis angesehen, nur aus der Preisentwicklung ökonomische Vorteile zu ziehen.
86 Z.B. O.R.E.A.M.-Organisations d'Etudes et d'Aménagement des Aires Métropolitaines. – Studiengemeinschaften für Raumplanung in Verdichtungsgebieten.

enpreise *generell* zu beeinflussen (vgl. u. S. 231f.). Die beiden im Esterel auf dem Gebiet der Gemeinde Fréjus bei St. Jean lokalisierten Erschließungsprojekte stellen – nach Aussage von Verantwortlichen einer aufsichtführenden, mit Entwicklungsfragen befaßten Behörde in Marseille – keine Einzelfälle dar. Sie kennzeichnen vielmehr systemimmanente Schwächen, die sich zum Nachteil der Regionalentwicklung auswirken[87].

4.5.5.1 Wie bei der legalen Aufsiedlung von geschützten Waldflächen Windfall-Profits entstehen können (Fallstudie 1)

Verlauf des Geschäftes:

Eine Immobiliengesellschaft, die S.C.I. A[88], kaufte im Februar 1958 373,81 ha Wald, der im Esterel auf dem Territorium der Gemeinde Fréjus in der Nähe der Grenze zum Département Alpes-Maritimes gelegen ist, von einer Privatperson aus Cannes für 300 000 FF[89]. Für den Wald, der an die R.N. 7 grenzt, wurden somit 0,08 FF pro m^2 gezahlt. Einen Monat später wurden 95% der mit einem Stammkapital von 10 000 FF ausgestatteten S.C.I. A für 950 000 FF an eine in Monaco beheimatete Société Anonyme verkauft. Zugleich wird die S.C.I. A in S.C.I.A' umbenannt. Die neue Gesellschaft versuchte vergeblich, auf dem Territorium von 373 ha ein durch Beschluß des Präfekten des Var vom 31.12.1965 genehmigtes Urbanisierungsprojekt von 233 ha Fläche zu realisieren.

1972 wurde der Sitz der S.C.I.A' nach Paris verlegt, 1978 erfolgte unter nunmehriger alleiniger Federführung der monegassischen S.A.I.I. eine Neuorganisation der Gesellschaft, zugleich wurde das aktuelle Urbanisierungsprojekt in die Wege geleitet.

Das der S.C.I.A' gehörende Gelände war mit der Aufstellung eines Flächennutzungsplanes für die Gemeinde Fréjus zur geschützten Waldfläche (Klassifikation ND[90]) erklärt worden. Diese Flächenwidmung schließt eine Bebauung explizit aus. Dennoch beruht das 1978 von der S.C.I.A' präsentierte Projekt, ein Lotissement auf einem Teil des als ND klassifizierten Grundstücks für Zweitwohnsitze auszuweisen, auf einem legalen Vorgehen. Als Instrument, die eine Urbanisierung ausschließende Ausweisung als geschützte Waldfläche im Flächennutzungsplan auszuhebeln, bietet

---

87   Die Beispiele entstammen unveröffentlichten Daten der Regionalbehörden in Marseille.
88   Die exakten Bezeichnungen und Eigentümerdaten der S.C.I.A., A' und B liegen dem Verfasser vor.
89   Der Betrag der A.F. wurde vom Verfasser in neue FF umgerechnet.
90   Die für die Flächennutzungspläne (P.O.S.) im Code de l'Urbanisme definierte Klassifikation ND sieht vor, daß die zu schützenden Waldflächen explizit vor Überbauung geschützt werden: Le classement interdit tout changement d'affectation ou tout mode d'occupation du sol de nature à compromettre la conservation, la protection ou création des boisements. Non obstat toutes dispositions contraires, il entraine le rejet de plein droit de la demande d'autorisation de défrichement ... (Code de l'Urbanisme, Art. L 130–1, zit. nach F. BOUYSSOU/J. HUGOT 1981, S. 49). Baugenehmigungen dürfen nur erteilt werden, wenn die zu errichtenden Gebäude mit der Bewirtschaftung der Flächen (z.B. land- und forstwirtschaftliche Gebäude) verbunden sind.

sich der Artikel 130–2 des Code de L'Urbanisme (C.U.) an[91]. Dort ist vorgesehen, zum Schutz (!) von Wäldern und Parks einer Nutzungsänderung von als ND klassifizierten Flächen in NA-Flächen, d.h. solche, die für die Urbanisierung vorgesehen sind, vorzunehmen, sofern der geschützte Wald nicht dem Forstregime des O.N.F. untersteht, also kein Staatsforst ist, und sofern neun Zehntel des gesamten betroffenen Grundstücks kostenlos an den französischen Staat übereignet werden. Eine weitere Voraussetzung ist das Äquivalenzprinzip; der Wert des dem Staat zu übereignenden Waldes muß dem der zur Bebauung freigegebenen Fläche entsprechen, die Übereignung hat der Umwidmung dieser Fläche vorauszugehen. Das Verfahren wird vom Präfekten unter Einschaltung von Fachbehörden durchgeführt.

Diese problematische Vorschrift des CODE DE L'URBANISME schafft eine Automatik, die der Immobilienspekulation in und der Zersiedlung von landschaftlich attraktiven Gebieten äußerst dienlich ist. Die einzige Voraussetzung, die ein Promoteur zur Zulassung von Lotissements in nichtstaatlichen Waldgebieten benötigt, ist die Beschaffung einer in Relation zur Größe des geplanten Lotissements ausreichenden Kompensationsfläche, die er an den Staat abtreten kann.

Die Genehmigung des Projektes der S.C.I.A' verlief entsprechend den Plänen der Immobiliengesellschaft. Es wurden 361,68 ha Gesamtfläche in das Projekt einbezogen[92]; 325,68 ha Wald wurden an den Staat bzw. den O.N.F. und 5000 m², an die Gemeinde Fréjus unentgeltlich übereignet; 36 000 m² wurden als Netto-Baufläche (S.H.O.) freigegeben, sie erstrecken sich entlang der R.N. 7. Die Umwidmung trat im Juli 1981 in Kraft, daraufhin wurde von der Gemeinde eine Zone d'Aménagement Concerté (Z.A.C., vgl. u. S. 229ff.) ausgewiesen, deren Dossier den Bebauungsplan für das neu geschaffene Lotissement sowie die in einem Cahier des Charges festgelegten finanziellen Verpflichtungen für die Immobilienfirma enthält. Diese hat für kommunale Zwecke ohne funktionellen Bezug zum Bauprojekt[93] 2 Mio. FF an die

---

91 Art. L. 130–2 Code de l'Urbanisme (Loi no. 76–1285, 31 déc. 1976). – Pour sauvegarder les bois et parcs et, en général, tous espaces boisés et sites naturels situés dans les agglomérations ou leurs environs et pour favoriser l'aménagement, l'Etat, les départements, les communes ou les établissements publics ayant pour objet la réalisation d'opérations d'urbanisme peuvent offrir, à titre de compensation, un terrain à bâtir aux propriétaires qui consentent à leur céder gratuitement un terrain classé par un plan d'occupation des sols approuvé ou rendu public comme espace boisé à conserver, à protéger ou à créer. Cette offre ne peut être faite si la première acquisition à titre onéreux dont le terrain classé a fait l'objet n'a pas date certaine depuis cinq ans au moins.

Il peut également, aux mêmes fins, être accordé au propriétaire une autorisation de construire sur une partie du terrain classé n'excédant pas un dixième de la superficie dudit terrain, si la dernière acquisition à titre onéreux dont ce terrain a fait l'objet a date certaine depuis cinq ans au moins.

La valeur du terrain à bâtir offert en compensation ou le surcroît de valeur prix du fait de l'autorisation de construire, par la partie du terrain classé conservée par le propriétaire, ne doit dépasser la valeur du terrain cédé à la collectivité.

92 Teile des von der S.C.I.A. bzw. A' erworbenen Grundeigentums liegen auf dem Territorium der Gemeinde Mandelieu, sie sind in das hier vorgestellte Urbanisierungsprojekt nicht mit einbezogen.

93 Dabei handelt es sich um finanzielle Beiträge zur Friedhofserweiterung, den Ankauf eines Müllfahrzeugs und von Straßenbaumaterial sowie um eine Beteiligung an den Kosten der Erweiterung des Rathauses.

Gemeinde zu zahlen, auf dem Gelände des Lotissements ist ein kommunaler Festsaal (Wert 800 000 FF) zu errichten. Die Aufwendungen für die Erweiterung der Infrastruktur (Wasser- und Abwasseranschlüsse, Wegebau) wurden auf 3,0 Mio. FF festgelegt; diese sind an unterschiedliche Adressaten zu zahlen bzw. es wurden die entsprechenden Arbeiten, z.B. Straßenbau, von den S.C.I.A' für diese durchgeführt[94]. Die Realisierung der Infrastrukturmaßnahmen sowie der Ausbau der Festhalle sind auf einen Wert von 3,8 Mio. FF fixiert. Die der S.C.I.A' entstehenden Kosten belaufen sich infolge von Mehrwertsteuererstattungen realiter auf 3,2 Mio. FF, so daß die Gesamtbelastung aus dem Cahier des Charges des Z.A.C. nur 5,2 Mio. FF beträgt. Dafür entfällt – mit der Einrichtung der Z.A.C. zwingend verbunden – die ansonsten bei Neubauprojekten übliche kommunale Infrastruktursteuer (Taxe Locale d'Equipement, T.L.E.), deren Steuersatz in Fréjus auf 5% des Gesamtwertes der Immobilie (Bauland und Gebäude) festgelegt ist.

Wichtig im Kontext einer kritischen Würdigung der dargestellten Immobiliengeschäfte ist die Vorschrift, daß die finanzielle Belastung der Entwicklungsgesellschaft aus dem Cahier des Charges der Z.A.C.-Prozedur derjenigen der entfallenden T.L.E. zu entsprechen hat (vgl. A. LEFEBRE/J.-C. MEYER 1985, S. 152).

Die S.C.I.A' nutzt die genehmigte Netto-Baufläche von 36 000 m^2 voll aus, es werden 3 Feriensiedlungen mit Zweitwohnsitzen in der Form von Villen- und Appartementbebauung errichtet; der höher gelegene Teil des Geländes wird ein reines Ferienhausgebiet mit Netto-Bauflächen (S.H.O.) von etwas über 100 m^2, während die Villenbebauung innerhalb der Ferienhaussiedlungen auf nur 40 m^2 großen Netto-Bauflächen pro Grundstück beruht. Die Grundstücksgrößen betragen im Mittel 800 m^2. Die S.C.I.A' übernimmt die Parzellierung und Erschließung des Geländes; die Bauarbeiten sind der Planung entsprechend von Grunderwerbern auszuführen.

Die finanzielle Dimension des Geschäftes:

Die 36 000 m^2 Netto-Baufläche (S.H.O.) gelangen zu einem durchschnittlichen Preis von 2000 FF pro m^2 zum Verkauf. Der Brutto-Verkaufserlös beträgt somit 72 000 000 FF, davon gehen an Kosten ab: 5 200 000 FF Erschließungsaufwendungen, 950 000 FF Kaufpreis für die S.C.I.A', 950 000 FF Verluste der S.C.I.A' in den siebziger Jahren und 500 000 FF Vermarktungskosten[95]. Damit bleiben vor Steuern 63 800 000 FF bzw. 20,7 Mio. DM als Einnahmeüberschuß für die Immobiliengesellschaft, der als Bruttogewinn anzusehen ist. Berücksichtigt man einerseits die Größenordnung dieses Gewinnes und andererseits die von der S.C.I.A' erbrachte Leistung – das Veranlassen einer Umwidmung im Flächennutzungsplan der Gemeinde Fréjus und die Mitwirkung an der Erarbeitung der Planung der Z.A.C. für das Lotissement sowie die Parzellierung und Erschließung desselben, so muß von einem typischen Beispiel für Spekulationsgewinne gesprochen werden, die überwiegend aus Preissteigerungen ohne dafür erbrachte Leistungen bestehen. Drastisch zeigt dies auch die Steigerung des Quadratmeterpreises für die Waldfläche: 1958 betrug er beim ersten

---

94 Staat und Wasserbeschaffungsverband S.I.V.O.M. Fréjus-Les Adrets.
95 Schätzung der Regionalverwaltung.

Verkauf (von privat) noch 0,08 FF/m², einen Monat später beim Weiterverkauf zwischen Immobilienhändlern war er auf 0,24 FF/m² gestiegen, die Umwandlung zum Bauland bewirkte eine Wertsteigerung auf 267,50 FF pro m² bzw. 1114% des Kaufpreises. Wesentlich stärker stieg der Wert des Objektes trotz seiner Reduzierung um 90% der Fläche, die Umwandlung zum Bauland erhöhte ihm um 7479% des von der S.C.I.A. gezahlten Kaufpreises.

Sehen wir einmal davon ab, daß nach französischem Recht der Immobilienhandel durch Steuerverzicht des Staates zusätzlich subventioniert wird[96], so resultiert die in die Herbeiführung von Spekulationsgewinnen übergehende außerordentliche Bevorzugung der hinter der S.C.I.A' stehenden Finanziers aus folgenden Faktoren, welche diese Art der Immobilienspekulation extrem begünstigen:

- Das grundsätzliche Problem besteht in der gesetzlich fixierten Möglichkeit der Umwidmung von durch Flächennutzungsplänen ausgewiesenen schützenswerten naturnahen Flächen, besonders von Waldgebieten in für Urbanisierung, d.h. für Bebauung, vorgesehene Flächen. Der Artikel 130–2 des CODE DE L'URBANISME begründet faktisch *einen Rechtsanspruch von Immobilienhändlern und Entwicklungsgesellschaften* (Promoteures), *durch Umwidmung Wertsteigerungen zugesprochen zu bekommen*, da sie die geschützten, als nicht bebaubar ausgewiesenen Waldflächen relativ billig aufkaufen. Eine Schutzfrist[97] von fünf Jahren, die zwischen dem Immobilienerwerb und der Antragstellung auf Umwidmung liegen muß, erweist sich als wenig effektiv, da Immobilienspekulationen der vorgestellten Art langfristig angelegt sind.
- Das *Verfahren der Umwidmung* begünstigt in seinem gesetzlich festgelegten Ablauf Fehlentwicklungen der gezeigten Art. Das wesentliche Problem besteht dabei darin, daß bereits *vor* der Umwidmung zur Erfüllung des Äquivalenzprinzips zwischen der an den Staat abzutretenden und der dem Promoteur verbleibenden Flächen (dem zukünftigen Lotissement) – eine Bewertung des gesamten Wertzuwachses bzw. des Baulandes, das der Immobiliengesellschaft verbleibt, durchzuführen ist. Der Wert dieser Flächen hängt jedoch von der durch den Bebauungsplan geregelten Nutzungsintensität (z.B. nach Art der Bebauung, Geschoßflächenzahl, etc.) ab, die *nach* der Umwidmung zwischen der Gemeinde und der Immobiliengesellschaft in der Prozedur der Festlegung der Z.A.C. ausgehandelt werden. Damit ist die Bewertung des zukünftigen Baulandes notwendigerweise eine *willkürliche Entscheidung*, deren Angemessenheit von der Erfahrung der zuständigen Behörde abhängig ist. Im vorliegenden Fall wurden die Windfall-Profits für die S.C.I.A' z.B. dadurch begünstigt, daß die Domänenverwaltung des Départements Var den Wert des Baulandes (S.H.O.) auf 54 FF pro m² festsetzte. Die außerordentliche Begünstigung der S.C.I.A' wird darin sichtbar, daß die Administration des Domaines im Département Alpes-Maritimes 1978 bei einem völlig vergleichbaren Objekt, das ebenfalls im Esterel nur wenige hundert Meter der Départementsgrenze gelegen ist, auf einen Bau-

---

96 Taxe de Publicité Foncière von 0,6% anstelle der üblichen Grunderwerbssteuer für ländliche Immobilien in Höhe von 17,3%.
97 Werden erworbene Immobilien nicht innerhalb von 5 Jahren weiterverkauft, dann ist zusätzlich zur üblichen Grunderwerbssteuer ein Aufschlag von 6% fällig.

4.5 Grundeigentumsstruktur, Bodenmobilität und Immobilienspekulation

landwert von 1000 FF pro m² erkannte. Alleine diese Differenz zwischen beiden Verwaltungen bei der Bewertung des Baulandes begründet einen Spekulationsgewinn von 34 000 000 FF für die S.C.I.A'. Eine nachträgliche, nach Festlegung der Auflagen des Cahiers des Charges der Z.A.C. durchgeführte Kalkulation des Baulandwertes seitens einer anderen Behörde ergab für das Lotissement der S.C.I.A' einen Wert von 1222 FF pro m². In Relation zum Wert des an den Staat abgetretenen Waldes hätte demnach die zur Bebauung freizugebende Fläche (S.H.O.) maximal 2000 m² betragen dürfen! Die Genehmigung von 36 000 m² implizierte im Verfahrensgang der Umwidmung eine Beteiligung der S.C.I.A' an den Kosten verschiedener staatlicher bzw. kommunaler Projekte in Höhe von 40 Mio. FF, ausgesprochen wurden jedoch nur Auflagen in Höhe von 5,8 Mio. FF.

- Damit wird die mangelhafte Kommunikation zwischen Stellen untereinander sowie zwischen der staatlichen Verwaltung und der Gemeinde als ein weiterer wesentlicher Schwachpunkt des Verfahrens sichtbar. Weder sind die der Bewertung des Baulandes zugrundeliegenden Kalkulationen und Erwartungen hinsichtlich der finanziellen Auflagen an die S.C.I.A' als notwendige Information weitergegeben worden, noch wurden von staatlicher oder kommunaler Seite eigene Initiativen zur Gestaltung und zum Ablauf des touristischen Erschließungsprojektes im Esterel entwickelt oder geltend gemacht. Zum Beispiel wurde die Gelegenheit nicht genutzt, auf Kosten der S.C.I.A' das an den Staat abgetretene Waldstück zu einem Naherholungsgebiet für die ortsansässige Bevölkerung auszugestalten, obwohl die Region in ihrem Küstenbereich mit derartigen Einrichtungen unterversorgt ist. Auch wurde der Wald in einem Zustand übernommen, in dem er sich nach einem Waldbrand des Jahres 1978 befand, die Amelioration des Waldbestandes sowie die Anlage von Feuerschutzschneisen und anderen vorbeugenden Brandschutzmaßnahmen geht voll zu Lasten der Kasse des O.N.F., der sogar die speziellen Brandschutzmaßnahmen in der Nachbarschaft des Lotissements finanzierte.

- Es ist jedoch nicht nur der Staat, welcher den ihm gesetzlich zustehenden Anteil am Finanzierungspotential des Immobilienunternehmens nicht ausschöpft und auf diese Weise zu Lasten des Gemeinwohls und der ortsansässigen Bevölkerung auf an sich gebotene Maßnahmen zur Regionalentwicklung, speziell zur Verbesserung der Lebensqualität, verzichtet. Auch die Gemeinde Fréjus schöpfte die ihr zustehenden Finanzierungsmöglichkeiten nicht aus. Nach der gesetzlichen Regelung müßte sie als Äquivalent zur T.L.E. 5% des Wertes des gesamten zu genehmigenden Bauprojektes als finanzielle Belastung der Immobiliengesellschaft in dem Cahier des Charges für die Z.A.C. festschreiben. Je nach Berechnungsart müßte der Gemeinde mindestens 3,4 Mio. FF zufließen, ihre Beteiligung an den Erschließungskosten bleibt um 600 000 FF unter diesem Betrag. Die Aushandlung der Bedingungen für die Genehmigung des Z.A.C. erfolgt seitens der Gemeinde ohne Kenntnis der für die Entscheidung bei der Umwidmung der Waldflächen zum Lotissement maßgeblichen Erwägungen, Kalkulationsgrundlagen und Konditionen. Die bei diesem Prozedere quasi systembedingte Übervorteilung von Gemeinden, die häufig aufgrund ihrer geringen Größe über kein spezialisiertes Fachpersonal für kommunale Bau- und Entwicklungsplanung verfügen, erinnert stark an vergleichbare Probleme bei der Errichtung der Ferienzentren im Zonenrandgebiet der Bundesrepublik Deutschland zu Beginn der siebziger Jahre (vgl. H.-G. MÖLLER 1983, S. 547). Hier wie dort war die adäquate Heranziehung von Erschließungs- und Baugesellschaften zu den allgemein der Regionalentwicklung dienenden Aufwendungen vom Zufall abhängig.

Abgesehen von der inhaltlichen Fragwürdigkeit des Artikels 130-2 des CODE DE L'URBANISME, die in der Inkaufnahme von Zersiedelung der Waldgebiete zwecks Mehrung des staatlichen Eigentums an Waldflächen und Ausweitung des Forstregimes des O.N.F. besteht, wirkt der Verfahrensgang den Zielen einer planmäßigen, von Zufälligkeiten unabhängigen Regionalentwicklung entgegen. Das separate und unkoordinierte Agieren staatlicher und kommunaler Stellen, die institutionelle Trennung von Bewertung der Wertsteigerung und der baurechtlichen Ausgestaltung des Urbanisierungsprojektes sowie das Fehlen einer Verpflichtung staatlicher und kommunaler Stellen, derartige Projekte eigenständig zu bewerten und einer normativen Diskussion losgelöst von den Interessen und Planungen des Investors zu unterziehen, können zu gravierenden Nachteilen führen. Weder wird der Aspekt der Verbesserung der Lebensbedingungen der einheimischen Bevölkerung bei der Fixierung der Auflagen für den Promoteur berücksichtigt, noch wird sichergestellt, daß dieser keine finanziellen Folgelasten aus dem Entwicklungsprojekt erwachsen[98]. Die einseitige Verteilung des ökonomischen Nutzens aus dem Umwidmen geschützter Waldflächen in Bauland zugunsten der Immobilienspekulanten ist – will man die Möglichkeit der Umwidmung beibehalten – nur noch durch eine Änderung des Verfahrensablaufes zu beseitigen. Dabei sind eine bessere Koordination des Handelns der beteiligten Stellen und Änderungen bei der Bewertung der aus der Umwidmung resultierenden Wertsteigerung, z.B. durch die verfahrensmäßige Verbindung von Umwidmung und Bebauungsplanung, wichtige Aufgaben.

4.5.5.2 Aufteilung und illegale Nutzung geschützter Terrains

Negative Folgen für die Regionalentwicklung resultieren auch aus an der französischen Mittelmeerküste nicht eben seltenen Operationen von Immobilienspekulanten, die in der Parzellierung von geschützten Flächen (Klassifizierung ND) und ihrem Verkauf an Dritte bestehen. Dabei wird das Risiko einer illegalen Nutzungsänderung, die letztlich das Motiv des Grunderwerbs durch die Käufer darstellt, voll auf diese überwälzt; der Verkäufer sichert sich durch ausdrückliche Hinweise auf die Klassifikation des Geländes im Flächennutzungsplan sowie auf das Verbot einer Bebauung oder seiner Nutzung durch das Aufstellen von Caravans (Freizeitwohnen) im Kaufvertrag ab. Zugleich werden den Käufern jedoch Möglichkeiten genannt, wie

---

[98] Diese könnten zum Beispiel aus einem Wandel oder einer Umordnung der Zweitwohnsitze in Hauptwohnsitze entstehen, die dann eine stärkere Nachfrage nach kommunalen Infrastrukturleistungen, z.B. im Schulwesen, zur Folge hätte.

sie die erworbenen Parzellen durch Freizeitwohnen im Caravan bzw. durch eine illegale Bebauung in ihrem Sinne nutzen können[99].

Fallstudie 2:

Der Ablauf eines illegalen Nutzungswandels und der ihm vorausgehenden Immobilienspekulation kann am Beispiel eines illegalen Urbanisierungsprojektes, das in unmittelbarer Nachbarschaft des im vorigen Kapitel beschriebenen Erschließungsprojektes bei St. Jean ebenfalls auf dem Territorium der Gemeinde Fréjus und in einem als ND (geschützter Waldfläche) im Flächennutzungsplan klassifizierten Gelände lokalisiert ist, erläutert werden. Ende September 1981 erwarb dort eine Immobiliengesellschaft, die S.C.I. B[100], 26,71 ha Waldland im Esterel. Bereits Mitte Oktober wurden davon grundbuchrechtlich abgesicherte 4,7 ha mit 5 Parzellen abgeteilt, deren Verkauf schon Anfang Dezember des Jahres, also ca. zwei Monate nach dem Geländeerwerb durch die S.C.I., begann. Der Verkauf lief so gut, daß die verbleibenden 19 ha bereits Mitte März 1982 aufgeteilt wurden und die nunmehr zusätzlich in den oberen Hanglagen gewonnenen 41 Parzellen ab Anfang April 1982 zum Verkauf gelangten. Schon in Zusammenhang mit der ersten Teilung wurden Rodungsarbeiten im Wald durchgeführt und Grundstücke, die nicht über die R.N.7 oder einen von ihr abzweigenden Feldweg zu erreichen sind, durch Anlage einer Erschließungsstraße (in einem ND-klassifizierten Waldgebiet!) verkehrsmäßig erschlossen. Dieser neue Weg verbleibt im Gemeinschaftseigentum der durch ihn erschlossenen Anlieger, die ihn instandzuhalten haben. Es erfolgt kein Anschluß der Parzellen an die Wasser- oder Stromversorgung; insofern erfüllt die Parzellierung durch die S.C.I. B nicht den bei der Erschließung eines Lotissements üblichen Standard. Es wird allerdings seitens der Immobiliengesellschaft darauf verwiesen, daß auf längere Sicht ein Anschluß der von ihr verkauften Parzellen an das jenseits der R.N.7 entstehende Lotissement der S.C.I. A' möglich seien werde.

Der unterschiedliche Umfang der Leistungen der S.C.I.s und das Faktum eines für das „wilde" Urbanisierungsprojekt nicht einmal in Aussicht genommenen Antrages auf Umwidmung sowie die sich daraus ergebende Unmöglichkeit, legal Gebäude zu errichten, erklären die Unterschiede der Kaufpreise bei diesen benachbarten Spekulationsobjekten. Während für die Grundstücke im Lotissement der S.C.I. A' pro m² Gelände 267,50 FF gezahlt wurden, sind es bei der S.C.I. B parzellierten Fläche zwischen 10 und 15 FF im Mittel der jeweiligen Parzellengruppen bzw. Verkaufsphasen. Die billigeren, tiefer gelegenen Grundstücke wurden zuerst verkauft, es folgten die höheren Hangpartien mit ca. 15 FF pro m². Ein Spitzenpreis von 32 FF pro m² wurde für ein Grundstück gezahlt, das unmittelbar an die R.N.7 angrenzt und

---

99 Dies geschah im Verkaufsgespräch, wobei auf die allgemein übliche Praxis hingewiesen wurde: „Selon la S.C.I.B., il est inutile de demander une autorisation. D'ailleurs, elle serait refusée. Il faut faire comme tout le monde: s'installer, et si cette installation n'est pas trop visible, aucun ennui n'est à craindre."
Es ist offensichtlich, daß bei den Grundstücksverkäufen – entgegen der Texte in den Kaufverträgen – die Käufer durch mündliche Informationen seitens der S.C.I.B. in ihrer Motivation einer illegalen Bebauung des Geländes bestärkt wurden.

100 Vgl. oben, Anmerkung 88.

daher besonders leicht zu erschließen ist. Es ist bei diesem Vergleich zu berücksichtigen, daß die durch die Parzellierung von Waldland durch die S.C.I. B eingeleitete wilde Urbanisierung von Teilen der Gemeindeflächen des Seebades Fréjus unter der Voraussetzung erfolgt, daß auf längere Sicht die normative Kraft des Faktischen auch der illegalen Nutzungsänderung bzw. Aufsiedlung dieses Teiles des Esterel Bestand verliehen werde. Die räumliche Nachbarschaft des neu ausgewiesenen Lotissements der S.C.I. A' bestärkt diese Erwartungen der Käufer, die zu 75% aus dem benachbarten Département Alpes-Maritimes, besonders aus der Gemeinde Le Cannet, stammen.

Der spekulative Charakter der beschriebenen Transaktionen wird auch in diesem Beispiel wiederum in der Gegenüberstellung von erbrachter Leistung der Immobiliengesellschaft und der Entwicklung der Bodenpreise sichtbar. Die S.C.I. B erwarb die Waldflächen 1981 von einer anderen Immobiliengesellschaft, die ihrerseits von privat 1970 für 1,74 FF pro m² gekauft hatte, für 4,68 FF pro m². Während die Vorbesitzer einen Wertzuwachs von 169% des von ihnen entrichteten Kaufpreises für einen Zeitraum von 11 Jahren realisieren konnten, verzeichnete die S.C.I. B für den Zeitraum weniger Monate einen nominalen Wertzuwachs von 114 bis 221% für die von ihr weiterveräußerten Grundstücke; an Aufwendungen der S.C.I. B sind nur die Kosten für das Planieren der Erschließungsstraße sowie für die Vermessung zu nennen. Ähnliche Unternehmungen wie in Fréjus führte die S.C.I. B auch auf den Territorien der Gemeinden Caussols-de-Peymeinade und St. Vallier im Département Alpes-Maritimes und Cannet-des-Maures im Var durch.

Angesichts dieses Beispiels, dem andere – auch aus der Region Languedoc-Roussillon – an die Seite gestellt werden könnten, stellt sich die Frage der Effektivität der Kontrolle hinsichtlich der Einhaltung der Vorschriften der Flächennutzungsplanung (vgl. u. S. 227). Die Möglichkeit für die Immobilienspekulanten, fragwürdige Profite zu Lasten der Allgemeinheit zu erzielen[101], resultiert jedoch nicht nur aus illegalen Praktiken und dem Versagen von Behörden bei der Durchführung von Umwidmungsverfahren für geschützte Flächen. Sie wird auch dadurch begünstigt, daß z.B. im Küstenhinterland noch längst nicht für alle Gemeinden Flächennutzungspläne bestehen – auf den unterschiedlichen Stand der Regionalplanung in den touristisch wichtigsten Départements Var und Alpes-Maritimes wurde bereits hingewiesen. Die Bedeutung der Planung für die Regionalentwicklung liegt wesentlich darin begründet, daß sie eine Voraussetzung für eine rationale, nicht nur an Partikularinteressen orientierte touristische Erschließung des Raumes bzw. Ordnung der vorhandenen Strukturen bietet.

---

101 Diese Kosten entstehen besonders durch fehlende, normalerweise im Rahmen der Lotissement bereitgestellte Infrastruktur. „Wilde" Bebauung oder Nutzung als Caravanflächen führt gerade an der Côte d'Azur zu massiven Belastungen der Umwelt (Abwasserproblematik), die letztlich durch kommunale Maßnahmen beseitigt werden müssen.

4.6 TOURISMUS UND REGIONALENTWICKLUNG ALS RAUMPLANERISCHES PROBLEM IN DER REGION P.A.C.A. (OHNE HOCHGEBIRGE)

4.6.1 DER REGIONALENTWICKLUNGSPLAN (S.D.A.U.) GRASSE – CANNES – ANTIBES – NICE – MENTON

Da in Frankreich mit Ausnahme des Elsaß' keine flächendeckenden Raumordnungspläne existieren (vgl. G. WACKERMANN 1983, S. BII 5(14)), ist auch für die Region P.A.C.A. kein einheitliches, départementsübergreifendes Raumordnungskonzept vorhanden. Bezeichnenderweise wurden nur in jenen beiden Départements über die kommunale Planungsebene hinausgehende Festlegungen der Flächenwidmung getroffen, welche den Nachteilen und Problemen des Verstädterungsprozesses am stärksten ausgesetzt sind. Im Département Bouches-du-Rhône wurde von der O.R.E.A.M. Marseille ein Entwicklungsplan für die Agglomeration Marseille ausgearbeitet, dessen Gültigkeit sich auf die gesamte Küste zwischen der Mündung der Grande Rhône und La Ciotat erstreckt.

Die touristisch bedingten Notwendigkeiten einer planerischen, ordnenden Einwirkung auf die Flächenwidmung in der Küstenzone wird deutlich, wenn man zum einen die Resultate einer städtebaulich ungeordneten Entwicklung und zum anderen die Intensität der touristischen Nachfrage betrachtet. An der Côte d'Azur, wo die Bevölkerungsdichte in den Küstenkantonen 1975 1800 Einwohner pro km² betrug[102], trugen fehlende kommunale und regionale Bauleitplanung zur vollständigen Verbauung der Küste bei. An den Küsten der Region P.A.C.A. entfielen im August 1976 auf einen Urlauber 23 cm Strand, zieht man das weiträumige Rhônedelta ab und betrachtet nur die östlich von Marseille gelegenen Küstenabschnitte, so waren es sogar nur 14 cm Strand pro Feriengast (O.R.E.A.M. (Marseille) 1979b, S. 7f.). Bei dem Mißverhältnis zwischen der Intensität der touristischen Nachfrage und den verfügbaren Strandflächen[103] ist zudem zu beachten, daß diese Angaben ohne Berücksichtigung der Frequentierung der Strände durch einheimische Badegäste berechnet wurden.

Während im Département Var keine die Gemeinden bindende Regionalplanung besteht, wurden im Département Alpes-Maritimes nach der Formulierung der inhaltlichen und methodologischen Vorgaben für Regionalentwicklungspläne[104] (Schémas Directeurs d'Aménagement et d'Urbanisme, S.D.A.U.) durch die französische Regierung im Jahre 1967 bereits 1968 die Vorarbeiten aufgenommen, die zur Erstellung der 1977 bis 1979 in Kraft gesetzten regionalen Teilpläne für die Côte d'Azur führten.

---

102 Zum Vergleich: Die Einwohnerdichte betrug 1975 in den Küstenkantonen des Var 309 Personen pro km² und im Département Bouches-du-Rhône 544 Personen pro km² (nach O.R.E.A.M. (Marseille) 1979b, S. 1f.).
103 Die Länge der Strände an den Küsten der P.A.C.A. beträgt 181, 85 km, davon sind nur 8,2 km bzw. 4,5% künstlich angelegt (nach O.R.E.A.M. (Marseille) 1979b, S. 7f.).
104 Bei diesen Teilplänen handelt es sich um jeweils ein S.D.A.U. für die Agglomerationen Nizza (1979), Menton (1977) und Grasse-Cannes-Antibes (1979).

Die Aufgabe eines S.D.A.U. geht über jene der Regionalplanung[105] in Deutschland hinaus. Sie beinhaltet neben der öffentliche Planungsträger bindenden Festlegung von Flächennutzung und infrastruktureller Ausstattung bzw. Standortwahl die Anwendung und Koordination mit Inhalten des regionalen Modernisierungs- und Entwicklungsplanes (Regionalisierung des Nationalen Planes, vgl. o. S. 24). Infolge dieser dualistischen Struktur kann ein S.D.A.U. auch als „Bereichsentwicklungs- und Bauleitplanung" (G. WACKERMANN, S. BII 5 (14)) bezeichnet werden.

Der Regionalentwicklungsplan (S.D.A.U.) für die Côte d'Azur (Karte 37) umfaßt räumlich die Küste, die verstädterte Küstenzone und ihr Hinterland (Arrière-Pays); nicht eingeschlossen sind die Berggebiete (Moyenne-Montagne, Haute-Montagne)[106] des Départements. Nach dem Stand der Volkszählung von 1968 gehörten zum Planungsraum 76 Gemeinden mit 720 000 Einwohnern, die Fläche beträgt 1200 km^2 bzw. 28% des Départements. 1982 lebten auf ihr 856 876 Einwohner bzw. 97% der Bevölkerung der Alpes-Maritimes.

Innerhalb des durch den Regionalentwicklungsplan abgegrenzten Raumes stellt die räumliche Konzentration städtischer Bebauung auf die küstennahen Flächen das entscheidende Problem dar. Abgesehen von den als besiedelt ausgewiesenen Caps und der Steilküste östlich von Nizza bestehen bebauungsfreie Flächen an der Küste nur aus Flughäfen (Nizza und Cannes), Sportstätten (Hippodrome Cros-de-Cagnes, Golfplatz La Napoule) und in Ausnahmefällen aus naturnahen Flächen (bei La Brague nördlich von Antibes).

Angesichts der gegebenen Siedlungsverdichtung in unmittelbarer Küstennähe ist es weder möglich, dort die nach dem französischen städtebaulichen Reglement für die ortsansässige Bevölkerung eigentlich erforderlichen Freiflächen und Naherholungsgebiete auszuweisen, noch für eine den Vorgaben der ökonomischen und demographischen Entwicklungsplanung entsprechende Ausweisung von Wohnbau- und Gewerbeflächen zu sorgen.

Hinsichtlich der intraurbanen Freiflächen für die Erholung im Wohnumfeld (Bedarf bis Ende des VI. Planes 1975: 500 ha, vgl. O.D.E.A.M. 1971a, S. 117) trifft

---

105 Der Begriff „Regionalplanung wird hier entsprechend dem deutschen Sprachgebrauch im Sinne einer Koordination raumbeanspruchender Maßnahmen auf zwischengemeindlicher Ebene (K. SCHLIEBE 1985, S. 66) benützt. Er ist nicht mit dem Regionalplan (Plan Régional d'Orientation de Développement Economique et Social d'Aménagement du Territoire (vgl. J. LAJUGIE 1979, S. 300)) der französischen Wirtschafts- und Modernisierungsplanung zu verwechseln. Da es kaum möglich erscheint, die spezifischen Inhalte und Institutionen der französischen Planung mit den Begriffen der auf das deutsche Rechts- und Verwaltungssystem abgestellten deutschsprachigen Terminologie exakt wiederzugeben, wird jeweils auf die französischen Bezeichnungen verwiesen. Diese werden von F. BOUYSSOU/J. HUGOT (1981) und G. WACKERMANN (1981a, b; 1983) erläutert.

„Les schémas directeurs et les schémas de secteur orientent et coordinent les programmes de l'Etat, des collectivités locales et des établissements et services publics, établis dans le cadre du Plan de développement économique et social. Les programmes et les décisions administratives qui les concernent doivent être compatibles avec dispositions" (CODE DE L'URBANISME, Art. L 122,3 (vgl. F. BOUYSSOU/J. HUGOT).

106 Für die Regionalplanung im ländlichen Raum steht als Instrument der Plan d'Aménagement Rural (P.A.R.) zur Verfügung, 1980 waren allerdings nur für 20% des ländlichen Raumes in Frankreich gültige P.A.R.s vorhanden (vgl. F. BOUYSSOU/J. HUGOT 1981, S. 30).

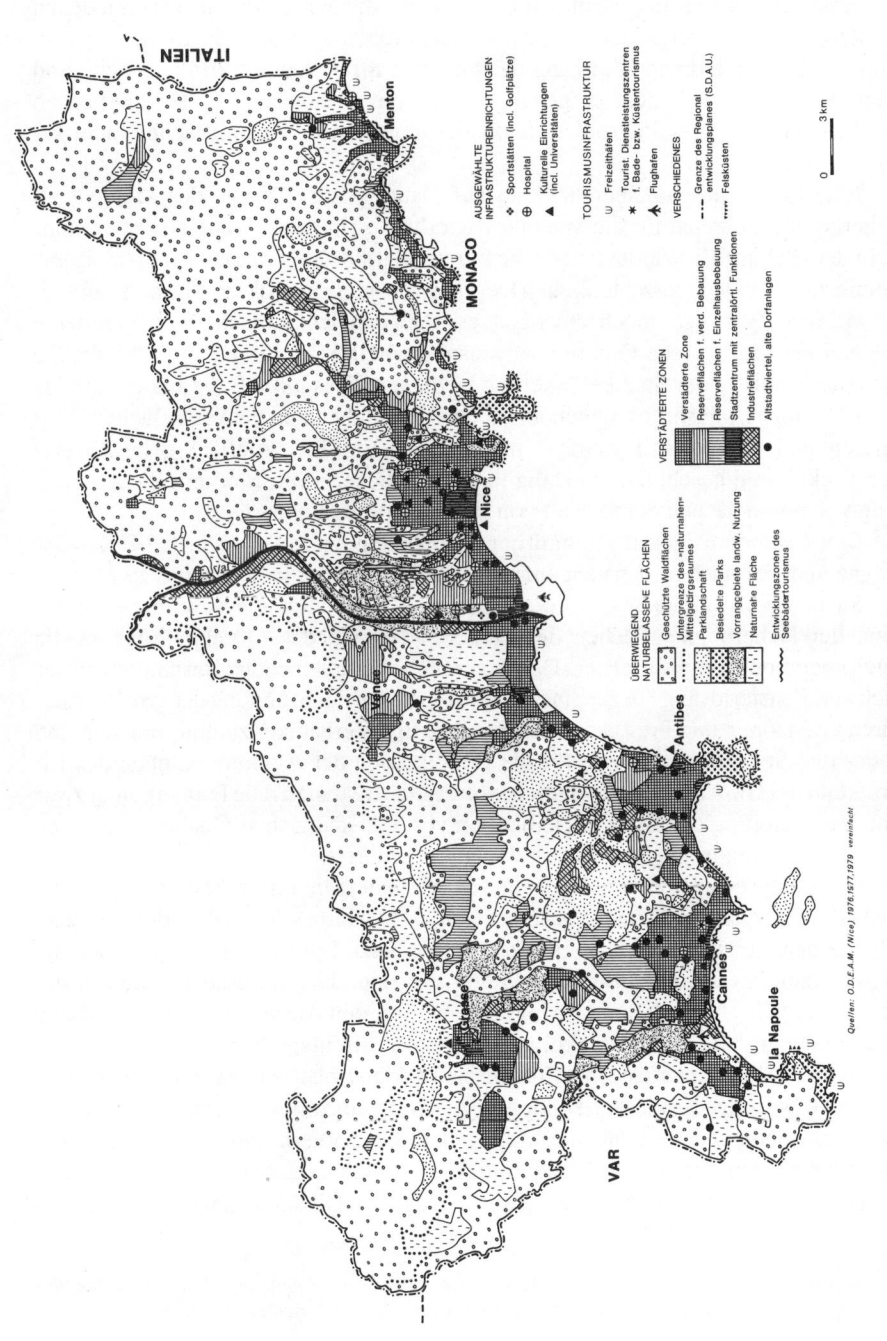

4.6 Tourismus und Regionalentwicklung als raumplanerisches Problem 221

Karte 37 Regionalentwicklungsplan (S.D.A.U.) Grasse – Cannes – Antibes – Nice – Menton (1977/79)

der Regionalentwicklungsplan eine sehr pragmatische Entscheidung: Angesichts der landschaftlich attraktiven Umgebung und des hohen Freizeitwertes der Küste werden die Ansätze für intraurbane Freiflächen reduziert (O.D.E.A.M. 1971a, S. 114ff.). Die Strandflächen (40 ha insgesamt), die als Ersatz dienen, sollen an verschiedenen Stellen des Litorals vergrößert werden. Auf die Probleme der gerade in den Sommermonaten konkurrierenden Nutzung der knappen Strände durch Einheimische und Touristen wird dabei nicht eingegangen, das die Lebensqualität der städtischen Bevölkerung tangierende Problem fehlender innerstädtischer Freiflächen nicht gelöst.

Eine für die Regionalentwicklung auf Dauer positive Folge des Mangels an Naherholungsgebieten für die Wohnbevölkerung ist in dem Zwang zu sehen, nunmehr dem Schutz des Waldes und der besseren Qualität naturnaher Flächen (meistens mediterraner Wald unterschiedlichen Degradationsgrades) größere Aufmerksamkeit zu widmen. Wichtiger noch erscheint es, daß den landwirtschaftlich genutzten Flächen eine zusätzliche Funktionszuweisung zuteil wird: Sie haben in Stadtnähe auch der Erholung der Stadtbevölkerung zu dienen. Dies gilt z.B. besonders für das unter Urbanisierungsdruck stehende Tal des Var. Neben den Gewerbeflächen[107] im unteren und oberen Teil werden im mittleren Var-Tal großflächig bewässerte Gemüsekulturen geschützt; am Hang in südwestlicher Exposition gilt die Ausweisung von Agrarflächen dem Erhalt von Blumenkulturen unter Glas.

Eine besondere Funktion kommt den geschützten Agrarflächen in den Tälern des Siagne und Var auch in Hinsicht auf die Erschließung des Hinterlandes zu.

Sie haben als „grüne Korridore" die Aufgabe, eine naturnahe, geschützte Anbindung der Naherholungsflächen des Hinterlandes und des Mittelgebirges an die Agglomeration zu gewährleisten. Der wesentliche komplementäre Bestandteil dieses auch als „Fensterlösung" bezeichneten Konzeptes, an der Mündung der großen Täler durch Grünzonen und Freiflächen die mauerartige Verbauung zu unterbrechen und Bade- und Sportmöglichkeiten für die Bevölkerung der Agglomerationen des Litorals und des Hinterlandes zu schaffen, wurde nicht realisiert. Die Planung sieht zwar eine Verbesserung der Bademöglichkeiten vor, die städtischen Flächenfunktionen jenseits des Strandes bleiben jedoch davon unberührt.

Die Analyse der Bodenmobilität und der Grundeigentumsverhältnisse hat allerdings gezeigt, daß gerade im Département Alpes-Maritimes dem Erhalt der landwirtschaftlichen Nutzung deutliche Grenzen gesetzt sind. Die Ertragslage wie auch die Entwicklung der Zahl der Betriebe in den siebziger Jahren bestätigen den in der Regionalentwicklungsplanung kartographisch fixierten Ansatz, landwirtschaftliche Flächen der traditionellen Polykultur, die sich in Streulage bzw. räumlicher Verflechtung mit Siedlungsflächen befinden, als Parklandschaften zu kennzeichnen und somit den Wert des Landschaftsbildes für die Nutzung zu Wohnzwecken hervorzuheben. Besonderer Wertschätzung auch bei Ruheständlern und Eigentümern von Zweitwohnsitzen erfreuen sich jene Räume, die mit den regionstypischen Ölbaumkulturen bestanden sind. Allerdings ist die Zahl der Ölbäume stark zurückgegan-

---

107 Es handelt sich dabei im unteren Teil des Var-Tales zumeist um Lagerflächen für aus der Küstenzone verdrängte Betriebe (Speditionen, Baustoffhandel, Bauhandwerk etc.).

4.6 Tourismus und Regionalentwicklung als raumplanerisches Problem

gen[108], eine Folge ihres Ausscheidens aus der agrarwirtschaftlichen Nutzung. Insgesamt trägt die Ausweisung von als Parklandschaft[109] gekennzeichneter Gebiete gering verdichteter Einzelhausbebauung (Villen mit Gärten) dazu bei, das für die Côte d'Azur typische Landschaftsbild und somit ihre touristische Attraktivität zu erhalten.

Die Ausweisung von naturnahen Flächen dient einerseits wie jene von Parklandschaften dazu, die ungeregelte binnenwärtige Ausweisung der verdichteten städtischen Bebauung der Küstenzone zu verhindern und, was vor allem im westlichen Teil der Côte d'Azur wichtig erscheint, auch ihre weitere küstenparallele, bandartige Struktur durch Zwischenschalten von Freiflächen bzw. Flächen geringer Überbauungsdichte zu gliedern. Die auf diese Weise erzielte angestrebte funktionelle und physiognomische Differenzierung muß in dem in Karte 37 vorgelegten räumlichen Konkretisierungsmuster allerdings als mittelfristige Lösung betrachtet werden, da die naturnahen Flächen der Küstenzone häufig mit Baurechten (droits à batir) aus der kommunalen Bauleitplanung der Jahre vor der Erstellung des Regionalentwicklungsplanes ausgestattet sind[110].

Es ist die Intention der Regionalplanung, durch Reglementierung des Bodenmarktes sowie der Bautätigkeit möglichst zum Erhalt der naturnahen Flächen beizutragen; deshalb sind für sie auch keine infrastrukturellen Erschließungsmaßnahmen vorzusehen, die ihre Urbanisierung begünstigen könnten (O.D.E.A.M. 1971b, S. 133). Die nicht von der Gefahr der Überbauung tangierten naturnahen Flächen stellen demgegenüber Räume dar, die relativ problemlos in ihre zukünftige Funktion als Naherholungsgebiete der autochthonen Bevölkerung überführt werden können; dabei können vorhandene kommunale und départementale Parks und Sportflächen als Ansatzpunkte dienen.

Reserveflächen für städtische Bebauung stehen in Küstennähe nicht mehr zur Verfügung. Eine Ausnahme bildet eine größere, für verdichtete Bebauung vorgesehene Fläche im unteren linksseitigen Var-Tal, die u.a zur Errichtung von Sozialwohnungen genutzt werden soll. Die Politik einer Begrenzung des weiteren Ausuferns der städtischen Bebauung in der Küstenzone wie auch ihrer fortgesetzten Verdichtung impliziert die Integration des Hinterlandes in den Urbanisierungsprozeß. Dort stehen 200 km² z.Zt. als Wald oder landwirtschaftliche Flächen genutztes und als Reservefläche für städtische Bebauung ausgewiesenes Terrain zur Verfügung, das bei einem „Landschaftsverbrauch" für Urbanisierungszwecke von jährlich 500 bis 600 ha (O.D.E.A.M. 1971a, S. 121) für den Zeitraum der Regionalentwicklungsplanung ausreicht. Als Planung auf längere Sicht – der Regionalentwicklungsplan deckt einen Zeitraum von 30 Jahren bis zum Jahr 2010 ab – sind drei Nuklei städtischer Siedlungsentwicklung vorgesehen: der Sektor Grasse-Peymeinade, der sich östlich

---

108 Im Département Alpes-Maritimes belief sich die Zahl der aus der Kultur ausgeschiedenen Ölbäume 1980 auf 51 443 bzw. 16% des Bestandes. Die Zahl der Ölbäume, die von 1978 bis 1980 gepflanzt wurden, betrug 5377 bzw. 1,6% des Bestandes von 1980 (A. de REPARAZ et al. 1985).
109 Als Parklandschaft werden im S.D.A.U.sehr unterschiedliche Sachverhalte gekennzeichnet. Neben der beschriebenen räumlichen Durchmischung von Wohnen, Landwirtschaft und naturnahen Flächen werden mit dieser Signatur auch Regionalparks (Port Cros) gekennzeichnet.
110 Es handelt sich dabei um Festlegungen, die z.B. durch Plans de l'Urbanisme (P.U.D.), den Vorläufern der Flächennutzungspläne (P.O.s), fixiert wurden.

an die Agglomeration Grasse anschließt und mit der Küstenzone über die Achse Cannes - Mouans – Sartoux - Grasse verbunden ist; der Sektor Vence – La Gaude – Moyen Var (mittleres Var-Tal), der durch das Tal an die Küstenzone angebunden wird und der Sektor Contes-Blaussac nordöstlich von Nizza, der durch das Paillon-Tal erschlossen wird (Straße nach Drap-L'Escarène). Die vorhandenen städtischen Zentren Grasse und Vence sollen im Rahmen dieser Entwicklungsplanung gestärkt werden.

Die Realisierung dieser Planung hat z.B. zwischen Vence und dem Tal des Var in Zusammenhang mit der Errichtung des I.B.M.-Werkes La Gaude bereits begonnen. Auch der Aufbau des Technologieparks Valbonne – Sophia – Antipolis ist in Zusammenhang mit der raumplanerischen Zielsetzung der Erschließung bzw. Reconquête des Hinterlandes zu sehen. Somit steht die Regionalentwicklungsplanung heute vor der Aufgabe, im Küstenhinterland zwei parallel verlaufende Prozesse zu koordinieren und kompatibel zu gestalten: die touristisch motivierte Reaktivierung dieses Raumes sowie seine Inwertsetzung für städtisches Wohnen der autochthonen Bevölkerung. Der Allokation beider Funktionen im Hinterland liegen ökonomische Verdrängungseffekte in der Küstenzone zugrunde, sie wird jeweils durch einen auf Individualverkehrsmitteln beruhenden Mobilitätsgrad der Wohnbevölkerung[111] sowie der Touristen ermöglicht. Es bleibt abzuwarten, inwieweit die planmäßige Aufsiedlung städtischer Wohngebiete im Hinterland zu einer spürbaren Entlastung der Küstenzone beiträgt. Eine wichtige Voraussetzung dafür, die Allokation von Arbeitsplätzen im Küstenhinterland, ist zur Zeit nur in Ausnahmefällen gegeben[112]. Es ist allerdings zu erwarten, daß die zunehmenden Agglomerationsnachteile in der Küstenzone einen relativen Attraktivitätsgewinn des Hinterlandes bewirkt.

4.6.2 FLÄCHENNUTZUNGSPLANUNG UND KOMMUNALE PLANUNGSHOHEIT ALS PROBLEME DER REGIONALENTWICKLUNG

Als Folge der Regionalisierungs- und Dezentralisierungspolitik erhielten die Gemeinden im Jahre 1983 die Flächennutzungsplanung in ihre eigenverantwortliche Entscheidungskompetenz übertragen[113]. Während zuvor der Präfekt als Repräsentant des Staates den Flächennutzungsplan (P.O.S.) zu genehmigen hatte und seine Erstellung über das Verfahren beeinflussen konnte, liegen nunmehr Erarbeitung, die inhaltlichen Festlegungen und die Beschlußfassung bei der Gemeinde (vgl. A. LEFEBVRE/J. C. MEYER 1985, S. 128–134). Dabei sind die Vorgaben von Regionalentwicklungsplänen zu beachten; *liegen solche nicht vor*, so ist der Entwurf des Flä-

---

111 Einschließlich der Ruheständler. Angesichts der relativ kurzen Entfernung zur Küstenzone muß es sich erst erweisen, ob neben Wohn- und Arbeitsstätten auch höhere zentralörtliche Dienstleistungen in den Hinterlandsgebieten zu lokalisieren sind, d.h. ob sie sich der nahen Konkurrenz bestehender großstädtischer Dienstleistungen gewachsen zeigen.
112 Industrielles Arbeiten im Hinterland ist außer in La Gaude nur in Grasse konzentriert. Der Erwerbsstruktur der Bevölkerung mit ihrer Ausrichtung auf den Dienstleistungssektor steht gleichzeitig synonym für die räumliche Bindung der Arbeitsplätze an die Städte der Küstenzone.
113 „La plan d'occupation des sols est élaboré à l'initiative et sous la responsabilité de la commune" (Art. 50 des Gesetzes vom 7. Januar 1983, nach A. LEFEBVRE/J.-C. MEYER 1985, S. 130).

chennutzungsplanes dem Kommissar der Republik (neue Bezeichnung für die Präfekten) zur Überprüfung hinsichtlich seiner Übereinstimmung mit allgemeinen Regeln der Raumordnungs- und Stadtentwicklungsgesetzgebung und mit der Flächennutzungsplanung benachbarter Gemeinden vorzulegen.

Die Ausarbeitung eines Flächennutzungsplanes bleibt für Gemeinden unter 10 000 Einwohnern fakultativ[114]. Liegt kein Flächennutzungsplan vor, so sind Beschränkungen der Möglichkeit, Baugenehmigungen zu erteilen, vorgesehen[115].

Auch wenn an anderer Stelle dargelegt wurde, auf welche Weise es in Frankreich legal möglich ist, durch einen P.O.S. festgelegte Flächenwidmungen im Sinne von Immobilienspekulanten abzuändern (vgl. S. 211ff.), so ist doch das Vorhandensein von Flächennutzungsplänen in einem Gebiet konzentrierter touristischer Nachfrage, wie es die Küsten der P.A.C.A. und ihr Hinterland darstellen, von großer Bedeutung für die Regionalentwicklung.

Dies gilt um so mehr, wenn – wie im Var der Fall – keine gültige Regionalplanung besteht, welche die Dispositionsfreiheit der Gemeinden wie auch derjenigen, die touristische Erschließung betreiben, einengt. Die Aufstellung von 3 Regionalplänen (S.D.A.U.)[116] in dem Département Var scheiterte bisher am Desinteresse der Gemeinden (A. COURTOIS 1982, S. 206). Angesichts des Faktums, daß diese nach der Dezentralisationsgesetzgebung alleine für die Aufstellung von Regionalplänen verantwortlich geworden sind (A. LEFEBVRE/J. C. MEYER 1985, S. 116)[117], ist nicht damit zu rechnen, daß in absehbarer Zeit eine Erarbeitung von Regionalplänen erfolgt.

Der unterschiedliche Stand der Flächennutzungsplanung ist der Tab. 56 zu entnehmen.

Die Tab. 56 zeigt, daß in den touristisch wichtigen Départements jeweils knapp ein Drittel der geforderten Flächennutzungspläne[118] in Kraft gesetzt sind, im Département Bouches-du-Rhône sind es nur 10%. Ähnliche Relationen gelten unter der Berücksichtigung der publizierten, d.h. ausgearbeiteten, im Genehmigungsverfahren befindlichen Pläne. Hier erreichen die touristisch geprägten Départements 59 bzw. 63%, das Département Bouches-du-Rhône jedoch nicht einmal ein Drittel der geforderten Pläne. Es zeigt sich also, daß die touristische Inwertsetzung des Raumes

---

114 Ausnahme: Die Gemeinden der Küstenkantone der P.A.C.A.; für diese ist die Erstellung eines Flächennutzungsplanes vorgeschrieben.
115 Ist kein Flächennutzungsplan vorhanden, so sollen die Baugenehmigungen auf Bauprojekte in der Siedlungslage beschränkt werden. Allerdings sind Ausnahmen vorgesehen (vgl. A. LEFEBVRE/J.C. MEYER 1985, S. 129). Ein wesentlicher Unterschied ist auch darin zu sehen, daß bei Fehlen eines Flächennutzungsplanes der Kommissar der Republik, also die staatliche Verwaltung, die Baugenehmigung erteilt, während diese in Gemeinden mit Flächennutzungsplänen von den Bürgermeistern verantwortet werden.
116 Stand 1980, vgl. O.R.E.A.M.-P.A.C.A. 1980, S. 39.
117 Die Aufstellung eines Regionalplanes (S.D.A.U.) war bis 1982 eine gemeinsame Aufgabe für den Präfekten und die Gemeinden und wurde häufig auf Initiative des Départements hin betrieben.
118 Flächennutzungspläne sind aufgrund der „Directive sur la Protection et l'Aménagement du Littoral" vom 25.8.1979 (Text vgl. F. BOUYSSOU/J. HUGOT 1981, S. 282–302) für alle Küstengemeinden sowie alle Gemeinden, die an Strandseen (étangs) oder Binnenseen angrenzen, vorgeschrieben. Für die P.A.C.A. sind darüber hinaus alle Gemeinden der Küstenkantone verpflichtet, Flächennutzungspläne aufzustellen.

durch die mit ihr verbundenen Flächenkonkurrenzen und räumlichen Konzentrationserscheinungen besondere Anstöße für die Realisierung der kommunalen Bauleitplanung mit sich brachte, die insgesamt erst in einem Viertel der Gemeinden mit verbindlicher Planungsauflage rechtskräftig abgeschlossen wurde.

Tab. 56 Der Stand der Flächennutzungsplanung in den Gemeinden der Küstenkantone der Region P.A.C.A. (1.1.1980)

Départements	Stand der Planungsprozedur		
	vorgeschrieben*	publiziert	in Kraft gesetzt**
Alpes-Maritimes	27	7	9
Bouches-du-Rhône	30	8	3
Var	43	14	13

Anmerkung: * Flächennutzungspläne sind für alle Gemeinden (Ausnahme Collobrières-de-Var) der Küstenkantone vorgeschrieben
 ** durch den Präfekten genehmigt (P.O.S.-altes Verfahren)

Quelle: O.R.E.A.M. – P.A.C.A. 1980, S. 39

Dieser positiv erscheinende Effekt der touristischen Inwertsetzung wird jedoch dadurch relativiert, daß die genannten Daten lediglich einen kleinen Teil aller Gemeinden betreffen. Im Var sind 25% und in den Alpes-Maritimes 17% von ihnen zur Aufstellung von Flächennutzungsplänen verpflichtet. Im Unterschied zu diesen, zu den Küstenkantonen gehörenden Gemeinden gilt für alle übrigen Kommunen im Var und für jene außerhalb des Geltungsbereiches des S.D.A.U. Regionalplanes in den Alpes-Maritimes keinerlei Reglement zur Flächennutzungsplanung. Die Küstengemeinden des Var sind zudem in der Festlegung der Planungsinhalte weitgehend eigenverantwortlich.

Es zeigt sich, daß das an nationalen Durchschnittswerten und Erfahrungen bemessene Instrumentarium der regionalen, besonders auch der kommunalen Bauleitplanung den spezifischen Erfordernissen von Fremdenverkehrsgebieten nicht gerecht wird. Geht man auf nationaler Ebene davon aus, daß in 18 000 der 36 400 französischen Gemeinden praktisch keine Bautätigkeit stattfindet und daß sich für sie eine Flächennutzungsplanung daher erübrige (vgl. S. GONTCHAROFF/S. MILANO 1984b, S. 49f.), so wird ein solches Vorgehen weder den spezifischen raumordnerischen Erfordernissen noch der Größenstruktur der Gemeinden in der Freizeitperipherie gerecht.

49% der Gemeinden der Alpes-Maritimes und 27,4% des Var haben weniger als 500 Einwohner, 57% bzw. 46% weniger als 1000 Personen, die zur Wohnbevölkerung zählen. Zugleich sind jedoch beide Départements, wie die Entwicklung der Freizeitwohnsitze und Bodenmobilität gezeigt hat, praktisch flächendeckend in den touristischen, sozialen und ökonomischen Transformationsprozeß einbezogen.

Liegen regionalplanerische Vorgaben nicht vor, so zeichnet sich angesichts der Intensität und der Geschwindigkeit der touristischen Entwicklung eine weitgehende

Tab. 57 Die Größenklassen der Gemeinden der Küstendépartements der P.A.C.A. 1982

Département	ländliche Gemeinden						städtische Gemeinden				Gemeinden
	<50EW		50–499EW		500–999EW		≤1000EW		5000EW		
	Anz.	%	Anz.	%	Anz.	%	Anz.	%	Anz.	%	ins. (100%)
Alpes-Maritimes	11	6,8	69	42,3	13	8,0	18	11,0	52	31,9	163
Bouches-du-Rhône	–		10	8,4	7	5,9	29	24,4	73	61,3	119
Var	6	3,9	36	23,5	29	19,0	35	22,9	47	30,7	153
Quelle: R.G.P. 1982											

Überforderung der Kommunen als eigenverantwortliche Planungsträger ab. Sie verfügen aufgrund ihrer Größe häufig nicht über die personelle und materielle Ausstattung, um eine kohärente, strukturell ausgewogene Entwicklungspolitik durchzuführen. *Innerhalb der Hierarchie der öffentlichen Planung stellen die Gemeinden die schwächste, der Einwirkungen von kommerziellen Interessen, z.B. der Erschließungs- oder Immobiliengesellschaften, am stärksten und wirkungsvollsten[119] ausgesetzte Handlungsstufe dar.*

Drei Problemfelder, im folgenden in typischen Situationen dargestellt, kennzeichnen die Schwächen der mangelhaften Adaption des Systems der Bauleitplanung und Flächenwidmung an die spezifischen Erfordernisse von Fremdenverkehrsgebieten in Frankreich:

– Die Gemeinde verzichtet weiterhin auf die Erstellung eines Flächennutzungsplanes, sie wird damit für Zweitwohnsitzler wie auch für Immobilienspekulanten besonders attraktiv. Im Var verfügten 1980 nur 8,5% der Gemeinden über einen gültigen und 9,2% über einen in Vorbereitung befindlichen Flächennutzungsplan. Neben dem Fehlen von Regionalplänen hat dies die steigende Attraktivität des Var für den Erwerb von Immobilien unterschiedlichster Art und Größe begünstigt.

– In vielen Gemeinden, die über einen Flächennutzungsplan verfügen, stellt die Auflassung landwirtschaftlicher Flächen, die als solche durch die Flächennutzungsplanung geschützt sind, die Frage nach deren zukünftiger Klassifizierung. Ihre Umwandlung in zukünftiges Bauland[120], die im Interesse der Eigentümer wie auch von Kaufinteressenten liegt, steht ebenso wie die Umwidmung geschützter Flächen im Ermessen der Gemeinde.

– Gemeinden, deren Bürgermeister und Rat aus sozialen und/oder ökonomischen Interessen heraus eine intensive Entwicklung des Tourismus wünschen, können nicht an einer intensiven Zersiedlung der Fläche ihrer Gemeinde gehindert werden. Als Beispiel kann die Küstengemeinde Roquebrune-sur-Argens dienen. Zu ihr zählen 6300 Einwohner und 106 km² Fläche. Nach Ausweis des in Aus-

---

119 Dies gilt ganz besonders für kleine Gemeinden im Küstenhinterland und den binnenwärtigen Gebieten der Küstendépartements; Beispiele für die Überverteilung von ländlichen Gemeinden durch Erschließungsunternehmen sind auch im Zuge der touristischen Erschließung des Hochgebirges zu verzeichnen. Darüber zu Isola 2000 (Département Alpes-Maritimes) vgl. D. ARNAUD (1975, S. 211–216).
120 Deklaration NA (Urbanisation future) oder NB (Zones naturelles non protégées).

arbeitung befindlichen Flächennutzungsplanes sind 9900 ha der insgesamt 10 610 ha Gemeindefläche als Bauland vorgesehen (A. COURTOIS 1982, S. 171); es handelt sich dabei um die Ausweisung als NA-Flächen: Zones naturelles destinées à l'urbanisation future, die zur Zeit Waldflächen darstellen. In der Gemeinde zu der das bekannt gewordene (vgl. A. PLETSCH 1978, S. 211) Lotissement Issambres gehört und die bereits über 3520 Zweit- und 2554 Hauptwohnsitze verfügt (R.G.P. 1982), wurden nach 1975 4 private Lotissements über insgesamt 1300 ha genehmigt, 2 Z.A.C. (Zonen konzentrierter Entwicklung (vgl. u. S. 229)), über 246 ha sind realisiert und weitere 5 Z.A.C.s sind geplant.

Die Beispiele zeigen, daß eigenverantwortliche kommunale Planungshoheit ohne Einbindung in ein Ordnungsschema übergeordneter Regionalplanung der Regionalentwicklung peripherer Fremdenverkehrsgebiete nicht dienlich ist; die Abhängigkeit von den Zufälligkeiten der Willensbildung der Gemeindevertretungen führt letztlich zu höheren sozialen Kosten für die infrastrukturelle Erschließung des Raumes (zum Beispiel der Abwasserbeseitigung vgl. S. 234ff.).

Hinzu tritt ein weiteres, in der Systematik der Planungsebenen nicht vorgesehenes Problem. Die Aufgabe der in ihrer politischen Stellung gestärkten Gemeinde liegt bei Urbanisierungsverfahren u.a. darin, die kommunalen Interessen gegenüber dem erschließenden Unternehmen (Promoteur) zu vertreten. Im Südosten Frankreichs wie auch in den französischen Alpen tritt allerdings gerade in kleinen Gemeinden ein Austausch der politisch Agierenden (Bürgermeister und Ratsmitglieder) zu tage[121]. Infolge des z.T. altersbedingten Desinteresses der autochthonen Restbevölkerung übernehmen die Zugezogenen, an der touristischen Erschließung interessierten Einwohner die kommunale Macht. Dies gilt auch für Personen, die nur über einen zweiten Wohnsitz in der Gemeinde ihres kommunalpolitischen Wirkens verfügen[122]. Auch wenn sich diese Situation sehr fördernd auf den Fortgang der touristischen Erschließung und den sozioökonomischen Wandel peripherer Räume auswirken kann, so fehlt doch die effektive Wahrnehmung und Kontrolle spezifisch kommunaler Interessen nicht nur in der Flächenwidmung, sondern auch hinsichtlich der finanziellen Partizipation der Gemeinden am touristischen Erschließungsprozeß.

Es ist nicht sichtbar, inwieweit die im ländlichen Raum an die Stelle des S.D.A.U. tretenden ländlichen Entwicklungspläne (Plans d'Aménagement Rural, P.A.R.) noch die sie seit 1983/84 ersetzenden Chartes Intercommunales, die als Scharnier zwischen planungsregionsspezifischer Sozial-, Wirtschafts- und Raumplanung und der kommunalen Ebene andererseits dienen sollen (vgl. A. LEFEBVRE/J. C. MEYER 1985, S. 104) und offensichtlich eine nur recht lockere Verbindung zur Flächennutzungsplanung[123] konstituieren, eine Einbindung der Kommunen in regionale Entwicklungsziele bewirken können. Als Kontrollinstrument für kommunale Entscheidungen sind sie im Unterschied zu den Regionalplänen für verstädterte Gebiete (S.D.A.U.) nicht gedacht.

---

121 Vgl. F. BRUN (1979, S. 24).
122 Nach französischem Recht ist es zulässig, sich in der Gemeinde des zweiten Wohnsitzes in die Wählerlisten eintragen zu lassen und dort auch das passive Wahlrecht auszuüben.
123 Bei der Aufstellung von Flächennutzungsplänen sind die Orientierungen der Chartes Intercommunales lediglich in Betracht zu ziehen (A. LEFEBVRE/J.-C. MEYER 1985, S. 104).

4.6.3 DIE SPEZIFISCHE PROBLEMATIK DER ZONES D'AMÉNAGEMENT CONCERTÉES (Z.A.C.) IN FREMDENVERKEHRSGEBIETEN

Der Urbanisierungsprozeß, der die touristische Inwertsetzung der Küstendépartements begleitet, hat den Einsatz differenzierter staatlicher, regionaler und kommunaler Instrumente zur Raumplanung induziert, der vor allem dem Erhalt der Attraktivität der Küste gilt. Allerdings hat es sich erwiesen, daß die Anwendung einzelner Instrumente der Verwirklichung der normativen Planungsziele[124], der über Gemeindegrenzen hinweg abgestimmten planerischen Gestaltung des Entwicklungsprozesses, kontraproduktiv entgegenwirken kann.

Dies gilt – ähnlich wie bei der Flächennutzungsplanung – besonders für die Einrichtung von Zones d'Aménagement Concerté (Z.A.C.), Zonen konzertierter städtebaulicher Entwicklung.

Die Institution der Z.A.C. stammt aus den Jahren 1968/69 und hatte das Ziel, städtebauliche Maßnahmen in den französischen Städten und Agglomerationen zu erleichtern (vgl. J. de Lanversin 1979, S. 353–356). Die Errichtung einer Z.A.C. kann von öffentlichen Einrichtungen (Gemeinden, Gemeindeverbänden, Hafenbehörden etc.) betrieben und beantragt werden; die Genehmigung wird nach alter Rechtslage vom Präfekten oder Stadtbauministerium erteilt. Für die Durchführung als Entwicklungsträger kommen öffentlich-rechtliche wie auch private juristische Personen (Z.A.C. privée) in Frage. Mit der Einrichtung einer Z.A.C. geht eine Feststellung einher, daß die Entwicklungsmaßnahme im öffentlichen Interesse liegt (D.U.P.); diese Deklaration begründet die Möglichkeit, für die Realisierung des Z.A.C. auch Enteignungsmaßnahmen durchzuführen.

Die Bedeutung der Z.A.C. hinsichtlich touristisch motivierter Urbanisierungsprojekte liegt darin begründet, daß sie sich in der Küstenzone wie auch in den Hinterlandsgemeinden als effektives Instrument der reglementierten Siedlungsausweitung erwiesen hat. Seine Anwendung ist vor allem für größere Immobilienprojekte von Immobiliengesellschaften (S.C.I.s) von Interesse. Diese können dank der Enteignungsmöglichkeiten auch gegen den Widerstand einzelner, widerstrebender Grundeigentümer durchgesetzt werden.

Die Attraktivität, welche die Institution der Z.A.C. für Gemeinden und Entwicklungsgesellschaften als Organisationsform der Siedlungsausweitung – und Zersiedlung – der Küstendépartements aufweist, liegt in drei Faktoren begründet. Die Z.A.C. ermöglicht es, touristische Entwicklungsprojekte faktisch unabhängig von Vorgaben bestehender Flächennutzungspläne durchzuführen und solche auch in den Gemeinden (im Hinterland) zu realisieren, welche über keine Flächennutzungspläne verfügen. Zwar gilt seit 1979 für alle französischen Küstengemeinden die „Directive sur la Protection et l'Aménagement du Littoral", welche festschreibt (Art. II, § 2f.), daß *in diesen* Z.A.C.s nur bei Vorliegen eines Regionalplanes (S.D.A.U.) oder von kommunalen Flächennutzungsplänen (P.O.S.) ausgewiesen werden dürfen. Dies bedeutet

---

[124] Als normative Ziele zur Beherrschung des Urbanisierungsprozesses gelten die Maîtrise de l'Urbanisme und die Maîtrise des Sols Urbains et Urbanisables; es geht also um die planerische Beherrschung der Verlaufes der Verstädterung sowie um die dazu notwendige Beeinflussung des Bodenmarktes.

jedoch nur eine Festlegung hinsichtlich der Lokalisation der Z.A.C. (auf zur Urbanisierung vorgesehenen Flächen), nicht jedoch die Übernahme von inhaltlichen Festlegungen des Flächennutzungsplanes (J. LANVERSIN 1979, S. 354). Damit können die für den kommerziellen Erfolg von Erschließungsprojekten so wichtigen Fakten wie bauliche Gestaltung und Geschoßflächenzahl zwischen dem erschließenden Unternehmen und der Gemeinde ausgehandelt werden. Die Festlegung der städtebaulichen Auflagen für die Z.A.C. erfolgt im Plan d'Aménagement de Zone (P.A.Z.), der mit der Genehmigung der Z.A.C. zum Bestandteil der Flächennutzungsplanung wird.

Für die Gemeinden besteht die Attraktivität der Ausweisung von Z.A.C.s in der Möglichkeit, in einem Cahier des Charges das erschließende Unternehmen zu Zahlungen für die kommunale Infrastruktur zu veranlassen. Es besteht also im Prinzip die Gelegenheit, anfallende kommunale Investitionen auf Dritte zu überwälzen[125]. Die Wahrnehmung dieser Möglichkeit hängt jedoch sehr von der Durchsetzungsfähigkeit und dem Sachverstand, den die Gemeindevertreter in den Verhandlungen über die Z.A.C. aufbringen, ab. Aufgrund der Kommunalstruktur (geringe Größe vieler Hinterlandsgemeinden, fachkundiges Personal nur in Städten mit eigener Bauabteilung) sind die Erfahrungen hinsichtlich des finanziellen Nutzens kleinerer Gemeinden bei der Durchführung von Erschließungsprojekten eher negativ; in der Regel waren die Erschließungsgesellschaften aufgrund ihrer Sachkunde und ihrer Finanzkraft die überlegenen Verhandlungspartner[126].

Der Einsatz des Instrumentariums der Z.A.C. als Vehikel der touristischen Erschließung kann als instruktives Beispiel für die inhaltlich nicht angepaßte Übernahme urbanistischer Instrumentarien im Freizeitraum gelten. Bei der Einführung der Z.A.C. als Instrument der Stadtentwicklungsplanung war man davon ausgegangen, daß Gemeinden, die weder über einen Flächennutzungsplan verfügten noch zum Perimeter eines S.D.A.U. gehörten, keine Veranlassung zur Einrichtung einer Z.A.C. finden würden[127]. Die spezifische Situation von ländlichen Gemeinden in Fremdenverkehrsgebieten, wo eine intensive touristische Nachfrage (nach Zweitwohnsitzen) auf eine zahlenmäßig geringe Wohnbevölkerung sowie einen von Planungsvorhaben freien Raum trifft, war nicht berücksichtigt worden. Somit konnte die Z.A.C. entgegen den Intentionen ihrer Erfinder zum Instrument der Urbanisierung des ländlichen Raumes eingesetzt werden. Hinzu kommt, daß die Inhalte von Entwicklung (Aménagement) in den Vorschriften nicht definiert sind (F. BOUYSSOU/J. HUGOT 1985, S. 109)[128]. Eine Aufschlüsselung nach Anwendungsbeispielen ergibt für 1979, daß in

---

125 Allerdings muß dann auf die T.L.E. (vgl. o. S. 213) verzichtet werden.
126 In den Begleittexten zum S.D.A.U. für die Côte d'Azur wird dazu zusammengefaßt: „Les bénéfices qu'elles (les communes) en retirent sont souvent illusoires: l'éparpillement des communes, la faiblesse des moyens techniques et financiers font de celles-ci des interlocuteurs trop faibles, désarmés devant les propositions en apparence séduisantes des concessionaires éventuelles" (zit. n. A. COURTOIS 1982, S. 198).
127 „Les communes ne disposant ni d'un S.D.A.U., ni d'un P.O.S. ...sont présumées ne pas connaître un problème d'urbanisation justifiant la création d'une Z.A.C." (J. de LANVERSIN 1979, S. 355).
128 „L'opération d'aménagement proprement dite n'est définie que par des textes à incidence financière..., les textes législatifs ou réglementaires se bornant à déterminer un régime particulier d'expropriation dans un but spécifique." (F. BOUYSSOU/J. HUGOT 1981, S. 109).

Frankreich von 1706 Z.A.C.s 57% dem Wohnungsbau, 39% der Schaffung von Gewerbeflächen und nur 4% touristischen Zwecken dienten (F. BOUYSSOU/J. HUGOT 1985, S. 107). Der Einsatz der Z.A.C.s für die Errichtung von Zweitwohnsitzen bringt für die Gemeinden unvorhergesehene Probleme hinsichtlich der Infrastruktur und des Steueraufkommens mit sich[129], die dazu geführt haben, daß im Bereich des S.D.A.U. der Côte d'Azur bei der Berechnung des Cahier des Charges geplittete Tarife eingeführt wurden, indem die Anlage von Hauptwohnsitzen finanziell begünstigt und die von Zweitwohnsitzen stärker belastet wird.

Es ist damit zu rechnen, daß sich die Dynamik der freizeitbedingten Siedlungstätigkeiten in jenen Gemeinden der Region P.A.C.A. verstärken wird, die keiner Regionalplanung unterliegen. Im Rahmen der Regionalisierungsgesetzgebung liegt der Entwurf eines Gesetzes vor, welches das Verfahren und die Beschlußfassung zur Einrichtung von Z.A.C.s allein der Gemeinde überträgt[130] (A. LEFEBVRE/J. C. MEYER 1985, S. 223). Durch die Kombination von eigenverantwortlicher Entscheidungskompetenz über die Flächennutzungsplanung und die Einrichtung von Z.A.C.s erhalten die Gemeinden der französischen Freizeitperipherie eine raumordnungspolitische Machtstellung, zu deren Ausfüllung sie nicht vorbereitet noch aufgrund der Größenstruktur in der Lage sind und die realiter – im Gegensatz zum politischen Ziel und äußeren Anschein – eine Verstärkung der Einflußnahme der politischen und ökonomischen Kräfte des Zentrums – also zunehmende regionale Fremdbestimmung – bedeuten kann.

4.6.4 URBANISIERUNGSPROZESS UND BODENMARKT IM FREIZEITRAUM – KOMMUNALE UND STAATLICHE EINWIRKUNGSMÖGLICHKEITEN

Das französische Planungsrecht kennt diverse Instrumente zur Beeinflussung des Bodenmarktes (vgl. dazu P. PINCHEMEL 1985, S. 266ff.), zu denen – gleichsam als gemeinsamer Bezugspunkt[131] – ein im Vergleich zu der bundesdeutschen Rechtslage ein ziemlich weitgehendes Enteignungsrecht[132] zählt. Auch die bereits erörterte Flächennutzungsplanung stellt ein Instrument der Einflußnahme auf den Bodenmarkt dar, da sie – soweit vorhanden – auf dem Wege der Flächenwidmung über die ökonomische Verwertbarkeit von Grundstücken entscheidet.

Auch wenn die im folgenden vorgestellten Möglichkeiten der Ausweisung von Zonen, in denen faktisch eine Fixierung und Kontrolle des Bodenpreises durch die öffentliche Hand vorgenommen wird, zu den wichtigsten und allgemein verbreiteten kommunalen Planungsinstrumenten zählt, so sind die Grenzen ihrer Wirksamkeit doch offensichtlich. Bei allen zeitlich befristeten Maßnahmen (Z.A.C. und Z.A.D.)

---

129 Vgl. J. MIEGE 1975, S. 34f.
130 Bisher (nach altem Recht) wurde die Z.A.C. durch Erlaß des Präfekten des Städtebauministeriums eingerichtet. Von der neuen Regelung sollen jene Z.A.C.s ausgenommen bleiben, die auf Initiative des Staates der Region oder von Gemeindeverbänden ausgewiesen werden.
131 Der gemeinsame Bezugspunkt ergibt sich u.a. daraus, daß auch bei Ausübung des Vorkaufsrechts durch die öffentliche Hand die Preisbildung analog zum Enteignungsverfahren abläuft.
132 Vgl. CODE DE L'URBANISME, Art. L 314.

kommt der Grundstücksmarkt für die Dauer der Preislimitierung zum Erliegen, die Immobilientransaktionen und -spekulationen verlagern sich in die benachbarten, nicht von der Zonierung betroffenen Flächen.

Es kann davon ausgegangen werden, daß der Einsatz bodenpreisregulierender Instrumente keinen Selbstzweck darstellt, sondern daß er die aus dem Verfügungsrecht über kommunales Bodeneigentum erwachsende Einflußnahme auf die räumliche Entwicklung der Gemeinde substituieren soll. Die Karte 48 verdeutlicht am Bsp. des Var[133], daß gerade den Gemeinden der Küstenzone kaum kommunale Flächen als Interventions- und Regelungsmasse zur Verfügung stehen. Auch die von der Region (E.P.R.) subventionierten Zukäufe der Kommunen fanden mit der Ausnahme von Cogolin nicht in den Küstengemeinden statt; sie konzentrierten sich vielmehr auf den Norden des Départements, wo bereits relativ hohe kommunale Flächenanteile zu verzeichnen sind.

Tab. 58 Die Eingriffe in den Bodenmarkt der Küstengemeinden der Region P.A.C.A.

Départements	Z.A.D.*		Z.I.F.**	
	Anzahl	Fläche (ha)	Anzahl	Fläche (ha)
Alpes-Maritimes	7	3.000	8	6.800
Bouches-du-Rhône	23	23.500	6	13.100
Var	5	700	12	8.400
Küstendép. insgesamt	35	27.200	26	28.300

Anmerkungen: *) Z.A.D. = Zone d'Aménagement Différée
**) Z.I.F. = Zone d'Intervention Foncière

Quelle: O.R.E.A.M. – P.A.C.A. 1980, S. 41

Die Tab. 58 zeigt, daß sich die Eingriffe in den Bodenmarkt in den Küstengemeinden der Region P.A.C.A. deutlich voneinander unterscheiden. Dies gilt hinsichtlich der Intensität und der Art der ergriffenen Maßnahmen.

Die Ausweisung einer Zone d'Aménagement (Z.A.D.)[134] blockiert die Grundstückspreise auf die Dauer von 14 Jahren. Zugleich wird den Gemeinden, Industrie- und Handelskammern sowie gemischtwirtschaftlichen Entwicklungsgesellschaften (Sociétés d'Economie Mixte)[135] ein Vorkaufsrecht zugestanden, das zu Preisen, die in einem Enteignungsverfahren zu zahlen wären, ausgeübt werden kann. Eine Z.A.D. kann sowohl zur Errichtung von Wohn- oder Gewerbegebieten wie auch zum Aufbau von Landreserven für Entwicklungsprojekte eingerichtet werden; ihr Zweck ist die

---

133 Die Situation der regionalen Verteilung kommunalen Grundeigentums ist im Département Alpes-Maritimes ähnlich. Dort verfügen die Hochgebirgsgemeinden über relativ große Flächenanteile.
134 Zur Prozedur und zum Zweck der Z.A.D. vgl. CODE DE L'URBANISME, Art. L 212 (1–8) und R 212 (1–16) und J. de LANVERSIN (1979, S. 307f.).
135 Bei den Sociétés d'Economie Mixte handelt es sich um Gesellschaften, in denen private Unternehmen mit öffentlich-rechtlichen Institutionen (Gemeinden, Industrie- und Handelskammern, etc.) zusammenarbeiten (vgl. S. 250f.).

Einbringung bzw. Verwendung der dem Bodenmarkt und der Immobilienspekulation entzogenen Flächen in konkrete Stadtentwicklungsprojekte.

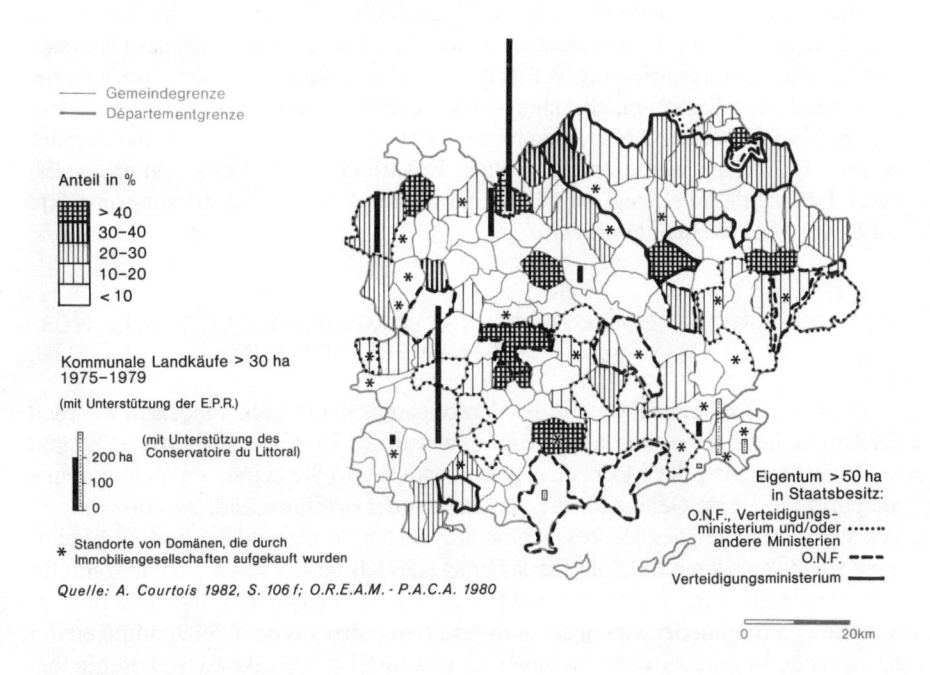

Karte 38 Die Bedeutung der Gemeinden als Grundeigentümer im Département Var 1980 und ihr Landerwerb 1975–1979

Im Unterschied dazu verfolgt die Zone d'Intervention Foncière (Z.I.F.)[136] einen zeitlich nicht limitierten Schutzzweck, der durch ein Vorkaufsrecht von Gemeinden mit über 10 000 Einwohnern oder einem Flächennutzungsplan jeweils in den Zonen städtischer Funktionen ausgeübt werden kann. Eine Z.I.F. kann zur Schaffung von Grünzonen, zur Errichtung von Sozialwohnungen, Infrastruktureinrichtungen, zur Sanierung von Gebäuden oder Stadtvierteln sowie zur Anlage von kommunalen Grundeigentumsreserven erlassen werden. Während im Département Bouches-du-Rhône die der städtebaulichen Entwicklung dienenden, zeitlich begrenzten Z.A.D.s weitaus überwiegen, weisen die Küstengemeinden der touristisch wichtigen Départements Var und Alpes-Maritimes vor allem Z.I.F.s auf, die eine auf Dauer angelegte Blockierung der Bodenpreisentwicklung auf Teilen des kommunalen Territoriums bewirken. In den Alpes-Maritimes umfaßten die Z.I.F.s 1980 25,8% der Fläche der Küstengemeinden, im Var waren es dagegen nur 7,7%. Der trotz höherer Anzahl von Z.I.F.s wesentlich niedrigere Anteil der im Var betroffenen Gemeindeflächen resul-

---

136 Zur Prozedur und den Aufgaben einer Z.I.F. vgl. CODE DE L'URBANISME, Art. L 211 (1–13) und R 211 (1–28) und J. de LANVERSIN (1979, S. 287–289).

tiert aus einer in diesem Département größeren durchschnittlichen Gemarkungsfläche der Küstengemeinden[137].

Dem landschaftlichen und ökologischen Schutz charakteristischer Küstenabschnitte dienen die Erwerbungen des 1975 geschaffenen Conservatoire du Littoral (vgl. P. RAYNAUD 1981), die sich besonders auf die Küste südwestlich der Halbinsel von St. Tropez konzentrieren. Die Flächen des Conservatoire werden unveräußerliches staatliches Eigentum. Sie sind jedoch der Verwaltung anderer öffentlicher Stellen (Forstbehörden O.N.F., Kommune u.ä.) unterstellt. Ein wesentliches Ziel der von der Fläche her wenig umfangreichen Erwerbungen des Conservatoire ist es, durch Landkäufe an strategisch günstig gewählten Stellen Urbanisierungsprojekte auf Dauer effektiv zu unterbinden.

4.6.5 DIE TOURISTISCHE ÜBERFORDERUNG DER KOMMUNALEN INFRASTRUKTUR – DAS PROBLEM DER ABWASSERBESEITIGUNG

Von allen Problemen, welche die Verdoppelung der Bevölkerungszahl während der sommerlichen Hochsaison für die Infrastruktur des Raumes mit sich bringt[138], stellt die Verschmutzung des Meeres das gravierendste dar. Sie beinhaltet nicht nur eine temporär begrenzte Gefahr für die Gesundheit der ortsanwesende Bevölkerung[139]. Die Verschmutzung des Meeres und die ungelösten Probleme der Abwasserbeseitigung stellen eine latente Gefahr für das Image der Küsten der P.A.C.A. und somit für den Tourismus, den wichtigsten Faktor der Regionalwirtschaft, dar. Die prekäre Situation zu Beginn der achtziger Jahre resultiert dabei aus der Gleichgültigkeit der Kommunen gegenüber der von ihnen zu gewährleistenden Abwasserbeseitigung. Verschmutzungen der Strände versuchte man in der Regel durch Verlängerung der Einleitungsrohre für ungereinigte oder vorgereinigte Abwässer in das Meer – in Cannes bis auf 1200 m[140] – zu begegnen, hinzu kommen eklatante Planungsfehler.

Im Unterschied zum Rhône-Delta sind Côte d'Azur und die provenzalischen Küsten industriellen Abwässern nicht ausgesetzt; die Verschmutzung erfolgt fast ausschließlich durch häusliche Abwässer. Der Karte 49 ist zu entnehmen, daß 1979 die Großstädte Marseille, Toulon und Nizza ihre Abwässer fast vollständig ohne jede Vorbehandlung in das Meer einleiteten. Insgesamt hat sich zwischen 1970 und 1979 die Situation geringfügig verbessert, statt von 5 wurden nunmehr von 20% der Einwohner des Litorals die Abwässer Kläranlagen zugeführt[141]. Dabei ist allerdings

---

137 Die durchschnittliche Fläche der 16 Küstengemeinden des Départements Alpes-Maritimes beträgt 16,5 km², jene der 26 Küstengemeinden des Var 42,1 km² (berechnet nach R.G.P. 1982).
138 Zu diesen Problemen zählt besonders die Überlastung des inner- und außerörtlichen Verkehrsnetzes.
139 Die ortsanwesende Bevölkerung setzt sich aus den Einheimischen (Wohnsitzbevölkerung) sowie den Touristen und Zweitwohnsitzlern zusammen.
140 R. LIVET (1978, S. 162).
141 Ein Planungsfehler bestand z.B. darin, daß bei der Industrialisierung von Fos die Problematik der industriellen wie auch der häuslichen Abwässer zunächst weitgehend unberücksichtigt blieb. Daraus erwuchs die Notwendigkeit, zu Beginn der siebziger Jahre Sonderprogramme zur Reduzierung der industriellen und häuslichen Abwässer aufzulegen (vgl. D. CULTIAUX 1975, S.

4.6 Tourismus und Regionalentwicklung als raumplanerisches Problem

zu berücksichtigen, daß sich diese Einwohner–Gleichwerte auf die Wohnbevölkerung beziehen. Die Abwässer der ortsanwesenden Bevölkerung werden im Hochsommer zu maximal 10% durch Kläranlagen entsorgt.

Die Zuspitzung des Verschmutzungsproblemes, die zur zeitweisen Sperrung von Stränden führte, sowie die Erfüllung der von Frankreich mit dem Beitritt zur Konvention von Barcelona über die Reinhaltung des Mittelmeeres 1976 übernommenen internationalen Verpflichtungen gaben Anlaß, für die Jahre 1980 bis 1990 ein Programm zur Verbesserung der Entwässerungssysteme des Litorals am Mittelmeer in Angriff zu nehmen. Mit einem Betrag von 1,5 Mrd. FF sollen vor allem die in Marseille, Toulon und Nizza fehlenden Kläranlagen erstellt werden[142].

Obwohl Staat und Region zu je 20% zu den notwendigen Investitionen beitragen, bereitet ihre Realisierung den Großstädten finanzielle Probleme. Aus diesem Grunde wurde für Marseille das Programm gesplittet; von den notwendigen zwei Klärstufen wurden 1981 lediglich mit dem Bau eines Klärwerkes für die erste Stufe begonnen. Darüber hinaus wurde 1979 der Abwässer transportierende Huveaune, der an den Stränden des Prado in das Meer mündete, in die Cortiou-Bucht im Süden der Agglomeration umgeleitet.

In Nizza, wo die ungeklärten Abwässer nach mechanischer Zerkleinerung der Festbestandteile östlich der Pisten des Flughafens in das Meer eingeleitet werden, ist eine komplette neue Kläranlage auf dem Flughafengelände sowie die Verlängerung der Einleitungsleitung auf eine größere Distanz zur Küste vorgesehen. Diese Verlängerung wird nur unter der Voraussetzung subventioniert, daß die Errichtung der Kläranlage ohne große Zeitverzögerung erfolgt. 1980 bestand allerdings noch keine Klarheit darüber, welches technische System eingesetzt werden sollte.

Für die Agglomeration Toulon ist die Errichtung von zwei Kläranlagen vorgesehen, die östlich gelegene soll dabei die Nachbargemeinden La Garde, La Valette und Le Pradet mit entsorgen. Ihre Errichtung sollte 1981, jene im Westen der Agglomeration für die Entsorgung der größten Teile der Stadt Toulon 1983 beginnen.

Das Problem der Meeresverschmutzung[143] tangiert nicht allein die touristische Nutzung des Litorals[144]. Die nicht mit dem notwendigen Ausbau der Infrastruktur verbundene, unkoordinierte Ausweitung des Tourismus hat zur Verschärfung der

---

102f.), die dann allerdings auf dem Feld der industriellen Verunreinigungen diese von 1973–79 um 90% verringerten (D.R.E.-P.A.C.A.). Ein weiterer Planungsfehler betrifft in seinen Auswirkungen direkt die Badeküste. Infolge von Eindeichungsmaßnahmen zur Anlage der Marinas wie auch die Anlage von Freizeithäfen wurden als Ausgleich für überbaute Strände neue künstlich angelegt und durch Molen geschützt. Diese Badebuchten weisen infolge geringer Wassertiefe und ihrer Verbauung kaum Wasseraustausch auf. Sie halten zudem das verschmutzte Hafenwasser zurück, sind durch Photosynthese und Sauerstoffmangel extrem belastet (vgl. J. E. HERMITTE 1979, S. 202ff.).

142 Angaben der D.R.E.-P.A.C.A.

143 Für die Beseitigung der gesamten Verschmutzung des Meeres durch Abwässer wird mit einem Zeitraum von 30 Jahren gerechnet.

144 Auf der Reede von Toulon verringerte sich das Aufkommen aus der Muschelzucht von 1000 t in den sechziger Jahren auf 100 t Ende der siebziger Jahre. Dies ist auf die verringerte Produktivität des Meeres wie auch auf eine Auflage, die geernteten Miesmuscheln vor dem Verkauf durch eine Waschanlage behandeln zu lassen, zurückzuführen (O.R.E.A.M.-P.A.C.A., 1980, S. 29).

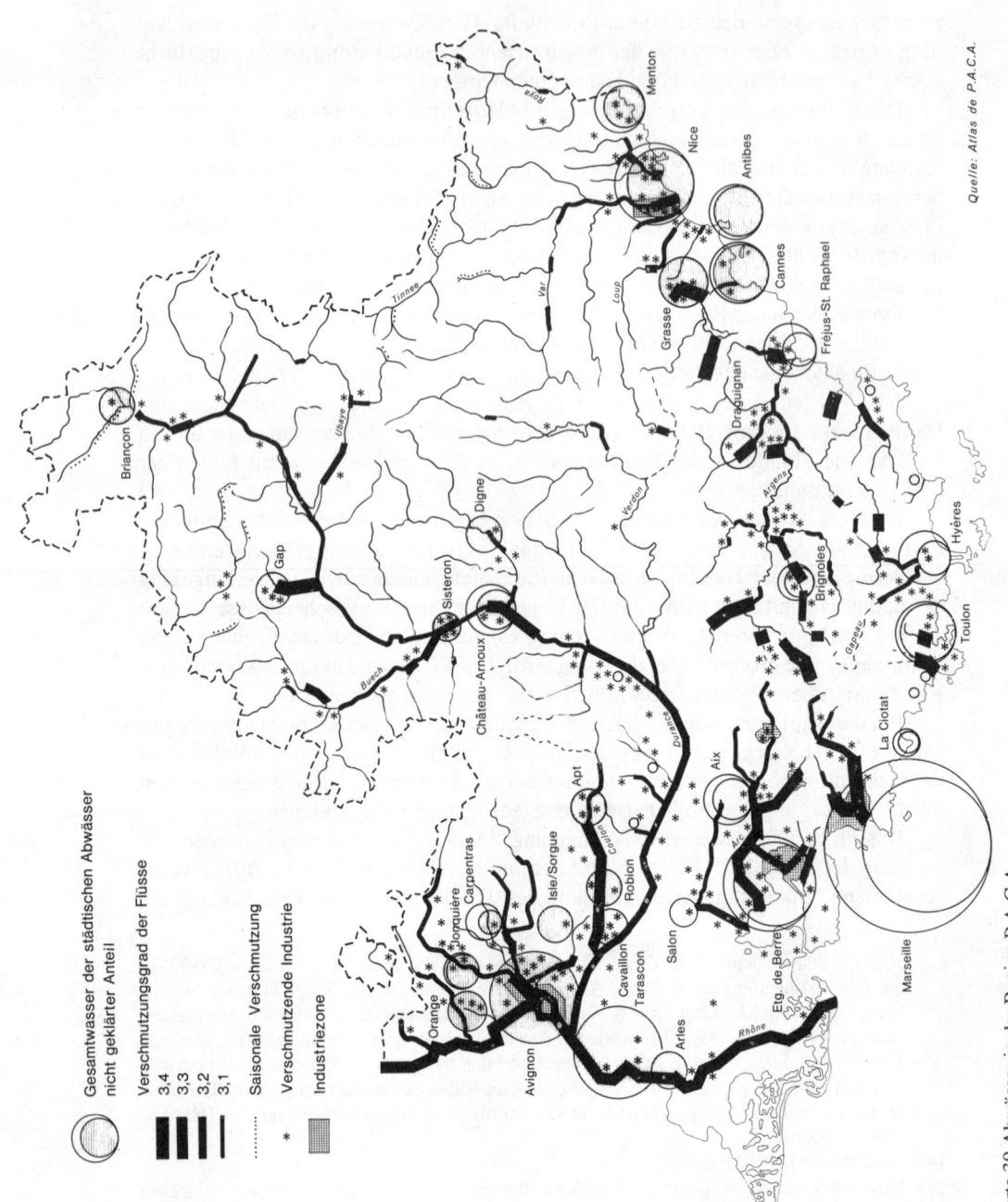

236   4. Freizeit, Tourismus und Regionalentwicklung

Karte 39 Abwässer in der Region P.A.C.A.

Quelle: Atlas de P.A.C.A.

Abwassersituation erheblich beigetragen. Es zeigt sich jedoch, daß er heute aufgrund seines hervorragenden regionalwirtschaftlichen Stellenwertes wesentlich dazu beiträgt, daß die hohen sozialen Kosten zur Beseitigung der Krisensituation aufgebracht werden.

5. FREIZEIT, TOURISMUS UND REGIONALENTWICKLUNG IN DER REGION LANGUEDOC-ROUSSILLON (OHNE HOCHGEBIRGE)

5.1 DIE ENTWICKLUNG DES FREMDENVERKEHRS AN DEN KÜSTEN DES LANGUEDOC-ROUSSILLON VOR 1963

Die touristische Nutzung der Küsten des Languedoc-Roussillon ist jünger als jene der Provence und der Côte d'Azur. Obwohl 1963, d.h. zu Beginn der planmäßigen Erschließung des Litorals, 23 klassifizierte Seebadeorte gezählt wurden (R. MOREL 1983, S. 323), traten unter diesen meist kleinen, einfach ausgestatteten und ausschließlich von der Regionalbevölkerung besuchten Orten (vgl. L. BRUNET 1963, S. 86) nur wenige mit einer stärkeren Frequentierung, die sich allerdings ebenfalls strikt auf die Regionalbevölkerung beschränkte, und einer Diversifizierung des Angebotes im Tertiären Sektor hervor. Es handelt sich dabei um jene Bäder, die seit der zweiten Hälfte des 19. Jahrhunderts den Bewohnern der nahen Städte als Stätten der Wochenenderholung und der Sommerfrische dienen: Grau-du-Roi für Nîmes, Palavas-les-Flots und Carnon-Plage für Montpellier, Valras-Plage für Béziers, Saint-Pierre-sur-Mer und (jüngerer Entstehung) Narbonne-Plage für Narbonne sowie Canet-Plage für Perpignan. Alle diese *Stations Anciennes*, die per Boot (Grau-du-Roi, Palavais), oder per Bahn an das jeweilige städtische Hinterland angeschlossen waren, wurden in die 1963 neu konzipierten touristischen Einheiten (Unitées Touristiques, vgl. u. S. 246) einbezogen, ihr Ausbau und ihre Modernisierung wurden zu Bestandteilen der regionalen Entwicklungsplanung.

Eine Sonderstellung unter den Küstenorten des Languedoc-Roussillon nehmen jene der *Côte Vermeille* ein. An der Eisenbahnstrecke nach Spanien gelegen, wurden sie schon relativ frühzeitig für den Tourismus erschlossen. Collioure z.B. wurde vor dem Zweiten Weltkrieg besonders wegen seiner Lichtverhältnisse von Malern bevorzugt. Zusammen mit Banyuls-sur-Mer und Port Vendres, einem ehemals für die Personenschiffahrt nach Algerien wichtigen Hafen, dienten sie vor allem der Sommerfrische regionsfremder, auch englischer Gäste. Aus diesem Grunde sind sie – wie die Stations Anciennes an der Ausgleichsküste – Standorte eines relativ umfangreichen Angebots an Hotelbetten[1]. Dieses wird allerdings von kleinen und häufig veralteten Betrieben bereitgestellt. Die quantitative Ausweitung des Tourismus in den Fremdenverkehrsorten der Côte Vermeille wird nicht nur durch die Struktur des Beherbergungsgewerbes beeinträchtigt; das Fehlen von Badestränden an den Steilküsten sowie von günstig reliefiertem Bauland sind weitere limitierende Faktoren. Sie haben jedoch ebenso wie die Tatsache, daß die Côte Vermeille keiner Unité Touristique zugeschlagen wurde und somit keine besondere Förderung erfuhr, den Ausbau der Orte nach 1963 nicht ver- sondern nur behindert.

---

1 Vgl. H. D. MAY (1974, S. 106) und J. THEROND et al. (1980,. S. 55, Karte V-4-3).

5.2 DIE PLANMÄSSIGE TOURISTISCHE ENTWICKLUNG DER KÜSTEN DES LANGUEDOC-ROUSSILLON

5.2.1 ANLÄSSE UND VORAUSSETZUNGEN DER TOURISTISCHEN ENTWICKLUNG

Der raumordnungs- und regionalpolitische Kontext, welcher der touristischen Entwicklung der Küsten des Languedoc-Roussillon im Rahmen der nationalen französischen Wirtschaftsplanung zukam, wurde bereits an anderer Stelle (vgl. S. 27ff.) erörtert. Die Erschließung des Tourismus in der Küstenzone stellt eine von drei regionalpolitischen Interventionen der Zentralregierung in der Region dar, die im Zusammenhang der Regionalisierung des nationalen Entwicklungs- und Modernisierungsplanes stehen. Vorausgegangen war ihr der großzügige Ausbau der Bewässerungsflächen, der seit 1955 von der C.N.A.B.R.L. betrieben wurde (vgl. A. PLETSCH 1976), ihr folgte 1970 die Einrichtung des Parc National des Cevennes.

Es gab zu Beginn der sechziger Jahre gewichtige Gründe und Anlässe, der Region Languedoc-Roussillon eine besondere regionalpolitische Förderung zukommen zu lassen (vgl. A. PLETSCH 1975, S. 45f.; 1982, S. 147f.; P. RACINE 1980, S. 20ff.):

- Die Beziehungen zwischen dem Zentrum und der mediterranen Peripherie waren ganz im Sinne der Theorie FRIEDMANNS von politischen Gegensätzen geprägt. Zu den politischen Gegensätzen zwischen der traditionell links wählenden Region und der Regierung de GAULLES trat – ein bis heute fortbestehendes – Mißtrauen der Bevölkerung der mediterranen Provinz gegenüber dem Pariser Zentrum[2].
- Die Region, in der der Weinbau weithin als Monokultur die Landwirtschaft dominiert, litt besonders unter der Aufhebung der protektionistischen und dirigistischen Reglementation des französischen Wein-„marktes", die aus dem Jahre 1931 stammte und 1959 anläßlich der Einführung einer gemeinsamen Agrarpolitik der EG auslief. Die touristische Erschließung sollte auch als Kompensation für aus dieser Änderung erwachsende wirtschaftliche Nachteile dienen.
- Die in der nationalen französischen Entwicklungsplanung in den fünfziger Jahren erstrebte Dezentralisierung der Industrie hatte in Bezug auf Südfrankreich nicht gegriffen[3], auch die Einrichtung arbeitsorientierter Filialbetriebe erfolgte erst später. In dieser Situation wurde der Tourismus als sektorales Instrument der Modernisierung der Wirtschaft bewußt als Industrieersatz eingesetzt[4].
- Zu Beginn der sechziger Jahre zeichnete sich zum einen das Erreichen der Grenzen des touristischen Fassungsvermögens der Côte d'Azur ab. Zum anderen stieg infolge zunehmender Reiseintensität die touristische Nachfrage der Franzosen und führte zu einer Zunahme der Reisen in das benachbarte Spanien. Die

---

2   „La région est donc difficile. Difficile, parce qu'elle est inquiète de son avenir et se croit méconnue de Paris et des autres Français" (P. RACINE 1980, S. 20).
3   Vgl. R. PINCHEMEL 1981, S. 131.
4   Da es ja für die Devisenbilanz eines Staates unerheblich ist, ob Deviseneinnahmen aus dem Export industrieller Güter oder den Deviseimporten ausländischer Touristen resultieren, wurde die Fremdenverkehrswirtschaft ökonomisch den Exportindustrien gleichgestellt; sie erhielt die gleichen staatlichen Förderungmaßnahmen zugesprochen (vgl. G. CAZES 1984, S. 118f.).

Errichtung neuer Unterkunftskapazitäten im mediterranen Frankreich hatte das Ziel, durch eine Reduzierung der Auslandsreisen der Franzosen in einer angespannten außenwirtschaftlichen Situation[5] den Devisenabfluß zu verringern. Zugleich war beabsichtigt, einen Teil des sich alljährlich durch Südfrankreich in Richtung Spanien bewegenden ausländischen Touristenstromes an die Küsten des Languedoc-Roussillon „umzuleiten" und auch auf diese Weise die Devisenbilanz des Landes zu verbessern[6]. Es war zudem geplant, die Errichtung der neuen Beherbergungskapazitäten partiell durch ausländische Investitionen in Immobilien und gewerbliche Betriebe zu finanzieren. Die gerade beginnende ökonomische Integration des gemeinsamen Marktes und ein starkes Interesse zentral- und westeuropäischer Investoren in Tourismusprojekte benachbarter Regionen (P.A.C.A. in Frankreich sowie Spanien) ließen ihr Interesse auch für Anlagen in Languedoc-Roussillon als wahrscheinlich erscheinen.
- Eine entscheidende Voraussetzung für die Konzeption der touristischen Erschließung der Küsten des Languedoc-Roussillon bestand in dem Zusammentreffen zweier regionsspezifischer Faktoren – dem Vorhandensein eines 180 km langen, touristisch kaum erschlossenen Strandes und der drückenden Realität räumlicher Disparitäten, die nicht nur ökonomisch auf der Unterindustrialisierung des Raumes, sondern auch sozial auf einer niedrigen Erwerbsquote, hoher Frauen- und Jugendarbeitslosigkeit beruhten. Die touristische Erschließung des Litorals erschien geeignet, den sozioökonomischen Modernisierungsbedarf sowie das volkswirtschaftliche Ziel der Nutzung von Ressourcen der Peripherregionen miteinander zu verbinden.

5.2.2 PLANUNGSZIELE, PLANUNGSTRÄGER UND PLANUNGSAUSFÜHRUNG

5.2.2.1 Planungsziele und Planungsträger

Die touristische Inwertsetzung des Litorals der Region Languedoc-Roussillon stellt nicht nur hinsichtlich ihrer organisatorischen Einbindung in das System der französischen Regional- und Wirtschaftsplanung (vgl. o. S. 27ff.) ein Novum dar, auch ihre Zielsetzung beinhaltete ein prinzipiell neues, exemplarisches Vorhaben. Es ging darum, durch einen abgestimmten Entwicklungsprozeß (Aménagement Régional Concerté) mit Beteiligung unterschiedlicher zentraler und regionaler, öffentlicher und privater Entwicklungsträger erstmals in Frankreich den Tourismus großräumig zum Motor der Regionalentwicklung zu machen. Dabei entstammen die Planungsvorgaben und -inhalte einem ausschließlich zentralistisch bestimmten Entscheidungsprozeß[7]; die mit der Realisierung beauftragte interministerielle Kommission

---

5 Vgl. M. Parodi (1981, S. 55ff.).
6 Eine solche Verbesserung der Devisenbilanz war dringend geboten, da bis 1963 erhebliche Handelsbilanzdefizite, besonders gegenüber den U.S.A. entstanden, die auf Waffenkäufe für den Algerien-Krieg zurückzuführen waren.
7 „La Mission décide seule, en effet, de tout l'aménagement touristique du littoral, des questions de principe et de politique générale comme des mesures d'exécution les plus importantes".

bestand – mit Ausnahme des Regionalpräfekten – ausschließlich aus Angehörigen der Pariser Zentralverwaltung[8]. Im Sinne der Abhängigkeitsproblematik zwischen Zentralräumen und ihren Peripherien kann also hinsichtlich des Planungsverlaufes von einem exemplarischen Fall regionaler Fremdbestimmung gesprochen werden. Das Element der Abstimmung mit regionalen und lokalen Entwicklungsträgern bezieht sich ausschließlich auf die Durchführung des Projektes.

Die im europäischen und mondialen Maßstab gegebene Einmaligkeit des Projektes der touristischen Inwertsetzung der Küsten von Languedoc und Roussillon resultiert aus seiner Dimension und der inhaltlichen Konzeption.

Die Planung sah vor, die Beherbergungskapazität des 180 km langen Litorals zwischen Camargue und des Pyrenäen auf 650 000 Betten auszubauen. 1963 waren bereits 250 000 Betten vorhanden, 27 000 Ferienwohnungen mit ca. 108 000 bis 135 000 Betten[9]; die übrige Beherbergungskapazität bestand fast ausschließlich aus Übernachtungsmöglichkeiten auf den Zeltplätzen[10]. Von den neu zu errichtenden Kapazitäten sollten 150 000 Betten in bereits bestehende Seebäder integriert werden, in den neu errichteten Stations Nouvelles Port Camargue, La Grande Motte, Carnon, Cap d'Agde, Gruissan, Port Leucate, Port Barcares, Saint Cyprien waren 250 000 Betten geplant[11]. Infolge der vorhandenen, großflächigen Sandstrände ist es möglich,

„Elle a défini elle-même la politique d'aménagement. Le plan d'urbanisme d'intérêt régional qui en fixait le contenu fut entièrement laissé à son jugement, sans aucune intervention extérieure et soumis tel quel à l'approbation du gouvernement qui n'y changea rien. La conception de chacune des stations nouvelles, son urbanisme et son architecture, l'importance et le contenu des tranches successives de réalisation ont été décidés librement par elle, ainsi que la répartition des logements à construire entre les différentes catégories, résidences secondaires, tourisme social, hôtellerie et para-hôtellerie. C'est encore elle qui fixe les grandes lignes de la politique commerciale mise en oeuvre par chacune des sociétés départementales d'aménagement dont elle approuve toutes les ventes de terrains équipés." (P. RACINE 1980, S. 38f.).

8   P. RACINE (1980, S. 46) führt hinsichtlich der Zusammensetzung der Interministeriellen Mission aus: „Sa composition primitive reflète, en effet, un caractère centraliste: elle ne comprend que les fonationnaires d'Etat, tous à Paris sauf le Préfet de Région."

9   Die Zahl von 108 000 Betten entspricht der von der Interministeriellen Mission angewandten Berechnungsgrundlage von 4 Betten pro Wohnung. Realistischer ist die in der französischen Fremdenverkehrsgeographie (vgl. B. BARBIER 1984, S. 42) benutzte Relation von 5 Betten pro Ferienwohnung; diese ergibt einen Bestand von 135 000 Betten im Jahre 1963. Größenordnungsmäßig muß davon ausgegangen werden, daß 1963 50% der Beherbergungskapazität aus Unterkünften in Ferienwohnungen bestanden.

10 Den *Hotels* kam damals als Unterkunftsform im Küstentourismus des Languedoc-Roussillon nur eine sehr nachgeordnete Rolle zu. 1967, zum Zeitpunkt des Beginns der Bauarbeiten für die neuen Stationen, verfügte die Region über 1836 Hotels mit 28 441 Zimmern bzw. 56 882 Betten. Nur 28% der Hotels und 46% ihrer Beherbergungskapazität waren klassifizierte Touristenhotels. Von diesen befanden sich 32,5% der Betriebe und 57% der Zimmer im Département Pyrénées Orientales mit den räumlichen Schwerpunkten Perpignan und Côte Vermeille. In der Region wies die Küste nur 4424 Hotelzimmer bzw. 16% der Kapazität des Hotelgewerbes auf, dieses war (und ist) eindeutig auf die größeren Städte konzentriert und dient vor allem den Durchreisenden als Unterkunft (Angaben nach Atlas du Languedoc-Roussillon, herausgegeben von der ASSOCIATION DE L'ATLAS REGIONAL (1969)).

11 Die Zahl der neu zu errichtenden Betten wurde 1980 für die Stations Nouvelles auf 282 000 erhöht (P. RACINE 1980, S. 289). Um die Größenordnung der neuen touristischen Stationen im Languedoc-Roussillon zu verdeutlichen, sei daran erinnert, daß die Gesamtheit der Ferienzentren

bei einer Beherbergungskapazität von 650 000 Betten mit einer maximalen Strandbelegungsdichte von 800 Personen pro ha bzw. 12,5 m² Strand pro Badegast auszukommen. Da die Berechnungsgrundlage von einer mittleren Strandbreite von 50 m ausgeht (G. CAZES 1972, S. 196), einer Ausnahme, die weithin von touristisch nutzbaren Strandbreiten von über 100 m überschritten wird[12], bringt auch der Tagesausflugsverkehr von ca. 300 000 Personen (R. LIVET 1979, S. 202) aus den nahen Großstädten während der Sommermonate keine Überbelegung des Strandes mit sich. Die Küsten des Languedoc-Roussillon befinden sich damit in einer ausgesprochenen Gunstsituation gegenüber jenen der P.A.C.A. mit deren räumlichen Enge und Überlastungserscheinungen, aber auch z.B. gegenüber der bundesdeutschen Ostseeküste, wo die Raumordnungsplanung für Schleswig-Holstein von einer Strandfläche von 8 m² pro Feriengast ausgeht[13].

Es erscheint verständlich, daß es sich angesichts der Dimensionierung und Zielsetzung des Projektes nicht darum handeln konnte, lediglich neue Beherbergungskapazitäten zu erstellen. Die Aufgabe bestand vielmehr in der auf die touristische Inwertsetzung hin ausgerichtete Organisation des Raumes. Diese erfolgt durch regionale Entwicklungspläne, die 1963 in alleiniger Verantwortung der MISSION INTERMINISTERIELLE POUR L'AMÉNAGEMENT TOURISTIQUE DU LITTORAL LANGUEDOC-ROUSSILLON entstanden und durch Dekret vom 26. März 1964 als Plan d'Urbanisme d'Interêt Régional (P.U.I.R.) – Regionalentwicklungs- und Bauleitplan – in Kraft gesetzt wurden. 1972 sind sie als Schéma d'Amenagement du Littoral (S.D.A.L.) bzw. Schéma Directeur fortgeschrieben worden.

Dieser Entwicklungsplan (vgl. Karte 40) regelte die städtebauliche Entwicklung und allgemein die Flächennutzung in einem 180 km langen und ca. 20 km breiten Küstenstreifen zwischen der spanischen Grenze und der Grenze zum Département Bouches-du-Rhône; für die innerhalb dieser Zone gelegenen Gemeinden enthielt der Regionalentwicklungsplan die Vorgaben für die bis 1980 zu erstellenden kommunalen Flächennutzungspläne. Seine Bindungswirkung, äquivalent der eines genehmigten Plans d'Urbanisme Directeur (P.U.D.), entspricht in etwa dem S.D.A.U. für die Küste des Départements Alpes-Maritimes.

Die wichtigste städtebauliche Regelung für die touristische Inwertsetzung des Littorals besteht im *Prinzip einer räumlich diskontinuierlichen Siedlungsentwicklung*. Nach P. RACINE (1980, S. 92) ist das rigoros durchgesetzte Abwechseln von besiedelten bzw. zu urbanisierenden Flächen und Freiflächen, die als Aufforstungs- und Landschaftsschutzgebiete in den Flächennutzungsplänen ausgewiesen und somit von Bebauung freizuhalten sind, hier erstmals an Frankreichs Küsten erfolgt.

an der bundesdeutschen Ostseeküste nur ca. 28 000 Betten zusätzlich bereitstellt (vgl. H. G. MÖLLER 1983, S. 546), also in etwa die Hälfte der Kapazität einer der großen Nations Nouvelles im Languedoc, z.B. Cap d'Agde mit 68 300 Betten (1982).

12 H.-D. MAY (1974, S. 54f.) geht für sein Untersuchungsgebiet, die Küsten des Languedoc, Roussillon und der Costa Brava) von der durchschnittlichen Strandbreite von 50 m aus. Die kartographische Darstellung (Abb. 12) zeigt jedoch, daß besonders an den Küsten des Roussillon sowie des südlichen Languedoc dieser Durchschnittswert um 100% übertroffen wird. Hinzu kommt, daß zu den touristisch genutzten Strandabschnitten auch die von MAY nicht berücksichtigten Dünen zählen.

13 Vgl. H. G. MÖLLER (1977, S. 363).

Dieses Prinzip der Diskontinuität wurde 1979 in die DIRECTIVE SUR LA PROTECTION ET L'AMÉNAGEMENT DU LITTORAL (Abs. II, 1 vgl. F. BOUYSSOU/J. HUGOT 1981, S. 283) landesweit übernommen, ihm kommt also eine Pionierfunktion für die Siedlungsplanung im Küstenraum zu.

Das Ziel des Regionalentwicklungsplanes, die Herausbildung eines geschlossenen küstenparallelen Siedlungsbandes zu verhindern und den zur Aufstockung der Beherbergungskapazität notwendigen Siedlungsaufbau auf die einzelnen Fremdenverkehrsorte in den Unités Touristiques zu konzentrieren, wird seit 1975 durch das Conservatoire du Littoral unterstützt. Es überführt auf dem Wege des Kaufes oder Enteignung landschaftlich besonders schützenswerte Küstenabschnitte und/oder den Zugang zu ihnen in staatliches Eigentum und entzieht sie somit dem Immobilienmarkt effektiv und auf Dauer[14]. An den Küsten des Languedoc-Roussillon hat das Conservatoire bis 1985 in 16 Aufkäufen 3713 ha Land- und Wasserfläche (étangs) erworben (I.N.S.E.E. 1985, S. 492).

Die Zielsetzung dieser Planung besteht darin, die Nachteile, auch die sozialen Kosten einer ungeregelten baulichen Entwicklung nach dem Vorbild der Côte d'Azur, zu vermeiden. Dies bedeutet, daß auch für die 1963 bereits bestehenden Stations Anciennes eine Zonierung der Flächennutzung vorgenommen werden mußte.

Der zweite wesentliche Inhalt der Entwicklungsplanung besteht in der Konzeption der Unités Touristiques, der touristischen Einheiten bzw. jener Raumsegmente, auf welche die touristische Inwertsetzung der Küste zu konzentrieren ist. Im Schéma Directeur aus dem Jahre 1972 sind folgende Unités Touristiques ausgewiesen (vgl. Karte 40): Grau-du-Roi-Palavas (Stations Nouvelles Port Camargue, La Grande Motte, Carnon); Bassin-de-Thau (Le Cap d'Agde); Embouchure de l'Aude (Grissan); Leucate-Barcares (Port Leucate, Port Barcares) und Canet-Argelès (Saint Cyprien). Innerhalb dieser fünf Fremdenverkehrseinheiten wird die touristische Entwicklung jeweils auf die bestehenden Fremdenverkehrsorte (Stations Traditionelles de Villégiature) und die ex nihilo zu errichtenden touristischen Großprojekte mit städtischen Ausmaßen und Funktionen[15] (Stations Nouvelles bzw. Stations d'Etat[16]) verteilt. Die

---

14 Vgl. dazu P. RAYNAUD (1981, S. 321f.).
 Als typisches Beispiel der Verfahrensweise des Conservatoire kann sein Vorgehen im Gebiet der Unité Touristique Grau-du-Rois-Palavas gelten. Hier reduzierte es 1980 den weiterhin geplanten Ausbau der Station Nouvelle La Grande Motte um die Hälfte, indem es ein im Regionalentwicklungsplan für Siedlungserweiterungen vorgesehenes Terrain (Le Grand Travers) von 148 ha auf dem Lido zwischen La Grande Motte und Carnon aufkaufte und damit sicherstellte, daß zwischen beiden Küstenorten eine 5 km breite siedlungsfreie Zone erhalten bleibt.
15 Die neuen Stationen (Stations Nouvelles) sind nicht nur im Sinne der auf Wohnbevölkerungszahlen basierenden Definition des I.N.S.E.E. als Städte einzustufen; sie verfügen auch über ein differenziertes Dienstleistungsangebot, dessen Leistungsfähigkeit auf die im Endausbau der Stationen vorgesehene Beherbergungskapazität ausgerichtet ist.
16 Nicht alle Stations Nouvelles sind Stations d'Etat. Aus historischen Gründen, der 1963 bereits vorhandenen Initiative lokaler bzw. regionaler Institutionen, wurde der Ausbau von 2 Stationen diesen überlassen. Der Staat übernahm in diesen Fällen die vorhandene Bauleit- in die Regionalplanung und beschränkte seine Aktivitäten auf finanzielle Zuschüsse für Hafenbauten und Küstenschutz. Die Station Port Camargue wurde durch die Handelskammer von Nîmes-Alès-Le Vigan entwickelt, Saint-Cyprien im Süden verdankt seine Entwicklung der Caisse des Dépôts et des Consignations (C.D.C.) Paris.

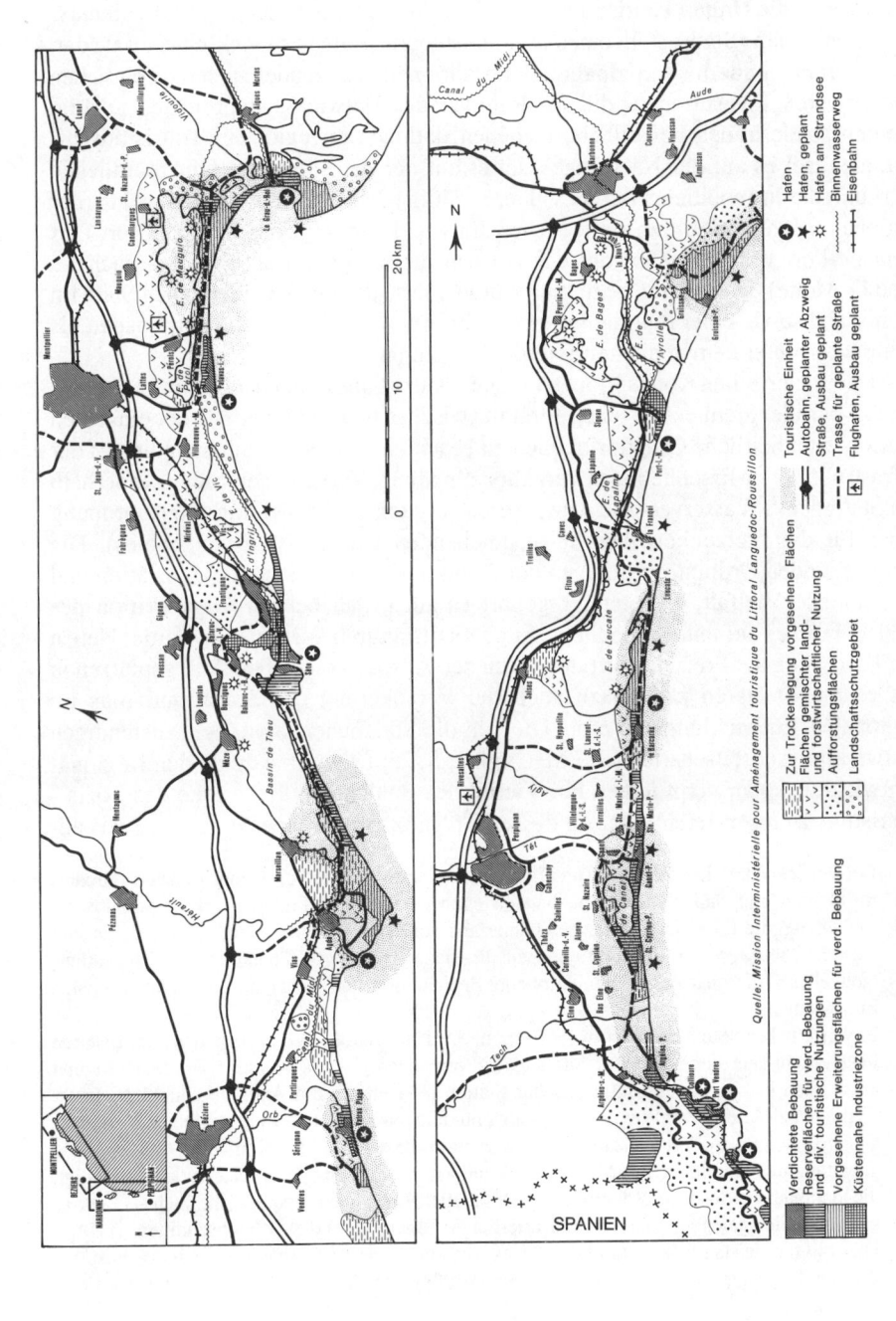

5.2 Die planmäßige touristische Entwicklung der Küsten 245

Karte 40 Generalisierte Darstellung der Flächennutzungen im Regionalplan für die tourist. Entwicklung der Küsten von Languedoc und Roussillon

neuen Fremdenverkehrszentren finden schon allein als Folge ihrer originären architektonischen Ausgestaltung in der Fachliteratur (vgl. F. A. WAGNER 1984, S. 85–108) wie auch in der Publizistik das größere Interesse. Die Einbeziehung der bestehenden Stationen in die Unités Touristiques sowie die Anbindung dieser Fremdenverkehrseinheiten an nahe Städte stellt einen regional integrierenden Entwicklungsansatz dar. Er sichert nicht nur die Partizipation der traditionellen Seebäder an den öffentlichen und privaten Investitionen, die im Rahmen des Entwicklungsprojektes getätigt wurden, sondern auch die Teilhabe der neuen Stationen am regionalen Tourismusaufkommen, sei es auf der Nachfrage-, sei es auf der Angebotsseite (zur räumlichen Herkunft der Immobilienerwerber vgl. u. S. 270ff.). Die Bedeutung des Aspektes der regionalen Integration der touristischen Entwicklung zeigt das Beispiel von Port Leucate-Port Barcares: Obwohl der Ausbau dieser Station als zweiter (nach La Grande Motte) bereits 1968 begonnen wurde, führte das Fehlen einer nahen Stadt im Hinterland sowie einer renommierten Station Ancienne[17] dazu, daß der Ausbau bis heute weit hinter dem geplanten Entwicklungstempo zurückblieb.

Der planerischen Konzeption der Unités Touristiques liegt der Gedanke zugrunde, daß bei aller architektonischen Vielfalt zwischen den und innerhalb der einzelnen Stationen einheitliche Grundprinzipien zu beachten sind. Sie beinhalten die Art der infrastrukturellen Erschließung (Verkehrsanbindung, Verkehrsberuhigung innerhalb der Stationen[18], Wasserver- und Abwasserentsorgung, Sicherstellung und Anordnung eines für die Freizeitbevölkerung ausreichenden Dienstleistungsangebotes). Die grundlegenden Ordnungsprinzipien der Planung sind räumliche Konzentration und funktionelle Vielfalt; zu letzterer gehört es auch, daß bei der Organisation des Freizeitraumes auf unterschiedliche Angebotsstrukturen Wert gelegt wurde. Neben der Förderung der Freizeitschiffahrt durch den Ausbau von 40 000 Anlegeplätzen in insgesamt 20 Häfen zählt dazu auch die Verankerung des Sozialtourismus im regionalen Entwicklungskonzept. Die für die staatlichen Stationen zuständigen Entwicklungsgesellschaften (S.E.Ms., vgl. u. S. 250f.) wurden durch den Regionalentwicklungsplan verpflichtet, ein Viertel des Baulandes für Zwecke des Sozialtourismus zu reservieren[19], das an dessen Trägerorganisationen zu einem Preis ab-

---

17 Bei den Seebädern Leucate-Plage und Barcares, welche die Unité Touristique Leucate-Barcares im Norden und Süden begrenzen, handelt es sich um kleine Fremdenverkehrsorte lokaler Bedeutung, die über kein städtisches Hinterland verfügen. Hinzu kommt, daß sie durch ihre exzentrische Lage und – im Fall von Leucate-Plage – räumliche Trennung von den Stations Nouvelles zu diesen in keinerlei funktioneller Beziehung stehen, sieht man von der kommunalen Zuordnung ab.

18 Es wurde in bewußtem Kontrast zu den Stations Anciennes darauf Wert gelegt, den motorisierten Fahrverkehr aus der Nähe des Strandes zu verbannen. Dieses Konzept wurde strikt und erfolgreich in La Grande Motte und der Station Nouvelle Cap d'Agde durchgeführt. In St. Cyprien und Carnon wurde es demgegenüber nur teilweise realisiert. Eine besondere Verkehrssituation besteht in Port Leucate–Port Barcares. In diesen Stations Nouvelles sind zwar die Wohnquartiere am Strand des Mittelmeeres und jenem des Etang de Leucate verkehrsberuhigt, die Stationen werden jedoch durch die küstenparallele Erschließungsstraße, die auch als Zubringer für südlich gelegene Bäder (Ste. Marie-Plage, Canet-Plage) dient, durchschnitten.

19 Dies gilt für die staatlichen Stationen, für welche eine Weisungsbefugnis der Mission bestand: La Grande Motte, Le Cap d'Agde, Gruissan, Port Leucate, Port Barcares (vgl. P. RACINE 1980, S. 159).

gegeben wurde, der seine infrastrukturelle Ausstattung nicht deckte. Die Kostenunterdeckung sowie der ursprüngliche Kaufpreis für die dem Sozialtourismus zugewiesenen Flächen wurden auf die Verkaufspreise für die kommerzielle Nutzung aufgeschlagen und somit letztlich auf die Käufer von Zweitwohnungen und Ferienhäuser überwälzt[20]. Bis 1978 wurden an der Küste des Languedoc-Roussillon 166 000 Betten für den Sozialtourismus erstellt, davon befinden sich 33 000 in den Stations Nouvelles und 133 000, fast ausschließlich auf in kommunaler Regie geführten Zeltplätzen[21], in den älteren Badeorten (P. RACINE 1980, S. 161). Damit sind 10% (Stand 1980) der Beherbergungskapazität des Sozialtourismus in Frankreich[22] im Litoral des Languedoc-Roussillon konzentriert.

5.2.2.2 Die Ausführung der Planung

Die Ausführung der Planung beinhaltet zwei grundsätzlich unterschiedliche Phasen, jene der verdeckten Vorbereitungen und jene der Durchführung des öffentlich verkündeten Projektes.

Die verdeckten Vorbereitungen für die touristische Inwertsetzung der Küsten des Languedoc-Roussillon starteten lange vor der Einsetzung der Interministeriellen Mission. Die Vorarbeiten für den Regionalplan begannen auf Initiative von Abel THOMAS, dem zuständigen Regionalkommissar für Landesentwicklung[23], der 1959 den Languedoc-Roussillon bereiste und anschließend nach Abstimmung mit dem Minister für Bauwesen einer Architektengruppe[24] vorstand, die vorbereitende Planungen durchführte (vgl. P. RACINE 1980, S. 25f.). Bereits in dieser frühen Phase wurden die zukünftigen Standorte der Stations Nouvelles festgelegt; die Planung war 1963 bereits soweit fortgeschritten, daß der Regionalentwicklungsplan P.U.I.D. schon ein halbes Jahr nach Gründung der interministeriellen Mission fertiggestellt werden konnte.

Eine entscheidende Voraussetzung für die Finanzierbarkeit und damit für die Realisierung des Projektes war das Ausschalten der Bodenspekulation, deren Einset-

---

20 Es handelt sich hierbei um erhebliche Beträge, die auf die an Private verkauften Immobilien aufgeschlagen wurden, da der Kaufpreis, den die Träger des Sozialtourismus zu zahlen hatten, z.T. nur die Hälfte der Kosten für die infrastrukturelle Erschließung ihres Geländes deckte (P. RACINE 1980, S. 159) und diese Kostenunterdeckung für ein Viertel des zu bebauenden Geländes bestand.
21 Die Bodenpreise verhindern eine andere Form der Implantation des Sozialtourismus in den Stations Anciennes, er ist dort zu den anderen touristischen Nutzungen hinsichtlich der Bodenrente nicht konkurrenzfähig.
22 Die Gesamtzahl der Betten im Sozialtourismus betrug in Frankreich 1980 1,6 Mio, davon wurden 49% auf Zeltplätzen angeboten (R. LANQUAR/Y. RAYNOUARD 1981, S. 38).
23 A. THOMAS war im Vorbereiten und Durchführen verdeckter Aktionen erfahren, er hatte in der französischen Regierung an der Vorbereitung der Suez-Intervention von 1956 Anteil (vgl. P. RACINE 1980, S. 25).
24 Aus dieser Architektengruppe gingen die späteren Chef-Architekten der Stations Nouvelles hervor. Diese Architekten waren vertraglich an die Mission gebunden und damit von den Bauträgern (Promoteurs) unabhängig.

zen bei Bekanntwerden des Entwicklungsprojektes abzusehen war. Es schien daher geboten, vor Beginn der Operation das Grundeigentum zumindest an den Flächen, die für die Stations Nouvelles (ca. 700 ha pro Einheit) benötigt wurden, zu dem orginären Preis für landwirtschaftlich genutzte Flächen und – in den meisten Fällen – Unland (Salzwiesen, die z.T. überflutet wurden oder versumpft waren) zu erwerben[25].

Die Durchführung der staatlichen Landkäufe erfolgte 1962 und 1963 unter der Leitung von A. THOMAS unter der Einschaltung unterschiedlicher staatlicher und semistaatlicher Ämter bzw. Institutionen[26], so daß die Mission im Juni 1963 bei ihrer Gründung bereits über 1200 ha verfügen konnte. Insgesamt erhöhte sich die durch den Staat erworbene Fläche auf 4567 ha[27]; um diese Perimeter der neuen Stationen wurden 25 000 ha als Z.A.D. ausgewiesen (vgl. o. S. 232), die Reglementierung der Grundstückspreise für diese Flächen endete 1977/78[28]. Die Karte 41 verdeutlicht die Organisation des Grunderwerbs am Beispiel der Station Nouvelle Port Barcares. Die in weiß ausgewiesenen Flächen sind jene, welche bereits an private Investoren/ Bauträger verkauft und z.T. bebaut wurden. Die im zentralen Teil der Station eingezeichneten Flächen des Conservatoire du Littoral sollen hier eine Unterbrechung der küstenparallelen Bebauung sicherstellen; in diesem Bereich ist der Entwicklungsschwerpunkt auf die binnenwärtige Seite, zum Etang-de-Salses hin, gelegt. Das dortige Quartier Coudalière ist in seinem westlichen und nördlichen Teil, etwa auf der Hälfte der vorgesehenen Fläche, bereits errichtet.

Die Träger des Sozialtourismus verfügen über ausgedehnte und von der Lage her durchaus strandnahe und somit begünstigte Flächen. Es handelt sich dabei um die Caisse d'Allocations Familiales des Pyrénées-Orientales sowie die Feriendienste der staatlichen Post und Telephongesellschaft. Die sozialtouristischen Anlagen umfassen Feriendörfer sowie Zeltplätze.

Der Finanzierungsträger F.N.A.F.U. tritt auch als Grundeigentümer in Erscheinung. Bei den von ihm erworbenen Flächen handelt es sich um Reserveflächen, die für den Verkauf an Bauträger vorgesehen sind. Das gleiche gilt für die Flächen, die

---

25 Es wurden pro m² zwischen 0,50 FF und 2,00 FF gezahlt. Die Vermeidung von spekulativen Bodenpreissteigerungen setzte strenge Geheimhaltung voraus; auf regionaler Ebene waren nur die Präfekten persönlich von der bevorstehenden Operation unterrichtet.
26 Zu den Ämtern, die die Bodenkäufe erledigten, gehörten die nationale Forstbehörde O.N.F., die C.N.A.B.R.L. sowie die Zentralverwaltung der staatlichen Domänen. Es handelte sich also um Institutionen, deren Bodenkäufe nicht anormal schienen. Solche waren auch zur Realisierung ihrer üblichen Aufgaben (Aufforstung, Restrukturierung und Neueinrichtung landwirtschaftlicher Betriebe) notwendig.
27 Nach Bekanntwerden der Planung und Institutionalisierung der interministeriellen Mission im Juni 1963 erwarb diese die zusätzlichen Flächen zu den gleichen Bedingungen wie zuvor die mittelbar für den Staat tätigen Institutionen. Voraussetzung dafür war die Déclaration d'Utilité Publique (D.U.P.), welche die Enteignung der benötigten Flächen, die eher ein Druckmittel als ein häufig in Anspruch genommenes Instrument darstellte, ermöglichte (vgl. P. RACINE 1980, S. 94).
28 Dem mit Auslaufen der Z.A.D.s drohenden Anstieg der Bodenpreise suchte man u.a. durch die Aktivitäten des Conservatoire du Littoral zu begegnen, das 1975 eingerichtet wurden. Eine relativ effektive Begrenzung des Anstiegs der Bodenpreise nach 1978 resultierte auch daraus, daß noch relativ große Flächen vor allem der südlichen Stations Nouvelles unbebaut sind und vom Staat als Marktregulativ eingesetzt werden können.

5.2 Die planmäßige touristische Entwicklung der Küsten 249

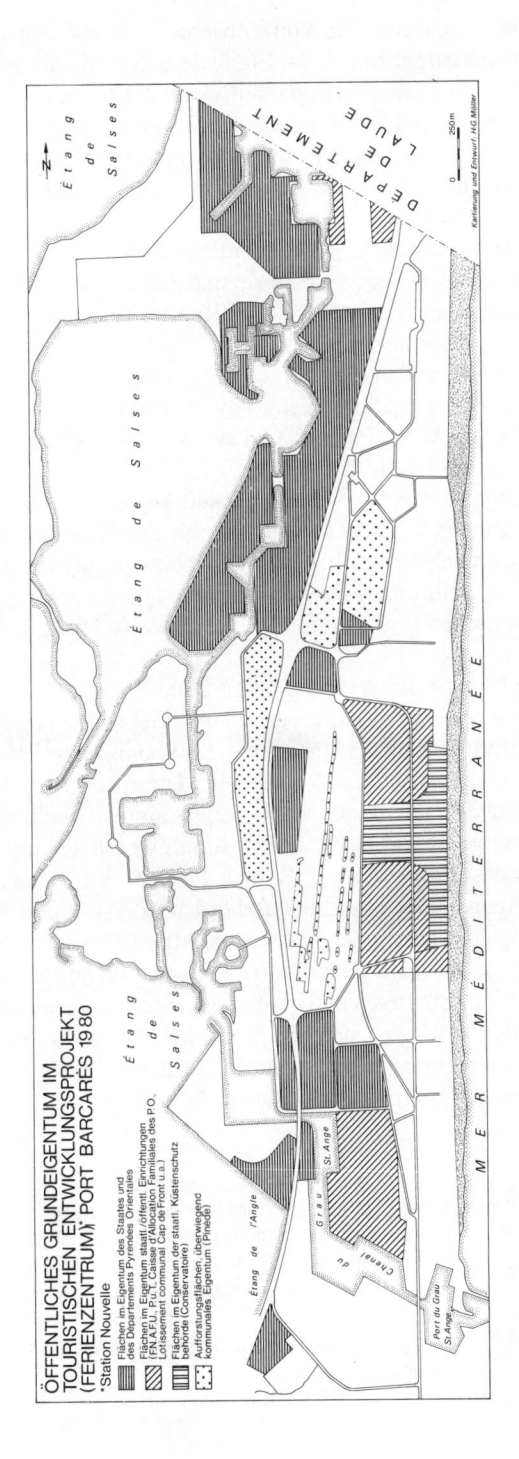

Karte 41 Öffentliches Grundeigentum im touristischen Entwicklungsprojekt (Ferienzentrum)* Port Barcarès 1980

dem Département gehören. Sie konzentrieren sich auf den nördlichen Teil der Station, in binnenwärtiger Lage zum Etang de Salses hin ausgerichtet.

Die Gemeinde Barcares verfügt hauptsächlich über Aufforstungsflächen sowie über Terrains, auf denen die kommunale Verwaltung sowie Infrastruktureinrichtungen lokalisiert sind. Die Flächen des Conservatoire du Littoral werden von der Gemeinde im Auftrag verwaltet, der weiträumige Strand zählt zum wichtigsten kommunalen Eigentum.

Der vom Fonds National d'Amenagement Foncier et d'Urbanisme (F.N.A.F.U.) finanzierte Grunderwerb bedeutete den ersten Schritt zur Realisierung der Planung, die direkten staatlichen Aktionen in der Region beschränkten sich auf den Bau wichtiger Infrastruktureinrichtungen:
- den Bau von Nationalstraßen zur Verkehrsanbindung der Unitées Touristiques;
- den Bau von Freizeithäfen in den Stations d'Etat;
- die Aufforstung von 2000 ha Ödland als Windschutzmaßnahmen und zur Verbesserung des Landschaftsbildes;
- die Erstellung von Wasserversorgungs- und Abwasserbeseitigungseinrichtungen;

Weiterhin wurden in Zusammenarbeit mit den Küstendépartements bzw. der Region[29] Maßnahmen zur Beseitigung der Mückenplage[30] im Bereich der Lagunen als Voraussetzung für ihre touristische Erschließung durchgeführt (zu den Maßnahmen und ihrer ökologischen Problematik (vgl. H.-D. MAY 1972, S. 503f. und P. RACINE 1980, S. 139ff.).

Neben der MISSION INTERMINISTERIELLE POUR L'AMÉNAGEMENT TOURISTIQUE DU LITTORAL LANGUEDOC-ROUSSILLON waren eine Vielzahl staatlicher und öffentlich-rechtlicher Institutionen mit der Umsetzung der Planung beschäftigt (vgl. Abb. 7); ihr Einsatz wurde von der Mission koordiniert. Diese Koordinationsaufgabe für die einzelnen staatlichen Fachverwaltungen, die Zusammenarbeit mit den Collectivitées Locales (Départements und Gemeinden), waren verbunden mit der alleinigen Verantwortung für das Projekt (vgl. P. RACINE 1980, S. 36ff.), nicht jedoch mit einem Weisungsrecht gegenüber einzelnen Behörden oder gar den Parlamenten in den Départements[31] und Gemeinden. Da deren Mitwirkung zur Verwirklichung des Entwicklungsprojektes eine unabdingbare Voraussetzung darstellte, sie politisch zumeist von den Linksparteien und damit der Opposition zur Regierung de GAULLES beherrscht wurden, erwies es sich als geschickte Taktik RACINES, über die ausführliche Konsultation regionaler Parlamente hinausgehend regionale Parlamentarier als Präsidenten der gemischtwirtschaftlichen Entwicklungsgesellschaften (Sociétés

---

29 Die Aktion zur Bekämpfung der Mückenplage wurde im Languedoc in den Départements Gard und Hérault 1958 begonnen, nach 1963 von der interministeriellen Mission und allen Küstendépartements gemeinsam intensiviert. Die Mission trug bis zu 85% der Kosten der Aktion, ab 1976 ging die Finanzierung auf die Region, die Départements und die Küstengemeinde über (vgl. P. RACINE 1980, S. 140f., 255).

30 Das Ziel der Bekämpfung der Mücken ist nicht ihre vollständige Beseitigung, sondern eine Reduzierung des Bestandes.

31 Das Parlament der Region Languedoc-Roussillon, der Conseil Régional, wurde erst 1974 gewählt.

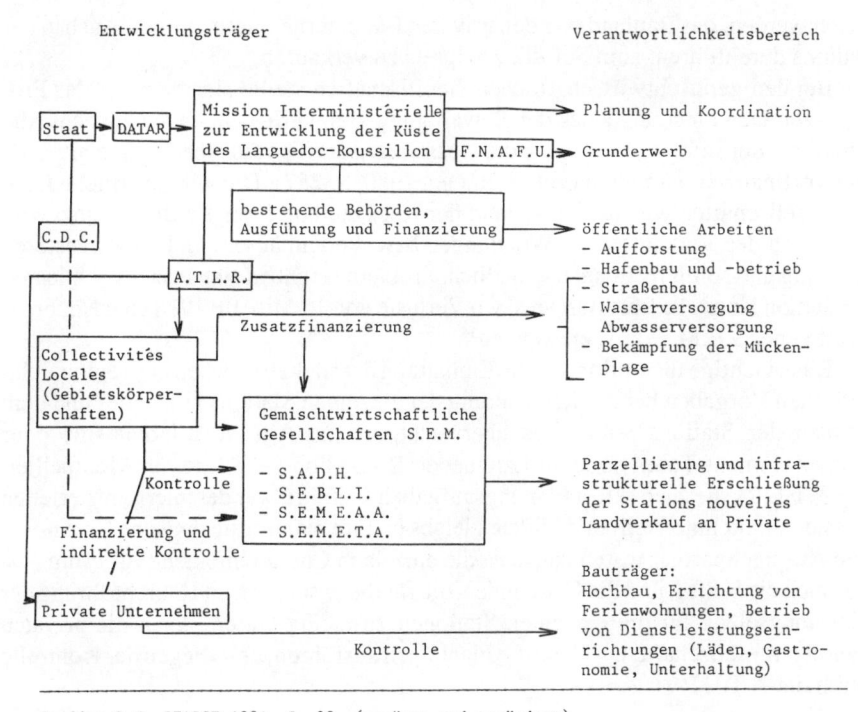

5.2 Die planmäßige touristische Entwicklung der Küsten

```
Entwicklungsträger                          Verantwortlichkeitsbereich

                    Mission Interministérielle → Planung und Koordination
Staat → DATAR       zur Entwicklung der Küste
                    des Languedoc-Roussillon  F.N.A.F.U. → Grunderwerb

                    bestehende Behörden,
C.D.C.              Ausführung und Finanzierung → öffentliche Arbeiten
                                                   - Aufforstung
        A.T.L.R.                                   - Hafenbau und -betrieb
                    Zusatzfinanzierung             - Straßenbau
                                                   - Wasserversorgung
Collectivités                                      Abwasserversorgung
Locales                                            - Bekämpfung der Mücken-
(Gebietskörper-                                      plage
schaften)
                    Gemischtwirtschaftliche
                    Gesellschaften S.E.M.
        Kontrolle   - S.A.D.H.                     Parzellierung und infra-
                    - S.E.B.L.I.                   strukturelle Erschließung
                    - S.E.M.E.A.A.                 der Stations nouvelles
Finanzierung und    - S.E.M.E.T.A.                 Landverkauf an Private
indirekte Kontrolle
                                                   Bauträger:
                                                   Hochbau, Errichtung von
Private Unternehmen                                Ferienwohnungen, Betrieb
                                                   von Dienstleistungsein-
                    Kontrolle                      richtungen (Läden, Gastro-
                                                   nomie, Unterhaltung)
```

Quelle: D.G. PEARCE 1981, S. 98 (ergänzt und verändert)

Abb. 7 Organisationsschema der touristischen Entwicklung der Küste des Languedoc-Roussillon

d'Economie Mixte, S.E.M.) einzusetzen[32]. Deren Kapital wird von der Mission, den Départements und Gemeinden sowie Industrie- und Handelskammern sowie kommerzieller Investoren gehalten, ihre Kredite werden durch die Caisse des Dépôts et Consignations[33], einem als Etablissement Publique geführten Finanzierungsinstrument *des Staates* für die Ausführung des nationalen Plans (vgl. J. de LANVERSIN 1979, S. 248), gewährt bzw. garantiert. Diese Kreditgewährung ist mit subventionierten Zinssätzen verbunden. Sie stellt als Pendant zur administrativen Aufsicht ein sehr wirksames Kontrollinstrument des Staates über die Gebietskörperschaften dar.

Diese gemischtwirtschaftlichen Gesellschaften führten den eigentlichen infrastrukturellen Ausbau der Stations Nouvelles durch. Dabei durften keine Gewinne

---

32 Die S.E.M. vereinigten die Interessen von Staat (Mission), Départements, Gemeinden und öffentlichen Einrichtungen wie den Industrie- und Handelskammern. Das Instrument der S.E.M. stammt aus der Praxis des Städtebaus, es ist gemeinnützig und darf keine Gewinne erwirtschaften.

33 Die Caisse des Dépôts et Consignations (C.D.C.) gab neben den Krediten auch technisch-administrative Hilfestellung für die Geschäfte der S.E.M.s; diese erfolgte durch die Société Centrale d'Equipement du Territoire (S.C.E.T.), eine für die Umsetzung der Planungsziele auf departementaler und kommunaler Ebene sehr wichtige Institution.

erzielt werden, das Bauland war den privaten Bauunternehmern, die den Ausbau der Stations durchführen, zum Selbstkostenpreis zu verkaufen.

Bei den gemischtwirtschaftlichen Gesellschaften stellte sich weniger das Problem von Gewinnen als jenes der Bewältigung von Verlusten, da sie zunächst die Erstellung der Infrastruktur sowie die Ausstattung der Terrains für den Sozialtourismus vorfinanzieren mußten (vgl. P. RACINE 1980, S. 257). Die wirtschaftliche Lage der Gesellschaften wie auch der Stand der Rückzahlung ihrer Kredite ist also vom Fortschritt des Verkaufes von Wohnungen bzw. Ferienhäusern an Privatinvestoren abhängig und somit recht unterschiedlich. Probleme ergaben sich bisher vor allem in der Station Nouvelle Port Barcares, wo Verluste von 15 Mio. FF 1978 eine Neuorganisation der S.E.M.E.T.A. erzwangen[34].

Eine wichtige Institution, die die Einhaltung der städtebaulichen und regionalplanerischen Vorgaben bei der Realisierung der einzelnen Stations Nouvelles und dem Ausbau der Stations Anciennes überwacht, ist die Agence d'Urbanisme pour l'Aménagement Touristique du Languedoc-Roussillon (A.T.L.R.) in Montpellier. Die A.T.L.R., die auch selbst Planungsaufgaben ausführt, war der interministeriellen Mission direkt unterstellt und bildete gleichsam ihre planungstechnische Exekutive. Ihre Ansprechpartner waren zunächst die einzelnen Chefarchitekten (vgl. Anm. 24) wie auch die S.E.M. und die Gemeinden, die für die Erstellung und Durchführung der Bebauungspläne für die einzelnen Stationen zuständig waren. Auch die privaten Bauträgergesellschaften, welche die Planungen ausführen, unterliegen der Kontrolle durch die A.T.L.R..

5.2.3 DAS TOURISTISCHE ANGEBOT: DIE GÄSTEBEHERBERGUNG

5.2.3.1 Umfang und Struktur des Beherbergungsangebotes

In der Region Languedoc-Roussillon standen 1979 1,5 Mio. Betten als touristisches Beherbergungsangebot zur Verfügung, 48,5% davon in Zweitwohnsitzen, 5,4% in der Hotellerie und 17,4% auf Zeltplätzen.

Die Tab. 77 zeigt sehr deutlich den geringen Stellenwert des Sozialtourismus in der Region Languedoc-Roussillon. Auch die bäuerliche Vermietung, sei es in Form von Gîtes Ruraux, Fremdenzimmern oder als Camping à la Ferme, besitzt für das Beherbergungsangebot der Region nur eine marginale Bedeutung. Demgegenüber ist auffällig, daß ein Fünftel der von Touristen in Anspruch genommenen Beherbergungskapazität außerhalb des gewerblichen und sozialtouristischen Bettenangebotes lokalisiert war, es handelt sich um Unterkünfte bei in der Region ansässigen Verwandten und Bekannten. Damit besitzt diese Form der Unterkunft – bezogen auf das gesamte Touristenaufkommen – eine größere Bedeutung als die statistisch erfaßte Beherbergungskapazität auf Zeltplätzen.

---

34 Das Département Pyrénées-Orientales hatte zunächst eine Zusammenarbeit mit der S.C.E.T., die auch das Element der staatlichen Kontrolle beinhaltet, abgelehnt, mußte sich 1978 jedoch dem Organisationsschema der anderen S.E.M.s mit seiner S.E.M.T.A. anpassen.

Tab. 59 Die Struktur des Beherbergungsangebotes in der Region Languedoc-Roussillon 1978/79

Unterkunftsarten	Beherbergungskapazität/ Betten (Anzahl)		Betten (%)	
Zweitwohnungen		710.700	60,5	48,5
Hotels Tourisme	53.205	} 80.580*	6,9	5,4
Préfecture**	27.375			
Zeltplätze		256.700	21,9	17,4
Feriendörfer		28.392	2,4	2,0
Gîtes ruraux		16.800		
Bäuerliche Unterkünfte:				
Fremdenzimmer		370	1,5	1,2
camping à la ferme		1.050		
möblierte Wohnungen (Schätzungen)		80.000	6,8	5,5
Zusammen		1.174.592	100,0	
Unterkünfte bei Familien in Hauptwohnsitzen		293.650		20,0
Gesamtangabe der touristischen Beherbergungskapazität		1.468.242		100,0
Jugendtouristische Einrichtungen: Jugendherbergen		1.679		
Kinderdörfer		38.597		
Anmerkungen: *) Berechnungsgrundlage: 2,5 Betten pro Zimmer (die amtliche Statistik erfaßt nur die Zimmerzahl, nicht die Betten; vgl. Text) **) nicht klassifizierte Betriebe Quelle: J. Cortot 1980, S. 165				

Die Daten der Tab. 59, die ohne Berücksichtigung von Dunkelziffern ausgewiesene Nominal- und somit Mindestwerte darstellen, sind hauptsächlich durch die überragende Bedeutung der Zweitwohnsitze und den sehr nachgeordneten Stellenwert des Hotelgewerbes gekennzeichnet. Diese Struktur ergibt sich folgerichtig aus der Entwicklung der einzelnen Unterkunftsarten seit Mitte der sechziger Jahre (Tab. 60).

Es zeigt sich sehr deutlich, daß in der Mitte der sechziger Jahre die Ferienwohnungen bereits 61% von insgesamt 466 000 in der Region vorhandenen Betten stellten. Ihr Anteil an den gewerblichen und sozialtouristischen Unterkünften (also ohne Berücksichtigung der Unterkünfte bei Freunden und Bekannten) ist somit konstant geblieben. Die Tab. 60 weist nach, daß die Ausweitung des touristischen Angebotes im Languedoc-Roussillon auf der gleichzeitigen Ausweitung von Unterkünften in Zweitwohnungen und auf Zeltplätzen basiert, welche zwischen der Mitte der sechziger bis zum Ende der siebziger Jahre um knapp 150 bzw. 110% zunahmen. Die Zunahme an Hotelbetten belief sich im gleichen Zeitraum nur auf 40%, die jedoch ausschließlich in klassifizierten Touristenhotels eingerichtet wurden.

Tab. 60 Die Entwicklung der einzelnen Unterkunftsarten in der Region Languedoc-Roussillon (Kapazitäten in Anzahl der Gästebetten)

Unterkunftsarten	1956	1962	1966 (1)	1968 (2)	1972	1975	1978
Zweitwohnsitze		217.960	285.540 (2)			659.100	710.700
Hotels							
– Tourisme	20.500 } 38.900		30.340 } 57.740			43.820 } 72.310	53.205 } 80.580*
– Prefecture	18.400		27.400 (1)			28.490	27.375
Zeltplätze (räuml. Lage)**							
– Littoral			} 78.000	} 123.130 (2)	113.000		195.000
– Durchgangszone					14.000 } 175.000		14.000 } 256.700
– Gebirge					19.400		27.400
– Hinterland					29.500		20.300
Sozialtouristische Einrichtungen					12.240		28.392

Anmerkungen: *) vgl. Anmerkung Tab. 59
　　　　　　　**) vgl. Karte 52

Quelle: J. Cortot 1980, S. 173

5.2 Die planmäßige touristische Entwicklung der Küsten

Im Jahre 1982 erfaßte die Statistik des I.N.S.E.E.[35] in der Region 65 850 Hotelbetten, ihre Zahl erhöhte sich bis 1985 auf 67 186. Berücksichtigen wir an Stelle des von J. CORTOT (1980, S. 164) angewandten Umrechnungsfaktors von 2,5 Betten pro Hotelzimmer jenen von 2,0 Betten, der in der vorliegenden Arbeit in Übereinstimmung mit der Kapazitätsberechnung nach I.N.S.E.E. und B. BARBIER (1984, S. 42) angewandt wird, so zeigt sich seit 1980 eine Stagnation der Beherbergungskapazität der Hotels im Languedoc-Roussillon. Die Zahl ihrer Betten hat sich von 64 500 (1980) über 65 850 (1982) lediglich auf 67 200 (1985) bzw. um 4% erhöht. Die qualitative Struktur dieses Bettenangebots ist dadurch gekennzeichnet, daß 26% der Zimmer bzw. Betten, jedoch 48% der Betriebe zu den nicht klassifizierten Hotels (Hotels de Prefecture) zählen. Sie weisen in der Regel 9 bis 10 Zimmer je Betrieb auf. Die klassifizierten Hotelbetriebe, die über 74% der Beherbergungskapazität verfügen, zählen in der Regel 24 bis 25 Zimmer pro Betrieb und sind auf die Küstenzone konzentriert. Auch wenn die Aufteilung zwischen klassifizierten und nicht klassifizierten Betrieben große Ähnlichkeit mit jener in der Region P.A.C.A. aufweist (dort verfügen die Hotels de Prefecture über 44% der Betriebe und ebenfalls 26% der Beherbergungskapazität), so sind nicht nur die quantitativen (P.A.C.A. insgesamt 4867 Hotels mit 176 000 Betten), sondern auch die qualitativen Unterschiede auf dem Hotelsektor des touristischen Angebotes grundlegend. Die Region Languedoc-Roussillon verfügt lediglich über ein Vier-Sterne-Hotel, dessen 928 Betten nur 1,4% der Unterkünfte in Hotels in der Region ausmachen.

Die Beherbergungskapazität der Zweitwohnsitze erhöhte sich von 1975 auf 1982 um 43% auf 944 000 Betten.

Tab. 61 Die Beherbergungskapazität von Ferienwohnungen (Zweitwohnsitzen) und Logements Vacants in der Region Languedoc-Roussillon 1982.

Département	Ferienwohnungen			Logements Vacants		
	Anzahl	Betten	%	Anzahl	Betten	%
Aude	31.512	157.560	17	16.312	81.560	17
Gard	33.585	167.925	18	19.616	98.080	19
Hérault	59.739	298.695	32	39.725	198.625	40
Lozère	13.445	67.225	7	4.204	21.020	4
Pyrénées Orientales	50.516	252.580	26	20.121	100.605	20
Region insges.	188.797	943.985	100	99.978	499.890	100
Quelle: I.N.S.E.E. – R.G. P. 1982						

Zusammen mit den 100 000 „leerstehenden Wohnungen" (Logements Vacants), deren an der Belegung von Zweitwohnungen gemessenes Äquivalent an Beherbergungskapazität von 500 000 Betten nur zum Teil – außerhalb der Agglomerationen und der Siedlungstätigkeit der einheimischen Bevölkerung auch in der Küstenzone

---

35 Die Probleme der Unvollständigkeit der I.N.S.E.E.-Statistiken stellen sich hier ebenso wie in der Region P.A.C.A.. Zur Quellenlage allgemein vgl. o. S. 32ff.

(vgl. o. S. 51ff.) – für touristische Zwecke und Freizeitfunktionen zur Verfügung steht, stellen die Zweitwohnsitze mit ca. 1 Mio Betten den dominierenden Faktor des Beherbergungsangebotes der Region dar. Dabei ist die räumliche Konzentration beider Unterkunftsarten auffällig, 50% der Zweitwohnsitze und 60% der Logements Vacants sind in den Départements Hérault und Gard lokalisiert.

Zwischen 1962 und 1978 hat sich die Kapazität der Zeltplätze im Languedoc-Roussillon in etwa ebenso stark erhöht wie jene der Zweitwohnsitze, um 229 gegenüber 226% (Tab. 61). Allerdings verlief der Ausbau der Campingplätze zwischen 1962 und 1968 (Kapazitätszunahme 58%) schneller als jener der Zweitwohnungen (um 31%); im Dezennium von 1969 bis 1978 führte der Ausbau der Stations Nouvelles zu einer wesentlich rascheren Ausweitung der Kapazität der Ferienwohnungen (148%) gegenüber den Zeltplätzen (67%). Beide Unterkunftsarten prägen nunmehr das gewerbliche Beherbergungsangebot im Languedoc-Roussillon. Die Kapazität der Zeltplätze ist von 1978 bis 1987 auf 338 300 gestiegen (I.N.S.E.E. 1988, S. 47); dies entspricht einem Anstieg um 32%.

5.2.3.2 Die räumliche Struktur des Beherbergungsangebotes

Bereits in Tab. 61 wird deutlich, daß die räumliche Struktur der Beherbergungskapazität – hier der Zweitwohnsitze – markante Unterschiede aufweist. Die Départements haben dabei zwischen 1962 und 1982 eine differenzierte Entwicklung genommen.

Zwar vereinigt 1962 wie 1982 der Hérault die größte Anzahl der Zweitwohnsitze auf sich; das Wachstum war jedoch im Département Aude und besonders in den Pyrénées-Orientales wesentlich stärker (vgl. Tab. 62). In dem letzteren entspricht die Anzahl der Zweitwohnsitze 1982 in etwa dem Bestand der Region aus dem Jahre 1962; die Zunahme der Zweitwohnsitze ist hier im Unterschied zu den anderen Küstendépartements der Region und parallel zur Situation in den Alpes-Maritimes

Tab. 62 Die Entwicklung der Zweitwohnsitze in den Departements der Region Languedoc-Roussillon 1962–1982

Département	1962		1968		1975		1982		1962/82	1975/82
	Anzahl	%	Anzahl	%	Anzahl	%	Anzahl	%	Veränderung (%)	
Aude	8.075	16	10.115	15	14.447	14	31.512	17	290	118
Gard	12.100	24	15.386	23	23.265	21	33.585	18	175	44
Hérault	16.046	31	16.754	25	33.179	31	59.739	31	272	80
Lozère	5.033	10	6.982	10	9.200	8	13.445	7	167	32
Pyrénées-Orientales	9.927	19	17.912	27	28.758	26	50.516	27	409	76
Region	51.285	100	67.149	100	109.849	100	188.797	100	268	72

Quelle: I.N.S.E.E. (Dir. Rég. – Montpellier) – eigene Berechnung

auf den Ausbau der Küstenorte und von den Wintersportorten – in den Pyrénées-Orientales in der Cerdagne[36] – zurückzuführen. Abgesehen von den Wintersportorten nehmen jedoch die Zweitwohnsitze in den Gebirgsräumen und in dem Arrière-Pays deutlich langsamer zu. Der sinkende Anteil des Départements Lozère am regionalen Zweitwohnungsbestand belegt dies sehr klar.

Es ist der Ausbau der Küstenstationen, welcher die Entwicklung der Zweitwohnsitze im Languedoc-Roussillon seit den siebziger Jahren entscheidend prägt. Obwohl die neuen Stationen in der Regel städtische Gemeinden sind, haben die Landgemeinden ihren Stellenwert als Standorte von Freizeit- und Ferienwohnungen erhalten können.

Die Tab. 63 zeigt sogar, daß mit der Ausnahme der Départements Gard und Hérault kein Bedeutungsrückgang von Landgemeinden hinsichtlich ihres Anteils an den Zweitwohnsitzen zu verzeichnen war. In den Pyrénées-Orientales und im Département Aude haben sie nicht nur absolut, sondern auch relativ an Bedeutung gewonnen. Besonders auffällig ist dies im Département Pyrénées-Orientales, wo neben den städtischen Gemeinden zwischen 5000 und 10 000 Einwohnern – zu dieser Größenklasse zählen die wichtigsten Fremdenverkehrsorte im Département – die Landgemeinden zwischen 200 und 1000 Einwohnern Zuwächse an Zweitwohnsitzen um 119 bis 125% zu verzeichnen hatten. Sie liegen somit klar über der Zunahme (92%) der wichtigsten städtischen Größenklasse hinsichtlich der Beherbergungskapazität von Zweitwohnsitzen. Zudem wird der Bestand an Zweitwohnungen in dieser Größenklasse städtischer Gemeinden (14 500 Einheiten) von den Landgemeinden mit über 1000 Einwohnern[37] (14 200 Zweitwohnungen) fast egalisiert.

Die großen Landgemeinden (über 1000 Einwohner) haben in den Départements Aude und Pyrénées-Orientales mit 210 bzw. 119% Zuwachs eine besonders starke Ausweitung ihres Zweitwohnungsbestandes während der beiden letzten Volkszählungen zu verzeichnen gehabt, in den anderen Départements fiel er deutlich niedriger aus (Hérault 73%; Lozère 61%; Gard 34%). Diese divergierenden Entwicklungstendenzen deuten auf ein für die Regionalentwicklung wichtiges Faktum hin. Größere und infrastrukturell gut ausgestattete Landgemeinden werden bei der Einrichtung von Freizeit- und Ferienwohnsitzen bevorzugt; sind sie nicht oder nur selten vorhanden – wie im Hinterland des Hérault und im Lozère – verteilt sich im ländlichen Raum die Ausweitung des Zweitwohnungswesens auf alle Gemeindegrößenklassen relativ gleichmäßig, häufig durch den Ausbau aufgelassener bäuerlichen Wohnsitze auch in kleinsten Dörfern.

Hinsichtlich der Logements Vacants, denen im ländlichen Raum sowie in den Städten unter 10 000 Einwohnern eine relativ hohe Bedeutung als verdecktes Beherbergungsangebot zuzuweisen ist, fällt bei den Landgemeinden eine einheitlich abnehmende Tendenz des Bestandes auf. Im Falle der städtischen Gemeinden sind räumliche Unterschiede festzustellen. In den größeren Städten steigt die Zahl der Logements Vacantes im Verlauf des Urbanisierungsprozesses unabhängig vom

---

36 Zentrum der dortigen Entwicklung ist der Wintersport Font Romeu (vgl. H.-G. MÖLLER 1988).
37 Zu den Landgemeinden über 1000 Einwohnern zählen vor allem jene mit 1000–2000 Einwohnern. Landgemeinden mit über 2000 Einwohnern bilden eine seltene Ausnahme, weil nach der Definition von I.N.S.E.E. Gemeinden über 2000 Einwohner in der Regel als Städte ausgewiesen werden.

Tab. 63 Die Zweitwohnsitze und Logements Vacants (leerstehende Wohnungen) in den Départements der Region Languedoc-Roussillon nach Gemeindegrößenklassen 1975 und 1982 – mit Fortsetzung –

Gemeinden Volkszählung 1975	Aude				Gard				Hérault				Lozère				Pyrénées-Orientales			
	R.S.*	%	L.V.**	%	R.S.	%	L.V.	%	R.S.	%	L.V.	%	R.S.	%	L.V.	%	R.S.	%	L.V.	%
ländliche Gemeinden																				
< 50 EW	440		282		159		72		231		78		128		16		568		128	
50–199 EW	2.555		2.137		2.567		1.037		1.705		956		2.030		924		1.957		1.071	
200–499 EW	1.663		3.261		4.587		2.350		2.365		2.272		3.674		1.671		2.975		1.622	
500–999 EW	1.791		3.350		1.925		1.589		2.234		3.076		715		1.491		1.491		1.325	
1.000 EW	4.057		2.074		2.715		3.516		1.965		3.504		631		448		6.500		2.886	
insgesamt	10.506	68	11.104	63	11.953	51	7.964	39	8.500	26	9.886	34	8.537	93	3.774	83	13.489	47	7.072	39
städtische Gemeinden																				
5.000 EW	2.803		2.480		8.784		4.400		15.048		5.303		351		372		6.495		3.114	
5.000–9.999 EW	33		237		654		1.682		1.965		2.619		184		237		7.527		3.174	
10.000–49.999 EW	2.105		3.689		416		2.637		6.057		4.005		128		154		–		–	
50.000 EW	–		–		1.458		3.805		1.609		7.366		–		–		1.247		4.836	
insgesamt	4.941	32	6.406	37	11.312	49	12.524	61	24.679	74	19.293	66	663	7	763	17	15.269	53	11.124	61
Département insgesamt	15.447	100	17.510	100	23.265	100	20.448	100	33.179	100	29.179	100	9.200	100	4.537	100	28.758	100	18.196	100

Anmerkungen: *) R.S. = Résidence Secondaire (Zweitwohnsitz)
**) L.V. = Logement Vacant (leerstehende Wohnung, vgl. Text)

5.2 Die planmäßige touristische Entwicklung der Küsten

Tab. 63 Die Zweitwohnsitze und Logements Vacants (leerstehende Wohnungen) in den Départements der Region Languedoc-Roussillon nach Gemeindegrößenklassen 1975 und 1982 – Fortsetzung –

Gemeinden Volkszählung 1982	Aude				Gard				Hérault				Lozère				Pyrénées-Orientales			
	R.S.*	%	L.V.**	%	R.S.	%	L.V.	%	R.S.	%	L.V.	%	R.S.	%	L.V.	%	R.S.	%	L.V.	%
ländliche Gemeinden																				
< 50 EW	735		275		71		8		207		39		125		41		701		43	
50–199 EW	3.439		1.877		3.786		916		2.401		779		4.239		787		3.234		820	
200–499 EW	2.337		2.907		5.594		1.639		3.483		1.895		5.067		1.455		4.461		1.121	
500–999 EW	2.783		3.737		3.181		1.602		3.201		2.672		2.030		608		3.362		1.540	
1.000 EW	12.801		1.704		3.637		2.394		3.394		3.328		1.013		387		14.211		2.818	
insgesamt	22.095	70	10.500	64	16.271	48	6.483	33	12.686	21	8.713	22	12.474	93	3.278	78	25.969	51	6.342	32
städtische Gemeinden																				
5.000–9.999 EW	5.733		1.599		1.776		2.176		12.297		4.933		475		397		8.525		2.713	
10.000–49.999 EW	157		358		11.920		3.094		13.611		5.267		267		190		14.481		5.050	
50.000 EW	3.527		3.855		622		1.760		13.006		7.447		229		339		–		–	
	–		–		2.996		6.103		8.139		13.365		–		–		1.542		6.016	
insgesamt	9.417	30	5.812	36	17.314	52	13.133	67	47.053	79	31.012	78	971	7	926	22	24.547	49	13.779	68
Département insgesamt	31.512	100	16.312	100	33.585	100	19.616	100	59.739	100	39.725	100	13.445	100	4.207	100	50.516	100	20.121	100

Anmerkungen: *) R.S. = Résidence Secondaire (Zweitwohnsitze)
**) L.V. = Logement Vacant (leerstehende Wohnung, vgl. Text)

Quelle: I.N.S.E.E. – Inventaire Communal 1979/80; R.G.P. 1982

Tourismus. In den Größenklassen, zu welchen die im Ausbau befindlichen Fremdenverkehrsorte zählen, ist die Entwicklung uneinheitlich. Auffällig ist der starke Zuwachs an leerstehenden Wohnungen in den Städten zwischen 5000 und 10 000 Einwohnern im Hérault sowie in den Pyrénées-Orientales, hierbei handelt es sich um eine Folge des Ausbaus der neuen und der traditionellen Seebäder.

Angesichts der quantitativen Dimension der touristischen Entwicklung des Litorals im Languedoc-Roussillon ist es verständlich, daß die Küstenzone am Zuwachs des Zweitwohnungsbestandes zwischen 1975 und 1982 um 78 950 Einheiten überproportional beteiligt ist. Auf sie entfallen 51 446 zusätzliche Zweitwohnungen bzw. 65% des regionalen Zuwachses, dies entspricht einer Ausweitung der Beherbergungskapazität um 257 230 Betten in Zweitwohnungen in der Küstenzone. Dieser Zuwachs fand sowohl in den Stations Nouvelles wie auch durch den Ausbau bestehender Küstenorte (Stations Anciennes) statt. Somit ist seine räumliche Konzentration auf die in etwa im P.U.I.R. von 1964 abgegrenzte Fläche[38a] ein wesentliches Merkmal, das auch die räumliche Bündelung von Entwicklungseffekten beinhaltet.

Es ist jedoch unter dem Aspekt der Regionalentwicklung der Gesamtregion nicht unerheblich, daß 35% des Zuwachses der Zweitwohnsitze in den binnenwärtigen Teilen des Languedoc-Roussillon, dem Arrière-Pays und dem Gebirge (vgl. Karte 42) stattfanden. Diese Binnenräume wiesen zwischen 1975 und 1982 eine mittlere jährliche Zunahme an Zweitwohnsitzen von 5,7% auf, die Küstenzone brachte es auf 10,4%. Die binnenwärtigen Gebiete des Départements Pyrénées-Orientales hatten sogar einen jährlichen Zuwachs an Zweitwohnsitzen von 7,5% zu verzeichnen, dies entspricht jenem der Küste des Gard (vgl. J. L. ESCUDIER 1983, S. 318).

Auch wenn das Litoral mit 103 112 Zweitwohnungen und einer Beherbergungskapazität von 994 000 Betten in diesen 55% der 1982 als Zweitwohnsitze der Region ausgewiesenen Unterkünfte auf sich vereinigt, so ist doch zu beachten, daß eine fremdenverkehrswirtschaftliche Nutzung nur für einen Teil dieser Unterkünfte in Frage kommt. Untersuchungen des I.N.S.E.E. und von D. ANDRIEUX/A. SOULIER (1980b, S. 18) haben ergeben, daß die Küstenzone allerdings mit einem Anteil von 48% im Sommer vermieteten Zweitwohnungen[38b] der weitaus größten Beitrag zur touristischen Nutzung dieses Teils der regionalen Beherbergungskapazität leistet; im Mittel der gesamten Region stehen nur 11% der Zweitwohnsitze zur Vermietung zur Verfügung.

Allein in der Küstenzone benachbarter Teilräume (Plaine Viticole de Languedoc, Plaine du Roussillon, Corbièrs und in den Pyrenäen) stehen über 10% der Zweitwohnsitze zur Vermietung im Sommer zur Verfügung, in den Pyrenäen im Wintersportgebiet der Cerdagne auch 5% des Wohnungsbestandes in den Wintermonaten (vgl. Tab. 64).

Als Ursache für die geringe Intensität der Vermietung von Zweitwohnsitzen in der Region ist die Herkunftsstruktur ihrer Eigentümer zu sehen (vgl. Tab. 65). Über die Hälfte von ihnen haben ihren Wohnsitz in der Region, besonders hohe Anteile

---

38a Damit wurde das Ausbauziel der Beherbergungskapazität, das die interministerielle Mission vorgegeben hat, bereits überschritten, obwohl der Ausbau der südlichen Stations Nouvelles noch längst nicht beendet ist.
38b Die Vermietung schließt die Nutzung durch die Eigentümer (vgl. Tab. 64) nicht aus.

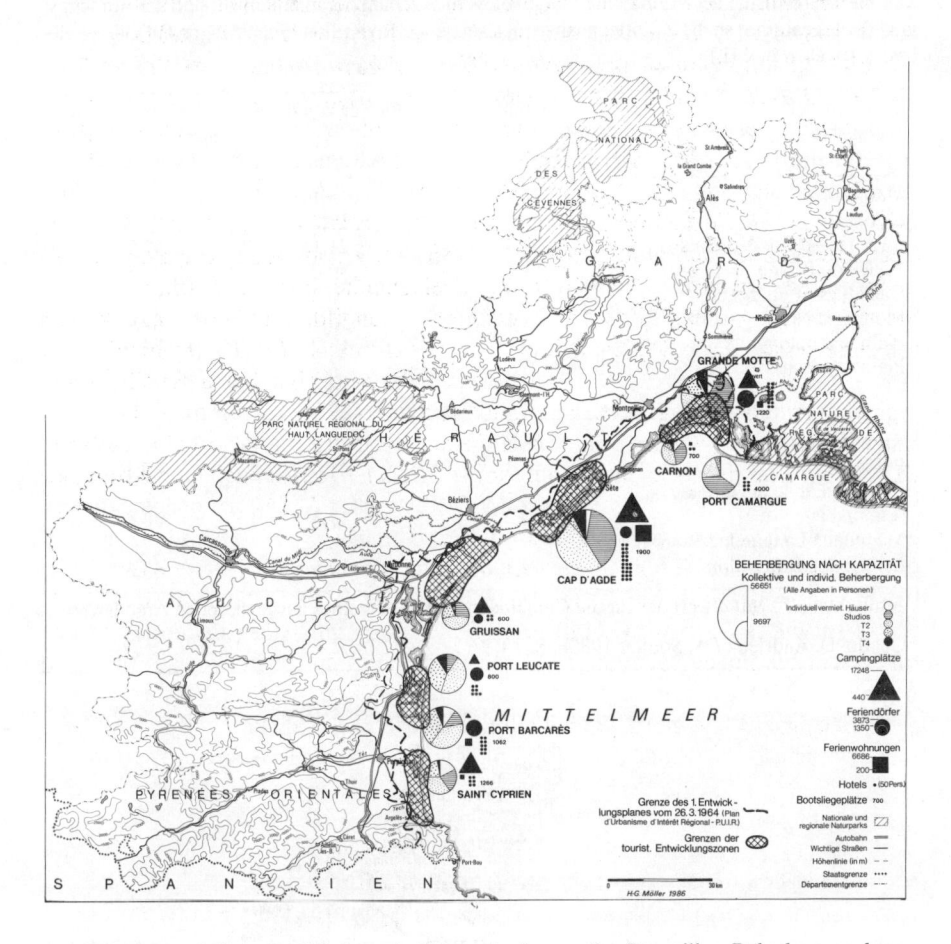

5.2 Die planmäßige touristische Entwicklung der Küsten

Karte 42 Die touristische Erschließung der Küsten des Languedoc-Roussillon, Beherbergungskapazität

autochthoner Eigentümer wurden im Hinterland und in den Gebirgsgegenden erfaßt. Knapp 40% der Zweitwohnungseigentümer wohnen in anderen französischen Regionen, ihre Freizeitwohnungen sind besonders im Margeride-Aubrac und an das Litoral anschließenden Ebenen zu finden. Die Zweitwohnsitze von Ausländern konzentrieren sich besonders auf das westliche Rhône-Tal, die Garrigues und Corbières, also das entagrarisierte und der „demographischen Desertifikation" unterliegende Hinterland, von dem aus die Küste noch relativ schnell zu erreichen ist.

Für die geringe Neigung seitens der französischen Eigentümer, ihre Ferienwohnungen an Touristen zu vermieten, ist neben der räumlichen Nähe und damit verbunden der hohen Eigennutzungsintensität das Faktum von Bedeutung, daß 50% der Eigentümer über besondere Bindungen an die Gemeinde, in der sich ihr Zweitwohnsitz befindet, verfügen. Dies gilt besonders für Gebirgsgemeinden im Lozère

Tab. 64 Die Intensität der Vermietung von Zweitwohnsitzen im Sommerhalbjahr und der Bindungsgrad der Eigentümer an die Zweitwohnsitze im Languedoc-Roussillon (Schätzungen auf Gemeindebasis; Angaben in v.H.)

Standorte der Wohnsitze	Bindung %	Anteile der von den Eigentümern genutzten Wohnungen	
		Wochenende (%)	Sommer (%)
Margeride-Aubrac	74,8	5,1	90,0
Causses	66,0	17,2	89,3
Cévennes et Bas Vivarais	52,4	21,1	92,2
Vallée du Rhône	51,0	30,0	76,5
Garrigues-Soubergues	41,3	20,8	84,8
Montagne Noire	34,6	35,2	89,4
Plaine viticole	44,0	13,2	84,6
Plaine du Roussillon	35,5	6,3	74,0
Littoral	18,6	19,3	74,2
Corbières	63,2	22,3	81,3
Razès-Salvestre	66,7	10,0	96,7
Pyrénées	47,3	25,6	85,1
Coteaux Est de la Garonne (Lauragais)	50,0	17,5	88,8
Moyenne* Languedoc-Roussillon			
Languedoc-Roussillon	49,5	19,5	85,6

Anmerkung: *) Mittelwert der für die Gemeinden eines Teilraumes ausgewiesenen Anteilswerte

Quelle: D. Andrieux / A. Soulier 1980b, S. 13, 16

Karte 43 Geographische und touristische Zonen des Languedoc-Roussillon

5.2 Die planmäßige touristische Entwicklung der Küsten 263

Tab. 65 Die räumliche Differenzierung der Herkunft von Eigentümern der Zweitwohnsitze in den Teilräumen der Region Languedoc-Roussillon (Schätzungen des Anteils der an Touristen vermieteten Zweitwohnsitze auf Gemeindebasis; Angaben in v.H.)

Teilräume	Gemeinde und Nachbargemeinde	Städte	übrige der Region	Languedoc – Roussillon gesamte Region	andere franz. Regionen	Ausländer	Insgesamt
Margeride-Aubrac	3,1	26,7	12,1	41,9	56,8	1,3	100
Causses	3,0	43,4	12,8	59,2	38,1	2,7	100
Cévennes et Bas-Vivarais	7,5	39,2	14,6	61,3	31,5	7,2	100
Vallée du Rhône	7,3	36,0	9,0	52,3	37,9	9,8	100
Garrigues-Soubergues	6,4	28,6	9,8	44,8	40,1	15,1	100
Montagne Noire	7,4	58,0	15,9	81,3	14,5	4,2	100
Plaine viticole	5,4	21,9	8,5	35,8	56,8	7,4	100
Plaine du Roussillon	17,4	14,7	5,1	37,2	58,3	4,5	100
Littoral	24,5	23,6	12,8	60,9	31,0	8,1	100
Corbières	6,3	27,4	12,8	46,5	43,9	9,6	100
Razès-Salvestre	1,0	58,3	29,3	88,6	10,7	0,7	100
Pyrénées	5,9	44,9	17,0	67,8	25,7	6,5	100
Côteaux Est de la Garonne (Lauragais)	2,0	44,5	15,0	61,5	37,5	1,0	100
Languedoc-Roussillon (Mittel*)	7,2	33,8	12,4	53,4	38,9	7,7	100

Anmerkung: *) Mittelwert der für die Gemeinden der Teilräume ausgewiesenen Anteilswerte
Quelle: D. Andrieux/A. Soulier 1980b, S. 18

und in den Corbières sowie im Razès-Salvestre. Es handelt sich dabei um familiäre bzw. verwandtschaftliche Bindungen ehemaliger Bewohner, die im Zuge der Entvölkerung des Hinterlandes weggezogen sind und für welche der Zweitwohnsitz eine Verbindung, häufig im ererbten Eigentum, zur alten Heimat darstellt. Eine eher funktionelle Beziehung zu den Zweitwohnsitzen, die auch einen höheren Vermietungsgrad impliziert, besteht in der Küstenzone. Dort hat weder eine dem Gebirge vergleichbare Entvölkerung der Küstengemeinden stattgefunden, noch ist ein den entagrarisierten Dörfern vergleichbares Potential an alter, für touristische Zwecke wieder in Wert gesetzter Bausubstanz vorhanden.

Eine Sonderstellung nimmt das Montagne Noire ein. Dort besteht infolge frühzeitiger „demographischer Desertifikation" nur noch eine geringe Intensität persönlicher Bindungen der Zweitwohnsitzeigentümer, bei denen es sich überwiegend um Städter aus dem Languedoc handelt. Die Wohnungen werden jedoch überwiegend eigengenutzt und kaum vermietet, sie dienen in den heißen Sommern als bevorzugte Sommerfrischen der Stadtbevölkerung, die sie gerne auch an den Wochenenden aufsucht (vgl. Karte 43).

Die Tab. 66 zeigt, daß von den wichtigsten Unterkunftsarten die Hotels den geringsten Anteil ihrer Beherbergungskapazität in der Küstenzone (vgl. Karte 43) aufweisen. Die Durchgangszone mit ihren Stadthotels in Montpellier, Narbonne, Béziers und Perpignan ist hier von weitaus größerer Bedeutung. Sie vereinigt 35% der Gäste und fast 38% der Übernachtungen auf ihre Betriebe. Hinzu kommt, daß hier – eine Folge des Geschäfts- und Durchreiseverkehrs – auch in der saisonfreien Zeit die Kapazitäten zu über 50% ausgelastet sind.

Das Gebirge und das Hinterland übertreffen zusammen mit fast 39% der Betten die Beherbergungskapazität sowohl der Hotels der Küsten- wie auch der Passagezone. Sie vereinigen jedoch nur 34% der Übernachtungen auf sich, was auf eine geringere Auslastung als in den konkurrierenden Teilräumen schließen läßt. Selbst in der Saison beträgt die Auslastung der Hotels nur um 50%, in der Hochsaison steigt sie nicht über 72% gegenüber 85% in der Küstenzone. Ein weiterer Unterschied besteht darin, daß (1982) im Gebirge und Hinterland 47,8% der 1942 Hotels der Region lokalisiert waren, die jedoch nur über 39,1% des regionalen Bettenbestandes verfügten. Die an anderer Stelle erläuterte qualitative Differenzierung des Beherbergungsgewerbes überlagert sich also mit einer räumlichen; die kleineren und einfachen ausgestatteten Betriebe sind besonders im Arrière-Pays und in den Gebirgsgegenden des Languedoc-Roussillon zu finden.

Den stärksten Grad der räumlichen Konzentration auf die Küstenzone weisen die Zeltplätze auf. 71% ihrer Beherbergungskapazitäten sind dem Litoral zugeordnet, nur knapp ein Viertel befinden sich im Hinterland und den Gebirgen der Region. Hinsichtlich der Betriebsgrößenstruktur bestehen ähnliche räumliche Unterschiede wie bei den Hotelbetrieben. Auch die Zeltplätze im Hinterland und Gebirge erreichen einen höheren Anteil an der Gesamtzahl der Zeltplätze (1982: 339 Betriebe bzw. 46% aller 735 Zeltplätze der Region) als an der Kapazität (23%); die Kapazität der Zeltplätze in der Küstenzone beträgt im Mittel 960 Betten bzw. 230 Stellplätze, im Hinterland dagegen nur 79 Stellplätze bzw. 316 Betten und im Gebirge 63 Stellplätze bzw. 252 Betten (Quelle: I.N.S.E.E. 1982; offizielle Belegungszahlen).

Tab. 66 Kapazität und Auslastung von Hotels, Zeltplätzen und Familienunterkünften[1] der Region Languedoc-Roussillon in der Saison 1981 – Verteilung und Auslastung nach touristischen Zonen[2]

Hotels	Bett.Kapazität		Übernachtungen		dav.Ausl.	% der jeweiligen Gesamtübern.	Auslastung (%)		
	Anz.	%	Anz. (in 1000)	%			Saison	Saisonfreie Zeit	Hoch-saison
Littoral	19.220	26,2	1.753	28,0	520	29,7	61	43	85
Passage	25.690	35,1	2.355	37,6	631	26,8	61	51	76
Montagne	18.850	25,7	1.446	23,2	201	13,9	51	37	72
Arrière-Pays	9.545	13,0	703	11,2	180	25,6	49	36	68
Région L.R.	73.305	100,0	6.257	100,0	1.532	24,5	57	43	77

Zeltplätze	Bett.Kapazität		Übernachtungen		dav.Ausl.	% der jeweiligen Gesamtübern.	Auslastung (%)[3]		
	Anz.	%	Anz. (in 1000)	%			Saison	Saisonfreie Zeit	Hoch-saison
Littoral	207.040	70,7	13.835	75,1	4.012	70,7	52	21	86
Passage	17.540	5,9	1.105	5,9	440	7,8	55	19	81
Montagne	38.250	13,1	1.852	10,1	483	8,5	42	13	67
Arrière-Pays	30.060	10,3	1.637	8,9	741	13,0	46	11	78
Région L.R.	292.890	100,0	18.429	100,0	5.676	100,0	50	19	82
Familienunterkünfte Région L.R.	30.100		2.457				54	27/42[4] V N	88

Anmerkungen: 1) Herbergement familial 2) touristische Zonen nach INSEE Montpellier (Littoral: Küste; Passage: Küstennahe Zone des Durchgangsverkehrs besonders nach Spanien; Montagne: Bergland-Pyrenäen; Südabdachung des Zentralmassivs, Causses des Hoch-Languedoc; Arrière-Pays: Küstenparalleles Vorland des Berglandes zwischen Montagne und Zone de Passage; 3) in v.H. der Kapazität der jeweils geöffneten Plätze; 4) V: Vorsaison; N: Nachsaison.

Quelle: INSEE, Dir.Rég.Montpellier

Die Kleinbetriebsstrukturen der Zeltplätze im Hinterland und Gebirge bringen zwar für die Gäste das erfreuliche Faktum einer geringen Belegungsdichte mit sich (140 m^2 pro Stellplatz gegenüber 25 m^2 pro Stellplatz in der Küstenzone), diese Zeltplätze erfüllen mit durchschnittlich 63 Stellplätzen pro Unternehmen im Gebirge und 79 Stellplätzen im Hinterland jedoch nicht die wirtschaftlichen Voraussetzungen für Vollerwerbsbetriebe, die eine Größenordnung von 150 Stellplätzen vorsehen (B. SAUVAIRE 1983, S. 335). An der Küste wird dies mit 230 Stellplätzen pro Unternehmen erreicht, im Regionsdurchschnitt mit 140 Stellplätzen jedoch deutlich unterschritten.

Die Karte 42 belegt, daß der Ausbau der Unités Touristiques an der Küste die spezifischen Merkmale des Beherbergungsangebotes der Region konserviert und in keiner Weise modifiziert hat. Von den bis 1982 in den Stations Nouvelles errichteten 293 000 Betten entfielen nur 1391 bzw. 0,5% auf Hotels, die Zeltplätze hatten hingegen einen Zuwachs von 14,5% bzw. 42 600 Betten zu verzeichnen. 205 000 Betten bzw. 70% der neuen Unterkunftskapazität wurden als Ferienwohnungen und -häuser errichtet. Die regionalwirtschaftlichen Konsequenzen der Bevorzugung arbeitsextensiver Angebotsformen – Zweitwohnsitze und Zeltplätze stellen zusammen 85% der Unterkünfte – sind weitreichend. Eine gewisse Sonderstellung kommt der Station Nouvelle Cap d'Agde zu, die allein ein Drittel der Hotelbetten sowie 41% der Kapazität der Zeltplätze aller Stations Nouvelles aufweist und somit über einen relativ hohen Diversifizierungsgrad verfügt. Die Betten im Sozialtourismus sind besonders auf La Grande Motte, Port Barcares und Port Leucate konzentriert.

Es muß davon ausgegangen werden, daß die touristische Inwertsetzung des Litorals die intraregionalen Ungleichgewichte in der Verteilung des touristischen Angebotes verstärkt hat. Insgesamt ist in der Küstenzone mit mindestens 766 400 Betten zu rechnen, 66% von ihnen entfallen auf Zweitwohnsitze, 29% auf Zeltplätze und jeweils 2,5% auf Unterkünfte in Hotels und Einrichtungen des Sozialtourismus. Die gesamte Beherbergungskapazität der Region beläuft sich auf 1,4 Mio Betten[39], 69% von ihnen entfallen auf Zweitwohnsitze, 23% auf Zeltplätze, 1,6% auf den Sozialtourismus, 1,3% auf Unterkünfte bäuerlicher Vermieter im Hinterland und Gebirge (Gîtes Ruraux und Gästezimmer, Camping à la Ferme) und 5,3% auf Hotels. Auf das Litoral entfallen 54% der Zweitwohnsitze, 70% der Kapazität der Zeltplätze, 78% der Unterkünfte im Sozialtourismus und 26% der Hotelbetten. Die ausgeprägte Küstenorientierung des Beherbergungsangebotes birgt nicht nur das Problem des quantitativen Ungleichgewichtes, sie ist mit einer das Entwicklungspotential berührenden qualitativen Differenzierung in alle Beherbergungsarten verbunden.

5.3 DIE TOURISTISCHE NACHFRAGE

Die Region Languedoc-Roussillon ist Schauplatz einer raschen Ausweitung der touristischen Nachfrage. Wurden 1965 lediglich 29,7 Mio Übernachtungen von I.N.S.E.E. ausgewiesen, so hat sich diese Zahl bis 1972 auf 36,6 Mio bzw. um 23%

---

39 Kapazitätsangaben nach Quellen des I.N.S.E.E. und J. CORTOT (1980, S. 170) für den ländlichen Raum und Sozialtourismus.

erhöht. Nach weiteren sieben Jahren wurden 1979, also nach dem Ausbau der Unités Touristiques an den Küsten der Region, 72,3 Mio Übernachtungen erfaßt; die Zunahme betrug in diesem Zeitraum 98%. Bis zum Jahre 1983 erhöhte sich die Zahl der Übernachtungen auf 76,4 Mio; 64,9 Mio bzw. 85% entfielen auf französische Gäste und 11,5 Mio auf Ausländer. Auch wenn der Ausländeranteil an den Übernachtungen zeitweise eine rückläufige Tendenz zeigte (1978: 14%; 1980: 18%, 1982: 15%; vgl. V. BRIQUEL 1983, S. 7), so ist ihre Zahl zwischen 1978 und 1982 um 34% gestiegen, eine negative Entwicklung ist seit 1982 erkennbar (vgl. Abb. 8). Unter den ausländischen Touristen nehmen die deutschen bei allen erfaßten Unterkunftsarten mit knapp 30% die erste Stelle in (Tab. 67), in den Hotels und bei der Vermietung von Ferienwohnungen folgt als zweitwichtigste Gruppe jene der Belgier. Niederländische und britische Gäste erreichen ihre jeweiligen höchsten Anteilswerte auf den Zeltplätzen.

Die Anzahl der französischen Gäste erhöhte sich von 2,5 Mio im Jahre 1977 auf 3,5 Mio im Jahre 1982. Ihre Herkunftsstruktur im Mittel der Jahre 1977 bis 1982 ist in der Tab. 86 dargestellt.

Tab. 67 Die Herkunft der ausländischen Touristen in der Region Languedoc-Roussillon (Mittelwerte der Sommersaison der Jahre 1980–1982

Nationalität	Unterkunftsarten (Angaben in %)		
	Hotel	Camping	Ferienwohnung durch Agentur vermietet
Deutsche	28	29	29
Belgier	23	15	25
Niederländer	11	28	22
Briten	9	16	24
Schweizer	11	6	–
andere	18	6	–
Prozent-Summen	100	100	100

Quelle: V. Briquel 1983, S. 388

Die Herkunftsstruktur der französischen Gäste wird durch das Vorherrschen zweier Hauptherkunftsgebiete geprägt; aus der Région Parisienne kommen 20% der Gäste, damit ist sie das wichtigste einzelne Herkunftsgebiet. Charakteristisch und mit einer zunehmenden Tendenz versehen ist jedoch – ähnlich wie in Teilen der P.A.C.A.[40] – die Ausrichtung auf nahegelegene Einzugsgebiete, die als Tourisme de Proximité[41] auf besonderen Präferenzen der Einwohner der Nachbarregionen für die französischen Mittelmeerküsten basiert. Im Languedoc-Roussillon kommen 30% der französischen Urlaubsgäste aus den Nachbarregionen Midi-Pyrénées, Rhône-

---

40 Vgl. BREHANT (1985, S. 19) für das Département Var.
41 Terminus in Anlehnung an die Loisirs de Proximité (vgl. S. BLANGY 1983, S. 393), der Freizeitaktivitäten außerhalb der Wohnung und des Wohnortes vom Spaziergang bis zum Wochenendausflug abdeckt. Der Tourisme de Proximité unterscheidet sich von diesen Formen des Kurzerholungsverkehrs dadurch, daß es sich im Urlaubsreisen handelt.

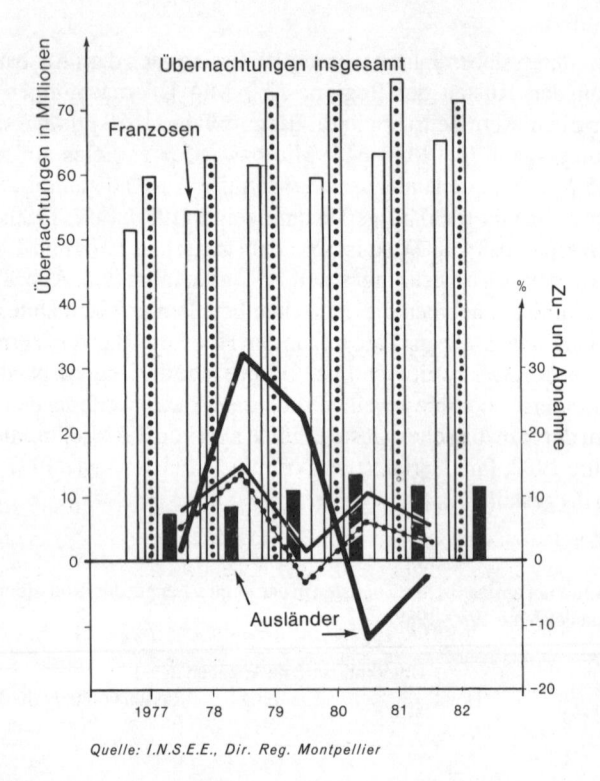

268 5. Freizeit, Tourismus und Regionalentwicklung in Languedoc-Roussillon

Quelle: I.N.S.E.E., Dir. Reg. Montpellier

Abb. 8 Die Übernachtungen in der Region Languedoc-Roussillon (Sommerhalbjahre 1977–82)

Tab. 68 Die Herkunft der französischen Urlaubsgäste in der Region Languedoc-Roussillon (Angaben in v.H. des Mittels der Jahre 1977–1982)

Region	Gäste	%	Region	Gäste	%
Ile de France	600.000	20	Pays de la Loire	75.000	
Rhône-Alpes	444.000	15	Haute Normandie	75.000	
Languedoc-Roussillon	345.000	11	Champagne	69.000	
Midi-Pyrénées	284.000	9	Picardie	66.000	
Provence-Côte d'Azur Corse	174.000	6	Franche Comté	66.000	= 19
Auvergne	129.000	4	Bretagne	51.000	
Nord-Pas-de-Calais	123.000	4	Alsace	51.000	
Lorraine	108.000	3	Poitou Charentes	30.000	
Aquitaine	108.000	3	Basse Normandie	27.000	
Centre	93.000	3	Limousin	24.000	
Bourgogne	84.000	3			
Insgesamt	3.026.000				
Quelle: I.N.S.E.E. – V. Briquel 1983, S. 388					

Alpes und P.A.C.A.. Nimmt man die Urlaubsgäste aus der eigenen Region hinzu, so *sind 41% der Gäste dem Tourisme de Proximité zuzurechnen*. Dieser eindeutigen Orientierung auf die eigene Region und benachbarte Quellgebiete des Tourismus entspricht es, daß die zentral- und nordfranzösischen Regionen – mit Ausnahme der Île-de-France – nur marginal vertreten sind, 16 Regionen stellen jeweils weniger als 5% der Gäste und 10 von ihnen – in der Tab. 86 nicht einzeln ausgewiesen – 2% und weniger der Gäste.

Innerhalb der Region Languedoc-Roussillon entspricht die Verteilung der Übernachtungen der räumlichen Anordnung des Beherbergungsangebotes. 1982 entfielen auf das Département Hérault 39% der Gästeübernachtungen, es folgt das Département Pyrénées-Orientales mit 26%. Die Ausländerübernachtungen weisen eine stärkere Konzentration auf den Hérault auf, sie sind dort mit 51% lokalisiert. Aus den Gründen der statistischen Erfassungsmodalitäten und Datengenauigkeit (vgl. o. S. 33) verzichtet das I.N.S.E.E. darauf, die Übernachtungszahlen über das Niveau von Départements hinaus räumlich aufzugliedern.

Es sei in diesem Zusammenhang darauf hingewiesen, daß die von I.N.S.E.E. ermittelten Werte Minimalgrößen darstellen, die in der Realität mit Sicherheit überschritten werden. Systembedingt werden bei der statistischen Erfassung nicht nur die touristischen Beherbergungskapazitäten von Zweitwohnsitzen stark unterschätzt[42]. Es kommt auch die bereits am Beispiel der P.A.C.A. erörterte Überbelegung der Zeltplätze und – im Languedoc-Roussillon weniger wichtig – die statistisch nicht erfaßte Wohnfunktion von größeren Freizeitschiffen[43] hinzu. Bringt man eine realistischere Einschätzung der Nutzung der Zweitwohnsitze und der Übernachtungen auf Zeltplätzen wie auf Booten in Ansatz, so dürfte sich die Gesamtzahl der freizeitbezogenen Übernachtungen in den Sommermonaten im Languedoc-Roussillon auf über 110 Mio belaufen[44].

---

42 Zweitwohnsitze werden als touristische Unterkünfte von I.N.S.E.E. nur erfaßt, wenn sie über Agenturen vermietet werden.
43 Die Wohnfunktion auf Freizeitschiffen ist im Languedoc-Roussillon deshalb weniger wichtig als in der P.A.C.A., weil hier die einheimische Stadtbevölkerung als Eigner dieser Schiffe eine größere Bedeutung besitzt.
44 Auf die Zweitwohnsitze entfallen bei dieser Schätzung 66,2 Mio Übernachtungen, auf Hotels 6,3 Mio, auf Zeltplätze – unter Berücksichtigung der in der P.A.C.A. ermittelten Dunkelziffer – 23,7 Mio, auf Meublés (möblierte Zimmer/Wohnungen) 6 Mio, auf den Sozialtourismus 2,2 Mio, auf Familienunterkünfte 5,8 Mio, auf die bäuerliche Beherbergung 1,4 Mio Übernachtungen. Eine Gesamtzahl von 110,2 Mio Übernachtungen erscheint realistisch. J. CORTOT (1980, S. 190), von dem die Daten für den Sozialtourismus, die Frequentierung bäuerlicher Betriebe, von Familienunterkünften und Meublés (Möblierte Zimmer/Wohnungen) übernommen sind, kommt aufgrund einer Kalkulation der Übernachtungszahlen nach Unterkunftskapazitäten und *für Frankreich* geltenden Auslastungsziffern auf 90,1 Mio Übernachtungen, wobei jedoch die Zahl der Zweitwohnungen nach dem Stand von 1975 zugrundegelegt wurde.

5.4 SOZIOÖKONOMISCHE RESULTATE DER TOURISTISCHEN INWERTSETZUNG DER REGION LANGUEDOC-ROUSSILLON

5.4.1 TOURISMUSBEZOGENE INVESTITIONEN

5.4.1.1 Struktur und Herkunft der privaten Investoren

Für die touristische Erschließung der Küsten des Languedoc und Roussillon waren umfangreiche private und öffentliche Investitionen notwendig. Die während der Planungsphase und zu Beginn der Realisierung der Stations Nouvelles seitens der Planer herrschende Annahme, es werde gelingen, ausländische Investoren in größerem Umfang für das Projekt zu gewinnen (vgl. P. RACINE 1980, S. 210f.) und z.B. die aus Mitteleuropa stammenden, auf Spaniens Küsten ausgerichteten Ströme von Investitionskapital in den Languedoc-Roussillon umzulenken, hat sich nicht bewahrheitet. Der von A. PLETSCH (1975, S. 49) am Beispiel der Unité Touristique La Grande Motte ausgewiesene geringe Prozentsatz ausländischer Appartmentskäufer hat sich zwar inzwischen deutlich erhöht; doch lag er auch 1978 mit 6,6% für eine europäische mediterrane Küste noch außergewöhnlich niedrig.

Es gibt allerdings ausländische Kapitalgeber, die als gewerbliche Großinvestoren an der Küste des Languedoc-Roussillon tätig wurden. Deutsches Kapital wurde beim Bau des Port Principal von Leucate investiert, eine schottische Brauerei finanzierte Golfanlagen und -hotel in St. Cyprien sowie Investitionen in Port Barcares. In dieser Station wurde in einem 1969 auf den Strand aufgesetzten Dampfer 1974 ein Spielkasino nebst einem Hotel durch japanische Investoren eingerichtet[45]; holländische Kapitalgeber finanzierten den Ausbau des Quartiers La Coudalère (mit Hafenanlagen im Etang des Salses, Port Barcares). Jede dieser Investitionen belief sich nach Auskunft der interministeriellen Mission auf Beträge über 50 Mio FF, sie stellen zusammen jedoch nur einen sehr geringen Anteil des gesamten Investitionsvolumen von über 6 Mrd FF (Stand 1980) für die Erschließung der Küste des Languedoc-Roussillon dar. Auch zusätzliche Investitionen von Kapitalgebern aus den spanischen Katalonien, die in St. Cyprien getätigt wurden, können das negative Resultat hinsichtlich der Gewinnung ausländischen Geschäftskapitals zur touristischen Erschließung der Küste nicht wesentlich verbessern.

Es fällt auf, daß sich die ausländischen Großinvestitionen auf die südlichen, noch nicht vollendeten Stations Nouvelles konzentrieren. Nachdem die ersten Bauprojekte durch einheimische, aus dem Languedoc stammende Bauträger finanziert wurden (vgl. P. RACINE 1980, S. 207) und französische, im nationalen Maßstab arbeitende Finanzgruppen zunächst sehr zögernd einem Engagement im Languedoc-Roussillon gegenüberstanden[46], wurden ausländische Investoren erst seit Anfang der siebziger

---

45 Der kommerzielle Erfolg dieses Spielcasinos war gering, da in Spanien bald nach dem Tode Francos im Februar 1975 Spielcasinos eröffnet wurden und somit ein großes Kundenpotential für die französischen Casinos verloren ging. Die Lydia, der auf den Strand aufgesetzte Dampfer, wurde daher bald in Tagungsstätten und Vergnügungsbetriebe für Hotelgäste umgerüstet.

46 Es ist auffällig, daß große, im nationalen Maßstab arbeitende Bauträger (Promoteurs), die an fast allen französischen Küsten und in den neuen Wintersportzentren der französischen Alpen

Jahre tätig. Der Kapitalbedarf war durch französische Gruppen damals nur noch schwer zu decken. Die Realisierung größerer gewerblicher Investitionen durch Ausländer[47] scheiterte allerdings an einer fehlenden Koordination zwischen der französischen Regionalpolitik, welche diese Investitionen wünschte, und der Finanzverwaltung (vgl. P. RACINE 1980, S. 220f.). Letztere hatte nicht nur den häufigen Richtungsänderungen der französischen Finanzpolitik zu folgen; die Praxis einer an Devisenbewirtschaftung und -kontrolle gewöhnten Finanz- und Zollverwaltung schreckte zudem potentielle Anleger effektiv ab[48].

Für *private ausländische Kleininvestoren*, d.h. für die Käufer von Ferienwohnungen und Häusern[49], erwiesen sich in Vergleich zum benachbarten Spanien die französischen Bau- und Immobilienpreise als zu hoch. Hinzu kommt, daß z.B. für bundesdeutsche Anleger in jenen Jahren Immobilienkäufe in Spanien steuerlich als begünstigte Investitionen in einem Entwicklungsland behandelt wurden und zur Reduzierung der Steuerschuld in der Bundesrepublik beitrugen[50]. Trotzdem hat sich gegenüber der extremen Dominanz von Wohnungskäufern aus der Region Languedoc-Roussillon, wie sie von PLETSCH aus der Phase zu Anfang der siebziger Jahre berichtet wurde, eine größere Vielfalt hinsichtlich der Herkunft der französischen und ausländischen Investoren durchsetzt.

Dabei ist zu berücksichtigen, daß in der durch Tab. 69 dargestellten Herkunftsstruktur der Käufer von Appartements für die Gesamtheit der Stations Anciennes und Nouvelles der Anteil ausländischer Käufer in den Jahren 1980 und 1981 tendenziell rückläufig ist; für einzelne Stationen besteht jedoch ein besonderes Interesse von Ausländern fort und entwickelt sich auch neu. Die Differenzierung der Herkunftsstruktur der Käufer nach Zeit und Objekt resultiert aus den unterschiedlichen baulichen und touristischen Angebotsstrukturen der einzelnen Stationen sowie dem Verlauf ihrer Erschließung bzw. Vermarktung.

So wies z.B. bereits 1973 die Station Nouvelle Cap d'Agde relativ hohe Anteile ausländischer Wohnungskäufer auf. Auf sie entfielen 13,2% der Verkäufe in der Station bzw. 54,9% aller Wohnungskäufe von Ausländern jenes Jahres (vgl. Tab. 59). Im Jahre 1981 wurden 34,9% aller Wohnungskäufe von Ausländern in Cap d'Agde getätigt; die fortbestehende hohe Präferenz ausländischer Investoren für diese Station liegt darin begründet, daß zu ihr ein großes Naturistenquartier (Port Nature) gehört,

---

vertreten sind, am Litoral des Languedoc-Roussillon erst in der zweiten Hälfte der siebziger Jahre in Erscheinung treten.
47 Zu den ausländischen Interessenten gehörte auch die Bank für Gemeinwirtschaft, die 1982 über ein finanzielles Engagement in Port Barcares verhandelte.
48 RACINE (1980, S. 220f.) nennt das Beispiel eines ausländischen Interessenten, von dem die französischen Finanzbehörden zunächst einen Einsatz seiner Investitionen in Devisen verlangten, um anschließend das Gegenteil, nämlich eine Inanspruchnahme des französischen Kapitalmarktes, zu verlangen.
49 Bei den im folgenden erörterten Immobilientransaktionen handelt es sich in der Mehrzahl der Fälle um den Kauf von Wohnungen, hinzu kommt der Erwerb von Häusern. In Übereinstimmung mit der amtlichen Statistik weist C.O.C.I.L.E.R. nur „logements" bzw. Wohneinheiten aus. Aus sprachlich-stilistischen Gründen wird daher im Text meist zusammenfassend von Wohnungen als Gegenstand der Immobilientransaktionen berichtet.
50 Vgl. U. ZAHN (1973, S. 183).

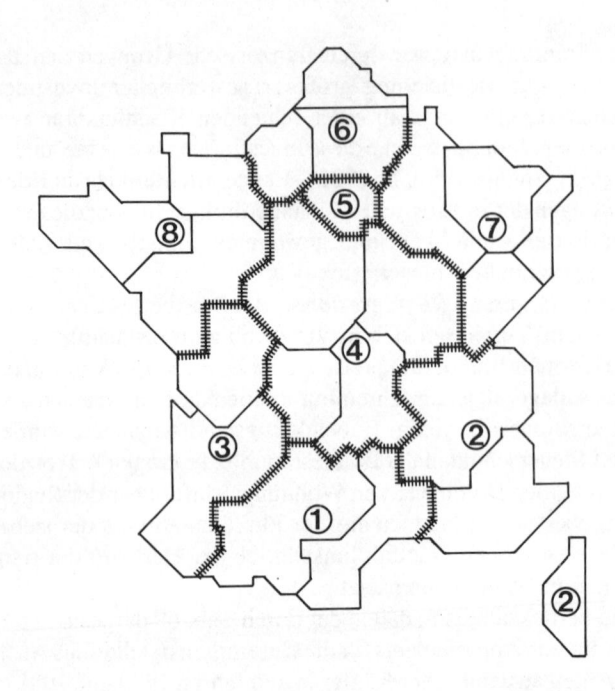

5. Freizeit, Tourismus und Regionalentwicklung in Languedoc-Roussillon

Karte 44 Die Herkunftsgebiete der Immobilienerwerber in der Küstenzone des Languedoc-Roussillon nach C.O.C.I.L.E.R.

in dem 75% der Wohneinheiten an Ausländer, vornehmlich Deutsche, Niederländer und Belgier, verkauft werden (R. MOREL 1979a, S. 69)[51].

Die Tab. 69 zeigt zudem, daß sich die räumlichen Präferenzen der ausländischen Käufer von Ferienwohnungen- und -häusern zwischen 1973 und 1981 deutlich verändert haben. Erheblich vermindert hat sich der Anteil der Käufe, die auf La Grande Motte entfallen, der Ausbau dieser Station ist fast abgeschlossen. Port Leucate – auch dort gibt es zwei kleinere Naturistenzentren – hat seinen Anteil am ausländischen Immobilienerwerb halten können. Deutlich zugenommen hat die Bedeutung von Port Barcares und St. Cyprien als im Ausbau befindlichen Stations Nouvelles des südlichen Küstenabschnittes für die Wohnungsverkäufe an Ausländer. Unter den übrigen Stations Anciennes fällt die Zunahme der Bedeutung von Canet-en-Roussillon auf. Der forcierte Ausbau dieses zum Einflußbereich von Perpignan zählenden Seebades (Zunahme der Zweitwohnsitze von 1975 auf 1982 um 95% auf 6100) brachte es mit sich, daß 1981 7% der Wohnungskäufe von Ausländern auf Canet entfielen.

51 Der besondere Investitionsanreiz, den das Naturistenviertel für ausländische Investoren bildet, wurde 1978 auffällig belegt. Zu jenem Jahr standen in Port Nature nur wenige Wohnungen zum Verkauf, der Anteil von Cap d'Agde an den gesamten ausländischen Immobilienkäufen sank daraufhin auf 21,5% ab.

Tab. 69 Die Präferenzen der Käufer von Ferienwohnungen und Häusern für einzelne Stationen der Küstenzone des Languedoc-Roussillon 1973 und 1981 (Angaben in v.H. der Käufer aus den jeweiligen Herkunftsgebieten)[1]

Herkunftsgebiete[+]	1		2		3		4		5		6		7		8		I[*]		II[**]	
Stations	1973	1981	1973	1981	1973	1981	1973	1981	1973	1981	1973	1981	1973	1981	1973	1981	1973	1981	1973	1981
Port Camargue	8,9	6,7	20,6	10,2	5,6	14,3	9,8	4,4	9,1	4,5	3,8	–	3,8	2,5	–	–	9,7	3,1	8,5	6,7
Grande Motte	27,6	10,7	42,8	17,5	23,4	9,5	32,7	10,7	19,4	8,2	15,1	7,4	25,7	9,8	–	10,0	11,5	3,5	27,1	2,2
Carnon	4,3	3,4	2,1	2,8	1,1	1,6	1,2	3,4	3,2	2,5	0,6	1,4	1,3	1,1	–	–	0,9	2,0	8,5	0,6
Cap D'Agde	20,0	24,5	22,7	22,8	36,7	15,9	22,4	25,7	22,3	32,8	30,2	27,7	27,9	18,8	–	20,0	54,9	34,9	22,0	19,7
Leucate	2,9	9,8	2,5	7,5	15,6	17,5	5,8	12,2	7,6	10,3	13,2	15,7	8,8	18,1	–	6,0	9,3	9,4	1,7	9,0
Barcares	7,4	6,1	2,1	8,3	11,1	6,3	13,5	4,7	20,3	10,5	27,7	12,4	21,7	12,4	–	24,0	10,6	15,7	8,5	10,1
Saint Cyprien	0,4	6,0	0,4	5,9	–	6,3	–	13,5	2,8	7,8	0,6	11,5	0,6	9,2	–	18,0	–	12,1	1,7	7,5
Grau du Roi	2,3	10,8	3,6	13,0	1,1	4,8	8,6	11,2	2,4	6,1	1,9	0,9	1,0	9,9	–	8,0	0,5	4,5	–	6,8
Palavas	10,0	–	0,4	–	–	–	0,6	–	1,1	–	1,3	–	2,8	–	–	–	–	–	13,6	–
Balaruc	2,7	–	1,0	–	1,1	–	0,6	–	1,3	–	–	–	0,3	–	–	–	–	–	–	–
Agde/ Grau D'Agde	0,9	–	0,4	–	–	–	0,3	–	0,2	–	–	–	–	–	–	–	–	–	1,7	–
Port La Nouvelle	3,5	–	0,2	–	1,1	–	2,2	–	4,5	–	1,3	–	1,9	–	–	–	–	–	–	–
Canet-en-Roussillon	7,2	7,4	0,8	4,6	2,2	6,3	2,2	2,3	5,6	4,5	3,2	2,3	2,8	4,8	–	2,0	2,2	7,9	5,1	5,6
Argeles	2,2	2,3	0,2	2,0	1,1	3,2	0,3	3,6	0,5	3,1	1,3	1,8	1,6	5,2	–	4,0	0,5	2,0	1,7	1,1
Gruissan	–	12,3	–	5,4	–	14,3	–	8,3	–	9,7	–	18,9	–	8,2	–	8,0	–	5,9	–	30,9

Anmerkungen: *) Ausländer; +) vgl. Karte 44   [1]) Infolge von Rundungsfehlern ist die Prozentsumme häufig ≠ 100,0
**) frz. Überseegebiete (D.O.M./T.O.M.)

Quelle: C.O.C.I.L.E.R.

Die Daten von C.O.C.I.L.E.R. gestatten es, die räumliche Plazierung von Investitionen unterschiedlicher Herkunftsgruppen sowie ihre Anteile an der Gesamtheit der Investitionen zu analysieren. Sie geben, da ausschließlich relative Zahlen vorgelegt werden, über den Umfang der jeweils getätigten Investitionen keine Auskunft. So kann auch der Beitrag, den private ausländische Investoren zur touristischen Erschließung des Litorals im Languedoc-Roussillon geleistet haben, nur abgeschätzt werden, da die Summe der in den einzelnen Jahren verkauften Wohnungen recht unterschiedlich hoch ist (vgl. R. MOREL 1983, S. 543ff.). Es wird jedoch deutlich, daß der Immobilienerwerb von Ausländern in der Küstenzone fast ausschließlich auf die Stations Nouvelles ausgerichtet ist (Tab. 70), es ist somit der touristischen Erschließung des Litorals zu verdanken, daß überhaupt tourismusbezogene Investitionen von Ausländern in der Region stattfinden. Gemessen an den privaten Gesamtinvestitionen dürfte die Größenordnung von 5 bis 6% ausländischer Wohnungskäufe einem Investitionsvolumen von 250 Mio FF entsprechen.

Betrachten wir die Herkunft der französischen Investoren, so stellen die Käufer aus dem in Karte 44 als Region 1 gekennzeichneten Gebieten die stärkste Gruppe. Aus diesem Herkunftsgebiet, das die Region Languedoc-Roussillon und Midi-Pyrénées zusammengefaßt, kamen 1973 43,9% der privaten Wohnungskäufer, 31,3% hatten ihre Investitionen in den Stations Nouvelles und 12,6% in den Stations Anciennes getätigt. Es war also bereits 1973 ein Rückgang der Bedeutung „einheimischer", aus der Region stammender Wohnungskäufer gegenüber ihrer von G. SAN MARTINO (1975) und A. PLETSCH (1975) aus der Anfangsphase des Entwicklungsprojektes berichteten weit überragenden Bedeutung zu verzeichnen. Bei den von C.O.C.I.L.E.R. für das Herkunftsgebiet 1 ausgewiesenen Daten ist zudem zu berücksichtigen, daß es die Agglomeration von Toulouse einschließt, deren Bewohner traditionellerweise unter den Urlaubsgästen wie auch unter den Eigentümern von Ferienwohnungen im Languedoc und Roussillon stark vertreten sind[52].

Die Anteile der Investoren aus dem Languedoc-Roussillon und der Nachbarregion Midi-Pyrénées haben sich bis zum Anfang der achtziger Jahre weiter verringert. Sie stellen nunmehr weniger als ein Viertel der Wohnungskäufer in den Stations Nouvelles und knapp 30% der gesamten Käufer am Litoral des Languedoc-Roussillon. Selbst wenn man die Käufer aus dem Herkunftsgebiet 2, das neben den Mediterranregionen P.A.C.A. und Korsika auch die Region Rhône-Alpes und somit die Großstädte Lyon und Marseille mit ihren Agglomerationen umfaßt, hinzunimmt, so ist der Anteil der französischen Investoren, deren Wohnsitz sich in relativer Nähe zur Ferienwohnung bzw. -haus befindet, auf ca. 50% abgesunken (Tab. 70). Eine eindeutige Dominanz der Käufer aus dem Languedoc-Roussillon und aus dem Raum Toulouse besteht weiterhin beim Immobilienerwerb in den Stations Anciennes. Deren Bedeutung für den freizeitorientierten Immobilienmarkt ist allerdings zwischen 1973 und 1981 stark zurückgegangen.

Es kann damit festgestellt werden, daß ein wesentliches Ziel der touristischen Erschließung des Languedoc-Roussillon, die Stärkung der Regionalwirtschaft durch Transfer von Investitionskapital aus anderen Regionen, am Ende der siebziger Jahre

---

52   Vgl. dazu die im Sommer 1980 durchgeführten Verkehrszählungen an der Küste (C.R.P.E.E. 1980) und im Hinterland (G. SAN MARTINO 1981).

Tab. 70 Die Käufer von Appartements und Ferienhäusern in den Stations Anciennes und Nouvelles der Küste des Languedoc-Roussillon 1973–1981*

Stations und Jahr	1	2	3	4	5	6	7	8	I***	II****
1973										
Station Nouvelles	31,3	12,7	2,2	7,2	10,2	3,7	7,4	–	5,7	1,2
Station Anciennes	12,6	0,9	0,1	1,2	1,8	0,4	0,9	–	0,2	0,3
Littoral ins.	43,9	13,6	2,3	8,4	12,0	4,1	8,3	–	5,9	1,5
1974										
Station Nouvelles	36,3	14,5	1,3	4,6	9,8	2,5	5,5	1,0	5,9	1,6
Station Anciennes	9,2	1,6	1,2	0,8	2,7	0,7	1,0	0,4	0,5	0,5
Littoral insg.	45,5	16,1	1,5	5,9	12,4	3,1	6,5	1,3	6,4	2,1
1975										
Station Nouvelles	35,4	16,0	1,0	5,9	9,7	2,5	7,3	0,7	4,2	0,3
Station Anciennes	10,0	2,2	–	1,5	1,7	0,2	1,4	–	0,1	0,4
Littoral insg.	45,4	18,1	1,0	7,3	11,4	2,7	8,7	0,7	4,3	0,7
1976										
Station Nouvelles	38,2	16,5	1,0	5,7	10,8	2,5	5,8	1,4	5,0	1,1
Station Anciennes	6,7	1,9	0,1	0,8	1,4	0,2	1,1	0,2	0,1	0,1
Littoral insg.	44,9	18,3	1,1	6,4	12,2	2,6	6,8	1,6	5,6	1,1
1977										
Station Nouvelles	34,1	19,5	1,6	5,3	8,7	2,9	5,6	1,3	8,7	1,6
Station Anciennes	4,5	3,0	0,1	0,7	1,5	0,2	0,7	0,2	0,3	0,1
Littoral insg.	38,5	22,5	1,6	6,0	10,1	3,1	6,2	1,4	8,9	1,7
1978										
Station Nouvelles	27,4	18,4	1,2	6,1	12,9	3,3	7,8	1,2	6,6	1,3
Station Anciennes	4,9	2,6	0,2	1,4	2,1	0,8	1,5	0,2	0,3	0,2
Littoral insg.	32,3	20,9	1,4	7,5	15,0	4,1	9,3	1,3	6,9	1,5
1979										
Station Nouvelles	25,1	17,6	1,4	8,2	12,1	5,2	7,9	1,1	5,7	2,5
Station Anciennes	4,5	2,5	0,2	1,4	2,3	0,6	1,1	0,1	0,3	0,2
Littoral insg.	29,6	20,2	1,6	9,5	14,4	5,8	9,0	1,2	6,0	2,7
1980										
Station Nouvelles	22,5	18,8	1,1	7,6	14,1	5,4	8,9	1,0	4,5	1,6
Station Anciennes	4,5	2,7	0,3	1,6	2,0	0,8	1,6	0,2	0,5	0,4
Littoral insg.	26,9	21,5	1,4	9,2	16,1	6,1	10,5	1,1	5,1	2,1
1981										
Station Nouvelles	23,0	17,8	1,0	6,1	14,0	3,9	8,7	0,8	4,2	0,5
Station Anciennes	5,9	4,3	0,2	1,3	2,2	0,2	2,1	0,1	0,7	0,5
Littoral insg.	28,9	22,1	1,2	7,4	16,2	4,1	10,8	0,9	4,9	3,5

Anmerkungen: *) Angaben in v.H. der Käufer pro Jahr; infolge von Rundungsfehlern ist die Prozentsumme häufig ≠ 100,0
) Abgrenzungen: vgl. Karte 44;   *) Ausländer;
****) fr. Überseegebiete

Quelle: C.O.C.I.L.E.R.

erreicht wurde. War die erste Phase des Ausbaus der Unités Touristiques durch hohe Anteile einheimischer Investoren geprägt, für welche neben der Eigennutzung die Spekulation in Immobilien und Einnahmen aus dem Tourismus die Fortsetzung der vorindustriellen Tradition des städtischen Bürgertums im Languedoc darstellte, in Boden und Wein zu spekulieren, so wird nunmehr zunehmend Kapital aus anderen französischen Regionen investiert und damit in den Languedoc-Roussillon transferiert. Zu wichtigen Herkunftsgebieten haben sich neben der Région Parisienne als wirtschaftlichem und demographischem Zentrum des Landes die P.A.C.A. und die Region Rhône-Alpes als Herkunftsgebiet 2, das seinen positiven Abstand zur Region Parisienne vergrößern konnte, sowie die Herkunftsgebiete 4 (Regionen Centre, Bourgogne, Auvergne, Limousin) und 7 (Regionen Champagne, Lorraine, Alsace, Franche-Comté) entwickelt.

Für die französischen extraregionalen Investoren gewinnt das Motiv der Kapitalanlage eine zunehmende Bedeutung als Grund für die Entscheidung, in den touristischen Ausbau des Languedoc-Roussillon zu investieren.

Tab. 71 Die Motive der Käufer von Wohneinheiten in der Küstenzone des Languedoc-Roussillon (1974–1981)

Kaufmotiv	Anteile der befragten Käufer (%)							
	1974	1975	1976	1977	1978	1979	1980	1981
Erwerb eines Hauptwohnsitzes	4,0	6,3	1,8	2,9	2,1	1,3	1,5	2,3
Erwerb eines Zweitwohnsitzes	63,3	56,0	50,8	42,6	42,2	27,5	23,4	20,8
Erwerb eines Zweitwohnsitzes u. Kapitalanlage	19,9	26,0	27,7	39,5	41,1	56,6	58,2	55,8
Sichere Kapitalanlage und Investition	12,8	11,7	19,7	15,0	14,4	14,6	16,9	21,1

Quelle: Käuferbefragung durch C.O.C.I.L.E.R.

Die Tab. 71 zeigt einen steten Rückgang des ausschließlich funktionsbezogenen Kaufmotivs „Erwerb eines Zweitwohnsitzes", das nur noch für ein Fünftel der Kaufentscheide maßgebend ist. Auch der Erwerb eines Hauptwohnsitztes, z.B. in der Umgebung der Großstädte der Region, spielt im Unterschied zum Beginn der siebziger Jahre keine Rolle mehr. Entscheidend zugenommen, fast verdreifacht hat sich der Anteil der Käufer, für die der Erwerb eines Zweitwohnsitzes mit dem Wunsch nach einer sicheren Kapitalanlage verbunden ist. Auch der Kauf aus dem alleinigen Grund der Kapitalanlage ohne ein Interesse an der Eigennutzung der erworbenen Wohneinheit hat stark zugenommen und wird von über einem Fünftel der Käufer als Motiv genannt.

Daß diese Befragungsergebnisse der Realität entsprechen, zeigt sich am Modus der Finanzierung der Wohnungskäufe. 1973 wurden nur 38% aus Barmitteln und ohne Inanspruchnahme eines Bankkredites abgewickelt, bis 1981 hat sich der Anteil der Käufer, die auf Kredite verzichten[53], auf 62% erhöht. Die staatliche Förderung des „Investissement dans le Pierre", welche die touristische Erschließung des Litorals im Languedoc-Roussillon auch beinhaltet, hat somit nicht nur den Kapitaltransfer aus anderen Regionen in den Languedoc-Roussillon bewirkt. Sie führte auch zur volks- und regionalwirtschaftlichen Aktivierung von privatem Geldkapital, für das alternative Investitionsmöglichkeiten kaum zur Verfügung stehen[54], so daß die Frage nach seinen Opportunitätskosten irrelevant erscheint.

Die für die Fortführung des touristischen Ausbaus der Küstenzone wichtige Erschließung neuer Käufergruppen kann als aktuelles Problem der Stations Nouvelles besonders des südlichen Littorales angesehen werden. Wie von G. SAN MARTINO (1975, S. 9) am Beispiel von La Grande Motte gezeigt wurde, bestand bis 1974 eine sehr enge Beziehung des Vertrauens zwischen den in der Region ansässigen Bauträgern und den vorwiegend aus der Region Languedoc-Roussillon stammenden privaten Investoren, die sich in einer Übereinstimmung der Herkunftsstruktur beider Gruppen ausdrückte und die realistische Einschätzung der Aufnahmefähigkeit des Immobilienmarktes seitens der Bauträger implizierte. Seit 1975 hat das Auftreten kapitalstärkerer, im nationalen Maßstab operierender Bauträger demgegenüber zu einem Anstieg des Bestandes an unverkauften Wohnungen geführt.

Zur Jahreswende 1976/77 waren es ca. 7400 Einheiten, nach einem vorübergehenden Abbau auf nur knapp 6000 wurde diese Größenordnung im Januar 1981 wieder erreicht.

Die Integration des Languedoc-Roussillon in den gesamtfranzösischen Markt für Freizeitimmobilien begünstigte die Einflußnahme von dessen Rahmenbedingungen. Exakt vergleichbar und parallel zur Entwicklung des Immobilienmarktes an den Küsten der P.A.C.A. verlaufend kennzeichnet auch im Languedoc-Roussillon eine Tendenzwende den Ausgang der siebziger und Anfang der achtziger Jahre. 1979 war auch im Languedoc-Roussillon das Jahr mit den höchsten Verkaufszahlen (vgl. R. MOREL 1983, S. 536). Seit 1980 brachten zunächst die Unübersichtlichkeit und Unsicherheit der politischen Lage, später die Sparpolitik der Regierung mit einer Verringerung der Kaufkraft ein stetes Absinken der Verkaufszahlen. Da zugleich in Cap d'Agde (1982: letzte Tranche des Ausbaus der Station), Port Barcares und in St. Cyprien erhebliche Zugänge auf dem Wohnungsmarkt zu verzeichnen waren, konnte sich der Bestand an unverkauften Wohnungen ab 1980 nur vergrößern. So nahm vom 1.09.1981 bis zum 30.08.1982 die Zahl der verkauften Wohnungen gegenüber dem Vorjahreszeitraum von 7525 auf 6596 Einheiten ab; besonders hohe Rückgänge der Verkaufszahlen waren nach den Unterlagen von C.O.C.I.L.E.R. in Port-Camargue (−37%) und den Stations Nouvelles Cap d'Agde, Gruissan und Leucate mit jeweils ca. −30% zu registrieren.

---

53 Dies geschieht, obwohl die Vermarktung der Ferienwohnungen durch besonders günstige Kreditkonditionen, niedrige Anforderungen an das Eigenkapital (Minimum 20%) und lange Laufzeiten der Hypotheken angeregt werden soll.

54 Zur finanziellen Situation der französischen Bevölkerung und der Verteilung des privaten Reichtums vgl. P. REYNAUD/Y. GRAFMEYER (1981).

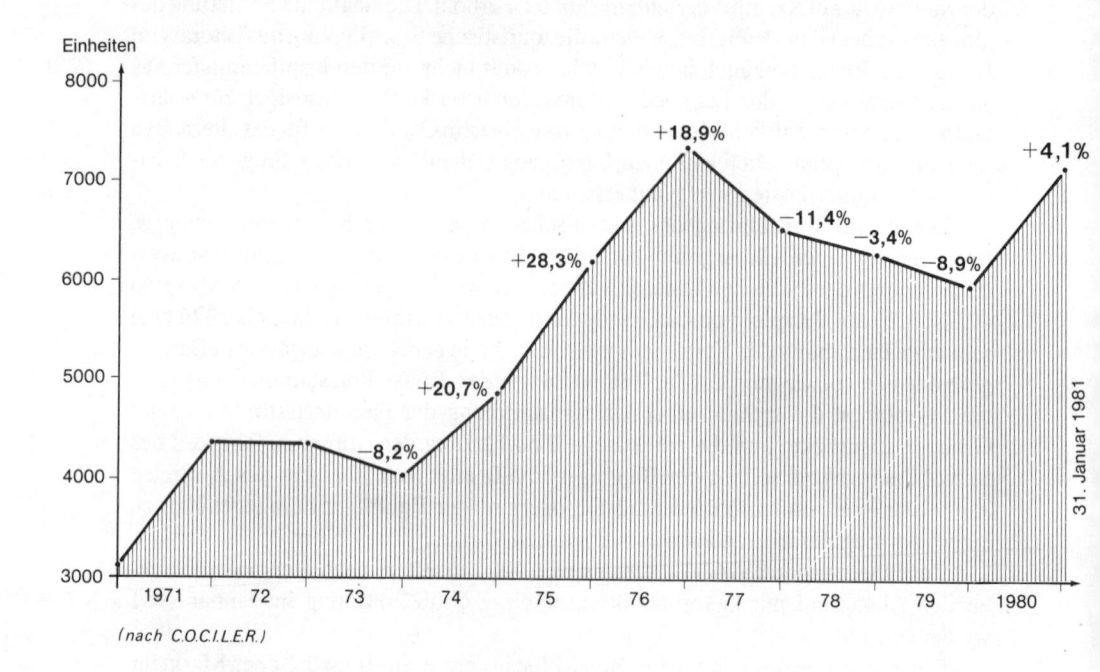

Abb. 9 Der Bestand an unverkauften Wohnungen in der Küstenzone des Languedoc-Roussillon (Veränderungen in % des Vorjahresbestandes)

5.4.1.2 Bilanzierung der Gesamtinvestitionen zur touristischen Erschließung des Litorals im Languedoc-Roussillon – Struktur und Effektivität

Nach der Organisation des touristischen Erschließungsprozesses (Abb. 7) sind seine Träger entsprechend ihrer Aufgaben an den Gesamtinvestitionen in recht unterschiedlichem Maße beteiligt.

Die staatlichen Investitionen liegen mit 900 Mio FF bis zum Jahre 1980 in Hinblick auf die räumlichen und quantitativen Dimensionen der touristischen Entwicklung der Küste des Languedoc-Roussillon erstaunlich niedrig[55]. Ihre Begrenzung auf knapp 15% des gesamten Investitionsvolumens resultiert aus der Selbstbeschränkung der staatlichen Interventionen in dem Entwicklungsprozeß. Die staatlichen Ausgaben konzentrieren sich auf den Ausbau der Infrastruktur (Straßenbau, Wasserversorgung, Errichtung von Freizeithäfen) mit einem Anteil von 51,6%; für die Beseitigung der Mückenplage wurden 11,7% der Ausgaben der Mission aufge-

---

[55] Die Summe von 900 Mio FF entspricht in etwa der Summe von 876 470 FF, die der französische Staat 1979 in der Region P.A.C.A. alleine für Zuschüsse zum Sozialtourismus und Camping aufgewendet hat (vgl. O.R.E.A.M.-P.A.C.A. 1980, S. 37).

wendet (Abb. 10). Die Konzeption der interministeriellen Mission, nach der Planungsphase die Realisierung der Planung auf dem Wege der Koordination der Aktivitäten bestehender staatlicher Behörden, von Gebietskörperschaften, der S.E.M. und der privaten Bauträger zu bewirken, brachte den bewußten Verzicht auf einen eigenständigen administrativen Apparat[56] mit sich; die Mission bestand 1980 z.B. lediglich aus 20 Mitgliedern (vgl. P. RACINE 1980, S. 293)[57].

Tab. 72 Die Aufteilung der Gesamtinvestitionen an der touristischen Erschließung des Languedoc-Roussillon beteiligten Institutionen und Unternehmen (Stand 1980)

Investoren	Investitionen in Mio FF	Anteil (%)
Mission Interministérielle pour l'Amenagement Touristique du Littoral Languedoc-Roussillon	900	14,8
Gebietskörperschaften (Collectivités Locales)	260	4,3
Gemischtwirtschaftliche Gesellschaften (S.E.M.) und Handelskammer Nîmes	940	15,4
Private Bauträger (Promoteurs) refinanziert durch Immobilienkäufer	4.000	65,5
Summen	6.100	100,0
Quelle: Mission Interministerielle...		

Die Abb. 10 verdeutlicht die unterschiedliche Intensität des staatlichen Engagements im Languedoc-Roussillon auch in zeitlicher Hinsicht. Besonders hohe Investitionen fielen am Ende der sechziger Jahre an; in dieser Zeit waren umfangreiche Maßnahmen im Straßen- und Wasserbau, für die Aufspülungen und Sicherung der Flächen, auf denen anschließend der Hochbau einsetzte, vorzunehmen. Die staatlichen Investitionen setzten sich nominal auf relativ stetigem Niveau bis zur Mitte der siebziger Jahre fort. Seit 1977 wurden sie deutlich zurückgenommen, um 1982 mit der Mission, die zum 31. Dezember ihre Tätigkeit beendete, zusammen auszulaufen. Die Kurve der inflationsbereinigten staatlichen Investitionen verdeutlicht in ihrem Verlauf sehr eindeutig, daß das reale finanzielle Engagement des Staates bereits in der ersten Hälte der siebziger Jahre zurückgenommen wurde, der Anstieg der Investitionssumme 1973/74 nur noch inflationsbedingt war. Neue staatliche Investitionen für die Entwicklung des Tourismus im Languedoc-Roussillon bedürfen jeweils einer Verankerung in der nationalen Wirtschaftsplanung, z.B. als Contrat de Plan Etat/ Région (vgl. o. S. 27f.).

Im Vergleich zu den anderen im nationalen Kontext stehenden touristischen Entwicklungsprojekten (vgl. o. S. 28f.) entfielen auf den Languedoc-Roussillon ca.

---

56 Das technische und Verwaltungspersonal der Mission beschränkte sich auf je 6 Angestellte in den Büros in Paris und Montpellier (P. RACINE 1980, S. 29f.).
57 Davon waren 6 aus den verschiedenen staatlichen Diensten (Ministerien, D.A.T.A.R.) abgeordnete hohe Beamte.

5. Freizeit, Tourismus und Regionalentwicklung in Languedoc-Roussillon

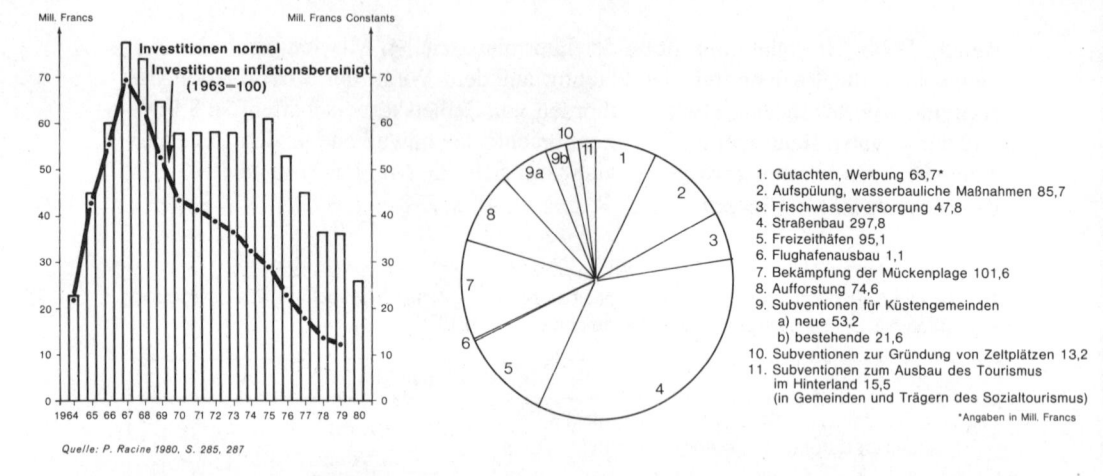

Abb. 10 Umfang und Struktur der staatlichen Investitionen in die touristische Erschließung der Küste des Languedoc-Roussillon 1964–1980

Legende Kreisdiagramm:
1. Gutachten, Werbung 63,7*
2. Aufspülung, wasserbauliche Maßnahmen 85,7
3. Frischwasserversorgung 47,8
4. Straßenbau 297,8
5. Freizeithäfen 95,1
6. Flughafenausbau 1,1
7. Bekämpfung der Mückenplage 101,6
8. Aufforstung 74,6
9. Subventionen für Küstengemeinden
   a) neue 53,2
   b) bestehende 21,6
10. Subventionen zur Gründung von Zeltplätzen 13,2
11. Subventionen zum Ausbau des Tourismus im Hinterland 15,5
    (in Gemeinden und Trägern des Sozialtourismus)

*Angaben in Mill. Francs

Quelle: P. Racine 1980, S. 285, 287

50% der Mittel, die im Sechsten Nationalen Plan vorgesehen waren[58]. Der 1963 seitens des Staates vorgesehene Finanzierungsrahmen von 700 Mio FF wurde nominal um 24% überschritten. Der Ausgabenstand von 868 Mio FF zum 31.12.1979 entspricht jedoch inflationsbereinigt einem Betrag von 589 Mio FF (vgl. P. RACINE 1980, S. 58), so daß der vorgesehene Umfang der Investitionen real unterschritten wurde.

Seinen finanziellen Beitrag zur touristischen Entwicklung des Languedoc-Roussillon hat der französische Staat darüberhinaus bereits durch die auf die nichtstaatlichen Investitionen entfallende Mehrwertsteuer (17,6% von 5,2 Mrd FF = 915,2 Mio FF) wieder eingenommen. Seine Intervention in die touristische Entwicklung der Küste des Languedoc-Roussillon hat letztlich für die Staatskasse einen Überschuß erbracht. Zu diesem im Sinne der Zentrum-Peripherie-Modelle als Feedback-Effekt einzustufenden monetären Transfer zählen auch die aus den touristischen Umsätzen erwachsenen Mehrwertsteuereinnahmen des Staates. 1979 wurden an der Küste und in der Zone de Passage direkte touristische Umsätze in Höhe von 3,2 Mrd FF erzielt (J. CORTOT 1980, S. 224), dies entspricht bei Zugrundelegung des regulären Mehrwertsteuersatzes[59] einem Steueraufkommen von ca. 500 Mio FF. So ist alleine in den Jahren 1980 bis 1986 – ohne Berücksichtigung von Preissteigerungen – mit einem Mehrwertsteueraufkommen an den Küsten des Languedoc zu rechnen, das in etwa das Sechsfache des temporären staatlichen Einsatzes ausmacht. 68% des regionalen

---

58 Der 6. Plan (1971–75) wies für den Languedoc-Roussillon 315 Mio FF, für die touristische Entwicklung der aquitanischen Küste und der Insel Korsika je 105 Mio FF und für die französischen Wintersportgebiete in den Alpen 100 Mio FF aus (G. CAZES 1972, S. 200).
59 17,6%. Die vorliegende Schätzung gibt einen groben Annäherungswert wieder, da ein Teil der touristischen Umsätze auf Ausgaben für Lebensmittel mit einem halbierten Mehrwertsteuersatz entfallen. Andere Aufwendungen im Freizeitbereich unterliegen allerdings der Luxussteuer von 33%.

Mehrwertsteueraufkommens werden im Hérault (42%) und in den Pyrénées-Orientales (26%) den beiden wichtigsten touristischen Départements, erzielt.

Die Gebietskörperschaften sind an dem Gesamtvolumen der Investitionen nur mit 4% beteiligt, hierunter fallen besonders Aufforstungsmaßnahmen, die vom Staat (Abb. 10) erheblich subventioniert wurden. Die Beiträge der S.E.M. und der Handelskammer zu Nîmes übertreffen das finanzielle Engagement des Staates. Bei den Investitionen der S.E.M. handelt es sich neben Geldern regionaler Kapitalgeber vor allem um Mittel der C.D.C., deren gleichzeitige Funktion einer Kontrolle des Zentrums über die Peripherie an anderer Stelle (vgl. o. S. 251) herausgestellt wurde.

Die zwei Drittel, welche die Bauträger bzw. über sie indirekt die privaten Immobilienkäufer im Languedoc-Roussillon in die touristische Entwicklung des Litorals investiert haben, stellen zu einem erheblichen Teil das Ergebnis eines intraregionalen Kapitaltransfers dar. Da sich die Herkunftsstruktur von Bauträgern und Wohnungskäufern seit 1975 allerdings diversifiziert hat, wurde der interregionale Kapitalzufluß gestärkt und umfaßt nunmehr drei Viertel der Transaktionen. Es ist in diesem Zusammenhang hervorzuheben, daß auch die Anlage von in der Region lokalisiertem Kapital in die touristische Erschließung der Küstenzone erhebliche regionalwirtschaftliche Bedeutung besitzt. Es handelt sich dabei um Geldkapital des einheimischen Bürgertums, das häufig reinen Spekulationsgeschäften entzogen wurde und einem produktiven Zweig des Tertiären Sektors zugeführt wurde.

Die raumwirtschaftlichen Effekte der touristischen Erschließung des Languedoc-Roussillon werden durch einen hohen Effektivitätsgrad der staatlichen und privaten Investitionen begünstigt. Hervorzuheben ist in diesem Zusammenhang der relativ niedrige Investitionsaufwand pro neu geschaffenem Arbeitsplatz. Dies gilt sowohl im regionalen Vergleich zu den Ferienzentren an der Ostseeküste der Bundesrepublik Deutschland wie auch im sektoralen Vergleich zu Industrialisierungsprojekten in Frankreich.

Für die staatliche direkte und indirekte Förderung der Ferienzentren an der bundesdeutschen Ostseeküste (vgl. H.-G. MÖLLER 1977, S. 185, 198ff.) war das Motiv der Schaffung von Arbeitsplätzen sehr wesentlich. Dort wurden pro Arbeitsplatzäquivalent[60] 620 000 DM staatlicher und privater Investitionen aufgewendet; in Burgtiefe auf Fehmarn waren es in einem sehr günstigen Fall 520 000 DM. Die touristische Erschließung der Küsten des Languedoc-Roussillon brachte 30 000 direkte Dauerarbeitsplatzäquivalente im Tertiären Sektor, dies entspricht einer Investition von 203 333 FF pro Arbeitsplatz – nach dem Umrechnungskurs von 1982 71 167 DM und nach dem Kurs zur Mitte der siebziger Jahre 89 500 DM pro Arbeitsplatz. Es zeigt sich, daß die Arbeitsmarkteffekte der Investitionen im Languedoc-Roussillon – trotz einer beschäftigungspolitisch ungünstigen Ausrichtung des Beherbergungsangebotes auf Ferienwohnungen und Zeltplätze – wesentlich höher als an der Ostseeküste ausgefallen sind.

Auch gemessen an den Investitionen, die in dem industriellen Entwicklungsprojekt in Fos pro Dauerarbeitsplatz in den industriellen Sektor getätigt werden mußten,

---

60 Ein Arbeitsplatzäquivalent setzt sich aus der Zahl der Dauerarbeitsplätze zuzüglich der Umrechnung der Saison- auf Dauerarbeitsplätze zusammen. 2 Saisonarbeitsplätze werden dabei einem Dauerarbeitsplatz gleichgestellt.

sind die Resultate der touristischen Entwicklung des Languedoc-Roussillon als günstig anzusehen. Bis Ende 1975 wurden in Fos vom französischen Staat 6,6 Mrd FF investiert, also mehr als die Gesamtkosten der touristischen Erschließung der im Westen benachbarten Küste. Die Industrie tätigte Anlageninvestitionen in Höhe von 8,9 Mrd FF, wovon 2,7 Mrd FF staatliche Subventionen bzw. EG-Beihilfen darstellten[61]. Ende 1975 waren in der Industrie- und Hafenzone von Fos 9000 Dauerarbeitsplätze vorhanden, in den 7 benachbarten Gemeinden weitere 5500, von denen jedoch nur 1000 nach 1970 zusätzlich entstanden (vgl. D. CULTIAUX 1975, S. 62). Die Aufwendungen pro Arbeitsplatz in der Industriezone von Fos betrugen somit 1,7 Mio FF bzw. 756 300 DM. Bezogen auf die Gesamtzahl der neu geschaffenen Arbeitsplätze im industriellen Sektor belaufen sich die Investitionen auf 1,5 Mio FF bzw. 680 600 DM[62]. Im Prestigeobjekt der Industrialisierung aus der Zeit de GAULLES erforderte die Einrichtung eines Arbeitsplatzes einen deutlich höheren Betrag als in dem seit 1972 im Ausbau befindlichen Technologiepark Valbonne-Sophia-Antipolis. Dort wurden zwischen 1972 und 1982 2783 Arbeitsplätze geschaffen, für die jeweils 730 460 FF investiert wurden (vgl. H.-G. MÖLLER 1985, S. 92). Die Aufwendungen, die in Fos pro Arbeitsplatz getätigt wurden, belaufen sich auf 233% dieses Betrages.

Die Entwicklung der Küste des Languedoc-Roussillon, die Anlage des Technologieparks Valbonne-Sophia-Antipolis sowie der Aufbau von Hafen- und Industrieanlagen in Fos-sur-Mer stellen in etwa gleichzeitig realisierte Projekte einer zentralistisch, nach den Entwicklungszielen der Regierung in Paris definierten und durchgeführten Regionalpolitik in Südfrankreich dar. Unter dem Aspekt der Arbeitsmarkteffekte der eingesetzten Investitionen bringt die touristische Erschließung des Litorals im Languedoc-Roussillon die weitaus günstigsten Ergebnisse. Die hier für einen touristischen Arbeitsplatz getätigten Aufwendungen liegen in einer Größenordnung, die in etwa den Aufwendungen entspricht, die in der Bundesrepublik Deutschland in der Region Saarland-Westpfalz bei Industrieansiedlungen aufgebracht werden mußten (vgl. C. BECKER 1979, S. 34)[63]. Im Vergleich zum Aufbau der Industrie in Fos stellt die Förderung des Tourismus nicht nur eine unter dem Gesichtspunkt der Kosten weitaus günstigere Alternative dar. Sie erscheint auch unter dem Aspekt beruflicher Qualifizierung und damit der Partizipation der einheimischen Bevölkerung am Entwicklungsprozeß weitaus geeigneter, eine Entlastung des regionalen Arbeitsmarktes zu erreichen.

---

61 Die Summe der Investitionen von staatlicher und gewerblicher Seite ist aus dem Beitrag von D. CULTIAUX (1975) rekonstruiert, wobei es ebenso wie hinsichtlich der Daten zu den Arbeitsplätzen z.T. schwierig ist, die Plandaten von den realisierten Werten zu trennen. Zur Politik und Organisation der Erschließung von Fos – allerdings weitestgehend ohne Quantifizierung der Investitionen – vgl. J. S. BLEITRACH/D. CHENU (1982).
62 Nach dem Umrechnungskurs, der Mitte der siebziger Jahre gültig war.
63 C. BECKER (1979, S. 34) gibt für die Schaffung von industriellen Arbeitsplätzen in der Planungsregion Westpfalz-Saarland einen Betrag von DM 85.000,- pro Arbeitsplatz an. Aufwendungen dieser Größenordnung reichen im Fremdenverkehrssektor nach BECKER nur für die durch Erweiterung bestehender Betriebe zu schaffenden Arbeitsplätze aus. In Ferienzentren und Feriendörfern sind bei der Neuanlage Investitionen von 448.000 bis 800.000 DM pro Arbeitsplatz nachgewiesen worden.

Die Industrieansiedlungen in Fos sind durch eine geringe Zahl von Arbeitsplätzen für Frauen – bei einer weit unterdurchschnittlichen Frauenerwerbsquote[64] – sowie durch die Schaffung von Arbeitsplätzen gekennzeichnet, für die qualifizierte Bewerber in der Region(en) fehlen und die daher zum großen Teil mit Zuwanderern aus anderen Region Frankreichs besetzt werden mußten (vgl. D. CULTIAUX 1975, S. 64). Der Ausbau des Tourismus bot demgegenüber die Chance, gerade für weibliche und unqualifizierte Arbeitsuchende in der Region Languedoc-Roussillon Beschäftigungsmöglichkeiten bereitzustellen.

5.4.2 ARBEITSMARKTEFFEKTE: DIE REGIONALWIRTSCHAFTLICHE BEDEUTUNG UND STRUKTUR TOURISTISCHER ARBEITSPLÄTZE

(Die auf S. 116f. den Ausführungen zum Arbeitsmarkt der P.A.C.A. vorangestellten Bemerkungen zur Quellenlage in der Arbeitsstatistik gelten auch für die Region Languedoc-Roussillon).

5.4.2.1 Die angebotsbezogene Analyse der touristischen Arbeitsplätze

5.4.2.1.1 Die Rahmenbedingungen der jüngsten Entwicklung des regionalen Arbeitsmarktes

Die Entwicklung der Zahl der Erwerbspersonen zeigt in der zweiten Hälfte der siebziger Jahre einerseits eine Zunahme im Umfang der Erwerbstätigkeit, die jedoch mit einem Wandel der Erwerbsstruktur andererseits verbunden ist (Tab. 73).

Neben dem Rückgang der in der Landwirtschaft tätigen Selbständigen und abhängig Beschäftigten von 92 721 (1976) auf 70 997 (1982) und der Verringerung der in der Industrie tätigen Erwerbspersonen von 94 776 (1976) auf 93 350 (1982) ist ein Zuwachs der Beschäftigung im Baugewerbe von 67 480 (1976) auf 68 949 (1982) Erwerbspersonen zu verzeichnen; der entscheidende Impuls für die Zunahme der Erwerbstätigkeit in der Region ging jedoch vom Tertiären Sektor aus, in dem sich die Zahl der Erwerbspersonen von 339 174 (1976) auf 388 259 (1982) bzw. um 14,5% erhöhte. Die Gesamtzahl der Erwerbspersonen nahm in diesem Zeitraum von 594 151 auf 603 552 Personen zu, das entspricht einem Zuwachs von nur 4,6%.

Im Verlauf des Jahres 1981, in welchem sich z.B. negative Tendenzen auf dem regionalen Arbeitsmarkt bereits im Baugewerbe manifestierten, wurden in den gewerblichen Dienstleistungen 5160 neue Erwerbspersonen verzeichnet, dies entspricht 62% des Gesamtzuwachses der Beschäftigung im Tertiären Sektor jenes Jahres. Der Bereich der gewerblichen Dienstleistungen hatte bereits in den siebziger Jahren am stärksten zum Wachstum des Tertiären Sektors beigetragen; er behielt

64 D. CULTIAUX (1980, S. 121) weist auf die geringe Frauenerwerbsquote im Raum Fos – Etang-de-Berre von 16% hin, die seinerzeit einem französischen Durchschnittswert von 28% gegenüberstand. Neue Arbeitsplätze für Frauen im tertiären Sektor werden infolge der Stagnation beim Ausbau der Industriebetriebe in Fos nur in beschränktem Maße bereitgestellt.

diese Schlüsselfunktion für die Entwicklung der Erwerbstätigkeit in den Dienstleistungen auch in den achtziger Jahren (vgl. Abb. 12).

Tab. 73 Die Erwerbspersonen am Arbeitsort in der Region Languedoc-Roussillon 1976–1978 und 1981–1982 nach Wirtschaftssektoren (Anzahl in 1000)

Wirtschafts-sektoren	Jahr	Départements*					Region	Frankreich
		11	30	34	48	66		
Landwirtschaft	1976	20,2	21,2	27,9	8,1	15,3	92,7	.
	1977	19,5	19,8	27,2	7,6	14,9	88,9	.
	1978	18,6	19,4	25,1	7,5	14,5	85,0	1.955,7
	1981	16,2	16,3	22,2	6,8	13,4	74,9	1.821,0
	1982	15,8	15,3	21,3	5,7	12,0	70,9	1.760,3
Industrie (ohne Bau-gewerbe)	1976	12,6	38,9	29,6	2,5	11,2	94,8	.
	1977	12,8	39,4	30,1	2,5	11,5	96,4	.
	1978	12,7	37,8	30,3	2,7	11,4	94,9	6.003,4
	1981	12,7	36,9	30,9	2,9	10,9	94,4	5.686,8
	1982	12,5	36,4	30,7	2,8	10,8	93,4	5.579,0
Baugewerbe B.T.P.	1976	8,5	18,0	25,0	2,5	13,4	67,5	.
	1977	9,0	17,9	26,1	2,6	13,5	69,3	.
	1978	8,8	18,0	25,3	2,8	13,5	68,5	1.859,2
	1981	8,3	18,5	25,7	2,8	13,7	69,1	1.812,5
	1982	8,5	18,7	25,2	2,9	13,6	68,9	1.787,0
Dienstleistung	1976	46,1	87,9	104,3	13,7	58,7	339,2	.
	1977	46,8	89,9	136,5	13,8	60,6	347,8	.
	1978	47,0	91,7	139,9	14,3	62,0	355,1	11.564,9
	1981	49,9	97,6	151,4	14,9	66,2	376,9	12.028,4
	1982	50,6	99,6	154,8	15,1	68,1	388,3	12.332,0
Erwerbsper-sonen insg.	1976	87,4	166,2	215,2	26,9	98,6	594,2	.
	1977	88,3	167,0	219,8	26,6	100,7	602,4	.
	1978	87,2	166,9	220,7	27,3	101,5	603,6	21.383,3
	1981	87,2	169,3	230,3	27,4	104,2	618,4	21.160,2
	1982	87,5	170,1	232,1	26,5	105,4	621,6	21.458,3

Anmerkungen: *)Départements: 11 Aude, 30 Gard, 34 Hérault, 48 Lozère, 66 Pyrénées-Orientales
Quelle: I.N.S.E.E. Montpellier

Die einzelnen Départements partizipieren an dieser regionalwirtschaftlich sehr wichtigen Ausweitung der Beschäftigung im Dienstleistungssektor in unterschiedlichem Maße. Im Département Pyrénées-Orientales trugen 1980 die gewerblichen Dienstleistungen zu 53% zum Zuwachs der Erwerbstätigkeit im Tertiären Sektor und zur Spitzenstellung, die dieses Département in der Region hinsichtlich des relativen Zuwachses an Erwerbspersonen in der Region aufwies, bei. Im Hérault wurden absolut die stärksten Zuwächse in den gewerblichen Dienstleistungen erzielt, die 74% der 1980 für den Tertiären Sektor dieses Départements verzeichneten Zunahme an Erwerbspersonen ausmacht. Im Gard stehen ebenso wie im Lozère der Zunahme der Erwerbstätigkeit im Tertiären Sektor überdurchschnittliche Arbeitsplatzverluste im Primären Sektor gegenüber, so daß der positive Saldo der Entwicklung der Erwerbstätigkeit im Gard relativ gering ausfällt und im Lozère ein negativer Saldo für 1981 zu verzeichnen ist.

Die 1983/84 in der Region Languedoc-Roussillon sichtbar werdende allgemeine Verschlechterung der Beschäftigungssituation bringt starke Einbrüche auch in den zuvor begünstigten Départements Hérault und Pyrénées-Orientales (vgl. Tab. 23, S. 118). Die Zahl der Arbeitslosen, die in der Region zwischen 1975 und 1980 von 33 710 auf 61 700 angestiegen war und sich somit fast verdoppelt hatte, überschritt im September 1984 die Marke von 100 000.

Tab. 74 Die Nettoveränderung der Arbeitsplatzzahl im Languedoc-Roussillon nach Wirtschaftssektoren (Angaben in 1000)

Wirtschafts- sektoren	'74–81: mittlere jährliche Veränderung	Veränderung			Beschäftigte
		1982	1983	1984	31.12.1984
Landwirtschaft	– 1,8	– 0,2	– 1,1	– 1,1	22,8
Industrie	0	– 0,9	– 1,9	– 2,5	82,0
Baugewerbe B.T.P.	– 0,8	– 2,5	– 3,8	– 3,6	40,9
Dienstleistungen gewerblich	+ 7,2	+ 5,2	+ 4,6	+ 0,9	225,8
Dienstleitungen nicht gewerblich	+ 2,8	+ 4,2	+ 2,6	+ 2,6	138,7
Insgesamt	+ 7,2	+ 5,8	+ 0,4	– 3,7	510,2

Quelle: I.N.S.E.E. (Dir. Rég. Montpellier)

Neben der fortgesetzten Reduktion der Beschäftigung in der Landwirtschaft erhöhten sich die Arbeitsplatzverluste in der Industrie in den Jahren 1983 und 1984 drastisch.

Das Baugewerbe setzte bereits 1982 2500 Beschäftigte frei, der Arbeitsplatzabbau verstärkte sich 1983/84 auf 3800 bzw. 3600 Stellen. Dieser Rückgang ist strukturell und konjunkturell bestimmt.

Neben das drastische Nachlassen der Baukonjunktur seit 1980, das wie in den Küstendépartements der P.A.C.A. durch eine Reduktion der Bautätigkeit für Private auch auf dem Markt für Zweitwohnungen und auf dem Sektor des öffentlichen Bauens durch das Auslaufen großer Projekte (Erschließung des Litorals) und einer aus öffentlichen Haushaltsgründen verringerten Zahl neuer Aufträge besteht, tritt als Element des strukturellen Wandels das zunehmende Eindringen regionsfremder Bauunternehmen. Es kann als Ausweitung der Abhängigkeit der Peripherien vom Zentrum und Anwachsen der Filialstruktur auch auf dem Bausektor gewertet werden. Was den Hochbau betrifft, so wurden 1978 83% der Arbeiten von Unternehmen aus dem Languedoc-Roussillon ausgeführt, hier kamen die Investitionen der Regionalwirtschaft zu mehr als vier Fünftel zugute. Die öffentlichen Bauarbeiten wurden dagegen nur zu 44% von regionsangehörigen Firmen durchgeführt, 41% entfielen auf Firmen mit Sitz in der Region Parisienne (Daten nach M. NEGRE et al. 1983, S. 85f.). Insgesamt liegt der Betrag an Bauleistungen pro Einwohner im Languedoc-Roussillon zwar 7% über dem nationalen Durchschnitt, betrachtet man jedoch nur die Bauleistungen einheimischer Unternehmen, so liegt er 5% unter dem nationalen Mittel (Daten für 1978 nach B.I.P.E./C.R.P.E.E. 1982, S. 144). Die strukturellen Probleme der regionalen Bauwirtschaft werden auch darin sichtbar, daß die Wertschöpfung pro Arbeitskraft bei ihr deutlich niedriger als bei polyregionalen, landesweit operierenden Unternehmen ausfällt. Von im Languedoc-Roussillon ansässigen Firmen wurden im Tiefbau (Travaux Publiques) nur 73 000 FF pro Arbeitskraft gegenüber 78 000 FF in den überregional tätigen Unternehmen erzielt. Im Hochbau ist diese Differenz noch stärker ausgeprägt, hier haben die regional operierenden Firmen nur 41 000 FF Wertschöpfung gegenüber 78 000 FF bei den Firmen mit Sitz außerhalb der Region (B.I.P.E./C.R.P.E.E. 1982, S. 133) erzielt.

Der Rückgang der Beschäftigung im Baugewerbe repräsentiert angesichts der geringen Betriebsgrößen (im Durchschnitt 3,8 Beschäftigte pro Unternehmen) und geringer Effektivität sowie der Reduzierung des Ausbaus des Küstenzone nicht nur eine konjunkturelle Schwankung; er resultiert vielmehr aus einer Anpassung an die Wettbewerbsbedingungen und an eine Normalisierung des Umfanges der durch den Ausbau des Litorals in der Region zeitweise aufgeblähten Bautätigkeit. So sind die Perspektiven des mit 43% (1982) der Erwerbspersonen im Sekundären Sektor wichtigsten Industriezweiges eher negativ einzuschätzen, die langfristige regionalwirtschaftliche Ambivalenz hinsichtlich der Arbeitsmarkteffekte tourismusbedingter Großprojekte wird bestätigt.

In einer durch den Rückgang der Beschäftigung in der industriellen Güterproduktion (1984 um 2800 Arbeitskräfte) gekennzeichneten Situation erscheint der fortgesetzte und relativ stabile Zuwachs an Arbeitsplätzen im Tertiären Sektor von großer regionalwirtschaftlicher Bedeutung. Die positive Beschäftigungsdynamik in den Dienstleistungen des Languedoc-Roussillon ist damit jener in der P.A.C.A. durchaus vergleichbar.

Tab. 75 Die räumliche Differenzierung der Veränderung der Beschäftigtenzahl in der Region Languedoc-Roussillon 1984 (Angaben in 1000)

Département	Landwirtschaft	Industrie	Baugewerbe	Tertiärer Sektor	Insgesamt	Stand 31.12.84
Aude	−0,4	−0,5	−0,3	+0,3	−0,9	72,3
Gard	−0,1	−1,0	−0,9	+1,6	−0,4	143,0
Hérault	−0,5	−0,3	−1,3	+1,7	−0,4	193,6
Lozère	0	0	−0,1	+0,2	+0,1	17,1
Pyrénées-Orientales	−0,1	−0,7	−1,0	−0,3	−2,1	84,2
Insgesamt	−1,1	−2,5	−3,6	+3,5	−3,7	510,2

Quelle: I.N.S.E.E. (Dir. Rég. Montpellier)

5.4.2.1.2 Die Entwicklung der Beschäftigung im Tertiären Sektor 1981 bis 1984

Die Entwicklung der einzelnen Branchen des Tertiären Sektors von 1981 auf 1984 ist in Abb. 11 dargestellt, Tab. 76 ermöglicht eine detailliertere Einsicht in die Beschäftigungsdynamik des Tertiären Sektors aufgrund einer differenzierteren Aufschlüsselung der branchenmäßigen Zuordnung (Niveau 100 A.P.E.). Dabei sind nach den Statistiken des A.S.S.E.D.I.C. die abhängig Beschäftigten erfaßt.

1. Großhandel
2. Lebensmitteleinzelhandel
3. Einzelhandel ohne Lebensmittel
4. Transport- u. Fernmeldewesen
5. Hotels, Cafés, Restaurants
6. Dienstleistungen des Handels für Unternehmen
7. Dienstleistungen des Handels für Private
8. Versicherungen
9. Geldinstitute, Immobilienhandel
10. Sonstige Dienstleistungen

(Angaben in %)

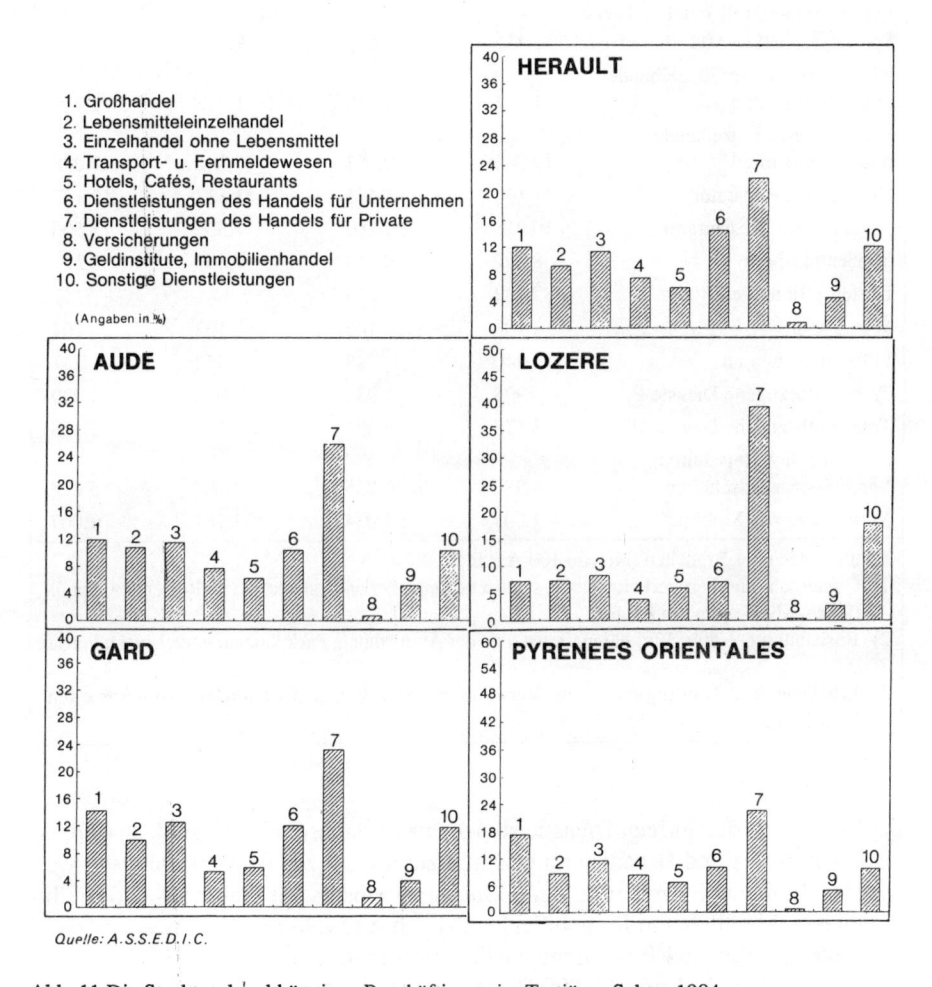

Quelle: A.S.S.E.D.I.C.

Abb. 11 Die Struktur der abhängigen Beschäftigung im Tertiären Sektor 1984

Die Abb. 11 verdeutlicht die dominierende Stellung der „gewerblichen Dienstleistungen an Private", die auch die höchsten Zuwächse zu verzeichnen hatten. Dies gilt für die Region insgesamt wie für die Küstendépartements, besonders jedoch für

Tab. 76 Die Entwicklung der Beschäftigung* in ausgewählten Branchen des Dienstleistungssektors der Region Languedoc-Roussillon 1981–1984** – mit Fortsetzung –

Beschäftigung im	1981	1982	1983	1984
Großhandel für Lebensmittel	10.335	10.060	9.734	9.947
Großhandel ohne Lebensmittel	5.799	5.897	6.042	6.165
Einzelhandel, Lebensmittel-Großmärkte (ab 400m²)	6.885	7.527	8.528	8.453
Lebensmitteleinzelhandel, Spezialgeschäfte + tägl. Bedarf	8.415	8.678	9.403	9.256
Nichtspezialisierter Einzelhandel ohne Lebensmittel	1.992	1.988	1.976	1.776
Spezialisierter Einzelhandel ohne Lebensmittel	19.642	20.162	20.382	20.056
Kfz-Handel, Reparatur	11.160	11.481	11.532	11.172
Hotels, Cafés, Restaurants	10.918	11.180	11.520	11.606
Straßentransporte[1]	8.292	8.118	8.460	8.327
Küsten-, Binnenschiffahrt	32	36	41	47
Seetransport	104	105	102	104
Lufttransportwesen	240	248	352	371
Transportbezogene Dienste I[2]	995	959	1.038	1.029
Transportbezogene Dientse II[3] (einschließlich Reisebüros)	3.578	3.291	3.173	3.168
Immobiliengesellschaften	4.987	4.955	4.982	5.025
Vermietung von Mobilien	1.007	1.034	1.161	1.007

Erläuterungen der Branchen (Niveau 100 A.P.E.):
1) Günternah- und Fernverkehr, Taxis, städtische und Überlandtransporte von Reisenden, Speditionen, Mietwagen mit Fahrer;
2) Busbahnhöfe, Häfen, Flughäfen, Baustellen der Autobahnen, Parkplatzaufsicht, Lotsendienste u.a.;
3) Erhebung von Transportentgelten, Verwaltung von Häfen und Flughäfen, Sortierarbeiten, Reisebüros

das Lozère, wo die übrigen Dienstleistungen unterdurchschnittlich stark ausgeprägt sind. Tourismus und Urbanisierung führen zusammen zur Beschäftigungsausweitung im Groß- und Einzelhandel der Küstendépartements, im Transport- und Kreditwesen einschließlich von Immobilienhandel und -verwaltung.

Hotels, Cafés und Restaurants stellen in allen Départements um 6% der Arbeitsplätze. Ihre Zahl von 11 600 Beschäftigten übertrifft jene der Elektro-/Elektronikindustrie des Languedoc-Roussillon (1984: 4952 Arbeitskräfte) um 135%. Intraregional gesehen erfuhr die Beschäftigung in Hotels, Cafés und Restaurants 1984 im Départements Gard (+4%) noch eine kräftige Ausweitung. Im Hérault nahm sie nur noch leicht zu (+1,1%) während sie im Lozère um 3,2% abnahm und in den übrigen Départements stagnierte. Damit setzt sich der Anstieg von insgesamt 10 000

Tab. 76 Die Entwicklung der Beschäftigung* in ausgewählten Branchen des Dienstleistungssektors der Region Languedoc-Roussillon 1981–1984** – Fortsetzung –

Beschäftigung im	1981	1982	1983	1984
Gesundheitswesen gewerblich[4]	19.873	20.314	20.736	20.660
Action sociale gewerblich[5]	1.735	1.879	1.928	2.380
Kulturelle und sportliche Dienste (gewerbl.)[6]	1.441	1.566	1.787	1.818
Versicherungen	1.433	1.468	1.542	1.624
Kreditwesen	7.208	7.382	7.534	7.693
div. gewerbl. Dienste, z.T. Handwerk[7]	610	678	758	706
Gesundheitswesen nicht gewerblich[8]	54	57	57	55
Action sociale nicht gewerblich[9]	2.699	2.969	3.299	3.494
Services récréatifs, culturels et sportifs[10] nicht gewerblich	720	839	913	756
div. nichtgewerbliche Dienste[11]	3.886	4.429	4.778	5.216
Häusliche Dienste	1.629	1.586	1.606	1.550

Erläuterungen der Branchen (Niveau 100 A.P.E.):
 4) Medizinische Dienstleistungen incl. extraklinische Laborleistungen und Ambulanzen;
 5) Kindergärten, Behinderten- und Altenheime;
 6) Radio und Television, Filmproduktion, Kino, Schauspielstätten, Spielkasinos, gewerbliche Sportstätten, Skilift, Sportberufe (z.B. Skilehrer, Animateur);
 7) Wäscherei, Reinigungen, Friseure, Reinigungs- und Bestattungsunternehmen, gewerbliche Müllbeseitigung und Entsorgung;
 8) nichtgewerbliche private und öffentliche medizinische Dienste (z.B. technische und wissenschaftliche Forschung);
 9) Öffentlich-rechtliche Sozialeinrichtungen für Alte, Kinder und Behinderte;
 10) Öffentliche Kultur- und Sportstätten, z.T. Einrichtungen des Sozialtourismus;
 11) Öffentlich-rechtliche Wirtschaftsorganisationen (z.B. C.C.I.), Fremdenverkehrsbüros, Gewerkschaftseinrichtungen (incl. Sozialtourismus), religiöse Einrichtungen

Anmerkungen: *) Arbeitnehmer, die der Arbeitslosenversicherungspflicht unterliegen (ohne Landwirtschaft u. staatl./kommunale Dienste)
 **) jeweiliger Stand des Jahres: 31.12.

Quelle: A.S.S.E.D.I.C. – Languedoc-Roussillon Cévennes (Montpellier)

Beschäftigten (1981) über 11 200 (1982) und 11 500 (1983) nur noch verlangsamt fort. Beschäftigungsabnahmen im Beherbergungs- und Gastronomiegewerbe zeichneten sich seit 1983 im Lozère (–1,4%) und den Pyrénées-Orientales (–1,9%) ab.

I.N.S.E.E. weist (Tab. 77) 19 118 Erwerbspersonen in Hotels, Gaststätten und Restaurants für 1982 aus, die Differenz von 8100 Arbeitskräften bzw. 42% der Gesamtzahl der selbständig und abhängig in diesen Branchen Arbeitenden resultiert – ähnlich wie jene in der P.A.C.A. – aus einem hohen Anteil von Selbständigen und damit verbunden relativ geringer abhängiger Beschäftigung.

Tab. 77 Die Beschäftigungsstruktur im Tertiären Sektor der Region Languedoc-Roussillon 1975, 1980, 1983 (Erwerbstätige in 1000) – mit Fortsetzung –

Beschäftigte im Tertiären Sektor am Arbeitsort	11			30			34			48		
Département	1970	'80	'82	1970	'80	'82	1970	'80	'82	1970	'80	'82
insgesamt	42,5	46,3	48,1	78,4	89,3	92,8	121,9	142,0	148,2	12,7	14,1	14,6
davon in												
Lebensmittelgroß.	1,4	1,3	1,2	2,8	2,8	2,8	3,5	3,5	3,5	0,2	0,2	0,2
übrigen Großh.	1,5	1,6	1,7	3,6	4,2	4,4	5,6	6,0	6,2	0,2	0,2	0,2
Lebensmitteleinzelh.	2,3	2,2	2,5	4,6	4,8	5,1	6,4	6,9	7,4	0,4	0,4	0,4
übrigen Einzelh.	3,9	4,2	4,2	7,9	8,4	8,4	12,0	13,4	13,3	0,8	0,9	0,9
Kfz-Handel/Reparatur	2,1	2,4	2,3	3,5	4,0	4,1	4,5	4,9	5,3	0,4	0,4	0,5
Hotels, Cafés Restaurants	1,8	2,4	2,7	3,3	4,2	4,7	4,8	5,9	6,5	0,9	1,2	1,3
Transportgew.	3,4	3,6	3,7	6,4	6,1	6,0	9,3	9,9	9,9	0,5	0,5	0,5
P.T.T.	1,7	1,8	2,0	2,4	3,1	3,6	4,9	6,2	6,4	0,9	0,9	0,9
Gewerbliche Dienstl. für Unternehmen*)	2,1	2,5	2,7	4,3	6,1	6,4	7,4	11,6	13,5	0,3	0,5	0,5
Gewerbliche Dienstl. für Private Vermietung, Verpachtung u.	6,3	7,5	8,0	12,7	16,0	16,9	21,9	28,7	30,5	2,7	3,1	3,1
Immobilien	0,2	0,2	0,2	0,3	0,3	0,3	0,6	0,6	0,6	0,04	0,05	0,02
Versicherungen	0,2	0,2	0,2	0,8	0,8	0,8	1,1	1,2	1,2	0,03	0,03	0,03
Finanz- u. Kreditwirtschaft	1,3	1,4	1,4	2,4	2,5	2,5	3,2	3,6	3,7	0,3	0,3	0,3
nicht gewerbliche Dienstleistungen**)	16,2	16,9	17,2	26,8	29,5	30,3	41,6	44,8	45,7	5,3	5,6	5,8

Anmerkungen: Départements: 11 Aude, 30 Gard, 34 Hérault, 48 Lozère, 66 Pyrénées-Orientales
  *) einschließlich Immobilienmarkt und Immobilienverwaltung
  **) Dienstleistungen staatlicher und öffentlich-rechtlicher und gemeinnütziger Einrichtungen; u.a. auch der Bereiche des Beherbergungsangebotes im Sozialtourismus

5.4 Sozioökonomische Resultate der touristischen Inwertsetzung

Tab. 77 Die Beschäftigungsstruktur im Tertiären Sektor der Region Languedoc-Roussillon 1970, 1980, 1982 (Erwerbstätige in 1000) – Fortsetzung –

Beschäftigte im Tertiären Sektor Am Arbeitsort	66			Languedoc-Roussillon		
	1970	'80	'82	1970	'80	'82
insgesamt	53,7	62,1	65,1	309,4	353,8	368,8
davon in						
Lebensmittelgroßh.	2,8	3,2	3,2	10,7	11,0	10,9
übrigen Großh.	2,3	3,2	3,4	13,3	15,2	15,9
Lebensmitteleinzelh.	2,8	3,2	3,4	16,6	17,5	18,9
übrigen Einzelh.	5,4	6,4	6,5	30,0	33,3	33,5
Kfz-Handel/Reparatur	1,9	2,4	2,4	12,3	14,1	14,5
Hotels, Cafés, Restaurants	3,0	3,6	3,9	13,9	17,3	18,9
Transportgew.	4,3	4,7	4,4	23,9	24,6	24,6
P.T.T.	1,7	1,8	1,9	11,6	13,8	14,8
Gewerbliche Dienstl. für Unternehmen*	3,0	4,5	5,2	17,1	25,2	28,4
Gewerbliche Dienstl. für Private	9,0	10,6	11,3	52,6	65,9	69,9
Vermietung, Verpachtung und Immobilien	0,2	0,2	0,2	1,3	1,4	1,3
Versicherungen,	0,5	0,6	0,5	2,6	2,7	2,8
Finanz- u. Kreditwirtschaft	1,7	1,8	1,8	8,8	9,6	9,7
nicht gewerbliche Dienstleistungen**	17,2	18,7	19,4	107,1	115,6	118,5

Quelle: I.N.S.E.E. (Dir. Rég. Montpellier) o.J., S. 13–18

Auch die „gewerblichen Dienstleistungen an Private", die als wichtigsten Zweig das gewerbliche Gesundheitswesen umfassen (1982: 20 314 Beschäftigte gegenüber 43 339 in der P.A.C.A.), haben einen erheblichen Zuwachs erfahren. Zudem besteht eine erhebliche Differenz zwischen der Zahl der abhängig Beschäftigten, die durch A.S.S.E.D.I.C. erfaßt wird, und derjenigen der Gesamtheit der Erwerbspersonen. Dies beruht auch auf einer höheren Zahl von abhängig Beschäftigten (13 700) im Gesundheitswesen, die nicht unter das Versicherungsregime von A.S.S.E.D.I.C. fallen.

Der Tourismus ist für die Beschäftigung im Einzelhandel von großer Relevanz. Ihr Anstieg verlief von 1980 bis 1983 stetig von 14 733 auf 17 759 Beschäftigte im Lebensmitteleinzelhandel und von 21 328 auf 22 068 im übrigen Einzelhandel. Das Jahr 1984 brachte einen erheblichen Einbruch in der Beschäftigung im Einzelhandel mit sich, unabhängig von der Art der verkauften Waren. Die Region Languedoc-Roussillon folgt damit einer Entwicklung, die sich für Frankreich insgesamt schon seit 1982 abzeichnete. Regional sind die Verluste an Arbeitsplätzen allerdings unterschiedlich stark ausgeprägt. Sie betreffen im Lebensmitteleinzelhandel den Hérault (–1,5%) und die Pyrénées-Orientales (–2,9%), im übrigen Einzelhandel nur das Département Pyrénées-Orientales (–7%). Der starke Rückgang in diesem Département resultiert allerdings aus einem Sonderfall, die Entlassungen eines großen Kaufhauses machen 153 der 157 verlorenen Arbeitsplätze aus (A.S.S.E.D.I.C. 1985, S. 80).

Nicht ohne nachhaltigen Einfluß des Fremdenverkehrs sind die positiven Veränderungen der Beschäftigungszahlen im Immobilienhandel und Kreditwesen sowie bei den Versicherungen, in den beiden letzten Fällen lag der Zuwachs 1984 mit 1,9 und 3,8% weit über dem nationalen Durchschnitt.

5.4.2.1.3 Touristische Arbeitsmarkteffekte in der Küstenzone

Zur Isolierung der touristischen Entwicklungseffekte innerhalb der tourismusrelevanten Dienstleistungen bietet es sich an, die Entwicklung der Küstenzone, zu der mit Ausnahme Narbonnes große Städte nicht gehören, näher zu analysieren. Zwar findet auch hier eine Überschneidung mit allgemeinen Verstädterungseffekten statt, doch handelt es sich bei dem Litoral des Languedoc-Roussillon um den Raum, in welchem die Konzentration der Investitionen und der touristischen Nachfrage die stärksten und dominierenden sozioökonomischen Auswirkungen zeigt. Dabei ist die Frage von besonderer Bedeutung, inwiefern die touristische Erschließung des Litorals Gruppen die Erwerbsmöglichkeiten eröffnet, die ihnen der nichttouristische Arbeitsmarkt im Languedoc-Roussillon nicht bietet, und somit zur Verwirklichung der sozialen regionalpolitischen Zielsetzung eines verbreiterten Zuganges zur Erwerbstätigkeit und damit zur Verbesserung der Partizipation beiträgt.

Die Karte 54 zeigt die sektorale Differenzierung der Erwerbstätigkeit in den Küstenkantonen nach den Volkszählungsergebnissen 1962 bis 1982. Dabei tritt die tiefgreifende Veränderung der Erwerbsstruktur in den siebziger Jahren auffällig hervor.

5.4 Sozioökonomische Resultate der touristischen Inwertsetzung

Die im Uhrzeigersinn angeordneten Kreissignaturen zeigen, daß im Jahre 1962 ein Anteil des Tertiären Sektors von über 50% lediglich in den Kantonen Sète, Narbonne und Côte Vermeille zu verzeichnen war. In Sète und Narbonne ist in diesem Zusammenhang an die seit alters her tradierte Handelsfunktion dieser Städte zu erinnern; auf die frühzeitige touristische Erschließung der Côte Vermeille wurde bereits hingewiesen. Bis 1968 war nur eine geringfügige Erweiterung des Tertiären Sektors in den Küstenkantonen erfolgt, eine sprunghafte Zunahme ergab die Volkszählung von 1975. Nun zählten in den südlichen Kantonen Argeles-sur-Mer und Côte Radieuse (mit den Seebädern Canet-Plage und St. Cyprien) ebenso zu jenen mit über 50% der Erwerbspersonen im Tertiären Sektor wie die Kantone Sigean, Frontignan und Maugio. 1982 kamen die Kantone Rivesaltes, Coursan, St. Laurent-de la-Salanque und Elne hinzu, auch der Kanton Agde verfügt nunmehr über 50% der Erwerbstätigen im Tertiären Sektor.

Zwischen den Volkszählungen wurde vom I.N.S.E.E.[65] zum Ende 1978 eine genauere, auf die touristische und nichttouristische Zuordnung der Arbeitsplätze ausgerichtete Untersuchung nach Küstenabschnitten vorgenommen.

Tab. 78 Anzahl und räumliche Differenzierung der nichtlandwirtschaftlichen Beschäftigten in der Küstenzone des Languedoc-Roussillon 1978

Küstenabschnitt	Bevölkerung im R.P. 75	Anzahl der Beschäftigten*								Insgesamt (=100%)
		Industrie		Baugewerbe		touristischer Sektor		tert. Sektor ohne Tourismus		
		Anz.	%	Anz.	%	Anz.	%	Anz.	%	
Littoral gardois	8.494	72	10	144	19	336	45	192	26	744
Littoral Montpelliérain	22.323	348	8	1.129	25	1.936	43	1.068	24	4.481
Littoral sétois	61.386	1.977	22	1.315	14	2.638	29	3.225	35	9.155
Littoral biterrois	25.406	599	19	993	31	1.005	31	612	19	3.209
Littoral audois	13.601	114	10	373	33	372	33	261	24	1.120
Littoral der P.-O.**	40.789	544	10	864	16	1.800	34	2086	40	5.294
Littoral insgesamt	171.999	3.654	15	4.818	20	8.087	34	7.444	31	24.003

Anmerkungen: *) Nach den D.A.S. zu. 31.12.1978 (25% – Stichprobe)
**) Pyrénées – Orientales

Quelle: I.N.S.E.E. – Briquel / Monino (1981, S. 4)

---

[65] Die von I.N.S.E.E. und dem C.R.P.E.E. gemeinsam durchgeführte Untersuchung (vgl. V. BRIQUEL/MONINO (1980)) ging von einer 25% Stichprobe in den Lohnsteuererklärungen (D.A.S.) für 1978 aus. Sie ist für 24 000 Dauerarbeitsplätze und insgesamt 46 100 Arbeitskräfte (einschließlich saisonal Beschäftigte) repräsentativ. Es wäre interessant, diese Untersuchung mit gleicher Methodik zu wiederholen. Dies gilt besonders hinsichtlich der Altersstruktur und der Stetigkeit der Beschäftigungsverhältnisse. Leider stehen nach Auflösung der überministeriellen Mission (M.I.A.T.L.R.) am 31.12.82 keine Mittel für Nachfolgeuntersuchungen zur Verfügung.

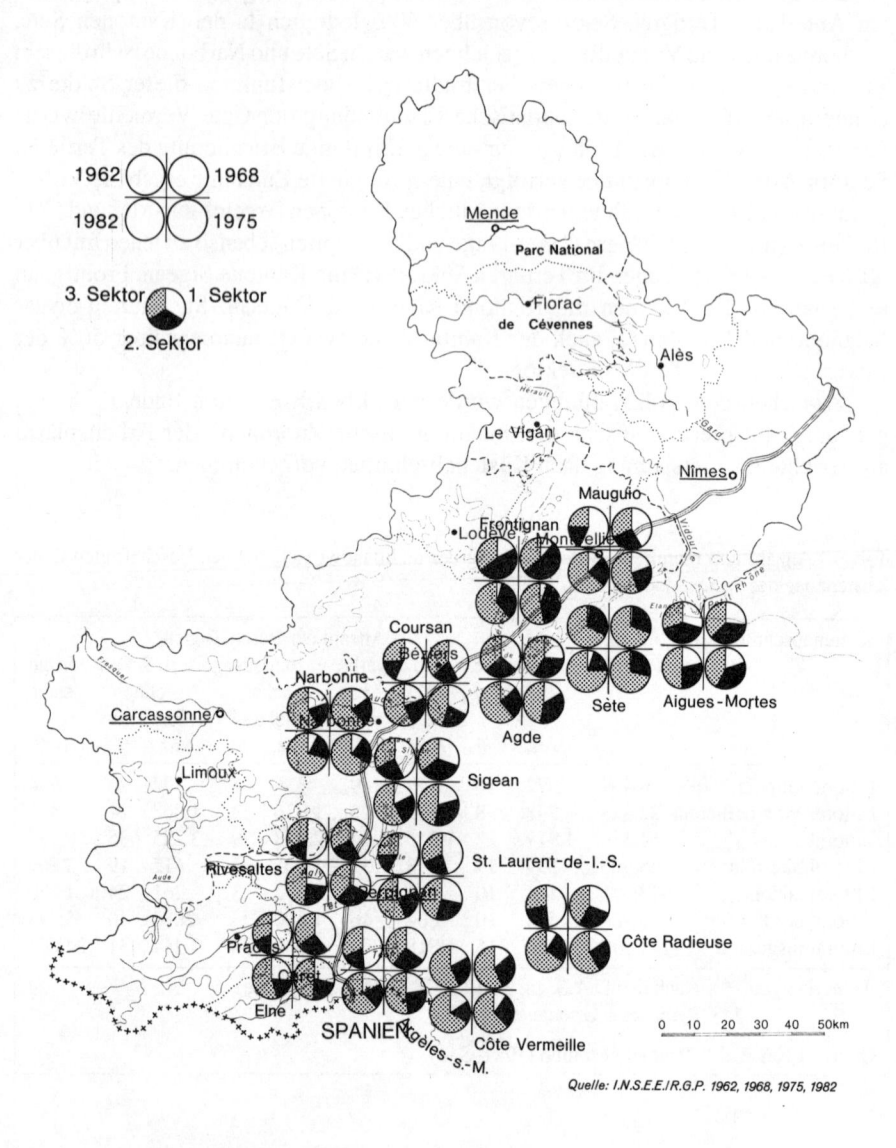

5. Freizeit, Tourismus und Regionalentwicklung in Languedoc-Roussillon

Karte 45 Die Entwicklung der Erwerbstätigkeit nach Wirtschaftssektoren in den Küstenkantonen der Region Languedoc-Roussillon 1962–1982

Im gesamten Litoral entfielen auf die Dienstleistungen 65% der abhängig Beschäftigten, 34% aller Beschäftigten bzw. 52% jener in den Dienstleistungen waren den touristischen Berufen zuzuordnen. Auf das Baugewerbe war die Beschäftigung von einem Fünftel der Erwerbspersonen zurückzuführen, sie erreichten besonders hohe Anteile an den Küsten des Départements Aude sowie im Küstenabschnitt von Béziers. Die Industrie war nur für 15% der Beschäftigten Arbeitgeber; sie sind räumlich auf den Raum Sète und ebenfalls auf den zu Béziers gehörenden Küstenabschnitt konzentriert.

Dem Tourismus und der Freizeit sind fast die Hälfte der Arbeitsplätze an der Küste des Gard und der Agglomeration von Montpellier zuzuordnen. Arbeitsplätze im vom Tourismus nicht beeinflußten Bereich der Dienstleistungsberufe konzentrieren sich auf die Küste im Raum Sète und besonders im Département Pyrénées-Orientales; dort finden an der Côte Vermeille neben Hafen- und Verkehrseinrichtungen Krankenhäuser und Sanatorien zur Thalassotherapie ihren bevorzugten Standort.

Die Altersstruktur der Beschäftigten in und außerhalb des Tertiären Sektors in der Küstenzone des Languedoc-Roussillon ist in Tab. 79 dargestellt. Sie zeigt, daß 37% der in touristischen Berufen, aber nur 21% der übrigen, in nicht touristischen Berufen in der Küstenzone Beschäftigten 22 und weniger Lebensjahre zählen.

Tab. 79 Die Altersstruktur der abhängig Beschäftigten in der Küstenzone des Languedoc-Roussillon 1978

Geburtsjahr	im touristischen Sektor Beschäftigte		übrige Arbeitskräfte		Insgesamt	
	Anzahl	%	Anzahl	%	Anzahl	%
vor 1930	2.471	12	5.645	22	8.116	18
1931 bis 1945	3.995	19	6.795	27	10.790	23
1946 bis 1955	6.548	32	7.689	30	14.237	31
1956 und später	7.578	37	5.415	21	12.993	28
Insgesamt	20.592	100	25.544	100	46.136	100

Quelle: I.N.S.E.E. – Briquel / Monino (1981, S. 11)

Die Chance der Teilnahme am Arbeitsleben, welche die touristische Erschließung des Litorals den jüngeren, überproportional an der Arbeitslosigkeit beteiligten Jahrgängen bot, wird auch an der Altersgruppe der zwischen 22 und 32 Jahre alten Beschäftigten sichtbar; sie stellt knapp ein Drittel der touristischen Arbeitskräfte. Somit entfielen 1978 69% der touristischen Arbeitsplätze auf Beschäftigte unter 33 Jahren, an den Berufen außerhalb des touristischen Arbeitsfeldes hatte diese Altersgruppe nur einen Anteil von 51%. Zusätzliche Arbeitsmöglichkeiten für die junge Bevölkerung sind in einem Gebiet, das durch Überalterung geprägt ist, von außerordentlicher regionalpolitischer Bedeutung.

Die Tab. 80 belegt, daß die touristische Erschließung des Litorals wesentlich dazu beigetragen hat, Arbeitsplätze für die bisher durch eine sehr geringe Erwerbsquote (Region 1975: 27%, 1982: 34%) gekennzeichnete Gruppe der Frauen zu schaffen. Dieses Resultat entspricht der Situation in der P.A.C.A., wo sich aufgrund der Erwerbsmöglichkeiten im Tourismus die Beschäftigungsmöglichkeiten für Frauen auch in der Phase einer Rezession am Arbeitsmarkt im Sekundären Sektor ausweiten.

Tab. 80 Die geschlechtsspezifische Aufteilung der bezahlten Arbeitskräfte in der Küstenzone des Languedoc-Roussillon 1978

	im touristischen Sektor Beschäftigte		übrige Arbeitskräfte		Insgesamt	
	Anzahl	%	Anzahl	%	Anzahl	%
Männer	10.317	50	19.533	77	29.850	65
Frauen	10.275	50	6.011	23	16.286	35
Insgesamt	20.592	100	25.544	100	46.136	100
Quelle: I.N.S.E.E. – Briquel / Monino (1981, S. 11)						

Ebenso wichtig wie die Frage nach der Beteiligung von bisher geschlechts- oder altersspezifisch in der Erwerbstätigkeit unterrepräsentierten Gruppen ist hinsichtlich der regionalpolitischen Evaluierung der touristischen Inwertsetzung des Litorals des Languedoc-Roussillon jene nach dem Wohnsitz der Arbeitskräfte. Deren Beantwortung kann darüber Auskunft geben, inwieweit die autochthone Bevölkerung von den Arbeitsmarkteffekten des touristischen Erschließungsprojektes profitieren konnte.

Es fällt auf, daß bezogen auf die gesamte Küste für 62% der Beschäftigten Wohn- und Arbeitsort identisch sind. Weit über diesem Wert liegt nur das Litoral von Sète, durch die isolierte Lage der Stadt bedingt. Weit unterschritten wird er von der Montpellier zugeordneten Küste. In dieser wohnen fast die Hälfte der Arbeitskräfte in der nahen Agglomeration Montpellier. An der Küste des Départements Pyrénées-Orientales entfallen zwei Drittel der Wohnsitze auf den Arbeitsort, in der küstennahen Agglomeration Perpignan wohnt über ein Fünftel der Arbeitskräfte.

Es ist für den Arbeitsmarkteffekt der touristischen Erschließung des Litorals von großer Bedeutung, daß vier Fünftel der Arbeitskräfte in ihm ihren Hauptwohnsitz haben, nur 10% sind Einwohner anderer französischer Regionen. Bei ihnen handelt es sich um ca. 4500 Saisonarbeitskräfte, die als „Residents" gemeldet sind.

Dieser besonders in qualitativer Hinsicht wichtige Erfolg der touristischen Erschließung des Litorals umfaßt die Arbeitsplatzbeschaffung von autochthonen Einwohnern und von Zugezogenen, die aufgrund des statistischen Materials nicht als eigenständige Gruppe zu isolieren sind. Der Tourismus trägt dazu bei, den aus der Beschäftigungslage im Primären und Sekundären Sektor resultierenden Anstieg der Arbeitslosigkeit in der Region zu bremsen, so daß in der ersten Hälfte der achtziger Jahre die starke Zunahme der allgemeinen Arbeitslosigkeit in Frankreich eine Annäherung der nationalen Arbeitslosenquote an die der Mediterranregion brachte und ein weiteres Auseinanderlaufen der nationalen und regionalen Quoten vermieden wurde.

Für die regionalwirtschaftlichen Auswirkungen des Tourismus ist die Höhe der Entlohnung der Beschäftigten ein nicht zu vernachlässigender Faktor. Dabei entsteht die Frage, ob die Beschäftigung im Tourismus dem regionalen Lohnniveau vergleichbare Entgelte findet.

Die Tab. 82 zeigt, daß die Lohnsummen im touristischen Sektor ungefähr die Hälfte der für nichttouristische Arbeit gezahlten Entlohnung ausmachen. Sie sind an der Gesamtheit der im Litoral gezahlten Löhne und Gehälter zu einem Drittel

5.4 Sozioökonomische Resultate der touristischen Inwertsetzung   297

Tab. 81 Die Wohnorte* der 1978 in der Küstenzone des Languedoc-Roussillon abhängig Beschäftigten

Wohnorte	Standorte der Betriebe														
	Littoral Gard		Littoral Montpellier		Littoral Sétois		Littoral Biterrois		Littoral Audois		Littoral P.-O.**		Littoral insgesamt	
	Anzahl	%	Anzahl	%	Anzahl	%	Anzahl	%	Anzahl	%	Anzahl	%	Anzahl	%
Wohn- und Arbeitsort identisch	1.184	63	3.104	34	12.648	78	4.084	62	1.736	58	6.544	66	29.300	63
Nahzone	284	15	4.200	46	1.284	8	1.440	22	528	18	2.236	22	9.972	21
dem Arbeitsort benachbarte Zonen	164	9	692	8	448	3	416	6	156	5	44	0,5	1.920	4
andere Teilräume der Region	56	3	336	4	204	1	104	2	104	3	188	2	992	2
extraregionales Frankreich	200	10	716	8	1.672	10	520	8	464	16	948	9,5	4.520	10
Insgesamt	1.888	100	9.048	100	16.256	100	6.564	100	2.988	100	9.960	100	46.704	100

Anmerkung: *) Hauptwohnsitze
           **) Pyrénées – Orientales

Quelle: I.N.S.E.E. – Briquel / Monino (1981, S. 13)

beteiligt. Dies entspricht dem Anteil der im Tourismus tätigen Arbeitskräfte (Tab. 78). Relativ gering erscheint demgegenüber die mittlere jährliche Entlohnung im Vergleich zu der in nichttouristischen Berufen.

Dies resultiert aus der Kürze der Beschäftigungsdauer in einigen touristischen Berufen, besonders aus ihrer starken Saisonalität im Beherbergungs- und Gastronomiegewerbe (vgl. Abb. 12). Bezogen auf die täglichen Lohnsummen liegen diese im Tourismus, in der Gastronomie und im Beherbergungsgewerbe leicht unter dem Durchschnitt der im Litoral gezahlten Löhne. Im Ganzen kann man, auch was die Verteilung der täglichen Lohnsummen angeht – höhere Lohnsummen werden lediglich in der Industrie und im nichttouristischen Dienstleistungsgewerbe gezahlt – von einem in etwa dem Baugewerbe entsprechenden Lohnniveau ausgehen; wobei im Tourismus die niedrigeren und höheren Lohngruppen stärker vertreten sind. Weil im Tourismus der Anteil der jungen und ungelernten weiblichen Arbeitskräfte relativ hoch ist, sind die niedrigeren täglichen Lohnsummen hier durchschnittlich und deutlich geringer als im nichttouristischen Tertiären Sektor vertreten. Auch dies kann als positiver Arbeitsmarkt- und Einkommenseffekt der touristischen Entwicklung gewertet werden.

5.4.2.2 Die nachfragebezogene Analyse der touristischen Arbeitsplätze

Hinsichtlich der nachfragebezogenen Analyse der Schaffung touristischer Arbeitsplätze in der Region Languedoc-Roussillon liegen drei Untersuchungen vor. Auf der Grundlage der im Tourismus erzielten Umsätze kalkulierten die G.R.A.L. und I.N.S.E.E. die Beschäftigungseffekte für 1975, auch die von der interministeriellen Mission veröffentlichen Beschäftigungszahlen für 1980 beruhen auf Umsätzen im Tourismus und im Baugewerbe, denen empirisch nachprüfbare Beschäftigungseffekte (Relationen zwischen Umsätzen und Beschäftigungszahlen) zugeordnet werden. Die Ergebnisse von G.R.A.L./I.N.S.E.E. und der Mission betreffen die Beschäftigungseffekte innerhalb der Küstenzone des Languedoc-Roussillon. Im Unterschied dazu untersuchte C. POMMIER (1982, S. 13) die aus dem Tourismus erwachsenden Beschäftigungseffekte für die gesamte Region mit Hilfe einer für den Languedoc-Roussillon adaptierten Version der ökonometrischen Models zur Regionalisierung der volkswirtschaftlichen Gesamtrechnung in Frankreich (R.E.G.I.N.A.). Neben regionalwirtschaftlichen Daten des I.N.S.E.E. und C.R.P.E.E. Montpellier bilden hierbei ebenfalls die im Tourismus erzielten Umsätze eine wichtige Kalkulationsgrundlage.

Die Arbeitsmarkteffekte des Tourismus für die Küstenzone sind in Tab. 83 zusammengefaßt.

Für das Litoral des Languedoc-Roussillon ergibt die touristische Erschließung im Dienstleistungsbereich Arbeitsmarkteffekte in der Größenordnung von 30 000 Dauerarbeitsplatzäquivalenten für 1980; die Anzahl der direkt vom Tourismus abhängigen Arbeitsplätze beträgt ca. 10 000 und hat sich seit 1975 nicht mehr erhöht. Dies weist auf die Richtigkeit der an anderer Stelle (vgl. H.-G. MÖLLER 1985, S. 90) geäußerten These hin, daß die höchsten Beschäftigungszuwächse in die Gründungs- und Entwicklungsphase auch touristischer Großprojekte fallen.

5.4 Sozioökonomische Resultate der touristischen Inwertsetzung

Tab. 82 Die branchenspezifische Differenzierung der Löhne und Gehälter in der Küstenzone des Languedoc-Roussillon 1978 (Angaben in FF bzw. %)

Löhne	Industrie	B.T.P.	Dienstleistungen nicht touristisch	Branchen ohne touristischen Sektor insges.	Dienstleistungen touristisch	Restaurants / Herbergen	touristischer Sektor insgesamt	Lohnsummen insgesamt
Lohnsummen	132 Mio FF	138 Mio FF	251 Mio FF	521 Mio FF	191 Mio FF	72 Mio FF	263 Mio FF	784 Mio FF
mittlere jährliche Entlohnung	23.085 FF	18.191 FF	19.800 FF	20.050 FF	17.019 FF	7.614 FF	12.731 FF	16.775 FF
mittlere tägliche Entlohnung	95 FF	80 FF	85 FF	86 FF	81 FF	78 FF	80 FF	82 FF
Verteilung der mittleren täglichen Entlohnung								
bis 50 FF	19,5%	17,2%	33,1%	25,5%	26,5%	26,3%	26,5%	25,9%
50–150 FF	68,3%	78,2%	56,4%	65,3%	67,1%	67,5%	67,2%	65,5%
150 FF und mehr	12,2%	4,6%	10,5%	9,2%	6,4%	6,2%	6,3%	8,6%

Quelle: I.N.S.E.E. – Briquel / Monino (1981, S. 16, 18)

5. Freizeit, Tourismus und Regionalentwicklung in Languedoc-Roussillon

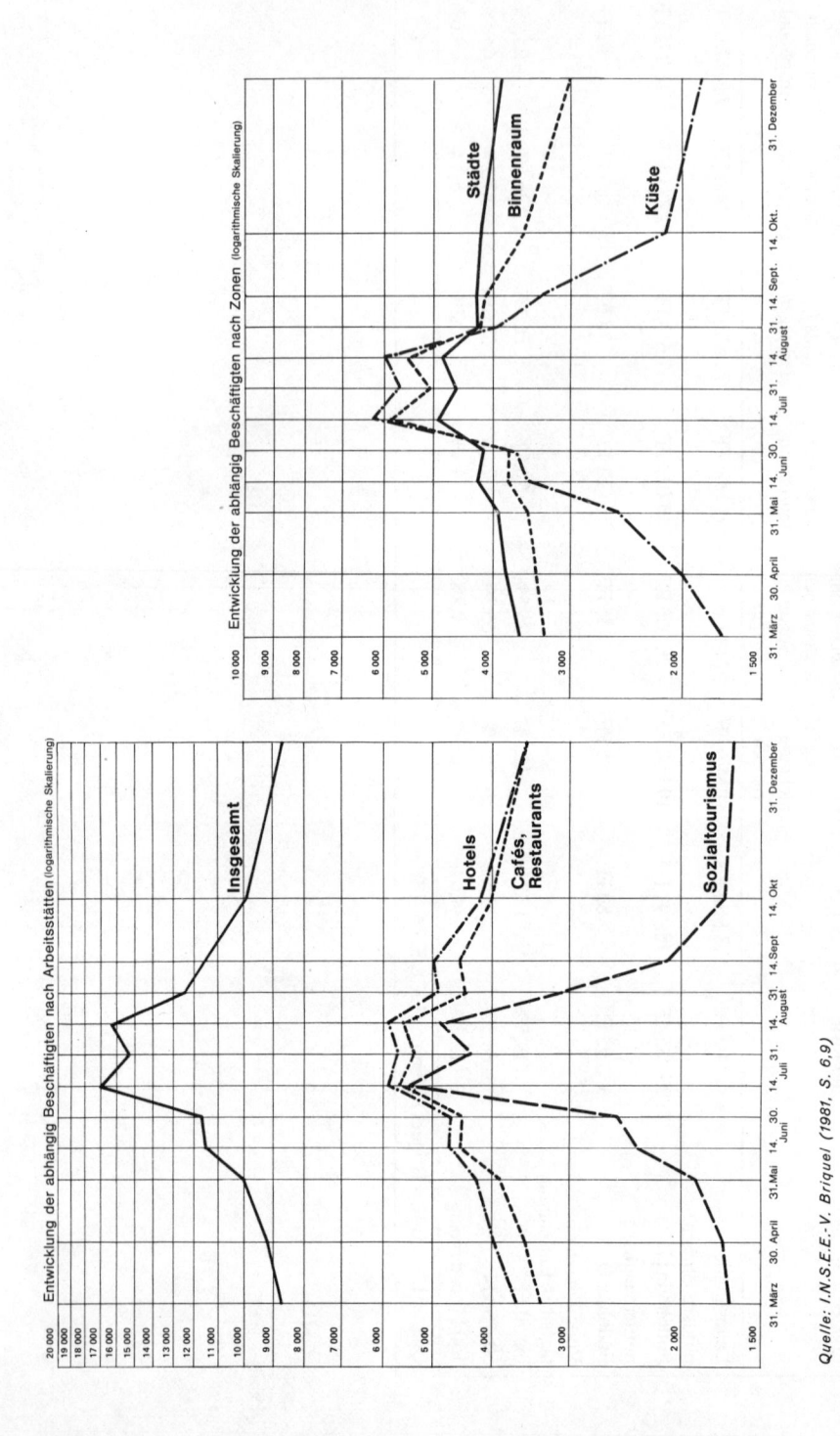

Quelle: I.N.S.E.E.-V. Briquel (1981, S. 6.9)

Abb. 12 Die Saisonarbeit im Hotel- und Gaststättengewerbe des Languedoc-Roussillon

Während es sich bei den auf den Tourismus zurückzuführenden Arbeitsplätzen im Baugewerbe *prinzipiell* um längerfristige Arbeitsplätze handelt, für den Ausbau der Unités Touristiques sind bis zur Erreichung des Planzieles noch 10 bis 15 Jahre vorgesehen (vgl. P. RACINE 1980, S. 223), ist der Dienstleistungssektor durch einen hohen Anteil an Saisonarbeitskräften gekennzeichnet.

Hier werden zum einen die Grenzen deutlich, welche dem Tourismus als saisonalem Phänomen und dem Seebädertourismus im besonderen prinzipiell hinsichtlich der Arbeitsmarkteffekte gesetzt sind. Während auf die enge jahreszeitliche Begrenzung der touristischen Nachfrage hinsichtlich des Produktionsfaktors Kapital durch ein hohes Preisniveau die Verzinsung garantiert wird, ist der Einsatz des Produktionsfaktors Arbeit für zwei Drittel der in den touristischen Dienstleistungsberufen Beschäftigten auf den Zeitraum der Nachfrage seitens der Gäste limitiert, ohne daß der Saisonarbeit ein überdurchschnittliches Lohnniveau entspräche (vgl. Tab. 82, S. 299).

Die Abb. 12 verdeutlicht die Auswirkungen der Saisonalität des Tourismus auf die abhängig Beschäftigten im Hotel- und Gastronomiegewerbe des Languedoc-Roussillon sowie ihre räumliche Differenzierung innerhalb der Region. Insgesamt wird in der Beschäftigung innerhalb der Hauptsaison vom 14. Juli bis 31. August eine Verdoppelung der Beschäftigtenzahlen erzielt, die mit 17 000 Arbeitskräften zu Beginn der Saison ihren Höhepunkt erreichen. Sehr deutlich ist der Unterschied in der Intensität des saisonalen Rhythmus zwischen Restaurants und Hotels einerseits und den kollektiven Beherbergungsstätten im Sozialtourismus andererseits ausgeprägt. Im Unterschied zum letzteren versorgen Restaurants und Cafés auch einheimische Gäste, Hotels werden außerhalb der Touristensaison auch von Geschäftsreisenden frequentiert.

Die räumlichen Unterschiede der Saisonalität in der statistisch definierten Gruppe der tourismusbezogenen Arbeitsplätze verdeutlicht ein Vergleich der Küstenzone mit den städtischen Agglomerationen in der Region. Die Dominanz des Urlaubsreiseverkehrs in der Küstenzone führt außerhalb der Monate Juli und August zu einem starken Abfall im Beschäftigungsniveau. In den Städten ist die touristische Hochsaison dagegen nur mit einem geringfügigen Zuwachs der Beschäftigungszahlen verbunden. Das Hinter- und Bergland nehmen eine mittlere Position zwischen beiden Extremen ein; das Fehlen hochsommerlichen Massentourismus, Rund- und Geschäftsreisende sind die Ursache dafür, daß sich hier zur Hochsaison die Beschäftigungszahl nur verdoppelt, während sie sich an der Küste verdreifacht und in den Städten um nicht mehr als 30% zunimmt.

Die hohe Attraktivität der touristischen Arbeitsplätze für die Regionalbevölkerung liegt nicht nur in dem Ausmaß der Arbeitslosigkeit begründet. Sie basiert auch auf dem Faktum, daß der Tourismus den gering qualifizierten weiblichen und jüngeren Arbeitskräften, d.h. Gruppen ohne alternative Beschäftigungsmöglichkeiten im regionalen Arbeitsmarkt, eine Erwerbsmöglichkeit bietet. Hinzu kommt, daß Saisonarbeit, z.B. in der Landwirtschaft, in der Region und speziell für diese Gruppe keine Besonderheit darstellt.

C. POMMIER (1982, S. 6f.) geht davon aus, daß eine touristisch begründete Erhöhung des Bruttoinlandproduktes der Region um 10 bis 14% ein Anwachsen der

Gesamtbeschäftigung um 28 000 bis 30 000 Personen bewirkt, von denen 16 000 bis 30 000 den Dienstleistungen zuzurechnen sind. Ohne Berücksichtigung der Landwirtschaft – was angesichts der geringen Vorwärtskoppelungseffekte zwischen Tourismus und Landwirtschaft (vgl. u. S. 313) nur sinnvoll erscheint – ist in den nichtlandwirtschaftlichen Wirtschaftssektoren der Region von 47 000 bis 65 000 zusätzlichen Arbeitsplätzen auszugehen. Der wesentlich höhere Beschäftigungseffekt in den nichtlandwirtschaftlichen Sektoren resultiert aus der durch den Tourismus beschleunigten Entagrarisierung und mit dem damit verbundenen Verlust an landwirtschaftlichen Arbeitsplätzen. Hinzu kommen 12 000 bis 16 000 Arbeitskräfte, die aufgrund der touristisch bedingten Ausweitung des regionalen B.I.P. von der Arbeitslosigkeit bewahrt werden (Stand: 1980).

Akzeptiert man die von C. POMMIER zugrundegelegte Prämisse, daß die Auswirkungen der touristischen Inwertsetzung des Litorals des Languedoc-Roussillon aus der Differenz zwischen der realen Entwicklung der wirtschaftlichen Kenndaten von 1965 bis 1973 und einer ex-post-Simulation derselben für den Zeitraum 1973 bis 1980 „fortgeschrieben" werden können[66], so wäre mit einem Arbeitsmarkteffekt der touristischen Erschließung von maximal 80 000 Arbeitsplätzen (unter Einschluß des Reduktionseffektes hinsichtlich der Arbeitslosigkeit) in den nichtlandwirtschaftlichen Sektoren zu rechnen. Unter Berücksichtigung des durch den Tourismus induzierten Rückganges von Arbeitsplätzen in der Landwirtschaft verbliebe ein Nettozugang für den regionalen Arbeitsmarkt von ca. 45 000 Arbeitsplätzen. Bei der Bewertung dieser Ergebnisse ist allerdings zu berücksichtigen, daß eine völlig unbewiesene Kontinuität im Trend der Entwicklung der zum Modell als exogene Variablen einzustufenden wirtschaftlichen Kenndaten[67] vorausgesetzt wird.

Die Aufwendungen, die nach den Berechnungen POMMIERS für die Schaffung eines Arbeitsplatzes durch Investitionen im Tourismus notwendig sind, entsprechen der Größenordnung, die vom Verfasser an anderer Stelle (vgl. o. S. 281) aus der Gegenüberstellung von geleisteten Investitionen der privaten und öffentlichen Hand sowie der Zahl der Arbeitsplätze (vgl. Tab. 83) ermittelt wurde. Nach POMMIER (1982, S. 7) entfallen auf einen Arbeitsplatz Investitionen in Höhe von 142 857 FF (im Wert von 1970) bzw. 85 700 DM; als Folge der Inflation sind die für einen Arbeitsplatz notwendigen Investitionen bis 1982 auf 428 571 bzw. 137 000 DM angestiegen. Ohne Berücksichtigung der Reduktion der Arbeitslosigkeit entfallen nach POMMIER, der die Summe als außergewöhnlich niedrig einschätzt, Investitionen in Höhe von 600 000 FF auf einen neu zu errichtenden touristischen Arbeitsplatz, dies entspricht 192 000

---

66 Die als „Simulation Dynamique ex-post" (C. POMMIER 1982, S. 54) gekennzeichnete Methode berechnet zunächst für 1965–73 die Abweichungen der exogenen (realen) Variablen von den im Modell vorhergesehenen Entwicklungsverläufen der endogenen Variablen des Modells. Auf der Basis der so errechneten mittleren Fehler wird die Entwicklung 1973–1980 als Fortschreibung jener von 1965–1973 für die Gesamtheit der Variablen berechnet und im Vergleich als touristischer Entwicklungseffekt definiert.

67 Die Kontinuität des theoretisch errechneten Entwicklungsverlaufes erweist sich aus zwei Gründen als ziemlich irreale restriktive Annahme. Zum einen sind die Entwicklungseffekte einzelner Variabler nach den jeweiligen Entwicklungsstadien unterschiedlich stark (touristische Nachfrage, Arbeitsmarkteffekte etc.; vgl. o. S. 298); zum anderen bleiben externe Entwicklungseffekte im Bereich der traditionellen Fremdenverkehrsstandorte unberücksichtigt.

DM. Es ist allerdings wahrscheinlich, daß die doch deutlichen Unterschiede, die zwischen 1970 und 1982 in der Höhe der Investitionen pro Arbeitsplatz zu verzeichnen sind, nicht alleine auf die Inflation, sondern auch auf veränderte (angehobene)[68] Qualifikationen und somit höherwertige Arbeitsplätze der in jüngster Zeit eingestellten Arbeitskräfte zurückzuführen sind.

Tab. 83 Touristische Arbeitsplätze in der Küstenzone (Littoral) des Languedoc-Roussillon 1975 und 1980

Beschäftigungszweig	1975				1980	
	Dauer-AK	%	Saison-AK	%	Dauer-AK	Saison-AK
Hotelgewerbe	1.946*	21,4	1.012	5,4	–	–
Zeltplätze	970*	10,7	284	1,5	–	–
andere Dienstleist. (bes. Einzelhandel)	6.187*	67,9	17.377	93,1	10.000	20.000
in den Dienstleist. induzierte Arbeitspl.	–	–	–	–	10.000	
Summen	9.103	100,0	18.673	100,0	20.000	20.000
Baugewerbe	6.054**	–	–	–	8.000	–
Anmerkungen: *) direkte Arbeitsplätze; **) Region, nicht nur Küstenzone						
Quelle: G.R.A.L. (1976, S. 46f.); Mission Interministerielle...(M.I.A.T.L.R.) Montpellier						

Auch wenn sich nach den Berechnungen von POMMIER (1982, S 77f.) die Einkommen der Haushalte in der Region Languedoc-Roussillon zwischen 1970 und 1980 aufgrund der touristischen Einnahmen um 6 bis 9% erhöhten und 60% des Zuwachses im regionalen B.I.P. während dieses Zeitraumes auf den Tourismus zurückzuführen sind, so hat sich doch die Erwartung bezüglich des Arbeitsmarkteffektes des Entwicklungsprojektes nicht erfüllt.

Diese Erwartungen gingen davon aus, daß 80 000 Arbeitskräfte alleine auf dem Hotelsektor (!) aus der touristischen Erschließung des Litorals resultieren würden (G. CAZES 1972, S. 196). Es erscheint auf den ersten Blick unverständlich, wie man diese Erwartung mit der Errichtung eines arbeitsextensiven Beherbergungsangebotes – hauptsächlich von Ferienwohnungen und Zeltplätzen – verbinden konnte, hätte doch die Schaffung von 80 000 Arbeitsplätzen im Hotelgewerbe die Erstellung von 80 000 bis 320 000 Hotelbetten zur Voraussetzung gehabt, legt man die vom Standard des Hotels abhängige Relation von 1 bis 4 Betten pro Arbeitskraft (vgl. R. BARETJE/J. M. THUROT 1975, S. 56) zugrunde.

68 So wurden in Frankreich z.Zt. verstärkte Anstrengungen unternommen, die Vermarktung des touristischen Angebots durch Einsatz der EDV zu intensivieren. Dies erfordert eine besondere Schulung und Qualifikation der Mitarbeiter, darüber hinaus jedoch auch eine kostspielige apparative Ausstattung der Arbeitsplätze.

Die Ursache für diese Fehleinschätzung liegt darin begründet, daß bei der im Weltmaßstab größten organisierten touristischen Inwertsetzung einer Küstenlandschaft dem Planungsstab zwar Urbanisten, Architekten und Verwaltungsbeamte angehörten, auf die Beteiligung von Fremdenverkehrsfachleuten jedoch verzichtet wurde (vgl. R. BARETJE/J. M. THUROT 1975, S. 57). Es gab für das touristische Großprojekt, dessen Realisierung von P. RACINE als ein „Commando dans l'Administration Française" aufgefaßt wurde, auch keine vorbereitenden Untersuchungen zu der spezifischen fremdenverkehrswirtschaftlichen und -strukturellen Ausrichtung[69]. Derartige Analysen wurden erst in Auftrag gegeben, nachdem Mitte der siebziger Jahre Schwierigkeiten bei der Vermarktung der Wohneinheiten auftraten. Aus dem Mangel an fremdenverkehrswirtschaftlicher und -wissenschaftlicher Sachkompetenz der für die Planung Verantwortlichen resultiert ein Faktum, das sowohl die Wirkungen auf den Arbeitsmarkt wie auch den Umfang der touristischen Umsätze negativ berührt: Es ist bis heute nicht gelungen, ein für den organisierten Massentourismus im internationalen Wettbewerb konkurrenzfähiges touristisches Produkt zu entwickeln[70].

5.5 DIE TOURISTISCHEN UMSÄTZE

5.5.1 DIE ZUORDNUNG DER UMSÄTZE UND IHRE BEWERTUNG

In der Region Languedoc-Roussillon sind die aus dem Tourismus resultierenden Umsätze in den siebziger Jahren entsprechend der Ausweitung von Angebot und Nachfrage stark angestiegen. Ihre Quantifizierung ist jedoch mit methodischen und technischen Problemen verbunden.

Die methodischen Probleme beziehen sich auf die unterschiedliche Zuordnung der touristischen Ausgaben auf die einzelnen Verwendungszwecke (vgl. A. MESPLIER 1974, S. 558, 562). Die Bezahlung von Dienstleistungen und der Ankauf von Produkten können nach MESPLIER angesichts der Struktur des Beherbergungsangebotes als etwa gleichwertige Posten angesehen werden. Die technischen Probleme bestehen darin, daß sich die Unsicherheiten über den exakten Umfang der touristischen Nachfrage auch auf die Kalkulation der touristischen Umsätze übertragen muß.

So ist es nicht verwunderlich, daß bei der Berechnung der touristischen Umsätze für 1979 als Stichjahr die Ergebnisse verschiedener Autoren deutlich voneinander differieren. I.N.S.E.E. (Dir. Rég. Montpellier o.J.a, S. 10) geht für das Sommerhalbjahr 1979 von touristischen Umsätzen in der Region in Höhe von 4 Mrd FF aus, die MISSION INTERMINISTERIELLE POUR L'AMENAGEMENT TOURISTIQUE DU LITTORAL LANGU-

---

[69] Auch die Untersuchungen von SYNERGIE-ROC, SEMA-OTU (1964) stellen trotz ihres Titels eine allgemeine Analyse des westeuropäischen Tourismus dar, bieten jedoch keine konkrete Marktanalyse für den Languedoc-Roussillon.

[70] Ein gravierendes Hindernis für die Integration des Beherbergungsangebotes in die internationale Tourismuswirtschaft besteht z.B. in dem *Fehlen einer organisierten Vermarktung*, die Unterkunftskapazitäten in für international operierende Reiseveranstalter ausreichender Menge und standardisierter Qualität bereitstellt.

EDOC-ROUSSILLON (M.I.A.T.L.L.R.; 1982b, S. 25f.) beziffert diese Umsätze für das Jahr 1979 auf 8 Mrd FF. Dieser Betrag liegt um 1,4 Mrd FF über dem Wert der gesamten kommerzialisierten landwirtschaftlichen Produktion der Region im Jahre 1978. Die Ausgaben von Touristen aus dem Languedoc-Roussillon sind dabei eingeschlossen, ebenso wie die Aufwendungen, die in nichtgewerblichen Dienstleistungen (z.B. Beherbergung im Sozialtourismus und bei Privatfamilien) entstehen. Werden diese wie auch die Transportkosten ausgeschlossen, so kommt die M.I.A.T.L.L.R. (1982b, S. 23) auf touristische Umsätze im gewerblichen Dienstleistungsbereich von 5,2 Mrd FF, von denen 26% auf ausländische Touristen entfallen. Von den Ausgaben der französischen Touristen werden zwei Drittel von Sommerurlaubern getätigt, 12% entfallen auf die Wintersaison, der Rest auf Kurzurlauber und Geschäftsreisende.

J. CORTOT (1982, S. 222, 227) kalkuliert die touristischen Umsätze im Languedoc-Roussillon auf 5,5 Mrd FF, von denen 4,5 Mrd FF auf Besucher aus anderen Regionen sowie aus dem Ausland entfallen, also reale monetäre Transferzahlungen darstellen.

Tab. 84 Vergleich der Umsätze im Weinbau und im Tourismus der Region Languedoc-Roussillon (Angaben in Mrd FF)

Zeitraum	Umsätze im Weinbau	Umsätze im Tourismus
1974–1975	3,2 Mrd	3 Mrd
1975–1976	2,9 Mrd	.
1977–1978	3,7 Mrd	.
1978–1979	4,0 Mrd	5,4 Mrd
Quelle: J. Cortot 1980, S. 228 (verändert)		

Die Tab. 84 zeigt die Bedeutung, welche die Umsätze aus dem Tourismus inzwischen in der Region gewonnen haben. Bereits 1975 haben die Umsätze aus dem Tourismus und dem Weinbau, der wichtigsten Produktionsrichtung der Landwirtschaft im Languedoc-Roussillon, einander fast entsprochen. Im Jahre 1979 übertrafen die touristischen Umsätze jene aus dem Weinbau bereits um 35%, auch wenn man nur die Ausgaben von Touristen extraregionaler Herkunft in Betracht zieht, beträgt die Differenz noch 12,5%.

Als Vergleich der Bedeutung des Tourismus zu nichtlandwirtschaftlichen ökonomischen Aktivitäten können Umsatzziffern aus der regionalen Industrie dienen. Die Lebensmittelindustrie setzte 1980 5,58 Mrd FF und der Energiebereich 5,79 Mrd FF um, die chemische Industrie (einschließlich Glasindustrie) hatten Umsätze in Höhe von 3,18 Mrd FF zu verzeichnen (I.N.S.E.E. (Dir. Rég. Montpellier, o. J., S.74)). Insgesamt erreichte 1979 der Tourismus in etwa ein Viertel (24%) des industriellen Umsatzes von 1980, er benötigte dazu mit 30 000 Arbeitskräfteäquivalenten knapp die Hälfte der Anzahl der in der Industrie des Languedoc-Roussillon beschäftigten Personen (1980: 63 000).

Das Verhältnis der Wertschöpfung zu den Umsatzzahlen ist im Tourismus geringer als in der Industrie, wo die Bruttowertschöpfung zu Faktorkosten 39% des Umsatzes ausmacht. Das I.N.S.E.E. beziffert für 1979 die Wertschöpfung aus touristischen Ausgaben in Gastronomie und Einzelhandel in Höhe von 3,2 Mrd FF auf 1,13 Mrd bzw. 35%. Eine besonders hohe Wertschöpfung wird dabei in den Hotel- und Gastronomiebetrieben erzielt (Tab. 85).

Tab. 85 Schätzung der Wertschöpfung in ausgewählten Branchen des Tourismus-Gewerbes (Sommer 1979, Angaben in Mio. FF)

Branchen	Ausgaben der Touristen	Wertschöpfung der touristischen Ausgaben
Hotels, Cafés, Restaurants	750	380
private Wohnungen	360	200
Lebensmitteleinzelhandel	1.040	250
Einzelhandel ohne Lebensmittel	660	200
sonstige Dienstleistungen	120	100
Insgesamt	2.930	1.130

Quelle: I.N.S.E.E. (Dir. Rég. Montpellier, o.J., S. 21)

Die Tab. 86 zeigt, daß das Litoral und Avant-Pays zusammen touristische Umsätze zu verzeichnen haben, die um knapp 1 Mrd FF bzw. 42% über jenen des Arrière-Pays und des Gebirges (Pyrenäen und Cévennen) liegen. Neben den absoluten Beitragshöhen zum regionalen Tourismusumsatz bestehen hinsichtlich dessen Struktur deutliche Unterschiede.

Trotz eines umfangreichen Ausbaus von Zweitwohnsitzen in den Unités Touristiques ist der Anteil dieser Unterkunftsart an der Küste und den unmittelbar anschließenden Gebieten – bei geringfügig höheren absoluten Werten – deutlich niedriger als im Hinterland und Gebirge. Demgegenüber erzielt der Camping-Tourismus an der Küste im Vergleich zum Hinterland und Gebirge zwanzigfach höheren Umsatz, er bestreitet dort ein Viertel der touristischen Umsätze. Ein weiteres Element der räumlichen und regionalwirtschaftlichen Differenzierung besteht in der eindeutigen Konzentration der sozialtouristischen Beiträge zum regionalen touristischen Umsatz auf Standorte im Litoral. Es wird deutlich, daß der höhere Diversifizierungsgrad der modernen Unterkunftsarten des Litorals deren Beiträge zum touristischen Produkt vergrößert. Insgesamt werden in diesem räumlich in Relation zur Fläche der Region doch sehr limitierten Gebiet ca. 60% der touristischen Umsätze erwirtschaftet.

Der angesichts der qualitativen und räumlichen Struktur des Beherbergungsangebotes überraschend hohe Beitrag des Arrière-Pays und Gebirges zu den touristischen Umsätzen in der Region Languedoc-Roussillon beruht auf der großen Bedeutung der Zweitwohnsitze, die 53% zu den genannten Umsätzen beitragen. Dabei handelt es sich im Unterschied zur Küste um ein dispers angeordnetes Angebot. Ausnahmen einer räumlichen Konzentration befinden sich nur in den Wintersportorten der

Tab. 86 Die Umsätze im Tourismus im Languedoc-Roussillon nach Unterkunftsarten der touristischen Zonen (1979)

Unterkunftsarten	Touristische Umsätze		
	in 1000 FF	in %	
Avant-Pays-Littoral			
– Zweitwohnsitze	1.425.500	45	
– Hotels	432.855	14	
– Camping	848.950	26	
– Sozialtourismus	140.000	4	
– Vermietung von möblierten Wohnungen u. Zimmern	219.000	7	
– Unterkunft bei Familien mit HWS (Hauptwohnsitz)	132.150	4	
Total I	3.198.455	100	= 59
Arrière-Pays-Montagne			
– Zweitwohnsitze	1.310.650	53	
– Hotels	272.640	12	
– Camping	193.260	9	
– Sozialtourismus	41.795	2	
– Vermietung von möblierten Wohnungen u. Zimmern	219.000	10	
– Unterkunft bei Familien mit HWS	132.150	6	
– bäuerliche Vermietung	75.158	3	
Total II	2.244.653	100	= 41
Total I + II	5.443.100		100

Quelle: J. Cortot 1980, S. 225 (verändert)

Pyrenäen und der Station Mejanne-le-Clap. Der angesichts der „demographischen Desertifikation" regionalwirtschaftlich als besonders positiv einzuschätzende höhere durchschnittliche Umsatz pro Ferienwohnung im Hinterland (15 300 FF) gegenüber der Küste (13 800 FF) beruht auf der von Frühjahr bis Herbst andauernden längeren Nutzungsperiode im Hinterland; ein Teil der Wohnungen im Gebirge wird auch im Sommer- und Winterhalbjahr genutzt.

Die Tab. 87 verdeutlicht das unterschiedliche Ausmaß, in dem die einzelnen Départements an den Einnahmen aus dem Tourismus in der Region Languedoc-Roussillon partizipieren. Anteile in etwa gleicher Höhe von 30% entfallen auf den Hérault und die Pyrénées-Orientales. Auf beide Départements sind die Umsätze im Camping-Tourismus (max. Hérault: 41%) und dem Hotelsektor (max. Pyrénées-Orientales: 30%) konzentriert; das gleiche gilt für jene der Feriendörfer (max.: 34% Hérault) und der Umsätze durch Ausgaben von Touristen, die privat bei Verwandten/ Freunden logieren (max.: 32% Hérault).

Die Anteile der übrigen Départements an den touristischen Umsätzen in der Region bewegen sich in einer deutlich nachgeordneten Größenordnung. Im Gard werden mit knapp 1 Mrd FF 18% des regionalen Umsatzes erzielt; die Anteile der

Tab. 87 Die räumliche Struktur der Umsätze im Tourismus des Languedoc-Roussillon nach Départements und Unterkunftsarten 1979

Unterkunftsarten	Aude	Gard	Hérault	Lozère	P.O.	Region
Zweitwohnsitze						
Umsatz in FF	427 523 300	584 872 750	852 775 000	190 902 250	680 121 750	2 736 195.000
%	15,6	21,3	31,1	6,9	24,8	100
Hotels						
Umsatz in FF	88 731 930	138 941 850	190 683 900	73 077 990	214 059 750	705 495 400
%	12,5	19,6	27,0	10,3	30,3	100
Camping						
Umsatz in FF	98 259 000	141 694 000	425 894 000	43 442 000	332 920 000	1 042 209 000
%	9,4	13,5	40,8	4,1	31,9	100
Feriendörfer						
Umsatz in FF	30 252 800	10 272 000	62 265 600	21 900 900	57 017 600	181 708 800
%	16,6	5,6	34,2	12,0	31,3	100
bäuerliche Vermietung						
Umsatz in FF	18 645 000	9 198 750	13 571 250	16 293 750	17 448 750	75 157 500
%	24,8	12,2	18,0	21,6	23,2	100
Möblierte Wohnungen						
Umsatz in FF	65 700 000	65 700 000	65 700 000	21 900 000	219 000 000	438 000 000
%	15,0	15,0	15,0	5,0	50,0	100
Unterkunft bei Familien mit Hauptwohnsitz i.d. Region						
Umsatz in FF	37 488 600	49 167 000	83 969 100	18 000 000	75 654 900	264 279 600
%	14,1	18,6	31,7	6,8	28,6	100
Total						
Umsatz in FF	766 600 630	999 846 350	1 694 858 850	385 516 790	1 596 222 750	5 443 100 000
%	14,0	18,3	31,1	7,1	29,3	100

Quelle: J. Cortot 1980, S. 229 (verändert)

Unterkunftsarten entsprechen bei den Hotels und den Logis bei Verwandten/Freunden diesem Anteil, Ferienwohnungen nehmen aufgrund der Bedeutung der Küstenstationen Grau-du-Roi und Port Camargue sowie der zahlreichen Ferienwohnungen in den aufgelassenen ländlichen Siedlungen der Südabdachung der Cevennen eine herausgehobene Bedeutung ein.

Die Départements Aude und Lozère unterscheiden sich von den übrigen Départements in der Region durch die geringe Bedeutung der Zweitwohnsitze und Hotels als Umsatzträger, die größten Differenzen bestehen beim Camping-Tourismus. Hingegen sind das Aude und Lozère durch weit überproportionale Anteile von bäuerlicher Vermietung und – im Lozère – von Feriendörfern gekennzeichnet. Diese im Hinter- und Bergland wichtigen Angebotsarten haben jedoch insgesamt am regionalen touristischen Umsatz nur einen Anteil von 4,7%; somit ist das Potential für eine endogene Entwicklung der ökonomischen Ressource Fremdenverkehr deutlich begrenzt.

Neben dem Ziel der Umsatzsteigerung und Erhöhung der regionalen Wertschöpfung bewirkt der Einsatz des Tourismus als Mittel der Regionalpolitik auch eine Verbesserung der regionalen Reise- und nationalen Devisenbilanz. Im Falle der Region Languedoc-Roussillon greifen beide Effekte ineinander, da die Konkurrenzlandschaften für den Küstentourismus in Spanien lokalisiert sind, der Ausbau der Unités Touristiques und ihrer Frequentierung durch die in der Region wohnenden Touristen verbessert nicht nur die regionale Reisebilanz, sondern reduziert zugleich den Devisenabfluß.

Tab. 88 Bilanz der touristischen Einnahmen und Ausgaben ausgewählter Regionen Frankreichs 1976 (Angaben in Mio FF)

Regionen	Tourist. Einnahmen aus Ausgaben der Bevölkerung			Tourist. Ausgaben der Regionalbevölkerung	Saldo
	Region	anderer Regionen	Total		
Région Parisienne	266	720	986	16.008	− 15.022
Hte et Basse Normandie	269	1.910	2.179	1.710	+ 469
Bretagne	662	3.612	4.274	1.207	+ 3.067
Aquitaine	759	1.790	2.549	1.290	+ 1.259
Midi Pyrénées	180	1.486	1.666	1.334	+ 332
Rhône-Alpes	730	1.360	2.090	3.540	− 1.450
Auvergne	128	1.370	1.498	633	+ 865
Languedoc-Roussillon	331	2.397	2.728	939	+ 1.789
Provence Côte d'Azur	883	3.894	4.777	2.886	+ 1.891
Total	6.128	26.971	33.099	41.294	− 8.195

Quelle: J. Cortot 1980, S. 222

Die Tab. 88 weist relativ geringe touristische Ausgaben der einheimischen Regionalbevölkerung im Languedoc-Roussillon nach, nur 5,4% der innerhalb der französischen Regionen von der jeweiligen Regionalbevölkerung getätigten Ausgaben werden hier verzeichnet, in der P.A.C.A. sind es demgegenüber 14,4% und in der Nachbarregion Rhône-Alpes, die auch zu den Herkunftsgebieten der Touristen im Languedoc zählt, 12%.

An den Einnahmen aus Ausgaben von Touristen mit extraregionalem Wohnsitz in den verschiedenen Teilen Frankreichs sind der Languedoc-Roussillon zu 8%, die P.A.C.A. zu 14,4% beteiligt. Die Region Languedoc-Roussillon partizipiert damit an den interregionalen touristischen Einnahmen (flux monétaires) in etwa dem gleichen Umfang wie die Region Aquitaine. Sie hat jedoch, da die Abflüsse in extraregionale Zielgebiete deutlich geringer sind, einen höheren positiven Saldo zu verzeichnen.

Zwar geben Touristen mit Wohnsitz im Languedoc-Roussillon außerhalb der Region fast das Dreifache des Betrages aus, den die einheimischen Touristen in der Region für touristische Zwecke aufwenden, doch sind die monetären Transfereffekte aus den anderen Regionen in die Urlaubsgebiete für deren Bevölkerung wesentlich stärker. Am wichtigsten ist in diesem Zusammenhang die Region Parisienne, wo touristische Einnahmen aus anderen Regionen in Höhe von einer dreiviertel Mrd. FF Ausgaben in Höhe von 16 Mrd FF gegenüberstehen. Zum Ausgleich der Differenz zwischen touristischen Ausgaben und touristischen Einnahmen trug der Languedoc-Roussillon in der Mitte der Phase des Ausbaus seiner neuen Beherbergungskapazitäten bereits nach der Brétagne und der Côte d'Azur an dritter Stelle unter den französischen Regionen bei. Dabei bot die relativ niedrige Höhe der von der Regionalbevölkerung außerhalb der Region getätigten touristischen Ausgaben eine wesentliche Grundlage des für die Region positiven Saldos.

Bis zum Jahr 1983 hat sich die Stellung der Region Languedoc-Roussillon in der Reisebilanz der französischen Regionen weiter verbessert. Sie folgt nunmehr der P.A.C.A. (Überschuß Sommerhalbjahr 3,3 Mio Gäste) mit einem positiven Saldo in Höhe von 2,9 Mio Gästen an zweiter Stelle, gefolgt von der Region Aquitaine mit einem positiven Saldo in Höhe von 1,4 Mio Gästen (A. MESPLIER 1984, S. 28). Dabei ist als wichtigstes Strukturmerkmal der jeweilige Anteil der von den Bürgern des Languedoc-Roussillon außerhalb der Region verbrachten Aufenthalte bestehen geblieben, nur 800 000 „exportierte" Gästeaufenthalte standen im Sommer 1983 3 700 000 in den Languedoc-Roussillon „importierten" Gästeaufenthalten gegenüber.

5.5.2 DIE RÄUMLICHE DIFFERENZIERUNG GRUNDZÜGE DER SOZIALGRUPPENSPEZIFISCHEN VERTEILUNG DER TOURISTISCHEN EINNAHMEN – FALLSTUDIE DÉPARTEMENT PYRÉNÉES-ORIENTALES

Die im vorigen Kapitel erörterte Berechnung von touristischen Umsätzen und der Wertschöpfung aus dem Tourismus kann aufgrund der Datenlage nur relativ pauschal erfolgen; es sind weder eine räumliche Feingliederung noch Aussagen über die Beteiligung von sozialen Gruppen (Merkmalsgruppen) möglich. Da diese Aspekte jedoch wichtige Voraussetzungen für eine Bestandsaufnahme und regionalpolitische Beurteilung der touristischen Entwicklungseffekte darstellen, wird im folgenden versucht, den Fluß der touristischen Einnahmen indirekt zu verfolgen.

Als geeigneter Indikator bietet sich dabei die in Frankreich sehr ausgeprägte Saisonalität des Urlaubsreiseverkehrs an. Seine zeitliche Begrenzung auf den Zeitraum zwischen dem 14. Juli und Ende August kennzeichnen den Seebäderverkehr und Sommerurlaub allgemein. Hieraus resultiert die Kürze und relativ hohe Intensität des monetären Transfers aus den Herkunftsgebieten der Touristen, welcher dem Konsum von Gütern und Dienstleistungen am Urlaubsort dient.

Da es kaum möglich erscheint, den monetären Zufluß direkt zu erfassen, und da Befragungsergebnisse über das Ausgabeverhalten von Touristen – besonders wenn die Ergebnisse über Höhe und Verwendung von Ausgaben großräumig generalisiert werden[71] – methodisch und erhebungstechnisch mit Ungenauigkeiten behaftet sind, wird im folgenden versucht, *die touristischen Einkünfte bei den Empfängern zu erfassen*. Die saisonale Limitierung des monetären Transfers dient dabei als der methodische Ansatzpunkt.

Als Indikator für die touristisch bedingten Bruttoeinkommen dient die saisonale Variation von Bankguthaben (Giro- und Sparkonten), die der Verfasser für die Jahre 1979 und 1983 im Crédit Agricole des P.O. in Perpignan ermittelte. Der Crédit Agricole ist eine auf regionaler Basis arbeitende Bank, hinsichtlich der Verbreitung und des Kundenkreises in etwa den Volks- und Raiffeisenbanken in der Bundesrepublik Deutschland vergleichbar[72]. Das Filialnetz deckt das Département lückenlos ab, es entfallen auf eine Zweigstelle 2200 Einwohner (J. THEROND et al. 1980, S. 62).

Diese Bankkunden sind mit ihren Konten auch nach sozioprofessionellen Kategorien (C.S.P.) gegliedert in der Datei der Bank erfaßt, so daß es möglich war, neben der räumlichen Lokalisierung auf Gemeindeebene auch eine Auswahl touristisch relevanter Berufsgruppen[73] hinsichtlich ihrer Partizipation an den touristischen Einnahmen zu testen.

Die quartalsweise ausgewiesenen Kontostände wurden nach ihrer listenmäßigen Erfassung in Frankreich an der Universität Hannover einer EDV-gestützten Auswertung unterzogen[74].

Die Analyse wurde für zwei Stichjahre durchgeführt, um zum einen eventuelle Zufälligkeiten eines Jahres auszuschließen und zum anderen potentiellen Veränderungen nachgehen zu können. Dies geschah auf Gemeindeebene für die Quartalskontenstände 1979 und 1983 mittels einer Shift-Analyse nach der Indexmethode von H. GERFIN (1964), um die Unterschiede in der Entwicklungsdynamik bzw. einen Indika-

---

71 Vgl. dazu die relativ kleinräumige Differenzierung der touristischen Ausgaben in der P.A.C.A. (s. o. S. 140ff.).
72 Zur entscheidenden Funktion des Crédit Agricole als Kreditgeber für Zweitwohnsitze in Landgemeinden und dem hieraus resultierenden Prozeß der Zersiedlung vgl. P. PINCHEMEL (1980, S. 283).
73 Ein wesentliches Kriterium für die Auswahl dieser Berufsgruppen bildete die saisonale Differenzierung der Einkommen. Zu den Berufsgruppen zählen die selbständigen Landwirte und Fischer, Handwerker, Künstler, Haus- und sonstiges Dienstleistungspersonal sowie besonders die Einzelhändler.
74 Die Datenverarbeitung erfolgte am Regionalen Rechenzentrum für Niedersachsen (R.R.Z.N.) in Hannover. Als Rechenanlage diente ein Control Data CYBER B 172, als Programmpaket wurde die Version 7 des Statistical Package for the Social Sciences (S.P.S.S.) benutzt.

tor der touristischen Entwicklung im Gesamtraum (Département Pyrénées-Orientales) quantitativ zu erfassen[75].

Die hier angewandte Vorgehensweise ist mit restriktiven Annahmen und Einschränkungen der Erkenntnismöglichkeiten verbunden. Sie setzt z.B. voraus, daß Einkünfte und Einnahmen aus dem Tourismus in gleicher Weise behandelt werden wie jene aus anderen Quellen und daß sie keiner spezifischen Verwendung zugeführt werden.

Eine weitere restriktive Annahme besteht darin, daß der Tourismus als alleiniger saisonal gestaffelter Einkommenseffekt in Frage kommt. Hier ergeben sich im Untersuchungsgebiet Überschneidungen zur Landwirtschaft, in der die Pfirsichernte in das dritte Quartal fällt. Da aber das Gebiet dieser Überschneidungen begrenzt und bekannt ist (vgl. H.-G. MÖLLER 1984, S. 268ff.), kann diese Interferenz bei der Interpretation in der notwendigen Weise berücksichtigt werden. Ein Ausschluß der landwirtschaftlichen Einkommen ist prinzipiell möglich und führt dazu, daß der Tourismus als saisonal bestimmte Residualgröße isoliert werden kann (vgl. Karte 48). Er erscheint jedoch dem Verfasser nicht sinnvoll, da auf diese Weise die nicht unerheblichen bäuerlichen Einkünfte aus dem Fremdenverkehr für die regionale Analyse unberücksichtigt bleiben.

---

75 Nach GERFIN wird der Regionalfaktor R als Produkt von Net Differential Shift (Standortfaktor) und Net Proportionality Shift (Strukturfaktor) ausgewiesen:

$$R = \frac{\sum_{j=1}^{m} \left(Y_{ij}^{0} * \dfrac{\sum_{i=1}^{n} Y_{ij}^{t}}{\sum_{i=1}^{m} Y_{ij}^{0}} \right)}{\sum_{i=1}^{m} Y_{ij}^{0}} : \frac{\sum_{i=1}^{n} \sum_{j=1}^{m} Y_{ij}^{t}}{\sum_{i=1}^{n} \sum_{j=1}^{m} Y_{ij}^{0}} \cdot \frac{\sum_{j=1}^{m} Y_{ij}^{t}}{\sum_{j=1}^{m} \left(Y_{ij}^{0} * \dfrac{\sum_{i=1}^{n} Y_{ij}^{t}}{\sum_{j=1}^{n} Y_{ij}^{0}} \right)}$$

* Standortfaktor

o = Bezugszeitpunkt

t = Beobachtungszeitpunkt

Y_{ij} = ökonomische Aktivität des Wirtschaftsbereiches j im Teilraum i

$\sum_{i=1}^{m} Y_{ij}^{0}$ = Ökonomische Aktivität des Wirtschaftsbereiches j im Gesamtraum

$\sum_{j=1}^{m} Y_{ij}^{t}$ = Ökonomische Aktivität aller Wirtschaftsbereiche im Teilraum i

$\sum_{i=1}^{n} \sum_{j=1}^{m} Y_{ij}^{0}$ = Ökonomische Aktivität aller Wirtschaftsbereiche im Gesamtraum

Die als Abweichung R berechneten Differenzen zwischen den Teilräumen (Gemeinden) und dem Gesamtraum beruhen auf unterschiedlichen Zunahmen der Kontenstände (Standorteffekte) und Unterschieden in ihrer Ausgangsstruktur (Struktureffekt).

Eine wichtige Einschränkung besteht darin, daß durch das Definitionskriterium der zeitlichen Zuordnung auf das dritte Quartal Einnahmen aus dem französischen Binnentourismus überrepräsentiert sind und solche aus dem Besuch von Ausländern in der für diese typischen Frühjahrs- und Frühsommersaison nicht, sowie für die Herbstsaison nur partiell erfaßt werden. Zudem sei ausdrücklich darauf hingewiesen, daß das hier vorgestellte Verfahren ausschließlich dazu dient, mit der Dynamik räumlicher Verteilungen Relationen der touristischen Durchdringung auf Gemeindebasis zu quantifizieren; Aussagen zur absoluten Höhe des touristischen monetären Transfers sind auf diese Weise weder möglich noch beabsichtigt[76]. Auch haben die Resultate einer Shift-Analyse an sich keinen kausalen Erklärungswert (vgl. L. SCHÄTZL 1981, S. 53); kausale Folgerungen sind im Argumentationszusammenhang der der Arbeit zugrundeliegenden Fragestellung zu ziehen.

Aus Gründen der Übersichtlichkeit sind die Tabellen zu diesem Kapitel in einem gesonderten Anhang zusammengefaßt[77]. Wichtige Ergebnisse sind in Kartenform umgesetzt im Text eingefügt, eine weitere detailliertere Auswertung des Tabellenmaterials besonders hinsichtlich der sozialgruppenspezifischen Differenzierung der touristischen Partizipation ist außerhalb der vorliegenden Arbeit vorgesehen.

Die Karte 46 zeigt für die Gemeinden des Départements Pyrénées-Orientales die Abweichungen der Kontenstände im dritten Quartal vom Mittelwert der Quartale (saisonaler Mittelwert = 100%) des Jahres 1979.

Auffällig ist zunächst, daß die positive Abweichung zu den mittleren Kontenständen in den Küstengemeinden relativ gering ausfällt. Mit Ausnahme von Barcares (129%) liegt die Differenz unter 20%, in Toreilles, Ste. Marie, Port Vendres, Banyuls s.M. und Cebère sogar unter 5%. In den Küstenorten besteht über das ganze Jahr hin ein relativ hohes Niveau der Guthaben, so daß selbst der konzentrierte Zufluß touristischer Einnahmen nur relativ geringe Zuwächse bringt. Hinzu kommt, daß im gewerblichen Bereich in dieser Zeit auch Vorleistungen bezahlt werden müssen, also zeitlich parallel ein monetäres Abfließen aus den Küstengemeinden hinaus zu verzeichnen ist.

Die Gemeinden im Hinterland der Küste profitieren von deren touristischer Erschließung in relativ geringem Maße durch den zusätzlichen Verkauf agrarischer Produkte, hauptsächlich jedoch durch die im Tourismus gegebenen Beschäftigungsmöglichkeiten. Die Einkünfte, die sie in den Küstenorten erzielen, werden von den Pendlern in ihre Wohnorte transferiert. Auffällig ist, daß im Hinterland der südlichen Côte Radieuse höhere Zuwächse der Guthaben während des dritten Quartals zu verzeichnen sind als nördlich von Perpignan, die Ursache dafür sind höhere landwirtschaftliche Einkünfte aus Baumkulturen im südlichen Teil der Küstenebene und auf den Aspres (vgl. P. ESTIENNE 1978, S. 55). Pfirsichkulturen, deren Ernte in den

---

76 Dies ergibt sich zum einen aus dem Faktum einer Partialanalyse anhand der Kontenstände von nur einer regional operierenden Bank. Zum anderen ist die Gesamtheit der touristischen Einnahmen – sofern sie denn von anderen Guthabensbestandteilen zu trennen wäre – mit Sicherheit nicht über den formalisierten und von den Steuerbehörden nachprüfbaren Weg von Bankguthaben zu erfassen.
77 Dieser Tabellenteil ist in der publizierten Fassung der Habilitationsschrift aus Kostengründen nicht enthalten.

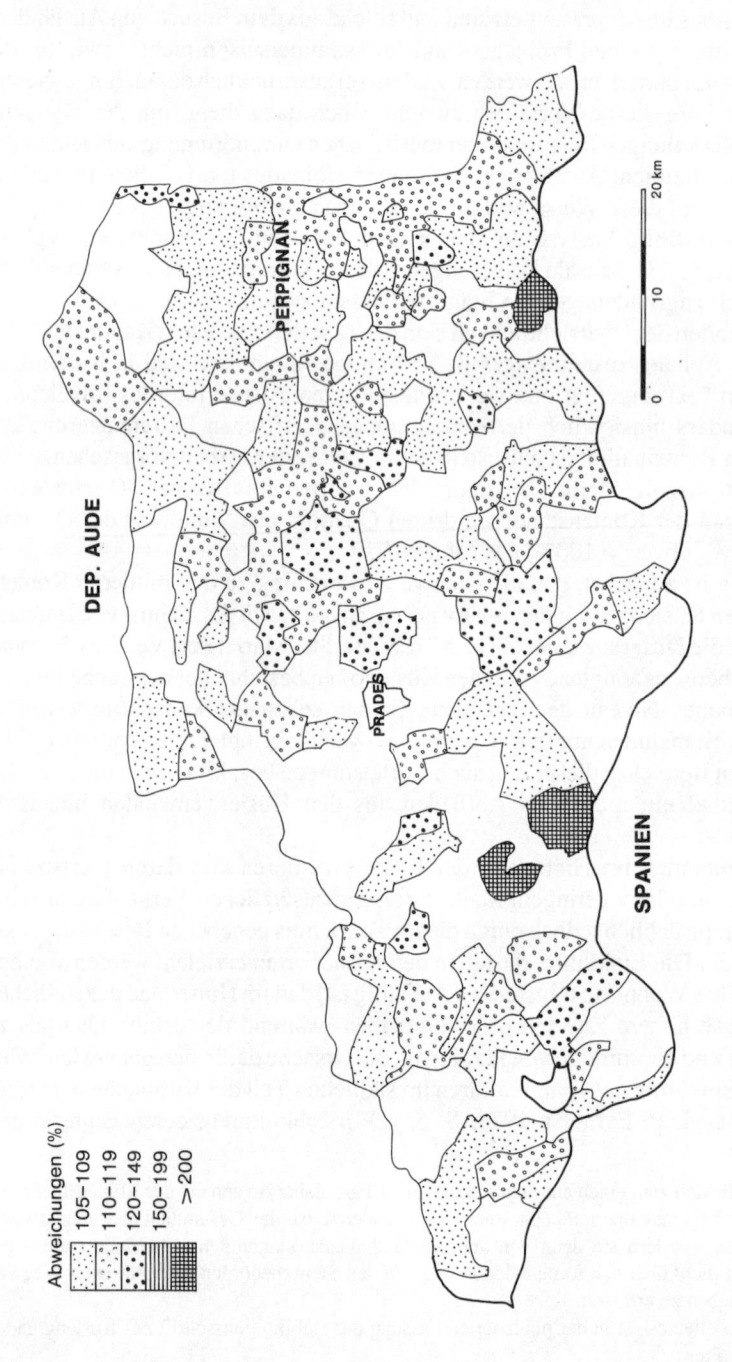

314   5. Freizeit, Tourismus und Regionalentwicklung in Languedoc-Roussillon

Karte 46 Die Abweichungen der Guthaben auf den Konten in den Filialen des Crédit Agricole des P.O. im III. Quartal 1979 vom saisonalen Mittelwert (auf Gemeindeebene in v.H.)

Quelle: Eigene Erhebungen und Aufbereitung unveröffentlichter Daten des C.R.C.A.M. des P.O.-Perpignan

5.5 Die touristischen Umsätze   315

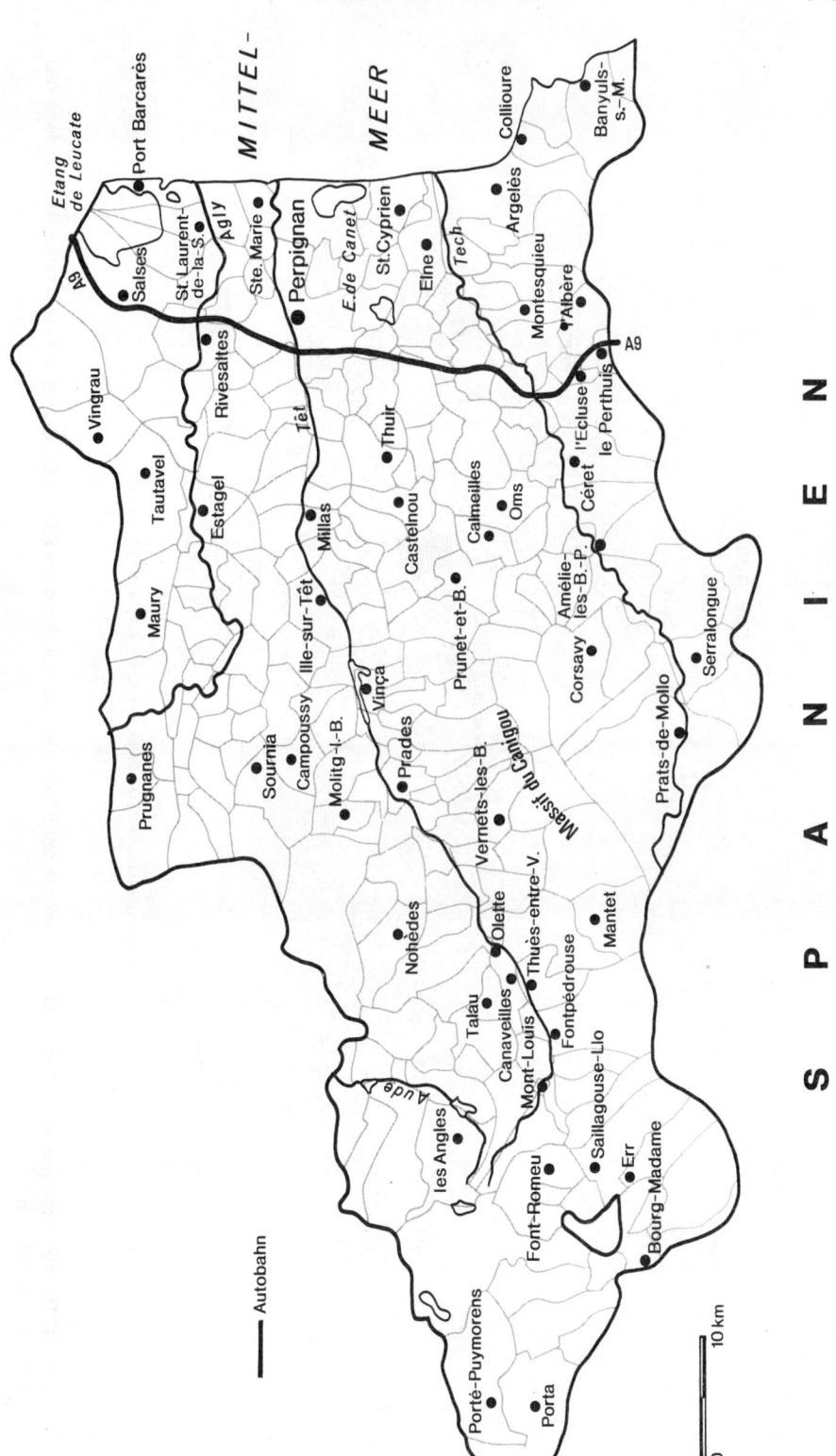

Karte 46A Im Untersuchungszusammenhang wichtige Gemeinden des Département Pyrenées-Orientales

Karte 47 Die Abweichungen der Guthaben auf den Konten in den Filialen des Crédit Agricole des P.O. im III. Quartal 1983 vom saisonalen Mittelwert (auf Gemeindeebene in v.H.)

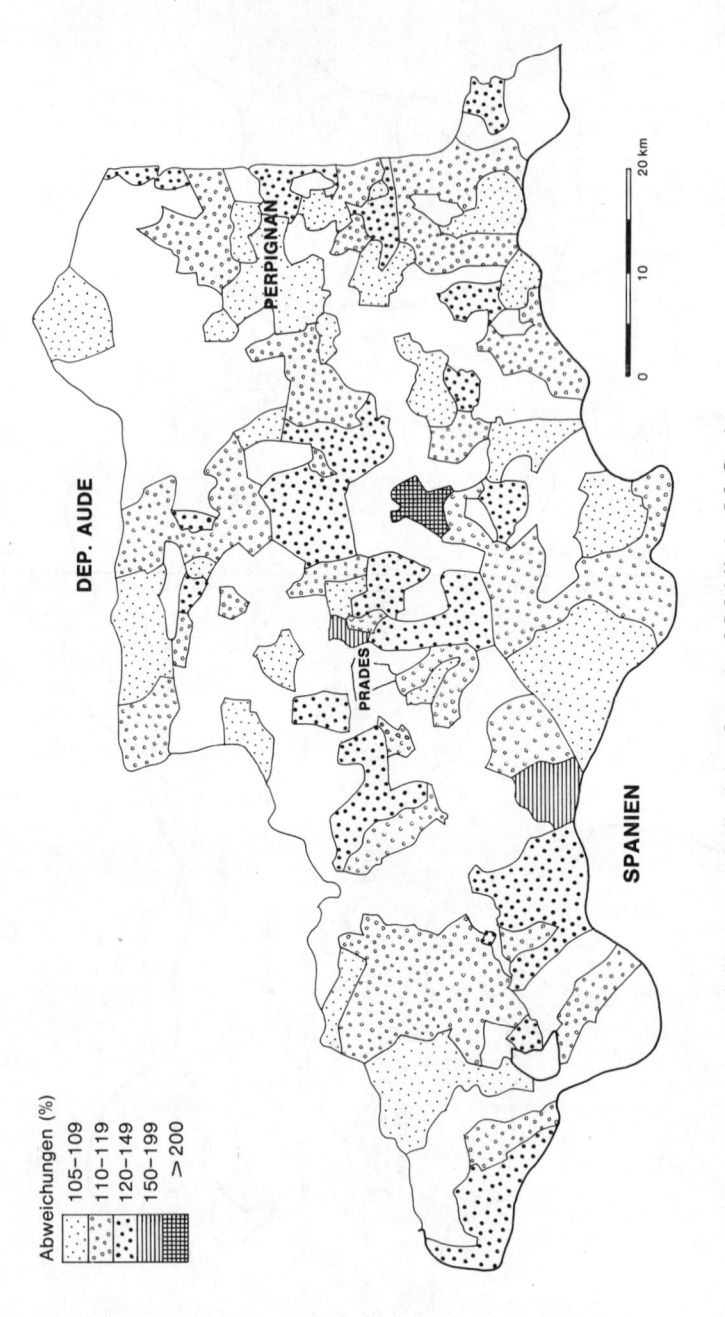

Quelle: Eigene Erhebungen und Aufbereitung unveröffentlichter Daten des C.R.C.A.M. des P.O.-Perpignan

Hochsommer fällt, sind auch für die hohen positiven Abweichungen im Conflent, besonders im Becken von Prades und im Raum Ille-sur-Têt/Millas, verantwortlich. Ein weiterer Faktor für die sommerliche Erhöhung der Guthaben ist die Nationalstraße 116 zwischen Perpignan und Bourg-Madame bzw. Spanien, deren Benutzer auch abseits landwirtschaftlicher Intensivkulturen, z.B. in Thuès-entre-Valls und in Villefranche-de-Conflent, für hohe zusätzliche Einnahmen im dritten Quartal sorgen. Cerdagne und Capcir sind Hochgebirgsräume, in denen neben Gemeinden mit dominierendem Wintertourismus auch solche mit erheblichen Einkünften aus dem Sommertourismus (Sommerfrischen) existieren. Insgesamt war bereits 1979 das Hinter- und Bergland mit Gemeinden durchsetzt, in denen das Urlaubsquartal erhebliche monetäre Zuflüsse brachte. Der inhaltliche Bezug dieser Einnahmen zum Fremdenverkehr ist z.B. in den Weinbaugebieten des Maury-Tales dadurch gegeben, daß die Abrechnungen über Traubenanlieferung und Weinverkäufe erst im vierten Quartal erfolgen.

1983 ist bezüglich der Küsten- und Hinterlandsgemeinden eine deutliche Veränderung zu vermerken, der starke Zuwachs an Gemeinden mit Abweichungen von 120–149%. Von Canet an der Küste beginnend setzt sich ein Band dieser Höhe der Abweichungen der Quartalsguthaben durch das Conflent als Leitlinie in die Cerdagne fort (Karte 47). Die Zahl der Gemeinden mit Abweichungen unter 110% hat abgenommen, dagegen wurde die Intensität des monetären Zuflusses verstärkt. Allerdings ist darauf hinzuweisen, daß in den Gebirgsdörfern infolge der relativ geringen Zahl und Höhe der Einlagen bereits absolut nicht sehr umfangreiche Einzahlungen genügen, um erhebliche relative Steigerungen und Abweichungen zu bewirken.

Bei der Darstellung der Abweichung der Kontenstände für 1983 in Karte 48 blieben die Konten landwirtschaftlicher Inhaber (Landwirte) unberücksichtigt. Trotzdem ergibt sich gerade auch abseits der Hauptverkehrswege eine das gesamte Département durchdringende Verteilung von Gemeinden, in denen die Kontenstände des dritten Quartals relativ, z.T. in gleicher Höhe wie jene der Küstengemeinden, von der regionalwirtschaftlichen Bedeutung touristischer Einkommen künden. Da grundsätzliche Unterschiede hinsichtlich ihrer Struktur und Verteilung in den Karten 47 und 48 nicht auszumachen sind, empfiehlt es sich, die Landwirte nicht per definitionem auszuschließen, weil diese Gruppe zunehmend in das Tourismusgeschäft integriert wird. Es ist bei beiden Karten zu berücksichtigen, daß die touristischen Einkünfte nicht am Wohnort erzielt werden müssen. Neben Pendlerbeziehungen spielt auch der direkte Absatz landwirtschaftlicher Güter in den Fremdenverkehrsorten eine gewisse Rolle.

Auch ist zu berücksichtigen, daß die Karten 46 bis 48 lediglich die einkommensmäßigen Resultate des Sommertourismus nachzeichnen; viele der hier wegen nur geringer Abweichungen (bis 105%) oder negativer nicht erscheinenden Gemeinden weisen als Ergebnis von Einkünften aus dem Wintertourismus signifikante positive Abweichungen für das vierte bzw. erste Quartal auf.

Die Shift-Analyse der räumlichen Differenzierung der Kontenstände in den Filialen des Crédit Agricole für das dritte Quartal der Jahre 1979 und 1983 setzt deutlichere räumliche Schwerpunkte als die vorhergehenden analytischen Karten.

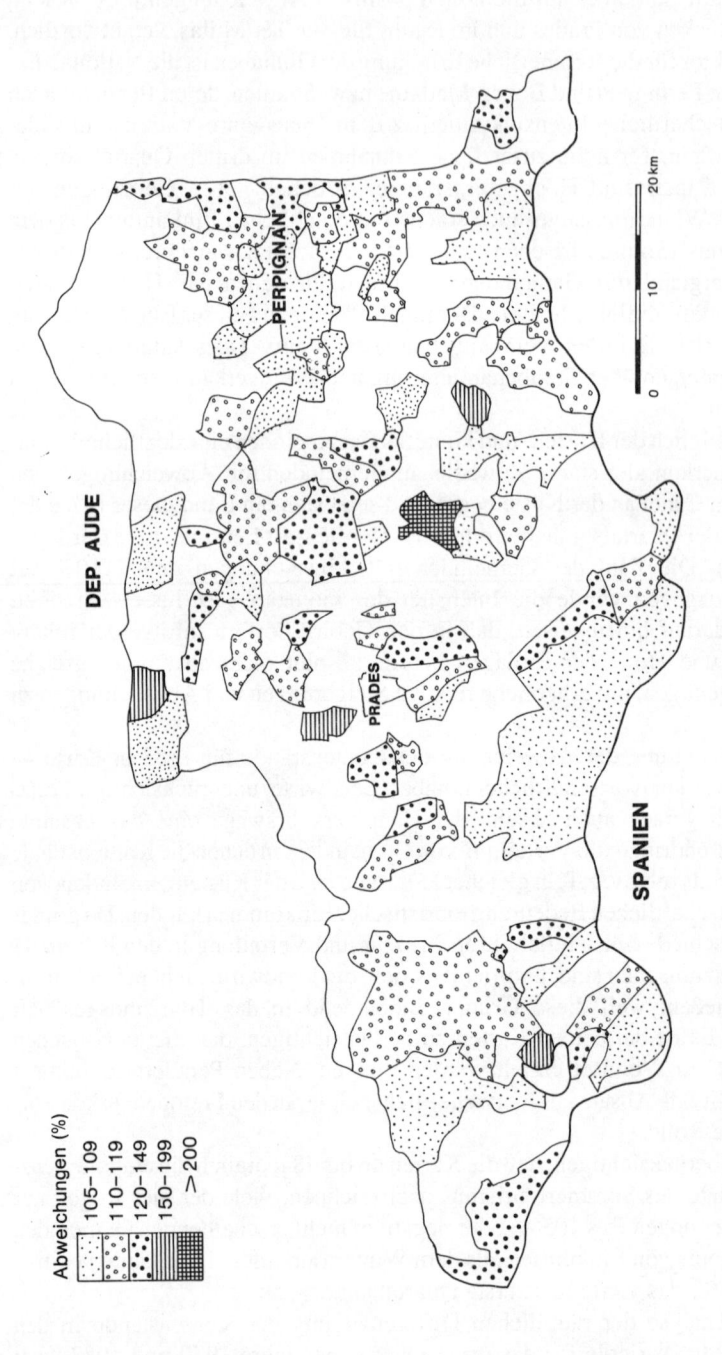

318   5. Freizeit, Tourismus und Regionalentwicklung in Languedoc-Roussillon

Karte 48 Die Abweichungen der Guthaben auf den Konten in den Filialen des Crédit Agricole des P.O. im III. Quartal 1983 vom saisonalen Mittelwert (auf Gemeindeebene in v.H.) – ohne Berücksichtigung der Konten von Landwirten

Eine positive Differenz gegenüber der Dynamik in der Gesamtzahl der Gemeinden ist an der Küste in le Barcares, Ste. Marie, Canet-Plage und Collioure sowie in einigen Gemeinden des südlichen Küstenhinterlandes festzustellen.

Leitlinien der touristisch bedingten Guthabenszunahmen bilden weiterhin die Verkehrslinien, so die Nationalstraße 9 zwischen Perpignan und der spanischen Grenze (Le Perthus), die Nationalstraße 11 zwischen Perpignan und Bourg-Madame im Conflent und der Cerdagne sowie – in geringem Ausmaß – die durch das Maury-Tal führende Verbindung zwischen Perpignan und Foix. Dabei kanalisieren die nicht sehr zahlreichen, gut ausgebauten Querverbindungen zwischen den Haupttälern u.a. den Ausflugsverkehr der Touristen und tragen auf diese Weise in den Sommermonaten zur Distribution meßbarer touristischer Einkommen und Einkommenszuwächse bei. Letztere treten besonders konzentriert im oberen Conflent, der Cerdagne und dem Capcir auf, also Gebirgsregionen, in denen der Wintersport in den Pyrénées-Orientales lokalisiert ist und die auf diese Weise eine saisonale Ausweitung der touristischen Aktivitäten und Einkommen erfahren.

Die Karten 49 und 50 zeigen im Vergleich, daß einem Regionalfaktor, der sich in dem überwiegenden Teil der Fälle zwischen 1 und 1,4 bzw. 1,5 und 1,9 bewegt, wesentlich höhere Standortfaktoren (zwischen 2,0 und 9,9) gegenüberstehen und daß zudem eine weitaus größere Anzahl von Gemeinden durch positive Standort- als durch positive Regionalfaktoren gekennzeichnet sind. Diese Differenzen zwischen der faktischen Veränderung der saisonalen ökonomischen Aktivität in zahlreichen Gemeinden und jener des Départements wird jedoch in einer Vielzahl der Fälle durch einen negativen Strukturfaktor korrigiert.

Die Karte 51 gibt die Abweichungen der Kontenstände vom jeweiligen Mittel aller Gemeinden im dritten Quartal für die Gesamtheit der Kontenstände (Flächensignatur) und für touristisch relevante Berufsgruppen in ihrer räumlichen Differenzierung an. Es wird deutlich, daß auch in dem auf ein Quartal bezogenen Gemeindevergleich die besondere ökonomische Aktivität und daraus resultierende Einnahmen auf die Küste sowie auf jene Hinterlandsgemeinden konzentriert sind, die bereits im saisonalen Vergleich als ökonomisch touristisch geprägt ausgewiesen wurden.

Auch hinsichtlich der Berufsgruppen besteht eine eindeutige regionale Differenzierung. Es sind für die jeweiligen Berufsgruppen jene Gemeinden kartiert, in welchen im saisonalen Vergleich im dritten Quartal 1983 die jeweils höchsten Guthaben ausgewiesen wurden. Dabei zeigen sich für Handwerker, Einzelhändler, häusliche und sonstige Dienstleistungsberufe deutliche Konzentrationen auf die Fremdenverkehrsgemeinden an der Küste und im Hinterland. Es werden auch Gemeinden mit einbezogen, in denen die Gesamtheit der hier analysierten Bankguthaben ihr Maximum nicht im dritten Quartal aufweist. Hierzu zählen z.B. u.a. zahlreiche Gemeinden im küstennahen Hinterland, aus welchen in die Fremdenverkehrsorte ausgependelt wird. Dies gilt besonders für das Haus- und sonstige Dienstleistungspersonal.

Räumliche Schwerpunkte von Berufsgruppen mit touristisch determinierten Einnahmen bilden neben der Küstenzone und ihrem Hinterland das Tech-Tal (Vallespir) mit Amélie-les-Bains und Prats-de-Mollo, das zentrale Conflent mit Villefranche-de-C. und Vernet-les-Bains sowie die Cerdagne. Als Berufsgruppe, die vom

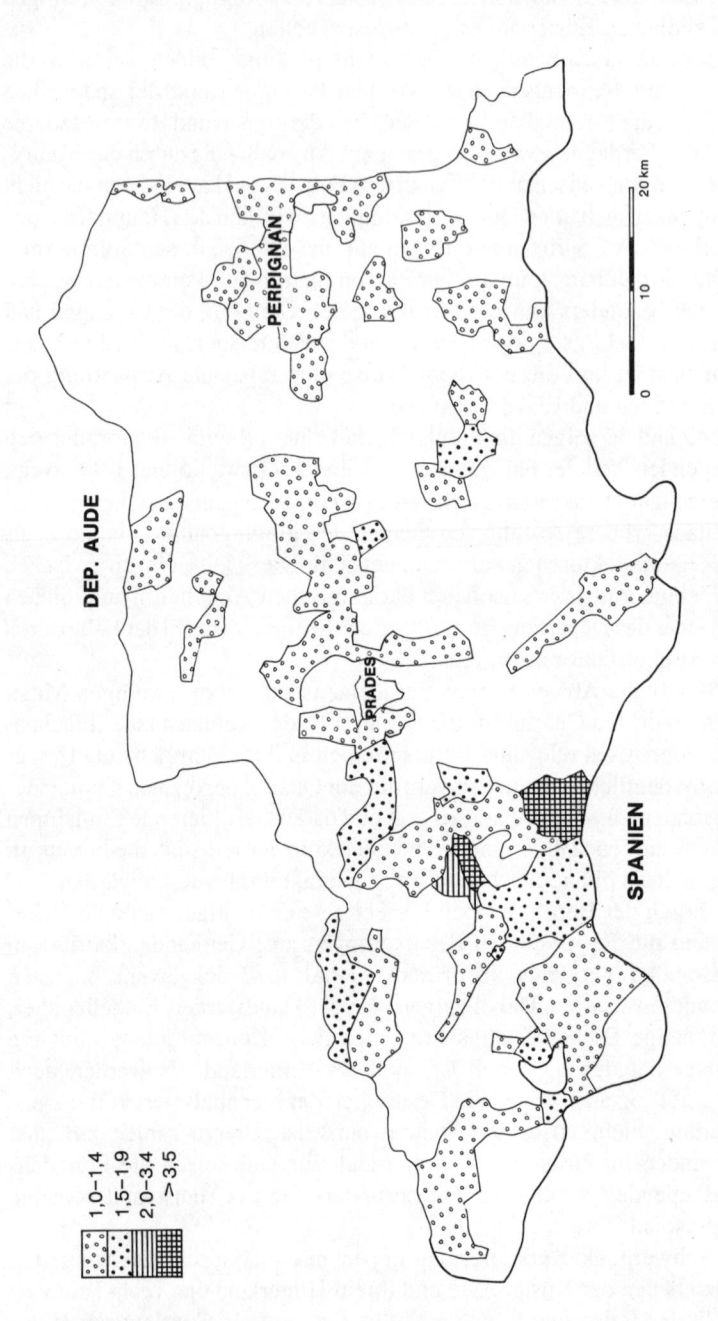

Karte 49 Shiftanalyse über die räumliche Differenzierung der Kontenstände in den Filialen des Crédit Agricole des P.O. im III. Quartal 1979 und 1983 – Regionalfaktor

Quelle: Eigene Erhebungen und Aufbereitung aus unveröffentlichen Daten des C.R.C.A.M. des P.O.-Perpignan

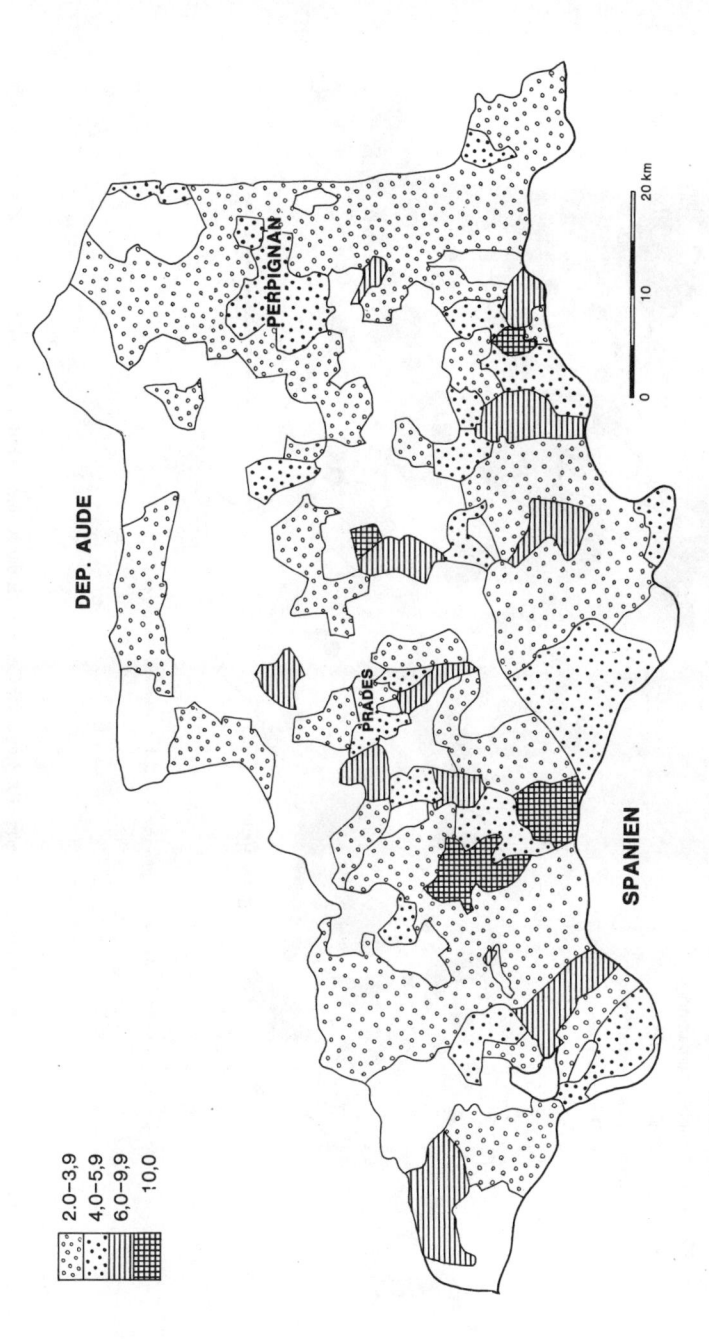

5.5 Die touristischen Umsätze 321

Quelle: Eigene Erhebungen und Aufbereitung aus unveröffentlichten Daten des C.R.C.A.M. des P.O.-Perpignan

Karte 50 Shiftanalyse über die räumliche Differenzierung der Kontenstände in den Filialen des Crédit Agricole des P.O. im III. Quartal 1979 und 1983 – Standortfaktor

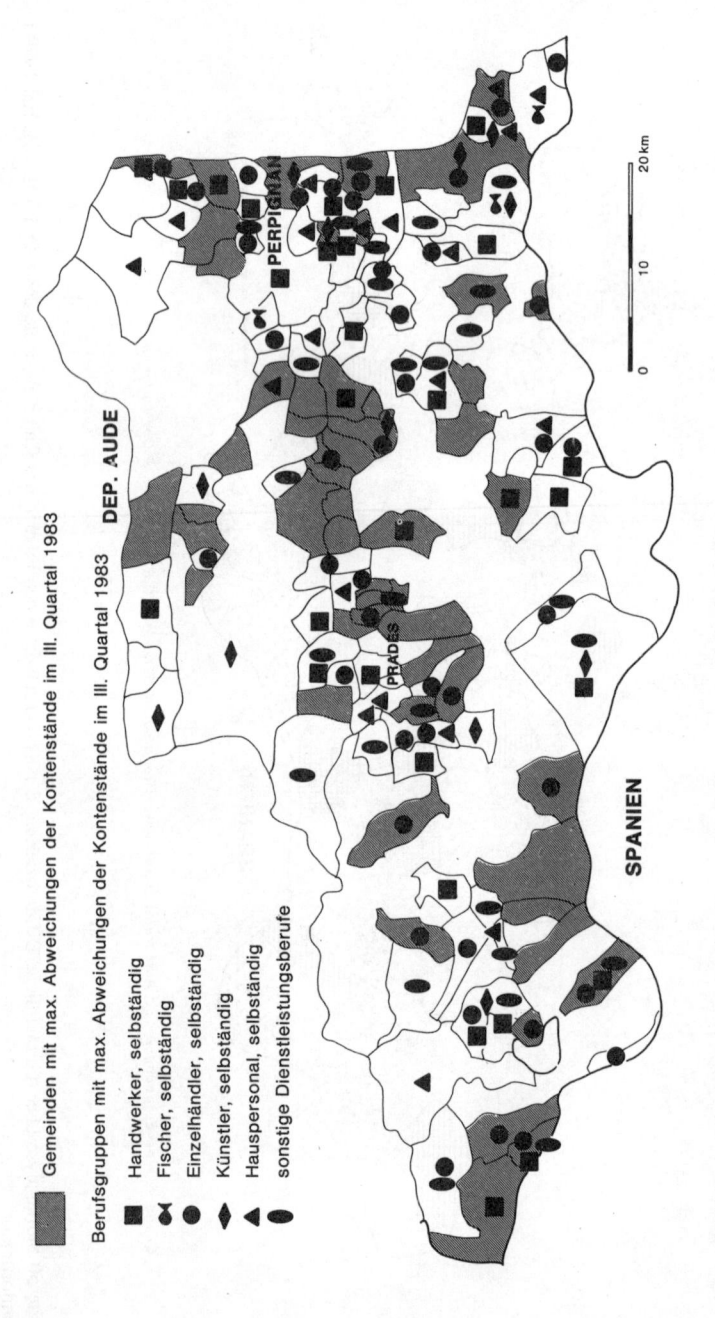

322   5. Freizeit, Tourismus und Regionalentwicklung in Languedoc-Roussillon

Karte 51 Die maximalen Kontenabweichungen im III. Quartal 1983 von der Gesamtheit der Konten: Gemeinden und tourismusrelevante Berufe

Tourismus in großem Maße abhängig ist und dennoch über ein relativ disperses Muster von Wohnstandorten verfügt, unterscheiden sich die Künstler von den Angehörigen der übrigen touristisch relevanten Berufe.

Die Quantifizierung und räumliche Analyse der touristisch bedingten Veränderung der Guthaben weist aus, daß der Fremdenverkehr das gesamte Département Pyrénées-Orientales durchdringt und auch in abseits gelegenen Gemeinden einen meßbaren regionalwirtschaftlichen Faktor darstellt. Dies gilt für die in der saisonalen Abweichung der Kontenstände insgesamt repräsentierte allgemeine Wirtschaftstätigkeit wie auch für die einzelnen tourismusrelevanten Berufsgruppen.

5.6 GRUNDEIGENTUMSSTRUKTUR, BODENMOBILITÄT UND IMMOBILIENSPEKULATION IN DEN ÖSTLICHEN PYRENÄEN (ASPRES UND VALLESPIR) ALS REGIONALE ENTWICKLUNGSFAKTOREN

5.6.1 DIE SITUATION DER GRUNDEIGENTUMSVERHÄLTNISSE IN DER REGION LANGUEDOC-ROUSSILLON IM ÜBERBLICK (FORSCHUNGSSTAND)

Die entscheidende Bedeutung, welche den Grundeigentumsverhältnissen und ihrem strukturellen Wandel hinsichtlich der Möglichkeiten und Grenzen bei der Regionalentwicklung in Südfrankreich zukommt, wurde bereits an Beispielen aus der Region P.A.C.A. (vgl. S. 145ff.) herausgestellt. Im Vergleich der Grundeigentumsverhältnisse in den beiden Mediterranregionen Frankreichs gilt, daß auch im Languedoc-Roussillon zu der traditionell vorhandenen Einflußnahme städtischer Grundeigentümer auf den ländlichen Raum (vgl. L. ESCUDIER/A. SOULIER 1980c) die touristische Entwicklung einen zunehmenden Grunderwerb Gebietsfremder, auch von Investoren aus dem Ausland, induzierte. Hier wie dort konzentriert sich der an einer aktuellen oder auch potentiellen, für die Zukunft erwarteten touristischen Inwertsetzung ausgerichtete Grunderwerb von Gebietsfremden bzw. Ausländern im gebirgigen Hinterland auf Flächen und Gemeinden, die dem Entagrarisierungsprozeß unterliegen und wo sich die verbleibende Landwirtschaft unter den gegebenen agrarstrukturellen Verhältnissen als nur begrenzt modernisierungsfähig erweist.

Der Grunderwerb von *Ausländern* wurde besonders für das Département Hérault (vgl. L. ESCUDIER/A. SOULIER 1980a) wie auch für die gesamte Region (vgl. A. SOULIER 1979) durch das C.R.P.E.E. der Universität von Montpellier untersucht. Die dazu durchgeführte Analyse der Bodenmobilität der Jahre 1973–1976 ergab im Vergleich zur Region P.A.C.A. wesentliche Unterschiede:

– Die Region Languedoc-Roussillon nimmt mit 14% der im Untersuchungszeitraum in Frankreich insgesamt an Ausländer verkauften Wohneinheiten – was den Verkauf von Wohneigentum angeht – nur den dritten Platz nach den Regionen Rhône-Alpes (35%) und P.A.C.A. (17%) ein.

– Sie führt jedoch mit 43% der an Ausländer verkauften Flächen weit vor den Regionen Aquitaine (12%) und Rhône-Alpes (9%); in der P.A.C.A. wurden 1973–1976 nur 4% der insgesamt in Frankreich von Ausländern erworbenen Flächen verkauft.

- Während in der Region P.A.C.A. 29% der an Ausländer verkauften Fläche als Bauland (terrain à batir) ausgewiesen waren, zählten im Languedoc-Roussillon nur 7% zu dieser Kategorie. Von der an Ausländer verkauften Fläche waren im Languedoc-Roussillon 93% und in der Region Rhône-Alpes 81% als landwirtschaftliche Nutzflächen (einschließlich Weideland), Wald-, Brach- und Gewässerfläche (étangs) ausgewiesen.

Offensichtlich bestehen hinsichtlich der Motivation der ausländischen Grunderwerber und der raumstrukturellen Konsequenzen ihrer Käufe grundsätzliche Unterschiede zwischen den beiden Mediterranregionen Frankreichs. Im Languedoc-Roussillon steht der reine Grunderwerb, der sich auf mittel- bis langfristige Spekulationen hinsichtlich der Bodenpreise gründet, im Vordergrund des Kaufinteresses. In der Region P.A.C.A. besitzen demgegenüber unmittelbar mit dem Grunderwerb verbundene Nutzungsänderungen, z.B. durch Überbauung der gekauften Flächen, eine weitaus größere Bedeutung.

Für die Region Languedoc-Roussillon kann demgegenüber davon ausgegangen werden, daß die Mehrzahl der Landverkäufe an Ausländer mit keiner Veränderung der Bodennutzung im Gebirgshinterland verbunden ist. Die betroffenen Flächen sind, auch wenn sie statistisch noch zur Landwirtschaft gehörig ausgewiesen werden, faktisch häufig aus der Kultur ausgeschieden. Entsprechend niedrig sind die beim Verkauf an Ausländer erzielten Bodenpreise, sie betrugen (Index der Entwicklung 1973–76, Frankreich insgesamt: 100) nur 41% des französischen Durchschnitts. In der Region P.A.C.A. wurden demgegenüber 182% des im Erfassungszeitraum erzielten Preisdurchschnitts aller Landverkäufe an Ausländer in Frankreich erreicht, was als Folge der Knappheit an verfügbaren Flächen wie auch der hohen Bodenrente der Blumenkulturen in den Départements Alpes-Maritimes und Var anzusehen ist.

Innerhalb der Region Languedoc-Roussillon stellt das Département Pyrénées-Orientales einen räumlichen Schwerpunkt des Grunderwerbs durch Ausländer dar; die dortigen Transaktionen betrafen 43% der landwirtschaftlichen Flächen und 78% der Waldflächen, die zwischen 1973 und 1976 in der Region von Ausländern erworben wurden. Bezogen auf das Département Pyrénées-Orientales verteilen sich die Nutzungskategorien des von Ausländern erworbenen Grundeigentums wie folgt: 74% des Terrains waren landwirtschaftliche Flächen, 24% zählten als Wald und nur 2% waren zum Zeitpunkt des Verkaufes als Bauland ausgewiesen. Damit eignen sich die Pyrénées-Orientales besonders gut dazu, den Prozeß der gleichsam subkutanen Zunahme der Einflußnahme ausländischer Grundeigentümer auf das regionale Entwicklungspotential zu verdeutlichen. Nach der nationalen Herkunft treten dabei die Belgier als bestimmende Sozialgruppe auf; auf sie entfielen 68% der 3003 ha Land, die zwischen 1973 und 1976 an Ausländer verkauft wurden. Mit weitem Abstand folgen deutsche (11%), britische (5%) und niederländische (4%) Käufer.

Will man die Auswirkungen, welche aus der Veränderung der Grundeigentumsstruktur für das Entwicklungspotential der Berggebiete erwachsen, beurteilen, so reicht es jedoch nicht aus, das Augenmerk ausschließlich auf die ausländischen Grunderwerber zu richten, wie dies bei A. SOULIER (1974, 1979) geschieht. Die aktuellen und zukünftigen Entwicklungschancen des ländlichen Raumes werden zumindest im gleichen Maße durch den Grunderwerb regionsfremder Franzosen wie auch durch Landaufkäufe seitens städtischer Sozialgruppen aus dem Département Pyrénées-Orientales beeinflußt. In den beiden letztgenannten Fällen wird die weitere Nutzung des Berglandes ebenfalls städtischen Bewertungskriterien unterworfen.

Die folgenden Ausführungen beziehen sich auf die Auswertung einer Kartierung der Grundeigentumsverhältnisse, die bei dem D.D.A. Perpignan im Maßstab 1:10 000 für die Untersuchungsgebiete Vallespir und Aspres (vgl. Karte 52) vorliegt. Sie umfaßt alle Parzellen ab 5 ha Größe. Dargestellt ist die Zuordnung der Gemarkungsflächen zu den möglichen Kategorien von Grundeigentümern – einheimische und auswärtige französische Eigentümer, Gesellschaften (getrennt davon landwirtschaftliche Gesellschaften (S.I.C.A.s) und Immobilienhandelsgesellschaften), Ausländern, Staat und Gemeinden. Hinsichtlich der landwirtschaftlichen Gesellschaften gilt, daß die Zweckbestimmung der S.I.C.A.s häufig eine Tarnung für Spekulationsunternehmungen darstellt, welche nicht nur finanzielle Begünstigungen sichert, sondern auch eine Konformität mit administrativen Auflagen zur Entwicklung der Berggebiete herstellt.

Die generalisierte Darstellung in den Karten 53 bis 55 gibt Parzellen ab 10 ha Größe wieder, sie zeigt die Grundeigentumsstruktur des Vallespir und der Aspres im Jahr 1981. Um den Prozeß der Veränderung der Grundeigentumsstruktur zu verdeutlichen, wurde in den Hautes-Aspres Taillet als Beispielgemeinde ausgewählt, für welche in den Karten 56 und 57 die Veränderung der Grundeigentumsverhältnisse zwischen 1969 und 1976 dargestellt wird. Die Ergebnisse des räumlich differenzierten Zugriffs unterschiedlicher Sozialgruppen als Träger des Grunderwerbs in dem einem von der Immobilienspekulation besonders betroffenen Teil der Aspres, werden am Beispiel der Gemeinde Oms analysiert. Der Wandel der dortigen Grundeigentumsstruktur zwischen 1965 und 1976 zeigt die Karte 59.

5.6.2 DIE GRUNDEIGENTUMSSTRUKTUR IN DEN ASPRES UND IM VALLESPIR – ÖSTLICHE PYRENÄEN 1981

Hinsichtlich der Analyse der räumlichen Verteilung der Flächen unterschiedlicher Grundeigentumsträger fällt zunächst auf, daß das öffentliche Grundeigentum sehr konzentriert auftritt. Die Karte 53 zeigt, daß die dem Staat und den Gemeinden gehörenden Flächen fast ausschließlich auf das Haut-Vallespir – vor allem nördlich von Prats-de-Mollo – begrenzt sind. In den Aspres (vgl. Karte 55) spielt demgegenüber öffentliches Grundeigentum praktisch keine Rolle, lediglich in den Basses-Aspres machen die kommunalen Waldungen 14,5% der Flächen aus (Hautes-Aspres: 0,7%). Die an die Funktion als Grundeigentümer gebundene Möglichkeit einer effektiven Einflußnahme auf die Entwicklungsmöglichkeiten des ländlichen Raumes ist für die meisten Gemeinden der Aspres somit ohne Bedeutung.

Als wichtigste Eigentümergruppe des gesamten Untersuchungsgebietes sind die Einheimischen zu verzeichnen, ihnen gehören 55% seiner Fläche. Bei dem durch das Kartenbild vermittelten optischen Eindruck ist allerdings zu berücksichtigen, daß aus Gründen der Generalisierung nur Parzellen ab 10 ha Größe dargestellt werden konnten, als Bauland parzellierte Flächen mit in der Regel geringerer Größe somit

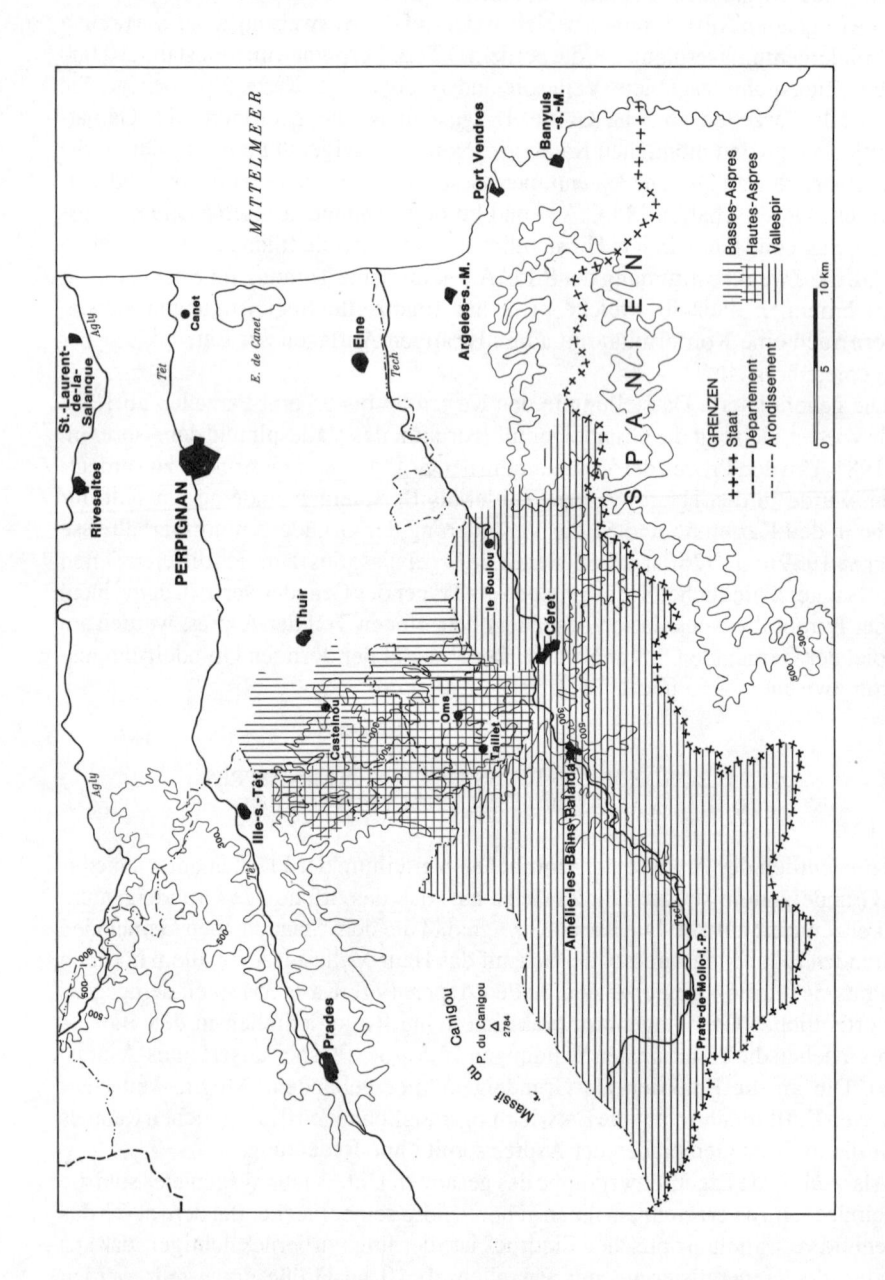

326   5. Freizeit, Tourismus und Regionalentwicklung in Languedoc-Roussillon

Karte 52 Die Lage von Vallespir und Aspres in den östlichen Pyrenäen

nicht in Erscheinung treten. Gerade der Verkauf von Bauland trägt jedoch zu einer starken Einflußnahme auswärtiger und ausländischer Grunderwerber auf die Regionalentwicklungschancen des Untersuchungsgebietes bei (vgl. die Beispiele Taillet und Oms in den Hautes-Aspres).

Es ist allerdings bereits der Grundeigentumskartierung des Gesamtgebietes zu entnehmen, daß deutliche räumliche Schwerpunkte des Grundeigentums von Immobiliengesellschaften und von Ausländern bestehen. Letztere haben massiv Flächen in den Gemarkungen der Gemeinden Calmeilles, Oms, Taillet und Taulis erworben, weitere Schwerpunkte des ausländischen Grunderwerbs befinden sich in dem nördlichen Teil der Aspres, an der Abdachung zum Conflent (Têt-Tal).

Als besonders auffällig kann gelten, daß sich die im Grunderwerb durch Ausländer – in geringerem Maße auch durch Landkäufe nichteinheimischer Franzosen-dokumentierende regionale Fremdbestimmung auf die Gemeinden der *Hautes-Aspres* konzentriert. Sie betrifft damit ein Gebiet, daß nach dem Ende des Zweiten Weltkriegs besonders stark den Prozessen der Entagrarisierung und Entvölkerung anheimgegeben war und in dem die rurale Lokalgesellschaft bereits vor dreißig Jahren aufhörte zu existieren. In diesem Raum stellte sich somit in den fünfziger Jahren mangels eines eigenen Entwicklungspotentiales die Frage der Formulierung autochthoner Entwicklungsziele (intérêts locaux) nicht mehr, da diese das Fortbestehen einer société locale rurale vorausgesetzt hätte, welche in Opposition zur städtischen société globale die Eigenbestimmung zu wahren trachtet. So ist es nicht verwunderlich, daß die Hautes-Aspres zu einem Raum für lokalisierte Interessen (intérêts localisés) auswärtiger bzw. ausländischer Kapitalanleger wurden; der durch die Grundeigentumsinteressen eines städtischen Publikums geprägt ist. Methodisch findet hier die Anwendbarkeit klassischer Zentrum-Peripherie-Modelle eine für Industriestaaten typische Grenze; eine vom Zentrum dominierte Bevölkerung ist kaum noch vorhanden (vgl. Tab. 90).

Die Intensität der aus der Übertragung von Grundeigentum resultierenden regionalen Fremdbestimmung wird darin deutlich, daß in den Gemeinden zwischen 1967 und 1976 40 bis 63% der Gemarkungsflächen veräußert wurden (vgl. Tab. 91); 1981 befanden sich zwischen 33 und 54% der Territorien der Gemeinden in den Hautes-Aspres in ausländischer Hand, 89% dieser Flächen in belgischem Eigentum.

Die Karte 55 zeigt weiter die für die Hautes-Aspres typische Verflechtung von ausländischem Grundeigentum und von Flächen, die Immobilienhandelsgesellschaften und anderen – auch landwirtschaftlichen – Gesellschaften gehören. Kapitalgesellschaften spielen eine wesentliche Rolle bei der Ausweitung des ausländischen Grundeigentums in den Hautes-Aspres, auf sie entfallen knapp 17% der Gemarkungsflächen, während ausländische natürliche Personen über 21% verfügten (vgl. Tab. 89).

Neben der Herkunft und der Rechtsform der Eigentümer gibt die Größe der erworbenen Flächen Hinweise auf die Implikationen des Grunderwerbs für die zukünftige Regionalentwicklung. Die ausländischen Kapitalgesellschaften konzentrieren sich in den Hautes-Aspres besonders auf den Erwerb von Parzellen über 5 ha Größe, an denen ihr Flächenanteil mit 18,6% fast neunmal höher ist als an den Flächen bis 5 ha. Bei natürlichen Personen aus dem Ausland, für die langfristig strategische

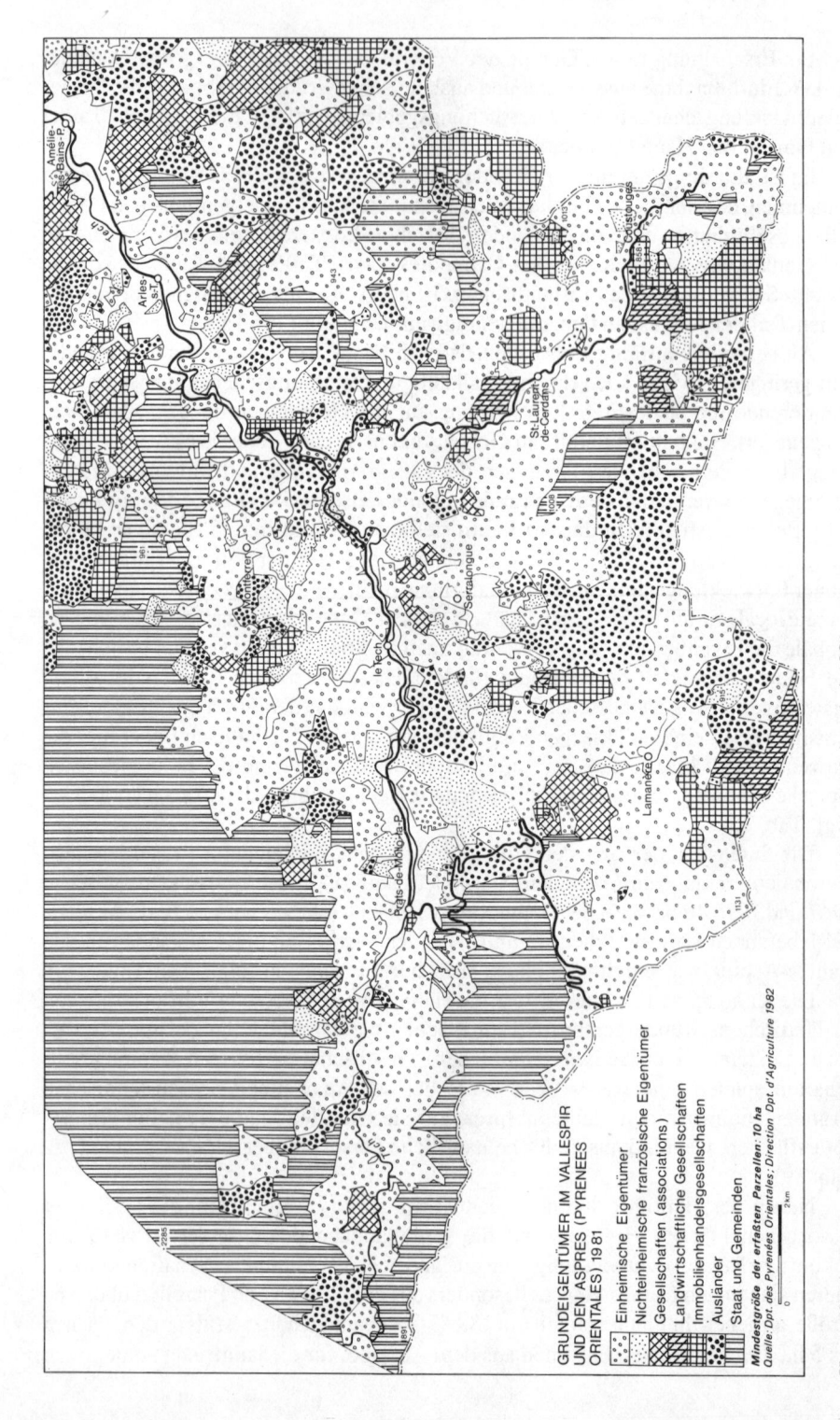

328 5. Freizeit, Tourismus und Regionalentwicklung in Languedoc-Roussillon

GRUNDEIGENTÜMER IM VALLESPIR
UND DEN ASPRES (PYRENEES
ORIENTALES) 1981

Einheimische Eigentümer
Nichteinheimische französische Eigentümer
Gesellschaften (associations)
Landwirtschaftliche Gesellschaften
Immobilienhandelsgesellschaften
Ausländer
Staat und Gemeinden

Mindestgröße der erfaßten Parzellen: 10 ha
Quelle: Dpt. des Pyrenées Orientales; Direction Dpt. d'Agriculture 1982

Karte 53 Die Träger des Grundeigentums im Haut-Vallespir (Pyrénées Orientales) 1981

5.6 Grundeigentumsstruktur, Bodenmobilität und Immobilienspekulation

Tab. 89 Die Größenstruktur des Grundeigentums in den Aspres (Pyrénées-Orientales) nach Eigentümergruppen 1976

Hautes-Aspres	Parzellen < 5 ha %	Parzellen ≥ 5 ha %	Fläche insges. %
einheimische Eigentümer	51,7	79,7	54,6
auswärtige französ. Eigentümer*	7,8	5,8	7,6
ausländische Eigentümer	40,5	14,3	37,8
– dav. natürl. Personen	(21,9)	(12,2)	(20,9)
– dav. jurist. Personen	(18,6)	(2,1)	(16,8)
Fläche Hautes-Aspres insges.	100,0 (= 8.181 ha)	100,0 (= 944 ha)	100,0 (= 9.125 ha)
Basses-Aspres			
einheimische Eigentümer	66,9	88,4	74,1
auswärtige französ. Eigentümer*	9,4	4,6	7,8
ausländische Eigentümer	23,4	7,0	18,1
– dav. natürl. Personen	(17,8)	(5,7)	(13,8)
– dav. jurist. Personen	(5,9)	(1,3)	(4,3)
Fläche Basses-Aspres insges.	100,0 (= 4.944 ha)	100,0 (= 2.439 ha)	100,0 (= 7.383 ha)

Anmerkung: *) Mit Anschrift außerhalb des Départements 66 (Pyrénées-Orientales).

Quelle: D.D.A. des Pyrénées-Orientales (1981 a-e)

Kalkulationen von Nutzungsänderungen durchaus auch Bestandteil von spekulativen Grundstückkäufen sind, entfallen demgegenüber zwar knapp 22% auf Grundeigentum über 5 ha Größe, jedoch auch 12% auf Flächen bis 5 ha. Während bei den natürlichen Personen Wiederverkäufe und Parzellierungen häufiger auftreten, die Flächen eher in Ortsnähe liegen und nicht selten von den ausländischen Eigentümern auch als Bauland genutzt werden, zeichnet sich der Grunderwerb der Kapitalgesellschaften aus dem Ausland durch seine Großflächigkeit aus; diese beruht auf dem Kauf einer Vielzahl einzelner Parzellen. Die ausländischen Gesellschaften würden sowohl von einer Reaktivierung der Landwirtschaft (der ihre Flächen zum Teil formal zugerechnet werden) wie auch von einem Statuswandel in der Flächennutzung als Voraussetzung zur Realisierung spekulativer Wertsteigerungen profitieren.

Die Bedeutung der ausländischen Kapitalgesellschaften als regionaler Entwicklungsfaktor wird zudem dadurch verdeutlicht, daß ihr Anteil an der Gemarkung in der Hälfte der Gemeinden der Hautes-Aspres die Größenordnung von einem Viertel erreicht hat (vgl. Tab. 91). Damit ist eine Neubewertung der Entwicklungsmöglichkeiten in den betroffenen Gemeinden nicht nur von den Nutzungsentscheidungen ausländischer Grundeigentümer im allgemeinen, sondern auch speziell von den Renditeerwartungen der ausländischen Kapitalgesellschaften abhängig.

Die große Bedeutung, die in den Hautes-Aspres den auswärtigen/ausländischen Grundeigentümern hinsichtlich der Perspektiven der Regionalentwicklung zukommt, resultiert daraus, daß z.B. im Unterschied zum Département Var eine Konkurrenzsituation zwischen touristischer Erschließung und landwirtschaftlicher Nutzung nicht besteht; die Entagrarisierung und „demographische Desertifikation" waren *vor* dem Einsetzen des Grunderwerbs durch Gebietsfremde abgeschlossen.

Tab. 90 Die Bevölkerungsentwicklung und die statistische Zuordnung der Wohnsitze in den Gemeinden der Aspres (östliche Pyrenäen) nach dem zweiten Weltkrieg

Gemeinden	Bevölkerung mit HWS*					Wohnsitze					
	1946	1962	1975	1982	1975–1982 in %	HWS* 1968	HWS* 1982	ZWS** 1968	ZWS** 1982	Log. Vac.*** 1968	Log. Vac.*** 1982
Hautes-Aspres:											
Casefabre	39	31	31	26	–16	14	12	0	2	1	7
Calmeilles	90	47	46	37	–20	19	19	19	39	11	1
Oms	233	177	165	225	36	60	87	25	60	25	15
Prunet-et-Belpuig	84	63	36	37	3	23	18	7	24	7	3
Caixas	107	72	58	61	5	21	25	10	19	12	18
Taillet	124	85	47	52	11	23	21	13	36	11	3
Basses-Aspres:											
Montauriol	104	77	78	90	15	30	49	6	24	20	9
Ste.-Colombe	50	73	60	18	71	19	27	1	2	0	1
Camelas	305	313	268	308	15	91	117	32	33	3	58
Castelnou	183	186	159	152	–4	49	70	33	32	10	15
St.-Michel	.	.	182	205	13	78	84	6	33	8	16
Corbère	208	191	421	420	0	169	173	14	37	17	37
Llauro****	71	63	198	.	.	.	.	.	.	.	.
Tordères****			46	.	.	.	.	.	.	.	.

Anmerkungen: *) Hauptwohnsitz;
**) Zweitwohnsitz;
***) Logements Vacants (zeitweise leerstehende Wohnungen);
****) Gemeindezusammenlegung, Bevölkerungsentwicklung von Passa-Llauro-Tordères: 1975: 650 Einw., 1982: 721 Einw., Zunahme 1975–1982: 11%.

Quellen: D.D.A. des Pyrénées-Orientales (1982); R.G.P. 1982

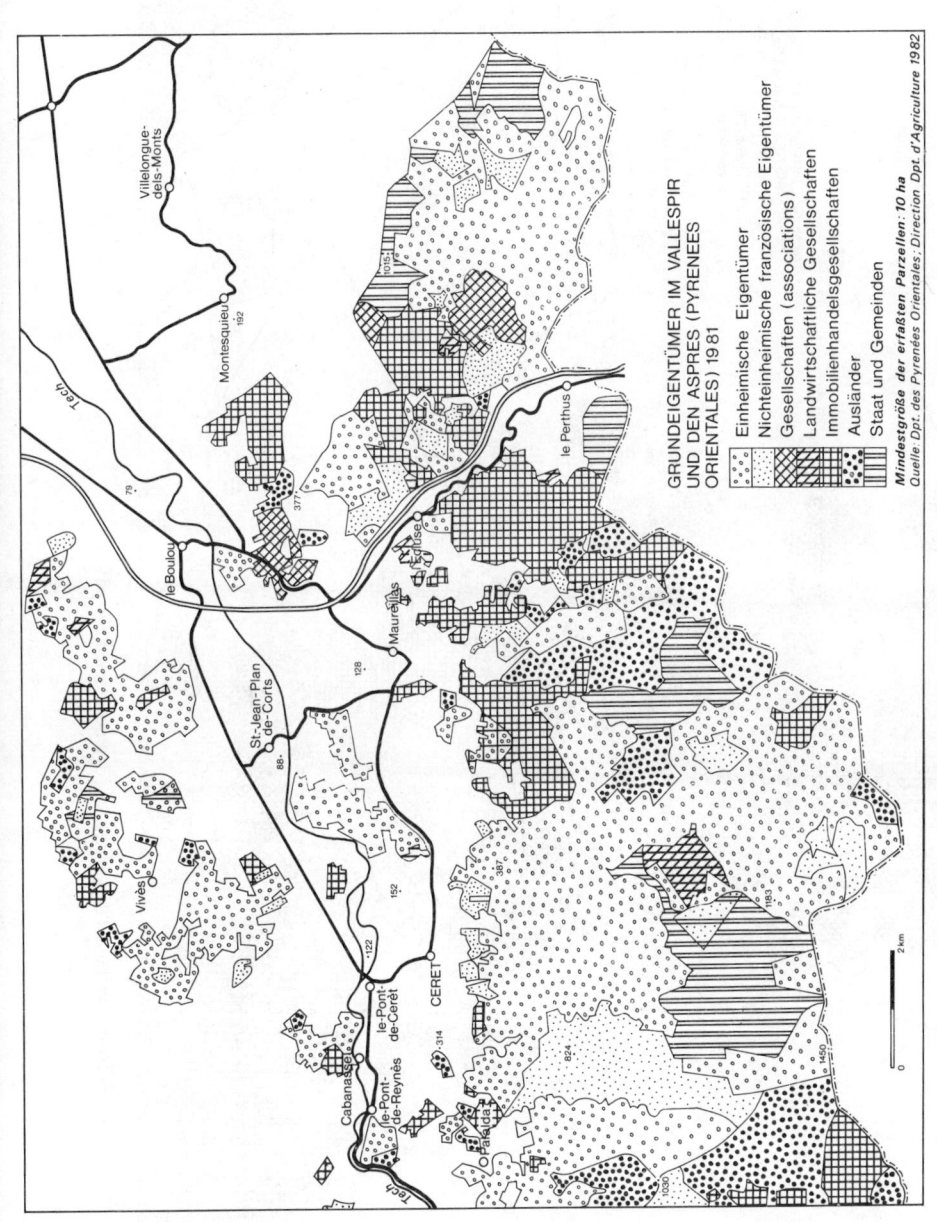

5.6 Grundeigentumsstruktur, Bodenmobilität und Immobilienspekulation 331

GRUNDEIGENTÜMER IM VALLESPIR
UND DEN ASPRES (PYRENEES
ORIENTALES) 1981

- Einheimische Eigentümer
- Nichteinheimische französische Eigentümer
- Gesellschaften (associations)
- Landwirtschaftliche Gesellschaften
- Immobilienhandelsgesellschaften
- Ausländer
- Staat und Gemeinden

Mindestgröße der erfaßten Parzellen: 10 ha
Quelle: Dpt. des Pyrenées Orientales; Direction Dpt. d'Agriculture 1982

Karte 54 Die Träger des Grundeigentums im Bas-Vallespir (Pyrénées Orientales) 1981

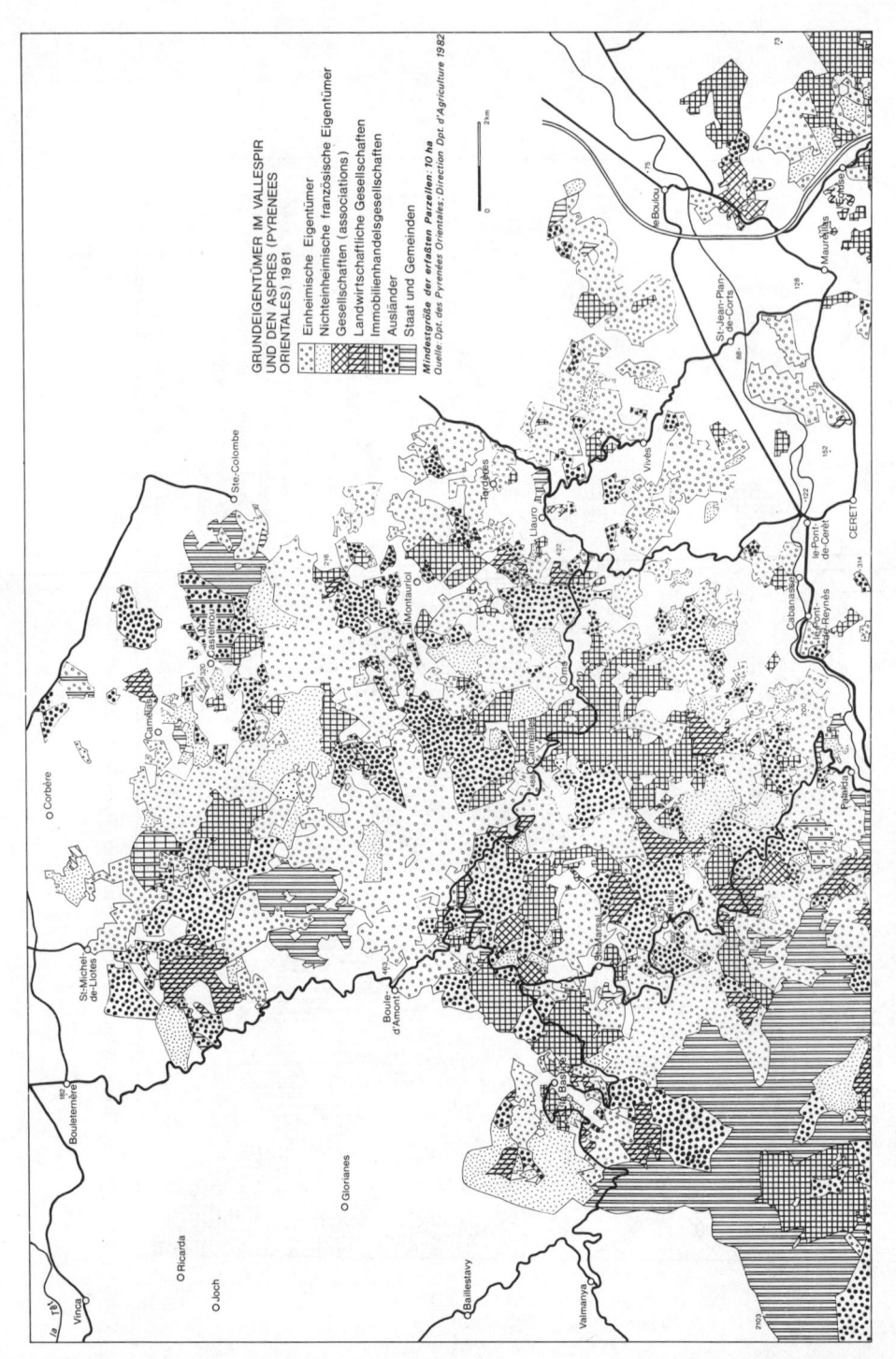

332 5. Freizeit, Tourismus und Regionalentwicklung in Languedoc-Roussillon

Karte 55 Die Träger des Grundeigentums in den Aspres (Pyrénées Orientales) 1981

Anders ist demgegenüber die Situation in den Gemeinden des *Basses-Aspres*. Zwar ist hier erst in dem Zeitraum 1975–1982 eine gewisse Stabilisierung der demographischen Entwicklung erreicht worden (Hineinwachsen in das Pendlereinzugsgebiet von Perpignan, vgl. S. 55), die absolute Größe der Einwohnerschaft bleibt in den Gemeinden dennoch gering (Tab. 90). Ein Grund dafür, daß die Intensität der Durchdringung des Grundeigentums durch ausländischen Grunderwerb in den Basses-Aspres weitaus geringer als in den Hautes-Aspres ausfiel (74 gegenüber 55% Flächenanteil einheimischer Eigentümer 1976, vgl. Tab. 89), ist in dem Fortbestehen landwirtschaftlicher Nutzung zu sehen. Die niedrigeren Hänge und Täler in den bis 600 m hinaufreichenden Basses-Aspres werden durch Obst- und Weinbau genutzt. Wichtiger für die Persistenz der Landwirtschaft in den Gemeinden der Basses-Aspres ist jedoch das Faktum, daß sich ihre Gemarkungen auch auf die Plaine-du-Roussillon erstrecken und somit modernisierungsfähige landwirtschaftliche Flächen in der Ebene einschließen.

Dennoch bleibt festzuhalten, daß heute in den Basses-Aspres die Landwirtschaft nur noch als eine regionalökonomische Restgröße anzusehen ist; am Beispiel der Dörfer Castelnou und Montauriol kann der Prozeß der Entagrarisierung verdeutlicht werden. 1962 bis 1975 verringerte sich die Zahl der in der Landwirtschaft Beschäftigten von 94 auf 50, die der Landwirte in beiden Dörfern zusammen von 32 auf 27 (Quelle: D.D.A. des Pyrénées-Orientales, Perpignan). Neben Betriebsaufgaben führte auch die Modernisierung von den verbleibenden Betrieben zu einem starken Rückgang der Landarbeiterzahl; sie verringerte sich von 46 auf 15.

Die Stabilisierung der Bevölkerungsentwicklung, im Falle von Montauriol sogar ein deutlicher Anstieg der Einwohnerzahl von 1975 bis 1982 (vgl. Tab. 90), gibt Zeugnis davon, daß in den Basses-Aspres zusätzlich zu der in ihrer Bedeutung reduzierten Landwirtschaft neue Funktionen lokalisiert werden konnten. Die Tab. 90 zeigt nicht nur eine starke Ausweitung der Zweitwohnsitze (einschließlich der Logements Vacants), sondern – für die Entwicklung der Grundeigentumsstruktur weitaus wichtiger – auch die Zunahme der Hauptwohnsitze. Einheimische verfügen über zwei Drittel der Flächen mit Parzellen bis 5 ha; bei den Parzellen über 5 ha befinden sich sogar 88% dieser Flächen in ihrer Hand. Eine Ursache dafür ist sicher auch in der historischen Entwicklung der Agrarsozialstruktur zu sehen. Im Unterschied zu den Hautes-Aspres, die bereits im 17. und 18. Jahrhundert durch eine starke Zerstückelung von Betriebs- und Eigentumsflächen gekennzeichnet waren, setzte dieser Prozeß in den Basses-Aspres erst zur Wende zum 19. Jahrhunderts ein (Aufteilung von Adels- und Kirchenland als Folge der Revolution von 1789). Er trifft zudem auf eine Landwirtschaft, die im Unterschied zu dem auf Subsistenzwirtschaft ausgerichteten Bergbauerntum der Hautes-Aspres ökonomisch und technisch modernisierungsfähiger und durch die Teilhabe an der Plaine-du-Roussillon naturräumlich begünstigt war und zu einer relativen Stabilität der Grundeigentumsverhältnisse bis zur Mitte dieses Jahrhunderts beitrug.

Der Grunderwerb durch auswärtige Eigentümer ist in den Hautes- und Basses-Aspres etwa gleich stark; er konzentriert sich in den Basses-Aspres jedoch auf Parzellen bis 5 ha (Tab. 91). Daher sind in der Karte 55 auch nur wenige Parzellen nichteinheimischer französischer Eigentümer verzeichnet. Die Ausländern gehören-

Tab. 91 Die Überfremdung des Grundeigentums in den Gemeinden der Aspres (östliche Pyrenäen)

Gemeinden	Anteil d. Eigentums < 50 ha an ges. Fläche des Privateigentums (%)	Anteil d. ausländ. Eigentums ≥ 5 ha an d. Fläche d. ges. Privateigentums (%)	Anteil ausländ. Kapitalges. an d. Gemarkung (%)	1967–1976 verkaufte Flächen in % der Gemarkung	Rückgang d. Eigentums Einheimischer in % d. Gemarkung	Zunahme des ausländ. Eigentums in % der Gemarkung
Hautes-Aspres:						
Caixas	53,7	37,6	11,0	43,3	31,0	21,5
Calmeilles	34,6	52,5	21,4	41,6	39,6	34,0
Casefabre	41,3	33,4	24,0	40,0	24,4	23,9
Oms	42,9	35,8	15,2	39,8	33,3	29,1
Prunet et Belpuig	68,7	45,3	24,4	62,8	37,7	28,8
Taillet	34,8	34,7	25,5	44,0	41,5	27,3
Hautes-Aspres insges.	49,3	40,6	18,8	44,5	34,7	26,9
Basses-Aspres:						
Camelas	23,8	14,5	0,3	14,1	10,9	3,9
Castelnou	47,5	28,4	3,3	21,4	20,2	8,4
Corbère	0,0	0,0	0,0	3,6	1,4	0,0
Llauro	11,6	26,5	14,2	24,1	22,9	17,6
Montauriol	20,1	40,9	20,8	54,6	45,5	38,9
Ste.-Colombe	0,0	1,3	0,0	6,1	0,4	0,0
St.-Michel	20,1	32,0	0,0	28,8	26,2	17,8
Tordères	35,5	11,8	5,2	21,9	10,0	9,9
Basses-Aspres insges.	25,6	24,1	6,4	23,4	19,0	12,7
Aspres insges.	38,8	34,4	14,1	34,9	19,6	13,7

Quelle: D.D.A. des Pyrénées-Orientales (1982)

den Flächen treten weniger konzentriert als in den Hautes-Aspres auf; sie befinden sich in einer Gemengelage mit den dominierenden Flächen der Einheimischen. Auffällig ist, daß die Ausländern gehörenden Flächen anteilig nur die Hälfte des für die Hautes-Aspres ausgewiesenen Wertes erreichen und daß der ausländische Grunderwerb in beiden Teilen grundsätzlich unterschiedlich strukturiert ist. In den Basses-Aspres treten juristische Personen als Grunderwerber sehr stark in den Hintergrund; dies gilt auch für Flächen über 5 ha, den von ihnen bevorzugten Eigentumseinheiten.

Die im Vergleich zu den Hautes-Aspres geringere Intensität der Überfremdung des Grundeigentums zeigt sich in den Basses-Aspres nicht nur am geringeren Umfang der Verkäufe an Fremde; sie wird auch in vergleichsweise beschränkten Landreserven von Immobilienhandelsgesellschaften sichtbar (Karte 55). Diese haben neben den Hautes-Aspres das Tal des Tech bzw. das *Vallespir* zum räumlichen Schwerpunkt ihrer Landkäufe gemacht. Diese konzentrieren sich auf die Räume Arles-sur-Tech, Montferrer, Corsavy (in Gemengelage mit ausländischem und nichteinheimischen französischem Grundeigentum, vgl. Karte 53), auf das Gebirge südlich von Amélie-les-Bains (zusammen mit großflächigem Grunderwerb anderer juristischer Personen) und ganz besonders auf Flächen nahe der wichtigsten Straßenverbindung zwischen Spanien und Frankreich in den östlichen Pyrenäen, den Paß von Perthus. Der Immobilienhandel erwartet hier auf der Basis der verkehrsgeographischen Gunst offensichtlich Nutzungsänderungen und Wertsteigerungen auf dem Bodenmarkt. Diese Einschätzung des Entwicklungspotentiales wird offensichtlich von ausländischen und nichteinheimischen französischen Investoren geteilt, welche große Flächen des Berggebietes zwischen dem Tech und der spanischen Grenze erwerben konnten (vgl. Karte 54).

5.6.3 AUSWÄRTIGER GRUNDERWERB UND IMMOBILIENSPEKULATION ALS PROBLEME DER REGIONALENTWICKLUNG IN DEN ÖSTLICHEN PYRENÄEN – FALLSTUDIEN

Das Verschwinden der agraren Nutzung in den Hautes-Aspres, die hinsichtlich der Flächenansprüche sowie ihres regionalwirtschaftlichen Beitrages reduzierte Bedeutung der Landwirtschaft im Vallespir sowie des Basses-Aspres (vgl. H.-G. MÖLLER 1984, S. 274ff.) haben zur Folge, daß die Prioritäten für die zukünftige Entwicklung der Region nach den Wertmaßstäben einer städtischen Bevölkerung gesetzt werden. Auswärtiger Grunderwerb und Immobilienspekulation treten auch in den Pyrenäen als wichtigste Instrumente von Fernfunktionalität und regionaler Fremdbestimmung hervor; wie in der Region P.A.C.A. entstehen Probleme für die Regionalentwicklung besonders dann, wenn die Administration nicht in der Lage ist, spekulative Immobiliengeschäfte größeren Umfanges zu unterbinden.

Angesichts eines desolaten Entwicklungsstandes, der eher jenem in den aufgelassenen Gebieten der Seealpen als dem im Küstenhinterland der Provence vergleichbar ist, steht als Alternative zur Übernahme von neuen Funktionen für die städtische Bevölkerung (Wohnen, Naherholung, Tourismus) nur die Hinnahme des weiteren Entvölkerungs- und Entsiedlungsprozesses in weiten Gebieten der östlichen Pyrenäen zur Diskussion. Diese wird zur Zeit im benachbarten Spanien bis hin zur Schließung von Teilräumen des Gebirges und ihrer Ausweisung als Naturparks diskutiert. Für die östlichen Pyrenäen, ein nach Klima und Vegetation mediterran geprägtes Gebirge, wäre ein derartiges Verfahren jedoch mit der Zunahme von Bodenerosion und besonders von Waldbränden verbunden. Hinzu kommt, daß auf der französischen Seite durchaus Funktionsalternativen zur land- bzw. weidewirtschaftlichen Nutzung auf längere Sicht gegeben sind. Was für die Berggebiete fehlt, sind eine systematische und finanzierbare Entwicklungskonzeption seitens der staatlichen Administration sowie die Einbindung der mit Autonomie hinsichtlich der Bauleitplanung ausgestatteten Gemeinden in eine regionale Entwicklungsplanung.

5.6.3.1 Fallstudie Taillet

Die Gemeinde Taillet liegt in ca. 600 m Höhe im südlichen Teil der bis auf 1200 m reichenden Hautes-Aspres. Sie gehört damit zu dem Gebiet einer besonders großen Bodenmobilität und intensiven Immobilienspekulation. Von 1967 bis 1976 wurden 44% der Gemeindeflächen verkauft, die Einheimischen gehörenden Flächen gingen im gleichen Zeitraum um 41,5% zurück, jene der Ausländer nahmen um 27,3% zu. An den Parzellen über 5 ha hatten die Ausländer 1976 einen Anteil von knapp 35%, ein Viertel der Gemarkung befand sich im Eigentum ausländischer Kapitalgesellschaften.

Ein Vergleich der Karten 56 und 57 verdeutlicht den Prozeß der Überfremdung des Grundeigentums und die mit ihm verbundenen Entwicklungsprobleme. Bereits 1969 war das Dorf Taillet fast vollständig von ausländischem Großeigentum umgeben; nur im Süden grenzte es an Flächen, die einem einheimischen Großeigentümer gehörten. Der Karte 56 ist zu entnehmen, daß jede Siedlungsausweitung von einer Nutzungsentscheidung abhängig war, die von überwiegend ausländischen Großeigentümern (mit Parzellen von jeweils über 5 ha) zu treffen waren. Gleiches gilt für die Reste landwirtschaftlicher (weidewirtschaftlicher) Nutzung bzw. für Projekte einer Reaktivierung der Landwirtschaft. Während die Flächen im Eigentum Einheimischer – sofern es sich um ehemalige Landwirte handelt – hier ein gewisses Reaktivierungspotential aufweisen[78], ist das auswärtige und ausländische Großeigentum gegenüber dieser Entwicklungsmöglichkeit negativ eingestellt, da sie eine Verhinderung der Realisierung von Spekulationsgewinnen gleichkäme. Diese können nur erzielt werden, wenn eine Nutzungsänderung für ehemals landwirtschaftliche Flächen durchgesetzt werden kann.

Die Karte 57 zeigt die zwischen 1969 und 1976 eingetretenen Veränderungen in der Struktur des Grundeigentums in Taillet. Während im Norden des Kartenausschnitts die Flächen des ausländischen und einheimischen Großeigentums weitgehend unverändert geblieben sind, hat im Südwesten des Ortes der Prozeß der Aufteilung von Großblöcken eingesetzt.

78 Die wichtigsten Probleme einer Reaktivierung der Landwirtschaft in den östlichen Pyrenäen bestehen in der *Verfügbarkeit* von Flächen (Konkurrenz tourismusbedingter Zunahme der Bodenpreise, Fehlen langfristiger Pachtverträge für Weidenutzung), von Kapital und von überbetrieblichen Formen der modernen Absatzorganisation.

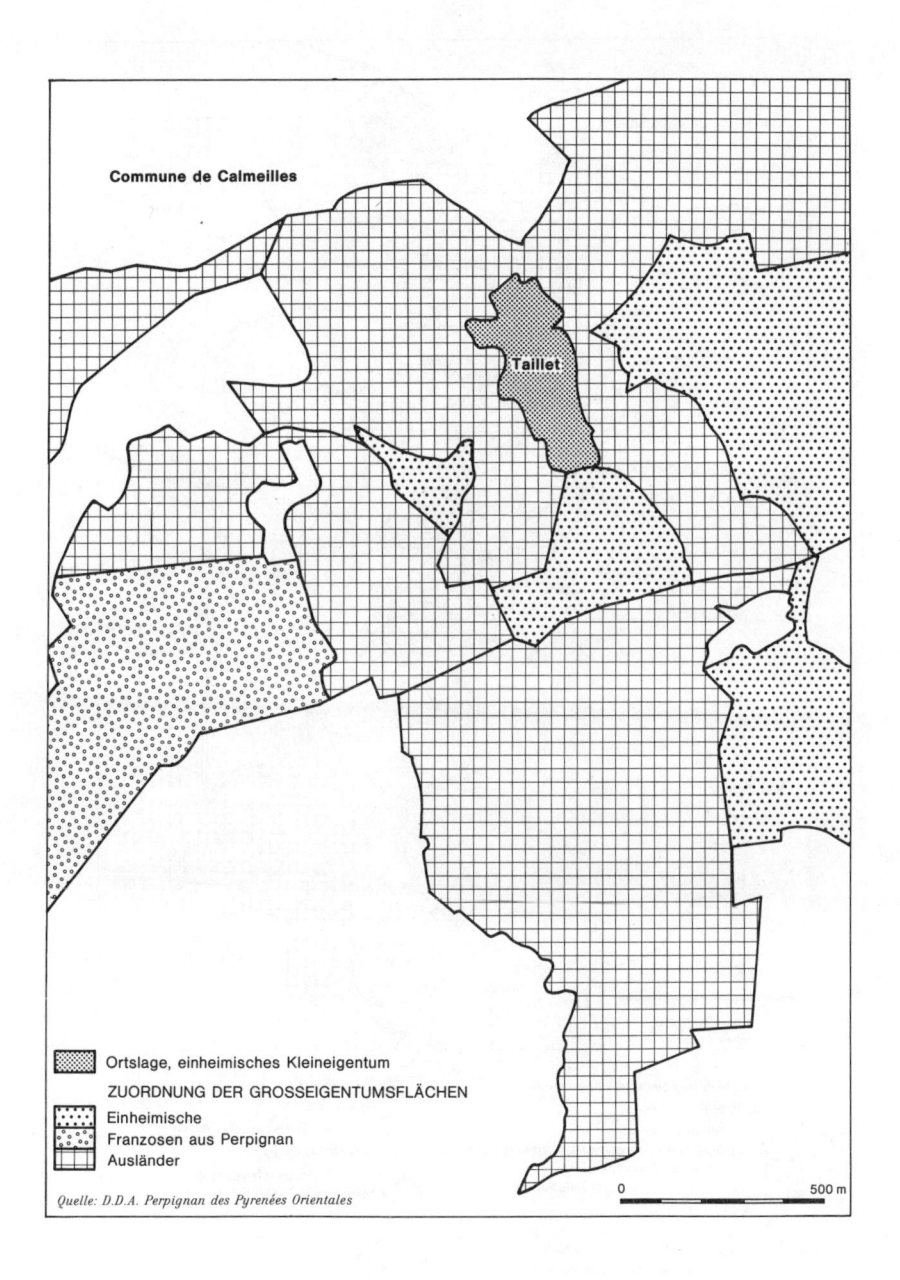

5.6 Grundeigentumsstruktur, Bodenmobilität und Immobilienspekulation 337

Karte 56 Die Grundeigentumsstruktur in der Gemeinde Taillet (Aspres 1969)

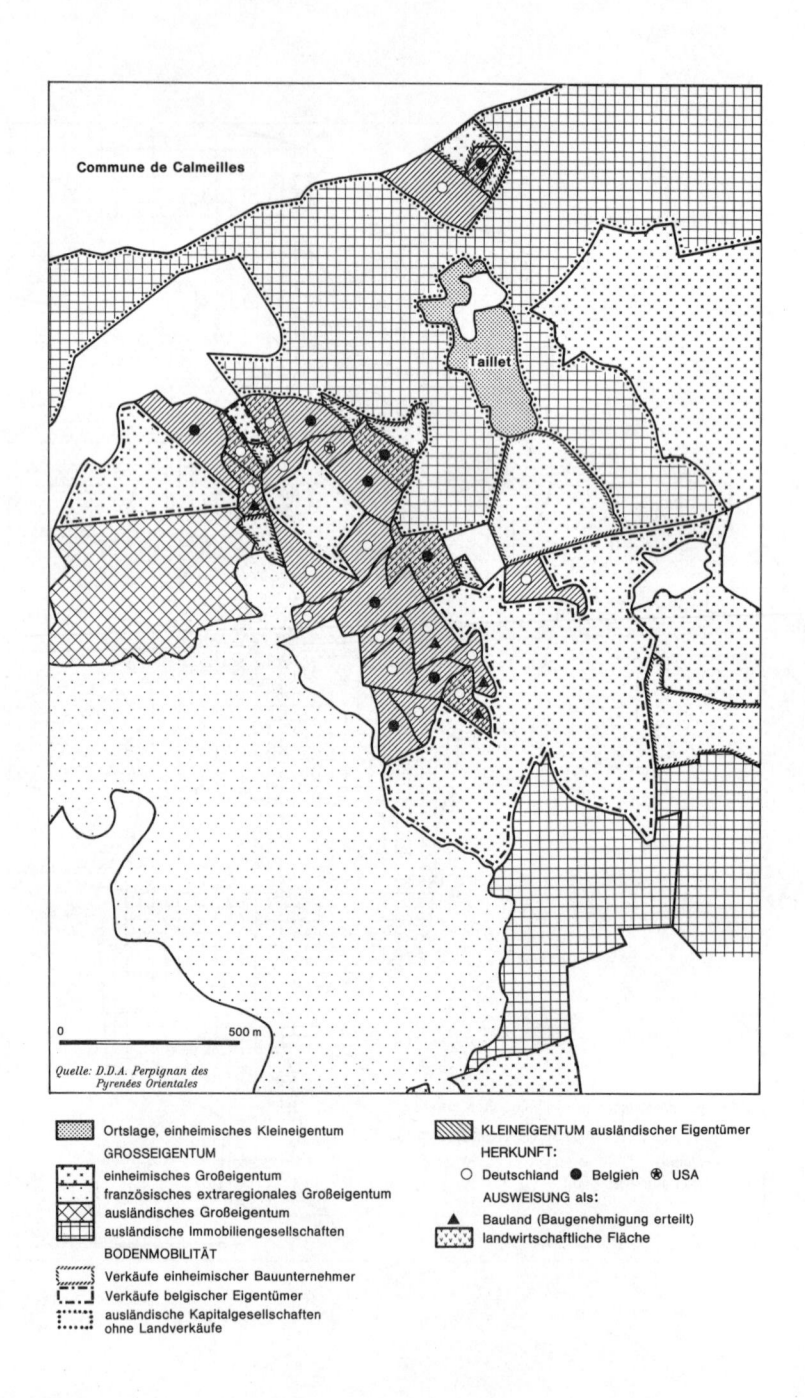

338   5. Freizeit, Tourismus und Regionalentwicklung in Languedoc-Roussillon

Karte 57 Die Struktur und Aufteilung des Grundeigentums in der Gemeinde Taillet (Aspres) 1976

5.6 Grundeigentumsstruktur, Bodenmobilität und Immobilienspekulation

Der fortschreitende Prozeß der Parzellierung der ursprünglichen Blockflur ist mit einer qualitativen und quantitativen Veränderung der Gesamtheit der Grundeigentümer verbunden. Auffällig – und ein Mehrfaches der Fläche des Dorfes ausmachend – ist zunächst die Zunahme des *ausländischen Kleineigentums* (Parzellengröße unter 5 ha). Mit ihm ist nicht nur eine Intensivierung der regionalen Fremdbestimmung durch die Zunahme der Zahl individueller und unabhängiger Entscheidungsträger verbunden; es werden auch durch die Diversifizierung der am Grundeigentum beteiligten Nationalitäten neue regionale Beziehungsgefüge geknüpft. Unter dem Gesichtspunkt der Regionalentwicklung ist es von besonderer Bedeutung, daß sich mit dem Auftreten des ausländischen Kleineigentums neue Funktionen für die Gemeinde Taillet ankündigen. Sowohl der Größenzuschnitt der Parzellen wie auch die Beantragung von Baugenehmigungen verdeutlichen, daß die Kleineigentümer zumindest mittelbar an der Nutzung ihres Grundeigentums als Ferien- oder Altersruhesitze interessiert sind. 1968 bis 1977 wurden für Taillet 21 Baugenehmigungen erteilt; nur 3 betrafen die Renovierung von alten Gebäuden im Dorf, den Schwerpunkt der Bautätigkeit bildet die Aufsiedlung von im Osten[79] und Südwesten der Ortslage parzellierten Flächen. Insgesamt wurden zwischen 1969 und 1976 97 ha an ausländische Kleineigentümer verkauft; 47 ha stammten direkt von einheimischen Grundeigentümern; 50 ha wurden über den Grundstückshandel (Immobilienhändler, Gesellschaften, die zusammen knapp 70% der Verkäufe abwickelten) erworben. Auf die Kleineigentümer entfielen 1976 10% der 963 ha umfassenden Gemarkung von Taillet.

Ein Vergleich der Karten 56 und 57 zeigt, daß das Grundeigentum von Taillet durch Wandel und Kontinuität geprägt ist. Ein Element der Kontinuität ist in der fortbestehenden Bedeutung des Großeigentums zu sehen. Dabei fällt auf, daß das Großeigentum durch eine Intensivierung der Immobilienspekulation wie auch durch das Auftreten neuer Eigentümer mit spezifischen Verwertungsinteressen gekennzeichnet ist. Die Karte 57 versucht, neben den Veränderungen in der Aufteilung der Gemarkung auch typische Verläufe der Bodenmobilität zu verdeutlichen. Wichtig für die anstehenden Veränderungen sind dabei die Verkäufe belgischer Großeigentümer (Gesellschaften und Individualeigentümer), die – abgesehen von einer Kapitalgesellschaft mit ausgedehnten Flächen im Norden der Gemeinde – ihr in den sechziger Jahren erworbenes Land zunehmend verkaufen und so die Gewinne aus der Steigerung des Bodenwertes realisieren. Oft schließen sich an diese Verkäufe weitere Käufe und Verkäufe an, die jeweils mit erheblichen Wertsteigerungen[80] verbunden

---

79 Die Bebauung im Osten des Dorfes ist auf Karte 57 nicht enthalten.
80 In der Immobilienspekulation in den Hautes-Aspres sind Wertsteigerungen zu verzeichnen, die jenen in der P.A.C.A. durchaus vergleichbar sind. Nur wenige Beispiele mögen dies verdeutlichen (Gemeinden Taillet und Oms):

Fall:	Kaufdatum:	Kaufpreis:	Verkaufsdatum:	Verkaufspreis:
A	10/1972	4 000 FF	3/1975	10 000 FF
B	6/1973	17 500 FF	10/1974	30 000 FF
C	8/1973	42 000 FF	10/1973	48 000 FF
D	7/1975	8 500 FF	9/1975	32 000 FF

In den gezeigten Fällen handelt es sich ausschließlich um Grundstücke, die unverändert und unparzelliert weiterverkauft wurden.

sind und sehr klar den Mechanismus von Immobilienspekulationen (vgl. o. S. 210, Anm. 85) repräsentieren.

Als wichtigste Träger der Nachfrage treten in diesem Zusammenhang Kapitalgesellschaften hervor; auf ihre Käufe entfallen 38% der von Einheimischen und 12% der von anderen Gesellschaften in Taillet zwischen 1969 und 1976 verkauften Flächen (Tab. 92). Der Immobilienhandel zwischen Gesellschaften und Ausländern ist besonders intensiv; letztere erwarben 43% der von Ausländern verkauften Flächen, die Ausländer kauften 80% des von Gesellschaften (und 100% des vom Immobilienhandel – einschließlich Baugewerbe-) veräußerten Grundeigentums. Es besteht ein weitgehend geschlossener Kreislauf von Kapital, Information, Entscheidung und Aneignung der Bodenwertsteigerungen zwischen zumeist ausländischen Kapitalgesellschaften, ausländischen Individualeigentümern und einheimischen Bau- bzw. Immobilienhandelsunternehmen.

Die Organisation des Bodenmarktes in der Gemeinde Taillet durch Ausländer zum Nutzen von Ausländern[81] führt dazu, daß einheimische und auswärtige Franzosen ein abweichendes Kaufverhalten zeigen. Sie kaufen zu 92 bzw. 89% direkt vom einheimischen Eigentümer; allerdings machen ihre Käufe nur 10% der insgesamt zum Verkauf gelangten Flächen aus, so daß von einer dualistischen Organisation des Bodenmarktes noch nicht gesprochen werden kann.

Die Bilanz der Veränderungen im Grundeigentum in Taillet fügt sich nach den Daten der Tab. 92 in das Gesamtbild einer Ausweitung der regionalen Fremdbestimmung in den Hautes-Aspres: 69% der zum Verkauf gelangten Flächen stammen von Einheimischen; nur 4% werden von dieser Käufergruppe erworben. Wichtigste Käufergruppen sind die in- und ausländischen Gesellschaften und Ausländer (mit 40 bzw. 35% Anteil an der insgesamt verkauften Fläche).

Eine neue Perspektive der Entwicklung resultiert aus dem Auftreten einheimischen Großeigentums (vgl. Karte 57), das hauptsächlich auf Landkäufe eines Bauunternehmers aus dem benachbarten Oms zurückgeht, die in Tab. 92 mit dem Immobilienhandel zusammengefaßt sind und 13% der veräußerten Flächen betrafen. Das Bauunternehmen, das 1976 über 72,5 ha bzw. 7,5% der Gemarkung von Taillet verfügte, plant seinen Grunderwerb auf den räumlichen Zuschnitt möglicher lotissements hin; illegale Rodungen, Beseitigung von Unterholz und nichtgenehmigter Wegebau sind mit seiner „Erschließung" des Aspres verbunden. Hinzu kommt, daß die staatliche Verwaltung bei der Vergabe von Baugenehmigungen weder eindeutig noch konsequent verfährt[82].

---

81 Entscheidend für die Organisation des Bodenmarktes in einem quasi geschlossenem Kreislauf ist es auch, daß die Mehrzahl der Transaktionen über wenige Rechtsanwälte läuft; durch sie werden Gewinne und Informationen gleichsam „kanalisiert".
82 Es fehlt der Verwaltung ein kontinuierliches und konsequentes Verfahren bei der Erteilung oder Verweigerung von Baugenehmigungen. Bereits entschiedene Fälle verschwinden im Archiv und werden bei neuen Entscheidungen nicht mehr herangezogen. Dadurch, daß die staatliche Verwaltung jeden Bauantrag als Einzelfall behandelt, ist es für Bauwillige durchaus sinnvoll, abgelehnte Bauanträge nach einiger Zeit – eventuell leicht modifiziert – zu wiederholen.

Tab. 92 Die Träger des Wandels in der Grundeigentumsstruktur der Gemeinde Taillet (Hautes-Aspres, östliche Pyrenäen) 1969–1976 (Angaben in ha und in v.H.)

Ver-käufer	Einheimischer		einheim. Immo-bilienhändler		Käufer Gesell-schaften		Ausländer		auswärtige Franzosen		Summen	
Einheimischer	24 ha	6%	27 ha	6%	178 ha	42%	161 ha	38%	34 ha	8%	424 ha	100%
einh. Immobilienhändler	–		–		–		10 ha	100%	–		10 ha	100%
Gesellschaft	2 ha	8%	–		3 ha	12%	20 ha	80%	–		25 ha	100%
Ausländer	–		56 ha	35%	69 ha	43%	31 ha	19%	4 ha	3%	160 ha	100%
auswärtiger Franzose	–		–		–		–		–		–	

Quelle: D.D.A. des Pyrénées-Orientales 1981a

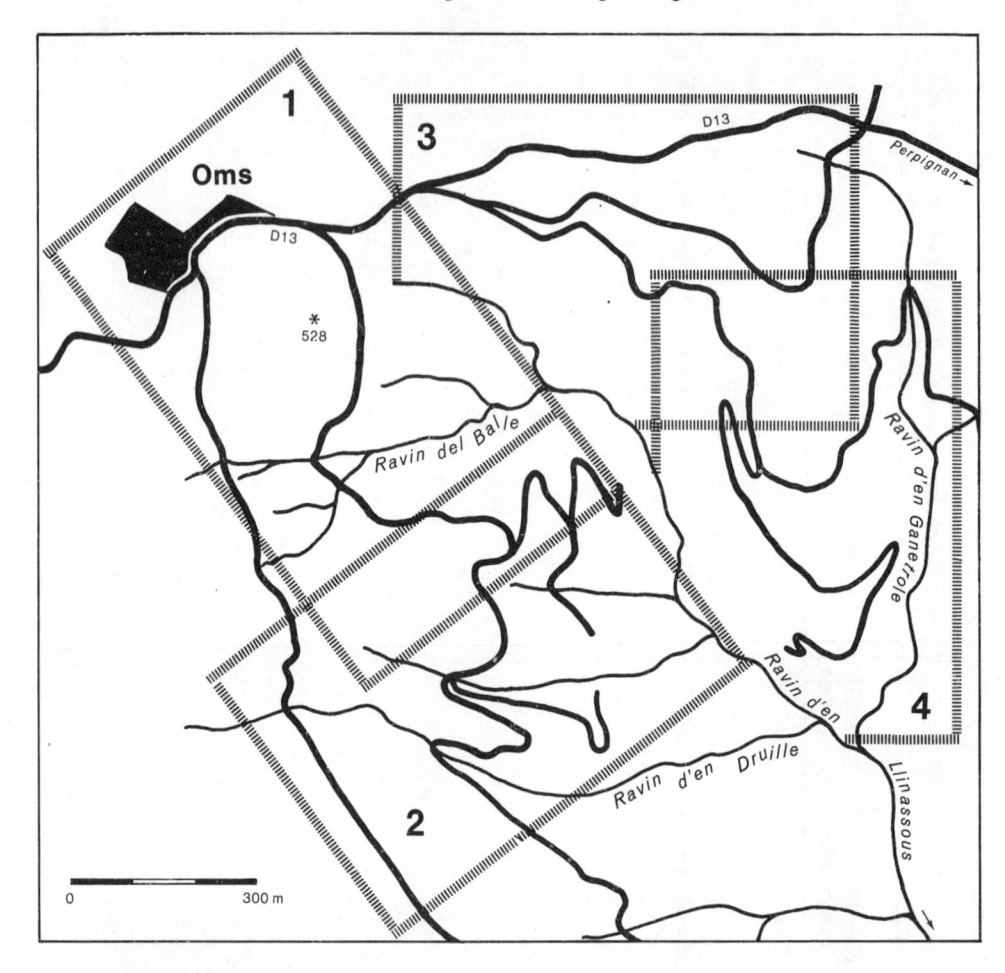

Karte 58 Lageskizze zur Kartierung der Grundeigentumsverhältnisse in Oms

5.6.3.2 Fallstudie Oms

In der Gemeinde Oms, die eine für die Hautes-Aspres untypische Dynamik der demographischen Entwicklung aufweist (vgl. o. S. 330, Tab. 90), ist der Prozeß der Parzellierung von Großeigentum bereits weit fortgeschritten. Die Karte 58 zeigt, daß davon vor allem Gebiete im Osten und Südosten der Ortslage betroffen sind. Es kann davon ausgegangen werden, daß Oms hinsichtlich der Zuweisung neuer Funktionen für die Aspres eine Schrittmacherrolle einnimmt.

Eine dominierende Stellung kommt bei den Immobilientransaktionen wie auch der -spekulation dem ortsansässigen Bauunternehmen zu, das zugleich im Immobilienhandel aktiv ist. Wir begegneten ihm bereits in der Nachbargemeinde Taillet. In der Mitte der sechziger Jahre begann es mit dem Aufkauf auswärtigen französischen und ausländischen Eigentums; auch hier bestand der wesentliche Bestandteil des

5.6 Grundeigentumsstruktur, Bodenmobilität und Immobilienspekulation

Immobiliengeschäftes in der Parzellierung von Blöcken und dem Verkauf von Parzellen, wobei die Möglichkeiten der Verkehrserschließung das wichtigste Merkmal der Lagegunst bildeten. Von der Zugänglichkeit hingen die Verkaufsmöglichkeiten entscheidend ab. Ein Ergebnis dieser Zersplitterung des Parzellengefüges der Gemeinde war die Verdoppelung der Zahl der Parzellen zwischen 1969 und 1976 von 78 auf 183.

Die Karte 59 verdeutlicht den Wandel der Grundeigentumsstruktur in Oms zwischen 1965 und 1976. Sie zeigt, daß hier die Käufe und Verkäufe bereits frühzeitig (ab 1965) und in Ortsnähe einsetzten; wobei gleichzeitig ein großflächiges Fortbestehen einheimischen Großeigentums zu konstatieren ist. Dieses kennzeichnet die Flächenreserven des Bauunternehmens, die jene Flächen einschließen, welche für ein Ausweiten der Bebauung und Parzellierung in Frage kommen. Großflächige Eigentumseinheiten von Agrarbetrieben sind, von Ausnahmen abgesehen, eher in den peripheren Gebieten der Gemeinde, so im Südosten, zu finden.

Das Bauunternehmen verkaufte Parzellen sowohl im unbebauten Zustand wie auch in Zusammenhang mit Bauaufträgen. Reine Grundstücksgeschäfte bestanden im Verkauf bereits bebauter Grundstücke. Für die verkauften Parzellen wurden in der Regel Baugenehmigungen beantragt und auch erteilt (auf 25 Anträge kam eine Ablehnung); dies schließt allerdings eine Übertragung von Genehmigungen für größere Grundstücke auf später parzellierte Teile aus ihnen (vgl. Anmerkung 82) mit ein.

Betrachten wir die Verkäufe der Einheimischen, so geht in Oms fast die Hälfte (47%) der Flächen direkt an Ausländer. Diese stellen – wie in Taillet – auch die wichtigste Käufergruppe der verkauften Gesellschaften (vgl. Tab. 93). Ein wichtiger Unterschied zu Taillet besteht auch darin, daß unter den Käufern von Grundeigentum der Immobilienhändler die auswärtigen Franzosen überwiegen; dies ist auch der Karte 59 zu entnehmen. In- und ausländische Gesellschaften überwiegen – wie in Taillet – als Käufer ausländischen Eigentums; hier jedoch gefolgt vom Direkterwerb ausländischer Käufer. Ausländer sind auch die wichtigsten Käufergruppe für die verkaufenden Gesellschaften; knapp zwei Drittel der von diesen auf dem Markt plazierten Flächen gingen an sie.

Ähnlich wie in Taillet besteht auch in Oms eine enge Verflechtung zwischen Ausländern, zumeist ausländischen Kapitalgesellschaften und dem hier ortsansässigen Bauunternehmen als „lotisseur"; 91% der 1967 bis 1976 zum Verkauf gelangten 983,6 ha (= 55% der Gemarkung von Oms) wurden von ihnen gekauft. Einheimische Privatkäufer und auswärtige Franzosen haben zusammen nur 9% der dem Bodenmarkt zugeführten Flächen erworben. Der Anteil dieser beiden Gruppen am Bodenmarkt entspricht also jenem, den sie in Taillet erreichten; allerdings fällt auf, daß die auswärtigen Franzosen hier nur 53% der von ihnen erworbenen Flächen direkt von Einheimischen kauften. 40% der auf sie entfallenden Flächen erwarben sie vom Immobilienhandel oder von Gesellschaften. Dies mag damit zusammenhängen, daß sich die Größenstruktur des Individualeigentums der Autochthonen in beiden Gemeinden unterscheidet: In Oms entfallen 44% der Flächen auf Eigentumsgrößen über 50 ha und 35% der Flächen auf die Größenklasse „15 bis 50 ha"; für Taillet sind als entsprechende Anteile 18 und 62% zu nennen. Da sich die Eigentumsgrößen der

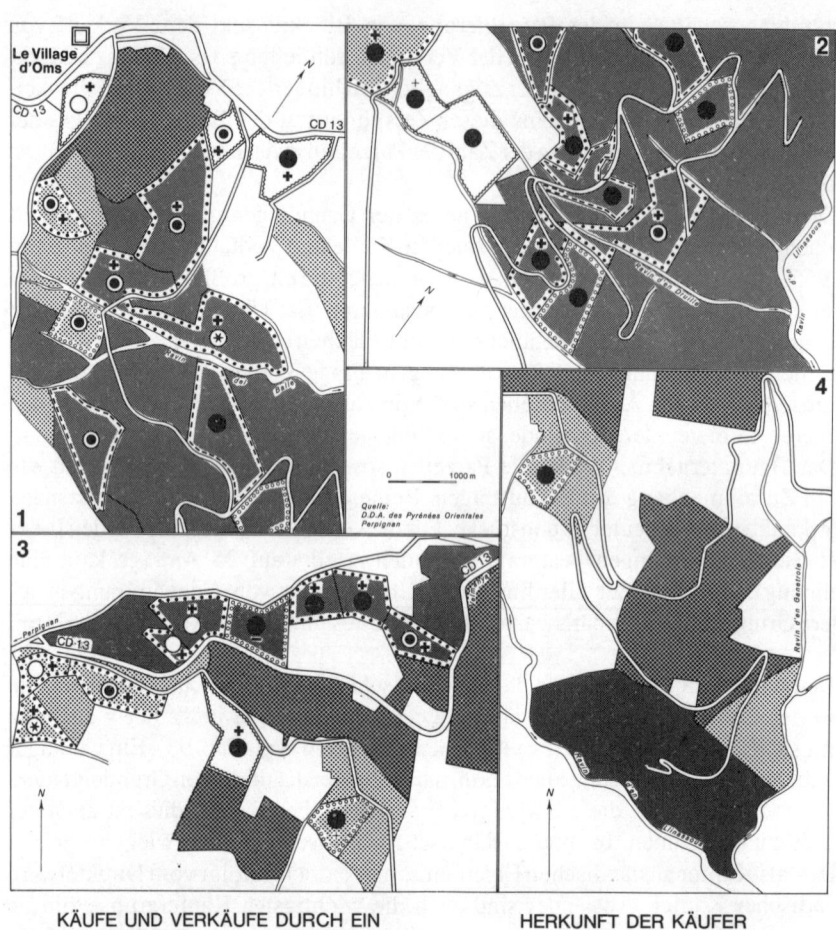

344 5. Freizeit, Tourismus und Regionalentwicklung in Languedoc-Roussillon

KÄUFE UND VERKÄUFE DURCH EIN
EINHEIMISCHES BAUUNTERNEHMEN

- Käufe von 1965–1968
- Käufe von 1972–1976

Verkäufe:

- Parzellen, die Ende 1978 nicht bebaut waren
- Parzellen, die Ende 1978 bebaut waren
- Parzellen, die bebaut verkauft wurden
- Bebautes Terrain, das nicht vom örtlichen Bauunternehmer verkauft wurde

Privates Großeigentum aus dem Département P.O.

HERKUNFT DER KÄUFER

- ○ Einheimische
- ⊛ nach Oms zugezogene Rentner
- ◉ andere Franzosen (außerhalb P.O.)
- ● Ausländer

BAUGENEHMIGUNG

+ erteilt − abgelehnt
+ Bauvoranfrage positiv

Quelle: D.D.A. des Pyrénées Orientales, Perpignan

Karte 59 Der Wandel der Grundeigentumsstruktur in Oms (Aspres) 1965–1976

Tab. 93 Die Träger des Wandels in der Grundeigentumsstruktur der Gemeinde Oms (Hautes-Aspres, östliche Pyrenäen) 1967–1976 (Angaben in ha und in v.H.)

Verkäufer	Käufer					
	Einheimischer	einheim. Immobilienhändler	Gesellschaften	Ausländer	auswärtige Franzosen	Summen
Einheimischer	27,6 ha	26,6 ha	246,2 ha	290,6 ha	31,9 ha	622,9 ha
	4,4%	4,3%	39,5%	46,7%	5,1%	100,0%
einheim. Immo-	1,0 ha	–	–	9,2 ha	10,0 ha	20,2 ha
bilienhändler	5,0%			45,5%	49,5%	100,0%
Gesellschaft	1,5 ha	26,5 ha	–	74,7 ha	14,0 ha	116,7 ha
	1,3%	22,7%		64,0%	12,0%	100,0%
Ausländer	–	37,9 ha	72,4 ha	53,6 ha	3,8 ha	167,7 ha
	–	22,6%	49,2%	32,0%	2,2%	100,0%
auswärtige	–	0,1 ha	9,6 ha	46,4 ha	–	56,1 ha
Franzosen		0,2%	17,1%	82,7%		100,0%

Quelle: D.D.A. des Pyrénées-Orientales, 1981a

französischen auswärtigen Käufer – abgesehen von den Erwerbern von Grundstücken bis 5 ha – zu 74% auf Flächen zwischen 15 und 50 ha konzentrieren, sind sie auf die Aufteilung größerer Eigentumseinheiten durch den Immobilienhandel bzw. -gesellschaften angewiesen. Bei Ausländern entfallen demgegenüber 53% der im Individualeigentum befindlichen Flächen auf die Größenklasse „über 50 ha"; sie treten daher auch stärker als Käufer bei den einheimischen Privateigentümern in Erscheinung (vgl. Tab. 93).

Die Perspektiven der weiteren Entwicklung von Oms werden dadurch bestimmt, daß nur noch 40% der Gemarkung einheimischen Individualeigentümern (mit Flächen ab 5 ha) gehören; auswärtige Franzosen verfügten 1976 über 5% und Ausländer über 28% der Fläche von Oms, jeweils bezogen auf Grundeigentum ab 5 ha. Die Parzellen bis 5 ha sind nicht nach Nationalitäten ihrer Eigentümer aufzuschlüsseln; dieses „Kleineigentum" hat einen Anteil von 20% an den insgesamt 1784 ha Gemarkung von Oms.

Es sind gerade die kleineren Eigentumseinheiten sowie die dem Bauunternehmen 1976 gehörenden Parzellen (insgesamt 70,7 ha bzw. 4% der Gemarkung[83]), auf welchen sich die funktionelle Neuorientierung von Oms vollzieht. Die Bautätigkeit (1966–1977: 51 Baugenehmigungen, davon 75% Neubauten und 25% Renovierungen ehemals landwirtschaftlicher Anwesen) findet weitgehend auf Parzellen statt, die bei ihrem Verkauf noch als „landwirtschaftliche Flächen" deklariert wurden. Es kennzeichnet – wie auch in den Beispielen von der Côte d'Azur vorgestellt (vgl. o. S. 211ff.) – die Mechanismen einer die Immobilienspekulation begünstigenden und eine geordnete Entwicklung behindernden „Nachsicht" der Administration, wenn weder die Regeln einer geordneten Parzellierung (droit à la réglementation des

---

[83] 1976 besaß die weitere Familie des Bauunternehmer in Oms ca. 192 ha bzw. 11% der Gemarkung dieser Gemeinde.

lotissements) eingehalten werden noch bei der Erteilung von Baugenehmigungen Klarheit über deren Voraussetzungen und räumliche Bezüge (z.B. Größe und Bezeichnung der betroffenen Parzellen) besteht. Als Resultat ist festzuhalten, daß – im Unterschied zur Côte d'Azur – in den Hautes-Aspres eine geordnete, infrastrukturelle Einbindung der touristischen Erschließung noch nicht versucht wird.

6. TOURISMUS UND REGIONALENTWICKLUNG IN SÜDFRANKREICH – RESULTATE UND PERSPEKTIVEN

6.1 LANGUEDOC-ROUSSILLON

Der Verlauf der „Mission Impossible", der tiefgreifenden Umgestaltung des Litorals im Languedoc-Roussillon und seine Verwandlung in eine Fremdenverkehrslandschaft, kann mit D. G. PEARCE (1981, S. 99) vom technischen Standpunkt her als gelungen, als Resultat eines ordentlichen und kohärenten Entwicklungsprozesses beurteilt werden. Dessen Auswirkungen auf die Ferienarchitektur (vgl. F. A. WAGNER 1984, S. 85ff.) sind innovativ und beispielgebend. Im Hinblick auf den dieser Arbeit zugrundeliegenden normativen Entwicklungsbegriff (vgl. o. S. 6f.) zeichnen sich neben den positiven Resultaten auch deutliche Grenzen hinsichtlich des Einsatzes des Tourismus als Instrument der Regionalentwicklung im mediterranen Midi ab, auf die hier eingegangen werden soll.

Der Ausbau des touristischen Angebots im Languedoc-Roussillon hat zwar zum Abbau interregionaler Disparitäten beigetragen, ohne Zweifel ist es jedoch nicht gelungen, auf regionaler Ebene das Wachstums- und das Ausgleichsziel miteinander in Einklang zu bringen. Die touristische Erschließung des Litorals hat die intraregionalen Disparitäten vergrößert, den Exodus von Erwerbsbevölkerung aus den Agrarräumen in die küstennahen Akivräume verstärkt.

Hinzu kommt, daß die touristische Erschließung der Küste mit den für die Bewältigung des Massentourismus errichteten Großprojekten bereits aufgrund des Umfangs des in ihr investierten privaten und öffentlichen Kapitals aus Rentabilitätsgründen den fortgesetzten Ausbau von Beherbergungskapazitäten induziert und somit die Ausrichtung der regionalwirtschaftlichen Entwicklung für die kommenden Dekaden zumindest stark beeinflußt, wenn nicht determiniert.

Das primär im nationalen Kontext definierte Entwicklungsziel des touristischen Ausbaus der Küsten des Languedoc-Roussillon bindet somit in der Phase seiner Realisierung wie auch in der anschließenden operationellen Phase das regionale Entwicklungspotential (Kapital, Arbeitskräfte) in hohem Maße, indem es den modernen Sektor der Regionalwirtschaft repräsentiert. Diese Okkupation regionaler Ressourcen erscheint kurzfristig positiv, da alternative Einsatzmöglichkeiten in der Region fehlen. Sie kann jedoch langfristig die Modernisierung der nichttouristischen Aktivitäten auf dem Dienstleistungssektor wie auch im industriellen Arbeiten behindern. In der Gegenwart entspricht dem durch die touristische Erschließung des Litorals entstandenen räumlichen Ungleichgewicht der wirtschaftlichen Aktivitäten auch ein sektorales Ungleichgewicht, das in einer Konzentration der Wachstumsimpulse auf die gewerblichen Dienstleistungen und das Baugewerbe besteht und an die Hegemonie des Weinbaus als der im Languedoc-Roussillon in den vergangenen Jahrzehnten dominierende Faktor der Regionalwirtschaft erinnert.

Die touristische Erschließung der Küste ist das Ergebnis eines zentralistischen, sektoralen Entwicklungsansatzes; es fehlt für die Region ein die verschiedenen Wirtschaftssektoren integrierender, räumlich definierter und von der Zielsetzung her umfassender Modernisierungsansatz. Die Konzeption einer integrierten Entwicklung setzt die Partizipation der autochthonen Bevölkerung in der Planung und Realisierung voraus. Nur durch neue Formen des touristischen Angebots (vgl. A. SOULIER 1983) ist die aktuell wichtigste Frage der zukünftigen Regionalentwicklung im Languedoc-Roussillon, die Integration des ländlichen Raumes in eine touristisch bestimmte Raumorganisation und die Formulierung eines eigenständigen Entwicklungszieles für diesen Raum zu lösen.

Die Perspektive der Regionalentwicklung im Languedoc-Roussillon ist dadurch gekennzeichnet, daß Mitte der achtziger Jahre der Fremdenverkehr der einzige stabile, relativ konjunkturunabhängige und real wachsende Wirtschaftsbereich der Region geworden ist. Die Modernisierung der Landwirtschaft ist nur partiell möglich und stößt auf Probleme der Überproduktion mediterraner Produkte in der EG. Die Industrie ist durch Strukturkrisen, Arbeitsplatzverluste und ungünstige Standortvoraussetzungen betroffen, hier bestehen Hoffnungen auf die positiven Auswirkungen neuer Technologien. Der Tourismus bietet die Möglichkeit, z.T. in Verbindung mit der Landwirtschaft zur Revitalisierung des ländlichen Raumes beizutragen und die noch vorhandenen Restinfrastrukturen zu erhalten. Notwendig ist hier jedoch ein alternatives Entwicklungsziel, die räumliche Konkretisierung des Konzeptes der endogenen Entwicklung für jene Gemeinden, die nicht bereits ausschließlich durch Zweitwohnsitze geprägt sind.

6.2 PROVENCE – ALPES – CÔTE D'AZUR

Als Folge der Unterschiede im Entwicklungsverlauf bestehen zwischen Languedoc-Roussillon und P.A.C.A. erhebliche Unterschiede in Struktur und Intensität der touristischen Entwicklung. Aufgrund ihres zeitlichen Entwicklungsvorsprunges können die Verhältnisse in der P.A.C.A. im positiven wie im negativen Sinne beispielgebend sein und Hinweise auf die normative Ausrichtung von Planungszielen geben.

Die Aufgabe einer auch in der P.A.C.A. bisher nicht existierenden regional und sektoral umfassenden Entwicklungsplanung besteht in der Ordnung und gezielten Veränderung vorhandener Strukturen des primär touristisch geprägten Raumes, was eine Abstimmung oder auch Koordination von Entwicklungszielen voraussetzt. Bei einer über das Zweitwohnungswesen hinausgehenden touristischen Inwertsetzung der binnenwärtigen Gebiete kann hier im Unterschied zum Languedoc-Roussillon auf einen durchaus vorhandenen Besichtigungs- und Rundreiseverkehr auch ausländischer Touristen zurückgegriffen werden; hinzu kommt die größere landschaftliche Vielfalt des Küstenhinterlandes. Im Unterschied zum Languedoc-Roussillon wird dort wie auch an der Küste der P.A.C.A. die Konkurrenz der freizeitbezogenen Raumansprüche von Touristen extraregionaler Herkunft und von autochthoner Stadtbevölkerung manifest und harrt der planerischen Bewältigung.

In beiden mediterranen Festlandsregionen Frankreichs ist die Optimierung der ökonomischen und sozialen Resultate eines weiteren Ausbaus des Tourismus für die Regionalentwicklung von einer stärkeren Partizipation der Regionalbevölkerung am touristischen Entwicklungsprozeß abhängig. Für die Artikulation und politische Durchsetzung regionaler Interessen bieten sich nach der Dezentralisierungs- und Regionalisierungsreform die Institutionen des Etablissement Publique Régional und die Gemeinden mit ihren neu gewonnenen politischen Entscheidungsbefugnissen an.

Trotz des Abbaus interregionaler Disparitäten, der mit dem Ausbau der Fremdenverkehrswirtschaft im französischen Midi verbunden war, und der im Vergleich zu anderen Regionen günstigen Einkommens- und Beschäftigungslage in der gegenwärtigen ökonomischen Krisensituation, bestehen für die P.A.C.A. wie für den Languedoc-Roussillon die Gegebenheiten einer peripherietypischen Abhängigkeit vom nationalen Zentrum fort. Infolge der Saisonalität der touristischen Nachfrage und des für die Entwicklung der touristischen Ressourcen notwendigen Kapitaltransfers erscheint eine Regionalentwicklung durch Tourismus grundsätzlich als wenig geeignet, zentral-periphere Abhängigkeiten zu reduzieren.

Eine gewisse Relativierung dieses vom Typus der touristischen Inwertsetzung völlig unabhängigen Abhängigkeitsverhältnisses ergibt sich für die P.A.C.A. aus der zunehmenden Bedeutung des Tourisme de Proximité, die Gäste und Investoren aus benachbarten Räumen stärker in den touristischen Entwicklungsprozeß einbindet. Der für den Languedoc-Roussillon typische – das o.g. Abhängigkeitsverhältnis relativierende – hohe Beteiligungsgrad der Regionalbevölkerung an den touristischen Entwicklungsinvestitionen wird in der P.A.C.A. jedoch nicht erreicht.

Es erscheint geboten, das Faktum der interregionalen oder auch internationalen Abhängigkeit von Fremdenverkehrsgebieten in hoch entwickelten Staaten in der notwendigen Weise zu relativieren. Sieht man von der in den Peripherregionen als störend empfundenen regionalpolitischen Interventionen des Zentrums in den Küsten- und Gebirgsräumen ab, so stellt das Ausmaß der wirtschaftlichen Abhängigkeit im Tourismus kein größeres Problem als jenes von Bezugs- und Absatzgebieten in der Landwirtschaft (sowie von Marktordnungen und Mengenbegrenzungen in der EG) und in der Industrie dar.

Es erscheint also durchaus angemessen, den Ausbau und die qualitative Erweiterung des touristischen Angebotes als eine ökonomischen Basis für die Regionalentwicklung in den mediterranen Festlandregionen Frankreichs weiter zu betreiben. Es gilt, neue Formen der touristischen Raumorganisation zu finden, die bei Akzeptierung der ökonomischen Abhängigkeit – die in arbeitsteiligen Gesellschaften immer gegeben sind – eine organisatorische Abhängigkeit und regionale Fremdbestimmung im weiteren touristischen Entwicklungsprozeß vermeiden. Dabei ist die Gesamtheit der Konsequenzen der touristischen Entwicklung abzuschätzen oder zumindest in Erwägung zu ziehen und dem Erhalt bzw. der Verbesserung der Lebensqualität der Regionalbevölkerung Priorität einzuräumen. Eine Entwicklungspolitik, die zudem deutliche Prioritäten hinsichtlich der Begrenzung des touristischen Ausbaus setzt, nützt letztlich auch dem Tourismus. Die Erfahrung zeigt, daß in touristisch attraktiven Gebieten die Summe der Einzelinteressen sonst zu sehr dazu neigt, durch Hypertrophie die räumlichen Grundlagen des Tourismus zu zerstören.

6.3 DER TOURISMUS IN DEN MEDITERRANEN REGIONEN IM KONTEXT DER GESAMTFRANZÖSISCHEN FREMDENVERKEHRSENTWICKLUNG UND -STRUKTUR[1]

Im Rahmen der Entwicklung des französischen Binnentourismus wurden die Auswirkungen der Vergrößerung der Beherbergungskapazitäten an den französischen Mittelmeerküsten in den achtziger Jahren – nach dem vorläufigen Abschluß der touristischen Erschließung der Küste des Languedoc-Roussillon – besonders deutlich.

Das wesentliche Ergebnis des Ausbaus des mediterranen Küstentourismus besteht in der Festigung der im französischen Binnentourismus vorherrschenden Strukturen. Die gilt besonders für die herausragende Stellung, welche die Küstenregionen als Zielgebiete des sommerlichen Urlaubsreiseverkehrs einnehmen. Waren die französischen Küsten 1965 das Ziel von 39% der Urlaubsreisen von Franzosen, so erhöhte sich dieser Anteil bis 1983 auf knapp 49%[2]. Die Karte 60 weist aus, daß auch im Sommer 1988 die Küstendépartements die höchste Urlauberdichte in Frankreich erreichten. Auf sie entfielen in jenem Sommer 47% aller Übernachtungen der Franzosen. Als wichtigstes Zielgebiet führte das Département Var (7,2%), gefolgt von Hérault (4,8%), den atlantischen Départements Vendée (4,6%) und Charente-Maritime (4,5%). Den mediterranen Départements Alpes-Maritimes (4,1%) und Pyrénées-Orientales (3,9%) folgen andere Départements am Atlantik und – an 13. Stelle – Korsika mit 2,2% Anteil an den Übernachtungen im französischen Binnentourismus des Sommers 1988.

Neben der Stabilisierung des Stellenwertes der Küsten als vorrangigen Zielregionen im französischen Binnentourismus ist jedoch auch eine Veränderung im touristischen Stellenwert der einzelnen Küstenregionen festzustellen. Während die normannischen Küsten einen Rückgang der Übernachtungszahlen zu verzeichnen haben (A. PLETSCH 1978, S. 205) und an der Atlantikküste unterschiedliche Entwicklungen festzustellen sind (Stagnation in Aquitanien, zunehmende Bedeutung von Vendée und Bretagne im Rahmen des französischen Binnentourismus), hat die räumliche Präferenz der französischen Urlauber für die festländischen Mittelmeerküsten seit den fünfziger Jahren stetig zugenommen. Die hervorragende Bedeutung der dortigen Départements als Zielgebiet für den Urlaubsreiseverkehr beruht auf zwei strukturell unterschiedlichen und räumlich differenziert wirksamen Faktoren.

Zum einen ist hier die konstante Bevorzugung der Küsten der P.A.C.A. (Départements Var und Alpes-Maritimes) durch die Gäste aus der Zentralregion Paris (Ile-de-France) zu nennen; die dominante Ausrichtung des sommerlichen Urlaubsreise-

---

1 Die Angaben zur Entwicklung und Struktur des französischen Tourismus und Binnentourismus beziehen sich, soweit nicht andere Quellen genannt werden, auf die Resultate der alljährlichen Befragungen französischer Urlauber durch das I.N.S.E.E. (vgl. S. 32). Diese ermöglichen auf nationaler Bezugsbasis eine vergleichende Analyse von Basisdaten des Urlaubsverhaltens der französischen Bevölkerung seit 1975.
2 vgl. A. MESPLIER (1984, S. 28).

6.3 Der Tourismus in mediterranen Regionen

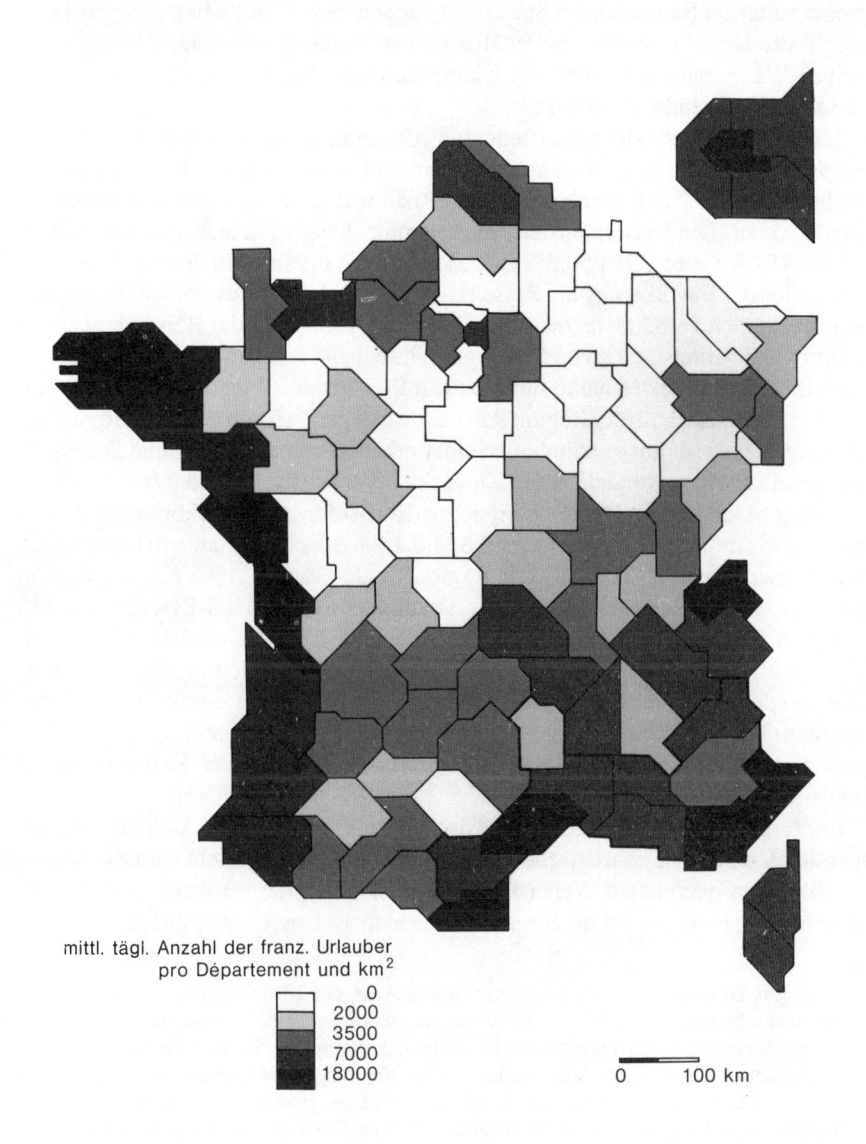

mittl. tägl. Anzahl der franz. Urlauber
pro Département und km²
- 0
- 2000
- 3500
- 7000
- 18000

0   100 km

Quelle: I.N.S.E.E. – M. Christine 1990, S. 228

Karte 60 Die räumliche Verteilung der französischen Inlandtouristen im Sommer 1988

verkehrs auf die östliche Mittelmeerküste[3] ist ebenso unverändert wie die hohe Reiseintensität der Bewohner der Stadt Paris, die seit 1969 bei 82% liegt. Ein gewisser Zuwachs des Urlauberstroms aus der Région Parisienne resultiert aus dem dortigen positiven Wanderungssaldo und einer gleichzeitigen Zunahme der Reiseintensität auch in den Stadtrandgemeinden[4].

Zum anderen ist die steigende Bedeutung des Binnentourismus am mediterranen Küstensaum auch die Folge von quantitativen und strukturellen Veränderungen im Urlaubsreiseverkehr der Franzosen. Dieser nahm in den siebziger und achtziger Jahren stark zu. Die Reiseintensität im Zusammenhang mit einem Sommerurlaub stieg von 41,0% (1965) über 50,2% (1975) auf 55,6% (1988). Mit der zunehmenden Partizipation der Bevölkerung am Reisen ist ein Wandel in der Zusammensetzung der Urlaubsreisenden verbunden. Zwischen 1969 und 1985 stieg die Reiseintensität in den Groß- und Mittelstädten von 55,7% auf 63,8% bzw. von 51,4% auf 59,7% an. In den ländlichen Gemeinden nahm sie sogar von 19,3% auf 40,3% zu. Die zunehmende Anpassung der außerhalb der Région Parisienne gelegenen französischen Provinzbevölkerung an die Urlaubsgewohnheiten einer urbanisierten Industrie- und Dienstleistungsgesellschaft begründete einen Zuwachs der touristischen Nachfrage, der am Mittelmeer besonders der Region Languedoc-Roussillon zugute gekommen ist. Von den dort im Sommer 1986 geschätzten 2,8 Mio. französischen Urlaubern kamen nach Befragungsergebnissen 22% aus der Region Ile-de-France, 13% aus der Region selbst, 12% aus der Region Rhône-Alpes, 9% aus der Region Midi-Pyrénées und 8% aus der P.A.C.A.[5]. Damit haben sich nicht nur die Ende der siebziger Jahre ermittelten Herkunftsstrukturen (vgl. S. 267) als stabil erwiesen; die Ausweitung des Tourismus an der westlichen Mittelmeerküste im Rahmen des Urlaubsreiseverkehrs aus nahegelegenen Gebieten (Tourisme de Proximité) beruht sowohl auf regionsspezifischen Entwicklungsfaktoren als auch auf allgemeinen Tendenzen der Entwicklung im französischen Binnentourismus.

Im Vergleich zu den übrigen französischen Regionen zeichnen sich die mediterranen durch eine hohe touristische Attraktivität aus; diese erreicht im Languedoc-Roussillon den maximalen Wert (Abb. 13) hinsichtlich der interregionalen Touristenströme. Im Hinblick auf die Struktur des französischen Binnentourismus fällt bei

---

3   In diesem Zusammenhang ist neben der Côte d'Azur, der Küste des Départements Alpes-Maritimes, besonders jene des Départements Var zu nennen. Seine herausragende Stellung als wichtigstes Zielgebiet im französischen Küstentourismus verdankt es zum einen der Verlagerung touristischer Zielgebiete als Folge ökonomischer Verdrängungseffekte aus dem überlasteten Département Alpes-Maritimes (vgl. S. 83), zum anderen jedoch dem kontinuierlich hohen Stellenwert, welchen die östliche französische Mittelmeerküste unter den potentiellen Reisezielen der Sommerurlauber aus der Région Parisienne aufweist.
4   Die Reiseintensität in den Umlandgemeinden der Stadt Paris erhöhte sich zwischen 1969 und 1985 von 74,6% auf 81,7% (M. Christine 1987, S. 385). Sie glich sich damit praktisch jener in der Stadtgemeinde Paris (1985: 82,9%) an.
5   Ergebnis einer Befragung, die vom I.N.S.E.E. und C.R.P.E.E. Montpellier im Sommer 1986 im Languedoc-Roussillon durchgeführt wurde. Autraggeber war das C.R.T. Languedoc-Roussillon; die Resultate dieser Befragung wurden z.T. im Sommer 1987 in einer Publikation des C.R.T. (Tourismes – Cahier d'Informations du Comité Régional de Tourisme Languedoc-Roussillon) vorgelegt.

6.3 Der Tourismus in mediterranen Regionen

Wintersaison 1987/88

intraregionaler Attraktivitätskoeffizient

0,40

0,35 — • Provence – Alpes – Côte d'Azur
• Nord–Pas-de-Calais
0,30 — • Midi-Pyrénées • Rhône–Alpes
• Languedoc–Roussillon

0,25 — • Lorraine

0,20 — • Auvergne
• Aquitaine

0,15 — Limousin• • Bretagne
• Champagne–Ardenne
• Pays de la Loire

0,10 — • Bourgogne
• Picardie
• Alsace
• Centre
0,05 — • Franche-Comté • Basse-Normandie
• Poitou-Charentes
• Ile-de-France
• Haute-Normandie

interregionaler Attraktivitätskoeffizient

0   0,5   1,0   1,5   2,0   2,5   3,0   3,5

Sommersaison 1988

intraregionaler Attraktivitätskoeffizient

0,40 — • Aquitaine

0,35 — • Auvergne
• Bretagne

0,30 —

• Pays de la Loire
0,25 — • Provence–Alpes–Côte d'Azur
Limousin • • Poitou–Charentes

0,20 — • Rhône–Alpes • Languedoc–Roussillon
• Nord–Pas-de-Calais
0,15 — • Midi-Pyrénées

• Haute-Normandie
0,10 — • Lorraine • Basse-Normandie
• Champagne–Ardenne
• Franche-Comté
• Centre • Bourgogne
0,05 — • Picardie
• Alsace
• Ile-de-France

interregionaler Attraktivitätskoeffizient

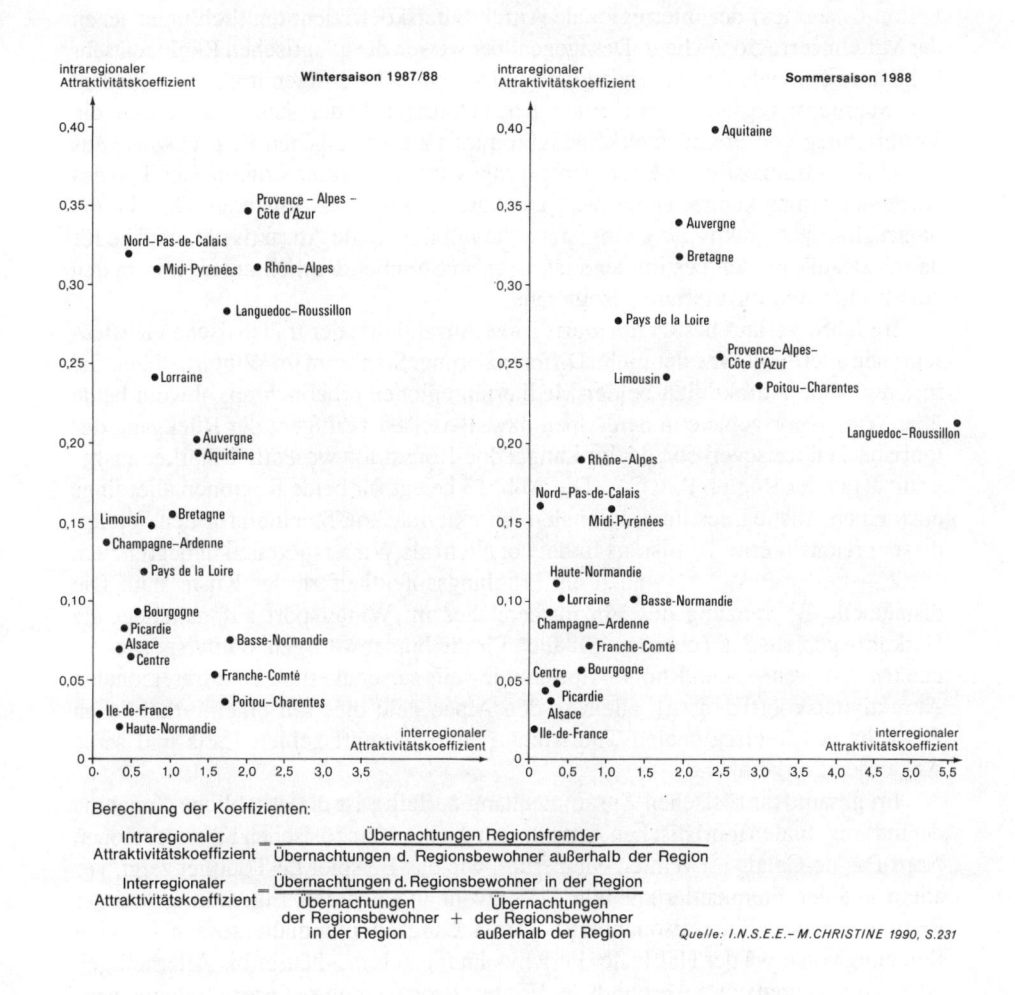

0   0,5   1,0   1,5   2,0   2,5   3,0   3,5   4,0   4,5   5,0   5,5

Berechnung der Koeffizienten:

$$\text{Intraregionaler Attraktivitätskoeffizient} = \frac{\text{Übernachtungen Regionsfremder}}{\text{Übernachtungen d. Regionsbewohner außerhalb der Region}}$$

$$\text{Interregionaler Attraktivitätskoeffizient} = \frac{\text{Übernachtungen d. Regionsbewohner in der Region}}{\text{Übernachtungen der Regionsbewohner in der Region} + \text{Übernachtungen der Regionsbewohner außerhalb der Region}}$$

Quelle: I.N.S.E.E.– M.CHRISTINE 1990, S.231

Abb. 13 Touristisches Attraktivitätsprofil der französischen Regionen im Fremdenverkehrsjahr 1987/88

dem Vergleich der Küstenregionen auf, daß in den atlantischen (mit Ausnahme von Poitou-Charentes) der interregionale Attraktivitätskoeffizient deutlich unter jenen der Mittelmeerregionen liegt. Demgegenüber weisen die atlantischen Regionen sehr hohe intraregionale Attraktivitätskoeffizienten auf; sie verfügen im Unterschied zu den Mediterranregionen über einen Küstentourismus, der sehr stark durch die Vermischung von Fremdenverkehrsaufkommen aus der eigenen Region sowie aus den übrigen französischen Regionen geprägt wird. Ein dritter struktureller Typ des Küstentourismus kennzeichnet die Kanalküste sowie die Normandie. Dort ist die interregionale Attraktivität gering; auch die intraregionale Attraktivität, welche für das Gästeaufkommen bestimmend ist, liegt im Sommer deutlich unter jener in den atlantischen und mediterranen Regionen.

Im Jahresverlauf besitzt die touristische Attraktivität der französischen Küstenregionen allerdings eine deutliche Differenzierung. So nimmt im Winterhalbjahr die interregionale Attraktivität beider Mediterranregionen erheblich ab, obwohl beide über Wintersportgebiete in den Alpen bzw. Pyrenäen verfügen; der Rückgang des touristischen Reiseverkehrs ist im Languedoc-Roussillon wesentlich stärker ausgeprägt als in der Region P.A.C.A. Die Abb. 13 belegt für beide Regionen allerdings auch einen Anstieg des intraregionalen Attraktivitätskoeffizienten für den Winter; dieser regionsinterne Tourismus findet vor allem als Wintersport und in begrenztem Maße – in der P.A.C.A. – auch als Erholungsaufenthalt an der Küste statt. Die distanzielle Begrenzung des Einzugsbereiches im Wintersport auf naheliegende Herkunftsgebiete der Touristen gilt auch für die binnenwärtigen Wintersportregionen (Midi-Pyrénées und Rhône-Alpes mit jeweils saisonal erhöhten intraregionalen Attraktivitätskoeffizienten); allein in den Alpen geht dies mit einem erheblichen Zuwachs des interregionalen Tourismus (Hauptherkunftsgebiet: Paris und seine Agglomeration) einher.

Im gesamtfranzösischen Zusammenhang auffällig ist die erhebliche Zunahme der intraregionalen touristischen Attraktivität der nordfranzösischen Küstenregionen Nord-Pas-de-Calais im Winter. Sie beruht, wie das Beispiel Le Touquet zeigt, vor allem auf der Frequentierung von Ferienwohnungen durch Eigentümer aus der Region über die Badesaison hinaus. Deren Langzeitaufenthalte sorgen für eine Belegung von etwa der Hälfte der Ferienwohnungen bzw. -häuser bis Allerheiligen oder Weihnachten; zum Abschluß der Wintersaison werden zu Ostern Belegungsraten von 87% erreicht (vgl. J. M. Dewailly 1985, S. 491f). Ein unter dem Aspekt der Regionalentwicklung wünschbarer ähnlich hoher Auslastungsgrad der Ferienwohnungen ist in den mediterranen Küstenorten nicht gegeben; besonders die neu geschaffenen Ferienzentren (Stations Nouvelles bzw. Stations d'Etat) dienen fast ausschließlich der Beherbergung von Urlaubsgästen bzw. von Einheimischen (Regionsbevölkerung) während der Badesaison. Längere Aufenthalte der letztgenannten Gästegruppe in den Ferienwohnungen außerhalb der Badesaison sind unüblich und widersprechen ihrem gruppenspezifischen Freizeitverhalten, das auf „Sich Sonnen" und Baden ausgerichtet ist.

Die Ausweitung des Küstentourismus im französischen Mittelmeerraum hat dazu beigetragen, daß der Zuwachs an Auslandsreisen im Sommer relativ gering bleibt; ihr Anteil erhöhte sich von 16,7% (1985) auf 19% (1988). Der relativ geringe

Anteil von ausländischen Zielgebieten am Sommertourismus der Franzosen zeigt, daß die im Rahmen der nationalen Fremdenverkehrspolitik geförderte Funktion der französischen Mittelmeerküste, als Konkurrenzlandschaft zum wichtigsten französischen Auslandsreiseziel Spanien zu dienen, gemessen an den räumlichen Präferenzen der französischen Urlauber weitgehend erfüllt wird.

In Bezug auf die Struktur des Beherbergungswesens in Frankreich ist festzustellen, daß Ungleichgewichte, die mit der Ausweitung der Beherbergungskapazität an den Mittelmeerküsten verbunden sind, konserviert wurden. Von den französischen Urlaubsgästen im Languedoc-Roussillon fanden im Sommer 1986 21% im Hauptwohnsitz von Eltern, Bekannten oder Verwandten Unterkunft; 43% wohnten in Zweitwohnsitzen oder gemieteten Wohnungen bzw. Ferienhäusern, 31% auf Zeltplätzen und nur 5% im Hotel. Gemessen an den Übernachtungen während des Sommerhalbjahres 1986 ist die Bedeutung von Zweitwohnsitzen und gemieteten Appartements bzw. Häusern noch größer (54%), diejenige der Hotels (2%) vernachlässigenswert gering[6]. Diese Ergebnisse entsprechen jenen aus der Befragung der französischen Touristen im Fremdenverkehrsjahr 1987/88; in diesen werden für das Sommerhalbjahr Hotelübernachtungen aufgrund der geringen Zahl der Nennungen nicht mehr ausgewiesen; im Winterhalbjahr wurden 3,8% der Übernachtungen in Hotels am Meer – ein Hinweis auf das Relikt des Überwinterns am Mittelmeer – und 3,4% der Übernachtungen auf Rundfahrten in Hotels verbracht. Auch im Winter zählen die Hotels zu den letztgenannten Unterkunftsformen[7]. Diese Zahlen verdeutlichen, daß die durch den Ausbau der Beherbergungskapazität an den Küsten des Languedoc-Roussillon gegebene Chance zu einer Diversifizierung des fremdenverkehrswissenschaftlichen Angebots in Frankreich nicht genutzt wurde. Die Beibehaltung der einseitigen, auf Ferienwohnungen und -häuser sowie Zeltplätze ausgerichteten Struktur des Beherbergungsangebotes führt nicht nur zu entwicklungspolitischen Defiziten; sie beinhaltet im nationalen Rahmen ein Negativum für die Fremdenverkehrswirtschaft, das mit der Bevorzugung billiger, arbeitsextensiver Unterkunftsformen mit geringen Möglichkeiten zur Wertschöpfung verbunden ist. Das Außerachtlassen fremdenverkehrs- und regionalwirtschaftlicher Optimierungsmöglichkeiten durch Diversifizierung des Unterkunftsangebotes geht im Zusammenhang mit der touristischen Entwicklung der Küsten des Languedoc-Roussillon nicht alleine auf die Ignoranz der damaligen Planer bezüglich fremdenverkehrswirtschaftlicher Zusammenhänge (vgl. S. 304) zurück; es entspricht zugleich den traditionellen sozial- und devisenpolitischen Zielsetzungen der französischen Tourismuspolitik. Letzteren ist auch der Ausbau weiterer Zeltplätze an den bereits zu Beginn der siebziger Jahre stark durch diese Unterkunftsart belasteten mediterranen Küsten zuzurechnen[8]. Er ist Bestandteil einer erheblichen Ausweitung dieser Frem-

---

6   Befragungsergebnis I.N.S.E.E.-C.R.P.E.E., vgl. Anm. 5.
7   Einen geringeren Anteil als die Hotelübernachtungen erzielten nur noch jene, die im Winter in Zweitwohnsitzen von Eltern oder Freunden verzeichnet wurden (3,1%; vgl. M. CHRISTINE 1990, S. 227).
8   Nach Angaben des I.N.S.E.E. stieg die Anzahl der Betten (places) auf den Zeltplätzen zwischen 1976 und 1987 im Languedoc-Roussillon von 216.100 auf 338.330, in der P.A.C.A. von 208.200 auf 294.791. Damit erhöhte sich die Beherbergungskapazität um knapp 57% im Languedoc-Roussillon und um ca. 42% in der P.A.C.A.

denverkehrsart im Rahmen des französischen Binnentourismus, die mit einer Erhöhung der Kapazität von 1,4 Mio (1975) auf 2,4 Mio. (1987) Betten und mit einer Zunahme der Zahl der Zeltplätze um 74% auf 8.181 im gleichen Zeitraum verbunden ist.

Neben dem Merkmal der räumlichen Konzentration kennzeichnet jenes der zeitlichen Konzentration des Urlaubsreiseverkehrs auf wenige Wochen sowohl die Entwicklung des Tourismus an den französischen Mittelmeerküsten wie auch die zeitlichen Präferenzen französischer Sommerurlauber in anderen französischen und ausländischen Zielgebieten. Zwischen dem 15. Juli und 14. August 1986 reisten im Languedoc-Roussillon 44% aller französischen Touristen an; für den Zeitraum 1. Juli bis 31. August sind sogar 82% der Ankünfte von französischen Urlaubern zu verzeichnen[9]. Wenn an den südfranzösischen Küsten der konzentrierte Ausbau des Beherbergungsangebotes – im Unterschied zur Ostseeküste in Schleswig-Holstein – nicht mit einer Saisonverlängerung verbunden ist, so können für diese entgegengesetzten Resultate gesteuerter touristischer Entwicklungsprozesse unterschiedliche Motivationen und Ziele seitens der Entwicklungsträger angenommen werden. An der Ostseeküste war die Innovation des Ferienzentrums gleichsam per definitionem[10] mit der Schaffung einer fremdenverkehrswirtschaftlich relevanten Vergrößerung des Beherbergungsangebotes verbunden; der ökonomische Zwang zur Vergrößerung der Auslastung (Verlängerung der Vollbelegungsdauer) bestimmt die Betriebsziele der verbleibenden Betreiber bundesdeutscher Ferienzentren[11]. Die hinsichtlich der Planung, deren Umsetzung und ihrer architektonischen Gestaltung neuartige touristische Erschließung der Küsten des Languedoc-Roussillon erfolgte demgegenüber

9   Befragungsergebnis I.N.S.E.E.-C.R.P.E.E.; vgl. Anm. 5.
10 Das Investitionskapital für den Bau von Ferienzentren in der Bundesrepublik Deutschland wurde von den Investoren überwiegend bereitgestellt, um die mit diesen Investitionen verbundenen Steuervorteile und Investitionszuschüsse, die regionalpolitisch begründet waren, auszuschöpfen. Zur Erlangung dieser Steuervorteile war es zwingend vorgeschrieben, daß die neu geschaffene Beherbergungskapazität (zumeist Ferienwohnungen) gewerblich im Rahmen der Fremdenverkehrswirtschaft genutzt wurde. Von der Konzeption her sind daher Funktion und Organisation dieser Ferienzentren auf eine zumindest zeitweise großbetriebliche Nutzung im Rahmen des Gast- und Beherbergungsgewerbes ausgerichtet (vgl. H.-G. MÖLLER, 1977, S. 164–200).
11 An der schleswig-holsteinischen Ostseeküste handelt es sich dabei um die Feriententren Burgtiefe (Fehmarn), Weißenhäuser Strand und Damp 2000. Im Ferienzentrum Burgtiefe wurde z.B. im Kalenderjahr 1984 eine Vollbelegung von 153 Tagen erreicht (Ergebnis eines kulturgeographischen Hauptpraktikums der Universität Hannover, das unter Leitung des Verfassers im Februar 1985 auf Fehmarn durchgeführt wurde). Die für Seebäder untypisch hohen Auslastungswerte der gewerblich betriebenen Ferienzentren beruhen auf einer aktiven Geschäftspolitik, in der das Marketing einen hohen Stellenwert einnimmt, ein standardisiertes Angebot in für Reiseveranstalter interessanten Größenordnungen bereitgestellt wird und zusätzlich zum Urlaubsreiseverkehr spezielle touristische Produkte (z.B. für Tagungen) angeboten werden. Angesichts der Motivation der vorwiegend regionsfremden Investoren, durch Kapitalanlage in Ferienzentren an der Ostseeküste in den Genuß von Subventionen der öffentlichen Hand zu kommen (vgl. Anm. 10), verdient es hervorgehoben zu werden, daß nach C. BECKER (1984, S. 170) 49% der Wohnungen in Feriengroßprojekten an der Ostseeküste Schleswig-Holsteins weiterhin vermietet werden und somit dem fremdenverkehrswirtschfatlich nutzbaren Beherbungsangebot direkt zur Verfügung stehen.

innerhalb eines durch regionale Fremdbestimmung gekennzeichneten Prozesses, dessen Ziele – im nationalen Maßstab definiert[12] – in keinem Bezug zu einer Modernisierung und wirtschaftlich notwendigen Diversifizierung des französischen Binnentourismus stehen. Es ist nicht gelungen, neue regionalökonomisch relevante touristische Produkte und Organisationsformen zu entwickeln[13]. Damit entstand ein deutlicher Gegensatz zwischen dem äußeren Erscheinungsbild und der fremdenverkehrswirtschaftlichen Organisation der mediterranen Küsten in Frankreich. Letztere ist im wesentlichen durch die Übertragung bzw. den quantitativen Ausbau jener touristischen Angebots- und Nachfragestrukturen gekennzeichnet, welche die Entwicklung des französischen Binnentourismus nach dem Zweiten Weltkrieg generell bestimmen.

12 Diese Ziele sind sozial- und wirtschaftspolitisch definiert. Sozialpolitisch geht es darum, in Kontinuität den Zielsetzungen der Volksfrontregierung vor dem Zweiten Weltkrieg (vgl. S. 70) und den tourismuspolitischen Maßnahmen der Nachkriegsregierungen (vgl. G. WACKERMANN 1990, S. 138) die Partizipation der unteren Sozialschichten am Urlaubsreiseverkehr zu vergrößern. Währungspolitisch diente die Ausweitung des französischen Binnentourismus hauptsächlich der Reduzierung der Zunahme von Auslandsreisen der Franzosen; es ging darum, die Devisenabflüsse zu reduzieren (vgl. S. 241).
13 Neben dem Stellenwert der arbeitsintensiven Beherbergung in Hotels besteht aus der Sicht der Regionalökonomie ein wichtiges Negativum darin, daß es im Zusammenhang des quantitativ dominierenden Ausbaus von Ferienwohnungen und -häusern nicht gelungen ist, neue touristische Produkte für den Binnen- und Ausländertourismus zu entwickeln. Die von den Eigentümern individuell oder über Agenturen vermieteten Ferienwohnungen bzw. -häuser konnten nicht zu einem standardisierten, für Reiseveranstalter in der Größenordnung interessanten Angebot zusammengefaßt werden (Ausnahmen: Großwohnanlagen in Naturistenzentren). Die Organisation und Vermarktung komplexer touristischer Produkte steht im französischen Binnentourismus erst am Anfang einer vom Fremdenverkehrsgewerbe intendierten Entwicklung.

7. VERZEICHNIS DER ABKÜRZUNGEN

A.C.E.A.R. = Atelier Central d'Etude et d'Aménagement Rural
A.D.E.R. = Association pour le Développement Economique Régional de Provence – Côte d'Azur
A F = Ancien Franc
A.F.P. = Association Foncières Pastorales
A.F.U. = Association Foncières Urbaines
A.N.P.E. = Agence Nationale pour l'Emploi
A.I.D. = Land- und hauswirtschaftlicher Auswertungs- und Informationsdienst
A.I.E.S.T. = Association Internationale des Esperts Scientifiques au Tourisme
A.O.C. = Appellation d'Origene Contrôlée
A.P.E. = Activité Principale Exercée
A.P.E.C. = Association pour l'Emploi des Cadres
A.P.R.I.L.R. = Association pour la Promotion Industrielle du Languedoc-Roussillon
A.P.U.C. = Administrations Publiques Centrales
A.P.U.L. = Administrations Publiques Locales
A.R.E.E.A.R. = Atelier Régional d'Etudes Economiques d'Aménagement Rural
A.R.E.S. = Association pour la Recherche Economique et Sociale
A.R.I.A. = Axe Résidentielle ou Industrielle et Agricole
A.S.S.E.D.I.C. = Association pour l'Emploi dans l'Industrie et le Commerce
A.T.L.R. = Agence d'Urbanisme pour l'Aménagement Touristique du Languedoc-Roussillon
A.T.P. = Association du Tourisme Populaire

B.D.R. = Bouches-du-Rhône
B.E.R.T. = Bureau d'Etudes et de Recherches sur l'Economie, l'Aménagment et le Tourisme
B.G.C.A. = Bâtiment Génie Civil et Agricole
B.I.C. = Bénéfices Industriels et Commerciaux
B.I.P.E. = Bureau d'Informations et de Prévivions Economiques
B.T.P. = Bâtiment, Travaux Publics

C.C.C.H.C.I. = Caisse Centrale de Crédit Hôtelier, Commercial et Industriel
C.C.I. = Chambre de Commerce et d'Industrie
C.D.A.T. = Commission Départementale de l'Action Touristique
C.D.C. = Caisse des Dépôts et Consignations
C.D.T.L. = Comité Départementale du Tourisme et des Loisirs
C.E.A. = Commission de l'Energie Atomique; Centre d'Etudes Atomiques
C.E.C.O.D. = Centre d'Etudes du Commerce et de la Distribution
C.E.E. = Communauté Economique Européenne
C.E.G.I. = Compagnie d'Etudes Economiques et de Gestion Industrielle
C.E.L.T.E. = Centre d'Economie des Loisirs du Tourisme et de l'Environnement
C.E.R. = Centre d'Economie Régionale –
C.E.R.A.M. = Centre d'Enseignement et de Recherche Alpes-Maritimes
C.E.R.A.T. = Centre d'Etude et de Recherche sur l'Aménagement du Territoire
C.E.T. = Centre des Etudes du Tourisme
C.E.T.A. = Centre d'Etudes Touristiques Agricoles
C.G.E.R.M. = Centre Géographique d'Etudes et de Recherche Mediterranéennes
C.G.P. = Commissariat Général du Plan
C.H.E.T. = Centre des Hautes Etudes du Tourisme
C.I.A.T. = Comité Interministériel Permanent pour les Problèmes d'Aménagement du Territoire et d'Action Régionale
C.N.A.R.B.R.L. = Compagnie Nationale d'Aménagement de la Région du Bas – Rhône et du Languedoc
C.N.A.T. = Commission Nationale à l'Aménagement du Territoire
C.N.E.E.M.A. = Centre National d'Etudes d'Experimentation de Machinisme Agricole
C.N.R.S. = Centre National des Recherches Scientifiques
C.O.D.E.R. = Commission de Développement Economiques Régional
C.O.C.I.L.E.R. = Centre d'Observation et de Conjuncture Immobilière pour le Languedoc-Roussillon
C.O.F.I.T. = Confédération Française des Industries Touristique

C.O.M.E.R. = Collège Méditerranéen de Reflexion et d'Echanges sur l'Environnement
C.O.S. = Coefficient d'Occupation du Sol
C.R.C.A.M. = Crédit Régional Crédit Agricole Mutuel
C.R.C.I. = Chambre Régionale de Commerce et d'Industrie
C.R.E.D.O.C. = Centre de Recherches et de Documentation sur la Consommation
C.R.P.E.E. = Centre Régional de la Productivité et des Etudes Economiques
C.R.T.L. = Comité Régional du Tourisme et des Loisirs
C.R.U. = Centre de Recherche d'Urbanisme
C.T.H.S. = Comité des Traveaux Historiques et Scientifiques
C.T.G.R.E.F. = Centre Techniques du Génie Rural des Eaux et des Fôrets
C.T.I.F.L. = Centre Techniques Interprofessionel des Fruits et Légumes
C.U. = Code de l'Urbanisme
C.S.P. = Categorie Socioprofessionelle

D.A.M. = Direction des Affaires Maritimes
D.A.S. = Déclarations Annuelles de Salaires
D.A.T. = Direction de l'Aménagement du Territoire
D.A.T.A.R. = Délégation à l'Aménagement du Territoire et à l'Action Régionale
D.D.A. = Direction Départementale de l'Agriculture
D.D.E. = Direction Départementale de l'Equipement
D.G.E. = Dotation Globale d'Equipement
D.J.E. = Dotation d'Installation des Jeunes Agriculuturs
D.O.M.-T.O.M. = Département d'Outre-Mer – Territoire d'Outre-Mer
D.R.E. = Direction Régionale d'Equipement
D.R.I. = Direction Régionale des Impôts
D.R.T. = Délégation Régionale au Tourisme
D.R.T.E. = Direction Régionale du Travail et de l'Emploi
D.S.T. = Département des Statistiques des Transports
D.U.P. = Déclaration d'Utilité Publique

E.B.E. des E.I. non agricole = Exédent Brut d'Exploitation des Entrepreneurs Individuels non agricoles
E.C.U. = European Currency Unit
E.D.F. = Electricité de France

E G = Europäische Gemeinschaft
E.P.I.C. = Etablissement Public Industriel et Commercial
E.P.R. = Etablissement Public Régional

F.A.L. = Fonds d'Action Locale
F.A.U. = Fonds d'Aménagement Urbain
F.B.C.F. = Formation Brute de Capital Fixe
F.D.E.S. = Fonds de Développement Economique et Social
F F = Franc Français
F.I.A.T. = Fonds d'Intervention de l'Aménagement du Territoire
F.N.A.F.U. = Fonds National d'Aménagement Foncier et d'Urbanisme

G.A.M.A. = Groupe d'Analyse Macroéconomique Appliqué
G.I.E. = Groupement d'Intérêt Economique
G.R.A.L. = Groupement de Recherches Coordonnées sur l'Administration Locale
G.R.E.A. = Groupe Régional d'Etudes et d'Aménagement
G.S.L.A.P. = Groupement Syndical des Lotisseurs et Aménageurs Professionels

H.L.L. = Habitations Légères de Loisirs
H.L.M. = Habitation à Loyer Modéré
HWWA = Hamburger Weltwirtschaftliches Archiv

I.G.N. = Institut Géographique National
I.N.E.D. = Institut National d'Etudes Démographiques
I.N.E.R.M. = Institut National d'Etudes Rurales Montagnards
I.N.R.A. = Institut National de la Recherche Agronomique
I.N.S.E.E. = Institut National de la Statistique et des Etudes Economiques
I.R.E.P. = Institut de Recherche Economique et de Planification
I.V.D. = Indemnité Viagère de Départ

M.I.A.C.A. = Mission Interministériel pour l'Aménagement de la Côte Aquitaine
M.I.A.T.L.L.R. = Mission Interministériel pour l'Aménagement Touristique du Littoral Languedoc-Roussillon
M.I.A.F.E.B. = Mission Interministériel pour l'Aménagement de la Région Fos et de l'Etang de Berre

Verzeichnis der Abkürzungen

MS = Maschinengeschriebenes Manuskript

O.D.E.A.M. = Organisation Départementale d'Etudes des Alpes-Maritimes
O.E.M. = Observatoire Economique Méditerranéen
O.E.P.A.C.A. = Observatoire Economique Provence-Alpes-Côte d'Azur
O.M.T. = Organisation Mondiale du Tourisme
O.N.F. = Office National des Fôrets
O.N.I.C. = Office National Interprofessionel des Céréales
O.R.E.A.M. = Organisation d'Etudes et d'Aménagement d'Aire Métropolitaines
O.R.E.A.M. = Organisation Régionale de l'Etude et de l'Aménagement
O.R.M.A.V.I.R. = Observatoire Régional Marseillais de la Vie Réligieuse
O.T.E.X. = Orientation Technico-Economique des Exploitations

P.A.C.A. = Provence-Alpes-Côte d'Azur
P.A.P. = Programme d'Action Prioritaire
P.A.P.I.R. = Programmes d'Actions Prioritaires d'Interêt Régional
P.A.P.I.L. = Programmes d'Actions Prioritaires d'Interêt Local
P.A.R. = Plan d'Aménagement Rural
P.A.Z. = Plan d'Aménagement de Zone
P.D.R.E. = Population Disponible à la Recherche de l'Emploi
P.I.B. = Produit Intérieur Brut
P.I.N.E.A. = Produits Industriels Nécessaires aux Exportations Agricoles
P.L.A.C. = Programmes Locaux d'Aménagement Coordonné
P.L.M. = Paris-Lyon-Marseille
P.M.E. = Petites et Moyennes Entreprises
P.M.E. = Plans de Modernisation et d'Equipement
P.N.B. = Produit National Bruit
P.N.C. = Profession Non Commerciale
P.O. = Pyrénées Orientales
P.O.S. = Plan d'Occupation des Sols
P.P.E. = Programmes Prioritaires d'Execution
P.R.D.E. = Plan Régional de Développement Economique et Social et d'Aménagement du Territoire
P.R.L. = Parc Résidentiel de Loisir

Q.A.M. = Quartier des Affaires Maritimes

R.G.A. Recensement Général Agricole
R.G.P. = Recensement Général de la Population

S.A. = Société Anonyme
S.A.D.H. = Société d'Aménagement de l'Hérault
S.A.F.E.R. = Société d'Aménagement Foncier et d'Etablissement Rural
S.A.I.I. = Société Anonyme d'Investissements Immobiliers
S.A.R.L. = Société Anonyme à Responsabilité Limitée
S.A.U. = Surface Agricole Utile
S.A.U.^{ée} = Surface Agricole Utilisée
S.A.V.A.L.O.R. = Sophia Antipolis Valorisation
S.C.A. = Société Civile Agricole
S.C.E.E.S. = Service Central des Enquêtes et Etudes Statistique
S.C.E.T. = Société Centrale pour l'Equipement du Territoire
S.C.E.T.O. = Société Centrale pour l'Equipement Touristique
S.C.I. = Société Civile Immobilière
S.D.A.L. = Schéma d'Aménagement du Littoral
S.D.A.U. = Schéma Directeur d'Aménagement et d'Urbanisme
S.E.A.T.L. = Service d'Etude et d'Aménagement Touristique du Littoral
S.E.A.T.M. = Service d'Etudes d'Aménagement Touristique de la Montagne
S.E.B.L.I. = Société d'Equipement du Bitterois et son Littoral
S.E.L.C.Y. = Société Civile pour l'Aménagement Touristique de St. Cyprien
S.E.M. = Société d'Economie Mixte
S.E.M.E.A.A. = Société d'Economie Mixte d'Equipement et d'Aménagement de l'Aude
S.E.M.E.T.A. = Société d'Economie Mixte d'Etudes et d'Aménagement
S.E.M.E.T.A.A. = Société d'Equipement et d'Aménagement des Pyrénées-Orientales
S.E.S.A.M.E. = Système d'Etude des Schémas d'Aménagement
S.E.T.E.A. = Société d'Etudes Techniques pour l'Equipement et l'Aménagement
S.H.O. = Superficé Hors Oeuvre
S.I.C.A. = Société d'Interêt Commun Agricole
S.I.V.O.M. = Syndicat Intercommunal à Vocation Multiples
S.M.I.C. = Salaire Minimum Interprofessionel de Croissance
S.M.I.G. = Salaire Minimum Interprofessionel Garanti
S.N.C.F. = Société Nationale des Chemins de Fer
S.O.F.T.E. = Service Officiel Français du Tourisme à l'Etranger

S.P.P.P.I. = Secrétariat Permanent pour les Pollutions Industrielles
S.R.E. = Service Régional de l'Equipement
S.S.E.E. = Service des Statistiques et des Etudes Economiques
S.T.I.S.I. = Service du Traitement de l'Information et des Etudes Statistique Industrielles

T.E.I. = Tableau d'Exchanges Interindustriels
T.E.S.G. = Tijdschrift voor Economische en Sociale Geografie
T.L.E. = Taxe Locale d'Equipement
T.V.A. = Taxe à Valeur Ajoutée

U.C.A. = Unité de Compte Européenne
U.C.L.A. = University of California Los Angeles
U.G.I. = Union Géographique Internationale
U.I.O.O.T. = Union Internationale des Organismes Officiels du Tourisme
U.N.C.R.D. = United Nations Centre for Regional Development
U.N.E.D.I.C. = Union Nationale pour l'Emploi dans l'Industrie et le Commerce
U.N.E.S.C.O. = United Nations Educational, Scientific and Cultural Organisation
U.T.A. = Unité de Travail Annuel

V.d.Q.S. = Vin Délimité de Qualité Supérieure
V.Q.P.R.D. = Vins de Qualité Provenant de Régions Délimitées

W.T.O. = World Travel Organisation

Z.A.C. = Zone d'Aménagement Concerté
Z.A.D. = Zone d'Aménagement Differé
Z.E.A.T. = Zone d'Etude et d'Aménagement du Territoire
Z.I.F. = Zone d'Intervention Foncière
Z.P.I.U. = Zone de Peuplement Industriel ou Urbain
Z.U.P. = Zone à Urbaniser en Priorité

8. ZUSAMMENFASSUNG – RÉSUMÉ

Die Untersuchung ist der Frage gewidmet, inwieweit der Tourismus zur Regionalentwicklung im mediterranen Südfrankreich und somit zum Abbau inter- bzw. intraregionaler Disparitäten beiträgt. Im Vergleich werden dabei die Côte d'Azur sowie die provenzalischen Küsten einerseits und die des Languedoc-Roussillon andererseits untersucht. Diesen Räumen sind unterschiedliche Typen der touristischen Inwertsetzung zuzuordnen.

Einer Diskussion des Entwicklungsbegriffes folgt die Darstellung des Tourismus als regionalpolitischem Instrument der zentralistischen Wirtschaftsplanung in Frankreich. Dabei sind die Folgen der seit 1982 begonnenen Regionalisierungs- und Dezentralisierungspolitik zu beachten. Der sektoral, im nationalen Maßstab angelegten Wirtschaftsplanung und -politik soll eine auf regionaler, départementaler und kommunaler Ebene formulierte und exekutierte touristische Entwicklungspolitik folgen.

Die beiden mediterranen Regionen Frankreichs (Languedoc-Roussillon und Provence-Alpes-Côte d'Azur) sind durch ihre Distanz zu Paris und damit durch ihre periphere Lage benachteiligt. Zu den interregionalen treten starke intraregionale Disparitäten hinzu, deren Abbau heute die größere regionalpolitische Priorität besitzt. Dabei ist auch innerhalb der an sich bevorzugten Küstenzone das sozioökonomische Wachstum ungleichmäßig verteilt. In der Region Provence-Alpes-Côte d'Azur verlagert sich die Ausweitung des Tourismus in das im Vergleich zur Côte d'Azur weniger erschlossene Département Var sowie von der eigentlichen Küste weg in deren Hinterland.

Der Küstentourismus in der Region Provence-Alpes-Côte d'Azur (P.A.C.A.) wird in den Grundzügen seiner Entwicklung seit Mitte des 18. Jahrhunderts dargestellt, mit ihm die von außen kommende touristische Erschließung durch regionsfremde Unternehmer und Gästegruppen. Die den Grundsätzen von Laissez-Faire und regionaler Fremdbestimmung gehorchende Ausweitung des Fremdenverkehrs setzte sich auch zwischen den beiden Weltkriegen fort. Allerdings erwies sich die Zwischenkriegszeit als eine Periode grundsätzlicher struktureller Wandlungen des Fremdenverkehrs an den Küsten der P.A.C.A.: Veränderung der Herkunfts- und Sozialstruktur der Gäste, Übergang vom Winter- auf den Sommertourismus, schlagartige Ausweitung des Inländertourismus und zeitliche Einengung der Saison als Folgen der Sozialgesetzgebung von 1936, Bedeutungsverlust der Luxushotellerie.

Nach dem Zweiten Weltkrieg setzten sich diese Entwicklungstrends fort; zusätzlich wurde die Entwicklung des Küstentourismus in der P.A.C.A. durch zwei neue Faktoren geprägt: die rasche Ausbreitung von Freizeitwohn- und Altersruhesitzen sowie durch die Ausweitung des Sozialtourismus. Die seit etwa einem Dezennium festzustellende Verlagerung des maximalen touristischen Wachstums von der Côte d'Azur an die Küsten des Départements Var beruht vor allem darauf, daß an der Côte d'Azur der Ausweitung von Flächenansprüchen des Freizeitwohnens und des Sozialtourismus nunmehr enge Grenzen gesetzt sind. Ökonomische Verdrängungseffekte wie auch vielfältige Agglomerationsnachteile in der Küstenzone führen zudem dazu, daß das Küstenhinterland zunehmend in den touristischen Entwicklungsprozeß integriert wird.

Die Determinanten der regionalen Fremdbestimmung (Dominanz extraregionaler Vorbilder, extraregionale Entscheidungskompetenzen hinsichtlich der Planung, Finanzierung und Durchführung touristischer Entwicklungsprojekte) blieben von der seit 1982 einsetzenden Dezentralisierungspolitik unberührt; sie gelten weitgehend auch für die touristische Inwertsetzung des Hinterlandes der Côte d'Azur und der provenzalischen Küsten. Die touristische Erschließung des Hinterlandes beruht auf ersten, um die Jahrhundertwende angelegten Künstlersiedlungen, die in direkter oder mittelbarer Abhängigkeit von der touristischen Nutzung der Küstenzone entstanden. Dieses Subsidiaritätsprinzip sowie die angesichts der wachsenden Agglomerationsnachteile der Küstenzone an Bedeutung zunehmenden Platzreserven begründeten die Kontinuität der Einbeziehung des Hinterlandes in die

Entwicklung des Küstentourismus. Darüberhinaus beruht eine eigenständige Attraktivität der küstenferneren Räume im Département Alpes-Maritimes vor allem auf dem Wintersport, im Var vor allem auf den zahlreichen Freizeitwohnsitzen, die dieses Département den Bewohnern der Städte in der Region bereitstellt.

Unter dem Aspekt der sozioökonomischen Resultate des Tourismus in der P.A.C.A. wurden vor allem die Auswirkungen auf den regionalen Arbeitsmarkt untersucht. Wichtig erscheint in diesem Zusammenhang, daß in den achtziger Jahren allein der Tertiäre Sektor einen Zuwachs an Beschäftigten zu verzeichnen hatte und daß diese Ausweitung der Beschäftigung im Dienstleistungssektor vorwiegend im Zusammenhang mit dem Tourismus erfolgte. Angesichts einer unterdurchschnittlichen regionalen Frauenerwerbsquote ist es außerdem von Bedeutung, daß der touristische Beschäftigungseffekt hauptsächlich auf einer Zunahme der Zahl weiblicher Beschäftigter beruhte, während zugleich die Zahl der im primären und sekundären Sektor arbeitenden Männer rückläufig war.

Sehen wir von einer regionsspezifischen Bilanzierung der touristischen Arbeitsmarkteffekte ab, so treten diese intraregional in den einzelnen Teilräumen durchaus differenziert auf. Ihre Intensität spiegelt die Unterschiede in der Struktur des touristischen Angebots wider. Paradoxerweise sind die touristischen Arbeitsmarkteffekte in den mittleren und höheren Teilen des Küstenhinterlandes (Haut- et Moyen-Pays) maximal ausgeprägt. Dics resultiert aus der dortigen völlig obsoleten Angebotsstruktur im Beherbergungsgewerbe, dessen geringer Modernisierungsgrad ein arbeitsintensives Wirtschaften bedingt. Demgegenüber weist die intensivere, moderne touristische Erschließung an den Küsten und in den Wintersportgebieten (Département Alpes-Maritimes) in der Fremdenverkehrswirtschaft eine höhere Kapitalintensität und einen extensiveren Einsatz des Faktors Arbeit auf.

Die Umsätze in der Fremdenverkehrswirtschaft der P.A.C.A. unterliegen ähnlichen räumlichen Differenzierungen wie die Auswirkungen auf den Arbeitsmarkt. Im Vergleich zu den übrigen französischen Fremdenverkehrsgebieten sind die Umsätze in der Region relativ hoch, intraregional jedoch je nach den jeweils am Ort vertretenen Fremdenverkehrsarten sowie der Struktur des Beherbergungsgewerbes stark differenziert. Die höchsten Umsätze pro Bett und Jahr werden im Städte- und Kulturtourismus in der Provence, die niedrigsten auf den Zeltplätzen an der Küste und im Hinterland erzielt.

Einen Schwerpunkt der vorliegenden Arbeit bildet die Analyse der Zusammenhänge zwischen Grundeigentumsstruktur, Bodenmobilität und Immobilienspekulation, die zu den wichtigen Steuerungsmechanismen der Regionalentwicklung in den Küstendépartements der Region zählen. In der Provence wird dabei die „klassische" Flächenkonkurrenz zwischen Landwirtschaft und touristischen Raumansprüchen durch das Vorhandensein von reichlich Ödland und einem allgemeinen Entagrarisierungsprozeß relativiert. Die Parzellengrößen des Grundeigentums können zur Analyse und Abgrenzung des Urbanisierungsprozesses in den Départements Bouches-du-Rhône und Var herangezogen werden, der mit dem Anteil von Kleinparzellen (unter 2500 m²), dem Überbauungsgrad und der Entwicklung der Wohnbebauung korreliert. Die Arbeit zeigt neben den allgemeinen Verstädterungsprozessen in den Räumen Marseille-Aix-en-Provence, Etang-de-Berre und Toulon besonders den Ausbau der Küstengemeinden für Tourismus, Freizeitwohnen und Altersruhesitze und sein Übergreifen auf besonders attraktive Hinterlandsgemeinden. Dabei werden Umfang und Steuerungsmechanismen dieses Agglomerationsprozesses analysiert; die sozialgeographisch wichtige Frage nach seinen Trägern beantwortet. Neben der Parzellengröße erweist sich nämlich die Struktur der Grundeigentümer (Merkmale: räumliche Herkunft, Anteile von natürlichen und juristischen Personen, agrarstrukturelle Zuordnung) als ein die Hinwendung zu touristischen Entwicklungsprojekten steuernder Faktor. Eine besonders große Offenheit für diese zeigen privatrechtlich organisierte juristische Personen aus den Agglomerationen der P.A.C.A. oder auch extraregionaler Herkunft; dies resultiert aus der Übertragung städtischer Bewertungskriterien auf den ländlichen Raum.

Obwohl überwiegend nichtlandwirtschaftliche Grunderwerber die aktuelle Bodenmobilität bestimmen, besteht in den Départements Bouches-du-Rhône und Var doch keine unmittelbare Beziehung zwischen dem Rückgang der landwirtschaftlichen Flächennutzung und der Ausweitung der freizeitbedingten Raumansprüche. Grundsätzlich voneinander zu trennen sind einerseits der allgemeine Entagrarisierungsprozeß, dessen vielfältige und auch kleinräumige Differenzierung von den jeweiligen agrarwirtschaftlichen und -sozialen Strukturen abhängt, und die Zunahme von Freizeitnutzungen, für die auch innerhalb des Grundeigentums intakter landwirtschaftlicher Betriebe ein erhebliches Potential an Reserveflächen zur Verfügung steht. Anders sieht die Lage im Département Alpes-Maritimes aus, wo im Küstenbereich durchaus eine starke Flächenkonkurrenz von Landwirtschaft (Blumenkulturen), Verstädterung und touristischer Nutzung zu verzeichnen ist. Im Hinterland der Côte d'Azur (Moyenne- und Haute-Montagne) hat die Landwirtschaft allerdings aufgehört, als wirtschaftlicher Konkurrenzfaktor zur touristischen Bodenmobilität in Erscheinung zu treten; der Prozeß der Entagrarisierung ist dort faktisch vollzogen.

Eine Besonderheit der Côte d'Azur besteht im großen Umfang des Immobilienerwerbes durch Ausländer, der ein seit Beginn ihrer touristischen Inwertsetzung persistentes Merkmal dieser Küste darstellt. In den übrigen Küstendépartements der Region P.A.C.A. sind die Anzahl der Immobilienkäufe durch Ausländer und ihr Anteil an der gesamten Bodenmobilität weitaus geringer. Die Herkunft der ausländischen Investoren, Art und Lage der von ihnen erworbenen Immobilien werden ausführlich analysiert. Die Probleme, welche das sehr hohe Preisniveau auf dem Immobilienmarkt für die Regionalentwicklung mit sich bringt, resultieren allerdings nicht nur aus der Nachfrage ausländischer und extraregionaler Immobilienkäufer. Sie sind auch eine Folge der besonders die Küstenzone betreffenden Immobilienspekulation. Diese wird anhand zweier Beispiele dargestellt, wobei wichtige Defizite der französischen Gesetzesregelungen (Code de l'Urbanisme) sichtbar werden. In diesem Zusammenhang werden Schwächen im Verfahren und den Inhalten der Regional- und Bauleitplanung diskutiert, die besonders als Folge der Dezentralisierungspolitik seit 1982 zutage treten. Ein wesentliches Problem bildet die neu geschaffene kommunale Planungshoheit hinsichtlich der Flächennutzungspläne; auch das Planungsinstrument der Zones d'Aménagement Concertées (Z.A.C.) führt häufig zu einer Überforderung der kommunalen Bauleitplanung.

Die aktuelle touristische Inwertsetzung der Küsten der Region Languedoc-Roussillon resultiert aus einer seit 1963 planmäßig durchgeführten Entwicklungspolitik, die den zentralistischen, nach sektoralen Vorgaben definierten Zielen der nationalen Wirtschaftsplanung folgt. Angesichts der Dimensionen des Projektes, das die Errichtung von 400 000 zusätzlichen Gästebetten auf einem 180 km langen Küstenabschnitt beinhaltete, ging es nicht allein darum, lediglich neue Beherbergungskapazität zu erstellen. Als Aufgabe stellte sich vielmehr die auf die touristische Inwertsetzung ausgerichtete Organisation des gesamten Küstengebietes. Die Verantwortung für die inhaltliche Konzeption wie auch für die Durchführung der Entwicklungsmaßnahmen lag bei der von 1963–1983 bestehenden Mission Interministérielle pour l'Aménagement Touristique du Littoral Languedoc-Roussillon, welche die Regionalentwicklungs- und Bauleitplanung für ihren Zuständigkeitsbereich, die Gesamtheit der Küstenzone, entwarf.

Durch das Prinzip eines räumlich diskontinuierlichen Siedlungsausbaus wurde die touristische Bebauung auf fünf touristische Entwicklungszonen (Unités Touristiques) konzentriert und so – im Unterschied zur Côte d'Azur – die Herausbildung eines geschlossenen, küstenparallelen Siedlungsbandes verhindert. Damit konnten die Nachteile, auch die sozialen Kosten eines ungeregelten Siedlungsausbaus vermieden werden. Eine wesentliche Voraussetzung für die Realisierung des touristischen Erschließungsprojektes bestand in der Ausschaltung der Bodenspekulation, welche durch seine geheime Vorbereitung, umfangreichen staatlichen Grunderwerb an den zu bebauenden Flächen und durch spezielle planungsrechtliche Maßnahmen gelang.

Die rasche und umfangreiche Ausweitung des Küstentourismus führte dazu, daß auf diesen nunmehr über die Hälfte der gesamten Beherbergungskapazität der Region entfällt. Er ist zum dominierenden Faktor der touristischen Inwertsetzung des Languedoc-Roussillon geworden. Es erscheint daher wichtig, die sozioökonomischen Resultate der touristischen Erschließung der Küsten des Languedoc-Roussillon auch im Hinblick auf die zugrundeliegenden Planungsziele im einzelnen zu untersuchen.

Eine wichtige, regionalpolitisch gewollte Konsequenz der touristischen Erschließung der Küste war ein erster größerer Investitionsschub in diese periphere Region Frankreichs; ca. 6 Mrd FF – zu zwei Dritteln Investitionen privater Bauträger – wurden in den Ausbau des Küstentourismus investiert. Die raumwirtschaftlichen Effekte dieser Investitionen zeichnen sich durch einen hohen Effektivitätsgrad aus, der sowohl den staatlichen als auch den privaten Sektor kennzeichnet. Dabei ist zu berücksichtigen, daß es im Gegensatz zur Planungskonzeption und zu den Verhältnissen in der Region P.A.C.A. im Languedoc-Roussillon nicht gelang, Ausländer zu wesentlichen Investitionen in den neuen Touristenzentren (Ausnahme: Cap d'Agde) zu bewegen; Träger der Entwicklung sind vorwiegende französische, zum großen Teil aus der Region stammende Kapitalgeber.

Die Auswirkungen der touristischen Erschließung auf den regionalen Arbeitsmarkt sind jenen in der Region P.A.C.A. vergleichbar; auch im Languedoc-Roussillon gibt der Tertiäre Sektor im Zeitraum 1976–1982 den entscheidenden Impuls für die Zunahme an Erwerbspersonen, während die anderen Wirtschaftssektoren durch eine negative Beschäftigungsdynamik gekennzeichnet sind. Die touristischen Arbeitsmarkteffekte werden für die Region detailliert, so nach Teilräumen der Küstenzone, analysiert. Hervorzuheben ist auch hier, daß die Ausweitung der Beschäftigung besonders weiblichen Arbeitskräften und jüngeren Jahrgangsgruppen zugute kommt. Es profitieren von den Beschäftigungseffekten der Intensivierung des Tourismus also vor allem Gruppen, die in dieser Region bisher besonders schwer Arbeit fanden und eine überdurchschnittlich hohe Arbeitslosigkeit aufweisen. Positiv ist weiterhin zu bemerken, daß die touristischen Beschäftigungseffekte zu 80% Einheimischen zugute kommen. Negativ zu bilanzieren ist, daß die Angebotsstruktur im Beherbergungsgewerbe durch ein Überwiegen an Ferienwohnungen und Unterkünften auf Zeltplätzen gekennzeichnet ist, d.h. daß relativ arbeitsextensive Unterkunftsformen gewählt wurden. Hier besteht ein eindeutiger Widerspruch zur planerischen Zielsetzung der Ausweitung des Küstentourismus, in welcher der Ausweitung der regionalen Beschäftigungsmöglichkeiten ein sehr hoher Stellenwert eingeräumt wurde, der jedoch höhere Anteile arbeitsintensiver gewerblicher Beherbergungsbetriebe vorausgesetzt hätte. Hinzu kommt, daß der zeitlichen Konzentration der touristischen Nachfrage (vorwiegend Inländer- und Badetourismus) entsprechend ein Teil der Arbeitsmarkteffekte auf Saisonarbeitskräfte entfällt.

Zur Verdeutlichung der wirtschaftlichen Bedeutung des Fremdenverkehrs gibt die Arbeit eine Analyse der touristisch bedingten Umsätze und ihre Bewertung im innerfranzösischen Vergleich. Es folgt – als methodische Innovation – eine intraregionale Fallstudie, die am Beispiel des Départementes Pyrénées-Orientales die kleinräumige Differenzierung und sozialgruppenspezifische Verteilung der touristischen Einnahmen im zeitlichen Ablauf zweier Stichjahre zeigt.

Damit wurde über den Küstentourismus hinausgreifend die *touristische Erschließung des Hinterlandes* in die Betrachtung einbezogen. Sie ist – noch – wesentlich geringer ausgeprägt als jene des Hinterlandes der Côte d'Azur oder der Küsten des Var; im Languedoc-Roussillon überwiegen Zweitwohnsitze und Sozialtourismus bei weitem. Eine besondere Bedeutung nimmt allerdings unter dem Aspekt der Prozeßanalyse und im Hinblick auf mögliche zukünftige Entwicklungen der umfangreiche Grunderwerb im Hinterland ein, der von regionsfremden Franzosen und vor allem ausländischen Investoren getragen wird. Er wird anhand von Beispielsgebieten aus den östlichen Pyrenäen genauer untersucht.

Als wichtigstes Entwicklungsproblem des Tourismus im Gebirge und im Hinterland (Arrière-Pays) von Languedoc und Roussillon sind – ähnlich wie in der Provence – die kleinbetriebliche Struktur, häufig geringe fachliche Qualifikation und die Überalterung im Hotelgewerbe anzusehen. Innovationen sind hier eher dem Sozialtourismus zuzurechnen. Da der touristische Ausbau der Küstengebiete zunächst die intraregionalen Disparitäten zuungunsten des Hinterlandes und der Berggebiete verstärkt hat, stellt die touristische Erschließung dieser Räume nunmehr ein regionsspezifisches Entwicklungsziel dar. In Verbindung mit der zugleich geförderten Restrukturierung der Landwirtschaft kann die Förderung des Tourismus zur Revitalisierung des ländlichen Raumes im mediterranen Midi beitragen.

RÉSUMÉ

La recherche s'occupe de la question dans quelle mesure le tourisme contribue au développement régional du Midi méditerranéen de la France, et par conséquent, à la diminution des disparités inter- et intrarégionales. Dans cet ordre d'idées, des régions clasées différement sur l'échelle de la mise en valeur touristique sont comparées avec la Côte d'Azur et des côtes provençales d'une part et ceux du Languedoc-Roussillon d'autre part.

Après une discussion au sujet de la notion du développement, la mise en application du tourisme est demontrée comme moyen de la politique régionale en réalisant la planification économique centraliste en France. Concernant la mise en application du tourisme sur le plan de la politique régionale, il faut considérer les conséquences de la politique de régionalisation et décentralisation commencée en 1982. La planification et la politique économique sectorielle, effectuées selon des critères nationaux doivent être suivies d'une politique d'aménagement touristique exécutée et formulée sur le plan régional, départemental et communal.

Le deux régions méditerranéennes Languedoc-Roussillon et Provence-Alpes-Côte d'Azur*) sont défavorisées par leur distance de Paris et leur situation périphérique. Les disparités interrégionals sont intensifiées par les disparités intrarégionales. La croissance socioéconomique est déséquilibrée même dans la zone côtière normalement favorisée. Dans la région P.A.C.A. l'expansion du tourisme se déplace dans le département Var – ou, par rapport à la Côte d'Azur, la mise en valeur touristique a moins progréssé – et dans l'arrière-pays des différentes parties de la côte.

Le développement principal du tourisme littoral dans la région P.A.C.A. est montré depuis le milieu du 18ième siècle. La mise en valeur venant de l'exterieur des côtes provençales et de la Côte d'Azur est décrite en train de ce développmment, l'expansion du tourisme obéissant au principe du laissez-faire et da la domination extérieure se continuait pendant les années entre les guerres mondinales. L'entre-deux-guerres se rélevait cependant comme une période des transformations structurales de fond en comble: changement de l'origine regionale et da la structure sociale des touristes, transition du tourisme d'hiver au tourisme d'été; effets de la législation sociale de 1936 entraînant d'un seul coup l'expansion du tourisme intérieur et la limitation saisonnière à la période des vacances; perte de l'importance des hôtels de luxe.

Les années après la 2ième Guerre Mondial amenaient avec la continuation de ces tendances. Deux facteurs nouveaux concernant l'aménagement touristique du littoral de la région P.A.C.A.: augmentation rapide des logements de loisirs (villas ou appartements de week-end et de vacances) et l'expansion du tourisme social. Le déplacement du tourisme croissant de la Côte d'Azur au département du Var constaté depuis une dizaine d'années résulte entre autres des prix surélevés et irréalisables des terrains pour les logements de loisirs et le tourisme social dans la bande côtière des Alpes-Maritimes. Au-delà la Côte d'Azur manque des terrains libres et disponibles. Les effets économiques provoquant le déplacement touristique ainsi que les désavantages d'agglomération dans la zone cotière amènent de plus une intégration croissante de l'arrière-pays de la Côte d'Azur et du Var dans le procès d'aménagement touristique.

Les facteurs déterminant de l'influence extérieure à la région (prèpondérance de modèles extrarégionaux au développmment; compétences déterminantes extrarégionales concernant la planification, le financement et la réalisation des projets d'aménagement touristique) n'ont pas été touchés par la politique de décentralisation poursuivie depuis 1982. Ces facteurs déterminent en outre largement la mise en valeur touristique de l'arrière-pays de la Côte d'Azur et des côtes provençales.

La mise en exploitation touristique de l'arrière pays de la Côte d'Azur (sans Hautes-Montagnes) se fonde sur les concentrations d'artistes se formant vers le tournant du siècle. Elles dépendaient

* P.A.C.A.

immédiatement et médiatement de la mise en valeur touristique du littoral. Ce principe subsidiaire ainsi que les réserves d'espace dans l'arrière-pays provoquent en liaison avec l'accroissement préjudicable des agglomérations à la côte une intégration permanente de l'arrière-pays de la Côte d'Azur dans le procès d'aménagement touristique. L'aménagement touristique des zones intérieurs du Var est par contre basé sur la propre force d'attraction des régions loin de la côte attirant les touristes et les propriétaires des logements des loisirs domiciliés dans les agglomérations urbaines proches.

Sous l'aspect des résultats socio-économiques entrainés par la mise en valeur touristique des régions de la P.A.C.A., les effets sur le marché régional du travail sont spécialement étudiés. Dans cet ordre d'idées il est remarquable que dans les années 80 l'accroissement du nombre des employés n'était pas réduit au secteur tertiaire (au contraire au secteur secondaire), et que l'augmentation de l'emploi dans le secteur du service s'effectuait surtout en liaison avec le tourisme. En vue d'un taux de travail féminin au dessous de la moyenne, il est aussi important que la contribution du tourisme à l'indice régional d'activité amenait en premier lieu une augmentation du nombre des femmes salariés, tandis que le nombre des hommes salariés était regressiv. Le bilan de l'effet du tourisme sur le marché du travail n'est pas seulement établi par l'ensemble de la P.A.C.A.. Les resultats sont également présentés pour des régions partielles. Leur différences correspondent aux distinctions structurales de l'offre touristique. Paradoxalement l'effet du tourisme sur le marché du travail est le plus prononcé dans le haut et moyen arrière-pays du littoral. Ceci résulte des structures complètement dépassées de l'industrie hôtellière de cette région. Les régions de la côte et de sports d'hiver dans la P.A.C.A. ayant atteint un niveau élevé d'aménagement touristique montrent par contre une mise en application plus extensive du facteur de travail.

En présence des chiffres d'affaires élevés de l'industrie touristique dans la Provence et à la Côte d'Azur par rapport aux autres régions touristiques en France on constate des différences régionales considérables. Ces différeneces se développent en fonction des diverses genres du tourisme et de la structure de l'hôtellerie. Les plus hauts chiffres d'affaires par lit et par an sont obtenus par le tourisme urbain et culturel de la Provence, les plus bas sur les places de camping et de caravanning à la côte et dans l'arrière-pays.

Le présent ouvrage donne une analyse détaillée des relations entre la structure de la propriété foncière, la mobilité du terrain, et la spéculation immobilière. Ces facteurs fonctionnent tous ensemble comme mécanisme de contrôle du développement régional dans les départements côtières de la région P.A.C.A.. Dans la Provence la concurrence classique entre les surface agricoles et le accroisement d'usage touristique du sol prête pourtant à l'équilibre vu l'abondance de terres incultes. En même temps les rapports entre l'utilisation du sol attribuée des loisirs et l'agriculture sont superposés par un procès général de régression dans l'agriculture (superficie agricole et nombre des exploitations).

En analysant le procès d'urbanisation dans le département Bouches-du-Rhône et Var l'étendue des parcelles joue un rôle important. Le procès d'urbanisation montre une correlation entrant la part des parcelles de petite entendue (< 2500 m^2), la part du sol couvert de bâtiments et le développement des constructions locatives dans le communes récensées. L'ouvrage expose le procès d'agglomération dans les régions de Marseille, Aix-en-Provence, Etang-de-Berre et Toulon, ainsi que de développement des communes touristiques du littoral et de l'arrière-pays du Var attirant les propriétaires des maisons de campagne et des résidences de retraite.

Les projets d'aménagement touristique sont déterminés par l'éntendue des parcelles d'une part et par la structure sociale des propriétaires foncièrs d'autre part (caractéristiques: origine régionale, personnes privées ou juridiques). Les propriétaires privés ou les personnes juridiques privées sont très intéressés aux projets d'aménagement touristique. Cette tendance resulte du transfert des critères d'évaluation urbains aux régions rurales. La pésence prépondérante d'acquéreurs de terrain étant non-agriculteurs ne doit pas dissimuler que dans les Bouches-du-Rhône et dans le Var il n'y a pas de rapport causal entre l'importnace réduite de l'agriculture et l'expansion spatiale du tourisme. Le procès général de la régression dans l'agriculture dépendant de la différenciation régionale des structures économiques et sociales agraires doit être séparé par principe de l'organisation spatiale des loisirs croissants. Le tourisme et les loisirs de proximité offrent parmi les exploitations agricoles intactes, vu la présence d'une grande réserve des surfaces inutilisées, un potentiel important pour l'amélioration du stock des

Résumé 369

capitaux de roulement. Dans la zone côtière du département des Alpes-Maritimes par contre l'agriculture (culture des fleurs), l'urbanisation et l'aménagement touristique se disputent les superficies. Dans l'arrière-pays (Moyenne et Haute Monatagne) l'agriculture ne présente toutefois plus une concurrence économique pour l'utilisation d'espace par le tourisme, le procès dit l'exode rural étant accompli.

Une particularité de la Côte d'Azur consiste en l'acquisition immobilière par des étrangers datant depuis le début de la mise en valeur touristique des Alpes-Maritimes. Dans les autres départements côtières le nombre des acquisitions immobilières par des étrangers est de beaucoup moins important. L'origine des investisseurs, les marques distinctives et la site des immeubles sont analysées en détail.

Les problèmes se posant pour le développement régional face à un niveau de prix élevé sur le marché immobilier, ne résultant pas seulement de la demande d'immeubles par des étrangers et des acquéreurs français extrarégionaux. Ils s'ensuivent surtout de la spéculation immobilière dans la zone côtière. Celle-ci est démontrée en deux exemples rélévant les vices de la législation française. Dans cet ordre d'idées des faiblesses dans la planification régionale et la réglementation de l'urbanisme apparaissent se manifestant en particulier par suite de la politique de décentralisation. Un problème essentiel réside dans la nouvelle souveraineté communale de planification concernant les plans d'occupation du sol (P.O.S.) et la création des zones d'aménagement concertées (Z.A.C.). Elle entraîne souvent une surmenage des mécanismes de la politique d'urbanisme et de l'infrastructure communale.

La mise en valeur touristique actuelle des côtes du Languedoc-Roussillon est le résultat d'une politique d'aménagement exécutée depuis 1963 selon des critères méthodiques, centralistes et sectoriels de la planification économique nationale de la France. En vue des dimensions du projet – établissement de 400 000 lits supplémentaires dans le littoral s'etendant sur une longeur de 180 km – il n'était pas premièrement important d'organiser des capacités supplémentaires dans l'hôtellerie. L'effort était concentré sur l'organisation de la région dans le cadre de l'organisation d'éspace touristique. Le projèt a été réalisé de 1963 sous la responsabilité de la Mission Interministérielle pour l'Aménagement Touristique du Littoral Languedoc-Roussillon. Cette institution a également dressé les plans d'aménagement régional et de réglementation de l'urbanisme dans la zone littorale. Les fins visées et les procédés de la Mission son exposés en détail.

En réalisant le principe d'une implantation du tourisme concentrée – déconcentrée cinq unités touristiques ont été crées, ainsi evitant la formation d'une bande d'agglomérations compacte le long de la côte, et éludant également les désavantages et les frais sociaux émanent d'un aménagement non réglé comme p. ex. à la Côte d'Azur. En outre la spéculation foncière a été eliminé grâce à la préparation et la réalisation du projet dans le cadre de mesures légales relatives à la planification spéciale pour le littoral du Languedoc-Roussillon. Face à l'expansion prodigieuse du tourisme côtier représentant plus de la moitié de la capacité de la hébergementrégionale, cellui-ci est actuellement le facteur dominant de la mise en valeur touristique régionale. Les résultats socio-économiques de l'aménagement touristique des côtes du Languedoc-Roussillon sont étudiés en détail.

L'aménagement touristique amenait un flux d'investissement au Languedoc-Roussillon. Sur le plan de la politique régionale une conséquence importante de cette aménagement était l'investissement de 6 milliards de francs dans cette région périphérique dont deux tiers provenaient de placement des capitaux privés. Dans cet ordre d'idées il est remarquable que – par rapport aux côtes des P.A.C.A. – dans la Région Languedoc-Roussillon le nombre des investisseurs d'origine française et des créditeurs domiciliés localement est très supérieurs à celui des investisseurs étrangers. Concernant l'économie régionale les effets de ces investissements sont intensifiés par une grande efficacité des investissements publics et privés.

En ce qui concerne les effets sur le marché régional du travail, l'accroissement de l'emploi dans la période de 1976 à 1982 était – comme p. ex. dans la région des P.A.C.A. – surtout amené par l'impulsion de secteur tertiaire, tandis que dans les autres régions et secteurs d'économie l'emploi était régressif. Les effets du tourisme sur le marché du travail de la région Languedoc-Roussillon et des subrégions partielles du littoral sont analysés en détail. Il faut également souligner que l'accroissement de l'emploi se rapporte surtout aux personnes féminines et jeunes, cet-à-dire à des groupes de la population affectées puisque là d'un chômage au dessus de la moyenne et des difficultés de trouver un emploi dans cette région. De plus les habitants indigènes profitant de 80% des effets de l'accroisement de l'emploi. Un effet négatif résulte par contre du manque des offres dans l'industrie hôtellière. C'est-à-dire il existe une grande préponderance des appartements et des possibilités d'hébergement aux places de camping et dans le secteur du tourisme social, favorisant des dépenses réduites de travail dans le tourisme du littoral. En outre, par suite de la concentration saisonnière de la demande touristique (surtout du tourisme intérieur de la France), les effets sur le marché du travail sont partiellement entravés par les fluctuations saisonnières.

L'ouvrage donne une analyse des chiffres d'affaires touristiques et de leur évaluation en comparant les régions françaises dans l'ensemble. Elle est suivié-à titre d'innovation méthodique – de l'étude d'un exemple limité au département des Pyrénées-Orientales. Au moyen de cet exemple la différenciation spatiale et la répartition des recettes touristiques sont expliquées par rapport aux différenetes groupes sociales.

Ainsi, en supplément les recherches au tourisme du littoral, l'aménagement touristique de l'arrière-pays est analysé. La mise en valeur de cette région a moins progessé, que celle de la Côte d'Azur et du Var. Dans l'arrière-pays et dans la Moyenne Montagne l'utilisation touristique des résidences secondaires est prédominante. Un rôle particulièrement important joue cependant l'acquisition foncière par des investisseurs extrarégionaux et étrangers. Il est étudié de plus près moyennant l'exemple des Pyrénées-Orientales. Un problème essentiel de l'aménagement touristique dans la montagne et l'arrière-pays réside – analogue à la Provence – dans la structure inadaptée des petites exploitations de l'hôtellerie. Les innovations sont plutôt amenées par le tourisme social. La mise en valeur touristique du littoral ayant intensifiée les disparités intrarégionales en défavorisant l'arrière-pays et les régions montagneuses du Languedoc-Roussillon. L'aménagement touristique de ces régions sera desormais poursurvie en priorité. En liaison avec un certain renouvellement de la structure agricole le tourisme peut contribuer à la revitalisation des régions rurales et défavorisés.

9. LITERATUR

A.C.E.A.R. (Hrsg.) 1979: Inventaire de l'hébergement et accueil en milieu rural. – Paris
A.C.T. (Hrsg.) 1976: Impact économique et conditions de financement des ports plaisance. – Boulogne
A.I.E.S.T. (Hrsg.) 1974: Tourisme en espace concerté, tourisme en espace rural: opposition ou complémentarité? (= Rapports et communication au 24 congrès de l'A.I.E.S.T. 9/14 Septembre 1974); Berne
ALBERT, W. 1972: Wirtschaftsförderung als Regionalpolitik. – In: Finanzpolitik und Landesentwicklung, Veröffentl. der Akademie für Raumforschung und Landesplanung, Forschungs- und Sitzungsberichte 84, S. 21–26; Hannover
v. ALBERTINI, R. 1981: Probleme der Entwicklungsländer, Entwicklungshilfe und Nord-Süd-Konflikt. – In: W. Benz, H. Gramel (Hrsg.), Weltprobleme zwischen den Machtblöcken – Das zwanzigste Jahrhundert III (= Fischer Weltgeschichte, 36), S. 394–472; Frankfurt
ALIAS, P.
BILLAUDEL, M. 1985: Natalité et fécondité en Languedoc-Roussillon. – Repères (1), S. 5–11; Montpellier
ANDREAE, C.A. 1970: Ökonomik der Freizeit. Zur Wirtschaftstheorie der modernen Arbeitswelt. – Reinbeck
ANDRIEUX, D.
SOULIER, A. 1980a: Physiognomie du tourisme en Languedoc-Roussillon. Une enquête sur les résidences secondaires. – Repères (2) 1980; Montpellier
– 1980b: Enquête sur les résidences secondaires. – C.R.P.E.E.; Montpellier
ANGIER, P. 1979: L'industrie hôtelière dans les Alpes Maritimes. – Chambre de commerce et de l'industrie de Nice et des Alpes Maritimes, Nice-Region; Nice
– et al. 1979: Emploi région VIIIe plan. – Comité Economique et Social, P.A.C.A., Marseille
ANSOURIAN, B. 1982: Une station balnéaire: Cassis. – Université de Lyon II, Maîtrise de tourisme; Lyon
ANSOURIAN, M. 1982: Carry-le-Rouet: Une station balnéaire dans l'orbite de l'aire métropolitaine Marseillaise. – Maîtrise de tourisme, Université de Lyon II; Lyon
ARCHER, B. A. 1977: Tourism Multipliers: The State of the Art. – Bangor Occasional Papers in Economics N° 11; Bangor (Nord Wales)
A.R.E.E.A.R. – P.A.C.A. (Hrsg.): Aménagement rural de la région P.A.C.A., 1. le peuplement, l'espace naturel, 2. les activités économiques. – Marseille, o.J.
ARNAUD, D. 1975: La neige empoisonnée. – Paris
ARNOLD, A. 1972: Der Fremdenverkehr in Tunesien. Entwicklung, Struktur, Funktion und Fremdenverkehrsräume. – Würzburger Geographische Arbeiten 37, S. 453–489
– 1983: Fremdenverkehr in Tunesien. Ein Beitrag zur Entwicklungsländerproblematik. – Geographische Rundschau 35, S. 638–643
A.S.S.E.D.I.C. Languedoc-Roussillon-Cevennes (Hrsg.) 1981:
– 1.1.1981: Document pour l'étude de l'emploi régional. – Montpellier
– 1.1.1982: Document pour l'étude de l'emploi régional. – Montpellier
– 1.1.1983: Document pour l'étude de l'emploi régional. – Montpellier
– 1.1.1984: Document pour l'étude de l'emploi régional. – Montpellier
– 1.1.1985: Document pour l'étude de l'emploi régional. – Montpellier
ASSEMBLÉE NATIONALE (Hrsg.) 1984a: Projet de loi adopté par l'Assemblée nationale en première lecture, relatif au développement et au développement et à la protection de la montagne. – Seconde session ordinaire de 1983/84 N° 596; Paris
– 1984b: Projet de loi adopté avec modifications ... – Première session ordinaire 1984/85, N° 696; Paris
– 1985: Loi relative au développement et à la protection de la montagne ... – Texte definitif. Loi N° 85-30 du 9 janvier, Paris

Asso, B. 1980: Les migrations touristiques: criminalité et impact des migrations touristiques sur les missions et l'organisation des forces de police, l'exemple des Alpes Maritimes. – C.H.E.T., Cahiers du tourisme, série A, N° 24; Aix-en-Provence

ASSOCIATION DE L'ATLAS REGIONAL 1969/FACULTE DES LETTRES ET SCIENCES HUMAINES DE MONTPELLIER (Hrsg.): Atlas Languedoc-Roussillon. – Paris

ASSOCIATION DÉPARTEMENTALE du TOURISME des BOUCHES-du RHÔNE (Hrsg.) 1981: Inventaire des produits touristiques proposés dans les Bouches-du-Rhône pour 1981. – Marseille

A.T.L.R. (Hrsg.) 1981: Agence d'urbanisme pour l'aménagement touristique du Languedoc-Roussillon: Tourisme social en Languedoc-Roussillon. – Montpellier

– 1982a: Un „haut canton" en mutation- un arrière pays proche: Le canton de Vallerauge dans le Gard. – Montpellier

– 1982b: Le canton de Saint-André-de-Valborgne dans le Gard. – Montpellier

A.T.L.R./D.R.E. du LANGUEDOC-ROUSSILLON (Hrsg.) 1978: La fréquentation touristique du Cap d'Agde et de Sète pendant les vacances scolaires du printemps. – Montpellier

AURIAC, F. 1975: Tourisme, activités, peuplement: un exemple sur le littoral des Maures (Var). – In: L. PEDRINI (Hrsg.): Tourisme et vie régionale dans les pays méditerranéens (= Actes du colloque de géographie du tourisme, Taormina, 2–5 avril 1973), S. 125–133; Rimini

AYDALOT, Ph. 1983: Crise économique, crise de l'espace, crise de la pensée spatiale. – In: B. PLANQUE (Hrsg.): Le développement décentralisé. Dynamique spatiale de l'économie et planification régionale, S. 87–105; Paris

BABEAU, A.

STRAUSS-KAHN, D. 1977: La richesse des Français, épargne, plus-value, héritage. – Paris

BADOUIN, R. et al. 1968: Région et développement. L'économie du Languedoc-Roussillon. – Paris

BAEDEKER, K. 1901: Le Sud-Ouest de la France de Loire à la frontière d'Espagne. – Leipzig, Paris

– 1910: Le Sud-Est de la France du Jura à la Méditerranée. – Leipzig, Paris

– 1913: Die Riviera und das südöstliche Frankreich. Korsika. Die Kurorte in Südtirol, an den oberitalienischen Seen und am Genfer See. – Leipzig

– 1914: Southern France including Corsica. – Leipzig, London, New York

BÄHR, J. 1983: Bevölkerungsgeographie. Verteilung und Dynamik der Bevölkerung in globaler, nationaler und regionaler Sicht. – Stuttgart

BAHLBURG, M. 1979: „Orientierungswerte für die Infrastrukturplanung:" Analysenwerte und Zielindikatoren der Planung im Bund, Ländern und Gemeinden. – Hannover

BAHRENBERG, G.

GIESE, E. 1975: Statistische Methoden und ihre Anwendung in der Geographie. – Stuttgart

BALL, D. A. 1971: „Permanent Tourism: a New Export Diversification for Less Developed countries." – Revista de Desarollo International, 13, S. 20–23; Washington/D.C.

BANQUE DE FRANCE (Hrsg.) 1982: Conjoncture économique en Languedoc-Roussillon. – Paris

BARASORDA, M. 1963: „Tourism in Development Planning." – Planning for Economic Development in the Caribean, S. 90–102; Hato Rey

BARATIER, E. et al. (Hrsg.) 1969: Atlas historique Provence, Comtat Venaissin, Principauté d'Orange, Comté de Nice, Principauté de Monaco. – Paris

BARBIER, B. 1966: Tourisme et emploi en Provence – Côte d'Azur. – Méditerranée, (16), S. 207–228

– 1967: Logements de vacances et résidences secondaires dans le sud-est méditerranéen. – Les cahiers du tourisme C.E.T. Aix, Série A, 305, S. 1–19

– 1969: Villes et centres des Alpes du Sud. Etude de réseau urbain. – Etudes et traveaux de Méditerranée, N° 6; Gap

– 1975: Le tourisme international dans les pays méditerranées. – In: L. PEDRINI, (Hrsg.): Tourisme et vie régionale dans les pays méditerranées (= Actes du Colloque de Géographie du Tourisme, Taormina, 2–5 avril 1973), S. 7–14; Rimini

– et al. (Hrsg.) 1976: Atlas de Provence – Côte d'Azur. – Le Paradou

– 1977: Les résidences secondaires et l'espace rural français. – Norois 96, S. 5–8; Poitiers

– 1978a: Le tourisme et ses problèmes en Camargue. – Rev. Roumaine de Géologie, Géophysique et Géographie, 22, (1), S. 79–82; Bucarest

- 1978b: Skiing and Winter Resorts Around the World. – In: SINNHUBER, K. A./JÜLG, F. (Hrsg.): Studies in the Geographie of Tourism and Recreation (= Wiener Geogr. Schr., 51/52), S. 130–146; Wien
- 1984: Capacité d'hébergement et régions touristiques en France. – Rev. de Géographie de Lyon, 59, (1/2), S. 41–49
- et al. 1976: Le tourisme dans une haute vallée de montagne: les transformations de Var. – Méditerranée, 26, (3), S. 3–18

BARBICHON, G. et al. o.J.: Aspects sociologiques de l'aménagement touristique du littoral du Languedoc-Roussillon. – Centre de Sociologie Européenne, Ecole Pratique des Hautes Etudes, VIe Section; Paris

BARDOLET, E. 1980: Tourism in the Balearic Islands. – Zschr. für Fremdenverkehr, 35, (4), S. 18–21

BARELLO, A. 1983: Le nouveau paysage du maquis et de la garrigue (Aspres, Fenouillèdes, Corbières). – Thèse de 3ième cycle, Université de Montpellier III, U.E.R. de Géographie

BARETJE, R. 1974: Tourisme, emploi, secteur tertiaire. – In: L'inévitable montée du tertiaire, la peur démographique; Economie et Humanisme, N° 215, S. 33–51; Caluire
- 1975: Superficies requises pour satisfaire les besoins de détente et de santé publique dans les pays du marché commun en 1980. – In: L. PEDRINI (Hrsg.): Tourisme et vie régionale dans les Pays méditerranéens (= Actes du colloque géographie du tourisme, Taormina, 2–5 avril 1973), S. 17–44
- et al. 1971: L'image touristique de l'aire de St. Tropez – Frejus – St. Raphaël. – C.H.E.T.-Aix en Provence, 1971

BARETJE, R.
THUROT, J. M. 1975: Réflexions sur l'aménagement touristique du Languedoc-Roussillon. – In: Aspects du tourisme, interrogations sur le marketing. – Economie et Humanisme, N° 226, S. 52–63; Caluaire

BARNLEY, P.
PAILLET, P. 1978: Les néo-artisans. – Paris

BAROIN, D.
FRACHEBOUD, P. 1983: Les P.M.E. en Europe et leur contribution à l'emploi. – (= Notes et études documentaires N° 4715/16, La Documentation Française); Paris

BARRÈ, J. 1986: Quel cadre politique pour la tourismatique?. – Espaces N° 78, S. 19–22

BARRÈRE, P. 1982: Le Cap Ferret: développement touristique et contraintes de l'environnement. – In: Colloque franco-espagnol sur les espaces littoraux. – Novembre 1981, S. 417–428; Madrid

BARRÈRE, P.
CASSOU-MOUNAT, M. 1973: Le schéma d'aménagement de la côte aquitaine. – Rev. Géographique des Pyrénées et du Sud-Ouest, 44, S. 303–320; Toulouse

BARTELS, D. 1964: Das Maures-Bergland. Ein nordmediterranes Mittelgebirge in seinen Wandlungen. – Wiesbaden

BARTELS, D. 1978: Raumwissenschaftliche Aspekte sozialer Disparitäten. – In: Festschr. Hans Bobek zum 75. Geburtstag, Mitt. Österr. Geographische Gesellsch., 120, S. 227–242; Wien

BARTHEZ, J. C. 1979: L'été 1978 dans les stations nouvelles du Littoral Languedoc-Roussillon, quelques aperçus. – A.T.L.R.; Montpellier
- 1980: Le tourisme dans la Moyenne Vallée de l'Hérault. Enquête-Echo. – Montpellier
- 1981: Tourisme entre mer et montagne. Reconversion nécessaire pour la Mayenne Vallée de l'Hérault?. – Bull. Soc. Languedocienne de Géographie, 3ième Serie, 15, S. 231–254
- o.J.: Loisirs de plein air. Les activités de plein air des citadins en Languedoc-Roussillon. – Les citadins, la mer, la campagne. Le mouvement général de sortie hors de la ville. Enquête par questionnaire A.T.L.R.; Montpellier

BAUDOIN, R. et al. o.J.: Région et développement-l'économie du Languedoc-Roussillon. – C.P.R.E.E.; Montpellier

BAUMHACKL, H. 1976: Der Kaptialeinsatz im Fremdenverkehr. – Tagungsbericht und wissenschaftliche Abhandlungen des 40. Deutschen Geographentages, hrsg. v. H. Uhlig u. E. Ehlers, S. 696–705; Wiesbaden

BEAUJEU-GARNIER, J. 1974: Toward a New Equilibrium in France? – Annals of the Association of American Geographers 64, S. 113–125

BECAT, J. 1973: Les Albères: crises économiques et déprise humaine dans une petite montagne méditerranéenne. – Bull. Société Languedocienne de Géographie, 3ième Série, 7, S. 263–285; Montpellier

– 1977: Problèmes et aspects de l'aménagement des Pyrénées en Catalogne Nord. – Bull. de la Société Languedocienne de Geographie, 3ième Série, 11, S. 153–183; Montpellier

BECKER, C. 1979: Regionalpolitische Aspekte des Fremdenverkehrs. Möglichkeiten und Grenzen in der Bundesrepublik und in der Region Trier. – In: HINSKE, N./MÜLLER, M. J. (Hrsg.): Reisen und Tourismus. Auswirkungen auf die Landschaft und den Menschen (= Trierer Beiträge, Sonderheft 3), S. 33–38; Trier

– 1984: Neue Entwicklungen bei den Feriengroßprojekten in der Bundesrepublik Deutschland – Diffusion und Probleme einer noch wachsenden Betriebsform. – Zeitschr. f. Wirtschaftsgeogr. 28, S. 164–185, Frankfurt a.M.

BEHAGHEL, I. 1986: L'initiative publique dynamisée. – Espaces N° 78, S. 32–35

BEL, Ph. 1985: Evolutions sectorielles d'emploi des qualifications et adaptation formation emploi en Languedoc-Roussillon. – Economie Méridionale 33, S. 43–55; Montpellier

BENAGLIA, J. P. 1981: Bilan de la saison touristique dans les Alpes Maritimes. – Chambre de Commerce et de l'Industrie de Nice et des Alpes Maritimes; Nice

BENES, G. 1975: Mandelieu-La Napoule. – Laboratoire de Géographie Raoul Blanchard; Nice

BERGER, A. et al. 1973: Investissements touristiques et emplois sur le littoral languedocien. – Economie Méridionale, (21) N° 84, S. 2–23; Montpellier

– 1975: La nouvelle économie de l'espace rural. – Paris

BERGER, A.

CATANZANO, J. 1985a: La socio-économie de la reconquête de l'espace rural en Languedoc-Roussillon. – C.P.R.E.E.; Montpellier

– 1985b: Rapport sur les migrations interrégionales dans l'arrière-pays de Provence-Alpes-Côte d'Azur. – C.R.P.E.E.; Montpellier

BERGER, A.

ROUZIER, J. 1977: Villes et campagnes, la fin d'un dualisme. – Paris

– 1979: Perspectives languedociennes. – C.R.P.E.E.; Montpellier

– 1980: Changement social et économique villageoise vers la mise en place d'un système d'observation permanente. – Economie Méridionale, 28, (3), S. 27–40; Montpellier

– 1981: Vivre et produire en Languedoc-Roussillon. Approche économique et humaine. – Paris

BERGER, M. et al. 1980: Urbanisation et analyse des espaces ruraux péri-urbains. – L'Espace Géographique, N° 4, S. 303–313

BERNARD, M.-C. 1985: Des révélateurs du changement social: les conseils municipaux. – Economie Méridionale, 33, S. 119–126; Montpellier

BERNARD, M.-C.

MAUREL, M. C. 1983: La pluriactivité de la population agricole. Dimensions géographiques et socio-professionelles. – Société Languedocienne de Géographie, 17, S. 205–238

BERNARD, M.-C.

CARRIÈRE, P. 1985: Géopolitique, démographie et comportements électoraux. – Economie Méridionale, 33, S. 127–145; Montpellier

BERNARD, P. 1983: L'Etat et la décentralisation. Du préfet au commissaire de la République. – (= Notes et études documentaires, N° 4711/12, La Documentation Francaise); Paris

BERQUIN, A. 1970: Les rapports de l'homme et du paysage. Approche par la méthode des scénarios. – In: Protection des sites-sauvegardés de la nature, tourisme Provence Côte d'Azur; Aix-en-Provence

BERTHOLON, J. B. 1969: Aménagement du territoire: Languedoc-Roussillon, la Floride française. – Entreprise, N° 707, S. 51–59; Paris

BERTRAND, M. 1983a: L'enquête sur les vacances des Francais 1982. – In: R. DATZER (Hrsg.): So reisten die Europäer 1982. Ergebnisse von 15 europäischen Reiseerhebungen, S. 333–351; Starnberg

– 1983b: Die Urlaubsreisen der Franzosen. – In: R. DATZER (Hrsg.): So reisten die Europäer 1982. Ergebnisse von 15 europäischen Reiseerhebungen, S. 319–351; Starnberg
– 1984a: Les vacances des Français en 1981 et 1982. – Collection de l'I.N.S.E.E.; Paris
– 1984b: Les vacances. – In: I.N.S.E.E. (Hrsg.): Données sociales 1980 S. 253–257; Paris
BESSEAU, P. 1983: Quel espace foncier pour l'hébergement de plein-air sur le Littoral? – Nantes
BETEILLE, R. 1970: Résidences secondaires en milieu rural: l'exemple du bassin rouergal du Viaur. – Revue Géographique des Pyrénées et du Sud-Ouest, 41, 2, S. 159–176
– 1981: La France du vide. – Géographie économique et sociale, hrsg. v. P. Claval, 14; Paris
BIANCARELLI, J. et al. 1978: Aménager les campagnes. – Paris
BILLAUDEL, M. 1983a: Le Languedoc-Roussillon: faible pour voyeur de richesse. – Repères, (2), S. 5–7; Montpellier
– 1983b: Migrations et emploi en vingt ans: de fortes disparités locales. – Repères, (3), S. 5–11; Montpellier
– 1983c: Les citadiens à la campagne. – Repères, (4), S. 19–26; Montpellier
– 1983d: L'emploi en 1984: un déclin passager?. – Repères, (4), S. 17–21; Montpellier
BIMA-LIORE, A. 1976: Monaco, principauté et ville à la recherche d'un nouvel art de vivre. – In: J. MIÈGE (Hrsg.): Loisir, environnement et qualité de la vie sur la Côte d'Azur (= Annales de la Faculté des Lettres et Sciences Humaines de Nice, N° 24), S. 97–127; Nice
B.I.P.E./C.R.P.E.E. 1982 (Hrsg.): L'activité du B.T.P. dans la région Languedoc-Roussillon. Diagnostic et perspectives. Tome 1: Le batiment; Montpellier
BIZAU, S. 1972: Le littoral du Languedoc-Roussillon, son aménagement, ses relations publiques. – Ecole Française des Attachés de Presse; Paris
BLANC, J. 1977: Choisir ses loisirs. – Paris
BLANGY, S. 1985: Monter les promouvoir, les vendre. L'expérience associative en milieu rural de la Haute Vallée de l'Orb (Hérault). – Espaces N° 73, S. 28–31
BLEITRACH, J. S.
CHENU, D. 1982: Regional Planning-Regulation or Deepening of Social Contradictions? The Example of Fos-sur-Mer and the Marseilles Metropolitan Region. – In: R. HUDSON/J. LEWIS (Hrsg.): Regional Planning in Europe, S. 148–178; London
BLOHM, E. 1976: Landflucht und Wüstungserscheinungen im südöstlichen Massif Central und seinem Vorland seit dem 19. Jahrhundert. – Trierer Geographische Studien, 1
BODEWES, T. G. W. 1979: L'effet du tourisme sur le pays en voie de développement. – In: Université de Nice (Hrsg.): Colloque Tourisme et Coopération Internationale, S. 44–62; Nice
BOEDOT, O.
STEIBEL, M. 1983: Les personnes agées dans les Alpes Maritimes. – In: I.N.S.E.E. (Hrsg.), Dossier, N° 10 (= Supplément à Sud Information Economique, N° 54); Paris/Marseille
BOISSEVAIN, J. 1979: Tourism and the European Periphery. – In: D. SEERS et al. (Hrsg.): Underdeveloped Europe, S. 125–135; Hassocks (Sussex)
BOND, M. E.
LADMAN, J. R. 1972a: „Tourism: A Strategy for Development". – Nebraska Journal of Economics, S. 37–53
– 1972b: „International Tourism and Economic Development: a Special Case for Latin America. – Mississippi Valley Journal of Business and Economics, H. 8, S. 43–55; New Orleans
BONNEAU, M. 1970: Les résidences secondaires dans le Sud Saumurois. – Espaces, N° 2, S. 42–46
– 1973a: Loisirs et fêtes dans le Saumurois. Méthodologie et résultats. – Institut de Géographie; Reims
– 1973b: Résidences secondaires et tourisme en Maine et Loire. – Bulletin de la Société Languedocienne de Géographie, 7, S. 307–319; Montpellier
– 1975: Travaux récentes sur le tourisme en espace rural. – In: Special Pays de Montreuil, Université de Lille, Institut de Géographie, Villeneuve d'Asc
– 1978a: Le tourisme en espace rural, une histoire pas si jeune. – Espaces, Tourisme, Loisirs, Environnement, N° 29, S. 13ff.; Paris
– 1978b: Le fait touristique dans la France de l'Ouest – contribution à une recherche sur le tourisme rural. – Thèse du doctorat d'Etat, Université de Haute-Bretagne, 3 vol.

– 1979: Tourisme et developpement rural dans les campagnes françaises. – Communication présentée au 10ᵉ Congrès de l'Association Européenne de Sociologie Rurale; Cordoue
BONNY, M. H. 1978: Les nouveautés dans les stations de ski des Alpes Maritimes. – Chambre de Commerce et de l'Industrie de Nice et des Alpes Maritimes; Nice
BONORAND, M. 1974: Zur Struktur und Problematik der touristischen Erschließung des französischen Berggebietes. – Diss.; Berne
BORIES, F. 1976: La vie permanente à Canet. – Economie Méridionale, N° 94, (2), S. 1–8
BORLETSIS, G. et al. 1976: Des loisirs pour le troisième âge. Etude sur la demande de loisirs de la population des Bouches-du-Rhône. – Comité d'expansion économique des Bouches-du-Rhône; Marseille
BOUDEVILLE, J. R. 1966: Problems of Regional Economic Planning. – Edinburgh
– 1972: Aménagement du territoire et polarisation. – Paris
– 1980: Die Begriffe Raum und Integration. – In: K. A. BOESLER (Hrsg.): Raumordnung (= Wege der Forschung 330), S. 394–414; Darmstadt
BOULE, A. F. 1970: Port Camargue, la cité des hommes de la mer. – Tourisme, Techniques et Organisation, N° 11, S. 48–52; Paris
BOURGET, J.
CADARS, A. 1983: La France – industrie, services depuis 1945. – Paris
BOUZAT, D.
GROSSO, R. 1975: Le tourisme culturel dans la Provence intérieure. – In: L. PEDRINI (Hrsg.): Tourisme et vie régionale dans les Pays méditerranéens (= Actes du colloque de géographie du tourisme, Taormina, 2–5 avril 1973), S. 107–113; Rimini
BOVIS, J. o.J.: Tourisme et emplois à Cannes. – U.E.R., Lettres et Sciences Humaines, Université de Nice
BOYER, M. 1962: La Géographie des vacances des Francais. – Revue de Géographie Alpine, 50, S. 485–518
– 1965: Le tourisme dans les Bouches-du-Rhône. – Université d'Aix-Marseille/Aix-en-Provence
BOYER, M. 1969: Le tourisme. – In: E. BARATIER et al. (Hrsg.): Atlas Historique: Provence, Comtat Venaissin, Principanté d'Orange, Comté de Nice, Principanté de Monaco, S. 84–87; Paris
BOUYSSOU, F.
HUGOT, J. 1981: Code de l'urbanisme commenté et annoté. – Paris
BOZOU, P. 1978: Note sur l'essor touristique de département de l'Ardèche. – Revue de Géographie de Lyon, 52, S. 355–360
BRANCHARD, M. 1984: La décentralisation dans un pays centralisé. – Lyon
BREHANT 1985: Le Tourisme Varois: Une Industrie? C.C.I. du Var; Toulon
BRINGE, S. 1982: Chambre d'Agriculture de l'Hérault. Etude sur les gîtes ruraux de la Moyenne Vallée de l'Hérault. – Montpellier
BRIQUEL, V. 1981: Emplois saisonniers en Languedoc-Roussillon. Hôtels, cafés, restaurants. – Repères, (3/4); Montpellier
– et al. 1982: L'industrie à la veille du IXième plan. – Supplément à Repères, N° 3; Montpellier
BRIQUEL, V. 1983a: Une projection de population totale et activité au 1er janvier 1989. – Repères, (3), S. 13–20; Montpellier
– 1983b: 1989: Un premier regard sur le futur. Une projection de population totale et active au 1er janvier 1989. – Les Dossiers de Repères, (2); Montpellier
– 1983c: La fréquentation touristique à travers les statistiques. – Repères, (4), S. 5–10; Montpellier
– 1983d: Deux études sur le tourisme: L'évaluation de la fréquentation; tourisme et densité de services. – Dossiers de Repères, (4); Montpellier
BRIQUEL, V.
MONINO, J. 1980: Analyse de l'emploi salaire sur le littoral du Languedoc-Roussillon. – I.N.S.E.E./ C.R.P.E.E.; Montpellier
BRISSON, C.
BECHMANN, R. 1972: Les résidences secondaires en France dans le cadre de l'habitat de loisir. – La Documentation Francaise; Paris

BRITTON, R. 1979: Some Notes on the Geography of Tourism. – Canadien Geographer 23, N° 3, S. 276–282; Toronto
BRIZARD, L. 1986: Le C.R.T.L. nouveau est arrivé. – Espaces, N° 78, S. 12–15
BROMBERGER, C. et al. 1977: Le deuxième phylloxera? Facteurs, modalités et conséquences des migrations de loisirs dans la région P.A.C.A.. Etude comparée de quelques cas. – Aix-en-Provence
BRONGUIART, B. 1975: Le tourisme sur la Côte d'Opale Centrale. – In: Special Pays de Montreuil, Université de Lille, Institut de Géographie; Villeneuve d'Ascg
BRUN, F. 1979: Les acteurs ruraux et le changement d'affectation de l'espace en Provence et dans les Alpes du Sud. – Méditerranée, 35, S. 15–26
BRUNEAU, V. 1981: Eté 1980. Image de l'aire toulonaise perçue par les vacanciers. – Chambre de Commerce et de l'Industrie du Var; Toulon
– 1983: Les comptes du tourisme. La consommation touristique estivale varoise. – Chambre de Commerce et de l'Industrie du Var; Toulon
BURNET, L. 1963: Villégiature et tourisme sur les côtes de France. – Paris
BUTTLER, F. 1973: Entwicklungspole und räumliches Wirtschaftswachstum. – Tübingen
– et al. 1977: Grundlagen der Regionalökonomie. – Reinbek bei Hamburg
BUTTLER, G. 1976: Sozialindikatoren. Grundlagen und Möglichkeiten. – Beiträge zur Wirtschafts- und Sozialpolitik, Inst. d. dt. Wirtschaft, 28, 2. Auflage; Köln
CABOS, V. et al. (Atlas Régional) 1976: La population du Languedoc-Roussillon en 1975. – Bulletin Société Languedocienne de Géographie, 10, S. 139–190; Montpellier
– 1984: La population du Languedoc-Roussillon en 1982. – Bulletin de la Société Languedocienne de Géographie, 18, S. 1–53; Montpellier
CALMETTES, D. 1967: L'influence des résidences secondaires sur la vie des villages du Var. – Cahiers du Centre d'Etudes du Tourisme (C.E.T.); Aix-en-Provence
CALVAT, J. M. 1983a: Les vacances d'été des habitants du Languedoc-Roussillon. – Repères, (2), S. 15–17; Montpellier
– 1983b: Le taux de chômage en Languedoc-Roussillon. – Repères, (3), S. 19–21;
CANDELA, R. M. 1983: Les stations de sports d'hiver et leurs relations avec le milieu physique dans les Alpes du Sud, Fascicule de présentation. – Université d'Aix-Marseille II, Institut de Géographie; Aix-en-Provence
CANEL, C.C. 1968: L'évolution contemporaine de la vieille ville de Nice. – Géographie du Loisir. Annales de la Faculté des Lettres et des Sciences Humaines de Nice, N° 6, (4), S. 57–82; Monaco
CAPEDEVILLE, R. 1968/69: Opération Corbières. – Bulletin de la Fédération Francaise d'Economie Montagnarde, N° 19, S. 367–395; Vabre
CARRERE, R.
DUGRAND, R. 1967: La région méditerrannée, (2. Auflage); Paris
CARRIERE, P. 1977: L'évolution de l'espace agricole languedocien entre 1955–1970. – Bulletin de la Société Languedocienne de Géographie. 11, (1/2), S. 45–73
– 1979: Les résidences secondaires en Languedoc-Roussillon (évolutions 1962–1968 et 1968–1975). – Repères, (4); Montpellier
CASSOU-MOUNAT, M. 1972: Les villages de pêcheurs de la côte noroit du bassin d'Arcachon. – In: Etudes de géographie tropicale offertes à M. GOUROU S. 559–583; Paris, La Hague
– 1976: Tourisme et espace littoral: l'aménagement de la côte aquitaine. – Espace Géographique, N° 2, S. 132–144
– 1977: La vie humaine sur le littoral des Landes de Gascogne. – Thèse Université Lille III; Paris
– 1981: Actions d'aménagement et croissance spontanée sur la côte aquitaine. – Revue Géographieque des Pyrénées et du Sud-Ouest, 52, S. 41–60
CASTELA, P. 1972: Atlas économique des Alpes-Maritimes. – (Chambre de Commerce et d'Industrie de Nice et des Alpes-Maritimes); Nice
CASTELA, P. 1976: L'évolution des rapports entre ville et campagne dans la région nicoise. – Recherches Géographiques à Strasbourg, special issue, S. 77–86

– 1979: Les stations touristiques des Hautes Alpes du Sud. – In: C. GRATTALORA (Hrsg.), Université de Nice; Colloque Tourisme et Coopération Internationale, 21–22–23 septembre, S. 213–222; Nice
– et al. 1975: Nice et sa région. – Nice
– et al. 1982: Proposition pour une charte de développement économique, social et spatial des Alpes-Maritimes. – Présentées à la demande de la Chambre de Commerce et de l'Industrie de Nice et des Alpes-Maritimes; Nice

CASTELLANI, D.
FARAUT, M. 1979: Economie agricole et impact touristique: Le déséquilibre d'une station. Le cas de la Clusaz. – Nice

CASTEX, F. 1972: L'équipement touristique de la France. – Paris

CATANZANO, J. 1985: Une dynamique nouvelle sur l'arrière pays méditerrannéen. – Economie Méridionale, 33, S. 61–76

CAVALLO, G. 1979: Le parc international des Alpes-Maritimes et les possibilités d'aménagement du versant italien. – In: C. GRATTALORA (Hrsg.), Université de Nice: Colloque Tourisme et Coopération Internationale, 21–22–23 septembre, S. 281–296; Nice

CAZES, G. 1967: Nouveaux aspects du tourisme d'hiver dans les Pyrénées. – Revue Géographie des Pyrénées et du Sud Ouest, 38, (1), S. 69–78
– 1972: Réflexions sur l'aménagement touristique du littoral du Languedoc-Roussillon. – L'Espace Géographique, 1, S. 193–210
– 1973: Tourisme et aménagement de l'espace rural: éléments de réflexion. – Institut de Géographie; Reims
– 1975a: Les constantes spatiales du fait touristique littoral: thématique et systématique. – Trauvaux de l'Institut de Géographie de Reims, N° 23/24, S. 13–21
– 1975b: Tourisme en espace: Opposition ou complementarité? Présentation de l'aménagement touristique du Littoral Languedoc-Roussillon. – Paris
– 1978: Planification touristique et aménagement du territoire-les grandes tendances pour les années 80. – In: A.I.E.S.T. (Hrsg.): Tourism Planning for the Eighties, S. 76–88; Bern
– 1984: Le tourisme en France. – Paris
– et al. 1973: Tourisme et sous-développement. Reflexions à propos des concepts et méthodes. In: Bulletin Société Languedocienne de Géographie, 7, (3/4) S. 403–414; Montpellier

et al. 1986: L'aménagement touristique. – Paris (2. Auflage)

C.C.I. de Nice et des Alpes-Maritimes et C.R.T. Riviera – Côte d'Azur (Hrsg.) 1974: Estimation approximative de l'injection monetaire dans les Alpes-Maritimes consecutive à l'activité touristique au cours de l'année 1974. – Nice

C.C.I. de Nice et des Alpes-Maritimes 1980: Côte d'Azur 80: les quatre visages d'une miniimage. – Nice, Nice Région
– 1982a: La navigation de tourisme et de loisirs sur la Côte d'Azur. Document de synthèses. – Nice
– 1982b: Recensement du materiaux statistiques pour une réflexion sur l'apport économique du tourisme dans les Alpes-Maritimes. – Nice
– o.J.: Propositions pour un programme d'actions en faveur du tourisme dans le moyen et haut pays des Alpes-Maritimes. – Nice

C.C.I. de Perpignan et des Pyrénées Orientales (Hrsg.) 1985: Le parc hôtelier des Pyrénées Orientales. – Perpignan

C.C.I. du Var (Hrsg.) 1982: L'hôtellerie Varoise au 1.01.1982; Toulon
– 1983: Les comptes du tourisme II: La consommation touristique estivale Varoise. – Toulon
– 1984 Le golf: une chance à saisir pour le développement de l'aire de Saint Tropez. – Toulon

C.D.A.T. du Var (Hrsg.) 1976: Camping sur le littoral et tourisme en espace rural dans le département du Var. – o.O.

C.E.C.O.D. (Hrsg.) 1977: La petite hôtellerie rurale. Diagnostic et perspectives. – Paris

C.E.G.I. (Hrsg.) 1976: Etude des effets socio-économiques du développement touristique sur les zones d'accueil des équipements. Conclusions et propositions. – Paris

C.C.I. de Marseille, C.C.I. d'Arles, C.R.C.I P.A.C.A.-Corse 1981: Le tourisme dans l'économie des Bouches-du-Rhône. – Marseille

CELLULE ECONOMIQUE REGIONALE DU BATIMENT ET DES TRAVAUX PUBLICS, P.A.C.A. 1981: La construction de maisons individuelles et de lotissements dans les départements de la région P.A.C.A.. Retrospective 1974–1980. – Marseille

C.E.R.A.T. (Hrsg.) 1979: La montagne, espace délaissé, espace convoité. – Cahiers C.E.R.A.T.: L'Aménagement du Territoire, 10 (3); Grenoble

CENTRE DE COOPERATION POUR LA REALISATION D'EQUIPEMENTS DE LOISIRS (Hrsg.) 1974: Equipements de loisirs quotidiens et de fin de semaine dans la régions de Fos. – Marseille

C.E.R. (Hrsg.) o.J.: Etude sur les résidences secondaires et le monde rural. Document de travail. – Notes 1 et 2, C.E.R., Faculté d'Economie Appliquée. Université de Droit, d'Economie et des Sciences d'Aix-Marseille; Aix-en-Provence

C.E.T.A. (Hrsg.) 1971: Etude sur la participation des agriculteurs aux équipements de loisirs de la région de l'Abois. – (= Etude pour l'O.R.E.A.M. Marseille); Salon

C.G.E.R.M (Hrsg.) 1975: Tourisme et vie régionale dans les pays méditerranéennes. – Aix-en-Provence

CHADEAU, A. 1979: L'application du schema d'orientation de d'aménagement des Alpes du Sud. – Le Moniteur du Bâtiment et des Traveaux Publics, N° 29, S. 15–16

CHADEFAUD, M. 1968: Une formule originale de tourisme social: les gîtes ruraux. – Revue Géographique des Pyrénées et du Sud-Ouest, 39, S. 273–297; Toulouse

CHADEFAUD, M.

DALLA-ROSSA, G. 1968: Le parc national des Pyrénées Occidentales. – Revue Géographique des Pyrénées et du Sud-Ouest. 39, (4), S. 397–409; Toulouse

CHAMBRE D'AGRICULTURE DU DÉPARTEMENT DE L'HÉRAULT, 1977: Etude économique des gîtes ruraux du département de l'Hérault au cours de l'année 1977. – C.R.P.E.E.; Montpellier

CHAPON, J. 1984: Traveaux maritimes. Tome 1: Le milieu marin, le navire, la navigation, les côtes. Les ouvrages exterieurs des ports maritimes. Tome 2: Les ouvrages intérieurs des ports maritimes. Dégagement des accès et plans d'eau des ports. – Paris

CHARON, J. P. 1975: Les fluctuations touristiques saisonnières: leurs répercussions dans l'industrie hôtellière. – Poitiers

CHAUVET, A. 1983: Les estimations et projections de population. – Dossier N° 11 (= Supplement à Sud Information, N° 55, I.N.S.E.E.; Paris, Marseille

CHERVEE, M.

LE GALL, M. 1978: Manuel d'évaluation économique des projets: la méthode des effets. – Méthodologie de la planification, N° 10, Ministère de la Coopération; Paris

CHOUQUES-ROMEO, D. 1976: Rimiez, une colline résidentielle. – In: J. MIEGE (Hrsg.): Loisir, environnement et qualité de la vie sur la Côte d'Azur. (= Annales de la Faculté des Lettres et Sciences Humaines de Nice, N° 24), S. 35–53; Nice

CHRIST, Y. 1971: Les métamorphoses de la Côte d'Azur. – Paris

CHRISTALLER, W. 1955: Beiträge zu einer Geographie des Fremdenverkehrs. – Erdkunde, N° 9 (1), S. 1–19

– 1966: Wochenendausflüge und Wochenendsiedlungen. Wichtige Nebenerscheinungen im modernen Fremdenverkehr. – Der Fremdenverkehr; N° 18 (9), S. 56 und Stellungnahme in: Der Fremdenverkehr, N° 18 (11), S. 46

– 1966: Geographie des Fremdenverkehrs in Europa. – Verhandlungen des deutschen Geographentages Bochum 1965. Tagungsbericht und wissenschaftliche Abhandlungen, Bd. 35, S. 422–432; Wiesbaden

CHRISTINE, M. 1987: Les vacances. – In: I.N.S.E.E. (Hrsg.): Données Sociales 1987, S. 382–387. – Paris

– 1990: La géographie des vacances. – In: I.N.S.E.E. (Hrsg.): Données Sociales 1990, S. 226–232. – Paris

CLAPIER, J.

PERRIER, B. 1972a: L'aménagement touristique de la montagne: le cas des stations intégrées. Une

urbanisation de l'exception: politique d'aménagement, processus de réalisation. – Université des Sciences Sociales, 1; Grenoble
- 1972b: L'aménagement touristique de la montagne: le cas des stations intégrées. Une urbanisation de l'exception: demande problématique. – Université des Sciences Sociales, 2; Grenoble
- 1972c: L'aménagement touristique de la montagne: le cas des stations intégrées. Une urbanisation de l'exception: étude des deux réalisations: Flaine, Les Arcs. – Université des Sciences Sociales, 3; Grenoble

CLARY, D. 1973: Les résidences secondaires: approche financière du problème – l'exemple de la Côte Normande. – Bulletin de la Société Languedocienne de Géographie, 7, (3/4), S. 321–332; Montpellier

CLARY, D. 1976: Tourisme et aménagement régional. – Annales de Géographie, 85, S. 129–154
- 1977: La facade littorale de Paris; le tourisme sur la côte normande. – Etudes Géographiques; Paris
- 1981: Stations balnéaires, banlieues urbaines. – Equipe de recherche sur l'espace littoral, Université de Caen, Cahier N° 3
- 1984a: Tourisme, urbanisation et organisation de l'espace: le littoral Bas-Normandie. – Bulletin Assoc. Géogr. Française, N° 501, S. 125–131
- 1984b: Le tourisme littoral: bilan des recherches. – Revue de Géographie de Lyon, Vol. 59, 1/2, S. 63–72
- 1985: Le Nord Pays d'Auge: une espace enjeu. – Espaces N° 73, S. 11–14

CLARY, D.

FREMONT, A. 1973: L'image touristique de la Normandie et ses métamorphoses. – Institut de Géographie; Reims

CLARY, D.

KYCH, A. 1977: La main-d'oeuvre saisonnière de l'été dans les commerces des stations de bord de mer. Etude de neuf stations du littoral français. – Cahiers du Tourisme A, 23, C.H.E.T.; Aix-en-Provence

CLAVAL, P. 1968: Régions, nations, grands espaces. Géographie générale des ensembles territoriaux. – Paris
- 1973: Principes de géographie sociale. – Paris
- 1978: Espace et pouvoir. – Paris
- 1979: Régionalisme et consommation culturelle. – L'Espace Géographique 8, S. 293–302
- 1984: Géographie humaine et économique contemporaine. – Paris

CLEMENT, P. 1979: Une expérience de vente directe en zone touristique. – Economie Méridionale, 27, S. 95–104; Montpellier

CLOUT, H. D. 1971: Second Homes in the Auvergne. – Geographical Revue 61, S. 530–553

C.N.R.S./A.T.P. (Groupe Languedoc-Roussillon) 1981: Le changement social et culturel en vallée francaise. Déprise et Reprise en Montagne Cevenole. – o.O.

C.O.C.I.L.E.R. 1981: Rapport quadrimestriel pour le Languedoc et le Roussillon. – 3ième quadrimestre 1980, 1. octobre 1980-1. février 1981 – Bulletin N° 43; Montpellier

COHEN, E. 1978: Impact of Tourism on the Physical Environment. – Annals of Tourism Research 5, S. 215–237

COMBES, P. 1985: Emploi – formation et tourisme associatif. – Espaces, N° 76, S. 4–5

C.O.M.E.R. 1972: Priorités pour le littoral et la fôret provençale. – Marseille

C.O.M.E.R.

MIROTH, P. 1978a: Les accès aux plages et aux rivages. Les techniques et coûts d'entretien des espaces balnéaires du littoral du département des Bouches-du-Rhône. – Marseille
- 1978b: Les accès aux plages et aux rivages. Les techniques et coûts d'entretien des espaces balnéaires du département du Var. – Marseille

COMITE DEPARTEMENTAL DU TOURISME DE L'HERAULT o.J.: Schéma de développement départemental du tourisme. – Montpellier

COMITE DEPARTEMENTAL DU TOURISME DU VAR 1985: Le tourisme varois: une industrie? Une conception nouvelle. – Livre 1: forces et faiblesses du tourisme varois. Livre 2: Perspectives de développement; Draguignan

COMITE ECONOMIQUE ET SOCIAL P.A.C.A. 1979: Emploi région VIIIième plan. – Marseille
COMITE NATIONAL DE GEOGRAPHIE/COMMISSION DE GEOGRAPHIE RURALE 1984: Atlas de la France rurale. Les campagnes francaises. – Paris
COMITE NATIONAL FRANÇAIS DE GEOGRAPHIE/COMMISSION D'OCEANOGRAPHIE (Hrsg:), 1977: Actes du colloque sur l'aménagement du Littoral. – Cahiers du Centre Nantais de Recherche pour l'Aménagement Régional, NN° 13
COMITE REGIONAL DE TOURISME LANGUEDOC-ROUSSILLON 1983: Flux financiers et fréquentation touristique dans une zone d'arrière-pays. Le canton de Saint-Jean-du-Gard. – Montpellier
COMMERCON, N. 1973: Les résidences secondaires du Mâconnais: essai d'étude quantitative. – Revue de Géographie de Lyon 48
COMMISSION NATIONALE DU TOURISME (Hrsg.), 1978: Tourisme et commerce. Rôle du tourisme et de la villégiature dans la mise en place et le fonctionnement des équipements commerciaux. – Commission Nationale du Tourisme: Journées Géographiques de Nice, 6–9 octobre 1978, Laboratoire de Géographie Raoul Blanchard de l'université de Nice; Nice
CONSEIL GENERAL DES ALPES-MARITIMES (Hrsg.) 1982: Plan nautique des Alpes-Maritimes. Les activités liées à la plaisance et aux sports nautiques dans le département. – Nice
CONSEIL REGIONAL LANGUEDOC-ROUSSILLON (Hrsg.), 1979: Colloque sur l'aménagement du Languedoc-Roussillon, Narbonne 24/25 février 1979, Rapports:
– Commission „L'agriculture du Languedoc-Roussillon"
– Commission „Mer et Etangs en Languedoc-Roussillon"
– Commission „Tourisme"
– Commission „Maîtrise de l'espace et problèmes fonciers". – Montpellier
CONSEIL SOCIAL ET CULTUREL DES ALPES-MARITIMES (Hrsg.), 1970: Problèmes de la région des préalpes dans le département des Alpes-Maritimes. Recherche des possibilités d'une renaissance des régions en voie de développement. – Nice
CONSEIL SUPERIEUR DU TOURISME (Hrsg.) 1981: Aménagement de l'espace du temps et développement du tourisme. – Actes du Conseil supérieur du tourisme, Session 1979/80; Paris
– 1981: La France, espace de loisirs et du tourisme à l'échelle européenne. – Actes du Conseil supérieur du tourisme, Session 1980/81; Paris
COPPOCK, J. T. 1978: Geography and Public Policy: Challenges, Opportunities and Implications. – In: J. Blunden (Hrsg.); Fundamentals of Human Geography: A Reader, S. 351–359; London, New York, Hagerstown, San Francisco, Sydney
CORTOT, J. 1978: Croissance et développement de la petite hôtellerie en Languedoc-Roussillon. – Thèse pour l obtention du grade de Docteurs de 3ième cycle, Université de Montpellier I; Montpellier
– 1980/81: Eléments pour l'étude du développement touristique de la région Languedoc-Roussillon. – Tome 1: Les équipements structuraux des modes d'hébergement. – I.N.R.A.; Montpellier 1980. Tome 2: Conclusions générales et contribution à une réflexion critique du développement touristique en Languedoc-Roussillon. – I.N.R.A.; Montpellier 1981
CORTOT, J. et al. 1976: Etude de la petite hôtellerie rurale dans la montagne Languedocienne. – C.R.P.E.E.; Montpellier
COTTE, J. M. 1979: Le tourisme. – In: Comité Economique et Social Provence, Alpes, Côte-d'Azur (Hrsg.): Emploi Région VIIIième Plan, S. 89–97; Marseille
COUBRIS, R. 1975: Compétitivité et croissance en économie concurencée. – Thèse pour le doctorat des Sciences Economiques, Université de Paris I, Janvier 1971 (= Finance et Economie appliqué, 47/48); Paris, Bruxelles, Montréal
COUBRIS, R.
PAGE, J. P. 1974: Méthodes de planification et tensions sociales. – In: J. FREYSSINET et al. (Hrsg.): Planification et Société (= Actes du Colloque à Grenoble du 9 au 12 octobre 1973, Contradictions sociales et appareil d'état), S. 348–366; Grenoble
COUDRAY, J. 1985: Les retombées économiques du tourisme en milieu rural. – Espaces N° 73, 1985, S. 6–7

COULET, E. 1978: Situation et rôles de la réserve nationale de Camargue dans le delta du Rhône. – Etudes Vauclusiennes, N° 19, 1978, S. 7–9

COURTICAL, J.

BRAGER, J. P. 1975: Le tourisme dans un département rural: La Lozère. – Marseille

COURTOIS, A. 1982: Elements d'analyse foncière dans le département du Var: La propriété supérieure à 50 hectares. – Tome 1 et 2. Mémoire de Maîtrise d'aménagement, Institut de Géographie/ Institut d'Aménagement Régional, Université d'Aix-Marseille II et III; Aix-en-Provence

LE COZ, J. 1983: Territoire et pouvoir dans l'espace rural languedocien. – Bulletin Société Languedocienne de Géographie, N° 106, 17, (1/2), S. 55–73, 79–80

C.R.C.I.-P.A.C.A.-Corse (Hrsg.) 1979a: Les chaines hôtellières en Provence-Alpes-Côte d'Azur 1979. – C.R.C.I.-P.A.C.A.-Corse, Assistance Technique à l'hôtellerie et au tourisme; Marseille

– 1979b: Le tourisme en Provence-Alpes, Côte d'Azur 1979–80. – Connaissance de la Région, N° 16; Marseille

– 1980: Les indicateurs de fréquentation touristique: méthodologie et conditions d'application en P.A.C.A., Marseille

– 1982a: Les comptes économiques du tourisme en P.A.C.A. et en Corse, 1^{ière} partie: approche méthodologique et constitution d'une banque de données régionales. – Marseille

– 1982b: Les comptes économiques du tourisme en P.A.C.A. et en Corse, 2ième partie: Bouches-du-Rhône, Var, Alpes-Maritimes. – Marseille

– 1982c: Les comptes économiques du tourisme en P.A.C.A. et en Corse, 3ième partie: La banque de données régionale et la conclusion. – Marseille

– 1983a: Les comptes économiques du tourisme en P.A.C.A.: Résultats d'enquête été 1982. – Marseille

– 1983b: Les comptes économiques du tourisme en P.A.C.A.. Document technique. – Marseille

– 1983c: Le marché touristique espagnol. – Marseille

– 1984a: Provence-Alpes-Côte d'Azur tourisme. – Troisième trimestre 1984; Marseille

– 1984b: Les marchés touristiques étrangers à destination de la région P.A.C.A. – Marseille

– 1984c: Provence-Alpes-Côte d'Azur: Technical Tourism Manuel. – Marseille

C.R.C.I.-P.A.C.A.-Corse/C.C.I. de Marseille/C.C.I. d'Arles 1981: Le tourisme dans l'économie des Bouches-du-Rhône. – Marseille

CREDIT D'EQUIPEMENT DES P.M.E./DIRECTION DU TOURISME ET DE L'HOTELLERIE (Hrsg.), 1983: Littoral Méditerranéen. Comparaison inter-entreprises. Résultats 1982. – Paris

– 1985: Les chiffres du tourisme et des hébergement en France. – Crédit d'Equipement des P.M.E.. Direction du Tourisme et de l'Hôtellerie, Service des Etudes; Paris

C.R.E.D.O.C./C.E.T. (Hrsg.) 1968: Le tourisme dans la région Provence-Côte d'Azur en 1967. Band 1: La frequentation touristique. – Marseille

C.R.E.D.O.C./C.E.T. (Hrsg.) 1967: Economie du tourisme dans la région Provence-Côte d'Azur. Band 2: Infrastructure touristique et éléments de programmation. –

C.R.E.D.O.C./C.E.T. 1967: Band 3: Enquête sur les dépenses des touristes. – Marseille

CRIBIER, F. et al. 1973: Stations et complexes touristiques, réflexion sur un problème de géographie du loisir. – Bulletin de la Société Languedocienne de Géographie, 7, No 314, S. 349–354; Montpellier

CRIBIER, F. 1973a: L'évolution récente des comportements de vacances des français et la géographie du tourisme. – Institut de Géographie Reims

– 1973b: La grande migration d'été des citadiens en France. – (Mémoires et Documents, N° hors série, Centre de Recherches et Documentation Cartographique et Géographique); Paris

– 1973c: Les résidences secondaires des citadiens dans les campagnes françaises. – Etudes rurales, N° 49/50, S. 181–204; Paris

CRIBIER, F. 1975: Retirement Migration in France. – In: L. A. KOSINSKI, K. M. PROTHERO (Hrsg.), 1975: People on the Move. Studies in Internal Migration, S. 361–371; London

CRIBIER, F. 1984: La retraite au bord de la mer – la fonction d'accueil des retraites des villes touristiques. – Bulletin Association Française, N° 501, S. 133–139

CRIBIER, F. et al. 1974: La composition par âge de 141 villes touristiques du Littoral Français. – Population, N° 3, S. 465–490
– et al. 1977: L'hébergement touristique dans 316 stations du Littoral Français au cour de l'été. – C.N.R.S., Laboratoire de Géographie humaine; Paris
CROS, S. 1983: Dix ans d'emploi dans les grands établissements industriels en Languedoc-Roussillon. – Repères, (2), S. 9–13; Montpellier
C.R.P.E.E. (Hrsg.) 1971–1975: Les flux touristiques sur le littoral du Languedoc-Roussillon. – Saison 1971, Saison 1972, Saison 1973, Saison 1974, Saison 1975; Montpellier
– 1976: Tourisme et croissance urbaine.
  Tome 1: La problématique des relations entre l'espace urbain et l'espace touristique. –
  Tome 2: L'emprise patrimoniale de l'espace urbain sur l'espace touristique. –
  Tome 3: Le reseau des flux entre l'espace urbain et l'espace touristique. –
  Tome 4: Le partage des fonctions entre l'espace urbain et l'espace touristique. – Montpellier
– 1978: Comptage des plaques minéralogiques sur le littoral Languedocien. – Montpellier
– 1980: Comptage des plaques minéralogiques sur le littoral Languedocien. – Montpellier
– 1981: L'origine géographique des automobiles fréquentant l'arrière-pays du Languedoc-Roussillon au cours de le l'été 1981
C.R.P.E.E./I.N.S.E.E.-DIRECTION REGIONAL MONTPELLIER (Hrsg.), 1984: Migrations et activité en Languedoc-Roussillon. – Repères, (4), S. 5–16; Montpellier
CUISENIER, J. et al. 1967: Effets du programme d'aménagement touristique du Littoral sur l'économie régionale. – Ministère de l'Education Nationale/Centre de Sociologie Européenne; Paris
– et al. 1970: L'emploi dans les nouvelles stations (la Grande Motte et Leucate-Barcarès) en 1970. – Centre d'Ethnologie Française, Laboratoire Associé au C.N.R.S.; Paris
CULTIAUX, D. 1975: L'aménagement de la région Fos-Etang de Berre. – La Documentation Francaise, N° 4164–66; Paris
CUMIN, G. 1976: L'aménagement touristique de la montagne. – Le Moniteur des Traveaux Publics et du Batiment B.T.P., N° 36, S. 12–26
DALLARI, Y. o.J.: La vieille ville de Cannes. – Université de Nice-Laboratoire de Géographie Raoul Blanchard, Série „Etudes Humaines Régionales", N° 4; Nice
DALMASSO, E. 1964: Les grandes villes françaises; Nice. – Documentation Française, Notes et études documentaires, N° 3106; Paris
DANIELS, P. 1985: Service Industries. A Geographical Appraisal. – London
DANZ, W. 1980: Ökonomie und Ökologie in der Raumordnung. Versuch einer Integration mit Beispielen aus dem Alpenraum. – Schriftenreihe des Alpen-Instituts 8; München
– 1985: Sanfter Tourismus – Schlagwort oder Chance?. – Zeitschrift für Fremdenverkehr, N° 2, S. 10–32

DARBEL, A. 1974: Réflexions sur l'évolution des disparités sociales. – In: J. FREYSSINET et al. (Hrsg.): Planification et société (= Actes du Colloque 9–12 octobre 1973: Contradiction sociales et appareil d'état), S. 367–373; Grenoble
D.A.T.A.R. – S.E.S.A.M.E.: Rapport povisoire: La capacité d'hébergement touristique et la fréquentation des quatre régions de France: Alpes, Aquitaine, Corse et Languedoc-Roussillon; Paris
D.A.T.A.R. (Hrsg.), 1979: Nouvelles orientations pour l'aménagement de la France. – Conférence Nationale d'Aménagement du Territoire, 6–7 décembre 1978, La Documentation Française; Paris
DAUBET, M. 1974: Les structures d'hébergement touristique en Haut-Quercy. – Revue Géographique des Pyrénées et du Sud-Ouest, 45, 3, S. 297–316
DAUDE, G. 1973: Ecologie et humanisme: à travers l'exemple du Parc National des Cévennes. – Institut de Géographie; Reims
– 1976: Les parcs naturels français. – Revue de Géographie de Lyon, 51, N° 2, Lyon
DAYRIES, J. J. et M. 1982: La régionalisation. – Paris, 2. Auflage
D.D.A. DES ALPES-MARITIMES (Hrsg.), 1977: Perspectives pour un aménagement: l'Esteron, Préalpes de Grasse. – Nice

- 1979: L'Esteron, Préalpes de Grasse et son architecture. – Nice
- 1980: Le Var et ses affluents. – Nice

D.D.A. Des Bouches du Rhône/Syndicat Intercommunal Du Haut Vallee De L'Arc (Hrsg.) 1980: Plan d'aménagement rural de la haute vallée de l'Arc. – Marseille

D.D.A. Des Hautes-Alpes (Hrsg.) 1976: Plan d'aménagement rural des pays du Buëch. Rapport à la commission numéro un „tourisme et climatisme", présenté par l'O.R.E.A.M.-P.A.C.A.: Tourisme et loisirs dans les pays du Buëch. Eléments d'analyse et de proposition; Marseille

D.D.A. De L'Herault (Hrsg.) o.J.: Aménagement touristique du Canton de Lunas. 2 volumes: 1. Présentation et propositions d'actions. 2. Etude économique et annexes. – Montpellier

D.D.A. Des Pyrenees Orientales (Hrsg.) 1980: Le tourisme en Capcir. Bilan dynamique des retombées socio-économiques de l'essor touristique. – Nice (B.E.R.T.) und Perpignan
- 1981a: Propriété et transactions foncières. Monographies communales. – Nice (B.E.R.T.) und Perpignan
- 1981b: La construction dans les Aspres. – Nice (B.E.R.T.) und Perpignan
- 1981c: Fichier des propriétés foncières. – Nice (B.E.R.T.) und Perpignan
- 1981d: Fichier des sociétés détentrices de terrains. – Nice (B.E.R.T.) und Perpignan
- 1981e: La construction dans les Aspres. – Nice (B.E.R.T.) und Perpignan

D.D.A. Des Pyrenees Orientales (Hrsg.) 1982: Les transformations foncières dans le Vallespir. Fichier des propriétaires fonciers. – Perpignan

D.D.E./O.D.E.A.M. Alpes-Maritimes (Hrsg.) 1976a: Schéma Directeur d'Aménagement et de l'Urbanisme de l'Agglomération de Nice. – Nice
- 1976b: Schéma Directeur d'Aménagement et de l'Urbanisme de l'Agglomération de Menton. – Nice
- 1977S: Schéma Directeur d'Aménagement et de l'Urbanisme de l'Agglomération Grasse, Cannes, Antibes. – Nice

D.D.E. Des Pyrenees Orientales (Hrsg.) 1980: Recueil des sources statistiques relatives à la construction et à l'amélioration de l'habitat dans les Pyrénées Orientales. – Perpignan
- 1982: Etude du marche foncier. Rapport de l'enquête réalisée sur les 310 lotissements approuvés depuis le 30.06.1979 au 30.06.1982 dans les Pyrénées Orientales. – Perpignan
- o.J.: Le bâtiment et les travaux publics dans les Pyrénées Orientales. – Perpignan

D.D.E. Du Var (Hrsg.) 1974: Les week-ends des résidents de l'agglomeration toulonnaise. – Toulon

Deferre, G. 1975: La politique foncière de la région Provence, Alpes, Côte d'Azur. – Urbanisme, N° 150, S. 23, 25

Defert, P. 1960: Introduction à une connaissance touristique du Languedoc Méditerranéen et du Roussillon. – Revue de l'Economie Méridionale, No 32, S. 347–361. – Montpellier
- 1966: Der touristische Standort: theoretische und praktische Probleme. – Zeitschrift für den Fremdenverkehr, 21, (3), S. 99–108; Bern
- 1968: La localisation des résidences secondaires. Tourisme, techniques et organisation. – N° 9, S. 23–31; Paris
- 1977: 1948–1980: 32 années de planification touristiques. – Espaces 26, S. 5ff.
- 1979: Le tourisme dans les Hautes Alpes. Reévaluation de son importance économique et objectifs. – (C.C.I. de Gap et des Hautes Alpes), Gap
- 1983: Les statistique de tourisme. – Statistiques et Touristométrie N° 8, Bérenice/Université Libre de Tourisme; Paris
- 1985a: Essai d'analyse sociométrique pour un meilleur tourisme rural. – Zeitschrift für Fremdenverkehr, 40, N° 2, S. 6–10
- 1985b: Tourisme rural: essai d'analyse sociométrique. – Espaces, N° 73, S. 14–17

Defontaine, P. 1967: Parallèle entre les économies d'Ampourdan et du Roussillon. Le rôle d'une Frontière. – Pirineos, 13, S. 69–84

Deguy, M. 1985: Définition des fonctions. Evaluations des emplois. – Paris

De Kadt 1979: Tourism – Passport to Development? – Washington D.C.

Delande et al. 1983: La conjuncture régionale du 2ième quadrimestre 1983. – Economie Méridionale, 31, N° 124, S. 5–19; Montpellier

- 1984: La conjuncture régionale du 2ième quadrimestre 1984. – Economie Méridionale, 32, N° 127, S. 4–20; Montpellier
- 1986: La conjuncture régionale du 1^{ier} quadrimestre 1986. – Economie Mériodionale, 34, N° 133; S. 55–20; Montpellier

DELANGE, G. 1974: Evolution de la planification française face aux contradictions sociales. – In: J. FREYSSINET et al. (Hrsg.): Planfication et société (= Actes du Collogues du 9 au 12 octobre 1973: Contradictions sociales et appareil d'état), S. 374–393; Grenoble

DELESTREE, H. 1975: Tourisme en espace concerté, tourisme en espace rural: opposition ou complémentarité? Le tourisme insolite: évolution du tourisme équestre, développement du tourisme artisanal. – Paris

DELEVAL, J. J. 1979: Tourisme et arrière-pays Niçois: Le parc national du Mercantur, Analyse d'un projet. – C.H.E.T. Aix-en-Provence

DELON, A. M. o.J.: La nouvelle génération des stations de sports d'hiver des Alpes francaises: problèmes et perspectives. – Université de Nice, Laboratoire de Géographie, groupe interdisciplinaire de recherches urbaines, (= Série Etudes Economiques Régionales, N° 5)

DELPECH, L.

DELPECH, N. 1976: Villefranche de la presqu'île de Saint-Jean-Cap-Ferrat. – In: J. MIEGE (Hrsg.) 1976: Loisir, environnement et qualité de la vie sur la Côte d'Azur (= Annales de la Faculté des Lettres et Sciences Humaines de Nice, N° 24), S. 71–93; Nice

DELPHY, C. et al. 1971: La navigation de plaisance en France et sa place en Languedoc-Roussillon en 1970. – Ministère de l'Education Nationale, Centre d'Ethnologie Française; Paris

DELUPY, J. 1977: Pouvoir municipal et notables à Gruissan village du littoral languedocien. – Etudes Rurales, N° 65, S. 71–75

DEMENGE, G. 1975: Evolution démographique, écologique, économique dans les Alpes du Sud. – Actes du Colloque National sur les parcs naturels régionaux et les parcs nationaux français. Faculté des Sciences et Techniques, St. Jérôme; Marseille

DENIG, E. o.J.: La résidence secondaire comme élément dans la restructuration des zones rurales. – Le Monde Rural, gardien de la nature, numéro spécial, 2, S. 240–242

DEPARTEMENT DE L'HERAULT (Hrsg.), 1980: Aménagement de la Vallée de l'Hérault. Développement touristique. – (A.T.L.R.); Montpellier
- 1981: Aménagement de la Vallée de l'Hérault. Synthèse générale des études. – Montpellier

DESJEUX, C.

DESJEUX, B. 1984: Les parcs naturels régionaux de France. Campagnes vivantes. – Paris

DESSAIX, A. 1969: Les résidences secondaires et l'essor touristique du Languedoc-Roussillon. Création d'un organe de promotion touristique et de gestion des appartements et villas dans les stations nouvelles du littoral. – Tomes 1/2 + annexes; Paris

DEURINGER, L. 1975: Die Bedeutung der Landwirtschaft in den französischen Alpen. Untersuchungen zum Wandel der Agrarstruktur unter besonderer Berücksichtigung freizeitorientierter Raumansprüche. Dargestellt am Beispiel der Haute-Tarentaise und des Vallée de l'Ubaye. – Wirtschaftsgeographische Dissertation, o.O.

DEVES, C. 1977: Les sociétés d'aménagement régional. Entreprises publiques locales ou démembrements fonctionels de l'Etat?. – Traveaux et recherches de la Faculté de Droit et Science Politique de l'Université de Clermont-Ferrand

DEWAILLY, J. M. 1984: Le tourisme étranger en France. – Revue de Géographie de Lyon, 59, N° 1/2, S. 85–93
- 1985: Tourisme et loisirs dans le Nord-Pas-de-Calais. Approche géographique de la recrátion dans une région urbaine et industrielle de l'Europe du nord-ouest. – 2 Bde., Université Lille III; Lille

DIRECTION REGIONALE DES TELECOMMUNICATIONS P.A.C.A. ET CORSE (Hrsg.) 1979: Insertion du phénomène touristique dans l'évolution des communes des régions P.A.C.A. et Corse. Rapport N° 1: approche méthodologique du découpage. – Marseille

DIRECTION DU TOURISME (I.N.S.E.E.), DIRECTION DE LA PREVISION DU C.G.P. (Hrsg.), 1979: Le compte satellite du tourisme: présentation des cadres comptables et de la première estimation de la

dépense intérieure du tourisme. – Documentation Francaise, regards sur l'économie du tourisme, N° 24; Paris
DIRECTION REGIONALE DU TRAVAIL ET DE LA MAIN D'OEUVRE (Hrsg.), 1974: Echelon régional de l'emploi. Recensement des études économiques et sociales Corse-Provence-Côte d'Azur. – Marseille
DIRECTION REGIONALE DU TRAVAIL ET DE L'EMPLOI (Hrsg.), 1976: Echelon régional de l'emploi, P.A.C.A.. Biblioguide 71–75. Etudes économiques et sociales réalisées en Provence-Côte d'Azur et Corse. – Marseille
– 1980: Biblioguide de 1979. Etudes économiques et sociales réalisées en Provence-Côte d'Azur et Corse. – Marseille
– 1985: Biblioguide de 1984. Etudes économiques et sociales réalisées en Provence-Côte d'Azur et Corse. – Marseille
DOUMENGE, F. 1951: Un type méditerranéen de colonisation côtière: Palavas. – Bulletin Société Languedocienne de Géographie, 22, 1, S. 55–119
DOURLENS, C.
VIDAL-NAGUET, P. 1978a: Résidences secondaires. Tourisme rural et enjeux locaux. – D.R.E. Provence-Alpes-Côte d'Azur; Marseille
– 1978b: Résidences secondaires. Tourisme rural et enjeux locaux. (Habitat de loisir, économie locale et gestion municipale dans quatre communes rurales de la région P.A.C.A.). – C.E.T. Faculté des sciences économiques de l'université Aix-Marseille); Aix-en-Provence
DOUGUEDROIT, A. 1980: La sécheresse estivale dans la région Provence-Alpes – Côte d'Azur. – Méditerranée, tome 38, (2/3), S. 13–22
D.R.E. Languedoc-Roussillon/Montpellier (Hrsg.) 1976a: Statistiques de la construction 1966–1975. – Montpellier
– 1976b: Bilan économique de la mission interministérielle pour l'aménagement touristique du Littoral Languedoc-Roussillon. – (= G.R.E.A. Etudes 1976, 1er rapport); Montpellier
– 1978: Statistiques de la construction 1971–1977. – Montpellier
– 1979a: Enquête sur la commercialisation des logements neufs 1er trimestre 1979. – Montpellier
– 1979b: Schéma national de la conchycliculture et de l'agriculture. Eléments pour une strategie de développement. Région Languedoc-Roussillon. – Montpellier
– 1979c: Espaces naturels du littoral Languedoc-Roussillon. – D.R.E. Languedoc-Roussillon et mission interministérielle pour la protection de l'espace naturel méditerranéen, 2
– 1979d: Statistiques de la construction 1971–1978. – Montpellier
– 1981: Statistiques de la construction 1971–1980. – Montpellier
– 1983: Enquête sur la commercialisation des logements neufs 1er trimestre 1983. – Montpellier
D.R.E./DIVISION ECONOMIE REGIONALE B.T.P. (Hrsg.), o.J.: Cartes de la construction neuve en Languedoc-Roussillon 1975–1978. Tableaux statistiques: logements 1975–1978. – Montpellier
D.R.E. Provence-Alpes-Côte d'Azur 1977: La commercialisation des logements neufs. – Marseille
DRECHSLER, H. D. 1981: Ländliche Regionalentwicklung – ein neuer Strategieansatz und seine Problematik. – Innere Kolonisation, 30, (1), S. 18–21
D.R.T. Riviera – Côte d'Azur 1978: Rapport 1977. – Comité Régional du Tourisme, Délégation Régionale au Tourisme. – Nice
D.R.T.E./O.E.P.A.C.A. (Hrsg.): Biblioguide 1984. – Marseille
DUBOIS, P. et al. 1976a: La planification française en pratique. – Paris
DUCAT, J. M. 1984: Le développement d'habitations légères de loisirs en secteur rural. – Espaces, Tourisme, Loisir, Environnement, N° 69, (Numéro spécial: Informatique et Télématique Touristique), S. 21–23
DUCHAC, R. et al. 1980: Les Alpes-Maritimes. – In: P. PAILLARD, A. PARANT (Hrsg.): Le vieillissement de la campagne française, S. 169–184. – Paris
DÜRR, H. 1981: Veränderte Prioritäten der regionalen Raumplanung in Ländern der Dritten Welt. – Innere Kolonisation, 30, (1), S. 21–27
DUMAZEDIER, J. 1974: Sociologie of leisure. – Amsterdam

– 1982: Temps sociaux, temps libre. – Loisir et Société/Société and Leisure, 2, S. 339–361; Montreal, Canada
DUMOLARD, P. 1979: Migrations et évolutions démographiques (Rhône-Alpes, 1954–75). – Revue de Géographie de Lyon, 54, (2), S. 115–126
DUGRAND, R.
FERRAS, R. 1973: Le midi méditerranéen. – (= Collection Découvrir la France, 65); Paris
DULOUM, J. 1963: Naissance, développement et déclin de la colonie anglaise de Pau (1814–1914). – Le caractère saisonnier du phénomène touristique: ses conséquences économiques. Centre d'Etudes du Tourisme, collection „Etudes et Mémoires", S. 65–77; Aix-en-Provence
DURBIANO, C. 1974: Essor touristique et comportements sociaux dans le secteur du Mont-Ventoux. – Méditerranée, 17, (2), S. 3–20
DURBIANO, Cl.
DUTECH, M. H. 1985: Une région d'arrière-pays en mutation: Les Hautes Aspres. – Economie Méridionale, 33, N° 29, S. 77–90; Montpellier
ECONOMIC COMMISSION FOR EUROPE. UNITED NATIONS (Hrsg.), 1976: Planning and Development of the Tourist Industry in the E.C.E. Region (La planification et développement de l'industrie touristique dans la région de la C.E.E.); New York
ECKEY, H. E. 1978: Grundlagen der regionalen Strukturpolitik. – Köln
EDELMANN, K. 1975: Möglichkeiten und Grenzen des Fremdenverkehrs in Entwicklungsländern. – Zschr. für Fremdenverkehr, 30, S. 5–14; Bern
ELSASSER, H.
LEIBUNDGUT, H. 1985: La contribution d'activités touristiques et non touristiques au développement endogène des régions alpines. – Revue de Géographie Alpine, 73, S. 259–272; Grenoble
EMMANUEL, A. 1982: Angepaßte Technologie oder unterentwickelte Technologie?. – Frankfurt/New York
ERIKSEN, W. 1973: Bodenspekulation und exzessive Grundstückparzellierungen in argentinischen Fremdenverkehrsgebieten. – (= Mitteilungen der Österreichischen Geographischen Gesellschaft, 115), S. 21–37
ESCUDIER, L.
SOULIER, A. 1980a: Etude d'estimation du patrimoine foncier non bâti des étrangères en Languedoc-Roussillon: exemple du département de l'Hérault. – Document provisoire, C.R.P.E.E./G.R.E.A.; Montpellier
– 1980b: Approbriation et dépendance géographique des parcelles bâties du département de l'Hérault. – Economie Méridionale, 28, N° 112, S. 117–122; Montpellier
– 1981: La propriété non bâti des habitants de Béziers et de Montpellier et son évolution dans le département de l'Hérault. – C.R.P.E.E./D.R.E./G.R.E.A.; Montpellier
ESCUDIER, L. et al. 1980: Essai d'estimation du patrimoine foncier non bâti des étrangers en Languedoc-Roussillon: Exemple du département de l'Hérault. – C.R.P.E.E./D.R.E./G.R.E.A.; Montpellier
ESSIG, F. 1979: D.A.T.A.R., des régions et des hommes. – Paris
ESTIENNE, P. 1978: La France. Tome 4: Les Midis. – Paris, New York, Barcelone, Milan
ETABLISSEMENT PUBLIC REGIONAL LANGUEDOC-ROUSSILLON, 1980: Plan de référence pour le tourisme rural. – Montpellier
– 1981: Dossier régional sur l'emploi. – Montpellier
ETABLISSEMENT PUBLIC REGIONAL PROVENCE-ALPES-COTE D'AZUR 1977: Pour une politique régionale du tourisme et des loisirs. – Marseille
FAROUX, N. 1971: Nice: hier station climatique de luxe, aujourd'hui grande ville en mutation. Solutions à apporter pour l'épanouissement du tourisme de congrès. – Ecole Française des Attachés de Presse, Mémoires de Relations Publiques; Paris
FAUCHON, L. 1972: L'aménagement touristique de la moyenne montagne. – Rapport. C.H.E.T.; Aix-en-Provence
– 1975: L'aménagement touristique des zônes d'arrière-pays, facteur de déconcentration des espaces littoraux: le cas de La Provence Côte d'Azur. – In: L. PEDRINI (Hrsg.): Tourisme et vie régionale

dans les pays méditerranéens (= Actes du Colloque de Géographie du Tourisme, Taormina, 2–5 avril 1973), S. 225–229;
FAYE, P. et al. 1974: Sites et sitologie: comment construire sans casser le paysage?. – Paris
FERRAS, R. 1975: Tourisme et urbanisation dans le Maresme catalan. – In: Tourisme et vie régionale dans les pays méditerranéens, Centre Géographiques d'Etudes et de Recherches Méditerranéennes; Aix-en-Provence
FERRAS, R.
BARTHEZ, J. C. 1979: Tourisme et aménagement dans la Moyenne Vallée de l'Hérault. – Montpellier
FERRAS, R. et al. 1979: Atlas et géographie du Languedoc et du Roussillon. – (Coll. Portrait de la France Moderne, hrsg. v. L. PAPY et M. GENEVOIX), Paris
FLAMENT, E. 1973: Réflexion sur le dynamisme du littoral Picard à propos d'une enquête. – (= Bulletin de la Société Languedocienne de Géographie, 7, N° 314), S. 333–341; Montpellier
– 1984: Les vacances des Français. – Revue de Géographie de Lyon, 59, N° 1/2, S. 7–14
FLATRES-MURY, H.
BONNEAU, M. 1976: Le parc naturel régional d'Amorique. – Revue de Géographie de Lyon, 51, N° 2, S. 133–149
FLORI, P. 1977: Le tourisme et ses conséquences sur le milieu naturel: l'exemple camarguais. – Thèse du Doctorat 3ᵉ cycle. C.H.E.T.; Aix-en-Provence
– 1978: Une analyse générale de l'impact touristique. – Espaces, Tourisme, Loisirs, Environnement, N° 31, S. 15–23; Paris
FORNAIRON, J. D. 1970: Note sur l'origine des touristes fréquentant le littoral languedocien. – Economie Méridionale, 25, N° 100, S. 67–72; Montpellier
– 1985: Les migrations interregionales et le tertiaire en Languedoc-Roussillon. – Economie Méridionale, 33, S. 105–118; Montpellier
– et al. 1984: Migration et activité en Languedoc-Roussillon. – Economie Méridionale, 32, N° 127, S. 23–34; Montpellier
FORTWENGLER, D.
GUIBILATO, G. 1972: Le tourisme et son influence sur le littoral de La Ciotat à St. Cyr-s.-mer et quatre communes de son arrière-pays: La Cadiere, le Castellet, Le Beausset, Ceyreste. – Mémoire, N° 679, Université Aix
FOURASTIER, J. 1979: Les trente glorieuses. Paris
FOURNIER-NERI, C. 1983: La promotion du tourisme hors saison. (Dans le golfe de Saint Tropez). – Espaces, Tourisme, Loisirs, Environnement, 65, S. 22–23
FOURNIER, D. 1984: Produits touristiques régionaux. – Session 1983–1984, Conseil Supérieur du Tourisme, Section Comités Régionaux de Tourisme; Paris
FOURNIER, J. 1974: Quelques réflexions sur la planification sociale et contradictions sociales à partir de l'expérience du VIième plan. – In: J. FREYSSINET (Hrsg.): Planification et société (= Actes du Colloque du 9–12 octobre 1973, contradictions sociales et appareil d'état), S. 409–423; Grenoble
FRANÇOIS, J. 1984: Ménages et familles en Languedoc-Roussillon. – Repères, (3), S. 5–12; Montpellier
FRANZÖSISCHE BOTSCHAFT (Hrsg.) 1974: Zweite Riviera nach der Halbzeit. – Informationsblätter der frz. Botschaft 24, N° 137, S. 3–13, Bonn-Bad Godesberg
FREMONT, A. 1978: Der „Erlebnisraum" und der Begriff der Region. Ein Bericht über neuere französische Forschungen. – Geographische Zeitschrift, 66 (4), S. 276–288
– et al. 1984: Géographie sociale. – Paris, New York, Barcelona, Milan, Mexiko, Sao Paulo
FRESCO, G.
FIORENTINO, S. et al. 1976: L'utilisation touristique des côtes de la Méditerranée. – In: La planification et le développement de l'industrie touristique dans la région de la C.E.E.. Commission Economique pour l'Europe; Nations Unies; New York
FRIEDMANN, J. 1966: Regional Development Policy: A Case Study of Venezuela. – Cambridge, London
– 1973a: A Theory of Polarized Development. – In: J. FRIEDMANN (Hrsg.): Urbanization, Planning and National Development, S. 41–64; Beverly Hills (California), London
– 1973b: Urbanization, Planning and National Development. – Beverly Hills (California), London

- 1978: The Spatial Organisation of Power in the Development of Urban Systems. In: J. FRIEDMANN/ W. ALONSO (Hrsg.) Regional Policy, S. 266–307; Cambridge, Mass.
- 1979: Communalism, some Principles for a Possible Future. – U.C.L.A. Papers; Los Angeles

FRIEDMANN, J.

DOUGLAS, M. 1975: Agropolitan Development: Toward a New Strategie for Regional Planning in Asia. – In: FU-CHENLO/K. SALITT/U.N.C.R.D. (Hrsg.): Growth Pole Strategy and Regional Development Planning. Asian Experience and Alternative Approaches, S. 163–192; Oxford, New York, Toronto, Sydney, Paris, Frankfurt

FRIEDMANN, J.

WEAVER, C. 1979: Territory and Function. The Evolution of Regional Planning. – London

FRIEDMANN, J. et al. 1971: Urbanisation et développement national: une étude comparative. – Revue Tiers Monde, 12 (1), S. 13–44

FRUCHART, A. 1970: Pollution des mers et l'aménagement du Littoral. Protection des sites. – Sauvegarde de la nature; – Aix-en-Provence

FRUCTUS, M.

ZEMMOUR, J. 1984: Evaluation de l'impact socio-économique en cas d'implantation d'un golf sur le domaine de Château l'Arc, commune de Fuveau. – Société d'Etude et de Promotion du Tourisme; Marseille

FUCKNER, H. 1963: Riviera und Côte d'Azur – mittelmeerische Küstenlandschaften zwischen Arno und Rhône. – Mitt. d. Fränkischen Geographischen Gesellschaft, 10, S. 39–68

GABERT, U. 1967: L'évolution récente du tourisme dans le sud des Hautes-Alpes/Région de Larange. – Cahiers du Tourisme, Série A, N° 6; Aix-en-Provence

GRAUCHENOT, I. et al. 1982: Les entreprises et l'embauche – Dossier N° 7 (= Supplément à Sud Information Economique, N° 52), I.N.S.E.E.; Paris, Marseille

GAULT, M.

CARTIER, R. 1972: Guide nouvelles stations Languedoc-Roussillon. – Paris

GAUTHIER, S. 1985: Diagnostic démo-économique de la Haute Vallée de l'Aude. – Economie Méridionale, 33, N° 129, S. 91–100

GAYMU, J. 1985: Les populations âgées en France au recensement de 1982. – Population, 40, S. 699–724

GEIGANT, F. 1973: Die Standorte des Fremdenverkehrs. Eine sozioökonomische Studie über die Bedingungen und Formen der räumlichen Entfaltung des Fremdenverkehrs. – (= Schriftenreihe des Deutschen Wirtschaftswissenschaftlichen Instituts für Fremdenverkehr an der Universität München, (17)), 2. Auflage

GEORGE, P. 1980: Tricastin 1980. – Annales de Géographie, N° 494, S. 400–413; Paris

GERAULT, J. 1981: Alpes de Haute-Provence. – La Documentation Française. Notes et Documents, 4637–4638; Paris

GERFIN, H. 1964: Gesamtwirtschaftliches Wachstum und regionale Entwicklung. – KYKLOS 17, (4), S. 565–593

GIERKE, M. 1961: Die Fremdenverkehrslandschaft an der Côte d'Azur. – Diss.; Freiburg, Bremen

GIESBERT, F. O. 1978: La grande folie des résidences secondaires. – A.T.L.R. Montpellier

GIRNIER, J. 1974: Géographie touristique de la France. – Paris

GIVAUDAN, A. 1978: La Question communale. – Paris

GLAUDE, M

MOUTARDIER, M. 1984: Les budgets des ménages en 1979. – In.: I.N.S.E.E. (Hrsg.): Données sociales, S. 293–298; Paris

GOEDDE, S. 1974: Die Waldbrände in der südlichen Provence: eine geographische Untersuchung unter besonderer Berücksichtigung klimatischer Einflüsse. – Diss. Westfälische Wilhelms-Universität; Münster

GONTCHAROFF, G. 1985a: La décentralisation 4. L'action sanitaire et sociale. Les compétances transférées en 1984; Paris

- 1985b: La décentralisation 5. L'action sanitaire et sociale. Les difficultés d'adaption; Paris

GONTCHAROFF, G.
MILANO, S. 1983: La décentralisation. 1. nouveaux pouvoirs, nouveaux enjeux. – Paris
– 1984a: La décentralisation. 2. le transfert des compétences. – Paris
– 1984b: La décentralisation. 3. les compétences transférées en 1983. – Paris
GORMSEN, E. 1983a: Tourismus in Lateinamerika. – Ethnologia Americana, 19 (4), S. 1081–1084
– 1983b: Tourismus in der Dritten Welt. – Geographische Rundschau, 35, S. 608–617
– 1983c: Der internationale Tourismus – eine neue Pionierfront in Ländern der Dritten Welt. – Geographische Zeitschrift, 71, S. 149–165
– 1985: Tourism and Socio-Economic Patterns in Third-World Countries. – In: Impact of Tourism on Regional Development and Cultural Change (= Mainzer Geographische Studien, 26), S. 15–24; Mainz
GOURDON, J. L. 1980: L'apport foncier, une pratique ouverte aux communes?. – Etude foncières, N° 10, S. 8–13
GOYET, P. J. 1978: Plaidoyer pour une nouvelle approche du tourisme. – Thèse de Doctorat 3ième cycle, „Droit de la Coopération Internationale", Université des Sciences Sociales de Toulouse, Faculté de Droit et de Sciences Economiques; Toulouse
GRAF, J.
JÄTZOLD, R. 1981: Junge Kulturlandschaftsentwicklungen in der Camargue. – Die Erde, 112, S. 217–229
GRAVES, N. J. 1965: Une Californie française – the Languedoc and the Lower Rhône Irrigation Project. – Geography, 50, S. 71–73
GRAVIER, J. F. 1958: Paris et le désert français. – Paris, 2. Auflage
– 1964: L'aménagement du territoire et l'avenir des régions françaises. – Paris
GREENWOOD, R. H. 1975: Trends and Patterns in International Tourism in Western and Southern Europe 1960–1970. – Gießener Geographische Schriften, 35, S. 231–238
GREUET, A. M. 1976: Saint-Paul-de-Vence et la Colle-sur-Loup. – In: J. MIÈGE (Hrsg.): Loisir, environnement et qualité de la vie sur la Côte d'Azur (= Annales de la Faculté des Lettres et Sciences Humaines de Nice, N° 24), S. 25–34; Nice
GRIBIER, F. 1973: La géographie des comportements de tourisme et de loisir. – Bulletin de la Société Languedocienne de Géographie, 7, (3/4) S. 447–448; Montpellier
– 1982: La retraite au bord de la mer et les relations avec les enfants. – Gérontologie et Société, N° 21, S. 43–69
GROSSO, R. 1982: Vignoble, vin et tourisme dans les Côtes-du-Rhône. – In: Mélanges offerts à Jean MIEGE, Laboratoire R. Blanchard, Université de Nice; Nice
GROSSO, R.
BOUZART, D. 1973: Le tourisme culturel dans la Provence intérieure. – (Actes du Colloque de Géographie du Tourisme „Tourisme et vie régionale dans les pays méditerrannéens", hrsg. v. L. PEDRINI, 2–5e avril 1973 (Taormina) S. 107–113; Rimini
GUELORGET, G. 1977: Etude de marché de la plaisance dans le Languedoc: motivation, freins, conséquences économiques et sociales. – Université de Montpellier, Faculté de Droit et des Sciences Economiques, Thèse d'Etat des Sciences Economiques; Montpellier
GUERIN, A. et al. 1980: Gestion et protection des espaces naturels méditerranéens. Rapport du groupe de travail. Préparation du 8ième Plan 1981–85. – La Documentation Française; Paris
GUERIN, J. C. 1970: „Espaces naturels et espaces verts sur le littoral Languedoc-Roussillon". – Le Monde rural, Gardien de la Nature, 2, N° spécial, S. 136–145; Paris
GUERIN, M. 1970: Les Casinos. – Congrès National du Tourisme Vittel 1970; o.O.
GUERON, L. 1966: Le tourisme à Menton. – Méditerrannée, 7, S. 51–64
GUIBALTO, G. et al. 1975: Les Loisirs des Toulonais. – Aix-en-Provence
GUIGOU, J. L. 1980: Le sol et l'espace: des énigmes pour les économistes. – L'Espace Géographique, 9, S. 17–28
HAALAND, D. 1979: Sporthäfen als geographischer Ausdruck einer sich entwickelnden Freizeitfunktion Sportschiffahrt mit Beispielen von der französischen Mittelmeerküste. – Mannheimer Geographische Arbeiten, 2, S. 165–195

HADJADI, B. et al. 1975: Les emplois et la formation dans le tourisme en France. – La Documentation Française, Centre d'Etudes et de Recherches sur les Qualifications; Paris

HALMES, G. 1984: Regionalpolitik und Regionalismus – Vorgeschichte und aktueller Stand der französischen Dezentralisierungspolitik. – Raumforschung und Raumordnung, 42, S. 171–183

HANG, C. J. 1970: A Summary of Social Stratification in the Tourist City: The Case of the Nineteenth Century Nice. – In: Marketing Travel and Tourism, Seventh Annual Conference Proceedings, The Travel Research Association; Salt Lake City

HANNSS, C. 1974: Val d'Isère. Entwicklung und Probleme eines Wintersportplatzes in den französischen Nordalpen. – Tübinger Geographische Studien, 56; Tübingen

– 1984: Neue Wege der Fremdenverkehrsentwicklung in den französischen Nordalpen. Die Antiretortenstation Bonneval-sur-Arc im Vergleich mit Bessans (Hoch-Maurienne). – Tübinger Geographische Studien, 89; Tübingen

HARTKE, W. 1959: Gedanken über die Bestimmung von Räumen gleichen sozialgeographischen Verhaltens. – Erdkunde, 13, S. 426–436

– 1968: Frankreich – das Land als sozialgeographische Einheit. – Frankfurt/Main, Berlin, Bonn, München (3. Auflage).

– 1974: Tendenzen der Regionalisierung in Frankreich. – Berichte zur Deutschen Landeskunde, 48, S. 249–257

HARVEY, D. 1978: What Kind of Geography for what Kind of Public Policy?. – In: J. B. BLUNDEN et al. (Hrsg.): Fundamentals of Human Geography: A Reader. – S. 367–375; London, New York, Hagerstown, San Francisco, Sydney

HAYWARD, J. 1974: The Changing Political Context of French Economic Planning: A Britisch View. – In: J. FREYSSINET et al. (Hrsg.): Planification et société (= Acte du Colloque de 9–12 octobre 1973: Contradictions sociales et appareil d'Etat), S. 535–545; Grenoble

HELD, J. F. 1978a: Saint-Luberon-des-Prés. Le microcosme exquis des intellectuels en vacances. – In: Et si on allait faire un tour jusqu'à la pointe? Ou dix ans d'histoire des Français en vacances et en voyage. – S. 221–229; Paris

– 1978b: Le bonheur dans un camping. Des tentes perfectionnées, des caravannes à Bormes-les-Mimosas. – In: Et si on allait faire un tour jusqu'à la pointe. Ou dix ans d'histoire des Français en vacances et en voyage, S. 155–163; Paris

– 1978c: Les ronrons de la Grande-Motte. Vacances modernes en Languedoc-Roussillon. – In: Et si on allait faire un tour jusqu'à la pointe. Ou dix ans d'histoire des Français en vacances et en voyage, S. 263–271; Paris

HELMFRIED, S. 1968: Zur Geographie einer mobilen Gesellschaft. – Geographische Rundschau, 20, S. 445–451

HENKEL, G. 1977: Tourismusentwicklung im Spannungsfeld von Kommerz und Raumwirtschaftseinheit. – Berichte zur Deutschen Landeskunde, 51, S. 205–232

HERMITTE, J. E. 1970: Fonction d'accueil et développement dans la Principaute de Monaco. – Acta Geographica, N° 2, S. 69–100

– 1977: Histoire des villes et modèles régionaux de développement. – Acta Geographica, N° 32, S. 5–18

– 1979: Modèles et maquettes touristiques. Les Alpes-Maritimes. – In: Actes de Colloque Tourisme et Coopération Internationale, Nice 21–23 septembre 1977, hrsg. v. C. GRATTAROLA, S. 155–212; Nice

HERNANDEZ, G. 1978: L'activité de congrès en Provence, Alpes, Côte d'Azur. – Congrès Provence Riviera, Marseille

HILLS, T. L.

LUNDGREN, J. 1977: The Impact of Tourism in the Caribbean: a methodological study. – Annals of Tourism Research, 4, S. 248–267

HÖRSTEL, W. 1907: Die Riviera. – (= Land und Leute, Monographien zur Erdkunde 11), S. 116–150; Bielefeld, Leipzig

HOFFMAN, Y. 1968: Programme d'aménagement de l'arrière-pays du Roussillon. – Bulletin de la Fédération Française d'Economie Montagnarde, Nouvelle Série, N° 19, S. 333–341; Vabre

– 1975: Tourisme en espace concerté, tourisme en espace rural: opposition ou complémentarité? La régie départementale du tourisme des Pyrénées Orientales. – Paris
HOFMEISTER, B.
VETTER, F. 1975: Der Fremdenverkehr als Wachstumsfaktor. Ein Bericht über die Tagung der Arbeitsgruppe „Geography of Tourism an Recreation" der I.G.U. in Sofia und Belogradchik, Bulgarien. – Die Erde, 106, S. 304–307
HOTTES, K. 1981: Tourismus und freizeitorientiertes Manufacturing in der Bundesrepublik Deutschland. – Manuskript für die I.G.U.-Tagung Aix-en-Provence 1981.
HUDMAN, L. E. 1980: Tourism: A Shrinking World. – Columbus (Ohio)
I.N.S.E.E. (Hrsg.), o.J.a: Recensement géneral de la population de 1982: Population légale et statistiques communales complémentaires: Région Languedoc-Roussillon. – Paris
– o.J.b: R.G.P. 1982: Départements: Alpes-de-Haute Provence, Alpes-Maritimes, Hautes-Alpes, Bouches-du-Rhône, Var, Vaucluse. – Paris
– o.J.c: Recensement général de la population 1982. Resultats du sondage au 1/4 Population, Emploi, Ménages, Familles, Logements. Départements: Alpes-de-Haute-Provence, Alpes-Maritimes, Aude, Gard, Hautes-Alpes, Bouches-du-Rhône, Hérault, Lozère, Pyrénées-Orientales, Var, Vauclusc. – Paris
– o.J.d: Recensement général de la population de 1982. Population de la France: Régions, Départements, Arrondissements, Canton, Communes. – Paris
– o.J.e: Recensement général de la population de 1982. Population légale et statistiques communales complémentaires (Evolutions démographiques 1975–1982 et 1968–1975), Départements: Alpes-Maritimes, Aude, Alpes-de-Haute-Provence, Bouches-du-Rhône, Gard, Hautes-Alpes, Hérault, Lozère, Pyrénées Orientales, Var, Vaucluse. – Paris
– o.J.f: Inventaire communal 1979–80.
Fascicule Indicateurs chiffrés: Aude, Gard, Hérault, Lozère, Pyrénées Orientales. – Paris
Fascicule Cartes: Aude, Gard, Hérault, Lozère, Pyrénées Orientales. – Paris
– 1982: Statistiques et indicateurs des régions françaises. Annexe au projet de loi de finances pour 1982. – (= Les collections de l'I.N.S.E.E., Série R 48/49, N° 412/413); Paris
– 1983: Statistiques et indicateurs des régions françaises. Annexe au projet de loi de finances pour 1984. – (= Les collections de l'I.N.S.E.E., Série R 52/53, N° 442/443); Paris
– 1984a: Statistiques et indicateurs des régions françaises. Annexe au projet de loi de finances pour 1985. – (= Les collections de l'I.N.S.E.E., Série R 55/56, N° 467/468); Paris
– 1984b: Données sociales 1984; – Paris
– 1985: Statistiques et indicateurs des régions françaises... pour 1986. – (Série R 59/60, N° 501/502); Paris
I.N.S.E.E.-I.G.N. 1985: Atlas Régional Provence-Côte d'Azur. Tome 1: La population. – Marseille
I.N.S.E.E.-DIRECTION REGIONALE DE MARSEILLE 1979: Les Alpes du Sud et le tourisme. – Sud-Information Economique Provence-Côte d'Azur, N° 40, S. 23–29
I.N.S.E.E.-DIRECTION REGIONALE DE MARSEILLE (Hrsg.) 1980: Données Economiques et Sociales P.A.C.A.-Marseille
– 1983: Données économiques et sociales Provence – Alpes – Côte d'Azur. – Marseille
– 1985: Données économiques et sociales Provence – Alpes – Côte d'Azur. – Marseille
– 1989: Données économiques et sociales Provence - Alpes - Côte d'Azur. – Marseille
I.N.S.E.E.-DIRECTION REGIONALE DE MONTPELLIER, o.J.a: Dépenses des touristes et retombées sur la région. – Etudes et statistiques régionales Languedoc-Roussillon; Montpellier
– o.J.b: Tableaux de l'économie du Languedoc-Roussillon 1984. – Montpellier
– o.J.c: Population et habitat. Tableaux „préimprimés" du recensement géneral de la population de 1975. – Aude, Gard, Hérault, Lozère, Pyrénées Orientales; Montpellier
– 1979: Le tourisme pendant l'été 1978. Hôtellerie, camping, agences de location. – Etudes et statistiques Languedoc-Roussillon; Montpellier
– 1980a: La dépopulation de zones rurales en Languedoc-Roussillon. – Etudes et statistiques, Repères, (2); Montpellier

- 1980b: Pointes d'activité et impact du tourisme. – Repères, (3); Montpellier
- 1980c: L'emploi régional au 1er janvier 1980. – Repères, (4); Montpellier
- 1981a: Bilan de l'année 1979. – Repères, (1); Montpellier
- 1981b: Bilan de l'année 1980. – Repères, (1); Montpellier
- 1981c: Bilan de l'année 1981. – Repères (1); Montpellier
- 1981d: Le tourisme pendant l'été 1980. Hôtellerie, camping, agences de location, villages de vacances. – Etudes et statistiques Languedoc-Roussillon; Montpellier
- 1982a: Economie du Languedoc-Roussillon. Investissement industriel et emploi des années 70. – Repères, (3); Montpellier
- 1982b: Le secteur du bâtiment et des traveaux publics. Les structures et les comptes en 1978. – Repères, (3); Montpellier
- 1982c: Dépenses des touristes et retombées sur la région. – Repères, (3); Montpellier
- 1982d: La démographie et les emplois: premiers résultats du recensement de 1982. – Etudes et statistiques Languedoc-Roussillon (Supplément à Repères, N° 3); Montpellier
- 1982e: L'emploi régional au 1er janvier 1982: Le tourisme. – Le Point de l'Economie Languedoc-Roussillon, N° 10; Montpellier
- 1982f: L'emploi régional au 1er janvier 1982: Le tourisme. – Le Point de l'Economie Languedoc-Roussillon, N° 12; Montpellier
- 1982g: Le tourisme pendant l'été 1981. L'enquête auprès des agences de location saisonnière. – Recensement de 1982. Premiers résultats Languedoc-Roussillon; Montpellier
- 1982h: Dépenses des touristes et retombées sur la région. – Repères, (3); Montpellier
- 1982i: L'emploi régional au 1er janvier 1982. – Le Point de l'Economie Languedoc-Roussillon, N° 8/9; Montpellier
- 1982j: Spécial recensement 1982. Résultats communaux. Aude, Gard, Hérault, Lozère, Pyrénées Orientales. – Repères, (4); Montpellier
- 1983a: Recensement général de la population de 1982: Unités urbaines de la région Languedoc-Roussillon. – Montpellier, Paris
- 1983b: Le tourisme pendant l'été 1981. L'enquête auprès des hébergements familiaux Mai-Septembre 1981. – Etudes et statistiques Languedoc-Roussillon; Montpellier
- 1983c: Le tourisme pendant l'été 1981. L'enquête de fin de saison auprès des hôtels. – Etudes et statistiques Languedoc-Roussillon; Montpellier
- 1983d: Le tourisme pendant l'été 1981. L'enquête de fin de saison auprès de l'hôtellerie de plein air Mai-Septembre. – Etudes et statistiques Languedoc-Roussillon; Montpellier
- 1983e: Le tourisme pendant l'été 1982. L'enquête de fin de saison auprès de l'hôtellerie de plein air Mai-Septembre 1982. – Etudes et statistiques Languedoc-Roussillon; Montpellier
- 1983f: Le tourisme pendant l'été 1982. L'enquête de fin de saison auprès des établissements familiaux de vacances Mai-Septembre 1982. – Etudes et statistiques Languedoc-Roussillon; Montpellier
- 1983g: Le tourisme pendant l'été 1982. L'enquête de fin de saison auprès des hôtels Mai-Septembre 1982. – Etudes et statistiques Languedoc-Roussillon; Montpellier
- 1983h: L'estimation de la fréquentation touristique à partir des statistiques disponibles. – Montpellier
- 1983i: Bilan de l'année 1982. – Supplément à Repères; Montpellier
- 1983j: Les emplois et la population: séries rétrospectives 1975–1982. Evaluation base 1975. – Les Dossiers de Repères, (3); Montpellier
- 1984a: Données statistiques essentielles sur les bassins d'emploi. – Les Dossiers de Repères, N° 7; Montpellier
- 1984b: Le commerce de détails. – Le Point de l'Economie Languedoc-Roussillon, Supplément à Repères, Note de conjoncture D-1-84; Montpellier
- 1984c: Recensement général de la population de 1982. Sondage au 1/20. Département Aude. – Les Dossiers de Repères, (1); Montpellier
- 1984d: Recensement général de la population de 1982. Sondage au 1/20. Département Gard. – Les Dossiers de Repères, (2); Montpellier

– 1984e: Recensement général de la population de 1982. Sondage au 1/20. Département Lozère. – Les Dossiers de Repères, (3); Montpellier
– 1984f: Recensement général de la population de 1982. Sondage au 1/20. Département Hérault. – Les Dossiers de Repères, (4); Montpellier
– 1984g: Recensement général de la population de 1982. Sondage au 1/20. Département Pyrénées Orientales. – Les Dossiers de Repères, (5); Montpellier
– 1984h: Recensement général de la population de 1982. Sondage au 1/20. Region Languedoc-Roussillon. – Les Dossiers de Repères, (6); Montpellier
– 1984i: Tableau de bord mensuel de l'économie du Languedoc-Roussillon. – Supplément à Repères, (4); Montpellier
– 1984j: Bilan de l'année 1983. – Supplément à Repères; Montpellier
– 1984k: Le tourisme pendant l'été 1984: L'enquête de fin saison auprès des établissements familiaux de vacances. – Le Point de l'Economie, Supplément à Repères; Montpellier
– 1984l: L'emploi régional en 1980. – Le Point de l'Economie, Supplément à Repères; Montpellier
– 1985a: Bilan 1984 de l'économie du Languedoc-Roussillon. – Supplément à Repères; Montpellier
– 1985b: Le commerce de gros. Résultats commentés de l'enquête de conjoncture de juillet 1985. – Le Point de l'Economie, Supplément à Repères; Montpellier
– 1985c: L'artisanat du bâtiment. – Le Point de l'Economie, Supplément à Repères; Montpellier
– 1985d: L'enquête de fin de saison des agences de location saisonnière Mai-Septembre 1984. – Le Point de l'Economie, Supplément à Repères; Montpellier
– 1985e: La fréquentation hôtelière. Résultats du 2e trimestre 1985. – Le Point de l'Economie, Supplément à Repères; Montpellier
– 1985f: Bâtiment. Enquête Juillet 1985. – Le Point de l'Economie, Supplément à Repères; Montpellier
– 1985g: Le commerce en détail. Résultats commentés de l'enquête de conjoncture de Mai 1985. – Le Point de l'Economie, Supplément à Repères; Montpellier
I.N.S.E.E. DIRECTION REGIONALE DE MONTPELLIER/C.R.P.E.E. 1971: Les flux touristiques sur le Littoral du Languedoc-Roussillon. Saison 1971; Montpellier
– 1977a: Les flux touristiques dans les campings du littoral Languedoc-Roussillon. Saison 1977; Montpellier
– 1977b: Les flux touristiques sur le littoral du Languedoc-Roussillon. Saison 1977; Montpellier
– 1988: Tableaux de l'économie du Languedoc-Roussillon 1988. – Montpellier
INSTITUT D'AMENAGEMENT REGIONAL D'AIX-MARSEILLE, 1975: L'aménagement de la zone La Ciotat-Le Beausset. Compte rendu des travaux du séminaire de pratique et de l'aménagement (1er année 1974–75). – Université de Droit, d'Economie et des Sciences, Institut d'Aménagement Régionale d'Aix-en-Provence
INSTITUT DE GEOGRAPHIE, UNIVERSITES D'AIX-EN-MARSEILLE, DE NICE ET CENTRE UNIVERSITAIRE D'AVIGNON (Hrsg.) 1974: Atlas de Provence-Côte d'Azur
– 1980: Atlas rural P.A.C.A.
ISARD, P. 1967/68: Les massifs boisés du Roussillon. – Bulletin de la Fédération Française d'Economie Montagnarde, N° 18, S. 535–548; Vabre
ISKENDERIAN, Y.
FRANCESCHI, J. M. 1974: Immigration et croissance urbaine: les villes petites et moyennes en milieu méditerranéen. – Chambre de Commerce et d'Industrie; Marseille
JÄTZOLD, R. 1965: Die Camargue – Landschaften im Rhônedelta und ihre modernen Wandlungen. – Die Erde, 96, S. 167–205
JEGOU, M. 1971: En région côtière dans une exploitation agricole. Terrain de camping et gîtes ruraux. – Journées C.E.T.A., Vers l'Entreprise Agricole de 1975; Paris
JOCHIMSEN, R.
GUSTAFSON, K. 1970: Infrastruktur. – In: Akademie für Raumforschung und Landesplanung, (Hrsg.): Handwörterbuch der Raumforschung und Raumordnung. – 2, S. 1318–1335; Hannover
JOLIOT, C. 1976: L'organisation du système de transport sur le Littoral Languedoc-Roussillon (Etude

voyageurs). – Centre d'Etudes Techniques de l'Equipement. Institut d'aménagement Régional; Aix-en-Provence

KAMINSKE, V. 1981: Zur systematischen Stellung einer Geographie des Freizeitverhaltens. – Geographische Zeitschrift, 69, S. 217–223

KASPAR, C. 1982: L'analyse valeur-utilité, méthode d'évaluation de mesures d'investissements touristiques. – Zschr. f. Fremdenverkehr, 4, S. 18–21

KELLER, T. 1983: Tourismus und Berggebietsförderung. – Diss. Universität Zürich

KEMPER, F. J. 1978: Probleme der Geographie der Freizeit: Ein Literaturbericht über raumorientiertes Arbeiten aus den Bereichen Freizeit, Erholung und Fremdenverkehr. – (= Bonner Geographische Abhandlungen, 59); Bonn

KHELFAOUI, Z. 1985: Analyse du problème d'attractivité dans l'espace des bassins d'emploi du Languedoc-Roussillon. – Economie Méridionale, 33, S. 29–41; Montpellier

KIEMSTEDT, H. 1967: Zur Bewertung der Landschaft für die Erholung. – Diss. TH Hannover 1967 (= Beiträge zur Landespflege, Sonderheft 1); Stuttgart

KIELSTRA, N. 1985: The Rural Languedoc: Periphery to Relictual Space. – In: R. HUDSON/J. LEWIS, (Hrsg.): Uneven Development in Southern Europe. Studies of Accumulation, Class, Migration and the State, S. 246–262; London, New York

KINSEY, J. 1978: The Application of Growth Pole Theory in the Aire Metropolitaine Marseille. – Geoforum, 9, (4/5), S. 245–267

KLEEMANN, G. 1973: Geplante Fremdenverkehrssiedlungen an der Côte d'Azur. – In: C. SCHOTT, Beiträge zur Kulturgeographie der Mittelmeerländer II, (= Marburger Geographische Schriften 59), S. 121–143

KLEMM, K. 1984: Fremdenverkehrsentwicklung – gemeinsame Ziele, Aufgaben und Methoden von Tourismus – Marketing und regionaler Fremdenverkehrsplanung. – Zeitschrift f. Wirtschaftsgeographie, 28, S. 137–144

KLÖPPER, R. 1971: Die französischen Hochpyrenäen als Fremdenverkehrsgebiet. – In: Siedlungs- und agrargeographische Forschungen in Europa und Afrika. Georg Niemeier zum 65. Geburtstag, (= Braunschweiger Geographische Studien 3) S. 135–145; Wiesbaden

– 1974: Die räumliche Struktur des Angebots von „Urlaub auf dem Bauernhof" – Entwicklungschancen im Rahmen des gesamten Beherbergungsangebotes in Landgemeinden. – (= A.I.D. Schriftenreihe, (179)); Bonn-Bad Godesberg

KNAFOU, R. 1978: Les stations de sports d'hiver des Alpes françaises. – Paris, New York, Barcelona, Milan

KNEUBUEHL, U.

KELLER, P. 1982: Möglichkeiten und Grenzen der Entwicklungssteuerung in einem Touristenort. – In: J. KRIPPENDORF et al. (Hrsg.): Tourismus und regionale Entwicklung, Themaband „Regionalprobleme"; Diessenhofen

KNIRSCH, R. 1976: Fremdenverkehrsgeographie oder Geographie des Freizeitverhaltens, oder?. – Zeitschrift f. Wirtschaftsgeographie, S. 248–249

KOCH, R. 1979: La Grande Motte – ein geplantes Ferienzentrum an der französischen Mittelmeerküste – eine Unterrichtseinheit zur Inwertsetzung/Umwertung und Raumordnung. – Geographie im Unterricht, 4, S. 314–322

KOFMAN, E. 1981: Functional Regionalism and Alternative Regional Development Programmes in Corsica. – Regional Studies, 15, (3), S. 173–182

KOMINIDIS, N. 1980: Eléments pour la définition d'une politique des ressources balnéaires. Le cas de la Côte Aquitaine. – Thèse du Doctorat 3ième Cycle, Université de Droit, d'Economie et de Sciences d'Aix-Marseille, C.H.E.T.; Aix-en-Provence

KOMMISSION DER EUROPÄISCHEN GEMEINSCHAFT 1978: Regionale Entwicklungsprogramme Frankreich 1976–1980. – (= Sammlung Programme, Reihe Regionalpolitik, N° 13); Brüssel

KRIER, G. 1975: Présentation des cartes du tourisme international dans la Méditerranée. – In: L. PEDRINI (Hrsg.): Tourisme et vie régionale dans les Pays méditerranéens, (= Actes du Colloque de Géographie du Tourisme, Taormina, 2–5 avril 1973 S. 15–16); Rimini

KRUSNIK, K. 1978: Fremdenverkehrsbedingte Wachstums- und Struktureffekte in unterentwickelten Volkswirtschaften. – Diss.; Köln
– 1980: Zur Situation des internationalen Fremdenverkehrs in Spanien. – Zeitschrift für Fremdenverkehr, 35, (3), S. 23–27
KULINAT, K.
STEINECKE, A. 1984: Geographie des Freizeit- und Fremdenverkehrs. – (= Erträge der Forschung, 212); Darmstadt
LABASSE, J. 1984: Les congrès, activité tertaire de villes privilégées. – Annales de Géographie, 93, S. 687–703
LACAZE, A. 1978: Der Fremdenverkehr im Küstengebiet des Languedoc-Roussillon. Seine Erschließung und Entwicklung. – In: Tourismus – Entwicklung und Gefährdung? Wirtschaftliche und soziale Wirkungen des Tourismus, S. 95–99. – Studienkreis f. Tourismus; Starnberg
LACOSTE, Y. 1982: Géographie du sous-développement. Géographique d'une crise. – Paris (5. Auflage)
LAGANIER, C. 1977: Retraités et résidents secondaires en Basse-Ardèche. – Bulletin de la Société Languedocienne de Géographie, 11, S. 141–151; Montpellier
LAGET, M. 1981: L'intégration de l'économie d'une ville moyenne dans un plan de référence: Le cas de Sète. – Economie Méridionale, 29, N° 116, S. 53–65; Montpellier
– 1983: Chômage intrinsèque et chômage vécu. Le cas du département du Gard. – Economie Méridionale, 31, N° 124, S. 97–112; Montpellier
– 1985: Quelques hypothèses pour comprendre l'évolution de l'emploi et de la démographie en Languedoc-Roussillon. – Economie Méridionale, 33, S. 9–19; Montpellier
LAGET, M.
ORLIAC, J. 1980: Languedoc-Roussillon, Région énergétique témoin. – Economie Méridionale, 28, N° 109/110, S. 77–98; Montpellier
LAJUGIE, J. et al. 1979: Espace régional et aménagement du territoire. – Paris
LAINE, P.
THIERCELIN, M. 1975: Tourisme en espace concerté, tourisme en espace rural: opposition ou complémentarité? Le complexe coopératif de vacances: Les Ports du Roussillon au Lido de Barcarès; Paris
LAMORISSE, R. 1977: Mesure et signification de la régression démographique en Cévennes Languedociennes entre les deux derniers recensements (1968–1975). – Société Languedocienne de Géographie, Bulletin 11 (1–2), S. 11–119
LAMOTHE, T. Q. 1974: Le tourisme hivernal français. – Marseille
LAMOUR, M. et al. 1978: Le financement de l'économie régionale. – Economie Méridional, 26, N° 103, S. 109–136
LANDRY, R. 1973a: Aménagement touristique du littoral Languedoc-Roussillon. – In: U.I.O.O.T. (Hrsg.): L'aménagement touristique du territoire; Genève
– 1973b: Tourism Development of Languedoc-Roussillon. In: Physical Planning and Area Development for Tourism. – Genève
LANGEVIN, P. 1981: L'économie provençale. 1. Les structures économiques. – Aix-en-Provence
– 1983: Le nouveau développement-expériences provençales. – In: B. PLANQUE (Hrsg.): Le développement décentralisé. Dynamique spatiale de l'économie et planification régionale, S. 231–250
LE LANNOU, M.
PROST, B. 1974: Les régions géographiques de la France. 2: La France Méridionale; Paris
LANQUAR, R.
RAYNOUARD, Y. 1981: Le tourisme social. – Paris (4. Auflage)
LANVERSIN, J. de 1979: La région et l'aménagement du territoire. – Paris
LASUEN, J. R. 1969: On Growth Poles. – Urban Studies, 6, S. 137–161;
– 1973: Urbanisation and Development – the Temporal Interaction between Geographical and Sectoral Clusters. – Urban Studies, 10, S. 163–188;
LATTES, R. 1977: La fortune des Français. – Paris
LAURENTI, J. M. 1977: Haut pays des Alpes Maritimes, vie rurale, loisirs, tourisme vert. – Université, Laboratoire de Géographie Raoul Blanchard, Thèse du Doctorat de 3ième cycle: Nice

LAVERY, P. 1971: Ressorts and Recreation. – In: P. LAVERY (Hrsg.): Recreational Geography. – S. 167–196; Newton, Abbert, London, Vancover

LAZAR, G. 1981: La notion d'impact dans les espaces protégés. – Revue de Géographie de Lyon, 56, S. 255–275

LEENHARDT, J. F. 1970: Animation touristique en milieu rural: problèmes posés par l'occupation des sols. – Protection des sites-Sauvegarde de la nature; Tourisme Provence-Côte d'Azur; Aix-en-Provence

LEFEBVRE, A.

MEYER, J. C. 1985: Planification et aménagement des communes, des départements et des régions. – Paris

LEFOUL, J. F.

CHAIGNEAU, E. 1985: Les voyages touristiques de courte durée. – Espaces, N° 76, S. 16–19

LEGER, D.

HERVIEU, B. 1979: Le retour à la nature. Au fond de la forêt ... l'état; Paris

LEGOUX, F. 1977: La navigation de plaisance dans le Languedoc-Roussillon, le cas de la Grande Motte. – Institut d'Etudes Politiques; Aix-en-Provence

LEGRAND, O./LEGRAND, P. 1976: La rue d'Antibes et le quartier de la Croisette à Cannes. – In: J. MIÈGE (Hrsg.): Loisir, environnement et qualité de la vie sur la Côte d'Azur (= Annales de la Faculté des Lettres et Sciences Humaines de Nice, N° 24), S. 157–191; Nice

LEIB, J.

MERTINS, G. 1983: Bevölkerungsgeographie; Braunschweig

LEIMGRUBER, W. 1975: Leisure, Recreation and Tourism: A Model of Leisure Activity, Fennia 136; Helsinki

DE LELIEVRE, R. 1968: Juan-les-Pins et le Cap d'Antibes. Annales de la Faculté des Lettres et Sciences Humaines de Nice, 6, S. 43–55

LEROY, A.

ROEDERER, B. 1965: La navigation de plaisance dans la région Provence – Côte d'Azur, Corse. – Institut de Recherches Economiques et Sociales, Extrait de la Revue de Commerce et Industrie de Marseille, N° 766–767

LEVEAU, B. 1976: Les nouveaux visages d'Antibes. – In: J. MIÈGE (Hrsg.): Loisir, environnement et qualité de la vie sur la Côte d'Azur (= Annales de la Faculté des Lettres et Sciences Humaines de Nice, N° 24), S. 129–155; Nice

LEVILLION, J. A. 1973: Promotion de l'activité de congrès en Provence – Côte d'Azur. – Chambre Régional de Commerce et d'Industrie P.A.C.A.; Marseille

LEVOUGE, J. 1970: Frankreich: Raumordnung und Landesplanung. – In: Akademie für Raumforschung und Landesplanung (Hrsg.): Handwörterbuch der Raumforschung und Raumordnung, 1, S. 788–799; Hannover

LEYNAUD, E. 1985: Les parcs nationaux – territoire des autres. – L'Espace Géographique, 14, S. 127–138

LICHTENBERGER, E. 1984: Les Alpes dans l'Europe. – In: 25ᵉ Congrès International de Géographie Paris 1984, Ouvrage offert en hommage aux membres du 25ᵉ Congrès International de Géographie, S. 281–295; Paris

LIPIETZ, A. 1980: Polarisation interrégionale et tertiarisation de la société. – L'Espace Géographique, 9, S. 33–42

LIVET, R. 1978: Atlas et Géographique de Provence, Côte d'Azur et Corse (= Collection Atlas et Géographique de la France Moderne, ed. par L. PAPY et M. GENEVOIX). – Paris

LORENZI, J. H. et al. 1980: La crise du XXᵉ siècle. – Paris

LORNE, M./O.R.E.A.M.-P.A.C.A. 1979: Le Littoral de P.A.C.A.. Situation actuelle. Evolution recente, problèmes majeurs pour les 10 prochaines années. – Bd. 2: Panorama des activités du littoral; Marseille

LOZATO, J. P. 1985: Géographie du tourisme. – Paris

LÜCKE, H. 1976: Ostkorsika. Untersuchungen zum Kulturlandschaftswandel einer insularen Region. – Mainzer Geographische Studien, 5, 2 Bde.

– 1980: Korsika – eine unterentwickelte Mittelmeerinsel. Ökonomische Möglichkeiten und Grenzen ihrer Selbstverwaltung. – Geographische Rundschau, 32, S. 443–452

LUNDGREN, J. O. 1972: The Development of the Tourist Travel Systems – A Metropolitan Economic Hegemony par Excellance. – Jahrbuch f. Fremdenverkehr, 20, S. 85–120

MANDER, A. 1979: Die Entwicklung des Raumes Montpellier. Strukturelle und funktionale Entwicklung im Raum Montpellier im Zeitraum von ca. 1962–1975. – Diss. Univ. Frankfurt

MAIER, J. 1974: Freizeitverhalten und Tourismus in Europa. – In: G. FOCHLER-HAUKE (Hrsg.): Länder, Völker, Kontinente, 1, S. 306–311; Gütersloh

MAISTRE, M. 1976: L'élaboration des paysages de la vallée du Loup. – In: J. Miège (Hrsg.): Loisir, environnement et qualité dc la vie sur la Côte d'Azur (= Annales de la Faculté des Lettres et Sciences Humaines de Nice, N° 24), S. 9–23; Nice

MALLON, P. 1985: Le tourisme rural à la croisée des chemins. – Espaces, N° 73, S. 4–5

MANYA, J. P. 1978: Le parc balnéaire du Prado à Marseille. – Urbanisme, N° 167, S. 11–15

MARCHAND, O. 1984: La politique de l'emploi. – In: I.N.S.E.E., Données sociales 1984, S. 87–95; Paris

MARIE, M.

NELISSEC, C. 1976: Quelques questions sur le phénomène de la résidence secondaire. – Sociologie du Sud-Est, N° 7/8, S. 99–130

MARTINI, J. 1971: L'avenue de la victoire à Nice. – Annales de la Faculté des Lettres et Sciences Humaines de Nice, N° 13, S. 5–42

SAN MARTINO, G. 1974: Le marché des logements dans les nouvelles stations du Languedoc-Roussillon. – Economie Méridionale, 22, N° 88, (4), S. 1–12

– 1975: Les acquereurs d'immobilièrs dans l'unité touristique de la Grande Motte. – Repères, 4; Montpellier

– 1981a: L'origine géographique des automobilistes fréquentant l'arrière-pays du Languedoc-Roussillon au cours de l'été 1981. – C.R.P.E.E.; Montpellier

– 1981b: Mobilité de l'approbation immobilière dans les stations balnéares des Languedoc-Roussillon. Le marché des biens immobilièrs d'occasion. – C.R.P.E.E.; Montpellier

MASSON, P. 1977: Aquitaine – Quel avenir pour la région?. – Urbanisme, N° 160, S. 13–33

MATHEY, H. 1973: Funktionswandel und Strukturveränderungen ländlicher Siedlungen im Hinterland der westlichen Côte d'Azur. – Marburger Geographische Schriften, 59, S. 101–120; Marburg

– 1977: Tourettes-sur-Loup. Siedlungs- und wirtschaftsgeographische Auswirkungen des Fremdenverkehrs im Hinterland der westlichen Côte d'Azur. – Arbeiten aus dem Geographischen Institut der Universität des Saarlandes, 24; Saarbrücken

MAURIN, C.

CAMUSET, F. et al. 1976: Rapport sur l'aménagement du temps. – La Documentation Française; Paris

MAY, H.D. 1972: Der Kulturlandschaftswandel an der Küste des Languedoc-Roussillon unter dem Einfluß des Fremdenverkehrs. – Geographische Rundschau, 24, S. 502–507

– 1974: Der Fremdenverkehr an der Küste des Languedoc-Roussillon und an der Costa Brava. Eine geographische Untersuchung. – Universität Mainz, Fakultät f. Erdwissenschaften, Habilitationsschrift; Mainz

MEDLIK, S. 1972a: The Economic Importance of Tourism. – University of Surrey

– 1972b: Profile of the Hotel and Cartering Industry. – London

MEIER, R. 1983: Ferien auf dem Bauernhof – Erfahrungen im Ausland. – In: B. WALTHER/H. W. POPP (Hrsg.): Erwerbskombination in der Berglandschaft, S. 223–240; Diessenhofen

MERENNE, E. 1969a: Quelques aspects de la population de Fréjus. – Bulletin Société Géographique de Liège, N° 5, S. 87–91

– 1969b: Considération sur les types d'habitation et l'évolution de l'habitat à Fréjus. – Bulletin Société Géographique de Liège, N° 5, S. 93–109

MERENNE, E.

SCHOUMAKER, B. 1969: L'influence du tourisme sur le commerce. Le cas de Fréjus (Var, France). – Bulletin Société Géographiques de Liège, 5, S. 37–85

MERIAUDEAU, R. 1975: Colonies de vacances, classes de neige, classes de nature: distribution géographique et impact economique dans les Hautes Alpes: l'Isère, la Savoie et la Haute-Savoie.

– In: Tourisme en milieu rural, Université de Poitiers, Centre Géographique d'Etudes et de Recherches Rurales; Poitiers
MERLIN, P. 1974: Aménagement du territoire et localisation des activités en France. – T.E.S.G., 65, S. 368–380
– 1980: Raumordnungspolitik und Standortwahl in Frankreich. – In: K. A. BOESLER (Hrsg.): Raumordnung (= Wege der Forschung 330), S. 182–209; Darmstadt
MESPLIER, J. 1974: Essai de mesure des retombées d'un chiffre d'affaires touristiques sur l'économie régionale. – Revue Economique du Sud-Ouest, N° 4, S. 551–591; Bordeaux
– 1984: Le tourisme en France. Etude régionale. – Montreuil
MEYER-MEINE, G. 1970: Protection de la nature et réglementation juridique. Protection des sites sauvegarde de la nature, tourisme Provence, Côte d'Azur. – Aix-en-Provence
MICHAUD, J. L. 1976: Manifeste pour le Littoral. – Nancy
– 1977: Une conservatoire du Littoral pour quoi faire?. – Espaces, N° 26, S. 35–39
– 1983a: Le tourisme face à l'environnement. – Paris
– 1983b: Bilan économique du tourisme en Languedoc-Roussillon. – Bulletin de la Société Languedocienne de Géographie, 17, 3–4, S. 507–522; Montpellier
– 1984: L'aménagement touristique et ses rapports avec l'environnement. – Bulletin Association Géographique Française, N° 501, S. 111–113
MICOUD, A. 1978: L'installation d'urbains en milieu rural et ses effets. – o.O.
MIEGE, J. 1973a: La fréquentation touristique des régions karstiques en France. – Bulletin de la Société Languedocienne de Géographie, 7, (3/4), S. 431–440; Montpellier
– 1973b: Problèmes d'aménagement de l'espace littoral sur la Côte d'Azur. – In: Ministère de l'Education Nationale, Comité des Traveaux Historiques et Scientifiques (Hrsg.): Actes du 97e Congrès des Sociétés Savantes, S. 313–336; Nantes
– 1975: Les paradoxes sociaux: financiers et économiques de la Côte d'Azur. – In: Le tourisme dans l'espace littoral. S. 31–44. – Institut de Géographie de Reims; Reims
– 1976a: Typologie des disparités démographiques en Provence – Côte d'Azur. – In: Les disparités démographiques régionales (= Ve Colloque National de Démographie du C.N.R.S., 14–16 avril 1976), S. 69–86; Nice
– 1976b: Problèmes de rénovation rurale en milieux montagnards dans l'arrière-pays de la Côte d'Azur. – In: Etudes Géographiques sur la montagne (= Actes du 99e Congrès National des Sociétés Savantes), S. 55–75; Paris
– 1976c: Le parc naturel des îles d'Hyères. – Revue de Géographie de Lyon, 51, S. 151–161
– 1976d: (Hrsg.): Loisir, environnement et qualité de la vie sur la Côte d'Azur. – (= Annales de la Faculté des Lettres et Sciences Humaines de Nice, 24); Nice
– 1979a: Le rôle du tourisme dans la mise en place et le fonctionnement des infrastructures commerciales. – In: Commission Nationale du Tourisme (Hrsg.): Tourisme et commerce (= Journées Géographiques de Nice, 6–9 octobre 1978), S. 191–233
– 1979b: Les habitants des Alpes face aus stations de sports d'hiver. – In: Université de Nice/C. GRATTAROLA (Hrsg.): Actes du Colloque Tourisme et Coopération Internationale, 21–23 septembre, S. 261–270; Nice
– 1981a: Commerces et activités tertiaires du Var et des Alpes-Maritimes. – 1.: Plans urbains. – Laboratoire de Géographie Raoul Blanchard, Université de Nice; Nice
– 1981b: Commerces et activités tertiaires de Nice. Illustration cartographique. – Laboratoire de Géographie Raoul Blanchard, Université de Nice; Nice
– 1984: Vers une vie régionale Franco-Italienne. – Actes du 106e Congrès National des Sociétés Savantes, Perpignan. Section de Géographie, S. 219–227, C.T.H.S.; Paris
– o.J.a: L'évolution humaine des pays alpins de la Durance (1866–1982). – Nice
– o.J.b: Les problèmes frontalièrs et leurs incidences géographiques dans les Alpes-Maritimes. –
– o.J.c: Isola 2000. – In: A. M. DELON (Hrsg.): La nouvelle génération des stations de sports d'hiver des Alpes françaises – problèmes et perspectives. – Université de Nice, Laboratoire de Géographie, Groupe Interdisciplinaire des Recherches Urbaines, Série Etudes Economiques Régionales, N° 5; Nice

– o.J.d: Les schémas commerciaux des villes de la Côte d'Azur. –
– et al. 1980: Le Var (1954–1968). – In: P. Paillard/A. Parant (Hrsg.): Le vieillissement de la campagne française. – S. 185–199; Paris
Ministere De L'Agriculture/Centre Technique Du Genie Rural Des Eaux Et Forets/Division: Institut National D'Etudes Rurals Montagnardes, (Hrsg.) 1976/78: Impact des stations touristiques sur la société locale. Les Alpes du Sud. – 3 Bde.; Grenoble
Ministere De L'Agriculture/A.R.E.E.A.R.-P.A.C.A. (Hrsg.) 1977: Les transactions foncières non agriccoles dans l'espaces rural régional (Alpes-Maritimes exclues). Exploitation des statistiques de la S.A.F.E.R.; Paris, Marseille
Ministere De L'Amenagement Du Territoire De L'Equipement Du Logement Et Du Tourisme/ Service Regional De L'Economie P.A.C.A. (Hrsg.), 1974: Les réserves foncières en Provence-Côte d'Azur depuis le début du IIième plan. Sources de financement à long terme dépendant du Ministère, Montant et Utilisation. – Marseille
Ministere De La Culture Et Del'Environnement/Secretariat D'Etat Au Tourisme/Service D'Etude Et D'Amenagement Touristique Du Littoral (Hrsg.), 1977: Situation de la flotte de plaisance. Analyse statistique, S.E.A.T.L.. – Paris
Ministere De L'Education Nationale/Centre De Sociologie Europeenne (Hrsg.), 1964: Aspects sociologiques de l'aménagement touristique du Littoral Languedoc-Roussillon. – o.O.
Ministere De L'Environnement Et Du Cadre De Vie/Direction Regionale P.A.C.A. (Hrsg.) 1976a: Impact des stations touristiques sur la société locale – les Alpes du Sud. Rapport principal. – Grenoble
– 1976b: Impact des stations touristiques sur la société locale – les Alpes du Sud, annexes. – Grenoble
– 1978: Impact des stations touristiques sur la société locale – les Alpes du Sud, Rapport condensé. – Grenoble
Ministere De L'Environnement Et Du Cadre De Vie (Hrsg.) o.J.: L'espace pour la vie. –
  N° 1: Le Languedoc-Roussillon vue de satellite
  N° 2: Inventaire des zones humides
  N° 3: Carte de l'occupation de l'espace pour la vie. – Paris
Ministere De L'Equipement/P.A.C.A. (Hrsg.) 1977: La commercialisation des logements neufs. – Paris, Marseille
Ministere De La Jeunesse, Des Sports Et Des Loisir/Conseil Superieur Du Tourisme (Hrsg.) 1980: La France, espace de loisir à l'échelle européenne. – Paris
Ministere De La Jeunesse Des Sports Et Des Loisirs. Direction Du Tourisme (Hrsg.), 1981: Le tourisme en France 1980. – Numéro spécial de „Regards sur l'économie du tourisme"; Paris
Ministere De La Qualite De La Vie/Secretaire D'Etat Au Tourisme (Hrsg.), 1976: Etude des effets socio-économiques du développement touristique sur les zones d'accueil des équipements. Rapport de synthèse. – C.E.G.I.; Paris
– 1978a: Utilisation d'indicateurs dans le secteur du tourisme. Etude exploratoire et méthodologique. Indicateurs de fréquentation. – C.E.G.I.; Paris
– 1978b: Utilisation d'indicateurs dans le secteur du tourisme. Etude exploratoire et méthodologique. Les indicateurs d'emplois et de prix touristiques. – C.E.G.I.; Paris
Ministere De La Qualite De La Vie/Ministere De L'Agriculture (Hrsg.), o.J.: Mode de participation collective des investisseurs touristiques locaux dans les stations à double saison. – (= Institut National d'Etudes Rurales Montagnards, Etude N° 97); o.O.
Ministere De La Qualite De La Vie/Secretariat D'Etat Au Tourisme (Hrsg.) o.J.: Quelques données sur le littoral. – Service d'Etude et d'aménagement touristique du littoral; Paris
Ministere De L'Urabanisme Et Du Logement/D.R.E.-P.A.C.A. 1982: Atlas Foncier. Tome 1: Bouches-du-Rhône et Var. – Marseille
Miossec, J. M. 1976: Eléments pour une théorie de l'espace touristique. – Les cahiers du Tourisme, 36, Centre des Hautes Etudes Touristiques; Aix-en-Provence
– 1977: Un modèle de l'espace touristique. – L'Espace Géographique, 6, (1), S. 41–48
Mirloup, J. 1976: Hierarchie urbaine et fonction loisir. – Bulletin de l'Association de Géographes Français, 53, S. 247–257

- 1983: Tourisme et loisirs en milieux urbain et péri-urbain. – Communication MS pour le Congrès de Lodz, Union Géographique International, Commission de Géographie du Tourisme et des Loisirs, 4–12 septembre 1983
- 1984: Tourisme et loisirs en milieux urbain et péri-urbain en France. – Annales de Géographie, 93, S. 704–718

MISSION INTERMINISTERIELLE POUR L'AMENAGEMENT TOURISTIQUE DU LITTORAL LANGUEDOC-ROUSSILLON (Hrsg.), 1969: Languedoc-Roussillon: un nouveau visage de la Méditerranée. – D.A.T.A.R.; Paris
- 1976: Conséquences économiques de l'action de la mission interministérielle. Les stations nouvelles, premier état; Montpellier
- 1977a: Note de synthèse de trois enquêtes concernant les touristes en Languedoc-Roussillon. – Paris
- 1977b: Test de motivations auprès des touristes. – Paris
- 1977c: Potentialités et typologie d'offres touristiques. Annexes-Paris
- 1978a: Potentialités tourisme et loisir – recherche d'une dynamique nouvelle pour la région Languedoc-Roussillon. Première partie 1977. – Paris
- 1978b: Le tourisme social en Languedoc-Roussillon. Rapport de stage. –
- 1978c: Région Languedoc-Roussillon. Mémento économique et statistique. – Montpellier
- 1978d: Rapport sur le tourisme dans l'arrière-pays du Languedoc-Roussillon. – Montpellier
- 1978e: Aménagement économique et statistique de la région Languedoc-Roussillon. –
- 1978f: Potentialités, tourisme et loisirs. Recherche d'une dynamique nouvelle pour la Région Languedoc-Roussillon. Note de synthèse. – Paris
- 1980: L'aménagement touristique du littoral Languedoc-Roussillon. – Paris
- 1982a: Le compte régional du tourisme en Languedoc-Roussillon. Fréquentation touristique et dépens de consommation des ménages en 1979. – Paris/Sèvres
- 1982b: Le compte régional du tourisme en Languedoc-Roussillon. Bilan économique du tourisme pour l'année 1979. – Paris/Sèvres

MISSION INTERMINISTERIELLE POUR L'AMENAGEMENT DE LA REGION DE FOS ET DE L'ETANG DE BERRE, (Hrsg.) 1975: Vocation de sol et consomation d'espace. – Marseille

MISSION INTERMINISTERIELLE POUR LA PROTECTION ET L'AMENAGEMENT DE L'ESPACE NATUREL MEDITERRANEEN (Hrsg.), 1982: Problèmes fonciers et protection des espaces naturels méditerranéens. – Nice

MISSION REGIONALE P.A.C.A./MINISTERE DE L'AGRICULTURE (Hrsg.) 1972: Aménagement touristique de la Moyenne Montagne. – Aix-en-Provence

MÖLLER, H. G. 1977: Sozialgeographische Untersuchungen zum Freizeitverkehr auf der Insel Fehmarn. – (= Jahrbuch der Geographischen Gesellschaft zu Hannover für 1974); Hannover
- 1981: The consommation of space by camping in Germany, France and Israel. – In: R. BARETJE (Hrsg.): La consommation d'espace par le tourisme et sa préservation (= U.G.I., Commission de Géographie du Tourisme et des Loisirs, Actes du Colloque d'Aix-en-Provence, 6/11 septembre 1981), S. 208–220, C.H.E.T., Etudes et Memoires; Aix-en-Provence
- 1983: Etude comparée des centres touristiques du Languedoc-Roussillon et de la côte de la Baltique en République Fédérale Allemande. – Norois, N° 120, S. 545–551; Poitiers
- 1984: Zur Agrargeographie des Roussillon (Französisch Katalonien)-Tradition, Modernisierung und Perspektiven eines mediterranen Problemgebietes in Frankreich. – Zeitschrift für Agrargeographie, 2, S. 256–298
- 1985a: Agrarwirtschaftliche Probleme der Modernisierung der südfranzösischen mediterranen Landwirtschaft (ohne Korsika). – Zeitschrift für Agrargeographie, 3, S. 207–241
- 1985b: Raumwirksame Entwicklungseffekte durch Technologieparks: Das südfranzösische Beispiel Valbonne-Sophia-Antipolis. – Erdkunde, 39, S. 84–98
- 1988: Zur aktuellen Situation des Tourismus in den östlichen Pyrenärn (französisch Katalonien): Der Wintersport als Faktor des sozioökonomischen Wandels und der Regionalentwicklung von Cerdagne und Capcir. – Innsbrucker Geograph. Studien 16, S. 293–327

MONCAYO, G. 1972: L'aménagement touristique du Languedoc-Roussillon. L'exemple de Port-Barcares. – Mémoire de Maitrise, Université de Toulouse-le-Mirail; Toulouse

MONHEIM, R. 1975: Fremdenverkehrsgeographie oder Geographie des Freizeitverhaltens? – Geographische Rundschau, 27, S. 519–521
MONJAUZE, A. 1975: Tourisme en espace concerté, tourisme en espace rural: opposition ou complémentarité? Le Parc National des Cévennes: Aménagement et principes. – Paris
MONTAGNE, L. 1975: Le camping. – Paris
MERDANT, M. et al. 1978: Le tourisme dans l'arrière-pays. – Economie Méridionale, 26, N° 103–104, S. 31–52
MOREL, R./C.O.C.I.L.E.R. (Hrsg.) 1973: Etude sur les acquéreurs de logements du littoral au cours de l'année 1973. – C.O.C.I.L.E.R. Bulletin 17; Montpellier
– 1975: Etude sur les acquéreurs de logements du littoral au cours de l'année 1975. – C.O.C.I.L.E.R. Bulletin 25; Montpellier
– 1976: Etude sur les acquéreurs de logements du littoral au cours de l'année 1976. – C.O.C.I.L.E.R. Bulletin 29; Montpellier
– 1977: Etude sur les acquéreurs de logements du littoral au cours de l'année 1977. – C.O.C.I.L.E.R. Bulletin 33; Montpellier
– 1979: Etude sur le acquéreurs de logements du littoral au cours de l'année 1979. – C.O.C.I.L.E.R. Bulletin 41; Montpellier
– 1980: Etude sur les acquéreurs de logements du littoral au cours de l'année 1980. – C.O.C.I.L.E.R. Bulletin 45; Montpellier
– 1981: Etude sur les acquéreurs de logements du littoral au cours de l'année 1981. – C.O.C.I.L.E.R. Bulletin 49; Montpellier
MOREL, R. 1979a: Le Littoral Languedoc-Roussillon. Huit années (1971–78) de transactions immobilières. Etude analytique du marché immobilier de chaque station du Littoral Languedoc-Roussillon du 1er janvier 1971 au 31. déc. 1978; Montpellier
– 1979b: Etude analytique du marché immobilier de chaque station du Littoral Languedoc-Roussillon du 1er janvier 1971 au 31. déc. 1978. – Mission Interministerielle pour l'aménagement du Littoral Languedoc-Roussillon; Montpellier
– 1980: Etude analytique des acquéreurs de logements sur le Littoral Languedoc-Roussillon par catégories socio-professionnelles, par origines géographiques et motivations d'achats. – Bulletin 41; Montpellier
– 1983: La conjoncture immobilière: Le passé de l'aménagement touristique du littoral Languedoc-Roussillon. Est-il garant de son avenir? – Bulletin de la Société Languedocienne de Géographie 17, S. 533–538; Montpellier
MORINEAUX, Y. 1977: Les parcs naturels régionaux. – Documentation Française, Notes et Etudes Documentaires, N° 4439–4440; Paris
MORVAN, J. C. 1981: Pour une géographie de l'abandon: l'exemple des Monts de l'Espinouse. – Bulletin de la Société Languedocienne de Géographie, 15, S. 215–230; Montpellier
MOSER, C. R. 1972: Tourismus und Entwicklungspolitik – dargestellt am Beispiel Spaniens. – HWWA – Institut für Wirtschaftsforschung; Hamburg
MOTHS, E. 1975: Tourismus als ökonomischer Faktor. Daten und gesamtwirtschaftlicher Zusammenhang. – Bundesministerium für Wirtschaft. Studien-Reihe 8; Bonn
MOULIN, C. 1980: Plan for Ecological and Cultural Tourism Involving Participation of Local Population and Associations. – In: HAWKINS, D. E. et al. (Hrsg.): Tourism Planning and Development Issues, S. 199–212; Washington, D. C.
MOUTOT-MANENTE, M. J.
SAN MARTINO, G. 1985: Les disparités intrarégionales de revenues des professions non commerciales (P.N.C.). – Economie Méridionale, 33, S. 49–57
MUCKENSTURM, F. 1976: La participation des populations montagnards dans le développement des stations des ski. Etude à partir des stations des Alpes du Sud. – Revue Méditerrannée, N° 3, S. 41–47
MÜLLER, B. 1983: Fremdenverkehr und Entwicklungspolitik zwischen Wachstum und Ausgleich: Folgen für die Stadt- und Regionalentwicklung in peripheren Räumen (Beispiele von der mexikanischen Pazifikküste). – Mainzer Geographische Studien, 25

– 1985: Tourism Paving the Way for an Integrated Development in Peripheral Regions? A Case Study of the Pacific Coast in Mexico. – In: GORMSEN, E. (Hrsg.): The Impact of Tourism on Regional Development and Cultural Change. – Mainzer Geographische Studien, 26, S. 37–46

MÜLLER-MAREIN, J.

PLETSCH, A. 1984: Südfrankreich. Provence, Côte d'Azur, Languedoc-Roussillon. – München, Luzern, Zürich

MURET, J. P.

PROUZET, M. 1979: Sauvegarde et aménagement du littoral. – C.R.U.; Paris

MURPHY, P. E. 1980: Perceptions and Preferences of Decision-Making Groups in Tourist Centers. A Guide to Planning Strategy?. – In: HAWKINS, D. E. et al. (Hrsg.): Tourism Planning and Development Issues, S. 355–367; Washington

MYRDAL, G. 1974: Ökonomische Theorie und unterentwickelte Regionen. Weltproblem Armut. – Frankfurt

– 1978: Politisches Manifest über die Armut in der Welt. – Frankfurt

NANCY, G. et al. 1982: Le tourisme dans la Région Provence, Alpes, Côte d'Azur. Méthode d'évaluation et application au Département Vaucluse. – C.E.L.T.E.; Aix-en-Provence

– et al. 1982: La France face aux flux touristiques internationaux. Essai de modelisation. – C.E.L.T.E.; Aix-en-Provence

NEGRE, M. 1977a: La fréquentation touristique des campings du littoral du Languedoc-Roussillon au cours de la saison 1977. – Economie Méridionale, 25, S. 59–66

– 1978: Les retombées économiques du tourisme. Aspects théoretiques. – Economie Méridionale, 26, S. 73–96; Montpellier

– 1983: L'activité économique Languedocienne vue au travers des comptes régionalisés. – Economie Méridionale, 31, S. 39–55

– et al. 1973: La fréquentation touristique dans l'unité touristique de la Grande Motte. – Economie Méridionale, 21, S. 1–15; Montpellier

– et al. 1983: Le secteur du bâtiment et des travaux publics en Languedoc-Roussillon. – Economie Méridionale, 31, S. 59–94

NELSON, R. H. 1977: Zoning and Property Rights. – Cambridge (Mass.)

NEWIG, J. 1975: Vorschläge zur Terminologie der Fremdenverkehrsgeographie. – Geographisches Taschenbuch, 1975/76, S. 260–269; Wiesbaden

NICOD, J. 1980: Les ressources en eau de la Région Provence-Alpes-Côte d'Azur. Importance et rôle des réserves souterraines. – Méditerranée, 38, (2/3), S. 23–24

NOIN, D. 1984: L'espace français. – Paris (4. Auflage)

NONN, H.

BOYER, J. C. 1980: L'analyse régionale dans la géographie française 1972–1979. – In: Comité National Français de Géographie (Hrsg.): Recherches Géographiques en France, S. 173–179; Tokyo

O.D.E.A.M. 1969: Materiaux pour un livre blanc de la bande côtière des Alpes-Maritimes. – Nice

– 1970a: Les comptes touristiques du département des Alpes-Maritimes. – Nice

– 1970b: Fréquentation touristique dans les Alpes-Maritimes et perspectives 1985. – Nice

– 1970c: Les emplois touristiques dans les Alpes-Maritimes. – Nice

– 1971a: Réponses à matériaux pour un livre blanc. – Nice

– 1971b: Schéma d'aménagement de la bande côtière des Alpes-Maritimes. – Nice

O.D.E.A.M./D.D.E. 1973: Préparation des Schémas directeurs d'aménagement et d'urbanisme – propositions pour l'aménagement du rivage des Alpes-Maritimes. – Nice

– 1976a: Schéma directeur d'aménagement et d'urbanisme de l'agglomération de Nice. – Nice

– 1976b: Schéma directeur d'aménagement et d'urbanisme de l'agglomération de Menton. – Nice

– 1977: Schéma directeur d'aménagement et d'urbanisme. Grasse, Cannes, Antibes. – Nice

O.D.E.A.M./CENTRE DE DOCUMENTATION CCI DE NICE ET ALPES-MARITIMES 1970a: Les dépenses des touristes. – Nice

– 1970b: Fréquentation touristique des Alpes-Maritimes et Perspectives 1985. – Nice

– 1980: Les comptes touristiques du département des Alpes-Maritimes. – Nice

O.D.E.A.M./I.N.S.E.E./O.E.M. o.J.: Tourisme 06. – Nice
ODOUARD, A. 1973: Le tourisme et les Îles Canaries. – Les Cahiers d'Outre-Mer, 102, S. 150–171
OETTINGER, P. 1984: Die Verflechtung von Fremdenverkehr und Weinbau in Mainfranken. – Würzburger Geographische Arbeiten, 64; Würzburg
OFFICE DE TOURISME DE PALAVAS-LES-FLOTS (Hrsg.) 1977: Résultats de l'enquête sur la population touristique de Palavas-les-Flots: été 1974. Résultats des enquètes „exprès" menées à l'office du tourisme hors des saisons 1975 et 1977. – Palavas-les-Flots
OFFICE DEPARTEMENTAL DU TOURISME DE LA LOZERE (Hrsg.) 1974: Tourisme en Lozère. – Mende
OLIVA, S. 1976: La vie permanente à Argelès. – Economie Méridionale, 24, S. 1–8
OLLIVAUX, J. P. 1985: La décentralisation. 4. La région et l'aménagement du territoire. – Paris
O.R.E.A.M.-P.A.C.A. (Hrsg.) 1971: Etude sur la participation des agriculteurs aux équipements de loisirs de la région de l'Arbois. – Marseille
– 1976: Etudes sur le tourisme dans le Var. – Marseille
– 1979a: Les zones d'activité en région P.A.C.A.. Bilan 1974–78. – Marseille
– 1979b: Le littoral de Provence-Alpes-Côte d'Azur. Situation actuelle – évolutions récentes, problèmes majerus pour les 10 prochaines années. – Marseille
– 1980: Panorama des activités du littoral. – Marseille
– 1981a: Acquisitions immobilières réalisées par des étrangers dans la région Provence-Alpes-Côte d'Azur au cours de l'année 1980. – Marseille
– 1981b: Bilan de l'opération camping-information 1981 en P.A.C.A.. – Marseille
– 1982a: Acquisitions immobilières réalisées par des étrangèrs dans la région P.A.C.A. au cours du premier semestre 1981. – Marseille
– 1982b: Acquisitions immobilières réalisées par des étrangèrs dans la région P.A.C.A. au cours du premier semestre 1981. – Montpellier
– 1982c: Acquisitions immobilières réalisées par des étrangèrs dans la région P.A.C.A. au cours du premier semestre 1982. – Montpellier
– 1982d: Note sur la fréquentation touristique estivale de la région P.A.C.A.. – Marseille
O.R.M.A.V.I.R. 1976: Annuaire régional interconfessionnel des statistiques Provence-Méditerranée. – Marseille
ORTS, J. M. o.J.: Schéma de développement départemental du tourisme. – Comité départemental du tourisme de l'Hérault. –
PAILLARD, B. 1981: La damnation de Fos. – Paris
PAILLARD, P.
PARANTA, A. 1980: Le vieillissement de la campagne française. – Institut National d'Etudes Démographiques, Travaux et Document, Cahier 88; Paris
PAILLANT, P. 1985: Vieillissement de la population et activités locales. – Population, 40, S. 745–748
PARENT, M. 1972: Etude sur les aquéreurs de logements du littoral au cours de l'année 1971. – C.O.C.I.L.E.R., Bulletin 9; Montpellier
PARODI, M. 1981: L'économie et la société française depuis 1945. – Paris
PASTORELLI, E. 1965: Le tourisme à Nice de 1919 à 1936. – In: Thèmes touristiques, régionaux, nationaux, internationaux. – Collection Etudes et Mémoires, 8, Centre d'Etudes du Tourisme; Aix-en-Provence
PAUL, V.
QUARTERO-RAMADE, M. 1980: Eléments d'analyse foncière de la commune de Roquevaire. – Mémoire de Maitrise, Université d'Aix-Marseille II; Aix-en-Provence
PAULET, J. P. 1972: Une exemple d'urbanisation incontrôllée: l'agglomération hyèroise. – Méditerranée, (9), S. 31–50
PEARCE, D. G. 1981: Tourist Development. – London, New York
– 1984: The European Experience in Implementing Natural and Regional Plans-Using Languedoc-Roussillon as an Example. – In: Proceedings from the First Tourism Planning Workshop: Planning for Tourism Development, Christchurch, June 13–15 1983. – Pacific Area Travel Association, S. 45–47; San Francisco

PELLISIER, F. 1980: La lutte contre la pollution de l'eau et sa prévention. – Méditerranée 39, (3), S. 65–76
PERREARD, M. 1977: La Vesubie, construire dans le Haut Pays sans compromettre l'architecture traditionelle. – Nice
PERRET, J. et al. 1978: Impact des stations touristiques sur la société locale. Les Alpes du Sud: rapport condensé. – C.T.G.R.E.F. Institut National d'Etudes Rurales Montagnardes, Etude N° 114; St. Martin d'Herès
PERRIER, J. et al. 1978: Camargue. Enquête 1977. Document de travail. Tourisme et protection. – Arles
PERRIN, J. C. 1983: Contribution à une théorie de la planification décentralisée. – In: PLANQUE, B. (Hrsg.): Le développement décentralisé. Dynamique spatiale dê l'économie et planification, S. 157–177; Paris
PERRIN, R. 1974: Fos et l'environnement. – Méditerranée, 18, (3), S. 1–57; Aix-Marseille
– 1977: Catalogne ou Catalognes? Clivages régionalistes et concentrations capitalistes. – Revue Géographiques des Pyrénées et du Sud-Ouest, 48, (2), S. 147–152
PERROUX, F. 1955: Note sur la notion de pôle de croissance. – Economie appliqué, 8, S. 307ff.
– 1963: Les industries motrices et la croissance d'une économie nationale. – Economie appliqué, 16, S. 151–196
– 1965: L'économie du XXième siècle. – 2. Auflage; Paris
PETIT HERRERA, L. A. 1982: La „Cost-Benefit-Analysis" appliquée aux ressources touristiques: ombres et lumières. – Revue de tourisme, (4), S. 11–17
PEY, G. 1971: La navigation de plaisance de l'embouchure du Var à la frontière italienne. – Laboratoire de Géographie, Faculté des Lettres et des Sciences Humaines; Aix-en-Provence
PEYREFITTE, A. 1976: Décentraliser les responsabilités. Pourquoi? Comment?. – Documentation Française; Paris
PHILIPPE, J. 1983: Concentration, régionalisation, nationalisation et développement régional. – In: PLANQUE, B. (Hrsg.): Le développement décentralisé. Dynamique spatiale de l'économie et planification régionale. S. 27-44 Paris
PICARD, S.
WOLKOWITSCH, M. 1966: Le développement des lotissements de vacances sur le littoral des Maures. – Bulletin du Comité des travaux historiques et scientifiques; Paris
PILLET, C.
MAESTRACCI, C. 1983: L'emploi salarié féminin en Provence-Alpes-Côte d'Azur. – Dossier N° 13 (= Supplément à Sud Information Economique N° 15), I.N.S.E.E.; Paris, Marseille
PINCHEMEL, P. 1980: La France. Tome 1: Milieux naturels, populations, politiques. – Paris
– 1981: La France. La France. Tome 2: Activités, milieux ruraux et urbains. – Paris
PLAISANCE, G. 1977: La fonction résidentielle de la forêt en Provence-Côte d'Azur. – Espaces, Tourisme, Loisirs, Environnement, N° 26, S. 17–22
PLANQUE, B. 1981: Innovation et dynamique spatiale des systèmes économiques. – Thèse de Doctorat des Sciences Economiques; Aix-en-Provence
– 1982: Fos, 10 ans après. – Namur
– 1983a (Hrsg.): Le développement décentralisé. Dynamique spatiale de l'économie et planification régionale. – Coll. G.R.A.L., N° 16, Paris
– 1983b: Une nouvelle organisation spatiale du développement. – In: PLANQUE, B. (Hrsg.): Le développement décentralisé. Dynamique spatiale de l'économie et planification régionale. – Coll. G.R.A.L., N° 16; Paris
– 1983c: Innovation et développement régional. – Paris
PLETSCH, A. 1975a: Planung und Wirklichkeit von Fremdenverkehrszentren im Languedoc-Roussillon, Südfrankreich. – T.E.S.G. 66, 1, S. 45–56
– 1975b: Agrarräumliche Neuordnung in Südfrankreich. Aspekte der agrarstrukturellen Planungsmaßnahmen im Languedoc im Rahmen der „Régionalisation". – Raumforschung und Raumordnung, 33, (1), S. 30–41
– 1976: Moderne Wandlungen der Landwirtschaft im Languedoc. Entwicklungstendenzen in einem

wirtschaftlichen Schwächeraum Frankreichs im Rahmen der „Régionalisation". – Marburger Geogr. Schriften, H. 70; Marburg/Lahn
- 1978: Frankreich. – 1. Auflage; Stuttgart (2. Auflage: 1980)
- 1982: Südfrankreich – wirtschaftlicher Schwerpunkt oder Problemgebiet der EG?. – Geographische Rundschau, 34, S. 144–152

POMMIER, C./A.R.E.S. 1982: Analyse de l'impact régional des investissements realisés pour l'aménagement touristique du Languedoc-Roussillon. Etudes à l'aide d'un modèle économétrique de la région du Languedoc-Roussillon. Rapport final. – Paris

PORTE, N. 1971: L'économie du loisir à Biot. – Annales de la Faculté des Lettres et Sciences Humaines de Nice, 13, S. 43–65

POTRON, F. 1986: Décentralisation et tourisme: Partenariat ou désengagement?. – Espaces, N° 78, S. 9–11

PONS, M. 1970: Le gîte rural. – Institut des Hautes Etudes de Droit Rural et d'Economie Rurale; Paris

PREAU, P. 1975: Le tourisme rural, aspect de la transformation profonde de la campagne. – In: Tourisme en milieu rural. – Université de Poitiers, Centre Géographique d'Etudes et de Recherches Rurales; Poitiers

PREAU, P. 1976: Le parc national de la Vanoise et l'aménagement de la montagne. – Revue Geographique de Lyon 51, S. 123–132

PREFECTURE DE L'HERAULT (Hrsg.) 1981: Liste des campings autorisés à fonctionner dans le département de l'Hérault. – Montpellier

PREST, A. R.
TURVEY, R. 1965: Cost-Benefit Analysis: A Survey. – The Economic Journal, 75, S. 683–735

PROMOTOUR, 1971: Hôtellerie Languedoc-Roussillon. Peut-on construire des hôtels sur la côte Languedoc-Roussillon?. – 3 Bände; Paris
- 1972: Etude de marche hôtelier de la station La Mongie. – Paris
- 1973: Etude sur l'hébergement saisonnier en France: Hôtellerie saisonnière terrains de camping-caravaning, villages de vacences. – Paris
- /SERVICE ETUDES TOURISTIQUES 1984: Les institutions du tourisme en France. – Paris

PROMOTION, S. A. 1981: L'aménagement touristique de la grande plaine viticole du Languedoc-Roussillon. – o.O.

PUECH, D. 1980: Evaluation des recettes départementales provenant de la zone touristique littorale dans la région du Languedoc-Roussillon. – Montpellier

PY, B. 1980: Tourisme et monde rurale. – Centre d'economie Régionale, Faculté d'Economie Appliquée. Université de Droit, d'economie et des Sciences d'Aix-Marseille; Aix-en-Provence

RACINE, J. B. 1966: La transformation de la campagne azuréenne en parc résidentiel international. – Bulletin du Comité des travaux historiques et scientifiques, S. 277–297; Paris
- 1968: L'utilisation, les revenues et les caractères généraux de l'appropriation du sol dans les Alpes-Maritimes. – Mediterranée, 1, S. 45–85; Gap

RACINE, P.
RAYNAUD, P. 1975: Tourisme en espace concerté, tourisme en espace rural: Opposition ou complémentaire? Le point sur l'aménagement touristique du littoral Languedoc-Roussillon. – Paris

RACINE, P. 1980: Mission impossible? L'aménagement touristique du littoral Languedoc-Roussillon. – Montpellier

RAJOTTE, F. 1975: The Different Travel Patterns and Spatial Framework of Recreation and Tourism. – In: Trent University: Tourism as a Factor in National and Regional Development, S. 43–52; Peterborough

RAVEL, J. 1983: Le temps choisi. Préparation du IXième plan 1984–1988. Rapport de Mission au Ministre d'Etat, Ministre du Plan et de l'aménagement du territoire. – Ministère du Plan et de l'Aménagement du Territoire, Commissariat Général du Plan, S. 1–102

RAYBAUT, G. 1979: La presqu'île de Saint-Tropez. – Annales de la Faculté des Lettres et Sciences Humaines de Nice, 13, S. 67–94

RAYNAUD, P. 1969: L'aménagement touristique du Languedoc-Roussillon. – Planifications et aménagement des zones de loisirs, y comprise la mise en valeur du milieu naturel, 2, S. 374–377; New York

RAYNOUARD, Y. 1986: Les administrations du tourisme. – Espaces, 78, S. 4–6

REFFAY, A. 1974: Alpages et stations du sport d'hiver en Haute Tarentaise. – Revue de Géographie Alpine, 62, S. 41–73; Grenoble

– 1976: La survie de l'élevage bovin dans deux communes touristiques de haute montagne: Tignes et Val-d'Isère. – In: Etudes Geographiques sur la Montagne (= Actes du 99e congrès national des sociétés savantes Besançon 1974, Section de Géographie), S. 41–54; Paris

– 1985: Alpages et tourisme de part et d'autre du Col du Lautaret. – Revue de Géographie Alpine, 73, S. 297–312; Grenoble

REIMERS, M. 1981: Industrieansiedlung in der Region Fos-Etang de Berre als Umwertungsprozeß einer Landschaft. – Geographie im Unterricht, 6, S. 470–480

REITEL, F. 1975: Le thermalisme en France. Contribution à la géographie médicale et à l'aménagement du territoire. – Mosella, 5, S. 1–34

RENARD, J. 1972: Tourisme balnéaire et structures foncières: l'exemple du littoral Vendéen. – Norois, 73, S. 67–79

– 1973: Tourisme et structures foncières sur le littoral entre Loire et Gironde. – Société Languedocienne de Géographie, 96, S. 343–348; Montpellier

– 1976: Réflexions à propos de l'aménagement du littoral entre Loire et Gironde. – Norois, Revue Géographique de l'Ouest et des Pays de l'Atlantique Nord, 23, S. 661–669

REPARAZ, de 1975: Aménagement hydroélectrique et développement touristique en Provence intérieure: le cas de Verdon. – In: Tourisme et vie régionale dans les pays méditerranéens, hrsg. v. L. PEDRINI (= Actes du Colloque de Géographie du Tourisme, Taormina 2–5 avril 1973), S. 231–238; Rimini

REPARAZ, de et al. 1985: Nouvel Atlas rural de la région P.A.C.A.. – Aix-en-Provence

REY-HERME, P. 1961a: Les colonies de vacances en France 1906–1938. – Band 1: L'organisation des initiatives; Paris

– 1961b: Les colonies de vacances en France 1906–1936. Band 2: L'institution et les problèmes; Paris

– 1961c: Les colonies de vacances en France 1906–1936. Band 3: Pièces annexes; Paris

REYNAUD, P.

GRAFMEYER, Y. (Hrsg.) 1981: Français, qui êtes-vous?. – (= Notes et études documentaires, La Documentation Française, 4427/28); Paris

REYNE, G. 1963: Dynamisme de la Côte d'Azur. Réalisations et projects. – Méditerranée, 4, S. 55–77

– 1980: La Côte d'Azur et le problème de l'eau potable. – Méditerranée, 39, S. 103–108; Marseille

RICHEZ, G. 1971: Le parc naturel régional de Camargue. – Etudes Vauclusiennes, 6, S. 17–24; Avignon

– 1975a: Parcs naturels et tourisme en milieu méditerranéen français. – In: PEDRINI, L. (Hrsg.): Tourisme et vie régionale dans les Pays méditerranéens (= Actes du Colloque de Géographie du Tourisme, Taormina, 2–5 avril 1973), S. 47–56; Rimini

– 1975b: Urbanisation et mutation d'un espace péri-urbain du pays d'Aix. – Mediterranée, 20, S. 73–80

– 1976: Réflexions critiques sur les parcs naturels français. – Revue de Géographie de Lyon, 51, 16p.; Lyon

– 1978a: La fréquentation touristique du littoral Camarguais d'après la photographie aérienne oblique à basse attitude. – Etudes Vauclausiennes, Spécial La Camargue, 19, S. 31–38

– 1978b: Les parcs naturels, une broussaille de conflits. – Autrement, 14, S. 128–139

– 1981: Le fréquentation touristique du littoral Camarguais en 1978 d'après la photographie aérienne. – Méditeranée, 41, S. 79–84

RICHEZ, G.

RICHIEZ, J. 1977: Parcs naturels et tourisme en milieu méditerranéen français. – In: Tourisme et vie régionale dans les pays méditerranéens, Centre Géographique d'Etudes et de Recherches Méditerranéennes; Aix-en-Provence

RIOU, D. 1966: L'évolution touristique du littoral Méditerranéen entre Toulon et Marseille. – Centre d'Etudes du Tourisme, A, N° 3; Aix-en-Provence

Risi, C. 1984: Le tourisme et ses effets en Ermionide (Grèce). – Bulletin de l'Association Géographique Français, 501, S. 114–124
Ritter, W. 1966: Fremdenverkehr in Europa. Eine wirtschafts- und sozialgeographische Untersuchung über Reisen und Urlaubsaufenthalte der Bewohner Europas. – Leiden
Robinson, G. W. S. 1958: The Resorts of the Italien Riviera. – Geographical Studies 5, (1), S. 20–32
Robinson, H. 1976: A Geography of Tourism. – London
Rochas, J. 1977: Aménager le territoire avec quels hommes? Richesse et contraintes démographiques. – Economie Rurale, 118, S. 14–22
Le Roch-Delupy, I. 1981: Les conditions socio-économiques de la pêche dans les Etangs du Narbonnais. – Bulletin de la Société Languedocienne de Géographie, 15, S. 87–101
Rognant, L. 1979: L'aire de Saint-Tropez: approche d'un modèle de système spatial touristique. – In: Commission Nationale du Tourisme (Hrsg.): Tourisme et commerce (= Journées Géographiques de Nice, 6–9 octobre 1978), S. 161–189; Nizza
– 1982: La Côte d'Azur. Archetype de la littoralisation. – In: Colloque Franco-Espagnol sur les Espaces-Littoraux, S. 273–291; Madrid
Ross, G. W.
Cohen, S. S. 1978: The Politics of French Regional Planning. – In: Friedmann, J., Alonso, W. (Hrsg.): Regional Policy. Readings in Theory and Applications, S. 727–750, 2. Auflage; Cambridge (Mass.), London
Roubaud, G. 1985: Commune de La Ciotat. L'offre organisée à vocation touristique. – Municipalité de La Ciotat, La Ciotat
Rouzier, J. 1980: Indicateurs indirects de la fréquentation touristique. – Revue d'Economie Régionale et Urbaine, 1, S. 91–111
Rouzier, J.
Arene, F. 1981: Eléments sur le fonctionnement de l'économie Bitteroise. – Economie Méridionale, 29, S. 77–92
Rouzier, J.
Berge, P. 1981: Narbonne, une évolution marquée par le tourisme. – Economie Méridionale, 29, S. 67–76
Rudney, R. 1980: The Development of Tourism on the Côte d'Azur: An Historical Perspective. – In: Hawkins, D. E. et al. (Hrsg.): Tourism Planning and Development Issues, S. 213–224; Washington D.C.
Ruffin, Y. 1970: I'hôtellerie de tourisme, le camping et le caravaning de la région „Provence-Côte d'Azur", années 1966–1967–1968–1969. – Commissariat Général au Tourisme, Délégation Régionale Provence-Côte d'Azur; Marseille
– 1974: Aperçu rapide sur le déroulement de la saison d'été 1974 en Provence-Côte d'Azur. – Commissariat Général au Tourisme; Marseille
Ruppert, K. 1962: Das Tegernseer Tal. Sozialgeographische Studien im oberbayerischen Fremdenverkehrsgebiet (= Münchner Geographische Hefte, 23); Kallmünz
– 1975: Zur Stellung und Gliederung einer allgemeinen Geographie des Freizeitverhaltens. – Geographische Rundschau, 27, S. 1–6
Le Sage, G. 1983: Quand le statisticien s'intéresse aux conditions de vie... un exercise non dénué de risques. – Repères, (4), S. 11–17; Montpellier
– 1984: Le chômage en 1984: la poursuite de la hausse. – Repères, (4), S. 23–28; Montpellier
Salin, E. 1973: Unterentwickelte Länder: Begriff und Wirklichkeit. – In: Fritsch, B. (Hrsg.): Entwicklungsländer, S. 21–37; Köln
Samuel, N.
Romer, M. 1984: Le temps libre: un temps social. – Paris
Sanchez, A. 1976: Marketing et espace touristique: le marché de la neige dans les Pyrénées. – Université des Sciences Sociales Louis Pasteur, Institut de Géographie; Strasbourg
San Marco, P.
Morel, B. 1985: Marseille: L'endroit du décor. – Aix-en-Provence

SARRAMEA, J. 1975: Contribution à la connaissance de déplacements des habitants de Fréjus-Saint Raphael. – Méditerranée, 22, S. 19–34; Aix-Marseille
– 1978: L'origine des touristes à Fréjus-Saint Raphael. – Méditerranée, 33, S. 67–73; Marseille
SAVARY, J. 1985a: Les groupes étrangères dans l'industrie en Languedoc-Roussillon. – Repères, (1), S. 13–19; Montpellier
– 1985b: Les groupes étrangers et l'industrialisation du Languedoc-Roussillon. – Economie Méridionale, 33, S. 83–106
SAVEY, S. 1983: Politique de décentralisation et aménagement du territoire en France. – Vers une autre division spatiale du travail?. – Bulletin de la Société Languedocienne de Géographie, N° 106, 17, S. 81–117
S.C.E.T.O. 1967: Communes et agglomérations thermales. – Bulletin Statistique Commissariat Général au Tourisme, N° 11, S. 93–96; Paris
– 1970a: Côte Rocheuse du Roussillon: possibilités d'extension de la saison touristique. – Band 1; Paris
– 1970b: Côte Rocheuse du Roussillon: possibilités d'extension de la saison touristique. – Band 2, Paris
SCHÄTZL, L. 1978: Wirtschaftsgeographie I. – 2. unveränderte Auflage: Paderborn, München, Wien, Zürich
– 1981: Wirtschaftsgeographie II. – Paderborn, München, Wien, Zürich
– 1986: Wirtschaftsgeographie III. – Paderborn, München, Wien, Zürich
SCHEUCH, E. K. 1977: Soziologie der Freizeit. – In: KÖNIG, R. (Hrsg.): Freizeit und Konsum (= Handbuch der empirischen Sozialforschung, 2. Auflage, 11), S. 1–192; Stuttgart
SCHLIEBE, K. 1985: Raumordnung und Raumplanung in Stichworten. – Kiel
SCHMIDT, H. 1966: Räumliche Wirkung der Investitionen im Industrialisierungsprozeß. Analyse des regionalen Wirtschaftswachstums. – Köln, Opladen
SCHMITGES, R. 1978: Raumordnungspolitik als Koordinierungsaufgabe. Das französische Modell. – Dissertation an der Universität Konstanz
SCHMÖLDERS, G. 1965: Geschichte der Volkswirtschaftslehre. – 3. Auflage; Reinbek
SCHON, D. A. 1971: Beyond the Stable State. – New York (dt. Übersetzung: Die lernende Gesellschaft. – Darmstadt 1973)
SCHOTT, C. 1973a: Strukturwandlungen des Tourismus an der französischen Riviera. – In: SCHOTT, C. (Hrsg.): Beiträge zur Kulturgeographie der Mittelmeerländer II, (= Marburger Geographische Schriften, 59), S. 73–100; Marburg (Lahn)
– 1973b: Die Entwicklung des Badetourismus an den Küsten des Mittelmeeres. – Erdkundliches Wissen, 33 (= Beiheft Geographische Zeitschrift), S. 302–322; Wiesbaden
– 1982: Zweitwohnungen in Frankreich. – Geographische Rundschau, 34, S. 472–474
SCHWEIZER, G. 1982: Die französischen Südalpen und ihr Umland. Aktiv- und Passivräume in der Planungsregion Provence-Alpes-Côte d'Azur. – Geographische Rundschau, 34, S. 390–391
SECRETARIAT D'ETAT AU TOURISME/GROUPE DE RECHERCHE SUR L'HABITAT DE LOISIRS, (Hrsg.) 1974a: L'innovation et l'habitat de loisirs. – Paris
– 1974b: L'intégration de l'habitat de loisirs au bâti existant. – Paris
– 1974c: Les grands concepts d'hébergement de loisirs et de vacances.... Quelle réponses à notre temps?. – Paris
– 1976a: SECRETARIAT D'ETAT AU TOURISME/DEPARTEMENT DES STATISTIQUES: Atlas touristiques de la France: Languedoc-Roussillon. – Paris
– 1976b: Atlas touristique de la France: Provence, Côte d'Azur. – Paris
– 1977: Quelques données sur le littoral. – 2 Bände; Paris
SEDEK, M. F. 1979: Tourisme et récréation-différences et relations. – Zschr. für Fremdenverkehr, (2) S. 2–5
SENGHAAS, D. (Hrsg.) 1974a: Peripherer Kapitalismus. Analysen über Abhängigkeit und Unterentwicklung. – Frankfurt
– 1974b: Elemente einer Theorie des peripheren Kapitalismus. – In: SENGHAAS (Hrsg.): Peripherer Kapitalismus. Analysen über Abhängigkeit und Unterentwicklung, S. 7–36; Frankfurt

SICSIC, J. 1985: Le tourisme et ses métiers. – Paris
SIMON, B. 1985: Aspects de la dynamique des emplois touristiques-tourisme et mobilité socio-professionelle. – Economie Méridionale, 33, S. 99–104; Montpellier
SMITH, R. J. 1971: The Economics of Outdoor Recreation. – In: LAVERY, P. (Hrsg.): Recreational Geography, S. 215–230; Newtown Abbot, London, Vancouver
SOL, M. P. 1978: L'exploitation touristique de la montagne: formes, strategies, contradiction en Cardagne-Capcir. – Memoire de Maîtrise, Université de Toulouse-Le Mirail. – Toulouse
SOULIER, A. 1965: La clientèle des plages d'Agde au cours de l'été 1962. – Méditerranée, 6, S. 271–284
– 1970: Contribution à l'étude des fonctions résidentielles de la campagne languedocienne: résidences secondaires et mutations rurales dans le département de l'Hérault. – Centre Régional de la Productivité et des Etudes Economiques. – Montpellier
– 1974: Tourisme et mutations rurales dans l'arrière-pays languedocien. – Géographie Polonica, 29, S. 131–140; Warschau
– 1975a: Tourisme et emploi sur le littoral languedocien: le cas de Palavas-La Grande Motte. – In: PEDRINI, L. (Hrsg.): Tourisme et vie régionale dans les pays méditerranéens (= Actes du Colloque de Géographie du Tourisme, Taormina, 2–5 avril 1973), S. 239–246; Rimini
– 1975b: Tourisme et agriculture dans l'arrière-pays languedocien: le cas de la montagne héraultaise. – Université de Poitiers; Poitiers
– 1975c: Introduction à l'étude de changements de pouvoir local dans l'arrière-pays languedocien. Le cas du département de la Lozère. – Economie Méridionale, 23.
– 1976a: Les résidences secondaires en Languedoc-Roussillon. – Repères, (3); Montpellier
– 1976b: Tourisme et agriculture dans l'arrière-pays languedocien: le cas de la haute montagne héraultaise. – In: Tourisme en milieu rural, Université de Poitiers, Centre Géographique d'Etudes et Recherches Rurales; Poitiers
– 1979a: Les acquisitions foncières des ressortisants étrangers en France. – Bulletin de la Société Languedocienne de Géographie, 13, S. 275–298
SOULIER, A./D.R.E. DE MONTPELLIER 1979b: Les acquisitions des ressortissants étrangères en Languedoc-Roussillon. – C.R.P.E.E.; Montpellier
SOULIER, A. 1980a: L'origine géographique de la clientèle touristique de l'arrière-pays. – Repères, (4); Montpellier
– 1980b: L'origine géographique de la clientèle touristique d'arrière-pays: Essai de mise en place d'un dispositif-sommaire d'observation. – C.R.P.E.E./D.R.E.; Montpellier
– 1983: Propositions pour une politique régionale du tourisme. – Bulletin de la Société Languedocienne de Géographie, 17, S. 571–589
– 1984: La „reconquête" des arrière-pays, exemple du Languedoc-Roussillon. – Bulletin de la Société Languedocienne de Géographie, 18, S. 55–68
S.R.E.-P.A.C.A. (Hrsg.) 1975: Financement des actions à but touristique et de loisir. – Bureau d'Etudes Régionales, Service Régional de l'Equipement de P.A.C.A.; Marseille
STALLMANN, S. 1984: Regionalplanung in Frankreich am Beispiel der Region „Ile-de-France". – Raumforschung und Raumordnung, 42, S. 184–191
STEGGER, M. 1980: Fremdenverkehr und Regionalentwicklung dargestellt am Beispiel Spanien. – (= Veröffentlichungen des HWWA-Instituts für Wirtschaftsforschung); Hamburg
STEINECKE, A. 1981a: Interdisziplinäre Bibliographie zur Fremdenverkehrs- und Naherholungsforschung. Beiträge zur allgemeinen Fremdenverkehrs- und Naherholungsforschung. – Berliner Geographische Studien, 8; Berlin
– 1981b: Interdisziplinäre Bibliographie zur Fremdenverkehrs- und Naherholungsforschung. Beiträge zur regionalen Fremdenverkehrs- und Naherholungsforschung. – Berliner Geographische Studien, 9; Berlin
STEINER, K. 1973: Die Planung von Ferienzentren im Rahmen der Regionalplanung Languedoc-Roussillon. – Berichte zur Raumforschung und Raumplanung, 17, (1), S. 42–48; Wien
STÖHR, W.

TÖDTLING, F. 1987: An Evaluation of Regional Policies-Experiences in Market and Mixed Economies. – In: HANSEN, N. M. (Hrsg.): Human Settlement Systems, International Perspectives on Structure, Change and Public Policy, S. 85–119; Cambridge (Mass.)

STRASSERT, G. 1978: Überlegungen zur Zusammenfassung von Indikatoren. Indexbildung oder Schwellenfestlegung?. – Informationen zur Raumentwicklung, 8/9, S. 713–717

STRUGULA, C. 1980: La mobilité du personnel dans les grands établissements hôteliers. – Sud-Information Economique Provence – Côte d'Azur, 43, S. 13–22, Dir. Rég. I.N.S.E.E.; Marseille

SYNDICAT INTERCOMMUNAL D'ETUDES ET DE RESERVATION FONCIERE DE L'AIRE TOULONNAISE 1975: Les loisirs des Toulonnais. – Aix-en-Provence

SYNERGIE-ROC, et al. 1964a: Aménagement du Littoral du Languedoc-Roussillon. Rapport N° 1: Evolution récente du flux touristique en Europe Occidentale. – D.A.T.A.R., Mission Interministerielle pour l'Aménagement Touristique du Littoral du Languedoc-Roussillon; Paris

– 1964b: Aménagement du Littoral du Languedoc-Roussillon. Rapport N° 2: Perspectives d'évolution des flux touristiques en Europe Occidentale. – D.A.T.A.R., Mission Interministerielle pour l'Aménagement Touristique du Littoral du Languedoc-Roussillon; Paris

TABARY, M. 1970: Essai de reconversion d'une zone touristique des Alpes-Maritimes: la région comprise entre la Bragne et le Var. – Centre de Documentation des Archives des Alpes-Maritimes (Hrsg.): Recherches Régionales, 1, S. 1–58; Nizza

TANNER, M. 1971: The Planning and Management of Water Recreation Areas. – In: LAVERY, P. (Hrsg.): Recreational Geography, S. 197–214; Newtown Abbot, London, Vancouver

TAUTON, B. 1975: La forêt dans un parc national de moyenne montagne. – (= Actes du Colloque National sur les parcs naturels régionaux et les parcs nationaux français), Faculté des Sciences et Technique; St. Jérome, Marseille

TAUVERON, A. 1985: L'espace-temps du week-end. – Revue de Géographie Alpine, 73, S. 247–258; Grenoble

TAYLOR, P. A.

CARTER, M. R. 1980: Using Tourism in Regional Development: Planning for Tourism in Scotland. – In: HAWKINS, D. E. et al. (Hrsg.): Tourism Planning and Development Issues, S. 295–310; Washington D.C.

THEROND, J. et al. 1980: Monographie des Pyrénées Orientales. – 2 Bände, (C.R.C.A.M. des P.O.); Perpignan

THEUOZ, M. 1981: La pratique touristique estivale et son impact dans un espace protégé: le cas de la Vallonise dans le parc national des Ecrins. – Revue de Géographie de Lyon, 56, S. 275–302

THIBAL, S. 1982: Rapport entre les bénéfices et les coûts des ressources touristiques rurales. – Revue de Tourisme, 37, (4), S. 25–27

– 1983: Tourisme en espace rural et tourisme de pays en développement – un même problème de communication. – Revue de Tourisme, 38, (4), S. 18–21

THIEME, G. 1985: Sozialindikatoren in der Geographie. Möglichkeiten und Probleme der Analyse regionaler Disparitäten. – Colloquium Geographicum, 18 (= KEMPER, F. J. et al. (Hrsg.): Geographie als Sozialwissenschaft, Festschrift W. KULS zum 65. Geburtstag), S. 213–241; Bonn

THOMES, M. D. 1972: The Regional Problem, Structural Change and Growth Pole Theory. – In: KUKLINSKI, A. (Hrsg.): Growth Poles and Growth Centres in Regional Planning, S. 69–102; Mouton, Paris, The Hague

THOMPSON, J. B. 1970: Modern France: a Social and Economic Geography. – London

– 1975: The Lower Rhône and Marseille. – (= Problem Regions of Europe); Oxford

THUROT, J. M. 1979: L'évolution du tourisme méditerranéen pendant les dix dernières années, la façade nord-ouest face à ces concurrents. – In: GRATTAROLA, C. (Hrsg.): Colloque Tourisme et Coopération Internationale, 21–23 septembre 1977, Université de Nice, S. 103–153; Nice

THURSTON, H. 1969: France finds a New Holiday Coast. – Geographical Magazine, 41, S. 339–345

TIBERTI, A. 1976: Menton, création du tourisme. – In: MIÈGE, J. (Hrsg.): Loisir, environnement et qualité de la vie sur la Côte d'Azur (= Annales de la Faculté des Lettres et Sciences Humaines de Nice, N° 24), S. 55–70; Nizza

TIETZ, B. 1980: Handbuch der Tourismuswirtschaft. – München
TISSOT, L. 1977: Les rapports entre les populations résidentes de l'espace rural français et leurs visiteurs d'origine essentiellement touristique. – Paris
TOURISME ET LOISIRS FRANCE 1978: Commercialisation du logement sur le littoral sableux du Roussillon. Enquête auprès des utilisateurs. – Paris
TRE-HARDY, G. 1975: Rapport tourisme 1974. – Délégation Régionale Riviéra-Côte d'Azur. – Nizza
TREIZE, A. 1976: La planification française en pratique. – Paris
TULLA, A. F. 1977: Les deux Cerdagnes. Exemple de transformations économiques asymétriques de part d'autre de la frontière des Pyrénées. – Revue Géographique des Pyrénées et du Sud Ouest, 48, S. 409–424
TURNER, L.
ASH, J. 1975: The Golden Hordes: International Tourism and the Pleasure Periphery. – London
ULLMO, Y. 1974: La planification en France. – Paris
U.N.E.S.C.O. 1976: The Effets of Tourism in Socio-Cultural Values. – Annals of Tourism Research, 4, (2), S. 74–105
URBAIN, C. 1980: La méchanique d'appropriation de sols. – Revue Politique et Parlementaire; Paris
VALERY, M.
VIDAL, A. 1980: Plan de référence pour le tourisme rural. – Etablissement Public Régional Languedoc-Roussillon; Montpellier
VALLIERE, C. 1975: La demande au hébergements de loisir en France. – 2 Bände, Secretariat d'Etat au Tourisme, Direction de l'Aménagement et des Professions Touristiques; o.O.
VALLIERE, C. 1983: La relance opportune d'un grand projet. Les habitations légères de loisirs (H.L.L.). – Espaces, Tourisme, Loisirs – Environnement, 65, S. 12–15
VAUDOUR, N. 1974: Consommation de carburant, trafic routier et activités économiques en Provence-Côte d'Azur. – Méditerranée, 18, S. 57–70
VAZIA, S. 1976: La vie permanente à Saint-Cyprien. – Economie Méridionale, 94, (2), S. 1–4
VERLAQUE, C. 1975: A propos d'une enquête de géographie industrielle dans le Languedoc-Roussillon. – Bulletin de l'Association Géographique Française, 52, S. 99–110
– 1981: La mise en valeur des étangs littoraux du Languedoc-Roussillon. – Bulletin de la Société Languedocienne de Géographie, 15, S. 137–153
VERNHET, M. 1985: L'emploi féminin en Languedoc-Roussillon. – Economie Méridionale, 33, S. 21–27
VIATOR, U. 1980: Le renversement du tourisme sur la Côte d'Azur. – Espaces, Tourisme, Loisirs, Environnement, S. 18–19
VIELZEUF, B. 1973: La mesure de la fréquentation touristique. Un Problème de méthode. – Bulletin de la Société Languedocienne de Géographie, 7, S. 357–378; Montpellier
– o.J.: Quelques aspects du tourisme en France. – Documentation Statistique, S. 449–460
VIENNET, H. et al. (Hrsg.) 1979: Les dépenses des vacances des Français (été 1977, hiver 1977/78). – Regards sur l'Economie du Tourisme, 24, S. 1–44
VIERS, G. 1962: Les Pyrénées. – Paris
VIEVILLE, B. 1972: La clientèle des ports de plaisance de la Côte d'Azur. – Méditerranée, 16, (3/4), S. 19–38
VINOT, F. 1982a: L'année économique 1981 en Provence-Alpes-Côte d'Azur. – Dossier N° 6 (= Supplement à Sud Information Economique, N° 51), I.N.S.E.E.; Paris, Marseille
– 1982b: L'année économique 1982 en Provence-Alpes-Côte d'Azur. – Dossier N° 12 (= Supplément à Sud Information Economique, N° 56), I.N.S.E.E.; Paris, Marseille
VIOT, P. 1970: Frankreich: Planifikation. – In: Akademie für Raumforschung und Landesplanung (Hrsg.): Handwörterbuch der Raumforschung und Raumordnung, 1, S. 780–788; Hannover
VOPPEL, G. 1961: Passiv- und Aktivräume und verwandte Begriffe der Raumforschung im Lichte wirtschaftsgeographischer Betrachtungsweise, erläutert an Wirtschaftslandschaften Deutschlands. – Forschungen zur deutschen Landeskunde, 132
– 1970: Wirtschaftsgeographie. – Stuttgart

VORLAUFER, K. 1983: Tourismus und Dritte Welt. – (= Studienbücher Geographie); Frankfurt/M., Aarau
WACKERMANN, G. 1967: Die sozialpolitischen Grundlagen des Fremdenverkehrs in Frankreich und ihre Auswirkungen. – (= Wiss. Abhdl. d. Geograph. Gesellsch. d. DDR, 6, S. 211–219); Leipzig
– 1973: Le phénomène de polarisation en matière de loisir et de tourisme. Effets et limites. – Bulletin de la Société Languedocienne de Géographie, 7, S. 441–446; Montpellier
– 1975a: Les relations touristiques du littoral avec l'arrière-pays. L'espace côtier d'Antibes à Théoule. – Traveaux de l'Institut de Géographie de Reims, No 23/24, S. 59–80
– 1975b: Pouvoir de décision et réaction des ruraux dans un espace frontalier pourvu de parcs naturels regionaux. Réflexions méthodologiques: étude comparée du Palatinat Méridional et des Vosges septentrionales. – In: Tourisme en milieu rural, Université de Poitiers, Centre Géographique d'Etudes et de Recherches Rurales; Poitiers
– 1980a: Tourisme, littoral Cannois et relations quotidiennes avec l'intérieur. – Collectivités Locales du Tourisme, Cahiers Nantais, 17, S. 103–116
– 1980b: Habitudes alimentaires dans l'arrière-pays cannois. – Annales de Géographie, 493, S. 290–298; Paris
– 1981: Französische Republik. – In: Akademie für Raumforschung und Landesplanung (Hrsg.): Daten zur Raumplanung, Teil A: Allgemeine Grundlagen und Gegebenheiten, Organisation-Nachbarländer, S.A.II, 5.3. (1–3); Hannover
– 1983: Französische Republik. – In: Akademie für Raumforschung und Landesplanung (Hrsg.): Daten zur Raumplanung, Teil B: Überfachlich raumbedeutsame Planung, Bedeutung der Raumordnung in den Nachbarstaaten, S.B.II, 5. 12–15; Hannover
– 1990: Der Fremdenverkehr in Frankreich und seine regionale Differenzierung. – In: J. MAIER, G. WACKERMANN, G. TROEGER-WEISS (Hrsg.): Frankreich, ein regionalgeographischer Überblick (= Wissenschaftl. Länderkunden Bd. 35), S. 137–149. – Darmstadt
WAGNER, F. A. 1984: Ferienarchitektur. Die gebaute Urlaubswelt. Modelle, Erfahrungen, Thesen. – Starnberg
WAGNER, H. G. 1981: Korsika – Region zwischen Autonomie und Integration. – (= Würzburger Geographische Arbeiten, 53, S. 313–338)
WATTEZ, E. 1985: Les milliards du tourisme. – Science et Vie, Economie, 12, S. 49–68; Paris
WEYMULLER, G./O.R.E.A.M. 1974: Les résidence secondaires dans le Val de Durance. – Marseille
WIRTH, E. 1979: Theoretische Geographie. Grundzüge einer theoretischen Kulturgeographie. – Stuttgart
WOLKOWITISCH, M. 1968: Provence, Côte d'Azur et tourisme. – Information Géographique, 1, S. 9–16
W.T.O. (Hrsg.) 1985: World Travel and Tourism Statistics. – Yearbook, 38; Madrid
YOUNG, G. 1973: Tourism – Blessing or Blight? – Harmondsworth
ZAHN, U. 1973: Der Fremdenverkehr an der spanischen Mittelmeerküste. – Regensburger Geograph. Schriften, H.2. – Regensburg

ERDKUNDLICHES WISSEN
Schriftenreihe für Forschung und Praxis.
Herausgegeben von Gerd Kohlhepp in Verbindung mit Adolf Leidlmair und Fred Scholz

25. **Fritz Dörrenhaus: Urbanität und gentile Lebensform.** Der europäische Dualismus mediteraner und indoeuropäischer Verhaltensweisen, entwickelt aus einer Diskussion um den Tiroler Einzelhof. 1970. 64 S., 5 Ktn., kt. DM 28,-   0532 - 3

26. **Eckart Ehlers / Fred Scholz / Günter Schweizer: Strukturwandlungen im nomadisch-bäuerlichen Lebensraum des Orients.** Eckart Ehlers: Turkmenensteppe. Fred Scholz: Belutschistan. Günter Schweizer: Azerbaidschan. 1970. VI, 148 S. m. 4 Abb., 4 Taf., 20 Ktn., kt. DM 44,-   2228 - 7

27. **Ulrich Schweinfurth / Heidrun Marby / Klaus Weitzel / Klaus Hausherr / Manfred Domrös: Landschaftsökologische Forschungen auf Ceylon.** 1971. VI, 232 S. m. 46 Abb., 10 Taf. m. 20 Bildern, 1 Falttaf., kt. DM 44,- (vgl. Bd. 54)   0533 - 1

28. **Georges Henri Lutz: Republik Elfenbeinküste.** 1971. VI, 48 S. m. 7 Ktn. u. 2 Abb., kt. DM 25,-   0534 - X

29. **Harry Stein: Die Geographie an der Universität Jena (1786-1939).** Ein Beitrag zur Entwicklung der Geographie als Wissenschaft. Vorgelegt von Joachim H. Schultze. 1972. XII, 152 S., 16 Taf. m. 4 Ktn. u. 19 Abb., kt. DM 64,-   0535 - 8

30. **Arno Semmel: Geomorphologie der Bundesrepublik Deutschland.** Grundzüge, Forschungsstand, aktuelle Fragen - erörtert an ausgewählten Landschaften. 4., völlig überarbeitete u. erw. Aufl. 1984. 192 S. m. 57 Abb., kt. DM 24,-   4217 - 2

31. **Hermann Hambloch: Allgemeine Anthropogeographie.** Eine Einführung. 5., neubearb. Aufl. 1982. XIII, 268 S. m. 40 Abb. (davon 16 Falttkn.), 37 Tab., 12 Fig., kt. DM 28,-   3618 - 0

32. **Arno Semmel, Hrsg.: Neue Ergebnisse der Karstforschung in den Tropen und im Mittelmeerraum.** Vorträge des Frankfurter Karstsymposiums. Zusammengestellt von Karl-Heinz Pfeffer. 1973. XX, 156 S. m. 35 Abb. u. 63 Bildern, kt. DM 54,-   0538 - 2

33. **Emil Meynen, Hrsg.: Geographie heute - Einheit und Vielfalt.** Ernst Plewe zu seinem 65. Geburtstag von Freunden und Schülern gewidmet. Hrsg. unter Mitarbeit von Egon Riffel. 1973. X, 425 S. m. 39 Abb., 26 Bildern u. 14 Ktn., kt. DM 76,-   0539 - 0

34. **Jürgen Dahlke: Der Weizengürtel in Südwestaustralien.** Anbau und Siedlung an der Trockengrenze. 1973. XII, 275 S., 67 Abb., 4 Faltktn., kt. DM 80,-   0540 - 4

35. **Helmut J. Jusatz, Hrsg.: Fortschritte der geomedizinischen Forschung.** Beiträge zur Geoökologie der Infektionskrankheiten. Vorträge d. Geomedizin. Symposiums auf Schloß Reisenburg v. 8.-12. Okt. 1972. Herausgegeben im Auftrag der Heidelberger Akademie der Wissenschaften. 1974. VIII, 164 S. m. 47 Abb., 8 Bildern u. 2 Falttaf., kt. DM 60,-   1797 - 6

36. **Werner Rutz, Hrsg.: Ostafrika - Themen zur wirtschaftlichen Entwicklung am Beginn der Siebziger Jahre.** Festschrift Ernst Weigt. 1974. VIII, 176 S. m. 17 Ktn., 7 Bildern u. 1 Abb., kt. DM 64,-   1796 - 8

37. **Wolfgang Brücher: Die Industrie im Limousin.** Ihre Entwicklung und Förderung in einem Problemgebiet Zentralfrankreichs. 1974. VI, 45 S. m. 10 Abb. u. 1 Faltkte., kt. DM 25,-   1853 - 0

38. **Bernd Andreae: Die Farmwirtschaft an den agronomischen Trockengrenzen.** Über den Wettbewerb ökologischer Varianten in der ökonomischen Evolution. Betriebs- und standortsökonomische Studien in der Farmzone des südlichen Afrika und der westlichen USA. 1974. X, 69 S., m. 14 Schaubildern u. 24 Übersichten, kt. DM 32.-   1821 - 2

39. **Hans-Wilhelm Windhorst: Studien zur Waldwirtschaftsgeographie.** Das Ertragspotential der Wälder der Erde. Wald- und Forstwirtschaft in Afrika. Ein forstgeographischer Überblick. 1974. VIII, 75 S. m. 10 Abb., 8 Ktn., 41 Tab., kt. DM 36,-   2044 - 6

40. **Hilgard O'Reilly Sternberg: The Amazon River of Brazil.** (vergriffen)   2075 - 6

41. **Utz Ingo Küpper / Eike W. Schamp, Hrsg.: Der Wirtschaftsraum.** Beiträge zur Methode und Anwendung eines geographischen Forschungsansatzes. Festschrift für Erich Otremba zu seinem 65. Geburtstag. 1975. VI, 294 S. m. 10 Abb., 15 Ktn., kt. DM 54,-   2156 - 6

42. **Wilhelm Lauer, Hrsg.: Landflucht und Verstädterung in Chile.** Exodu rura y l urbanización en Chile. Mit Beiträgen von Jürgen Bähr, Winfried Golte und Wilhelm Lauer. 1976. XVIII, 149 S., 13 Taf. m. 25. Fotos. 41 Figuren, 3 Faltktn., kt. DM 64,-   2159 - 0

43. **Helmut J. Jusatz, Hrsg.: Methoden und Modelle der geomedizinischen Forschung.** Vorträge des 2. Geomedizin. Symposiums auf Schloß Reisenburg vom 20.-24. Okt. 1974. Hrsg. im Auftrag der Heidelberger Akademie der Wissenschaften. 1976. X, 174 S. m. 7 Abb., 2 Diagr., 20 Tab., 24 Ktn., Summaries, 6 Taf. m. 6 Bildern, kt. DM 61,-   2308 - 9

44. **Fritz Dörrenhaus: Villa und Villegiatura in der Toskana.** Eine italienische Institution und ihre gesellschaftsgeographische Bedeutung. Mit einer einleitenden Schilderung "Toskanische Landschaft" von Herbert Lehmann. 1976. X, 153 S. m. 5 Ktn., 1 Abb., 1 Schema (Beilage), 8 Taf. m. 24 Fotos, 14 Zeichnungen von Gino Canessa, Florenz, u. 2 Stichen, kt. DM 58,-   2400 - X

45. **Hans Karl Barth: Probleme der Wasserversorgung in Saudi-Arabien.** 1976. VI, 33 S. m. 3 Abb., 4 Tab., 4 Faltktn., 1 Kte., kt. DM 32,-   2401 - 8

46. **Hans Becker / Volker Höhfeld / Horst Kopp: Kaffee aus Arabien.** Der Bedeutungswandel eines Weltwirtschaftsgutes und seine siedlungsgeographische Konsequenz an der Trockengrenze der Ökumene. 1979. VIII, 78 S. m. 6 Abb., 6 Taf. m. 12 Fotos, 2 Faltktn. kt. DM 32,-   2881 - 1

47. **Hermann Lautensach: Madeira, Ischia und Taormina.** Inselstudien. 1977. XII, 57 S. m. 16 Abb., 5 Ktn., kt. DM 39,-   2564 - 2

48. **Felix Monheim: 20 Jahre Indianerkolonisation in Ostbolivien.** 1977. VI, 99 S., 14 Ktn., 17 Tab., kt. DM 44,-   2563 - 4

49. **Wilhelm Müller-Wille: Stadt und Umland im südlichen Sowjet-Mittelasien.** 1978. VI, 48 S. m. 20 Abb. u. 7 Tab., kt. DM 32,-   2762 - 9

50. **Ernst Plewe, Hrsg.: Die Carl Ritter-Bibliothek.** Nachdruck der Ausg. Leipzig, Weigel, 1861: "Verzeichnis der Bibliothek und Kartensammlung des Professors, Ritters etc. etc. Doktor Carl Ritter in Berlin." 1978. XXVI, 565 S., Frontispiz, kt. DM 56,-   2854 - 4

51. **Helmut J. Jusatz,** Hrsg.: **Geomedizin in Forschung und Lehre.** Beiträge zur Geoökologie des Menschen. Vorträge des 3. Geomed. Symposiums auf Schloß Reisensburg vom 16. - 20. Okt. 1977. Hrsg. im Auftrag der Heidelberger Akademie der Wissenschaften. 1979. XV, 122 S. m. 15 Abb. u. 14 Tab., 1 Faltkte., Summaries, kt. DM 44,- 2801 - 3

52. **Werner Kreuer: Ankole.** Bevölkerung - Siedlung - Wirtschaft eines Entwicklungsraumes in Uganda. 1979. XI, 106 S. m. 11 Abb., 1 Luftbild auf Falttaf., 8 Ktn., 18 Tab., kt. DM 43,- 3063 - 8

53. **Martin Born: Siedlungsgenese und Kulturlandschaftsentwicklung in Mitteleuropa.** Gesammelte Beiträge. Hrsg. im Auftrag des Zentralausschusses für Deutsche Landeskunde von Klaus Fehn. 1980. XL, 528 S. m. 17 Abb., 39 Ktn. kt. DM 88,- 3306 - 8

54. **Ulrich Schweinfurth / Ernst Schmidt-Kraepelin / Hans Jürgen von Lengerke / Heidrun Schweinfurth-Marby / Thomas Gläser / Heinz Bechert: Forschungen auf Ceylon II.** 1981. VI, 216 S. m. 72 Abb., kt. DM 48,- (Bd. I s. Nr. 27) 3372 - 6

55. **Felix Monheim: Die Entwicklung der peruanischen Agrarreform 1969-1979 und ihre Durchführung im Departement Puno.** 1981. V, 37 S. m. 15 Tab., kt. DM 16,80 3629 - 6

56. **- / Gerrit Köster: Die wirtschaftliche Erschließung des Departement Santa Cruz (Bolivien) seit der Mitte des 20. Jahrhunderts.** 1982. VIII, 152 S. m. 2 Abb. u. 12 Ktn., kt. DM 44,- 3635 - 0

57. **Hans Georg Bohle: Bewässerung und Gesellschaft im Cauvery-Delta (Südindien).** Eine geographische Untersuchung über historische Grundlagen und jüngere Ausprägung struktureller Unterentwicklung. 1981. XVI, 265 S. m. 33 Abb., 49 Tab., 8 Kartenbeilagen, kt. DM 68,- 3550 - 8

58. **Emil Meynen / Ernst Plewe,** Hrsg.: **Forschungsbeiträge zur Landeskunde Süd- und Südostasiens.** Festschrift für Harald Uhlig zu seinem 60. Geburtstag, Band 1. 1982. XVI, 253 S. m. 45 Abb. u. 11 Ktn., kt. DM 56,- 3743 - 8

59. **- / -,** Hrsg.: **Beiträge zur Hochgebirgsforschung und zur Allgemeinen Geographie.** Festschrift für Harald Uhlig zu seinem 60. Geburtstag, Band 2. 1982. VI, 313 S. m. 51 Abb. u. 6 Ktn., 1 farb. Faltkte., kt. DM 68,- 3744 - 6
Beide Bände zus. kt. DM 112,- 3779 - 9

60. **Gottfried Pfeifer: Kulturgeographie in Methode und Lehre.** Das Verhältnis zu Raum und Zeit. Gesammelte Beiträge. 1982. XI, 471 S. m. 3 Taf., 18 Fig., 16 Ktn., 15 Tab. u. 7 Diagr., kt. DM 66,- 3668 - 7

61. **Walter Sperling: Formen, Typen und Genese des Platzdorfes in den böhmischen Ländern.** Beiträge zur Siedlungsgeographie Ostmitteleuropas. 1982. X, 187 S. m. 39 Abb., kt. DM 49,- 3654 - 7

62. **Angelika Sievers: Der Tourismus in Sri Lanka (Ceylon).** Ein sozialgeographischer Beitrag zum Tourismusphänomen in tropischen Entwicklungsländern, insbesondere in Südasien. 1983. X, 138 S. m. 25 Abb. u. 19 Tab., kt. DM 36,- 3889 - 2

63. **Anneliese Krenzlin: Beiträge zur Kulturlandschaftsgenese in Mitteleuropa.** Gesammelte Aufsätze aus vier Jahrzehnten, hrsg. von H.-J. Nitz u. H. Quirin. 1983. XXXVIII, 365 S. m. 55 Abb., kt. DM 64,- 4035 - 8

64. **Gerhard Engelmann: Die Hochschulgeographie in Preußen 1810-1914.** 1983. XII, 184 S., 4 Taf., kt. DM 46,- 3984 - 8

65. **Bruno Fautz: Agrarlandschaften in Queensland.** 1984. 195 S. m. 33 Ktn., kt. DM 44,- 3890 - 6

66. **Elmar Sabelberg: Regionale Stadttypen in Italien.** Genese und heutige Struktur der toskanischen und sizilianischen Städte an den Beispielen Florenz, Siena, Catania und Agrigent. 1984. XI, 211 S. m. 26 Tab., 4 Abb., 57 Ktn. u. 5 Faltktn., 10 Bilder auf 5 Taf., kt. DM 54,- 4052 - 8

67. **Wolfhard Symader: Raumzeitliches Verhalten gelöster und suspendierter Schwermetalle.** Eine Untersuchung zum Stofftransport in Gewässern der Nordeifel und niederrheinischen Bucht. 1984. VIII, 174 S. m. 67 Abb., kt. DM 49,- 3909 - 0

68. **Werner Kreisel: Die ethnischen Gruppen der Hawaii-Inseln.** Ihre Entwicklung und Bedeutung für Wirtschaftsstruktur und Kulturlandschaft. 1984. X, 462 S. m. 177 Abb. u. 81 Tab., 8 Taf. m. 24 Fotos, kt. DM 88,- 3412 - 9

69. **Eckart Ehlers: Die agraren Siedlungsgrenzen der Erde.** Gedanken zur ihrer Genese und Typologie am Beispiel des kanadischen Waldlandes. 1984. 82 S. m. 15 Abb., 2 Faltktn., kt. DM 24,- 4211 - 3

70. **Helmut J. Jusatz / Hella Wellmer,** Hrsg.: **Theorie und Praxis der medizinischen Geographie und Geomedizin.** Vorträge der Arbeitskreissitzung Medizinische Geographie und Geomedizin auf dem 44. Deutschen Geographentag in Münster 1983. Hrsg. im Auftrage des Arbeitskreises. 1984. 85 S. m. 20 Abb., 4 Fotos u. 2 Kartenbeilagen, kt. DM 28,-. 4092 - 7

71. **Leo Waibel †: Als Forscher und Planer in Brasilien:** Vier Beiträge aus der Forschungstätigkeit 1947-1950 in Übersetzung. Hrsg. von Gottfried Pfeiffer u. Gerd Kohlhepp. 1984. 124 S. m. 5 Abb., 1 Taf., kt. DM 30,- 4137 - 0

72. **Heinz Ellenberg: Bäuerliche Bauweisen in geoökologischer und genetischer Sicht.** 1984. V, 69 S. m. 18 Abb., kt. DM 22,- 4208 - 3

73. **Herbert Louis: Landeskunde der Türkei.** Vornehmlich aufgrund eigener Reisen. 1985. XIV, 268 S. m. 4 Farbktn. u. 1 Übersichtskärtchen des Verf., kt. DM 54,- 4312 - 8

74. **Ernst Plewe / Ute Wardenga: Der junge Alfred Hettner.** Studien zur Entwicklung der wissenschaftlichen Persönlichkeit als Geograph, Länderkundler und Forschungsreisender. 1985. 80 S. m. 2 Ktn. u. 1 Abb., kt. DM 24,- 4421 - 3

75. **Ulrich Ante: Zur Grundlegung des Gegenstandsbereiches der Politischen Geographie.** Über das "Politische" in der Geographie. 1985. 184 S., kt. DM 38,- 4361 - 6

76. **Günter Heinritz / Elisabeth Lichtenberger,** eds.: **The Take-off of Suburbia and the Crisis of the Central City.** Proceedings of the International Symposium in Munich and Vienna 1984. 1986. X, 300 S. m. 95 Abb., 49 Tab., kt. DM 68,- 4402 - 4

77. **Klaus Frantz: Die Großstadt Angloamerikas im Wandel des 18. und 19. Jahrhunderts.** Versuch einer sozialgeographischen Strukturanalyse anhand ausgewählter Beispiele der Nordostküste. 1987. 200 S. m. 32 Ktn. u. 12 Abb. kt. DM 48,- 4433 - 7

78. **Claudia Erdmann: Aachen im Jahre 1812.** Wirtschafts- und sozialräumliche Differenzierung einer frühindustriellen Stadt. 1986. VIII, 257 S. m. 6 Abb., 44 Tab., 19 Fig., 80 Ktn., kt. DM 48,- 4634 - 8

79. **Josef Schmithüsen †: Die natürliche Lebewelt Mitteleuropas.** Hrsg. von Emil Meynen. 1986. 71 S. m. 1 Taf., kt. DM 24,- 4638 - 8

80. **Ulrich Helmert: Der Jahresgang der Humidität in Hessen und den angrenzenden Gebieten.** 1986. 108 S. m. 11 Abb. u. 37 Ktn. i. Anh., kt. DM 36,- 4630-5
81. **Peter Schöller: Städtepolitik, Stadtumbau und Stadterhaltung in der DDR.** 1986. 55 S., 4 Taf. m. 8 Fotos, 12 Ktn., kt. DM 19,80 4703-4
82. **Hans-Georg Bohle: Südindische Wochenmarktsysteme.** Theoriegeleitete Fallstudien zur Geschichte und Struktur polarisierter Wirtschaftskreisläufe im ländlichen Raum der Dritten Welt. 1986. XIX, 291 S. m. 43 Abb., 12 Taf., kt. DM 48,- 4601-1
83. **Herbert Lehmann: Essays zur Physiognomie der Landschaft.** Mit einer Einleitung von Renate Müller, hrsg. von Anneliese Krenzlin und Renate Müller. 1986. 267 S. m. 25 s/w- und 12 Farbtaf., kt. DM 64,- 4639-5
84. **Günther Glebe / J. O'Loughlin, eds.: Foreign Minorities in Continental European Cities.** 1987. 296 S. m. zahlr. Ktn. u. Fig., kt. DM 68,- 4594-5
85. **Ernst Plewe †: Geographie in Vergangenheit und Gegenwart.** Ausgewählte Beiträge zur Geschichte und Methode des Faches. Hrsg. von Emil Meynen und Uwe Wardenga. 1986. 438 S., kt. DM 76,- 4791-3
86. **Herbert Lehmann †: Beiträge zur Karstmorphologie.** Hrsg. von F. Fuchs, A. Gerstenhauer, K.-H. Pfeffer. 1987. 251 S. m. 60 Abb., 2 Ktn., 94 Fotos, kt. DM 56,- 4897-9
87. **Karl Eckart: Die Eisen- und Stahlindustrie in den beiden deutschen Staaten.** 1988. 277 S. m. 167 Abb., 54 Tab., 7 Übers., kt. DM 58,- 4958-4
88. **Helmut Blume / Herbert Wilhelmy, Hrsg.: Heinrich Schmitthenner Gedächtnisschrift.** Zu seinem 100. Geburtstag. 1987. 173 S. m. 42 Abb., 8 Taf., kt. DM 48,- 5033-7
89. **Benno Werlen: Gesellschaft, Handlung und Raum** (vergriffen, 2., durchges. Aufl. 1988 s.S. 180) 4886-3
90. **Rüdiger Mäckel / Wolf-Dieter Sick, Hrsg.: Natürliche Ressourcen und ländliche Entwicklungsprobleme der Tropen.** Festschrift für Walther Manshard. 1988. 334 S. m. zahlr. Abb., kt. DM 86,- 5188-0
91. **Gerhard Engelmann †: Ferdinand von Richthofen 1833-1905. Albrecht Penck 1858-1945.** Zwei markante Geographen Berlins. Aus dem Nachlaß hrsg. von Emil Meynen. 1988. 37 S. m. 2 Abb., kt. DM 24,- 5132-5
92. **Gerhard Hard: Selbstmord und Wetter – Selbstmord und Gesellschaft.** Studien zur Problemwahrnehmung in der Wissenschaft und zur Geschichte der Geographie. 1988. 356 S., 11 Abb., 13 Tab., kt. DM 78,- 5046-9
93. **Siegfried Gerlach: Das Warenhaus in Deutschland.** Seine Entwicklung bis zum Ersten Weltkrieg in historisch-geographischer Sicht. 1988. 178 S. m. 33 Abb., kt. DM 48,- 5103-1
94. **Walter H. Thomi: Struktur und Funktion des produzierenden Kleingewerbes in Klein- und Mittelstädten Ghanas.** Ein empirischer Beitrag zur Theorie der urbanen Reproduktion in Ländern der Dritten Welt. 1989. XVI, 312 S., kt. DM 84,- 5090-6
95. **Thomas Heymann: Komplexität und Kontextualität des Sozialraumes.** 1989. VIII, 511 S. m. 187 Abb., kt. DM 98,- 5315-8
96. **Dietrich Denecke / Klaus Fehn, Hrsg.: Geographie in der Geschichte.** (Vorträge der Sektion 13 des Deutschen Historikertags, Trier 1986.) 1989. 97 S. m. 3 Abb., kt. DM 36,- 5428-6
97. **Ulrich Schweinfurth, Hrsg.: Forschungen auf Ceylon III.** Mit Beiträgen von C. Preu, W. Werner, W. Erdelen, S. Dicke, H. Wellmer, M. Bührlein u. R. Wagner. 1989. 258 S. m. 76 Abb., kt. DM 76,- 5084-1
98. **Martin Boesch: Engagierte Geographie.** 1989. XII, 284 S., kt. DM 76,- 5514-2
99. **Hans Gebhardt: Industrie im Alpenraum.** Alpine Wirtschaftsentwicklung zwischen Außenorientierung und endogenem Potential. 1990. 283 S. m. 68 Abb., kt. DM 75,- 5397-2
100. In Vorbereitung
101. **Siegfried Gerlach: Die deutsche Stadt des Absolutismus im Spiegel barocker Veduten und zeitgenössischer Pläne.** Erweiterte Fassung eines Vortrags am 11. November 1986 im Reutlinger Spitalhof. 1990. 80 S. m. 32 Abb., dav. 7 farb., kt. DM 38,- 5600-9
102. **Peter Weichhart: Raumbezogene Identität.** Bausteine zu einer Theorie räumlich-sozialer Kognition und Identifikation. 1990. 118 S., kt. DM 40,- 5701-3
103. **Manfred Schneider: Beiträge zur Wirtschaftsstruktur und Wirtschaftsentwicklung Persiens 1850-1900.** Binnenwirtschaft und Exporthandel in Abhängigkeit von Verkehrserschließung, Nachrichtenverbindungen, Wirtschaftsgeist und politischen Verhältnissen anhand britischer Archivquellen. 1990. XII, 381 S. m. 86 Tab., 16 Abb., kt. DM 88,- 5458-8
104. **Ulrike Sailer-Fliege: Der Wohnungsmarkt der Sozialmietwohnungen.** Angebots- und Nutzerstrukturen dargestellt an Beispielen aus Nordrhein-Westfalen. 1991. XII, 287 S. m. 92 Abb., 30 Tab., 6 Ktn., kt. DM 78,- 5836-2
105. **Helmut Brückner / Ulrich Radtke, Hrsg.: Von der Nordsee bis zum Indischen Ozean/From the North Sea to the Indian Ocean.** Ergebnisse der 8. Jahrestagung des Arbeitskreises „Geographie der Meere und Küsten", 13.-15. Juni 1990, Düsseldorf / Results of the 8th Annual Meeting of the Working group „Marine and Coastal Geography", June 13-15, 1990, Düsseldorf. 1991. 264 S. mit 117 Abbildungen, 25 Tabellen, kt. DM 84,- 5898-2
106. **Heinrich Pachner: Vermarktung landwirtschaftlicher Erzeugnisse in Baden-Württemberg.** 1992. 238 S. m. 53 Tab., 15 Abb. u. 24 Ktn., davon 7 farbig, kt. DM 84,- 5825-7

Preisänderungen vorbehalten

FRANZ STEINER VERLAG STUTTGART